사 상 의 생 명 력 은 모 험 에 있 다

Management is the adventure of idea

경영은 관념의 모험이다

Management is the adventure of idea

경영은 관념의 모험이다

김상표

생각나눔

김명주에게

Management is the adventure of idea

경영은 관념의 모험이다

프롤로그
경영은 관념의 모험이다

"철학은 반시대적이며, 언제나 오로지 반시대적일 뿐이다." 탈근대로 진입하는 첫 번째 철학자인 니체의 말이다. 나는 그를 따라 "조직이론은 반시대적이며, 오로지 반시대적일 뿐이다."라고 말하고 싶다. 철학과 마찬가지로, 조직이론에서 한 시대의 보편적 경향은 그것이 가지고 있는 긍정적 힘을 상실하게 되면 오히려 진보를 억압하는 일종의 폭력으로 변질될 수도 있다. 일반적으로 특정 공동체의 행동이 그 공동체의 정신에 의해서 지배되듯이, 기업경영도 관념의 모험인 새로운 이론적 실천에 의해 뒷받침될 때 창조적 전진을 이루게 될 것이다.

이 책은 니체처럼 반시대성을 꿈꾸었던 한 조직이론가의 관념의 모험을 기록하고 있다. 이제까지 못내 부끄러워 스스로는 사람들 앞에 책으로 내놓지 못했던 모험의 생산물들이 이 책에 실려있다. 후배 교수들과 제자들의 기대에 부응하려 늦게나마 이렇게 빛 속으로 걸어 나오게 되었다. 정년이 아직 10년 남았지만 서둘러 명예퇴직을 하고 앞으로 그림 그리는 화가로 살아갈 계획이다. 그렇기에 조직이론 영역에서 그동안 일구었던 관념의 모험들이 영원히 어둠 속에 묻힐 수도 있었다. 조직이론가로서 감행했던 지적 모험을 한 권의 책으로 남기는 기회를 얻게 된 것은 오로지 그들의 관심과 배려 덕분이다.

1부에서는 역설경영 패러다임의 등장을 다루고 있다. 내가 석박사 과정에 다니던 시절의 지배적인 경영패러다임은 상황적합이론이었다. 양자택일적 형식논리의 인식론적 전제에 기반을 둔 상황적합이론은 그 위세가 조금 꺾이기는 했지만, 현재도 여전히 지배적인 패러다임의 위상을 차지하고 있다. 이 책의 첫 번째 논문은 기업의 지속가능성을 확보하기 위한 필요조건으로 시장, 관료제, 가족 등 세 가지 메커니즘의 역설적 공존을 주장한 글이다. 이 글은 역설경영 패러다임을 우리나라 학계에 소개한 선구적인 학술논문인 셈이다. 여기서 역설경영은 모순적 요소들이 자신의 내재적 속성을 최대한 발현하면서도 조율된 조화를 이루면서, 하나의 체계 내에서 상보적으로 공존할 수 있도록 관리하는 경영방식이다. 이 논문은 당시의 보수적인 학계 풍토 때문에 투고에서 게재까지 2년 반의 시간이 소요되었다. 물론 그 당시 갓 박사학위를 마친 저자의 학문적 부족함이 게재 지연의 가장 큰 이유였을 것이다. 아울러 당시 학계로는 수용하기 쉽지 않은, 반시대적인 역설경영 패러다임을 주창했던 것도 분명 게재의 어려움을 겪은 또 하나의 이유였을 것이다. 박사학위 논문에서 역설경영 패러다임으로 전략, 조직구조, 인적자원관리, 조직문화, 부서 간의 권력관계 등 조직이론의 주요영역들을 성찰적으로 들여다보고, 이후 더욱 심화시켜 경영학연구, 인사조직연구, 인사관리연구, 인적자원관리연구, 중소기업연구 등에 그 결과를 게재한 바 있다. 그중에서 몇몇 논문을 이 책에 실었다. 한편, 인지복합성과 과업성과의 관계에 대한 논문은 역설경영을 개인 수준에서 연구한 것이다. 모순적 요소들을 수용하고 이를 기업경영에 적극적으로 활용하기 위해서는 기업운영의 주체인 조직구성원이 역설적 사고능력을 갖춰야 한다. 이 논문에서는 역설적 사고능력을 인지복합성으로 포착하였는데, 인지복합성은 개인의 인지구조가 다차원적으로 분화되고 통합되어 있는 정도를 의미한다. 인지복합성이 높은 사람이 모순적 태도를 동시에 요구하는 복잡한 과업에서 다른 사람들에 비해 더 높은 성과를 달성하고 있음을 실증적으로 입증해보였다. 역설경영 분야에서 아직까지도 이 논문을 넘어서는 개인 수준의 연구는 우리 학계에서는 시도되지 않았다.

2부에서는 기업이 공동체적 원리들을 적극 수용해야 함을 주장하고 있다. 1997년 국가가 부도위기에 직면해 IMF로부터 구제금융을 받기 시작하면서 국가와 기업의 시스템이 신자유주의 가치를 적극적으로 수용하였다. 그때까지 우리나라 기업들의 경쟁력 원천이었던 공동체적 인적자원관리를 경쟁적으로 폐기하고 자유주의적 인적자원관리를 신앙처럼 떠받드는 경영학자와 기업들이 등장해서 신인사제도를 하나의 이데올로기로 유포하기 시작했다. 심지어는 다운사이징과 구조조정을 하지 않는 기업은 혁신에 저항하는 것으로 낙인 찍히는 분위기였다. 물론 서구에서는 몰입형 인적자원관리가 노동의 인간화 측면에서뿐만 아니라 기업성과 측면에서도 우수하다는 연구결과가 많이 나왔지만, 우리나라에서는 비주류의 주장으로 인식되었던 시기였다. 역설경영의 관점에서 볼 때도 공동체적 인적자원관리는 다른 유형들에 의해 보완될 필요성이 있지만, 그럼에도 기업경영의 명확한 하나의 축으로서 또 다른 유형을 효과적으로 작동시키는 기반으로서 굳건히 자리 잡아야 한다. 2부 두 번째 논문은 공동체적 관점을 개인 수준에서 연구한 글이다. 신인사제도의 시행과 함께 우리 사회에서 인간관계가 경제적 교환관계를 기반으로 형성되면서 무한경쟁과 이기심만이 선이 되는 안타까움을 나는 목도하였다. 그래서 신뢰를 바탕으로 한, 즉 사회적 교환관계를 기반으로 한 기업경영도 우수한 성과를 낼 수 있음을 입증해 보이고 싶었다. 이 또한 반시대적인 시도였다고 할 수 있다. 기업경영에 공동체적 관점을 수용해야 한다는 나의 관심은 사회적 경제에 속한 사회적 기업과 협동조합에 관한 연구로도 이어졌다. 2부 세 번째 논문이 이러한 관심에서 쓰인 글이다.

3부에서는 기업가정신과 벤처창업에 관한 글들을 모아서 실었다. 내가 몸담았던 삶의 터전 때문에 이 주제에 관한 연구는 싫든 좋든 피할 수 없었다. 여러 인연이 모여 이 연구를 하게 되었던 것 같다. 직장이었던 경남과학기술대학교 경영학과는 전국에서 최초로 로켓피치라는 사업아이디어 경진대회를 개최한 바 있다. 또한, 영남권 유일의 국책창업대학원을 운영하였고, 창업선도대학으로서 창업지원단을 통해 영남권 벤처창업 생태계를 일구는 데 큰 역할을 해왔다. 내가 속한 경영학과가 그 모든 일에 중심에 있었고, 선배 교수를 이어서 창업대학원장과 창업지원단장을 역임한 바 있다. 또한, 국가 간 창업활동을 비교하는 GEM(글로벌기업가정신연구)의 한국 팀 일원으로 참가하여 우리나라의 기업가정신과 벤처창업 실태를 다른 나라와 비교하면서 밀도 있게 들여다볼 기회를 가졌다. 이러한 활동의 결과들을 두 편의 논문으로 정리하여 이 책에 실었다. GEM에서 우리는 2009년 당시 다른 선진국에 비해 기회포착형 창업보다 생계형 창업이 너무 많다는 것을 발견하고, 이에 대한 대응을 국가적 차원에서 요구한 바 있다. 현재 소상공인의 몰락이 사회적으로 문제가 되고 있는데, 그것은 생계형 창업이 압도적으로 많은 것에 그 근본 원인이 있다 할 것이다. 따라서 그 당시 우리의 문제제기는 여전히 유효하다. 여기서 한 가지 덧붙이고 싶은 것은, 공동체적 기업이 설혹 노동의 인간화를 통해 사람 중심의 기업을 구현할 수 있을지라도 끊임없이 변화하는 환경에서 지속 가능한 경쟁력을 확보하지 않으면 살아남을 수 없다는 사실이다. 따라서 기업은 공동체적 속성을 강화하면서 동시에 개인의 개성과 자율성에 기반을 둔 기업가정신을 조직 내에 배태시켜야만 한다. 그런데 공동체적 기업경영과 기업가정신이 상호 모순적인 속성을 갖고 있기에, 이 문제 또한 역설경영 패러다임으로 풀어가야 할 것이다.

4부에서는 감정노동의 문제를 다루고 있다. 자본주의는 모든 것을 상품화한다. 고객만족 또는 접객서비스가 기업의 경쟁우위를 결정하는 주요한 요인 중의 하나로 부각됨에 따라 모든 산업에 종사하는 종업원들은 기업이 요구하는 감정표현규범에 따라 자신의 감정이나 느낌을 고객에게 연출하도록 강제되고 있다. 이제 인간의 감정은 노동력 일부로서 노동과정에 투입해야 할 요소가 되고 말았다. 이처럼 종업원들이 자신의 감정으로부터 소외될 위기에 직면했음에도 4부 첫 번째 논문이 나오기 전까지 이에 관한 체계적인 연구는 거의 없었다 해도 과언이 아니다. 「감정노동: 조직의 감정표현규범에 관한 질적 연구」 논문은 감정노동이라는 용어조차도 생소한 학계에 감정노동, 나아가 감정노동자의 삶에 관한 연구를 촉발한 글이다. 이 글은 당시 경영학계 풍토에서는 드물게 민속방법론을 사용하였다. 조직의 감정표현 규범에 의해 감정노동자들이 통제되고 소외되는 현상을 두텁게 묘사하여 우리나라 감정노동 연구의 시금석이 되었다고 자부한다. 4부 두 번째 논문은 감정노동자의 저항의 일종인 감정일탈을 네 가지 감정노동 수행전략의 하나로 포함하여, 네 가지 감정노동 수행전략에 미치는 여러 가지 요인들을 연구한 글이다. 국내 · 외적으로 감정일탈을 감정노동 수행전략으로 포함한 연구는 이것이 거의 유일하다. 감정노동자의 소외를 막을 수 있는 현실적 방안 중의 하나는 그들에게 감정표현의 자율성을 부여하고 감정일탈을 일정 정도 허용하는 것이다. 이런 점에서 감정일탈을 감정노동 수행전략의 일환으로 보는 것은 감정노동자의 관점에서 볼 때 매우 의미 있는 일이다. 감정노동에 대한 자율성 부여가 종업원의 감정소외를 낮출 수 있다는 연구결과를 인적자원관리연구에 발표하여 그 논문으로 학회 학술상을 받은 바 있으나 이 책에서는 분량의 한계로 포함하지 못했다. 인간의 감정을 상업화하는 감정노동에 대한 대안은 무엇일까? 앞서 언급한 자율성 부여와 감정일탈 허용이라는 두 가지 대안은 감정노동이라는 사회적 현상을 근본적으로 바꾸는 것이 아니다. 그러면 우리는 이들 대안보다 더 나아간 대안을 어디서 찾아야 할까? Mumby와 Putman(1992)은 여성주의 관점에 입각하여 제한된 감정성(Bounded

Emotionality)이라는 개념을 도입함으로써 그 문제를 잠정적으로 해결하고 있다. 이들의 주장을 비판적으로 검토한 글을 4부 끝에 실었다.

5부에서는 기존의 기업경영 패러다임에 대한 근본적인 문제를 제기하고 있다. 내가 조직이론 영역에서 관념의 모험을 본격적으로 펼치기 시작하는 지점이다. 5부의 논문들은 화이트헤드 철학을 전공하고 무모하게 경영학에 뛰어들어 경영학 박사까지 받은 한 노마드, 대구대 김영진 교수에게 많이 빚지고 있다. 김영진 교수와 함께 공동연구를 진행하며 현재의 기업경영 패러다임을 존재론, 인식론, 가치론 이 세 영역에서 근본적으로 성찰해보는 시간들을 가졌다. 그 결과물들을 인사조직학회에서도 발표했고, 여러 학술잡지에도 게재한 바 있다. 5부 첫 번째 논문에서는 기업경영의 패러다임이 실체 관점에서 과정 관점으로 이행해야 하는 당위성과 국제적 학문의 추세를 제시하고, 우리나라 경영학자들과 경영자들 또한 우리와 함께 과정철학으로 외출하여 관념의 모험에 나설 것을 주장하고 있다. 화이트헤드의 과정철학에는 변화와 보존을 동시에 담을 수 있는, 즉 이분법을 넘어서는 개념들이 풍부하게 들어있다. 이러한 화이트헤드의 과정철학을 기업경영에 불러들임으로써 이론적, 실천적 측면에서 어떠한 도움을 받을 수 있는지를 개략적으로 살펴본 논문이다. 아마 이 논문이 과정철학과 조직이론을 접목한 우리나라 최초의 연구일 것이다. 2부 두 번째 논문「화이트헤드의 느낌의 윤리」에서는 기존의 감정노동에 관한 이론들이 근대 이성에 기반을 둔 실체철학 및 주체 중심의 윤리이론의 한계에 닫혀 있음을 비판하고, '느낌의 윤리'가 감정노동에 대한 근본적인 대안이 될 수 있음을 주장한다. 화이트헤드와 들뢰즈의 과정철학에 기대어 기업공동체에 대한 관념의 모험을 감행했던 여러 기록은 이후 김영진 교수와 함께 저술할 경영철학 책에서 상세하게 다루게 될 것이다.

화이트헤드가 대화록에서 술회했던 아래의 말로 새로운 다짐을 하며 긴 프롤로그를 마친다.

사상의 생명력(Vitality)은 모험에 있다. 이런 생각은 내가 평생을 두고 해온 말이다. 그밖에는 거의 말할 것이 없다. 관념은 오래 지속되지 않는다. 관념에 대해서 무엇인가가 이루어져야 한다. 관념은 끊임없이 새로운 국면에서 고쳐보도록 해야 한다. 어떤 참신한 요소를 그 속에 끌어들여야 한다. 이를 중지할 때 관념도 정지되고 만다. 인생의 의미는 모험이다(The meaning of life is adventure).

차례

제1부
역설경영
패러다임의 등장

경영은
관념의 모험이다

Management is the Adventure of Idea

시장, 관료제 그리고 가족[1]: 인적자원의 역설경영과 기업성과 사이의 관계

1. 머리말

지난 20여 년 동안 한국 기업은 다양한 경영혁신운동을 전개하였다. 감량경영, 기업문화, 리엔지니어링, 학습조직 등 이루 헤아릴 수 없을 정도의 운동이 유행병처럼 유포되었으며, 어떤 신문은 이를 '1社1운동현상'이라고까지 이름 붙인 바 있다. 그러나 사실 이러한 경향에 특별히 새로운 것은 없다. 우리의 기업들이 진작에 관심을 기울여야 했던 지극히 원론적인 것의 재강조일 따름이다.

대부분의 경영혁신운동은 효율성(efficiency)과 혁신(innovation)이라는 두 가지 가치 중 하나 또는 둘 모두를 어떤 형태로든 내포하고 있는데, 이 두 가치는 기업경영의 가장 기본적인 두 개의 축을 형성하고 있다(Lawrence & Dyer, 1983). 그러나 효율성과 혁신이라는 두 가치는 본질적으로 상호 모순적인 개념이다. 효율성이 주어진 목표를 최소의 비용으로 최대한 달성하는 것을 의미한다면, 혁신이란 새로운 사고, 제품, 시장, 또는 새로운 생산방법을 추구하는 일련의 활동을 의미하기 때문이다. 따라서 혁신을 강조하면 효율성이 희생되고, 효율성을 강조하

1 이 논문은 윤세준과 함께 『인사·조직연구』 제9권 제2호(2001년)에 게재하였다.

면 혁신이 마비된다.

제조기업의 예를 들면, 이 두 가치 사이의 갈등은 전형적으로 제조부서를 중심으로 발생한다. 제조부서의 목표는 효율적인 생산의 계속, 즉 매끄러운 생산(smooth production)이다. 그러나 혁신의 이름 아래 계속 도입되는 신제품이나 소비자들의 다양한 요구에 따른 다품종 소량생산은 기계와 공구의 잦은 교체에 따른 기계 유휴시간(idle time)의 발생, 교체된 생산설비의 안정화(stabilization)까지 걸리는 시간 및 스크랩(scrap)의 발생, 작업자의 빈번한 재배치 등의 문제를 야기시킴으로써 생산의 효율성을 압박하게 된다. 반면에 효율성을 강조하는 원가 위주의 관리는 기업의 환경에 대한 적응능력을 떨어뜨려 혁신을 마비시키기 쉽다. 효율성과 혁신이라는 두 가지 기본적 가치 사이의 대립적인 관계는 제조부서뿐만 아니라 기업조직의 모든 영역에서 나타난다. 물론 기업이 이 두 가지 가치 중 어느 하나만을 추구해 높은 성과를 단기적으로 올릴 수는 있을 것이다. 그러나 장기적으로 이들 두 가치는 어느 것도 희생될 수 없다.

최근 세계경제 환경은 20세기 초 이후 100년 가깝게 지속된 대량시장에 기반을 둔 대량생산으로부터 다품종소량생산으로 이행하는 전면적 구조조정 과정에 있다(Piore & Sabel, 1984; Best, 1990). 이 같은 환경에서 살아남고 점점 심화되어 가고 있는 국제경쟁에서 승리하기 위해서는 그 어느 때보다 효율성과 혁신이 필요한 시기이다. 그러나 상호모순적인 관계에 있는 두 가지 목표를 동시에 추구하는 것은 쉽게 달성될 수 있는 성질의 것이 결코 아니다. 이를 위해서는 기업이 조직구조, 인사정책, 기업문화 등의 여러 측면에서 모순을 수용하고 경영에 적극적으로 활용할 수 있어야 한다(Lawrence & Dyer, 1983; Quinn, 1988; Kotter, 1990; Pascale, 1990; Stacey, 1996). 이 연구에서는 인적자원관리 측면에 초점을 맞추어 기업모순을 효과적으로 관리하는 '역설의 경영(Management of Paradox)' 방식에 대해 알아보기로 한다.

글의 순서는 다음과 같다. 2절에서는 최근 들어 주목을 받고 있는 '모순관리' 및 그와 관련된 몇 가지 개념들을 도입한다. 3절에서는 인적자원 관리가 어떠한 방식으로 운용되어야 기업이 효율성과 혁신을 동시에 달성할 수 있을 것인지에 대해 이론적으로 탐색하여 보고 이에 따라 연구의 가설을 도출한다. 4절에서는 연구방법에 관하여 서술하며, 5절에서는 자료의 분석을 통해 설정된 가설을 검증하고 그 결과가 담고 있는 의미에 대해 논의한다. 6절은 본 연구가 갖는 이론적·실천적 함의를 논의하고 연구의 한계와 후속 연구의 방향을 제시한다.

2. 모순관리의 개념적 틀

최근 서구의 경영학이론이 1970~80년대의 상황적 접근(contingency approach)에서부터 크게 이탈하는 경향을 보이고 있다. 즉, 과거의 이론들은 상황(예를 들면, 환경의 불확실성 또는 제품수명주기 등)에 따라 여러 상호 배타적인 경영전략과 조직관리 방법(예를 들면, 유연성-효율성, 기계적 조직-유기적 조직 또는 Defender-Prospector-Analyzer 전략) 중에서 가장 적절한 것 하나를 선택할 것을 주장하였다. 그러나 최근 새롭게 등장하는 이론들은 이들 상호 모순적으로 보이는 가치, 목표, 전략, 관리방침들을 동시에 추구하지 않고서는 기업이 생존할 수 없음을 강조한다(Cameron & Quinn, 1988; Evans & Doz, 1992; Collins & Porras, 1994; The Price Waterhouse Change Integration Team, 1996). 이러한 시대적 상황에서 '모순관리', '역설의 경영', '복잡성의 경영' 등의 용어가 출현하고 있는 것이다.

기업에는 수많은 모순이 존재한다. 예컨대 조직으로서의 기업과 기업을 구성하는 개인은 상호 모순관계에 있다. 일관성, 통일성, 안정성을 유지하기 위해서 조직은 다양한 개개인들의 의견, 욕구, 개성, 창의성 등을 적절하게 통제해야 하지만, 동시에 혁신 능력이 상실되는 것을 방지하기 위하여 역설적으로 개인의 개성과 창의성도 장려해야 한다. 한편 개인은 어떤 조직의 구성원이 되는 것을 열망하지만, 동시에 자신의 개인적 삶의 영역(life sphere)을 확보하기 위하여 조직의 경계 밖으로 끝없이 탈출하려고 하기도 한다(Morf, 1989). 또한, 자본과 노동이라는 근본적으로 서로 이해를 달리하는 두 집단이 대면해야 하는 자본주의 기업에서는 이들 사이의 恒常的 모순이 존재할 수밖에 없다. 이러한 모순 이외에도 다양한 형태의 크고 작은 모순들이 기업 내·외에 존재하는데, 분화-통합, 경쟁-협력, 통제-권한 위양, 국제화-지역화 등이 그러한 예들에 속한다(Evans & Doz, 1992; Stroh & Miller, 1994).

이처럼 조직에는 다양한 모순적 경향성이 혼재하기에 이들을 조직목표 달성으로 연결시킬 수 있는 능력을 갖추어야만 장기적으로 조직의 성공은 보장될 수 있다. 모순의 효과적 관리를 위해서는 우선 모순의 다양한 유형들을 일정한 기준에 의해서 체계적으로 분류해 볼 필요가 있는데, 우리는 이러한 기준으로 모순의 '발생원천'과 모순의 '인식유형'이라는 두 개념을 도입하고자 한다. 먼저 모순의 발생원천에 대해서 설명해 보자. 모순현상은 모순이 발생하는 원천에 따라서 자연적 모순과 인위적 모순으로 구분할 수 있을 것이다. 자연적 모순은 자연, 인간 그리고 사회 및 조직에 처음부터 내재되어 있는 지극히 자연스러운 대립적 관계이다. 이러한 모순은 밤과 낮 또는 빛과 어두움 사이의 긴장관계와 같은 것으로 자연에 본성적으로 내재하기에 우리가 피할 수 없는 모순을 의미한다. 인간의 자아(self)에 내재되어 있는 모순들로는 분석-직관, *左惱-右惱*, 행위-성찰, 이기심-애타심, 사랑-증오 등을 들 수 있다(Slaatte, 1968). 이러한 모순들은 그들 역시 자연의 일부인 인간에게 부과된 생리적 그리고 심리적 조건들이 개인의 내면에서 서로 필연적으로 충돌하며 발생하는 모순들을 의미한다.[2] 한편 사회적/조직적 수준

2 성격심리학의 토대를 세운 Jung(1960)도 모순을 인간 존재의 핵심으로 보았다. 그에 의하면 인간은 자연과 문명 그리고 자유와 질서와 같은 상충하는 여러 경향성 사이의 대립 속에 놓여 있고, 이러한 두 가지 대립적 경향성 들에서 動搖(seesawing)하는 긴장이 인간 존재에 삶의 에너지를 부여한다.

에서의 자연적 모순은 개인들이 사회적 행위에 참여할 때, 다른 사회적 행위자 또는 조직과 같은 사회적 실체와의 관계에서 자연스럽게 발생할 수 있는 모순들을 포함한다. 이러한 모순의 대표적인 예로 조직-개인, 협동-경쟁, 분화-통합 사이의 긴장관계를 들 수 있다(Evans & Doz, 1992).

자연적 모순은 사회체계의 발전과정에서 잠정적으로 억압/왜곡되거나 모순을 구성하는 요소 중 어느 한쪽이 강조될 수는 있다. 그러나 자연적 모순은 궁극적으로는 제거될 수 없고, 보편적이며 超역사적인 성격을 갖는다. 이러한 모순적 경향성 중 어느 하나가 억압되면 인간과 사회는 오히려 병적인 상태에 빠질 수 있다(Siporin & Gummer, 1988; Schneider, 1990). 따라서 개인과 사회는 이런 모순이 비록 혼란스럽고 불편할지라도, 자연스럽게 수용하고 용인해야만 하며, 더 나아가 적극적으로 관리할 수 있어야 할 것이다(윤세준, 1997).

이와는 대조적으로 인위적 모순은 역사발전의 특수한 국면에서 어느 개인 혹은 집단이 그들의 특수한 목표를 달성하기 위해서 모순적 관계를 발생시키는 것을 의미한다. 이러한 모순은 특정한 사회-문화권 또는 역사적으로 특수한 단계에서만 발견되는 것이며, 궁극적으로는 제거되거나 최소화될 수밖에 없다. 인위적 모순은 개인의 내면적 수준에서는 발생할 가능성이 거의 없지만, 사회적 수준에서는 다양한 형태로 존재할 수 있다. 대표적인 예로, 자본주의적 생산양식에 있어서 노동과 자본의 적대적인 관계를 들 수 있다. 물론 자본주의 前단계의 모든 계급사회에서의 착취-피착취 계급 간의 관계도 여기에 해당한다. 인위적인 발생의 기원을 갖는 모순은 특정한 시점에서는 긍정적인 효과를 발휘할 수도 있으나 장기적으로는 개인과 사회에 역기능적이고 解體적인 효과를 가져온다. 인위적 모순에서 억압받는 개인/집단은 일정한 수준 이상으로 모순이 증폭되면 그 모순관계를 혁파하거나 모순관계 밖으로 도피하려고 할 것이다. 비록 혼란을 초래한다고 할지라도 자연적 모순이 야기하는 긴장관계는 용인될 수 있는 것임에 반하여, 인간에 강제적으로 강요되는 인위적 모순은 인내하기 어려운 것이다. 행위자의 주관적 해석과 間주체적(intersubjective) 의미부여 그리고 의도적 조작에 의해서 인위적 모순이 자연적 모순인 것처럼 보이게 만들 수는 있다. 그러나 인위적으로 초래된 모순이 영원히 자연적인 것처럼 인식될 수는 없을 것이다(Bhaskar, 1993). 특히 인위적인 모순을 유지하기 위하여 자연적 모순의 발현이 억압되고, 이것이 장기화되면 양자 사이의 갈등이 증폭될 것이고, 보편적 특성을 갖는 후자의 발현을 위하여 전자는 결국 해소될 것이다.

둘째, 모순을 구성하는 요소들 사이의 관계를 어떻게 인식할 것이냐의 문제를 우리는 모순의 인식유형으로 부르는데, 여기에는 역설(paradox)과 딜렘마(dilemma)라는 두 유형이 있다. 역설에서는 양립할 수 없는 두 요소 A와 B가 구조적으로 서로 대립관계에 놓여 있지만, A와 B가 한 체계 내에 공존할 수 있다. 즉, 둘 이상의 모순적 대안 중에서 어느 하나를 선택할 것을 강요하지 않고 역설을 구성하는 요소들이 한 체계 내에시 동시에 용인되고 존재하며 서로 작용한다. 다시 말해서 역설의 핵심적인 특징은 정면으로 배치되는 상호 배타적인 요소들이 한 체계 내에서 동시에 공존한다는 것이다. 모순이 사람들에게 역설로서 인식되는 경우에는 모순적 요소들이 서로 '相剋-경쟁-독립'의 관계를 가지면서 동시에 '相生-협력-의존' 관계를 유지하는 것으로 인식된다(소광섭, 1993). 종합하면, 모순적 요소들은 궁극적으로 '相乘-조화-상호 의존'의 관계를 유지하는 것으로 인식된다. 이 경우 모순을 구성하는 요소 간의 경쟁관계에 의해 원심력이 작용하여 요소들 각자의 내재적인 속성이 최대로 발현되면서도, 동시에 구심력으로 작용하는 협력관계에 의해 모순적 요소들은 서로 조화되고 통합되어 체계는 최대의 시너지를 창출하게 된다(Stacy, 1996). 예컨대 조직에서 모순이 역설로 인식된다면 자율성의 약화는 곧 통제의 강화를 의미한다는 식의 도식적인 이해는 피할 수 있다. 그대신 이들 두 요소가 서로 침투하고 융합되어 조직은 최고의 성과를 올리게 된다(Peters & Waterman, 1982; Van de Ven, 1983; 윤세준·김상표, 1997).

역설적 사고는 서구의 형식논리에서는 성립할 수 없지만, 동양의 陰陽論에서는 가능할 뿐만 아니라 나아가 어떤 체계의 존립 근거가 된다. 동양의 太極은 陰과 陽이라는 상호 배타적인 두 힘이 경쟁적으로 작동하면서, 동시에 이들이 의존하는 관계를 맺음으로써 모순관계가 상호 의존적인 형상을 이루고 있다. 또한, 음양론에 의하면, 음은 양 속의 음이라야 진정한 음이고, 양은 음 속의 양이라야 진정한 양이 되며, 음과 양은 서로 대립적 관계에 놓여 있지만, 道라는 틀 안에서 서로를 보완하는 구성물로서 존재한다. 동양의 五行체계도 모순에 대한 역설적 인식을 바탕으로 하고 있다. 오행圖는 相生과 相剋의 과정을 모두 포함한다. 서양의 사이버네틱스(cybernetics) 이론이나 제어(control) 이론에도 두 개의 되먹임고리(feedback loop)가 나타나지만, 여기에서는 음과 양의 되먹임고리를 따로 갖는 체계만이 있을 뿐이다(소광섭, 1993). 그러나 오행체계에서는 生剋이라는 두 개의 되먹임고리가 겹으로 작용하고 있다. 서로 모순관계에 있는 상생과 상극이 분리되지 않고, 相補的(complementary)으로 공존하고 있는 것이다. 이처럼 동양의 논리에서는 음과 양, 생과 극이 각기 하나이면서 둘임을 분명히 한다(조동일, 1996). 요컨대 동양에서는 모순을 구성하는 요소들이 한 체계 내에서 각기 나름의 구실을 하면서도 서로 조화, 화해, 그리고 융합될 수 있다고 본다. 모순을 바라보는 동양의 이러한 특징들이 서구의 사상체계에 점차 침투하고 있는데, 조직이론이나 경영학이론도 예외가 아니다. 예를 들어, Eisenhardt와 Westcott(1988), Maruyama(1993) 그리고 Hampden-Turner와 Trompenaars(1993) 등의 연구는 낮은 원가, 높은 품질, 신제품의 개발 등 서로 상충적인 성과 지표 등을 동시에 달성할 수 있는 일본의 경영방식이 모순을 딜렘마가 아닌 역설로 인식하는 동양식 사고유형 때문에 가능했음을 규명하였다.

하지만 모순을 역설로 인식하는 사고의 틀은 여전히 소수만의 관심을 끄는 주변부적 사상체계로 남아 있고, 딜렘마적 세계관이 동서양의 과학적 사유방식을 주도하고 있다. 딜렘마에서는 두 요소 A와 B가 서로 상충관계에 있다면 한 체계 내에서 공존할 수 없는 상태를 의미하고, 그 결과 A 또는 B 중에서 어느 하나가 선택될 수밖에 없다. 다시 말해서 딜렘마는 상충적인 대안 중의 어느 하나를 반드시 선택해야 한다는 것(선택의 불가피성) 그리고 선택행위가 필연적으로 손실을 초래한다는 것(기회손실)이 특징이다(이종범, 1994). 모순의 딜렘마적 인식에서는 대립적인 두 경향 중 어느 하나만이 선택적으로 작동하고 궁극적으로는 이 대립은 제거되어야 하는 것으로 이해된다. 이렇게 되면 체계는 비생산적인 소위 '分裂現狀(schismogenesis)'에 빠지게 되는데, 분열현상은 하나의 행동이나 속성이 극단적이고 역기능적이 될 때까지 자신을 영속화하는 자기강화적(self-reinforcing) 과정이다(Cameron, 1986: 546). 모순적 힘 중 하나의 지배가 다른 힘의 복종을 유발하여 지배와 복종이 동시적으로 강화되게 되면, 부정적인 악순환이 계속적으로 재생산된다. 이 경우에 시스템이 균형을 벗어나 붕괴될 때까지 지배-복종 관계가 계속되게 된다. 조직의 예를 들면, 기계적 조직에서 효율성의 추구가 혁신의 능력을 완전히 마비시키거나 임시방편적 조직(adhocracy organization)에서 혁신의 지나친 강조가 효율성을 잠식해버릴 때, 이러한 현상이 발생한다. 한편 모순적인 경향 중 어느 하나가 다른 경향의 반발을 가져오는 경우를 상정해 볼 수도 있다. 이것은 경쟁과 상호 파괴를 강화하는 악순환을 가져온다. 예컨대 신제품 개발을 촉진하는 연구개발부서와 운영효율성을 달성하려는 관리부서 간의 분쟁이 계속되어 조직의 분열이 결과하는 상황이 발생할 수 있다.

서구의 형식논리에서 의미하는 모순이란 바로 이러한 상황에 해당한다. 모순을 딜렘마로 인식하는 것은 서양사상의 특징이다. 서양 철학의 커다란 두 흐름인 형식논리와 변증논리 모두 모순적 긴장관계를 있는 그대로 인정하기보다는 모순관계를 제거하고자 한다는 점에서 그 기본 전제를 함께 한다(박동환, 1993). 同一率, 矛盾率, 排仲率 등 세 가지 기본법칙에서 출발하는 형식논리는 A와 not A가 공존할 가능성을 처음부터 배제해 버린다. 변증법은 모순적인 힘들이 서로 공존할 수 있다는 점에서는 역설과 유사하나 이러한 공존은 일시적일 뿐이고, 궁극적으로 이러한 모순들은 투쟁을 통해 지양되어야 하는 것으로 파악한다.

지금까지 모순을 체계적으로 이해하는 데 도움이 될 수 있는 두 개의 분류기준— 발생원천과 인식유형 —을 논의하였다. 이제 이 기준들을 활용하여 조직에서 발견되는 다양한 모순들을 체계적으로 이해할 수 있는 개념적 틀을 구성하여 보자. 두 기준을 교차시켜 모순의 분류체계를 도출하면 〈그림 1〉과 같이 되고, 이 틀을 중심으로 모순관리의 일반원칙 몇 가지를 논의해 보면 다음과 같다.

〈그림 1〉 모순관리의 개념적 틀

		모순의 인식유형	
		딜렘마(Dilemma)	역설(Paradox)
모순의 발생원천	자 연 적	유 형 1	유 형 2
	인 위 적	유 형 3	유 형 4

첫째, 조직은 모순을 딜렘마가 아닌 역설로 관리할 수 있는 조건들을 갖추어야 한다. 특히 유형 1의 모순을 유형 2로 전환시킬 수 있어야 한다. 유형 1이 유형 2로 전환될 수 있는 시대적 조건은 이미 성숙해 있다. 과거에는 동시에 보유할 수 없다고 간주되었던 기업의 핵심능력들이 기술의 발전, 시장 특성의 변화, 경영자들의 인식 변화 등으로 인해서 이제 동시추구가 가능하게 되었다. 예를 들면 정보기술의 발달로 인하여 20세기 초의 장인생산체계(craft production system)가 보여 주었

던 생산체계의 유연성과 포드식 조립라인의 효율성 사이에 줄곧 지속되어 왔던 대립관계가 상당 정도 해소되었다. 또한, 신기술에 의해 중앙집중식 통제와 의사결정의 분권화가 동시에 이루어질 수 있게 되었다. 그리고 적기생산방식, 전사적 품질관리(TQM) 등과 같이 기술체계의 변화를 수반하지 않고서도 상충하는 경쟁력을 동시에 확보하는 관리방식도 많이 보급되고 있다(윤세준, 1994). 그뿐만 아니라 대량생산-대량소비의 경제체제가 다품종소량생산으로 전환하면서 과거에는 소수의 경쟁요소에만 편집증적으로 집착하던 경영자들도 유형 2의 필요성을 의식적 혹은 무의식적으로 수용하고 있다(Hart & Banbury, 1994).

그러나 유형 1의 모순을 유형 2로 전환하는 것이 쉽게 이루어지지는 않을 것이다. 모순을 딜렘마로 인식하여 한 가지 경향만을 강조하는 것이 편집증이나 강박증으로 발전하여 체계를 파괴하듯이, 모든 모순을 원칙 없이 동시에 증폭하는 것은 정신분열증을 가져올 수 있다. 따라서 유형 2의 모순을 효과적으로 관리하는 조건들을 면밀하게 탐색하는 것이 앞으로 조직이론이 해결해야 할 주요과제로 등장하게 된다(윤세준, 1998).

둘째, 인위적 모순의 관리는 우리에게 더욱 도전적인 문제들을 던진다. 먼저 몇몇 예를 통하여 유형 3과 유형 4의 차이점을 드러내 보자. 모순적 요소들이 딜렘마적인 관계에 놓여 있는 유형 3은 악어의 딜렘마(the crocodile's dilemma), 죄수의 딜렘마(prisoner's dilemma) 또는 국가 간 군비 경쟁을 예로 들 수 있는데(Falletta, 1983), 인위적으로 부여된 특수한 처벌/보상구조(payoff structure) 안에서 의사결정을 해야 한다는 의미에서 이들은 인위적이고, 강요된 체계 내에서 하나의 대안을 선택해야만 한다는 의미에서 딜렘마적이다. 인위적으로 구성된 요소 간의 관계가 역설관계에 있는 모순유형 4는 네덜란드 화가 Escher의 그림들에서 발견되는 모순과 근본적으로 성격을 같이 한다. 예컨대 Escher는 작품 「상승과 하강」에서 사람들이 사각형의 계단을 돌며 끊임없이 올라가거나 내려가지만 아무 곳에도 도달하지 못하고 같은 계단을 영원히 회전하는 모습을 그렸다. 인위적인 평면 구성을 통하여 자연계에서는 불가능한 역설적 공간을 구성해 낸 것이다. 이 공간이 역설적인 이유는 공간의 구성요소들이 모순적 관계에 있는 데도 서로 충돌하지 않고 하나의 통일된 체계를 구성하기 때문이다.

위의 예들은 철학자나 논리학자들이 형식논리의 허구성을 보여 주기 위하여 애써 고안한 것일 뿐, 사실 자연계에서는 쉽게 찾을 수 없는 것들이다. 현실적으로 존재할 수 있는 가능성이 가장 큰 죄수의 딜렘마만 해도 실험실에서나 순수한 형태로 창출해 낼 수 있을 뿐, 대부분 삶의 현실에서는 행위자 간의 의사소통 및 타협을 통하여 모순적 특성이 약화된다. 인간과 사회적 삶의 본성인 자연적 모순과는 달리 인위적 모순을 현실에서 많이 찾을 수 없는 이유는 인위적으로 도입되는 모순은 자연스러운 삶의 진행을 방해하거나 왜곡하기 때문이다. 인위적으로 도입된 모순으로 꽉 찬 세계에서 실제로 살아야 한다면 그것은 고통스러울 것이다. 특히 이러한 모순이 역설(유형 4)이 아니라 딜렘마(유형 3)의 관계로 체험된다면 더욱 참아 내기 힘들 것이다. 따라서 사람들은 개인과 사회적 수준에서의 인위적 모순을 지양하려고 적극적으로 노력한다. 만약 인위적 모순의 제거가 불가능하다면 사람들은 다양한 노력을 통하여 그것을 최소화하고, 심지어는 인위적 모순이 마치 자연적으로 발생한 것처럼 인식하거나 유형 3을 유형 4로 착각하는 허위의식을 갖게 된다. 이러한 이유로 인하여 기업을 둘러싼 인위적 모순은 최소화되지만, 예를 찾을 수 없는 것은 아니다. 자본주의적 기업의 노자관계와 다양한 형태의 역할갈등[3]이 바로 그것이다.

노자관계에서 발생하는 인위적 모순은 그 중요성 때문에 약간의 추가적 분석이 필요하다. 자본주의 생산양식에 있어서 자본과 노동의 대

3 개인이 사회 또는 조직에 참여할 때 차지하게 되는 위치에 부여되는 일련의 행위규범들을 역할이라고 부른다. 역할갈등에는 역할 간 갈등, 역할 내 갈등 등 다양한 유형이 있지만, 일반적으로 특정한 사회적 위치에 기대되는 행위규범들이 서로 모순적인 내용을 가질 경우에 역할갈등이 발생한다. 개인이 특정한 사회적 지위를 점함으로써 상반된 구조적 압력을 수용할 수밖에 없고, 그 과정에서 모순적 기대를 동시에 수행해야 한다는 점에서 역할갈등은 인위적 모순의 한 가지로 파악할 수 있다.

립적인 관계는 생산양식의 정의 자체에 의해 발생론적으로 인위적이다. 자본주의는 자본가가 모든 생산수단을 소유하는 반면, 노동자는 아무런 생산수단을 소유하지 못한 채 자신의 노동력을 자본가에게 팔지 않을 수 없는 사회경제체제이다. 노동시장에서 구매된 노동력은 노동과정에서 소비되고 그때 상품이 생산되며 가치와 잉여가치가 창출된다. 잉여가치가 노동과정에서 창출되므로, 임노동의 구매를 통해서 노동력이라는 상품의 사용권을 획득한 자본가는 임노동자로부터 최대한의 노동을 획득하여서 잉여가치의 생산, 즉 가치증식을 꾀하게 된다(Hill, 1981). 발생론적으로 인위적인 자본-노동의 모순은 자연적인 것이 아니기에 쉽게 관리될 수 있는 성질의 것이 아니다. 또한, 인식유형에 있어서도 역설의 관계에 있다기보다는 본질적으로 딜렘마의 관계에 있다. 자본주의가 설령 형태를 바꾸어 존재한다고 할지라도 자본주의적 생산관계의 본성이 지속되는 한 자본-노동의 객관적 관계는 유형 3에 남아 있을 것이다(윤세준, 1995). 이 관계를 자본주의라는 생산관계 내에서만 본다면 자연적인 것으로 위장될 수 있어서 혹시 유형 1의 상태인 것처럼 조작될 수도 있다. 그러나 유형 1도 딜렘마적이므로 결국은 모순의 전개양식에서 갈등이나 변증적 대립으로 발전할 수 있다. 변증적 대립은 노동계급으로 하여금 자본주의적 생산관계를 극복하려는 시도를 하게 할 것이며, 그 결과 노자관계는 다시 유형 3의 모순으로 전환할 것이다.

궁극적으로 노자모순과 같은 인위적 모순은 해소되어야 한다. 그러나 이것의 해소는 이를 초래한 사회적 토대의 완전한 변혁 없이는 불가능하므로 짧은 시간에 실현되기는 매우 어려울 것이다. 이러한 모순이 역사발전의 특정 단계에서 어쩔 수 없이 존재할 수밖에 없다면 부분적인 완화방법이라도 찾아야 하는데, 딜렘마적인 요소를 약화시키고 역설적인 모순으로서 존재할 수 있는 조건을 강화하는 것에서 그 가능성을 찾을 수 있다. 노동-자본의 모순적 관계가 노동자들에게 딜렘마로 인식되었을 경우에 이들의 저항과 노자 간의 충돌로 인해 자본은 잉여가치의 창출에 심각한 위기를 맞을 수도 있다. 설혹 노동자들이 적극적인 저항을 하지 않더라도 결근, 이직, 태업 등 소극적인 저항과 동기부여의 감소로 생산성이 떨어져 가치증식이 방해받을 수도 있다. 이러한 이유 때문에 기업은 순조로운 가치창출을 위해서 노동자들이 노자 간의 모순을 역설로 인식하도록 해야 한다. 즉, 유형 3을 유형 4로 전환시키는 것이다.

그러면 어떻게 유형 3을 유형 4로 전환시킬 것인가? 논리체계에서의 딜렘마는 해결할 수 있는 가능성이 처음부터 봉쇄되어 있지만, 사회적 관계에서의 딜렘마는 그 관계에 신뢰(trust)라는 요소를 도입함으로써 그것이 본성적으로 가지고 있는 체제 해체적 경향성을 완화시킬 수 있다. 자본과 노동의 관계에서도 딜렘마가 역설로 이동하기 위해서는 신뢰가 개입하여야 한다. 이는 Fukuyama(1995)의 주장과도 일치한다. Fukuyama에 의하면 체제의 경쟁에서 자본주의가 이긴 것은 사실이지만, 미래에 어떤 자본주의가 최종적으로 승리할 것인지는 아직 결정되지 않았다. 그의 핵심적 주장은 사회체제가 신뢰를 어느 정도 제도화할 수 있느냐에 따라서 경제체제의 성패가 결정된다는 것으로 이어진다. 노자 간의 신뢰관계가 형성되기 위한 필요조건은 물적 토대의 수정이다(Actouf, 1992; 윤세준, 1994). 노동과 자본의 적대적 모순관계를 완전히 해소하지 않은 상태에서 물적 토대를 수정한다는 것은 소득, 재산, 의사결정 권한 등의 비교적 평등한 분배구조와 민주적인 기업운영을 의미한다. 이는 유형 3의 모순을 유형 4로 전환하는 것이 유형 1에서 유형 2로 이동하는 것보다 더 어려울 것이라는 점을 시사한다. 後期포디즘(Post-Fordism)의 경제환경에서 자본주의적인 기업이 모순관리를 한다는 것은, 기업 내·외에 존재하는 여러 모순적인 요소, 경향 그리고 관리관행들을 유형 2 혹은 유형 4의 상태로 復元시켜서 유지·활용하겠다는 것을 의미할 것이다. 그러한 시도의 성패는 가장 자본주의적이고 본질적으로는 딜레마적인 모순인 노동-자본 관계를 어떻게 관리하는가에 달려 있다고 볼 수 있다.

지금까지 우리는 모순의 유형들을 분류하는 틀을 제시하고 기업이 모순을 딜레마가 아닌 역설로 관리할 필요가 있음을 논의하였다. 다시 말해 기업이 역설의 경영을 할 수 있어야 한다는 것이다. 역설의 경영을 '모순적 요소들이 한 체계 내에 상보적으로 공존할 수 있도록 하는 관리 방식'으로 정의하며, 다음 절에서는 기업이 인적자원관리 측면에서 모순을 역설로 관리하는 방법에 관해 기술한다.[4]

3. 역설적 인적자원관리에 관한 가설

인간은 복잡하고 모순적인 존재이다. 우리는 자아를 타인과 분리시켜 사적인 개인의 공간에 위치하고 싶은가 하면, 동시에 사고와 가치를 타인과 일치시키고 사회적 공간에 진입하여 다른 사람들과 교제하는 것도 열망한다. 사적인 이해에 기초하여 이기적으로 행동하기도 하고, 그러면서도 상호 신뢰와 협력을 원한다. 한쪽으로는 독립과 프라이버시를 열망하면서, 또 다른 쪽으로는 공동체를 희구하기도 한다. 자신의 정체성을 유지하기 위해 어딘가에 안정성의 닻을 내리기를 바라는 한편, 새로운 것을 탐색하고 변화를 추구한다. 이와 같은 사람들의 이중적 경향은 인간의 본성이다(Schneider, 1990; Stacey, 1996). 사람에 따라서 이 둘 중에 어느 쪽으로 그 열망의 강도가 치우칠 것인가 하는 면에서 차이가 있을지 모르지만, 둘 중 어느 한 가지 열망이 완전히 퇴화해 버린 사람을 발견하기는 그리 쉽지 않을 것이다(Miller, 1989: 17).

이처럼 본질적으로 모순적 존재인 인간이 결국은 모순적 기업목표, 즉 효율성과 혁신을 실현시키는 주체이다. 그러므로 조직이 추구하는 다양한 모순적 목표들과 모순적 인간을 연결시키는 고리의 역할을 하

4 이 논문에서 '모순관리'와 '역설의 경영'이라는 용어는 의미론적으로 명확하게 구분되어 사용된다. 즉, 전자는 모순을 관리하는 여러 방식을 모두 포함하는 통칭적 용어(generic term)이고, 역설의 경영은 여러 모순관리 방식 중 특정한 한 가지를 의미한다.

는 인적자원관리도 역시 다면적이고 모순적이지 않으면 안 된다. 이와 관련시켜서 Lawrence와 Dyer(1983)의 주장은 많은 것을 시사하는데, 그들에 의하면 인사관리에는 세 가지의 기본적인 유형이 있다.[5] 첫째는 시장(market)유형인데, 시장이 경쟁과 가격기제(price mechanism)에 의해서 자원을 효율적으로 분배하듯이 인적자원도 이러한 기제에 의존하여 관리하겠다는 사고방식이다. 여기에서는 인사의 기본철학이 조직구성원들의 업적과 능력을 중요시하며 조직구성원들의 관계가 서로 경쟁적이다. 따라서 근속년수나 나이, 조직에서의 공식적 지위 등은 업적과 능력의 하위개념이다. 업무에 관한 책임의 소재는 개인에 있고 능력에 따른 급속승진이 강조되며 종업원과 조직이 맺는 관계는 직무와 관련된 사항에 한정된다. 또한, 시장 거래가 개인들의 자발성에 기초하여 이루어지듯이 개인의 주도성과 자율성 그리고 독립적 행위가 강조된다(Lebas & Weigenstein, 1986).

둘째는 관료제(bureaucracy)유형으로서 이는 기본적으로 조직구성원들의 관계가 공식적 권위에 기초한 서열적 성격을 갖는다. 즉, 시장유형에서 조정기제는 가격(경제적 보상)인 반면, 관료제유형에서는 공식적 권한이 이를 대신한다. 공식적으로 부여된 업무를 인정된 규칙과 절차에 의해서 수행하느냐의 여부가 조직구성원의 성패의 관건이 된다. 공식 직무가 허용하는 범위 내에서 개인적 의사결정이 이루어지며, 구성원들이 전문화된 역할(specialized role)을 수행하도록 노동이 분업화된다(Hill, 1981). 따라서 종업원들은 전문적인 지식을 습득하도록 장려

5 Miles와 Snow(1984)가 인적자원관리의 기본 유형으로 '인적자원 유지형', '인적자원 획득형', '인적자원 할당형'을 제시한 이래 Walton(1985), Nonaka(1988), Arthur(1992), Lado와 Wilson(1994), Delery와 Doty(1996) 등도 여러 다양한 유형론을 제시한 바 있다. 이에 대한 자세한 정리는 유규창(1998)과 배종석(1999)이 이미 시도한 바 있다. 우리가 이 연구에서 Lawrence와 Dyer의 3분법적 분류체계를 채택한 이유는 우선 2분법의 단순성 혹은 4분법 이상의 지나친 복잡성을 피하기 위한 것이었다. 그리고 무엇보다도 Lawrence와 Dyer의 분류체계는 Ouchi(1980)의 이론에서 도출된 것으로 이론적 완성도가 가장 높은 것으로 우리는 판단하였다. 개인의 행위를 집단행동으로 결합하는 방법을 기준으로 하여 시장, 관료제, 가족 유형을 분류하는 Ouchi의 체계는 그 이론적 완성도 때문에 향후 많은 연구에 수용되었던 것이다(예, Lebas & Weigenstein, 1986; Powell, 1990; Snell, 1992; Keidel, 1995). 또한, Lawrence와 Dyer 그리고 Keidel(1995)은 Ouchi가 제시한 세 유형이 서로 모순관계에 있음에도 불구하고 경험세계에서는 공존해야 한다고 명시하고 있는데, 바로 이러한 점 때문에 본 연구에서 그들의 유형론이 채택된 것이다.

되고 경력 관리는 특정한 영역 내로 좁혀지는 경향이 있다. 셋째는 가족(clan)유형이며, 여기에서 조직구성원들의 관계를 규제하는 가치는 시장의 효율성이나 관료제의 공식성, 위계질서가 아니다. 그대신 마치 가족관계에서처럼 사람들 사이의 전인격적인 이해와 몰입, 도움의 주고받음, 상호성장 등이 강조된다. 장기고용 혹은 평생고용이 보장되고 연공서열에 의한 보상과 비전문화된 경력관리가 실시된다. 책임의 소재는 집단에 있고 동의에 의한 집합적 의사결정이 행해지며, 종업원의 관리는 묵시적이고 비공식적 절차에 의해서 이루어진다. 또한, 가족유형에서는 공동체적 속성을 강화하기 위해 종업원들에게 경제적 소유권을 부여하는 종업원지주제나 그들의 심리적 소유의식(psychological ownership)을 제고하는 이윤분배제도, 의사결정 참여제도 등을 활성화한다(Klein, 1994).

그런데 Lawrence와 Dyer(1983)의 핵심적인 주장은 이 세 가지 유형이 동시에 존재하여야 기업이 장기적으로 높은 성과, 즉 효율성과 혁신을 달성할 수 있다는 것이다. 이들의 견해는 시장과 관료제유형에 의존하는 미국적 인적자원관리 방식과 가족유형에 의존하는 일본적 인적자원관리의 혼합형 형태를 띤 이른바, Z형 관리가 가장 효과적인 것으로 생각한 Ouchi(1981)의 주장을 근거로 하고 있다. Ouchi에게 있어서 가족형 인적자원관리의 핵심적 특징은 공동체이다. 공동체를 달성하기 위하여 요구되는 것은 장기고용, 정교한 선발방식, 직무순환, 완만한 승진, 참여적 의사결정, 팀의 사용 등이다. 또한, 그는 개인의 목표가 기업의 목적과 일치되기 위해서는 기업은 그것이 속한 공동체에 대한 책임과 종업원 복지와 같은 사회적 요구에 관심을 두어야 한다고 주장한다. 그는 관료제와 시장유형의 필요성도 인식한다. 산업사회에서 생존해야만 하는 기업은 완전한 의미의 가족 공동체적 성격을 가질 수는 없기 때문에 관료제와 시장유형에 의해 보완되어야 한다는 것이다(Ouchi & Price, 1993). Ouchi(1984)는 자기이익(self-interest)을 추구하는 경향을 인간이 갖고 있는 보편적인 특성으로 이해한다. 자유로운 경쟁이 수반되지 않는다면, 인간은 공정성(equity)의 규범을 받아들이지 않을 것이고, 그 결과 사기와 노력이 떨어질 수밖에 없으므로 시장유형의 인적자원관리가 필요하다. 이러한 이유로 가족형 인사관리는 시장유형에 의해 보완되어야 한다. 또한, Ouchi는 가족유형에 관료제유형도 보완되어야 한다고 주장한다. 개인적 기여도를 명확히 측정할 수 없는 팀이나 남과 다른 독특한 직무를 수행하는 사람은 비교될 수 있는 기준이 없어서 시장기제가 작동하기 힘들다(Ouchi, 1984). 따라서 이러한 경우에는 규칙이나 절차에 의존하는 관료제가 공정성을 보장해 줄 수 있다. 결과적으로 Ouchi에게 이상적인 인적자원관리는 공동체의 실현이 가능한 조건으로 가족유형의 인적자원관리가 일단 확립되고, 이를 시장 및 관료제유형이 보완하면서, 어느 하나가 다른 유형을 지배하지 않고 균형을 이루는 형태이다.

물론 세 가지 유형의 인사방침을 동시에 활용한다는 것은 결코 쉬운 일이 아니다. 이들은 상호 모순적인 요소들을 포함하고 있어서 한 체계 안에 공존하는 것이 쉽지 않기 때문이다. 예컨대 관료제적인 인적자원관리가 지배하는 조직에 개인의 주도성을 강조하는 시장유형의 인사관리를 도입하는 것은 많은 문제를 발생시킬 수 있다. 또 공동체를 강조하는 가족유형도 시장유형과 충돌할 수 있다. 그리고 기업의 성장단계 혹은 특수한 상황에 따라서 어느 하나 또는 두 가지의 인사관리유형에만 의존해서 조직성과를 단기적으로 올려야 할 경우가 발생할 수는 있다. 그러나 이와 같은 난점들에도 불구하고 조직이 장기적으로 번영하기 위해서는 세 가지 유형의 인사방침이 조직 안에 반드시 공존해야 할 것이다. 왜냐하면, 이 세 가지 인사관리 유형은 각각 상이한 인간 본성의 여러 측면에 대응하는 것이기 때문이다. 사실 관료제유형만 해도 조직을 경직화하거나 인간을 소외시키는 도구로 비판하는 견해가 있지만, 이것이 관리자들의 임의적이고 사사로운 통제방식을 제한하는 공식적 규칙이나 절차를 제공하여 노동자들에게 절차적 정의를 가져다준 것 역시 사실이다(Perrow, 1986). 또한, 관료제는 예측가능성을 가져다주어 조직구성원들이 안정성을 경험하도록 하는 기능뿐만 아니라 조직에 축적된 지식과 경험을 내재화하여 그들의 과업 수행을 용이하게 한다(Adler & Borys, 1996). 결국, 관료제가 시장 혹은 가족유형과 충돌한다면 그것은 관료제유형의 긍정적인 측면과의 충돌이 아니라 부정적 측면들이 제어되지 않았기 때문일 것이다.

그리고 인간은 자기 이익을 추구하는 본성을 가지고 있다. 이 때문에 자유로운 경쟁과 성과에 대한 보상이 수반되지 않는다면, 인간은 공정성의 규범을 받아들이지 않을 것이므로, 능률급과 인센티브 제도와 같은 시장유형은 종업원들을 동기부여시킬 수 있는 중요한 수단으로 계속 남아 있을 것이다. 하지만 시장유형의 인사관리는 조직의 풍토를 지나치게 경쟁적으로 만들어서 조직이 투쟁의 장소로 변질시키거나 경우에 따라서는 조직을 해체해 버리는 원심분리의 기능들을 할 수 있다. 그리고 인간 삶의 기본적 조건을 파괴하고 불신, 오만, 좌절, 질투의 행태를 강화시킬 가능성도 크다. 다른 인사유형들과 마찬가지로 시장유형도 그 자체 안에 스스로를 파괴하는 역설적 힘을 내상하고 있는 것이다. 따라서 기업은 시장유형이 갖고 있는 부정적 측면을 최소화해야 할 뿐 그것을 제거해서는 안 될 것이다.

가족유형의 인사관리도 이중적인 효과를 가져온다. 공동체 의식을 배양하고 종업원에 대한 전인격적인 배려를 중심으로 하는 가족유형은 개인과 조직을 일치시켜서 구성원의 헌신과 몰입을 유도할 수 있다. 직무기술서나 업무 분장 등과 같은 공식적 규칙을 뛰어넘어서 필요에 따라 조직의 과업을 탄력적으로 분배하고 추진할 수 있도록 하는 것도 가족유형이다. 그리고 분배 측면의 평등주의와 정의적(expressive) 인간관계는 관료제유형과는 다른 의미에서의 심리적·경제적 안정성도 가져온다.

그러나 가족유형은 조직을 사적 인간관계의 집합체로 만들어서 집단주의와 특수주의에만 집착하게 만들 수 있다. 그 결과 조직의 합리성보다는 온정주의 및 폐쇄적 가족주의에 함몰될 수 있다. 또 개인 수준의 혁신이 정체되고 의사결정이 지체될 위험성도 있다. 요컨대 기업은 가족유형의 인사관리를 수용하지 않을 수 없지만, 동시에 가족유형 자체의 이중성 때문에 다른 두 가지 유형에 의해서 보완되어야 할 것이다. 세 가지 인적자원 관리유형에 대한 이상의 논의는 〈표 1〉과 같이 요약될 수 있다(김상표, 1998).[6]

〈표1〉 시장, 관료제, 가족유형 간의 특징 비교

기본 특징	인적자원 관리유형		
	시 장 유 형	관 료 제 유 형	가 족 유 형
규범적 토대	자기 이익	고용 관계	호 혜 성
조정 수단	가격(경제적 보상)	공식적 권위	공유된 목적과 가치
구성원의 행위양식	독 립 적	권위 의존적	상호 의존적
유연성정도	매우 높다	매우 낮다	중 간
조직 풍토	경 쟁 적	공 식 적	상호 신뢰
구성요소	① 성과에 의한 보상 ② 결과에 따른 보상 ③ 능력에 따른 급속 승진 ④ 개인책임하의 자율성	① 규 칙 ② 표 준 ③ 노동분업 ④ 권위의 위계 ⑤ 전문화된 경력 관리	① 장기 혹은 평생고용 ② 연공서열에 의한 평가 ③ 정교한 선발방식 ④ 비전문화된 경력관리 ⑤ 완만한 승진 ⑥ 종업원지주제 ⑦ 이윤분배제 ⑧ 참여적 의사결정 ⑨ 상징적 평등주의 ⑩ 정보공유
순 기 능	공 정 성 경쟁의 촉진 유 연 성	규 칙 성 예측가능성 안 정 성	몰입의 증대 기회주의의 감소
역 기 능	신뢰의 저하 조직의 원심분리	목표의 전이 경 직 성	집단주의와 특수주의 폐 쇄 성

참조: Ouchi, 1980; Lawrence와 Dyer, 1983; Powell, 1990

6 〈표 1〉은 인사기능들과 세 가지 인적자원관리 유형을 완벽하게 일 대 일로 대응시키지 못하는 한계를 가지고 있다. 예컨대 시장유형은 보상과 승진 기능의 항목들로 주로 구성되어 있고, 관료제유형은 직무시스템 중심의 요소가 주도하고 있다. 〈표 1〉이 이러한 한계를 갖는 이유는 세 가지 유형들의 구성요소들을 기능별로 하나도 빠짐없이 열거하는 틀을 구축하는 일이 쉽지 않기 때문이다. 세 가지 인적자원 관리유형이 특별히 잘 침투하는 인사기능 분야에 차이가 있을 것이고 그러다 보니 특정 인적자원 관리유형에 포함되지 않는 기능들이 생기게 되는 것이다. 그렇기 때문에 모순적 인사철학의 공존을 다루는 대표적 학자들인 Lawrence와 Dyer 그리고 Ouchi도 각 인사철학에 인사기능의 일부만을 선택적으로 포함하는 유형론을 제시하고 있다. 이 연구 역시 그와 같은 접근법의 연장선 상에서 각 유형의 구성요소들을 포착한다.

이제, 이들 세 유형이 조직 내에 공존한다는 것이 의미하는 바를 구체적으로 살펴보자.[7] 먼저 세 유형이 공존하는 가장 단순한 형태로 동일한 조직의 상이한 부서들이 서로 다른 인사시스템을 보유하는 경우를 생각해 볼 수 있는데, Lawrence와 Lorsch(1967) 류의 상황이론에 입각한 이론들이 이러한 경우를 대표한다. 상황이론에 따르면, 서로 다른 기능을 수행하는 부서들은 직면하는 과업환경이 다르기 때문에 공식성의 정도, 과업 및 관계지향성, 목표의 성격 등의 측면에서 차이가 있다. 예를 들어, 과업이 일상적이고 반복적인 제조부서는 관료제유형에 의존하는 인사정책을 실시하고, 반면에 과업이 비일상적이고 혁신을 중시하는 연구개발부서는 시장유형과 가족유형 중심의 동기부여 방식을 채택해야 한다는 것이다(Von Glinow, 1988; Jain & Triandis, 1997). 하지만 최근 들어 발표된 연구들은 이러한 이분법적 도식에 문제가 있음을 지적하고 있다. 경쟁이 가속화됨에 따라 소위 '지식을 활용(exploitation)'하는 부서로만 인식되어 왔던 제조부서에 제품 및 공정에 관한 '지식을 창출(exploration)'하는 역할이 부가되고 있고, 전통적으로 혁신이 지상목표였던 연구개발 부분에는 역으로 신속하고 효율적인 관리가 도입되고 있다. 이에 따라 관료제유형에 극단적으로 의존할 것 같은 제조부서들에서도 구성원의 지식창출을 촉진하기 위해 권한위임, 평등주의 관행의 도입, 이윤분배제와 종업원지주제 등과 같은 시장 및 가족유형의 인적자원관리가 활용되고 있으며, 연구개발부문의 인적자원관리에는 연구개발과정의 신속하고 효율적인 진행을 위해 책임소재를 명확히 하고 절차를 공식화하는 관료제유형이 도입되고 있다(Feldman, 1989; Leonard-Barton, 1992; Adler & Cole, 1993; Wilms, Hardcastle & Zell, 1994; Brown & Eisenhardt, 1998; Adler, 1999; Adler, Goldoftas & Levine, 1999). 요컨대 비록 부서들이 수행하는 기능에 차이가 있다 할지라도 일상적 과업과 비일상적 과

7 필자들이 막연하게 남겨 두었던 문제인 공존의 몇 가지 형태를 명확하게 제시하여 이 논문의 부족한 점을 보강할 수 있도록 해 준 익명의 논평자께 감사드린다.

업의 동시 수행 및 효율성과 혁신의 동시 달성을 위해서는 시장, 가족, 관료제유형을 적절히 혼합해서 활용하는 인적자원관리가 현대기업에 요청되고 있다고 할 수 있다. 이는 조직체계 전체(total system) 수준에서뿐만 아니라 하위체계(sub-system) 수준에서도 역설의 경영이 실현되어야 함을 의미한다. 부분은 전체의 일부 기능을 수행하기도 하지만 부분은 다시 독립적인 하나의 단위로서 체계 전체의 일반 특성들을 여전히 보유하는 것이다. 즉, 부분과 전체는 자기유사성(self-similarity)을 가지면서 서로 닮는 것이다(Stacey, 1996).[8] 바로 이러한 이유로 인해 우리는 부서별 인사시스템의 상이성을 역설경영의 한 가지 형태로 간주하지 않았다.

모순적 유형들이 공존하는 두 번째 방식으로 동일한 인사기능 내에서 두 가지 이상의 유형이 충돌하는 경우가 있을 수 있다. 그 전형을 보상기능에서 찾을 수 있는데, 구체적인 예로 직무급(관료제유형), 성과급(시장유형), 연공급(가족유형)을 모두 활용하여 상호 모순적인 특성이 혼재하는 급여체계를 설계하는 경우를 들 수 있다. 그렇지만 동일 인사기능 내에 모순적인 유형들이 공존한다는 것은 많은 경우에 논리적으로 성립이 불가능하고(형식논리에 따르면 딜렘마의 상황), 경험세계에서도 그 예를 찾아보기 어렵다. 고용기능을 예로 들면, 가족유형(장기 혹은 평생고용을 보장하는 것)과 시장유형(해고나 외부노동시장을 적극적으로 활용하는 고용정책)을 동시에 채택하는 것은 논리적으로 성립할 수 없을 뿐만 아니라, 현실적으로도 적용 불가능하다. 따라서 논리적으로, 현실적으로 공존할 수 없는 모순적인 인사방침들의 경우에는 부득이 그 중에서 어느 한 가지만을 활용하게 될 것이다. 마지막으로 상이한 인사기능들 사이의 모순적 관계가 세 번째 공존방식인데, 이는 특정 인사기능이 다른 인사기능들과 모순관계에 놓이는 경우이다. 예컨대, 장기 혹은 평생고용(가족유형의 고용정책), 성과급(시장유형의 평가 및 보상 기

8 Feldman(1989) 그리고 Brown과 Eisenhardt(1998)는 개별 부서의 인적자원을 관리하는 데 있어서 시장유형과 관료제유형을 동시에 활용하는 기업들이 더욱 성공적임을 밝혀냈다. 즉, 혁신을 촉진하기 위해 종업원들에게 폭넓은 자율성을 부여하면서도 효율성을 꾀하기 위해서는 책임소재를 명백히 밝히고 업무수행방식을 공식화하고 있었다.

능), 정교한 직무기술서(관료제유형의 직무설계 기능)를 동시에 활용하는 경우를 들 수 있다.

두 번째와 세 번째 방식의 차이점을 좀 더 선명하게 드러내기 위해 다음과 같은 가상적인 상황을 설정해 보자. 〈표 2〉에서 A, B, C…는 여러 가지 기능들(직무설계, 선발, 고과…)을 의미한다. 그리고 A기능을 시장유형 중심으로 끌고 가는 인사방침을 A1, 가족유형으로 끌고 가는 인사방침은 A2, 관료제유형으로 끌고 가는 인사방침은 A3이라고 부르자. 다른 인사기능 B, C … 에도 똑같은 표시법을 적용하기로 한다. 〈표 2〉의 모든 칸을 낱낱이 다 채울 수 없는 이유는 위에서 설명했고, 그런 경우의 한 예로 A2, B1, C2, C3, E1, E2가 비어 있다고 가정해 보자(〈표 2〉에서 어둡게 표시한 칸들 참조). 상황이 이랬을 때, A기능의 A1은 A3과는 긴장관계에 있지만, A2가 비어 있으므로 기능 내의 가족유형과는 모순적 관계에 있을 수 없다. C1의 경우에는 C기능 내에서 모순적 관계를 아예 형성할 수도 없을 것이다. B와 E기능도 이와 유사한 상황에 있고, 오직 D기능만이 완전한 의미에서의 '기능 내 모순관계'에 놓여 있을 것이다. 진술한 바와 같이 동일 기능 내에서 모순적 유형이 직접 대립하는 경우가 많지 않으므로, 많은 인사기능이 D보다는 A, B, C, E와 같은 상황에 있을 것이다. 이러한 각도에서만 관찰하면, 인적자원관리를 통한 역설경영의 가능성이 크지 않은 것이 사실이다. 하지만 여러 인사기능에 걸쳐서 상이한 유형의 인적자원관리가 활용된다면 인사시스템 전체 측면에서는 역설경영이 실현된다. 〈표 2〉의 예를 들면, 이질적인 인사기능들의 집합체로서 시장(A1, C1, D1), 가족(B2, D2), 관료제(A3, B3, D3, E3) 유형은 조직구성원들에게 서로 다른 시그널들을 보낼 것이고, 그에 따라 조직 내에는 역설적 긴장관계가 창출된다.

세 가지 인적자원 관리유형에 대한 설명을 마무리하며 이제 이들 사이의 구조적 관계에 초점을 맞추어 보도록 하자. 첫째, 세 유형의 인적자원관리 각각은 다른 두 유형이 내재적으로 담지하고 있는 자기파괴적 경향을 방지한다. 즉, 세 유형 각각의 긍정적 측면이 자체의 부정적 측면에 의해서 압도되지 않도록 서로가 상호 보완하는 것이다. 달리 표현하면, 陰이 존재하기 위해서 陽이 필요하듯이, 세 유형의 역설적 공존은 서로가 존재하기에 가능하다. 관료제, 시장, 가족유형은 모두를 필요로 하는 인간의 모순적 본성에 대응하는 것으로, 이들의 역설적 공존은 과거에는 억압되어 왔던 자연적 모순을 해방시키고 증폭하는 것을 의미한다.

〈표 2〉 인적자원 관리유형과 인사기능들의 대응관계: 가상적 사례

	시 장	가 족	관료제
A 기능	A1	A2	A3
B 기능	B1	B2	B3
C 기능	C1	C2	C3
D 기능	D1	D2	D3
E 기능	E1	E2	E3

둘째, 가족유형은 자본주의의 대표적 인위적 모순인 노자관계를 딜렘마적인 것에서 역설로 전환시키는 특별한 역할을 한다. 2절에서 지적한 대로 인위적 모순은 궁극적으로는 해소되어야 하는데, 노자모순의 해소는 생산양식 수준의 전면적인 변혁을 요구하므로 자본주의가 계속되는 한 완전한 해소는 불가능하다. 하지만 노자모순을 야기시키는 객관적 조건이 해소가 불가능할지라도 딜렘마의 형태로 노동자에게 체험되면 잉여가치의 확보와 은폐가 불가능하게 된다(Burawoy, 1985; 윤세준, 1990). 따라서 자본주의적 기업은 노동자들을 생산과정에 계속 동원하고 동의(cosent)를 창출하기 위해서 딜렘마를 역설로 전환시켜야 한다. 이는 유형 3을 유형 4로 전환시키는 것을 의미한다(〈그림 1〉 참조). 전술한 대로 딜렘마적인 모순이 역설로 이동하기 위해서는 모순의 구성요소 사이에 신뢰가 개입하여야 한다. 이러한 조건이 노자 간의 모순에도 동일하게 적용되는 것은 논쟁의 여지가 없다(Lorenz, 1992;

Fukuyama, 1995). 이런 맥락에서 살펴보면, 공동체적 요소들을 강조하는 가족유형은 딜렘마적인 노자모순을 공존과 역설의 관계로 변화시키는 특별한 역할을 수행한다. 요컨대 가족유형의 인적자원관리는 관료제-시장-가족이라는 3각 구도의 한 축으로서 자연적 모순을 강화시킬 뿐만이 아니라 인위적 모순을 완화시키는 추가적 기능도 한다. 게다가 인위적 모순을 완화시켜 자연적 모순이 왜곡되지 않은 형태로 발현되게 함으로써 두 모순 사이의 연결고리를 형성하는 역할도 한다. 이런 이유 때문에 가족유형은 세 유형 중에서 선차적인(privileged) 위치를 점한다. 다시 말해서 자본주의적 기업에서는 가족유형이 다른 유형의 인적자원관리에 선행해야 한다.

가족유형을 강화시키기 위해서 기업이 동원할 수 있는 수단에는 여러 가지가 있을 수 있다. 기업문화 형성의 기반으로 작용하는 이데올로기적 수단도 이 중의 하나이다. 그러나 그 효과는 지속적이지 않고 (Aktouf, 1992; 윤세준, 1994), 궁극적으로는 물적 토대를 수정하는 것이 필요하다. 이것은 예컨대 '공동체', '참여의 경영', '인간이 존중되는 기업' 등과 같은 修辞만을 늘어놓는 것이 아니라 그것들이 실질적으로 달성될 수 있는 객관적 조건을 형성하고, 그 기반 위에서 공동체 지향의 언술행위가 이루어져야 한다는 것을 의미한다. 이러한 시각에서 관찰할 때, 참여적 경영의 객관적 조건에 관심을 기울이는 경영학자들이 최근 증가하고 있는 것은 우연이 아니다(Aktouf, 1992; Kochan & Osterman, 1994; Pfeffer, 1994). 예를 들면, 스탠포드 경영대학의 Pfeffer(1994)는 성공적인 미국의 기업들이 다음과 같은 16가지 인사관리 관행을 채택하고 있음을 보고한다: 고용안정, 조심스러운 신입사원 선발, 고임금, 인센티브 제도, 종업원소유제, 정보의 공유, 참여와 권한 강화(empowerment), 팀제도와 직무再설계, 교육의 강화와 스킬(skill)의 향상, 다능화(multiskilling), 상징적 평등주의, 직급 및 직무 간 임금격차의 축소, 내부 승진, 長期的 전망, 多面的 업적 평가, 全社的 경영

철학. 이 목록에는 시장유형(예, 인센티브)과 관료제유형(예, 내부 승진)도 발견되지만, 그것들이 다양한 형태의 실질적인 가족유형과 조화되어 있다는 사실에 주목해야 할 것이다.

결론적으로, 효율과 혁신을 동시에 달성하는 역설의 경영이 실현되기 위해서는 세 가지 유형의 인적자원관리가 조직에 공존해야 한다. 물론 다시 강조하지만, 세 유형을 동시에 활용한다는 것은 결코 쉬운 일이 아니다. 그러나 이러한 사고의 틀을 인사정책의 기본철학으로 확고하게 설정한 기업은 설령 어느 한순간 특정 유형을 상실할지라도 곧 세 유형 간의 균형을 회복할 것이다.[9]

위의 논의들을 종합하여 우리는 다음과 같은 탐색적 가설을 제안한다.

연구가설: 관료제유형, 시장유형, 가족유형을 동시에 활용하는 기업들이 그렇지 않은 기업들에 비해 효율성과 혁신이 높을 것이다.

우리가 제시한 가설의 한 가지 중요한 특성에 대해서 간단히 언급할 필요가 있다. 즉, 세 가지 인적자원 관리유형 하나하나가 성과변수들인 효율성과 혁신과 어떠한 인과관계를 갖는가에 대해서 구체화하지 않는다는 점이다. A→B라는 인과관계를 명확하게 설정하지 않는 이러한 가설이 전통적 과학관의 시각에서 보면 모호하고 타당성을 결여한 것으로 보일 수 있으나, 우리는 다음과 같은 이유로 명쾌한 인과관계를 설정하

9 이쯤에서 세 유형이 동시에 존재해야 한다는 우리의 주장을 인적자원관리-기업성과의 관계에 관한 일반 문헌의 맥락에서 살펴보도록 하자. 최근 들어 인적자원관리와 성과의 관계에 관한 연구가 증가하고 있는데, 이러한 연구는 크게 보편적(universalistic), 상황적, 그리고 형태적(configurational) 접근으로 나눌 수 있다(Delery & Doty, 1996; 유규창, 1998; 배종석, 1999). 보편적 접근법은 기업이 높은 성과를 올리려면 상황과 관계없이 채택해야만 할 최적의 인사관행들이 존재한다는 것이다(Pfeffer, 1994; Huselid, 1995; MacDuffie, 1995). 이러한 입장을 따르는 학자들은 대체로 보편적 인사체계의 구성요소로 세심한 선발, 인센티브 제도, 다기능화, 교육훈련, 팀제도, 내부 승진 등을 강조한다(유규창, 1998). 모순관리라는 개념에서 출발한 것은 아니지만, 이들의 보편적 구성요소 목록에서 서로 모순 관계에 있는 시장, 관료제, 가족유형의 요소들이 일부 발견되는 것은 특기할 만 하다. 상황적 접근법에서는 기업이 여러 인사관행 중에서 상황에 적합한 어느 하나를 선택적으로 활용하는 경우에 높은 성과를 올리게 된다고 주장한다. 형태적 접근법에서는 인적자원관리의 요소들이 긴밀하게 상호 적합성을 갖는 원형들을 제시하고, 기업이 그중에서 특정한 한 가지 형태를 일관성 있게 유지한다면 높은 성과를 올리게 된다고 주장한다(Miles & Snow, 1978; Walton, 1985; Arthur, 1992, 1994; Peck, 1994; Delery & Doty, 1996). 상황이론가들과 형태론자들의 주장에 일정한 차이가 있기는 하나, 모순적 인사관행들이 한 체계 내에 공존할 수 없다고 보는 점에서는 이들의 견해가 일치한다. 즉, 보편주의자들과는 달리 이들은 인적자원관리에 모순이 들어설 여지를 인정하지 않는 것이다.

지 않았다.

역설의 경영을 연구하기 위해서는 모순적 요소들에 대한 일차원적 해석 또는 일방적 인과관계를 가정하는 선형적 사고를 지양해야 한다(Cameron & Quinn, 1988; Ford & Backoff, 1988). 모순적 요소들은 완전히 상호 분리되거나 혹은 서로 고도로 밀접하게 연결된 상태에서가 아니라 각기 상대적 자율성을 가지고 어떤 체계에 작용하여 모순적 성과들을 동시에 산출하기에 모순적 요소들의 작용과 그 결과 간의 인과관계는 매우 복잡하고 예측하기 어렵다(Forrester, 1961; Senge, 1990; Stacey, 1996). 이런 점에서 모순을 구성하는 어떤 요소가 특정한 조직 성과에 미치는 효과라든가, 또는 이들의 상호작용이 조직 성과에 미치는 효과를 예측해내는 것 등은 역설경영 연구의 일차적 과제가 될 수 없다. Orton과 Weick(1990)이 지적한 바와 같이 이러한 경우에는 특정한 요소의 작용과 그 효과로 인해 발생하는 특정한 결과 사이의 선형적 관계들은 연구의 주요한 관심사가 될 수 없다. 그 대신 모순적 요소들을 조합하는 다양한 방식들(예를 들면, 모순을 구성하는 요소 중 어느 하나가 주도하는 유형이나 모순적 요소들을 모두 수용하는 유형 등)을 탐색하여 보고, 그러한 유형 간에 조직효과성의 차이를 확인하는 것에 연구의 초점이 놓여야 한다. 아래 절에서 설명하겠지만, 이 연구의 연구방법도 이러한 점을 고려하여 설계하였다.

4. 실증분석방법

4.1 표본

이 연구를 위해 『한국기업총람』(한국신용평가 주식회사, 1995)에 등재된 제조업체 중 종업원이 100인 이상인 기업을 대상으로

400개의 표본을 추출하였다. 100인 이상의 기업만을 선정한 이유는 모순관리가 실제적인 의미를 갖기 위해서는 기업의 규모가 상당한 수준에 달해야 할 것이라고 판단되었기 때문이다. 우리나라의 제조업을 대표하는 표본을 선정하기 위해서 계층화된 표본추출법(stratified sampling)을 사용하였다. 계층화의 기준은 1994년 기준 「광공업 통계조사보고서」(통계청, 1996)의 제조업체 산업별 분포도이었다. 표본을 추출하는 방식은 무작위 추출법이었다.

표본 회사와의 정확한 접촉을 위하여 『한국기업총람』에서 추출된 400개의 기업과 『상장회사편람』(매일경제신문사, 1995)을 대조하여 두 목록 간에 기업의 주소와 최고경영자의 이름에 차이가 있는 모든 기업에 전화를 걸어 그 내용을 직접 확인하였다. 이렇게 해서 확인된 기업의 최고경영자들에게 연구에 협조를 부탁하는 1차 서신과 설문서를 1997년 상반기에 발송하였다. 2주일 후에 아직 응답하지 않은 기업에게 다시 2차 서신과 설문서를 발송하였다. 이러한 과정을 통해 총 103부의 설문서를 회수하였는데, 이것은 약 26%의 응답률에 해당한다. 회수된 설문서 103부가 모두 답변에 편기가 없어서 분석에 그대로 사용하였다. 표본 기업들의 규모별 분포는 〈표 3〉과 같다.

〈표 3〉 표본 기업의 규모별 분포 현황

종 업 원 수	표본 기업 수 (비율)
100~300	39 (37.9%)
301~600	26 (25.2%)
601~1,000	12 (11.7%)
1,001 이상	26 (25.2%)
총 계	103 (100%)

4.2 변수의 측정

4.2.1 인적자원 관리유형의 측정

〈표 4〉 인적자원 관리유형 측정항목

인적자원 관리유형	항 목 내 용
시 장 유 형	① 결과에 따른 사원 평가 ② 종업원들 혹은 부서 간의 경쟁 유도 ③ 개인 책임 하의 자율성 ④ 집단의 성과에 따른 보상 ⑤ 뛰어난 업적의 종업원에 대한 고속 승진 ⑥ 업무 성과와 기여도를 성과급이나 보너스에 반영
관 료 제 유 형	① 규칙과 공식 절차에 의한 통제 ② 조정수단으로써 권위의 사용 ③ 보상과 승진에 규칙과 절차의 준수를 반영 ④ 확고한 명령 계통과 정교한 관리 체계의 존재 ⑤ 특정 분야에 대한 전문적 지식과 숙련 습득의 장려 ⑥ 권리와 의무가 직무기술서에 규정
가 족 유 형	① 종업원들의 인격적 대우 ② 고용 안정성의 보장 ③ 정교한 선발 방식의 사용 ④ 연공서열에 의한 보상 ⑤ 종업원지주제의 활성화 ⑥ 이윤분배제의 실시 ⑦ 평등주의적 관리 관행의 존재 ⑧ 직무 간 이동교육과 직무순환의 실시 ⑨ 사원들의 평가에 장기간의 업적을 고려 ⑩ 협력적 노사관계(역문항)

세 유형의 인적자원관리를 활용하는 정도는 위의 〈표 1〉에 제시된 유형별 구성요소들을 중심으로 하여 측정항목을 구성하였다. 각 유형의 구성요소들을 도출해내는 데 있어서 Ouchi(1980; 1981; 1984), Hill(1981), Lawrence와 Dyer(1984), Powell(1990), Snell(1992), Ouchi와 Price(1993), Peck(1994), Pfeffer(1994) 등의 연구를 참조하

였으며, 가능한 한 많은 인사관리의 측면들을 포함하려고 노력하였다. 그리고 각 유형의 구성요소들을 분류한 후, 그 적절성을 확인하기 위하여 인사 전문가 5명의 의견을 구하였다.

먼저 시장유형의 인적자원관리는 '결과에 따른 사원 평가', '종업원들 혹은 부서 간의 경쟁 유도', '개인 책임 하의 자율성' 등 6개의 지표로 조작적 정의되었다. 가족유형의 측정에는 '고용안정성의 보장', '종업원들의 인격적 대우', '종업원지주제의 활성화', '이윤 분배제의 실시', '평등주의적 관리관행의 존재' 등 10개의 항목이 사용되었다. 관료제유형은 '규칙과 절차에 의한 통제', '조정수단으로써 권위의 사용', '특정 분야에 대한 전문적 지식과 숙련 습득의 장려' 등 6개의 항목으로 측정하였다. 〈표 4〉는 인적자원 관리유형을 측정하기 위하여 활용된 모든 항목을 정리하고 있다.[10] 한편 유형별 활용도를 측정하는 데 사용된 척도는 5점 척도이었다(1=절대 그렇지 않다, 5=전적으로 그렇다). 그리고 각 유형에 해당하는 항목들의 평균값을 취하여 유형별 활용도의 최종변수를 도출하였다. 시장, 관료제 그리고 가족유형의 Cronbach's α 값은 각각 0.63, 0.68, 0.73으로 신뢰성이 있었다.

4.2.2 조직성과의 측정

효율성과 혁신이라는 두 조직성과를 조작적으로 정의하는 문제는 이 연구에서 가장 어려운 과제이었다. 무엇보다도, 객관적이면서 동시에 다양한 산업에 속한 기업들에 공통적으로 적용될 수 있는 효율성과 혁신의 지표를 찾아내는 것은 거의 불가능한 과제로 보였다. 따라서 주관적 측정항목을 사용하였는데, 주관적 판단을 통해 측정한 성과와 객관적 지표 사이의 상관관계가 매우 높다는 사실은 Dess와 Robbins(1984), Pears, Robbins와 Robinson(1987) 등에 의해 이미 밝혀진 바 있다.

성과를 측정하기 위해 응답자들(최고경영자)에게 그들의 기업이 원

10 설문항목 원본은 필자들에게 연락하면 구할 수 있음.

가, 품질, 제품의 적기 인도(on-time delivery), 유연성[11], 신제품 개발 등 다섯 가지 차원에서 어느 정도의 성과를 올렸는가를 평가하도록 하였다. Lawrence와 Dyer(1983), Heskett(1987) 그리고 Ghemawat와 Costa(1993)의 견해에 따라, 본 연구는 효율성을 고정된 생산함수에 의해 부과된 제약 조건 내에서 주어진 투입물의 최적의 조합으로 정의하고, 원가, 품질, 제품의 적기인도 측면에서의 기업성과를 효율성의 지표로 사용하였다. 한편 혁신은 수익성이 나는 방향으로 생산함수를 이동시키는 것으로 정의하는 Klein(1984)의 견해에 따라 유연성과 신제품 개발이라는 두 지표를 활용하였다.

조직성과 달성도를 응답자들이 평가할 때 평가의 기준을 표준화하기 위하여 각 회사의 성과를 산업의 평균과 비교할 것을 요청하였다(즉, "귀사가 속한 산업의 평균과 비교할 때 귀사는 아래의 기업성과를 실제로 어느 정도 달성하였습니까?"). 효율성과 혁신 성과 측정항목들의 Cronbach's α 값은 각각 0.65, 0.76이었다.

한편 인적자원관리와 성과변수의 측정을 최고경영자 한 사람에게 의존함으로 인해 발생할 수 있는 공통방법편기(common method bias)를 확인하기 위해 변수 측정이 종료된 후 5개 회사를 사후적으로 선정해 면담을 실시하였다. 면담의 대상은 각 회사에서 최고경영자와 그가 지정한 상위관리자 1~2인이었으며, 우리는 이들에게 동일한 설문항목을 질문하였다. 그리고 그들의 응답과 최고경영자의 응답을 비교하였는데, 그 결과는 대동소이하였다.[12]

4.2.3 가설검증의 절차

기업들이 관료제, 시장, 가족 등 세 인적자원 관리유형을 조합하는 다

11 유연성이라는 개념이 갖는 의미를 표준화하기 위하여 유연성은 '제품 믹스나 생산규모를 시장변화에 따라 탄력성 있게 변화시킬 수 있는 능력'으로 정의하였고, 이 정의는 응답자들에게 제공되었다.

12 이러한 사후적 확인을 제안한 논평자께 감사드린다. 하지만 이는 여전히 극히 부분적인 보완책일 뿐, 동일 자료원을 통해 변수들을 측정했다는 것은 본 연구의 한계로 남는다.

양한 패턴(pattern)들을 찾아내기 위해, 이들 유형을 표준화한 값을 기준변수로 하여 군집분석을 실시하였다. 구체적으로는 계층적 군집분석 기법의 하나인 Ward 방법을 사용하였다. Ward 방법은 각 군집에 들어가는 표본 수가 거의 비슷하고 각 군집에 극단치(outlier)들이 포함되지 않기 때문에 일반적으로 가장 선호되는 군집분석 방법이다(Ketchen & Shook, 1996). 군집분석을 실시한 후 군집의 수를 결정하는 기준으로는 가장 빈번히 활용되고 있는 거리계수(distance coefficient)와 덴드로그램(dendrogram)을 사용하였다. 군집분석 결과의 신뢰성을 검증하기 위해서 반분법(split-half method)을 사용하였고, 타당성을 검증하기 위해서는 일원분산분석, 던칸의 t검증, 판별분석을 실시하였다. 다음으로 군집분석에 의해 도출된 군집 간에 효율성 및 혁신 성과의 결합효과가 통계적으로 유의미한 차이를 보이는가를 확인하기 위해 먼저 Box's M 방법을 사용하여 효율성과 혁신 성과로 구성된 공분산 매트릭스가 동질적인가를 검증한 후, 다변량 분산분석(MANOVA)을 실시하였다. 이어서 유형 간에 효율성과 혁신 성과 각각에서 통계적으로 유의미한 차이를 보이는지를 확인하기 위해 일원분산분석과 던칸의 t검증을 실시하였다.

5. 분석결과 및 토론

5.1 예비적 분석

가설을 검증하기에 앞서, 한국기업 인적자원관리의 일반적 특성을 넓게 파악하기 위하여 표본 기업들이 전체적으로 세 유형을 어느 정도 활용하고 있는가를 살펴보자. 〈표 5〉에서 볼 수 있듯이 시장, 관료제, 가족유형 활용도들의 평균치는 각각 3.15, 3.35, 3.36으로, 쌍표본 t검증

(paired sample t-test)을 실시한 결과 통계적으로 유의미한 수준에서 시장유형이 가족 혹은 관료제유형보다 적게 활용되고 있었다. 비록 최근 들어 기업들이 성과나 결과에 따른 보상, 경쟁체제의 도입, 책임이 뒤따르는 자율성 부여 등 시장유형을 강화하고 있기는 하지만 아직까지 이것이 여러 기업으로 파급되어 정착되지 못했기에, 시장유형이 상대적으로 다른 유형들보다 활용 정도가 낮게 나타난 것으로 추측된다. 한편, 특정 인적자원 관리유형의 활용 정도 및 기업성과가 기업규모에 의해 영향받는가를 검증하기 위해 이 변수들과 규모의 상관관계를 조사하였더니 p=0.1 수준에서도 유의미한 관계를 찾을 수 없었다.

〈표 5〉 변수들의 평균, 표준편차 그리고 상관관계

	평 균	표준편차	상 관 계 수				
			(1)	(2)	(3)	(4)	(5)
인적자원관리							
(1) 시장유형	3.15	0.57					
(2) 관료제유형	3.35	0.55	0.35**				
(3) 가족유형	3.36	0.56	0.47**	0.49**			
조직성과							
(4) 효율성	3.46	0.63	0.33**	0.18*	0.39**		
(5) 혁신	3.21	0.86	0.40**	0.15	0.40**	0.55**	

주) *: p 〈 0.05, **: p 〈 0.01

이제 각 유형과 조직성과와의 상관관계를 살펴보자. 〈표 5〉에서 보듯이 시장유형과 가족유형은 효율성 및 혁신 성과와의 상관계수가 0.3 내지 0.4 정도로 비교적 높은 정의 상관관계를 갖고 있었다. 그러나 관료제유형은 시장유형과 가족유형에 비해 조직성과와의 상관관계가 상대적으로 높지 않았는데(r=0.15 정도), 통계적 유의성의 측면에서도 효율성 성과와만 0.05 수준에서 유의미한 상관관계를 가질 뿐 혁신 성과와는 유의미한 관계를 갖고 있지 않았다. 이러한 결과만을 놓고 본다면 관료제적 인적자원관리는 기업성과와 관련이 없다는 결론을 성급히 내릴 수 있겠지만, 모순관리라는 이론적 시각으로 자료를 재해석하는 아래의 분석에서는 상당히 다른 결과가 출현한다.

5.2 연구가설의 검증 및 토론

이 연구의 가설은 관료제, 시장, 가족유형 등 세 유형을 동시에 활용하는 기업들이 그렇지 않은 기업들에 비해 효율성과 혁신이 높으리라는 것이었다. 세 유형을 활용하는 상이한 패턴들을 찾아내기 위해 전체표본 그리고 전체표본을 둘로 나눈 표본 등 모두 세 표본을 대상으로 군집분석을 실시하였는데, 이들에 대한 군집분석의 해가 네 개로 서로 일치하였다. 표본을 네 집단으로 분류하는 것이 타당한가를 다시 검증하기 위해 판별분석, 일원분산분석, 던칸의 t검증을 실시하였다. 판별분석의 결과는 적중률(hit ratio)이 92%로 나타나 네 집단으로의 분류는 의미 있다고 할 수 있었다. 〈표 6〉에서 알 수 있듯이 일원분산분석과 던칸 검증의 결과도 세 유형의 활용 정도에서 집단별로 유의미한 차이(p〈0.01)가 있는 것으로 나타나서 결국 표본을 네 개의 군집으로 분류하는 것이 타당한 것으로 밝혀졌다.[13]

〈표 6〉 '시장-관료제-가족유형' 활용의 집단 간 차이 분석

유형 \ 집단	집단 1 무초점 기업군 (n=20)	집단2 관료제유형중심 기업군 (n=26)	집단 3 시장-가족유형 중심 기업군 (n=20)	집단 4 역설경영 기업군 (n=34)	F 값 (p 값)	사후검증 (Duncan's t test)
시장 유형	2.57 (0.32)	2.90 (0.39)	3.47 (0.65)	3.47 (0.34)	24.85 (0.00)	집단 4=3〉1, 2 집단 2〉1
관료제유형	2.79 (0.39)	3.53 (0.22)	2.86 (0.39)	3.84 (0.35)	58.02 (0.00)	집단 4〉1, 2, 3 집단 2〉1=3
가 족 유 형	2.67 (0.40)	3.13 (0.26)	3.46 (0.24)	3.85 (0.38)	57.96 (0.00)	집단 4〉1, 2, 3 집단 3〉1, 2 집단 2〉1

주) 1: 각 수치는 집단의 평균값이고, ( ) 안의 수치는 표준편차임.
2: 사후검증은 유의수준 0.05를 활용하였음.

13 조직의 규모와 네 집단 간에 관련성이 있는지를 확인하기 위해 추가로 일원분산분석과 교차분석을 수행하였지만, 두 가지 검증 모두에서 유의미한 관계가 전혀 발견되지 않았다.

네 집단의 특성과 그 차이점을 일목요연하게 알아볼 수 있도록 하기 위하여 시장, 관료제, 가족유형의 평균값을 표준화하여 집단별 프로필(profile)을 그려 보면 〈그림 2〉와 같다.

〈그림 2〉 집단별 인적자원 관리유형 프로필

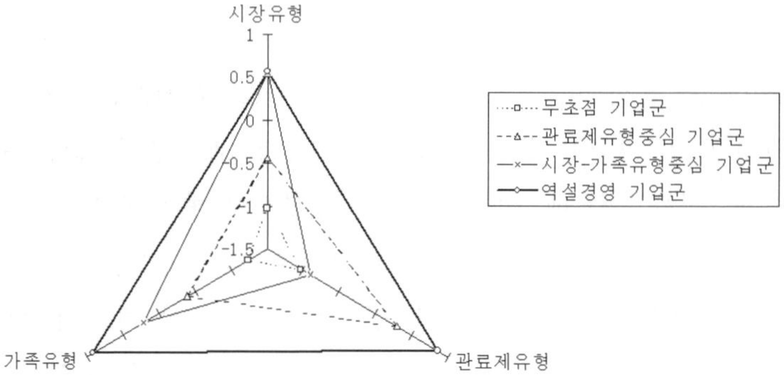

〈표 6〉과 〈그림 2〉를 바탕으로 네 집단이 시장, 관료제, 가족유형을 활용하는 방식에서의 차이점을 살펴보자. 집단 1은 평균값들이 각각 2.57, 2.79, 2.67로 세 가지 유형의 활용 정도가 모두 측정도구 상에서 중앙값(median), 즉 '그저 그렇다' 혹은 전체표본의 평균값 이하이었다. 따라서 우리는 이 집단을 '무초점 기업군'으로 명명하였으며, 20개(20%) 회사가 여기에 포함되었다. 집단 2는 관료제유형만이 전체평균 이상이고, 나머지 두 유형은 전체평균 이하였다. 이 집단은 시장, 관료제, 가족유형의 평균값이 각각 2.90, 3.53, 3.13으로 세 유형 중 특히 관료제유형이 높게 나타났다. 따라서 이 집단은 '관료제유형중심 기업군'으로 명명하였다. 표본 중 26개(26%) 회사가 여기에 포함되었다. 집단 3은 시장 및 가족유형의 활용 정도가 전체평균 이상이었고, 관료제유형은 전체평균 이하였다. 이 집단은 시장, 관료제, 가족유형의 평균값이 각각 3.47, 2.86, 3.46으로 인적자원을 관리하는 데 주로 시장 및 가족유형을 활

용하고 있었다. 따라서 이 집단은 '시장-가족유형중심 기업군'으로 명명하였으며, 이 기업군에 포함되는 기업은 20개(20%)에 달하였다.

집단 4는 시장, 관료제, 가족유형 활용 정도의 평균값이 각각 3.47, 3.84, 3.85이었다. 이 집단은 세 가지 인적자원 관리유형 모두의 평균값이 다른 집단들보다 높아서 〈그림 1〉의 개념적 틀에 비추어 볼 때 유형 4, 즉 역설경영형에 가장 근접한 것으로 평가할 수 있다. 따라서 이 집단은 '역설경영 기업군'으로 부르게 되었고, 가장 많은 34개(34%) 회사가 여기에 포함되었다. 시장, 관료제, 가족유형은 '자기이익-상호신뢰', '경쟁-협력', '안정성-혁신성', '의존적-독립적', '외부통제-내적규제' 등 서로 모순적인 가치 중 어느 하나에 강조점을 두고 있기에, 기업이 이들을 동시에 균형적으로 추구한다는 것은 매우 어려운 것이 사실이다. 그럼에도 이 연구에서 역설경영 기업군이 표본 기업 중 34%에 달하는 것은 한 조직 내에 세 유형의 공존이 가능하다는 것을 보여 주는 결과이다.

군집분석의 결과 한 가지 흥미로운 사실은 세 가지 인적자원관리 중 하나 혹은 둘 이상을 조합하는 데 있어서 모든 가능한 형태가 자료에서 발견되지는 않았다는 점이다. 즉, 시장 또는 가족유형만을 활용하거나, 가족-관료제 또는 시장-관료제를 혼합하는 형태의 인적자원관리는 찾을 수 없었다. 한 가지 인적자원관리만을 활용한다면 그것은 관료제유형이었고, 두 가지를 섞는 경우에는 시장-가족유형의 조합만을 찾을 수 있었다. 그럼에도 불구하고 세 가지를 모두 활용하는 역설경영 기업군이 군집분석에서 출현한 것은, 이 연구에서 발견되지는 않았지만, 다른 형태의 조합이 현실적으로 가능하다는 것을 보여 준다. 또 한 가지 유형을 활용하는 경우로는 관료제유형중심 기업군만이 발견된 것도 어느 정도의 해석은 가능하다. 즉, 일정한 규모를 넘어서는 대규모 조직이 세 가지 유형 중 하나만을 선택해야 한다면 우선 조직이 조직으로서 기능하고 무정부적인 해체 상태로 가는 것을 방지하기 위한 최소의 시스템이 필요한데, 이러한 기능을 가장 적절하게 수행하는 것은 바로 관료제일 가능성이 가장 크기 때문이다.

이제 네 군집의 조직성과 차이를 살펴보도록 하자. 통계적 유의성 검증에 앞서 네 집단이 효율성과 혁신 성과의 평균값에서 어느 정도 차이가 있는가를 확연히 드러내기 위해 두 성과의 평균값을 표준화하여 圖示하면 〈그림 3〉과 같다. 여기에서 우리는 역설경영 기업군의 조직성과가 효율성과 혁신 두 측면 모두에서 네 집단 중 가장 높다는 것을 발견할 수 있다. 반면에 무초점 및 관료제유형중심 기업군은 효율성과 혁신 성과 모두에서 전체평균 이하였다. 한편 시장-가족유형중심 기업군은 효율성과 혁신 성과가 전체평균보다는 약간 높았지만, 역설경영 기업군보다는 낮았다. 이러한 결과는 앞서 제시한 가설과 전반적으로 일치하는 것이다.

〈그림 3〉 집단별 '효율성-혁신 성과' 프로필

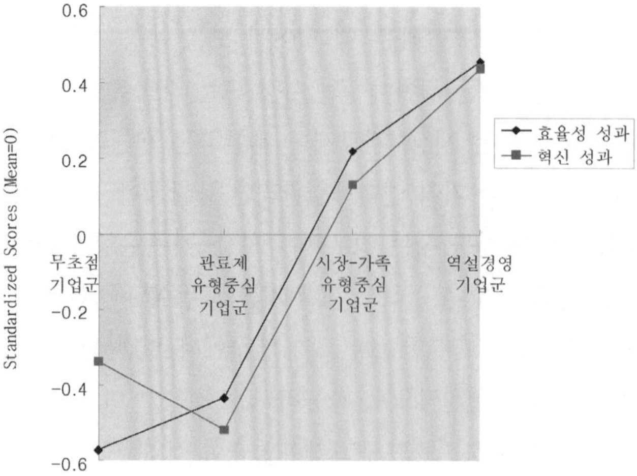

이어서 이와 같은 성과의 차이가 통계적으로 유의미한가를 확인하기 위해 먼저 공분산 매트릭스의 동질성을 검증한 후 다변량 분산분석을

실시하였다. Wilks' lambda가 0.77(p〈0.000)로 효율성과 혁신 성과의 차이가 유의미한 것으로 밝혀졌다. 다변량 분산분석 후에 집단들의 효율성과 혁신 성과가 개별적으로 유의미한 차이가 있는가를 알아보기 위해 실시한 일원분산분석과 던칸의 t검증 결과는 〈표 7〉에 제시되어 있다. 일원분산분석의 결과는 집단들 간에 효율성 및 혁신 성과에서 유의미한 차이(p〈0.01)가 있는 것으로 나타났다. 자료분석의 마지막 절차로 실시된 던칸의 t검증 결과에 따르면, 〈표 7〉에서 발견할 수 있듯이 효율성 및 혁신 성과 양 측면에서 역설경영 기업군은 무초점 기업군 및 관료제유형중심 기업군과는 유의미한 차이를 보였지만, 시장-가족유형중심 기업군과는 차이가 없었다. 한편 시장-가족유형중심 기업군은 효율성 성과에서는 무초점 기업군이나 관료제유형중심 기업군과 유의미한 차이를 보였지만, 혁신 성과의 경우에는 단지 관료제유형중심 기업군과만 차이가 있었다. 관료제유형중심 기업군과 무초점 기업군 사이에는 효율성과 혁신 성과 모두에서 유의미한 차이가 없었다.

〈표 7〉 '효율성-혁신 성과'의 집단 간 차이 분석

집단 / 성과	집단1 무초점 기업군 (n=20)	집단2 관료제유형 중심 기업군 (n=26)	집단3 시장-가족 유형중심 기업군 (n=20)	집단4 역설경영 기업군 (n=34)	F 값 (p값)	사후검증 (Duncan's t test)
효율성	3.10 (0.53)	3.18 (0.52)	3.60 (0.69)	3.75 (0.56)	7.65 (0.00)	집단 4=3〉1=2 집단 2〉1
혁 신	2.92 (0.77)	2.77 (0.72)	3.37 (0.88)	3.59 (0.84)	5.96 (0.00)	집단 4〉1, 2 집단 3〉2

주) 1: 각 수치는 집단의 평균값이고, ( ) 안의 수치는 표준편차임.
2: 사후검증은 유의수준 0.05를 활용하였음.

〈그림 3〉과 〈표 7〉을 종합해 볼 때 역설경영 기업군은 무초점 혹은 관료제유형중심 기업군보다 효율성과 혁신 성과가 더 높았고, 그 차이도

통계적으로 유의미하였다. 그리고 비록 통계적으로 유의미하지는 않지만, 역설경영 기업군의 효율성(3.75) 및 혁신(3.59) 성과가 시장-가족유형중심 기업군의 성과들(3.60 및 3.37)보다 더 높은 것은 주목할 만하다. 따라서 시장, 관료제 그리고 가족유형을 동시에 활용하는 기업들이 효율성과 혁신 양 측면에서 다른 기업들보다 더 높은 성과를 달성할 것이라는 본 논문의 가설은 부분적으로 지지되었다고 결론지을 수 있다.

자료의 분석을 통해 도출된 다음의 두 가지 결과는 모순관리와 관련하여 상당히 흥미로운 시사점을 준다. 먼저, 관료제유형중심 기업군보다 시장-가족유형중심 기업군이 효율성과 혁신에서 더 높은 성과를 달성하고 있는 것으로 나타난 본 논문의 결과가 모순관리에 주는 시사점에 대해 살펴보자. 인적자원을 관리하는 데 관료제유형만이 활용된다면 조직이 안정적으로 운영되는 장점이 있지만, 구성원들이 규칙, 절차, 표준 등에 규정된 범위 내에서만 행위할 뿐, 그 이상으로 기업에 헌신하려 하지는 않을 것이다. 즉, 사람들이 통제에 수동적으로 반응하기만 하고 효율과 혁신을 추구하려 적극적으로 헌신하지 않을 것이다. 자료가 보여 주듯이 관료제유형만을 활용하는 것은 아무런 인사철학도 확립하지 못한 무초점 경영과 동일한 수준의 성과를 산출할 수 있는 것이다. 하지만 이러한 결과가 관료제유형이 기업성과와 관련이 없다는 식의 성급한 결론으로 이어져서는 안 된다. 오히려 관료제유형이 인적자원관리의 한 축으로 기능할 필요성이 있음을 이 연구는 보여 준다. 이미 지적했듯이 역설경영 기업군은 시장-가족유형중심 기업군보다 미묘한 수준이기는 하지만 일정 정도 더 높은 성과를 올리고 있을 뿐만 아니라, 시장-가족유형중심 기업군이 무초점 기업군과 혁신 성과에서 통계적으로 유의미한 차이가 없는 데 반해, 역설경영 기업군은 분명한 차이를 보였다. 이러한 차이는 두 집단이 관료제유형을 기업경영에 활용하는 방식의 차이에서 연유한다. 그러므로 여기서 우리는 관료제유형이 시장이나 가족유형들과 적절히 조합되어 활용되는 경우에는 다른 유형의 역기능을 효과적으로 제어함으로써 기업성과의 향상에 간접적으로 기여할 수 있다는 함의를 이끌어낼 수 있다.

한편 시장-가족유형중심 기업군이 관료제유형중심 기업군보다 성과가 더 높다는 연구결과는 시장과 가족유형이 하나의 체계 내에서 상호보완적으로 공존 가능하고 이렇게 두 유형이 공존하는 기업들이 관료제유형만을 활용하는 기업들보다 조직목표의 달성에 종업원들을 더욱 효과적으로 동원해내고 있음을 보여 준다. 이러한 결과를 더욱 일반화하면, 시장, 관료제, 가족유형 중 어느 하나의 유형만을 활용하는 기업들보다는 모순되는 두 유형을 동시에 활용하는 기업들이 효율성과 혁신 양 측면에서 더 높은 성과를 달성한다는 명제를 세울 수 있다. 물론 본 연구의 결과만으로 이러한 일반화를 할 수 있는 것은 아니겠지만, 그러한 개연성이 존재하는 것은 사실이다. 앞으로 다른 경험연구들에서 본 연구에 포함되지 않은 모순관리의 패턴들을 발견하고 이들 패턴 중에서 어느 하나의 유형만을 활용하는 집단과 두 유형을 함께 활용하는 집단들 간의 성과 차이가 확인된다면, 이와 같은 명제는 입증될 수 있을 것이다.[14]

다음으로, 세 유형을 동시에 활용하는 기업들이 효율성과 혁신의 측면에서 더 높은 성과를 보인 연구결과는 인적자원관리를 위해 동원하는 메커니즘이 다양할 때 복수의 기업목표를 실현시킬 수 있다는 결론을 더욱 강화시킨다. 세 유형은 상호 간에 모순적인 속성을 포함하고 있어서 한 체계 내에서 이들의 공존은 조직을 혼란에 빠뜨리거나 종업원

14 우리는 약간 다른 집단 분류법을 사용하여 '시장, 관료제, 가족유형 중 두 가지를 동시에 활용하는 기업들의 성과가 한 가지 유형에만 의존하는 기업들의 성과보다 더 높다'는 명제도 검증해 보았다. Hart와 Banbury(1994)에 의하면 표본들을 몇 개의 집단으로 분류하는 방법에는 연역적 방법과 귀납적 방법이 있는데, 연역적 방법은 사전적인 의사결정 기준을 가지고 집단을 분류하는 것이고, 귀납적 방법은 군집분석 등을 통해 통계적으로 서로 다른 특성을 보이는 집단들로 사후적으로 분류하는 것이다. 위의 분석과정은 귀납적 방법을 사용했지만, 연역적 방법에 따른 집단분류 방법을 사용하여 검증해 볼 수도 있다. 우리는 집단분류 기준으로 각 유형의 활용 정도에서 '상위 1/3'에 속하는 기업을 최대한으로 활용하는 기업들로 그리고 '나머지 2/3'의 기업들을 그렇지 않은 기업으로 규정한다는 원칙을 정했다. 그러한 원칙 하에서 연구대상 기업들을, 세 유형을 동시에 활용하는 집단, 두 유형만을 활용하는 집단, 하나의 유형만을 활용하는 집단, 어느 하나도 활용하지 않은 집단 등 네 집단으로의 분류한 후에 일원분산분석과 던칸의 t검증을 통해 효율성과 혁신 성과 양 측면에서 집단 간의 성과 차이를 확인하였다. 그 결과 어느 하나보다 두 유형을 함께 활용하는 집단이 효율성과 혁신 성과 양 측면에서 더 높은 성과를 달성하였고, 통계적으로도 유의미한 차이가 있는 것으로 나타났다.

들에게 극단적인 긴장을 초래할 수도 있다. 그러한 위험성에도 불구하고 세 유형이 공존하는 조직들이 발견되고, 이들이 효율성과 혁신에서 높은 성과를 올린다는 본 연구의 결과는 세 유형이 조직 내에서 상보적으로 공존할 수 있음을 의미한다. 이것이 가능한 것은 인간 자체가 '이기심-이타심' '개인주의-공동체주의', '독립성-의존', '경쟁-협력' 등의 이중적 속성을 동시에 갖고 있는 모순적 존재이기 때문이다(Schneider, 1990). 인적자원관리의 유형들은 다차원적이고 모순적인 인간 본성의 특정한 측면들에 조응하기에 세 유형은 상호 보완적으로 종업원들을 동기부여시키는 수단으로 작용하는 것이다(Miller, 1989).

6. 맺음말

기업 간의 경쟁이 격화된 오늘날의 환경에서는 기업이 어느 하나 혹은 특정한 목표에만 매달려서는 장기적으로 생존해 나갈 수 없기 때문에 효율성과 혁신에 관련된 다양한 목표들을 동시에 추구해야 한다. 그러기 위해서는 기업이 과거와는 달리 전략, 조직구조, 인적자원관리, 조직문화 등에서도 모순적 요소들을 동시에 수용할 수 있어야 한다는 사실을 경영학자나 기업을 경영하는 사람들은 직시해야 한다(Cameron & Quinn, 1988; Pascale, 1990; Hampden-Turner, 1990; Collins & Porras, 1994; Stacey, 1996). 앞으로의 시대에서는 모순적 요소들을 얼마나 기업경영에 잘 활용하느냐의 여부에 의해 기업의 생존이 결정된다는 사실을 이해해야 한다. 더 나아가 기업의 본질적 특성이 모순 그 자체임을 이해해야 한다.

이러한 문제의식 하에서 우리는 모순을 이해하는 체계적인 틀을 구성하고 이를 바탕으로 효율성과 혁신의 동시 달성을 가능하게 하는 여러 조건 중의 하나인 기업의 인적자원 관리방식을 이론적으로 모색하고 연구가설을 설정하여 경험 연구를 시도하였다. 경험연구 결과에서 상호 모순적인 속성을 포함하는 시장, 관료제, 가족유형을 동시에 활용하는 역설경영 기업군에 103개의 표본 기업 중 34개가 포함되고, 이들이 다른 방식으로 인적자원을 관리하는 집단들보다 효율성과 혁신 두 측면 모두에서 더 높은 성과를 달성하고 있는 것으로 밝혀졌다. 이러한 사실은 세 유형의 동시적 활용이 종업원들을 모순적인 조직 목표 달성에 가장 효과적으로 동원해낼 수 있는 동기부여 방법임을 입증해 주고 있다.

형식논리의 덫에 갇혀 모순적 요소들을 양자택일로 인식하는 서양인들에게 인적자원의 관리에 시장, 관료제, 가족유형을 동시에 활용해야 한다는 주장은 비합리적인 것으로 들릴 것이다. 하지만 모순을 수용하는 음양론의 전통 아래에서 살아온 우리나라를 비롯한 동양 諸국의 사람들에게 이러한 주장은 전혀 새롭지도 특별하지도 않은 너무나 당연한 것이다. 그렇지만 지금까지 우리나라의 조직이론, 넓게는 경영학이론은 서구적 사고의 틀을 크게 벗어나지 못해왔던 것이 사실이고, 우리의 지적·역시적 전통을 이론에 접목하려는 시도가 거의 없었다. 오히려 형식논리에 사로잡혀 있었던 서양에서 역설의 경영이라는 꼬리표를 달고 모순관리가 표방되고 있다는 것은 아이러니가 아닐 수 없다. 역설의 경영을 주창하는 대부분의 서양 학자들은 사실상 많은 경우에 동양의 음양오행론에서 그들 주장의 논리적 근거를 찾고 있다. 이제 경영학자들은 양자택일의 논리 아래에서 전개되는 서구 경영학이론을 맹목적으로 답습하는 태도에서 벗어나 모순을 수용하는 우리의 지적·역사적 전통을 원재료로 하여 모순을 기업 경영에 적극적으로 활용할 수 있는 이론과 실천적 대안들을 탐색해야 할 것이다. 구체적으로는 다양한 모순들이 발현되는 양태를 파악한 후, 이들을 유형별로 적절하게 관리하여 조직의 성과로 연결시키는 방안을 찾아야 한다.

이 연구의 결과는 IMF로부터의 구제금융이라는 최악의 상황에서 전면적인 구조조정을 추진하는 우리 기업들에게 하나의 중요한 실천적 시사점을 제공해 준다. 위에서 보았듯이 상대적으로 높은 성과를 올리고 있는 시장-가족유형중심 기업군이나 역설경영 기업군 모두 가족유형을 기반으로 하고 있다. 그런데 최근 들어 이루어지는 한국 기업들의 구조조정은 이와는 상당히 다른 방향으로 추진되고 있다. 기업은 경영혁신이라는 이름 아래 종업원들을 마구 해고하는 한편, 능력과 성과 평가의 공정한 기준도 마련하지 않은 채 성급하게 연봉제 또는 능력급제 보상체계를 도입하고 있다. 시장유형의 활용에 있어서 우리보다 훨씬 앞서 있는 미국에서도 가장 뛰어난 기업들은 가족유형을 인적자원관리의 핵심적 축으로 견고하게 유지하고 있다는 것은 잘 알려진 사실이다(Pfeffer, 1994, 1998). 공동체적 기반 없이 도입되는 시장유형은 기업에 단기적으로는 성과의 향상을 가져다줄지 모르지만, 종업원의 사기와 조직몰입을 떨어뜨리고 구성원 간의 불신을 조장하여 장기적으로는 조직성과가 오히려 하락할 수 있다. 기업들이 그동안 적극적으로 활용하지 못했던 시장유형의 강화를 통해 경쟁력을 향상시키려면, 기업의 가족공동체적 성격을 완전히 해체하기보다는 그것이 시장유형과 적절하게 결합되어야 한다는 것을 이 연구는 보여 주고 있다.

이제 본 연구의 한계점과 앞으로의 연구 방향을 몇 가지 지적하고자 한다. 첫째, 이 연구는 설문서 방법에만 의존하여 기업의 모순관리 패턴을 파악했다는 한계를 갖고 있다. 설문서뿐만 아니라 관리층과 종업원들과의 면담, 관리메뉴얼이나 사내·외의 문헌자료의 활용 등 다양한 양/질적 방법을 동시에 활용하는 것이 역설경영의 기업과 그렇지 않은 기업을 구분해내는 더욱 정확한 방법일 것이다. 둘째, 이 연구는 인적자원관리의 구성요소들을 세 유형으로 구분하였지만, 명확히 어느 한 유형으로 구분될 수 없는 것들도 존재한다. 예를 들어 직무안정성은 관료제유형에 포함시키기도 하고(Hill, 1981) 혹은 가족유형에 포함시키기도 한다(Heckscher, 1994). 또한, 이윤분배제도는 논자에 따라 시장유형에 포함시키기도 하고(Lawrence & Dyer, 1983) 혹은 가족유형에 포함시키기도 한다(Heckscher, 1994). 따라서 앞으로는 세 유형의 외연을 명확히 하기 위한 연구가 진행되어야 할 것이다. 셋째, 이 연구는 세 유형을 함께 활용하는 기업들이 다른 기업들에 비해 조직 성과가 높다는 사실만을 보여 주고 있을 뿐, 이들의 공존이 조직 성과의 향상에 기여하는 과정을 구체적으로 보여 주지 못한다는 한계를 갖고 있다. 또, 모순을 수용하는 조직구성원들의 인식유형이 모순관리에 어떻게 관련되는지에 대한 충분한 고려도 하지 못했다. 사례연구 등 질적 방법을 통해 그러한 과정을 밝히는 작업이 진행되어야 할 것이다. 넷째, 표본이 우리나라에 한정된 본 연구에서는 세 유형을 동시에 활용하는 기업들의 성과가 다른 기업들에 비해 일반적으로 높은 것으로 드러났지만, 기업이 모순을 이해하고 관리하는 방식은 각 나라의 문화적 특성에 영향을 받을 수 있으므로 동·서양의 여러 나라를 포함한 비교연구가 있어야만 역설경영의 일반화 가능성이 확보될 수 있을 것이다.

이와 같은 여러 한계에도 불구하고 이 연구가 모순관리에 관한 지식의 지평을 확장하는데 기여한 바는 적지 않다고 믿는다. 우선, 이 연구의 첫 번째 의의는 모순관리에 대한 개념적 틀을 구성하고 이를 바탕으로 인적자원의 효과적 관리 방식을 이론적으로 고찰했다는 것이다. 두 번째 의의는 이러한 논의에 기반하여 인적자원관리와 기업성과 사이의 관계에 대한 가설을 설정하고 이를 경험연구를 통해 검증하였다는 것이다. 이론적/방법론적 측면에서 문제점이 없는 것은 아니지만 이제 형성단계에 있는 모순관리 분야에서 우리의 연구는 기업 모순에 대한 이론을 구축하거나 관련 개념들의 현실적합성을 검증하려는 학자들에게 하나의 준거점을 제공해 줄 수 있을 것이다.

모순으로 가득 찬 세계는 논리적으로 쉽게 파악할 수 있는 퍼즐(puzzle)이 아니라 수없이 다양한 모습으로 현상하는 萬華鏡에 가까운 것이다. 모순들로 이루어진 세계는 정태적 균형상태에 있지 않고 끊임없이 유동한다. 그러므로 경영자는 조직의 성장단계나 환경에 따라 특정한 경영철학을 강조할 수밖에 없을 때에도 다른 대안들에 대한 문을 닫아서는 안 된다. 그러기 위해서는 경영자가 모순관리에 대한 체계적인 인식 틀을 갖고 있어야 한다는 점은 두말할 여지가 없다. 모호함과 복잡함으로 가득 찬 경영의 세계는 경영자가 상상력과 창의력을 발휘해서 헤쳐 나갈 수 있는, 무한히 열려 있는 예술적 공간이다.

참고 문헌

김상표. 1998. 「역설의 경영: 조직특성과 인적자원관리에 관한 실증연구」. 연세대학교 대학원 경영학과 박사학위 논문.

매일경제신문사. 1995. 「상장회사 편람」.

박동환. 1993. 「동양의 논리는 어디에 있는가: 동아시아에서 본 세계철학사의 관점」 서울: 고려원.

배종석. 1999. 경쟁우위와 인적자원관리: 전략적 인적자원관리 연구의 비판적 고찰과 연구방향 모색. 「인사·조직연구」, 7, 2: 1-45.

소광섭. 1993. 오행의 수리물리학적 모형. 「과학과 철학」, 4: 35-56.

유규창. 1998. 인적자원관리의 이론개발 및 실제 적용을 위한 연구방법. 「경영학연구」, 27, 3: 585-610.

윤세준. 1990. 비판조직이론의 확립을 위한 시론. 「현상과 인식」, 14, 3: 9-47.

______1994. 신기술과 인적자원관리: 미국과 일본으로부터의 교훈. 「연세경영연구」, 31: 63-89.

______1995. 자본주의의 형태변환과 일본적 생산방식. 「동향과 전망」, 26, 2: 271-295.

______1997. 모순관리: 개념적 틀과 실현조건. 「연세경영연구」, 34, 1: 3-42.

윤세준·김상표. 1997. 역설의 경영과 조직구조. 「한국경영학회 춘계학술연구발표논문집」, 435-461.

____________2000. 역설의 경영을 실현하기 위한 조건에 대한 탐색, 「인사관리연구」, 24, 1: 129-163.

이종범. 1994. 인사제도와 딜레마: 업적주의, 연공서열제, 모험행동. 이종범(편). 「딜레마 이론: 조직과 정책의 새로운 이해」: 111-132. 서울: 나남.

조동일. 1996. 「한국의 문학사와 철학사」 서울: 지식산업사.

통계청. 1996. 「광공업 통계조사 보고서」.

한국신용평가주식회사. 1995. 「한국기업총람」.

Adler, P. S. 1999. Building Better Bureacracies. *Academy of Management Executive*, 13: 36-49.

Adler, P. S., & Borys, B. 1996. Two Types of Bureaucracy: Enabling and Coercive. *Administrative Scie- nce Quarterly*, 28: 621-624.

Adler, P. S., & Cole, R.E. 1993. Designed for Learning: A Tale of Two Auto Plants. *Sloan Management Review*, Spring: 85-94.

Adler, P. S., Goldoftas, B., & Levine, D. I. 1999. Flexibility Versus Efficiency? A Case Study of Model Changeovers in Toyota Production System. *Organization Science*, 10: 43-67.

Aktouf, O. 1992. Management and Theories of Organizations in the 1990s: Toward a Critical Radical Humanism?. *Academy of Management Review*, 17: 407–431.

Arthur, J. 1992. The Link between Business Strategy and Industrial Relations Systems in American Steel Minimills. *Industrial and Labor Relations Review*, 45: 488–506.

Best, M. 1990. *The New Competition: Institutions of Industrial Restructuring*. Cambridge: Harvard University Press.

Bhaskar, R. 1993. *Dialectics: The Pulse of Freedom*. London: Verso.

Brown, S. L., & Eisenhardt, K. M. 1998. *Competing on the Edge: Strategy as Structured Chaos*. Boston, Massachusetts: Harvard Business School Press.

Burawoy, M. 1985. *The Politics of Production*. Thetford, Norfolk, Great Britain: Verso.

Cameron, K. S. 1986. A Study of Organizational Effectiveness and Its Predictors. *Management Science*, 32: 87–111.

Cameron, K. S., & Quinn, R. E. 1988. Organizational Paradox and Transformation. In R. E. Quinn & K. S. Cameron (Eds.), *Paradox and Transformation: Toward a Theory of Change in Organization and Management*: 1–18. Cambridge, Massachusetts: Ballinger.

Collins, J. C., & Porras, J. I. 1994. *Built To Last: Successful Habits of Visionary Companies*. New York: Harper Collins Publishers.

Delery, J. E., & Doty, D. H. 1996. Modes of Theorizing in Strategic Human Resource Management: Tests of Univeralistic, Contingency, and Configurational Performance Predictions. *Academy of Management Journal*, 39: 802–835.

Dess, G. G., & Robbins, R. B. Jr. 1984. Measuring Organizational Performance in the Absence of Objective Measure: The Case of the Privately–Held Firm and Conglomerate Business Unit. *Strategic Management Journal*, 5: 265–273.

Eisenhardt, K. M., & Westcott, B. J. 1988. Paradoxical demands and the Creation of Excellence: The Case of Just-In-Time Manufacturing. In R. E. Quinn & K. S. Cameron (Eds.), *Paradox and Transformation: Toward a Theory of Change in Organization and Management*: 169–194. Cambridge Massachusetts: Ballinger.

Evans, P. A., & Doz, Y. 1992. Dualities: A Paradigm for Human Resource and Organizational Development in Complex Multinationals.

In V. Pucik, N. M. Tichy & C. K. Barnett (Eds.), *Globalizing Management: Creating and Leading the Competitive Organization*: 85–106. New York: John Wiley & Sons.

Falletta, N. 1983. *The Paradoxicon*. Garden City, New York: Doubleday & Company.

Feldman, S. P. 1989. The Broken Wheel: The Inseparability of Autonomy and Control in Innovation within Organizations. *Journal of Management Studies*, 26: 82–102.

Ford, J. D., & Backoff, R. H. 1988. Organizational Change in and out of Dualities and Paradox. In R. E. Quinn, & K. S. Cameron (Eds.), *Paradox and Transformation: Toward a Theory of Change in Organization and Management*: 81–121. Cambridge, Massachusetts: Ballinger.

Forrester, J. 1961. *Industrial Dynamics*. Cambridge, Massachusetts: MIT Press.

Fukuyama, F. 1995. *Trust: The Social Virtues and the Creation of Prosperity*. New York: The Free Press.

Ghemawat, P., & Costa I. 1993. The Organizational Tension between Static and Dynamic Efficiency. *Strategic Management Journal*, 14: 59–73.

Hampden–Turner, C. 1990. *Charting the Corporate Mind: Graphic Solution to Business Conflicts*. New York: The Free Press.

Hampden–Turner, C., & Trompenaars, A. 1993. *The Seven Cultures of Capitalism*. New York: Doubleday Dell Publishing Group, Inc.

Hart, S., & Banbury. C. 1994. How Strategy–Making Process Can Make a Difference. *Strategic Management Journal*, 15: 251–269.

Heckscher, C. 1994. Defining the Post–Bureaucratic Type. In C. Heckscher & A. Donnellon (Eds.), *The Post–Bureaucratic Organization: New Perspectives on Organizational Change*: 14–62. Thousand Oak: Sage Publications.

Heskett, J. L. 1987. Establishing Strategic Direction: Aligning Elements of Strategy. *Harvard Business School Note #9–388–033*.

Hill, S. 1981. *Competition and Control at Work*. London: Heinemann Educational Books.

Huselid, M. A. 1995. The Impact of Human Resource Management Practices on Turnover, Productivity, and Corporate Financial Performance. *Academy of Management Journal*, 38: 635–672.

Jain, R.K. & Triandis, H.C. 1997. *Management of Research and*

Development Organizations: Managing the Unmanageable. New York: Jon Wiley & Sons, Inc.

Jung, C. G. 1960. *The Structure and Dynamics of the Psyche*. In Collected Works, 8. Princeton: Princeton University Press.

Keidel, R. W. 1995. *Seeing Organizational Patterns: A New Theory and Language of Organizational Design*. San Francisco: Berrett-Koehler Publishers.

Ketchen, D. J. Jr., & Shook, C. L. 1996. The Application of Cluster Analysis in Strategic Management Research: An Analysis and Critique. *Strategic Management Journal*, 17: 441–458.

Klein, B. H. 1984. *Prices, Wages and Business Cycles: A Dynamic Theory*. New York: Pergamon.

Klein, J. A. 1994. The Paradox of Quality Management: Commitment, Ownership, and Control. In C. Heckscher & A. Donnellon (Eds.), *The Post-Bureaucratic Organization: New Perspectives on Organizational Change*: 178–194. Thousand: Sage Publications Ltd.

Kochan, T. A., & Osterman, P. 1994. T*he Mutual Gains Enterprise: Forging a Winning Partnership among Labor, Management, and Government*. Boston: Harvard Business School Press.

Kotter, J. P. 1990. *Forces for Change: How Leadership Differs from Management*. New York: The Free Press.

Lado, A. A., & Wilson, M. C. 1994. Human Resource Systems and Sustained Competitive Advantage: A Competency-based Perspective. *Academy of Management Review*, 19: 699–727.

Lawrence, P. R., &. Dyer, D. 1983. *Renewing American Industry*. New York: The Free Press.

Lebas, M., & Weigenstein, J. 1986. Management Control: The Roles of Rules, Markets and Culture. *Journal of Management Studies*, 23: 259–272.

Leonard-Barton, D. 1992. The Factory as a Learning Laboratory. *Sloan Management Review*, Fall: 23–38.

Lorenz, E. H. 1992. Trust and the Flexible Firm: International Comparisons. *Industrial Relations*, 31: 455–472.

MacDuffie, J. P. 1995. Human Resource Bundles and Manufacturing Performance: Organizational Logic and Flexible Production Systems in the World Auto Industry. *Industrial and Labor Relations Review*, 13: 454–470.

Maruyama, M. 1993. Mindscapes, Individuals, and Cultures in Management. *Journal of Management Inquiry*, 2: 140–155.

Miles, R. E., & Snow, C. C. 1984. Designing Strategic Human Resource Systems. *Organizational Dynamics*, 12: 36–52.

Miller, D. 1989. *Market, State, and Community: Theoretical Foundations of Market Socialism*. Oxford: Clarendon Press.

Morf, M. 1989. *The Work/Life Dichotomy: Prospects for Reintegrating People and Jobs*. New York: Quorum Books.

Nonaka, I. 1988. Self–renewal of the Japanese Firm and the Human Resource Strategy. *Human Resource Management*, 27: 45–62.

Orton, J. D., & Weick, K. E. 1990. Loosely Coupled Systems: A Reconceptualization. *Academy of Management Review*, 15: 203–223.

Ouchi, W. G. 1980. Markets, Bureaucracies, and Clans. *Administrative Science Quarterly*, 25: 129–141.

__________1981. *Theory Z*. Reading, MA: Addison–Wesley.

__________1984. *The M–Form Society: How American Teamwork Can Recapture the Competitive Edge*. Reading, MA: Addison–Wesley.

Ouchi, W. G., & Price, R. L. 1993. Hierarchies, Clans, and Theory Z: A New Perspective on Organization Development. *Organizational Dynamics*, 21: 62–70.

Pascale, R. T. 1990. *Managing on the Edge: How the Smartest Companies Use Conflict to Stay Ahead*. New York: Simon & Schuster.

Pearce, F. T. II., Robbins, D. K., & Robinson, R. B. 1987. The Impact of Grand Strategy and Planning Formality on Financial Performance. *Strategic Management Journal*, 8: 125–134.

Peck, S. R. 1994. Exploring the Link between Organizational Strategy and the Employment Relationship: The Role of Human Resources Policies. *Journal of Management*, 31: 715–736.

Perrow, C. 1986. *Complex Organizations: A Critical Essay*. New York: Random House.

Peters, T. J., & Waterman, R. H. 1982. *In Search of Excellence: Lessons from America's Best–Run Companies*. New York: Harper & Row.

Pfeffer, J. 1994. *Competitive Advantage through People: Unleashing the Power of the Work Force*. Boston: Harvard Business School Press.

________1998. *The Human Equation: Building Profits by Putting People First*. Boston: Harvard Business School Press.

Piore, M., & Sabel, C. 1984. *The Second Industrial Divide: Possibility* for Prosperity. New York: Basic Books.

Powell, W. W. 1990. Neither Market nor Hierarchy: Network Forms of Organization. *Research in Organizational Behavior*, 12: 295–336.

Quinn, R. E. 1988. *Beyond Rational Management: Mastering the Paradoxes and Competing Demands of High Performance*. San Francisco: Jossey Bass Publishers.

Schneider, K. J. 1990. *The Paradoxical Self: Toward an Understanding of Our Contradictory Nature*. New York: Insight Books.

Senge, P. M. 1990. *The Fifth Discipline: The Art and Practice of the Learning Organization.* New York: Doubleday Currency.

Siporin, K. S., & Gummer, B. 1988. Organizational Paradox and Transformation. In R. E Quinn & K. S. Cameron (Eds.), *Paradox and Transformation: Toward a Theory of Change in Organization and Management*: 205–228. Cambridge, Massachusetts: Ballinger.

Slaatte, H. A. 1968. *The Pertinence of the Paradox: The Dialectics of Reason-In- Existence*. New York: Humanities Press.

Snell, S. A. 1992. Control Theory in Strategic Human Resource Management: The Mediating Effect of Administrative Information. *Academy of Management Journal*, 35: 292–327.

Stacey, R. D. 1996. *Complexity and Creativity in Organizations*. San Francisco: Berrett-Koehler Publishers.

Stroh, P., & Miller, W. W. 1994. Learning to Thrive on Paradox. *Training and Development*, 48, 9: 28–39.

The Price Waterhouse Change Integration Team. 1996. *The Paradox Principles: How High-Performance Companies Manage Chaos, Complexity, and Contradiction to Achieve Superior Results*. Chicago: Irwin.

Van de Van, A. H. 1983. Review of In Search of Excellence. *Administrative Science Quarterly*, 28: 621–624.

Von Glinow, M.A. 1988. *The New Professions: Managing Today's High-Tech Employees*. Cambridge, Massachusetts: Ballinger Publishing Company.

Walton, R. 1985. From Control to Commitment in the Workplace. *Harvard Business Review*, 63, 2: 77–84.

Wilms, W. W., Hardcastle, A. J., & Zell, A. J. 1994. Cultural Transformation at NUMMI. *Sloan Management Review*, Fall: 99–113.

역설의 경영을 실현하기 위한 조건에 대한 탐색[1]: 전략과 리더십, 그리고 부서 간의 권력관계

1. 문제제기

20세기 초부터 대략 1980년대 초까지 지속된 경제환경에서 소위 적소경쟁(niche competition)을 하고 있던 기업들은 원가, 품질, 신제품 개발, 유연성 등 수많은 경쟁요인 중 어느 하나 혹은 소수에 집중하더라고 회사를 우수기업으로 만들 수 있었다. 이러한 경쟁환경은 기업가 및 이론가들로 하여금 기업모순을 양자택일의 관계로 인식하는 맥락을 제공하였다. 따라서 경영학의 적지 않은 문헌들이 상호 모순적인 관계에 놓여 있는 특성들을 한 조직이 동시에 가질 수 없다는 이분법적 인식을 기조로 삼고 있었다.

Ashby(1956)는 『Design for Brain』이라는 책에서 프로그램화된 방식으로 환경변화에 적응하는 단일고리시스템(single loop system)과 낮은 수준의 피드백 고리가 더욱 높은 수준의 고리에 의해 재프로그램화될 수 있는 이중고리시스템(double loop system)을 구별했다. Ashby의 논의를 창조적으로 발전시킨 Argyris와 Schon(1978)은 단일고리학습과 이중고리학습을 제시하였는데, 그들의 핵심적 주장은 이 두 가지 학습이 동시에 이루어질 수 없고, 어느 하나는 다른 것을 방해하게 된다는 것이다. 즉 방어기제(defensiveness)는 단일고리학습을 촉

1 이 논문은 윤세준과 함께 『인사관리연구』 제24집 1권(2000년)에 게재하였다.

진시켜 조직이 주어진 목적을 더욱 효과적으로 달성할 수 있게 하는 반면, 이중고리학습을 저해하여 전략과 과업에서의 혁신적 변화를 시도하지 못하게 만든다는 것이다.

상황이론에서는 안정적 환경과 변화하는 환경에 적합한 조직형태를 '기계적-유기적' 혹은 'Type A-Type B' 조직형태로 구분한다(Burns & Stalker, 1961; Ghemawat & Costa, 1993). 기계적 혹은 Type A 조직형태는 공식화된 규칙과 위계적 통제를 기반으로 적응학습(adaptive learning)이 용이한 체계임에 반해, 유기적 혹은 Type B 조직형태는 공유된 가치, 팀, 수평적 의사소통을 토대로 발현학습(generative learning)에 적합한 체계이다. 그런데 상황이론가들은 기계적-유기적 혹은 Type A-Type B 조직형태는 어느 한 조직이 동시에 취할 수 없는 모순적인 것이어서 효율성과 혁신의 동시 추구가 불가능하다고 본다.

전략문헌에서도 이러한 이분법적 도식은 보편적인 틀이었다. 사업부 수준에서 기업의 본원적 경쟁전략(generic competitive strategy)을 세안한 Porter(1980, 1985)나 Miles와 Snow(1978)는 원가우위(Cost Leadership) 전략과 차별화(Differentiation) 전략 혹은 공격형(Prospector)과 방어형(Defender)을 양자택일의 관계에 있는 것으로 인식하였다. Hannan과 Freeman(1977)은 기회주의적인 r-전략을 추구하는 일반주의자(generalist)와 유연성과 혁신을 희생하면서 효율성을 극대화하는 k-전략을 추구하는 전문가(specialist)를 구분하였다. 기술 및 생산관리 문헌에서도 생산단위가 매우 효율적이면서 동시에 높은 수준의 혁신율을 유지할 수는 없다는 식의 이분법적 주장은 매우 빈번히 등장했다(Abernaty, 1978; Hayes & Wheelwright, 1984).

그런데 1980년 대 들어 기업을 둘러싼 환경은 조직모순을 양자택일적으로 인식해 왔던 기업가나 경영학자들로 하여금 인식의 전환을 요구하고 있다. 경쟁의 전 지구화와 산업간 경계의 붕괴로 말미암아 기업이 상대해야 경쟁자의 범위가 무한히 넓어졌고, 기업경쟁의 원천인 제품 및 공정기술의 토대가 급격히 변화하고 있다. 또한, 소비자의 기호는 다양해지고, 그들의 행태를 정확히 예측한다는 것은 불가능하게 되었다. 이제 기업들은 과거에는 서로 상충적이거나 모순적이어서 함께 추구될 수 없다고 여겨졌던 다양한 전략적 목표들을 동시에 달성하지 않으면 기업의 장기적 생존이 보장될 수 없는 상황에 놓이게 된 것이다. 근래 들어 이러한 경쟁환경을 반영하여, 비록 소수의 학자 사이에서지만 조직에 드러나는 갖가지 모순적 특성에 주된 관심을 두고 이를 기업의 성공에 장애물로 인식하기보다는 적극적으로 관리해야 한다는 주장이 대두되고 있다. 이들은 상호 모순적 요소들의 공존성을 주장했던 기존 경영자들의 주장을 적극적으로 수용하면서 나름의 이론체계를 구성하려고 시도하고 있다.

특히 Lawrence와 Dyer(1983), Quinn(1988), Kotter(1990), Pascale(1990), Hampden-Turner(1990), Mintzberg(1991), Collins와 Porras(1994), Stacey(1992, 1996), Adler, Goldoftas와 Levine(1999) 등은 효율성과 혁신의 동시 추구가 가능한 조직운영방식을 탐색하고 있다. 이들의 공통된 주장은 기계적-유기적 구조, 위계-시장, 공식성-비공식성, 분권화-통제, 구조주도적-고려적 리더십 등 조직모순을 양자택일의 관계로 인식하는 대신에 逆說(paradox)로 받아들이면서 이를 기업경영에 적극적으로 활용할 수 있어야 한다는 것이다. 요컨대 서로 대립적인 요소(또는 가치, 전제, 신념, 원칙, 대안 등)들이 공존하는 조직이 구축되어야만 효율성과 혁신의 동시 추구가 가능하다는 것이다.

조직이 모순을 수용하고 나아가 이를 기업경영에 적극적으로 활용해야 한다는 주장을 서구 학계에서는 대체로 '역설의 경영(Management of Paradox)' 관점으로 받아들이고 있고, 국내에서도 여기에 관심을 보이는 학자들이 출현하고 있다. 역설의 경영을 주창하는 논자들은 몇몇 기업의 사례연구를 통해 모순적 요소들을 기업경영에 동시에 활용하는 것이 우수기업이 되기 위한 필요조건임을 밝히려고 시도하였다. 하지만 역설의 경영이 가능한 조건들을 이론적으로 체계화한 글은 많지 않다. 이러한 문제의식에서 이 글은 경영전략, 리더십, 부서 간의 권력관계에 초점을 맞춰 모순을 역설로 인식하는 경영학자들의 주장을 계승하고 발전시켜 모순의 적극적인 관리를 가능하게 하는 조건들을 초보적인 수준에서나마 탐색한다.[2]

글의 순서는 다음과 같다. 2장에서는 딜레마와 역설이라는 모순에 대한 두 가지 인식유형의 비교를 통해 역설의 경영 개념을 정초한다. 이 논의 과정에서 서구의 형식논리, 변증논리, 동양의 음양오행론에서의 모순관을 살펴보게 된다. 3장에서는 Porter류, Miles와 Snow류의 주장을 역설의 경영 관점에서 비판적으로 검토한 이후에 효율성과 혁신을 동시에 추구하는 혼합형 전략을 포함한 전략유형의 새로운 분류 틀을 제안한다. 4장에서는 혼합형 전략을 추진하는 경영자들이 어떠한 리더십을 발휘해야만 하는지에 대해 살펴본다. 5장에서는 부서 간의 권력게임을 권력의 총량이 정해져 있는 零化게임으로 인식하는 전략적 상황이론을 비판적으로 검토한다. 이와 함께 부서들이 권력의 총량을 증대시키는 擴大和게임을 하게 될 때, 기업이 효율성과 혁신을 동시에 달성할 수 있음을 밝힌다. 마지막으로 6장에서는 이 연구가 갖는 이론적, 실천적 의미를 논의한다.

2. 역설의 경영이란 무엇인가?

역설의 경영을 개념적으로 규정하기 위해서는 역설이 무엇인지에 대한 이해가 선행되어야 하는데, 역설은 딜레마(dilemma)와 대비해 보았

2 이 논문에서 논의하는 주제들 이외에 기술, 조직구조, 인적자원관리 등의 측면에서 역설의 경영이 가능한 조건들에 대해서는 윤세준(1997), 윤세준과 김상표(1997, 1998), 김상표(1998)의 논의를 참조할 것.

을 때 그 의미가 명확히 드러난다. 딜레마는 서로 상충되는 요소(혹은 대안, 가치, 원칙, 경향, 힘 등) A와 B가 한 체계 내에 공존할 수 없는 관계에 놓여 있어, 둘 중 한 요소만을 선택해야 하는 상황을 의미한다(Cameron & Quinn, 1988). 서구의 형식논리에서 의미하는 모순이란 바로 딜레마를 의미한다. 형식논리의 세 가지 전제들을 통해 이와 같은 사실을 확인할 수 있다. 형식논리는 하나의 대상이 그 자체와 동일하다는 同一率(axiom of identity), 자신과 어떤 것이 동시에 될 수 없다는 矛盾率(axiom of contradiction), 하나의 대상은 상호 배타적인 것 중의 하나라는 排中率(axiom of excluded middle) 등 세 가지 전제로 구성되어 있다. 이와 같은 전제들에 사로잡혀 있는 순수한 형식논리에 따르면, 하나의 대상은 서로 대립되는 A와 B 중 어느 한편만이 될 수 있을 뿐, 둘 모두나 그 중간의 어떤 것이 될 수는 없다. 배중률의 원칙을 완화시켜 모순되는 요소 A와 B를 연속선(continuum) 상의 양 끝으로 볼 수도 있다. 이 경우에는 갈등적 요소들이 몇 가지 형태의 타협을 통해 어느 하나 혹은 둘 모두를 어느 정도씩 희생하면서 한 체계 내에 공존할 수 있다는 식으로 정도의 개념이 허용된다. 하지만 연속선에서도 대립적 요소들의 양극단이 동시에 공존할 수 있는 가능성이 봉쇄되어 있기 때문에, 모순은 여전히 양자택일의 관계로 인식되고 있다(Ford & Backoff, 1988). 모순을 양자택일의 관계, 즉 딜레마로 인식하는 근거는 바로 이와 같은 서구의 형식논리에서 비롯된다.

형식논리에 기대어 조직모순을 딜레마로 인식하는 대표적인 이론은 조직이론의 커다란 줄기 중의 하나인 상황이론이다. 상황이론의 중심에는 모든 상황이론이 공유하는 가정인 적합성(fit) 개념이 자리 잡고 있다. 이것에 따르면, 기업은 상호 모순적인 대안 중에서 그것이 처한 상황에 가장 적합한 어느 하나를 선택하여 이를 일관성 있게 실천해야 한다. 즉 환경 혹은 기술이 어떠하므로 기업이 추구해야 할 목표는 무엇이 되어야 하고, 그것은 다시 적절한 조직구조, 인사정책, 시장전략,

생산전략들에 의해서 일관성 있게 뒷받침되어야 한다. 상황이론은 외부환경, 전략, 조직의 각 부분 및 기능들이 서로 틈새 없이 잘 맞물린 채로 통합된 상태를 최적의 상태로 가정한다. 기업 내·외의 여러 구성요소이란 서로 조화로운 관계에 있으며, 갈등과 모순은 조직이 합리적으로 운영되면 치유되거나 제거될 수밖에 없는 일탈적(deviant)이고, 병리적(pathological)인 것, 다시 말해서 균형의 순간적 상실이라고 간주된다. 그리하여 모든 것들이 완벽하게 짜 맞추어져 있는 상황이론의 세계에서는 서로 모순적인 조직목표, 관리방침, 조직형태, 인사정책들이 공존할 수 없다(윤세준, 1997).

딜레마와 달리 역설은 모순적이며 상호 배타적인 요소들이 하나의 체계 내에서 동시에 공존하는 것을 특징으로 한다(Cameron & Quinn, 1988). 여기서 공존은 대립물의 양 극단이 동일한 체계 내에 존재할 수 있다는 것까지를 포함한다. 역설적 사고에서는 모순적 요소들을 서로 다른 차원으로 보지만, 이것들이 서로 분리된 채 존재하는 것이 아니라 독립과 의존을 동시에 수반하는 이중 관계, 즉 상호 의존(interdependence) 관계 속에서 한 체계 내에 놓여 있게 된다고 인식한다(Cameron, 1986: 546; Ford & Backoff, 1988: 100). 그러기에 역설적 사고를 하는 사람들은 모순적 요소들의 공존으로 인해 생겨나는 긴장을 수용하며 이와 함께 살아가려 한다(Van de Ven & Poole, 1988).

역설적 사고는 서양보다는 동양의 사고와 맞닿아 있다. 동양의 陰陽論에 의하면, 음은 양 속의 음이라야 진정한 음이고, 양은 음 속의 양이라야 진정한 양이 된다. 음과 양은 서로 대립적 관계에 놓여 있지만, 道라는 큰 틀 안에서 서로를 보완하는 구성물로서 존재한다(Hampden-Turnerm, 1990: 159). 이처럼 음양론에서는 음과 양을 相補的(complementary)으로 인식하기에, 한 체계 내에 대립적 요소들이 동시에 공존하면서 조화될 수 있다고 본다. 동양의 五行체계도 모순에 대한 역설적 인식을 바탕으로 한다. 오행圖는 相生과 相克의 과정을 모두 포함한다. 서양의 사이버네틱스(cybernetics) 이론이나 제어(control) 이론에도 두 개의 되먹임 고리(feedback loop)가 나타나지만, 여기서는 음과 양의 되먹임 고리를 따로 갖는 체계만이 있을 뿐이다(소광섭, 1993). 그러나 오행체계에서는 生克이라는 두 개의 되먹임 고리가 겹으로 작용하고 있다. 오행체계에서도 서로 모순 관계에 있는 상생과 상극은 분리되지 않고 상보적으로 공존하고 있는 것이다. 이처럼 동양의 논리에서는 음과 양, 생과 극이 각기 하나이면서 둘임을 분명히 한다(조동일, 1996). 요컨대 동양에서는 모순을 구성하는 요소 중 어느 하나를 선택해야만 한다는 식의 딜레마적 사고를 지양하고 이들이 동일한 체계 내에서 각기 나름의 구실을 하면서도 서로 조화, 화해, 그리고 융합되어야 하는 것으로 본다(Hampden-Turner & Trompenaars, 1993).

그렇다면 동양에서는 조화가 모순적 요소 간의 긴장과 대립 또는 투쟁 없이 직접적으로 달성될 수 있다고 보았는가? 太極에서는 음과 양이 상호의존적 형상을 하면서 통일체를 구성하고 있는데, 여기서 양은 독립, 분열, 차이, 경쟁 등의 의미를, 반면 음은 의존, 일치, 통합, 협력 등의 의미를 담고 있다. 따라서 음과 양의 조화는 독립-의존, 차이-통합, 경쟁-협력 등 상호 모순적 힘들의 대립과 긴장의 상존 속에서 이루어진다. 마찬가지로 오행체계에도 生克 간의 긴장과 갈등 관계의 바탕 위에서 조화가 이루어진다는 의미가 담겨 있다. 이처럼 동양사상에서 조화는 저절로 이루어지는 것이 아니라 모순적 힘 간의 긴장과 투쟁 속에서 이루어진다. 따라서 동양사상의 핵심은 단순한 조화가 아니라 부조화 속에서 조화를 달성하려는 데 있다고 할 수 있다(김용옥, 1995).

서양에서의 지배적인 논리 체계가 형식논리이기는 하지만, 서양의 변증논리(dialectics) 또한 동양의 음양오행론과 유사하게 모순을 역설로 인식한다. 즉 변증논리는 모순적 요소들을 딜레마로 인식하지 않고, 하나의 체계 내에 이들이 서로 상호 의존 관계를 형성하면서 존재할 수 있다고 인식한다(Ford & Backoff, 1988). 변증논리에 비해 조직을 보는 새로운 시각을 제공해주는 서구의 대표적인 조직이론은 느슨한 接合 체계(loosely-coupled systems) 이론이다. Weick(1976)에 의해 이 이론이 본격적으로 조직이론에 유입된 이래, 느슨한 접합 체계는 그 개념의 모호성으로 인해 촘촘한 접합 체계(tightly-coupled systems) 반대편의 다른 극으로, 혹은 脫臼 체계(decoupled systems)와 촘촘한 접합 체계의 속성을 동시에 갖는, 즉 변증적 성격을 갖는 것으로 인식되기도 했다(Orton & Weick, 1990).

Orton과 Weick(1990: 203)은 이러한 개념적 혼란에 개입하여 느슨한 접합 체계 개념을 명확히 규정하려고 시도한 바 있다. 그들은 느슨한 접합 개념은 '접합(coupled)'이라는 단어에 의해 확정성(determinacy)의 정도를 보존함과 동시에 '느슨한(loosely)'이라는 단어에 의해 불확정성(indeterminacy)의 정도를 보존하는 변증적 용어라고 명시적으로 선언한다. 즉 느슨한 접합 체계는 폐쇄 체계(closed system)와 열린 체계(open system), 불확정적 체계와 합리적 체계, 자발적 체계(spontaneous system)와 의도적 체계(deliberate system)의 모순적인 속성을 동시에 포함하고 있다는 것이다. 따라서 느슨한 접합 체계에서 모순적 요소들은 완전히 상호 분리되거나 혹은 완전히 밀접하게 연결된 상태에서가 아니라 각기 상대적 자율성을 가지고 한 체계 내에 공존한다. 이러한 특성을 갖는 느슨한 접합 체계는 그것이 갖는 '접합'이라는 속성으로 인해 기업에 안정성을 부여함과 동시에 '느슨한'이라는 속성으로 인해 기업으로 하여금 외부 환경에 대한 유연성을 갖게 한다.

모순적 요소들이 상대적 자율성(relative autonomy)을 가진 채 느슨하게 접합되어 한 체계 내에 공존하는 경우에 체계는 대칭적 분열현상(symmetric schismogenesis)이나 보완적 분열현상(complementary schismogenesis)을 피할 수 있다(Cameron, 1986: 546). 반면, 모순적 요소 간의 촘촘한 접합이나 탈구상태는 체계를 보완적 분열현상이나 대칭적 분열현상에 빠뜨릴 수 있다. 모순적 요소 간의 촘촘한 접합상태에서는 반대 방향으로 작용하는 모순적 요소들의 한 편이 다른 편을 강하게 牽引하려 함으로 말미암아, 체계가 균형을 벗어나 붕괴될 때까지, 어느 한 편이 다른 한 편을 지배하고 다른 한 편은 이와 반대로 종속되는, 지배-종속 관계가 재생산된다. 이때, 체계는 보완적 분열현상에 빠지게 된다. 예컨대 효율성과 혁신을 추구하는 경향성이나 힘 중 어느 한 편이 다른 한 편을 과도하게 견인함으로 말미암아, 조직의 구성요소들이 특정한 가치에만 지나치게 경사되어 촘촘하게 접합된 특정한 윤곽형태(configuration), 다시 말해 기계적 조직형태나 임시방편적 조직형태(adhocracy)가 되는 경우에, 조직은 보완적 분열현상에 빠진다. 한편 모순적 요소 간의 탈구상태에서는 각 요소가 다른 요소에 대한 제약 없이 완전히 독립적으로 체계에 작용하기에 반대 방향으로 작용하는 모순적 요소들이 서로 反撥하게 된다. 이때, 체계는 대칭적 분열현상에 빠지게 된다. 효율성을 추구하려는 생산부서와 혁신을 추구하려는 연구개발부서가 탈구된 채, 각 부서가 다른 부서의 가치와 목적을 무시하고 서로 반대 방향으로 나아가는 경우가 대칭적 분열현상에 해당한다.

모순적 요소들이 느슨하게 접합된 채 한 체계 내에서 상보적으로 공존함으로써 역설의 경영이 이루어지게 되면, 모순은 螺旋形的(spiral) 발전과정을 거친다(Hampden-Turner, 1990, 1992; Pascale, 1990; Stroh & Miller, 1994; 김상표, 1998). 나선형적 발전과정은 모순적 요소들이 서로를 강화하는 형태로 한 체계 내에 동시에 공존하면서 체계 전체의 발전을 촉발시킴으로써 한 단계 발전된 수준에서 모순들이 계속적으로 재창출되는 과정을 의미한다. 이를 헤겔의 변증법으로 표현하면, 모순되는 A와 B, 즉 正(thesis)과 反(anti-thesis)이 상호 침투하여 둘 간의 결합을 통해 合(synthesis)인 C를 만들어내고, 다시 C는 이의 反인 D와의 새로운 결합을 만들어내는 과정이 지속된다고 할 수 있다(北川宗藏, 1985). 혼돈 이론(chaos theory)의 용어를 빌려서 모순의 진화과정을 표현하면, 모순적 요소들은 이들 간의 경계(on the edge)에서 공진화(coevolution)의 과정을 거쳐 체계를 한 단계 높은 수준으로 발전시키게 된다고 할 수 있다(Stacey, 1996).

모순적 요소들이 나선형적 종합을 이루어나가는 과정의 예는 다음과 같은 경우들이 있을 수 있다. 공식-비공식구조 모순의 예를 보자. 공식구조는 구성원들의 비공식적 활동에 일정한 위계적 제약을 부과하는 한편, 비공식구조에서 발생한 아이디어는 공식구조의 변화와 혁신을 위한 원천으로 작용한다. 이러한 경우에 공식구조와 비공식구조는 서로 침투하고 종합되어 새로운 단계에서 공식-비공식구조 모순이 재창출된다(Hampden-Turner, 1992; Stacey, 1996). 또 다른 예로 분화-통합 모순을 들 수 있다. 외부 환경의 불확실성과 다양성이 증가함에 따라 기업이 외부 환경에 대한 유연성과 적응 능력을 향상시키기 위해 더욱 분화하는 한편, 분화된 단위들을 효과적으로 조정하고 통제하기 위한 통합 장치들을 발전시키게 되면, 이전보다는 한 단계 고양된 상태로 분화-통합 모순이 기업에 재배치된다(Lawrence & Lorsch, 1967). 이와 같이 공식-비공식구조 또는 분화-통합이라는 서로 모순적 요소들이 느슨하게 접합된 채 동일한 체계 내에서 나선형적 종합을 지속적으로 이루어가게 되면, 조직은 효율성과 혁신, 안정성과 유연성 등 모순적인 조직효과성을 동시에 달성하면서 계속적으로 진화하고 성장하게 된다.

이제 앞서의 논의들을 바탕으로 역설의 경영을 개념적으로 규정해 보자. 역설의 경영은 모순적 요소들이 자신의 내재적 속성을 최대한 발현하면서도 조율된 조화(orchestrated harmony)를 이루면서, 하나의 체계 내에서 상보적으로 공존할 수 있도록 하는 관리방식이다

(Hampden-Turner, 1990). 역설의 경영이 이루어지는 경우에 모순적 요소들은 서로 독립적이면서도 서로에게 의존하는 형태로 상대적 자율성을 가지고 체계 내에 공존한다. 모순적 요소들은 상호 간에 긴밀하게 연결되어 있지만, 그 정도가 과도할 정도는 아니어서 각 요소가 체계의 작동에 독립적으로 작용할 수 있는 여지 또한 존재한다(Stacey, 1996: 97). 이러한 주장은 일견 균형론적 사고와 유사한 것처럼 보인다. 하지만 역설의 경영은 적합성이라는 개념에서 출발하여 체계의 균형을 추구하는 상황이론과는 다르다. 모순적 경향성들의 동시적 공존은 체계 내에 이들 간의 긴장이 상존한다는 것을 포함하기 때문에, 역설의 경영은 기본적으로 체계가 불균형(disequilibrium)상태에 놓여 있음을 전제로 한다(Pascale, 1990). 따라서 역설의 경영은 불균형 속에서 균형을, 부조화 속에서 조화를 추구하는 것이다. 아래에서는 이와 같은 역설경영의 개념을 기초로 전략, 리더십, 부서 간의 권력관계 측면에서 기업이 장기적으로 생존하는 데 필요한 두 가지 성과목표인 효율성과 혁신의 동시 달성을 가능하게 하는 조건을 탐색한다.

3. 역설의 경영과 경영전략

경영전략은 일반적으로 기업 수준의 전략, 사업부 수준의 전략, 운영 수준의 전략으로 구분되는데, 그중 이 논문에서는 기업의 경쟁우위 요소를 선택하는 문제와 관련된 사업부 수준의 전략으로 논의를 한정한다. 구체적으로는 본원적 경쟁전략을 제안한 Porter류 그리고 Miles와 Snow류의 전략논의가 검토된다.

3.1 Porter의 전략유형에 대한 비판적 검토

Porter는 본원적 경쟁전략으로 원가우위, 차별화, 집중화(Focus) 등 세 가지 유형을 제안한 바 있다. 원가우위 전략은 기업 내부의 효율성을 극대화하여 낮은 원가를 달성하는 전략유형을 의미한다. 원가우위 전략을 추구하는 기업들은 제품 라인의 폭을 좁게 하여 재고 및 유통비용을 줄이고 대량생산의 장점을 극대화하려는 경향을 보인다(Hambrik, 1983). 반면 차별화 전략은 소비자들에게 독특한 가치를 제공함으로써 높은 프리미엄을 얻으려는 전략유형이다. 이 전략을 추구하는 기업들은 우수한 제품 기능이나 고객서비스, 혹은 제품이미지 등을 통해 소비자들이 자사 제품에 대한 특별한 인식을 갖도록 하는 데 전력한다(Robbins, 1990: 137). 집중화 전략은 그 내용에 있어서는 원가우위 전략이나 차별화 전략 중 어느 하나를 선택하게 된다는 점에서 독립된 전략유형으로 보기 힘들다(Govindarajan, 1985). 따라서 이후 Porter의 전략유형에 대한 논의에서는 원가우위와 차별화 전략의 양립 가능성에 관한 문제를 주요한 연구과제로 삼을 것이다.

Porter는 기업이 원가우위와 차별화 전략을 섞어서 추진하게 되면 '어정쩡한 상태(stuck in the middle)'에 함몰되어 어느 것에서도 경쟁우위를 갖지 못하는 재앙을 맞게 되기 때문에, 이들 중 어느 하나만을 사용할 것을 제안한다.[3] 이러한 주장은 그의 저작에 명백히 제시되어 있다.

> 어정쩡한 기업은 낮은 수익률을 올린다. 이 기업은 낮은 가격을 요구하는 대규모 고객들을 잃는다. … 또한, 차별화를 성공적으로 달성한 기업들에게 높은 이윤을 창출하는 사업 영역을 빼앗긴다.… 원가우위 전략, 차별화 전략 혹은 집중화 전략 중 어느 하나로 이동하는 조처를 해야만 한다. (Porter, 1980: 41-42)

3 그러나 최근의 기술적 동향은 이 양자를 동시에 추구할 수 있는 쪽으로 발전하고 있다. 예를 들면, 생산 기술의 변화, 특히 유연 제조 기술은 적은 비용으로 다양한 제품을 제조하는 등의 차별화를 가능하게 함으로써 원가우위와 차별화 전략을 동시에 추구할 수 있게 하고 있다.

이와 같은 주장에도 불구하고 Porter가 원가우위와 차별화 전략을 동시에 추구하는 것이 전혀 불가능한 것이라고 본 것만은 아니다. Porter는 기업들이 원가우위와 차별화를 성공적으로 동시에 달성할 수도 있다는 것을 인식하였지만, 다음과 같은 세 가지 특수한 상황에서만 그것이 가능하다고 보았다(Porter, 1985: 18-19). ①모든 경쟁자가 두 가지 전략적 대안 중 어느 하나도 수행하지 못한 어정쩡한 상태에 빠진 경우, ②시장 점유율이나 상호관련성(interrelationship)이 원가 절감에 절대적 영향력을 미칠 경우, ③기업이 기술 혁신의 선두 주자인 경우가 그것이다. 그러나 Porter는 이러한 상황에서조차 원가우위와 차별화를 동시에 추구하는 기업은 둘 중 어느 하나만을 추구하는 능력 있는 경쟁자의 출현으로 경쟁우위를 지속하기가 어렵다고 본다. 결론적으로 Porter의 본원적 경쟁전략 논의의 핵심은 사실상 원가우위나 차별화 전략 중 어느 하나만을 추구해야만 지속적인 경쟁우위를 확보할 수 있다는 것이다(조동성 · 이동현, 1995).

그런데 80년대 들어 원가우위와 차별화 전략의 양립 가능성에 관한 주장들이 경험 연구와 이론적 고찰을 통해 제기되기 시작했다. Hall(1980)은 8개 산업의 64개 기업을 대상으로 한 연구에서 IBM, Caterpillar, Philip Morris 등 소수의 성공적 기업들은 낮은 원가와 차별화를 동시에 달성하고 있다는 것을 발견하고 두 가지 전략이 반드시 조화될 수 없는 것은 아니라고 주장한 바 있다. White(1986)는 연구 표본인 69개의 전략적 사업 단위 중 19개의 사업 단위가 원가우위와 차별화를 동시에 달성하고 있고, 이들 기업은 두 전략 중 어느 하나만을 추구하는 기업들보다 높은 수익률을 내고 있음을 발견했다. Miller(1992)는 원가우위와 차별화 전략을 동시에 추구하는 기업이 어느 하나만을 추구하는 기업에 비해 열등한 성과를 올리는 것은 아니라는 것을 밝혀냈다. 원가우위와 차별화 전략이 동시에 추구될 수 있다는 것은 두 전략유형이 상호 배타적인 관계에 있지 않고 서로 다른 차원임을 의미한다(Dess, Gupta, Hennart & Hill, 1995).[4] Hill(1988), Jones와 Butler(1988), Murray(1988) 등은 원가우위와 차별화 전략의 양립 가능성을 이론적으로 규명한 바 있다.[5] Hill(1988)은 규모의 경제, 학습곡선 효과, 범위의 경제를 갖는 산업에서의 차별화 전략은 동시에 낮은 원가도 달성할 수 있음을 밝혀냈다. Jones와 Butler(1988)는 거래 비용 분석을 사용하여 기업이 순수한 차별화보다 더욱 낮은 절대적인 원가에서 차별화를 달성하는 방법을 입증해 보였다. Murray(1988)는 원가우위와 차별화는 각각 산업 구조의 특성, 고객의 기호와 밀접한 관련이 있는 데, 이들 두 가지 구조적 요인은 서로 독립적 관계에 있으므로, 원가우위와 차별화 전략은 동시에 추구될 수 있다고 주장한다.

이론적 탐색과 실증 연구를 통해 원가우위와 차별화 전략을 효과적으로 조합할 수 있다는 것이 입증되고 있는바, 원가우위와 차별화 전략의 관계를 딜레마가 아니라 역설로 인식할 필요가 있다. 이와 관련하여 Miller(1992)의 다음과 같은 주장은 매우 시사적이다.

> 지난 10여 년 동안 Porter(1980, 1985)의 저작에 깊은 영향을 받은 기업 현장의 경영자들은 그의 본원적 경쟁전략들이 상호 배타적이지 않다고 여기는 것이 바람직하다. … Porter의 경쟁 전략들은 관리자가 어느 하나만을 선택해야 하는 완전한 식사 세트가 아니라, 자신의 경쟁 무기를 개발하기 위해 선택하거나 혼합하여 사용할 수 있는 축약된 메뉴라는 데 그 유용성이 있다. (Miller, 1992: 404)

---

4 Dess와 Rasheed(1992: 410-411)는 원가우위와 차별화 전략을 단일 차원의 양 극단이 아닌 상이한 차원으로 놓고 경험 연구를 수행할 때 연구자가 어정쩡한 상태에 놓여 있는 기업과 성공적으로 그 둘을 조합한 기업을 구별하는 것이 필요하다고 지적한다. 서로 상이한 두 유형을 동일한 집단으로 분류하게 되면, 심각한 총합오류(aggregation error)가 발생하여 규범적(normative)이고, 기술적(descriptive)인 이론을 구축하는 것이 불가능하기 때문이다. Toyota는 두 전략유형을 성공적으로 조합하여 높은 성과를 달성한 대표적 사례이다. 반면, Porter가 어정쩡한 기업들로 지칭한 것은 두 전략유형 중 어느 하나도 제대로 달성하지 못한 경우를 의미한다.

5 원가우위와 차별화 전략을 서로 상이한 차원으로 보아야 한다는 이론적 주장들을 개괄적으로 살펴보기 위해서는 Dess, Gupta, Hennart와 Hill(1995)을 참조할 것.

3.2 Miles와 Snow의 전략유형에 대한 비판적 검토

Miles와 Snow는 기업의 외부환경에 대한 적응 주기(adaptive cycle)를 기업가적 문제(제품-시장 전략), 공학적 문제(기술적·운영적 전략), 관리적 문제(관리 · 계획 체계) 등 세 가지 문제의 해결 과정과 관련시킨다. Miles와 Snow는 기업이 이러한 세 가지 문제를 해결하는 방식으로 공격형(Prospector), 방어형(Defender), 분석형(Analyzer), 반응형(Reactor) 등 네 가지 이념형을 제시한다. 여기서 반응형은 '전략-구조-과정'에 있어서 일관성이 없는 비효과적인 전략으로서 하나의 잔여범주(residual category)라 할 수 있다(Doty, Glick & Huber, 1993). 공격형 전략은 혁신을, 그리고 방어형은 효율성을 추구하는 전략유형이다.

공격형과 방어형 전략만을 고려하면 제품-시장영역 중 어느 하나를 선택하고, 이것이 조직구조, 인적자원관리, 조직문화 등 여타의 관리영역들과 일관성을 유지해야만 조직이 높은 성과를 올릴 수 있다고 보는 전통적인 상황적합이론의 주장과 일치한다(Nicholson, Rees & Brookey-Rooney, 1990: 513). 그렇지만 분석형은 두 가지 제품-시장영역을 모두 갖고 있는 조직이다. 하나의 영역은 효율성을 추구하는 안정된 제품-시장영역이고, 다른 한 영역은 혁신을 추구하는 동태적인 제품-시장영역이다. 그리하여 분석형 기업들은 한편으로는 방어형 입장에서 기존 제품과 고객을 유지하기 위해 낮은 원가와 고품질의 유지에 힘쓰고, 다른 한편으로는 공격형의 입장에서 신제품을 개발하고 신시장 개척을 도모한다. 이 논문의 초점은 기업이 서로 상충적인 전략유형들을 동시에 추구할 수 있는가를 살펴보는 것이므로, 이후의 Miles와 Snow의 전략 유형에 대한 검토는 분석형에 대한 논의를 중심으로 전개할 것이다.

분석형 전략을 채택한 기업은 조직효과성의 차원에서는 효율성과 혁신을 동시에 추구하고, 기술적 측면에서는 유연한 기술과 안정된 기술, 즉 이중기술(dual technology)을 모두 활용한다. 동태적 제품-시장영역에서는 혁신을 추구하므로 프로젝트 팀이나 임시 팀 등 유연한 조직구조, 그리고 안정된 제품-시장영역에서는 효율적인 생산을 달성하기 위해 기능별 조직구조로 운영되는 매트릭스 조직형태를 띤다. 인적자원관리 측면에서는 내부노동시장에 의존하는 '육성전략(make strategy)'과 외부노동시장에 의존하는 '구매전략(buy strategy)'이 혼합된 방식을 사용한다. Miles와 Snow가 공격형과 방어형의 장점을 조합한 분석형을 효과적 전략 유형의 하나로 자리매김했다는 점에서 원가우위와 차별화 전략을 상충 관계로 인식하고, 두 가지 전략을 동시에 추구하는 기업은 어정쩡한 상태에 빠지게 되어 결과적으로 경쟁우위를 가질 수 없다고 주장한 Porter보다 진일보한 것이다.

그런데 Miles와 Snow가 방어형과 공격형을 서로 다른 차원으로 명확히 인식했던 것은 아니다. 그들은 어떤 곳에서는 분석형을 공격형과 방어형을 양 극단으로 하는 연속선상의 중간 정도에 위치한 전략유형으로, 또 다른 곳에서는 공격형과 방어형을 성공적으로 조합한 유형으로 인식하였다(Doty, Glick & Huber, 1993). 분석형에 대한 Miles와 Snow의 이러한 혼란스러운 견해들은 그들의 저작에서 드러난다.[6]

> 방어형과 공격형은 연속선 상의 양 극단에 위치한다. 이러한 양 극단의 중간(between)에 있는 제3의 유형을 분석형이라 칭한다. … 노련한 분석형 기업은 공격형과 방어형의 강점을 하나의 체계로 조합한다. (Miles & Snow, 1978: 78)

Miles와 Snow(1978)가 분석형을 조합전략으로 보는 경우에도 분석형은 공격형과 방어형의 장점을 동시에 최대화하는 전략으로 인식되지

6 분석형에 대한 Miles와 Snow(1978)의 이와 같은 일관성 없는 입장으로 말미암아, 이후 이들의 전략유형을 경험적으로 검증했던 학자들 간에도 분석형에 대한 정의가 서로 달랐다(Zahra & Pearce, 1990). Shortell과 Zajac(1990) 등은 연속선 상의 중간에 있는 전략유형으로 인식한 반면, Conant, Mokwa와 Varadarajan(1990) 그리고 Parnell과 Wright(1993)는 공격형과 방어형의 조합전략(combination strategy)으로 보았다.

는 않았다. 분석형은 공격형이 선도적으로 뛰어든 제품-시장영역들에서 수익성이 있다고 판단되는 영역을 선택하고, 시장분석과 모방을 통해 공격형보다 효율적 방식으로 제품을 생산하여 그 영역에 후발주자로 진입한다(Conant, Mokwa & Varadarajan, 1990; Nicholson, Rees & Brooks-Rooney, 1990; Parnell & Wright, 1993). 요컨대 분석형은 효율성과 혁신 모두를 동시에 최대화하는 것이 아니라 이들을 절충하는 제한된 의미에서의 역설의 경영 형태라 간주할 수 있다(Nicholson, Rees & Brooks-Rooney, 1990). 이러한 이유로 Nicholson, Rees와 Brooks-Rooney(1990)는 공격형과 방어형의 특성을 동시에 포함하는, 즉 효율성과 혁신을 동시에 최대화하는 혼합형(Hybrid)을 새로운 전략유형으로 자리매김할 필요성이 있음을 주장한다. Nicholson, Rees와 Brooks-Rooney(1990)는 사례연구를 통해 방어형이나 공격형이 단지 몇 가지 조직효과성 차원들에서만 높은 성과를 달성한 반면, 혼합형은 부(wealth), 시장(market), 적응성, 조직풍토 등 다양한 조직효과성 차원들 모두에서 높은 성과를 달성하고 있음을 보여주었다. 또한, 분석형을 조합전략으로 보고 전략유형 간의 성과 차이를 검증한 Parnell과 Wright(1993)도 분석형 기업이 공격형이나 방어형 기업에 뒤처지지 않을 정도의 성장률을 유지하면서도 이들보다 더 높은 자산수익률(return on assets)을 달성하고 있음을 보고한 바 있다.

Porter류, Miles와 Snow류의 전략유형을 비판적으로 검토하는 과정에서 확인할 수 있었던 것은 기존에 서로 배타적인 것으로 인식되어 왔던 원가우위-차별화, 방어형-공격형 전략이 함께 추구될 수 있다는 사실이다. 다시 말해 이들 전략유형을 연속성 상의 양 극단이 아니라 서로 다른 차원으로 인식해야 한다는 것이다. 이러한 인식을 바탕으로 아래에서는 효율성을 추구함과 동시에 혁신적 활동들을 지속적으로 전개해나가는 혼합형을 포함하는 전략유형의 새로운 분류 틀을 도출할 것이다.

3.3 전략유형의 새로운 분류 틀

전략유형을 분류하는 방법에는 크게 귀납적 방법(inductive approach)과 연역적(deductive approach) 방법이 있다(Ketchen, Thomas & Snow, 1993). 전략 문헌에서의 지배적인 접근방식은 귀납적 방법이다. 일반화를 희생하면서 내적 타당성을 최대화하려는 귀납적 방법은, 각 산업은 독특한 특성들을 갖고 있으므로 사전적으로 특정한 수의 전략 집단의 존재를 가정할 수 없다는 전제에서 출발한다. 귀납적 방법을 지지하는 학자들은 전략적 지향성, 전략적 행동 등의 차원을 기준으로 삼아 동일 산업 내에 있는 기업들을 경험적 절차(예, 군집분석)를 통해 몇 가지 전략 집단으로 구분하고, 이들 간의 상대적 성과를 비교하는 데 관심을 가진다(McGee & Thomas, 1986). 귀납적 방법에 따른 연구들은 상이한 전략유형을 경험적으로 확인하는 데는 성공했지만, 전략 집단과 성과 간의 일관성 있는 관계를 산출하지는 못했다. 어떤 산업에서는 전략 집단 간에 성과 차이가 발견되는 반면, 다른 산업에서는 선략 집난 간에 성과 차이가 매우 미미하거나 전혀 없는 것으로 나타나기도 했다(Caves & Pugel, 1980; Oster, 1982). 이러한 일관성 없는 결과는 통계적 동질성에 따라 전략 집단을 분류하는 귀납적 연구 방법의 내재적 한계에 기인한다(Thomas & Venkatraman, 1988).

귀납적 방법의 이와 같은 한계를 지적하고 이론에 토대를 두고 연역적으로 전략유형을 분류해야 한다는 주장이 McGee와 Thomas(1986), Meyer(1991), Ketchen, Thomas와 Snow(1993) 등 여러 논자에 의해 제기되고 있다. 연역적 방법은 기업들의 다양한 전략적 행위들을 사전에 이론적으로 도출된 소수의 유형으로 분류하는 것이다(Namiki, 1989; Parnell & Wright, 1993). 귀납적으로 도출된 전략유형은 특정한 산업에 국한해서만 그 유용성이 있는 반면, 연역적으로 도출된 전략유형은 상이한 산업에 공통으로 사용될 수 있는 장점이 있다. 연역적 방법에 따른 전략유형의 분류는 전략적 선택학파(strategic choice approach)와 조직생태학파(organizational ecological approach)에 의해 이루어졌다. 전략적 선택학파에서 전략유형을 연역적으로 분류한 대표적인 논자들은 Miles와 Snow(1978)이고, 조직생태학파의 대표적 논자들은 Hannan과 Frieman(1977, 1984)이다. Zammuto(1988)는 두 학파의 접근방식이 영역의 범위(breath of domain)와 경쟁의 토대(basis of competition) 등 두 차원을 전략유형 분류의 근거로 삼았다는 점에서 공통점을 갖고 있다고 주장한다. 여기서 영역의 범위는 '협소한 제품–시장영역에서 경쟁하느냐' 혹은 '넓은 제품–시장영역에서 경쟁하느냐'의 문제이다(Brittain & Freeman, 1980; Porter, 1980). 경쟁의 토대는 '새로운 기회들을 이용하느냐(capitalizing on new opportunities)' 혹은 '기존에 확립된 것들을 효율적으로 활용하느냐(efficiently exploiting those already available)'의 문제이다(Miles & Snow, 1978; Brittain & Freeman, 1980). Ketchen, Thomas와 Snow(1993)는 귀납적 방법과 연역적 방법을 모두 사용하여 어떠한 방법에 따라 도출된 전략유형들이 병원 간의 성과 차이를 더 잘 예측하는지를 경험연구를 통해 확인하였는데, 연역적 방법이 더 우월한 예측력을 가진 것으로 나타났다.

연역적 방법으로 전략유형을 도출하는 대표적인 방법은 앞서 설명했듯이 영역의 범위와 경쟁의 토대를 가지고 분류하는 것이지만, 사업부 수준의 전략은 경쟁우위를 확보하기 위해 어떠한 경쟁 토대에 의존할 것인가의 문제를 다루는 것이므로(White, 1986; Segev, 1987; Govindarajan, 1989), 이 논문은 경쟁 토대만을 가지고 전략유형을 도출한다.[7] Zammuto(1988)가 구분한 경쟁의 토대를 수정하여 전략유형의 분류기준을 효율성과 혁신 등 두 차원으로 한다. 경제학, 조직이론, 전략 문헌들에서의 많은 논쟁은 '효율성과 혁신이 서로 배타적

7 이러한 견해는 Mintzberg(1988)에 의해서도 개진된 바 있다. Mintzberg는 Porter의 본원적 경쟁전략에는 시장 범위와 경쟁의 토대라는 두 가지 분류기준이 혼재되어 있다고 비판하고 경쟁의 토대만을 가지고 전략유형을 도출할 것을 제안한 바 있다.

인 것이냐' 또는 '함께 추구될 수 있는 것이냐'의 문제를 둘러싸고 전개되어 왔으므로(Ghemawat & Costa, 1993; Adler, Goldoftas & Levine, 1999), 효율성과 혁신을 경쟁의 토대로 사용하는 것은 역설의 경영 관점에도 부합된다.

이 논문에서 효율성은 고정된 생산함수에 의해 부과된 제약 조건 내에서 주어진 투입물의 최적의 조합으로 정의된다(Klein, 1984). Heskett(1987), Ghemawat와 Costa(1993)에 의하면, 효율성을 추구하는 기업들은 원가, 품질, 제품의 적기인도에 전략적 주안점을 두고 이를 달성하기 위한 과업 환경을 형성하는 데 노력한다. Lawrence와 Dyer(1983)는 조직이 제품을 사회적 효용(social utility)과 관련시켜야 한다는 점에서 효율성에 원가뿐만 아니라 품질과 제품의 적기 인도를 포함하여야 한다고 주장한 바 있다. 이 글은 Lawrence와 Dyer(1983), Heskett(1987), Ghemawat와 Costa(1993)의 견해를 따라 효율성에 원가뿐만 아니라 품질 및 제품의 적기인도를 포함한다. 혁신은 수익성이 나는 방향으로 생산함수를 이동시키는 것으로 정의된다(Klein, 1984). Klein은 혁신 차원에 제품 믹스를 시장 변화에 따라 탄력성 있게 변화시킬 수 있는 유연성(flexibility)과 신제품을 개발하거나 생산 공정을 변화시켜 새로운 기회들을 최대한 이용할 수 있는 능력을 포함한다. 이 글은 Klein의 견해를 따라 혁신에 유연성과 신제품의 개발능력 그리고 공정변화 능력을 포함한다.

〈표 3-1〉 전략유형 분류의 새로운 틀

효율성 지향성 / 혁신 지향성	低	高
低	무전략형	활용형
高	모험형	혼합형

효율성과 혁신을 동시에 추구하는 전략유형의 도출이 가능하기 위해서는 이 둘을 단일 차원의 양 극단이 아니라 상이한 차원으로 보아야 한다. 효율성 지향성과 혁신 지향성을 상이한 차원으로 보고 2×2 매트릭스를 구성하면, 〈표 3-1〉과 같이 4가지 전략유형이 도출된다.

〈표 3-1〉에서 무전략형은 효율성과 혁신 중 어느 하나도 일관되게 효과적으로 추구하지 못하는 전략유형이다. 이것은 Miles와 Snow의 반응형 전략과 유사하다. 활용형은 혁신적 활동은 등한히 하는 반면, 원가, 품질, 제품의 적기 공급 등 효율성 관련 목표의 달성에 초점을 두고 이미 확립된 것들을 정교화하는 데만 거의 모든 노력을 집중하는 전략이다. 즉 활용형은 위험감수(risk-taking), 탐색(search), 실험(experiment), 유연성 등의 가치에는 관심이 없고, 오로지 세련화, 생산, 효율성, 실행(execution) 등의 가치만을 중시한다(March, 1991: 71). 이런 점에서 활용형은 Miles와 Snow(1978)의 방어형 및 Porter(1980)의 원가우위 전략과 그 특징을 상당히 공유한다. 모험형은 활용형과는 정반대의 특성을 갖는 전략이다. 모험형은 효율성의 추구에는 별반 관심을 두지 않지만, 새로운 제품을 개발하고 신시장의 개척을 도모하며, 새로운 생산방식과 절차의 도입에 매우 적극적인 전략유형이다. 모험형은 위험감수, 탐색, 실험, 유연성의 가치를 일방적으로 추구한다. 이러한 특성을 갖는 모험형은 Miles와 Snow의 공격형 및 Porter의 차별화 전략과 유사한 점이 많다고 할 수 있다.

혼합형은 Miles와 Snow(1978)의 분석형과 유사한 것처럼 보이나 분석형이 효율성과 혁신을 절충적으로 조합하는 것과는 달리, 혼합형은 이 둘을 동시에 최대화하려고 한다. 혼합형을 추구하는 기업의 구체적 행태에 대해서 아직 명확히 밝혀진 바는 없지만, 여러 학자의 논의를 종합해 볼 때 혼합형은 다음과 같은 특성을 갖는다. 첫째, 혼합형은 시장에서 선두 주자가 되기 위해 새롭고 모험적인 시도를 하면서, 다른 한편으로는 기존 사업 영역들에서의 운영 효율성도 최대화한다(Abell,

1993). 둘째, 혼합형은 신제품 개발과 신시장 개척에 매우 적극적이면서 낮은 원가로 고품질의 제품을 만들어 적기에 공급하려는 노력도 게을리하지 않는다(Schoonhoven & Jelinek, 1990). 셋째, 위험부담이 큰 혁신적 활동을 의욕적으로 추구하면서도 커다란 실수를 하지 않는다(Stroh & Miller, 1994). 넷째, 사업의 핵심을 보존하면서도 그것을 계속적으로 재정의한다(Hurst, Rush & White, 1989).

활용형과 모험형은 효율성과 혁신 중 어느 하나만을 편향적으로 추구함으로 인해 역설적 상황에 놓일 수 있다(Miller, 1990). 모험형 기업들은 상품화가 보증되지 않는 아이디어와 실험들로 자원의 낭비가 심하거나 개발된 신제품의 효율적인 대량생산이 보증되지 않을 경우에 시장에서 경쟁우위를 상실할 수 있다. 또한, 활용형 기업들은 부분 최적 안정균형(suboptimal stable equilibrium) 상태에 빠져 제품-시장영역에서 경쟁의 원천이 급격히 변화하는 경우에 시장 상황에 적응하지 못하고 쇠퇴할 수 있다(March, 1991). 따라서 기업이 외부 환경의 변화에 재적응하면서 장기적으로 생존할 수 있으려면, 혼합형 전략을 채택해야 한다.

기업이 현실적으로 효율성과 혁신을 동시에 추구하기는 매우 어렵다. 그럼에도 성공적으로 혼합형 전략을 추구하는 기업들의 사례가 적지 않게 보고되고 있다. Kekre와 Srinivasan(1990)의 산업재를 판매하는 회사들에 관한 연구에 의하면, 더 넓은 제품 라인을 가진 회사들이 더 낮은 원가로 제품을 만들어 내는 데 성공적인 경우가 있었다. Womack, Jones와 Roos(1991), MacDuffi, Paul, Sethuraman과 Fisher(1996), Adler, Goldoftas와 Levine(1999) 등은 일본의 자동차회사와 미국의 NUMMI사 등이 효율성과 혁신을 동시에 성공적으로 추구하고 있다는 사실을 발견하였다. Abell(1993)은 스위스의 Nestle사, 미국의 Caterpiller, 독일의 Heineken사 등 여러 나라의 기업들에서 똑같은 사실을 확인했다. 이러한 사실은 혼합형 전략이 적절한 관리방식에 의해 뒷받침된다면, 성공적으로 추구될 수 있음을 보여 주는 결과이다.

4. 역설의 경영과 리더십

다양한 목표들을 달성하고 혼합형 전략을 추진하는 경영자들이 어떤 리더십을 보유해야 하는가? 상황이론의 영향 아래 있었던 과거의 리더십 이론은 대체로 리더십 스타일을 몇 가지의 간단한 유형(예컨대, 구조주도형–배려형)으로 범주화한 후 상황에 따라서 이들 중 가장 적절한 하나가 선택되는 것이 가장 바람직한 것으로 여겼다. 따라서 다양한 리더십을 동시에 구사하는 것이 바람직하지 않을 뿐만 아니라 가능하지도 않은 것으로 간주되었다. 물론 부하의 능력, 개성 등 개인차를 고려하여 다양한 리더십을 부하별로 선택적으로 구사해야 한다는 이론(예, VDL)도 있지만, 이 역시 여러 유형의 리더십을 특정한 리더–부하 관계에서 동시에 발휘하는 것을 의미하는 것은 아니다. 일반적으로 1970년대 이후의 문헌에서도 리더십 스타일의 단순한 이분법류 유형 구분과 상황에 맞는 한 가지 유형의 선택이라는 틀은 지속되고 있다.

이러한 이론적 입장은 인간과 조직에 잠재한 모순적 경향을 고양시켜 조직의 효과성을 올리는 것이 목표인 역설경영의 맥락에서는 적절한 사고의 틀로서 기능할 수 없다. 역설의 경영을 직접적으로 염두에 둔 것은 아니지만, 최근 Yukl과 Van Fleet(1990: 153)도 과거의 연구가 리더십을 지나치게 일면적이고 선택의 문제로 파악하는 것을 우려한 바 있다. 그들은 앞으로 리더십의 연구에 균형(balance)이라는 요소가 도입되어야 할 것이라고 주장하였다. 사실 역설경영의 맥락을 떠나서도 일반적으로 리더가 지도성을 발휘하기 위하여 한 가지 스타일만 고수해야 한다는 것은 지나친 단순화가 아닐 수 없다. 1950년대 그리고 1960년대의 리더십 연구에서도 여러 리더십 스타일을 결합하여 활용하는 다면적 리더십이 가장 바람직하다는 의견은 존재했었다. 예를 들면 Stogdill에 의해서 주도되었던 리더십 연구 프로젝트에서도 구조주도와 배려의 두 스타일이 병존하는 리더십이 효과적일 것이라는 가정이 지배적이었으며, 리더십 스타일도 다차원적으로 인식되어 구조화와 배려 이외에 몇 가지 유형이 더 포함되어 있었다. 그럼에도 불구하고 1960년대부터 1970년대의 리더십 연구는 상황이론의 논리에 따라 리더십을 점차 선택의 대상으로 인식하였고 실증연구의 용이성을 위하여 리더십의 유형도 단순화시켰던 것이다.

하지만 1980년대 이후의 연구에서는 리더십이라는 현상의 핵심에 근접해 가는 경향들이 발견되고 있으며, 이러한 연구들에서 역설의 경영과 연결시킬 수 있는 고리를 찾을 수 있는 것으로 보인다. 우선 첫 번째 변화로 과거에는 연구되지 않았던 새로운 리더십 유형이 등장하고 있다. 대표적인 예로 카리스마적 리더십(Conger, 1989), 변형적(transformational) 리더십(Bass, 1985), 꿈꾸는 리더십(Westley & Mintzberg, 1989), 그리고 수식어가 붙지 않은 그냥 '리더십'(Kotter, 1990) 등을 들 수 있다. 다양한 이름에도 불구하고 이러한 유형들이 갖는 공통점은 조직의 현실적인 조건을 돌파하는 경영자의 능력을 강조한다는 것이다. 리더십이 작동하는 환경을 주어진 것으로 보고 그 안에서 최적의 리더십을 찾아내는 것을 과제로 하였던 종래의 상황이론과 달리 주어진 상황을 극복하고 혼란스러운 조직 현실에 통일된 의미를 부여하는 것을 리더십의 핵심과제로 설정하는 것이다.

이들 새로 등장한 리더십 유형이 역설의 경영에 갖는 함의를 논의하기 위해 역설의 경영이 등장하게 된 시대적 배경을 다시 한 번 따져 볼 필요가 있다. 역설의 경영이 필요하게 된 근본적인 이유는 과거와는 달리 기업 내외의 환경에서 유입되는 정보들이 매우 모순적이라는 점 때문이다. 시장은 계속적인 혁신을 요구하고, 소비자들의 기호는 다양하며 변화가 심하고, 제품의 수명주기는 단축되고 있다. 그러면서도 품질을 올리고 원가를 낮추어야 한다는 압력은 가중된다. 기술혁신의 속도는 가속적으로 빨라지지만, 제품기술과 공정기술을 안정시켜 생산의 효율도 도모하여야 한다. 신제품을 신속히 도입할 수 있어야 하지만 잘못된 투자와 의사결정이 초래할 수 있는 위험은 과도하다. 한 마디로 기업환경 그 자체가 모순적이다.

상황이론이 적용될 수 있는 경우는 상황의 인식이 일관적일 때 혹은 일관적이라고 가정하여도 큰 문제가 발생하지 않을 때이다. 상황이 이러하니까 A유형의 리더십을 채택한다는 논리는 상황이 비교적 오랜 기간 한 가지 특성을 유지할 때 가능하다. 그러나 통일된 환경인식이 불가능한 경우의 리더십은 어떻게 되어야 할 것인가? 일관성 있는 상황정의가 불가능하기 때문에 리더십의 선택은 계속 유보되거나 그때그때 포착되는 상황의 특성들에 따라 한 가지 유형에서 다른 유형으로 이동하는 혼란스러운 과정을 끊임없이 반복해야 할 것이다. 이럴 경우 모순은 관리되는 것이 아니라 방기되는 것이다. 그러므로 상황을 주어진 것으로 받아들이고 그 상황을 분석한 후 그에 맞는 리더십을 채택한다는 상황이론의 체계에서는 역설의 경영을 효과적으로 실현시킬 수 있는 리더십 이론을 찾을 수 없다.

역설의 경영이란 수많은 모순에 조직을 무조건 내맡겨 아무런 원칙도 없이 표류하는 것을 의미하는 것은 아니다. 무수한 모순적 경향들이 교차하고 힘을 겨루는 곳이 바로 조직이지만 이러한 경향들을 효과적으로 관리해 낼 수 있어야 한다. 모순을 일상적인 것으로 받아들여야 하지만 거기에 통일적인 의미를 부여하고 조직을 하나의 비전으로 묶어내야 한다. 주어진 상황적 조건들에 수동적으로 적응하는 것만으로는 불충분하고 이들을 적극적으로 변형시킬 수 있어야 한다. 역설의 경영은 리더십의 진공상태에서 달성될 수 있는 성질의 것이 아니다. 오히려 더욱 강력한 리더십이 요청되는데, 다만 과거와는 질적으로 다른 리더십이 필요할 뿐이다. 1980년대 이후에 떠오르고 있는 새로운 유형의 리더십에서 그와 같은 가능성을 찾을 수 있다.

최근의 리더십 연구는 역설의 경영에 또 하나의 중요한 점을 시사하고 있다. 이 연구들은 다양하고 상충적인 리더십(즉, 역설적 리더십)이 동시에 활용될 수 있고, 또 그래야만 효과적으로 리더십이 발휘되는 것이라고 주장한다. 상황이론과는 근본적으로 다른 이해를 하고 있는 것이다. 예컨대, Kotter(1990)에 의하면 경영자는 관리와 리더십을 동시에 수행해야 한다. 여기서 관리는 전통적인 의미에서의 구조주도형 리더십이고, 리더십은 1980년대 이후의 연구에서 변형적 리더십에 해당한다. Kotter의 주장은 다음과 같이 이어진다. 경영자가 관리기능을 수행하지 않으면 조직은 혼란에 빠질 것이고, 리더십을 발휘하지 않으면 환경의 변화에 능동적으로 대처할 수 없다. 여기서 관리와 리더십은 프로이드 심리학에서 에고(ego)와 이드(id)의 관계에 비유될 수 있다. 즉 관리는 리더십의 욕망이 이루어질 수 있는 현실적인 조건을 합리적으로 따져 보고, 반면에 항상 꿈꾸는 리더십은 현실적 조건을 초월하는 욕망을 끊임없이 추구한다는 것이다. 이 둘은 갈등관계에 놓여 있지만 동시에 서로의 존재를 필요로 한다. Kotter의 이러한 주장은 역설의 경영이 지향하는 바와 동일하다. 서로 상충적인 경영목표(효율, 혁신, 유연성)를 동시 추구하는 현대기업에 있어서 변화의 비전을 설정하는 리더로서의 역할과 합리성과 효율성에 근거하여 계획을 구체적으로 설정하고 예산을 편성하며 종업원들을 지시하고 감독하는 관리자로서의 역할은 어느 것도 희생될 수 없는 것이다.

사실 Kotter와 유사한 주장은 관련 문헌에서 가끔 찾을 수 있는데(예, Quinn, 1988; Mintzberg, 1994; Denison, Hooijberg & Quinn, 1995), 여기서 몇 가지 주의할 점이 있다. 상충적인 리더십을 동시에 구사한다는 것은 이론의 세계에서는 쉬울지 몰라도 그것을 실행하는 것은 고도로 어려운 일이다. 우선 리더가 상충적인 리더십을 발휘할 수 있는 다양한 특성들(성격, 태도, 능력)을 보유해야 할 것이다. 예를 들어 인지적으로 단순한 경영자와 복잡한 경영자 간의 리더십 행위는 매우 다르다. 복잡한 과업이 주어지는 경우에 인지단순성(cognitive simplicity)이 높은 경영자는 과업 상황에 내재된 모순되거나 상충되는 단서들을 무시한 채 어느 한 가지 혹은 일관성 있어 보이는 몇몇 과업 차원들에만 관심을 집중한다. 이 때문에 인지적으로 단순한 경영자의 리더십 스타일은 협소한 행위적 차원으로 한정되는 경향이 있다(Streufert & Swezey, 1986). 반면 인지복잡성(cognitive complexity)이 높은 경영자는 주어진 과업 상황의 다차원성을 포착함과 동시에 자신의 과업을 하나의 통합된 체계로 재구성해 낼 수 있는 능력이 있다. 이런 부류의 경영자는 여러 과업 차원에 적합한 모순적인 리더십 역할들을 동시에 발휘하면서 성공적으로 경영자의 임무를 수행한다(Denison, Hooijberg & Quinn, 1995).

인간은 본질적으로 모순적인 존재이기에 상충적인 특성들 - 예, 개인주의/공동체주의, 경쟁/협력, 부드러움/거침, 공식성/비공식성 -을 모두 보유하고 있지만(Schneider, 1990), 인격형성과정에서 특정한 측면이 억압될 수 있다. 이럴 경우에 결핍된 특성을 교육 등을 통해 개발할 수 있도록 해야 한다. 그런데 추종자의 입장에서 역설적인 리더십이 일관성이 없고 변덕스러운 것으로 지각될 수도 있다. 그러므로 리더는 역설경영의 불가피성과 그 의미를 종업원들에게 인식시켜야 할 것이며, 리더십이 회사 비전의 맥락 안에서 통일된 의미를 가질 수 있도록 해야 할 것이다. 또 역설적 리더십이 성공적으로 작동하기 위한 필요조건으로 리더를 부하들이 신뢰해야 한다. 이와 관련시켜 최근의 문헌이 자기희생, 솔선수범, 윤리성, 신뢰성 등 과거에는 과학적 근거가 없다고 경시되었던 개인 특성(trait) 요인들을 다시 강조하고 있는 점도 주목할 만하다(Conger, 1989; Kotter, 1990).

한편 개인의 능력 혹은 기타 조직의 특성 등으로 인하여 한 사람의 리더가 역설적 리더십을 발휘하기 힘든 경우에는 지도자 팀을 구성하는 공유된 리더십(shared leadership)을 도입할 수 있을 것이다. Hurst, Rush와 White(1989)도 효율성과 혁신을 동시에 추구하기 위해서는 최고경영자 팀이 Jung이 제시한 네 가지 성격유형(직관, 감성, 사유, 감지)을 가진 사람들로 구성되어야 한다고 지적하였다. 역설의 경영은 기업경영의 모든 영역에서 도전적인 과제를 던진다. 리더십도 여기서 예외일 수가 없다. 역설의 경영을 선도하는 집단으로서 관리자들의 리더십 역시 역설적인 내용으로 채워져야 할 것이다.

역설적 리더십과 관련된 실증연구의 결과는 많지 않지만, Hart와 Quinn(1993) 그리고 Hart와 Banbury(1994)의 연구는 주목할 만하다. 먼저 Hart와 Quinn(1993)는 리더의 역할을 비전설정자, 동기부여자, 분석가, 과업관리자 등 네 가지로 구분하고, 성과가 낮은 기업과 높은 기업에서 리더의 역할 수행에 차이가 있는가를 검증해 보았다. 그 결과 성과가 낮은 기업보다 높은 기업에 속한 리더들이 4가지 역할 모두를 더 많이 수행하고 있었고, 그 차이는 통계적으로도 유의미하였다. Hart와 Banbury(1994)는 전략수립유형을 명령형, 상징형, 합리형, 거래형, 발생형 등 5가지로 구분하고, '기업이 이들 유형을 활용하는 정도가 조직성과에 영향을 미치는가'의 여부를 검증하였다. 실증연구결과에 의하면, 대체로 더 많은 전략유형을 동시에 사용하는 기업이 그렇지 않은 기업들보다 다양한 성과 차원들(이익, 성장률, 품질, 신제품의 출시, 사회적 성과)에서 더 높은 성과를 올렸다. Hart와 Quinn이 제시한 4가지 리더십 역할이나 Hart와 Banbury가 제시한 5가지 전략수립유형은 상호 모순관계에 있어서 경영자가 이들 모두를 동시에 추구할 수는 없다고 인식되어 왔던 것들이다. 그런데 이들의 실증연구결과는 기업이 혼합형 전략을 추구하려면, 경영자가 상충적인 리더십 스타일을 동시에 구사해야 한다는 사실을 보여 주고 있다.

5. 역설의 경영과 부서 간의 권력관계

기업이 효율성과 혁신 중 어느 한 편도 희생시키지 않고 두 성과목표를 최적화하는, 즉 혼합형 전략을 추구하려면 상이한 가치와 목적을 추구하는 부서 중 어느 한편에만 권력이 편중되지 않고, 이들 간에 권력이 공유되어야 한다. 그런데 권력관계에 대한 전통적인 접근방법에서는 행위자들(actors)(예, 개인들, 부서들, 조직들 등) 간의 권력게임을 영화게임(zero-sum game)으로 인식한다. 영화게임에서는 권력의 총량이 정해져 있어서 어느 한편의 권력점유는 필연적으로 다른 편의 권력상실을 가져온다. 지금까지 조직이론에서 부서 간의 권력관계에 대한 분석은 주로 전략적 상황이론(strategic contingencies' theory)에서 다루어져 왔는데, 이 이론도 권력에 대한 전통적인 접근방법에서 크게 벗어나지 못했다. 전략적 상황이론은 '조직은 환경과 상호작용하는 체계이므로 불확실한 환경에 효과적으로 대처해내는 것이 조직목표의 달성에 필수적이다'는 가정을 전제로 하여 논의를 출발한다(Hickson, Hinnings, Schneck & Pennings, 1971). 이 이론의 선구자격인 Hickson, Hinnings, Schneck과 Pennings(1971)는 조직 내 특정한 부서 A의 권력은 A가 다른 부서들을 위해 불확실성에 대처하는 정도와 A의 대처 활동이 다른 곳에서 획득 가능한 정도에 의해 결정되며, A가 권력을 많이 가질수록 상대적으로 다른 부서는 A에 대한 의존성이 높아져 권력을 갖지 못하게 된다고 주장한다. 이처럼 전략적 상황이론은 어느 한 부서의 권력증대는 필연적으로 다른 부서들의 권력감소를 가져오게 된다고 보는 점에서 부서 간의 권력관계를 딜레마로 인식하는 것이다.

역설의 경영 관점에서는 각 부서가 자신의 고유한 능력을 신장시킴으로써 상호 간의 영향력을 확대함과 동시에 권력을 공유(power-sharing/power-with)할 수 있다고 본다. 이것은 전략적 상황이론과는 달리 조직 내 권력의 총량이 일정하게 주어져 있지 않고, 신축적이며 가변적이어서 권력의 총량이 증대될 수 있음을 의미한다. 다시 말해 부서 간의 권력게임이 확대화게임(positive–sum game)으로 전개될 수 있다는 것이다. 권력관계에 대한 역설적 인식은 상호작용주의 관점에서 권력의 문제에 접근하는 Tannenbaum(1968), Geser(1990), Kahn과 Kram(1994) 등의 주장과 그 맥을 함께 한다. 이들은 행위자 중 어느 한편의 권력점유는 다른 행위자들과의 상호 의존적 요소를 내포하고 있으므로, 각 행위자가 상호 간의 의사소통과 지원(support) 등 협력적 과정(collaborative process)을 통해 서로의 권력을 신장시킬 수 있다고 주장한다. 행위자들이 상호작용과정에서 서로에 대한 영향력을 높이게 되면, 전체적으로 이들이 집단적으로 가지게 되는 권력의 총량 또한 증가한다.

몇몇 경험 연구들에서 권력 총량의 증대가 조직성과를 높인다는 사실이 보고된 바 있다. Likert(1961)는 한 서비스 조직에 속한 지리적으로 분리된 31개 부서를 대상으로 개인들의 권력 총량과 조직성과 간에 유의적인 관계가 있는가를 경험연구를 통해 확인한 바 있다. 이 연구에서 개인들의 권력 총량이 큰 부서가 작은 부서들보다 생산성, 직무만족, 종업원 사기 등에서 성과가 더 높게 나타났다. 고성과를 올리는 부서장들은 리더십 과정을 통해 영향력의 크기를 증가시키고 있었다. 부서장들은 신뢰의 바탕 위에서 부하들의 의견과 생각을 청취하는 데 많은 관심과 노력을 기울였고, 부하에 대한 지원을 아끼지 않았다. 또한, 동료 간은 물론이고, 부서장과 부하 간에도 양방향의 의사소통이 활발했다. 이러한 과정을 통해 조직구성원들은 다른 사람(상사나 동료 혹은 부하)에게 영향력을 행사함과 동시에 다른 사람의 영향력을 수용함으로써 조직구성원들 상호 간의 영향력이 높아지는 결과를 가져왔다. 또한, Tannenbaum과 Kahn(1958)은 노동조합 구성원들의 권력 총량이 큰 노동조합들이 작은 노동조합보다 회사와의 관계에서 노동조합의 문제를 잘 해결해 나가고 있음을 확인했다. 그밖에 Mann과 Hoffman(1960)도 자동화가 진전된 공장과 그렇지 않은 공장에 관한 비교연구를 통해 이와 비슷한 연구 결과를 보고한 바 있다.

조직 내 부서들의 권력 총량과 조직성과와의 관계를 실증적으로 연구한 논문은 거의 없다. 이는 부서 간의 권력관계에 대한 대부분의 기존 연구들이 권력게임을 영화게임으로 보는 전략적 상황이론 관점에서 수행되어 왔던 것에 연유한다. 그런데 최근 들어서 Lawrence와 Dyer(1983), Miller(1990, 1993), Pascale(1990) 등은 효율성과 혁신 중 어느 하나를 주로 강조하는 특정부서에만 권력이 편중되는 경우에는 조직의 장기적 생존이 위협받을 수 있으므로, 부서들이 서로의 영향력을 확대하면서 동시에 권력을 공유해야 한다는 주장을 제기하고 있다. 요컨대 이들은 전략적 상황이론가들과는 정면으로 배치되는 주장을 하고 있는 것이다.

Lawrence와 Dyer는 조직이 신속하게 불확실성에 대처해야만 하는 특수한 상황에서는 불확실성에 대한 대처능력이 뛰어난 특정부서가 다른 부서들에 비해 상대적으로 권력을 많이 가지는 것이 유용하다고 본다. 하지만 권력관계의 지속적인 불균형은 부서 간의 의사소통을 저해하고 조직문제의 해결을 어렵게 하므로, 부서 간에 권력이 공유되어야 하며, 이럴 경우 조직은 효율성과 혁신을 동시에 달성하게 된다는 것이 그들의 핵심적 주장이다.

Miller도 Lawrence와 Dyer와 유사한 주장을 편다. 부서 간의 권력 공유의 필요성에 대한 그의 주장은 모순적 요소 중 어느 하나만을 편향적으로 추구하게 되면, 기업이 역설적 상황에 놓이게 될 수 있다는 그의 인식에 근거한다. Miller(1990)는 구체적인 사례들을 통해 기업에 성공을 가져왔던 요인이 역설적으로 기업의 실패를 초래하는 힘으로 작용하게 되는 현상을 분석한다. 기업의 성공에 핵심적인 역할을 한 특정부서만이 강력한 권력을 갖게 되고 다른 부서들은 영향력을 상실하게 되는 경우에, 특정부서의 출신자들만으로 지배연합(dominant coalition)이 형성되어, 그 부서의 문화가 조직의 지배적인 문화로 자리 잡는다. 이러한 과정은 기업을 단순화(simplicity)[8] 상태로 몰아간다. 단순화된 기업은 내부의 관성(inertia)으로 말미암아 지배적 가치 이외의 다른 가치가 필요한 변화의 시기에 적절히 대처하지 못하고 쇠퇴의 길을 걷게 된다(Miller, 1990). Miller(1993)는 기업이 단순화에 함몰되지 않고 효율성과 혁신을 동시에 달성하면서 장기적으로 생존할 수 있는 몇 가지 방안을 제시한다. 그중의 하나가 지배 연합을 다양한 기능부서에 속한 사람들로 구성하여 참여적 의사결정이 이루어질 수 있게 하는 것이다. 결국, 이것은 여러 부서가 권력을 공유한다는 주장과 같다.

기업의 모순적 현상들을 7S 모형을 통해 분석한 Pascale(1990)도 부서 간의 권력 공유를 기업 성공의 핵심적 관건 중의 하나로 인식한다. Pascale에 의하면, 조직이 장기적으로 성공하기 위해서는 모순관계에 놓여 있는 적합성(fit)과 분열(split)을 동시에 달성해야 하는데[9], 이를 위해서는 다음과 같은 대립적 경향성이 조직 내에 공존할 수 있어야 한다. 계획된(planned)–기회주의적(opportunistic) 전략, 엘리트주의(elitist)–다원주의(pluralism) 구조, 관료적(mandatory)–자율적(discretionary) 시스템 등 7가지 모순들이 그것이다. 엘리트주의–다원주의 모순이 기능부서 간의 권력관계에 대한 문제와 관련되어 있다. 여기서 엘리트 부서란 경쟁기업과 비교하여 뛰어난 능력을 가지고 있는 전문화된 단위를 의미한다. 기업이 효율성과 혁신 등 다양한 전략적 목표를 동시에 추구하기 위해서는 타 기업에 비해 독특한 경쟁우위를 가진 부서들이 둘 또는 그 이상 존재하면서, 이들이 서로를 제약하고 보완하는 관계를 형성해야 한다. 단 하나의 엘리트 부서만이 존재하는 경우에

---

8 단순화란 어느 한 조직체가 단 하나의 목적, 단 하나의 전략적 활동, 단 하나의 부서, 단 하나의 세계관에 너무 많이 빠져 있는 상태를 의미한다. 단순화의 결과로 기업은 특정한 윤곽형태를 띠게 된다.

9 Pascale에 의하면, 적합은 일관성, 집권화, 촘촘함, 통제, 시너지 등이 원활히 이루어지는 것을 의미하고, 분열은 균열, 분권화, 분화, 다양성, 경쟁 등의 상태가 기업 내에 유지되는 것을 의미한다.

는 기업이 효율성과 혁신, 또는 수익성과 소비자 서비스 등 특정한 성과 지표에만 함몰되어 조직 전체의 장기적 성장이 불가능하게 될 수 있기 때문이다. 예를 들어 제조나 엔지니어링 부서에만 권력이 편중되어 있는 기업은 조직 변화와 혁신을 시도하기 어렵다. 또는 마케팅이나 연구개발 부서에만 권력이 편중되어 있는 기업은 조직 성장의 토대 중의 하나인 재무적 성과나 효율성에 대한 중요성을 간과하기 쉽다.

조직 내의 부서들은 크게 안정과 효율성을 중시하는 부서와 변화와 혁신을 지향하는 부서로 구분해 볼 수 있다. 생산부서에서 가장 중요시 여기는 것은 생산물의 연속적인 흐름과 산출/투입의 최대화이다. 회계 · 재무부서는 주로 단기적인 조직성과에 관심을 갖고 있고 통제지향성을 강하게 띤다. 이처럼 생산 및 회계 · 재무부서는 대체로 안정과 효율성을 중시한다(Miles & Snow, 1978; Ghemawat & Costa, 1993). 한편 영업 · 마케팅부서의 주요한 과업 목적은 소비자 기호와 시장 수요의 변화에 유연하게 대처하는 것이다. 연구개발부서의 성과는 제품 및 공정기술의 진부화나 새로운 경쟁기술의 출현 등에 효과적으로 대응할 수 있느냐의 여부에 의해 결정된다. 즉 영업 · 마케팅 및 연구개발부서는 경쟁환경의 변화를 탐색하고, 이에 대해 선도적으로 반응할 수 있는 능력을 갖추어야만 부서의 성과를 높일 수 있다. 이런 점에서 영업 · 마케팅, 연구개발부서들은 변화와 혁신을 중시한다(Miles & Snow, 1978; Ghemawat & Costa, 1993). 앞서 논의한 바와 같이 안정지향부서와 변화지향부서가 추구하는 가치는 서로 모순관계에 놓여 있기 때문에 두 부서 중 어느 한 편에만 권력이 편중되면 효율성과 혁신 중 어느 하나는 희생될 수밖에 없다. 따라서 기업이 장기적으로 생존하는 데 필요한 효율성과 혁신의 동시 달성을 위해서는 Lawrence와 Dyer(1983), Miller(1990, 1993), Pascale(1990) 등의 주장처럼 안정지향부서와 변화 지향 부서 간에 권력의 균형이 이루어져야 한다.

여러 기능부서가 각자의 영역에서 경쟁기업에 비해 우월한 경쟁력을 갖추어 조직 내에서 자신의 권력기반을 강화하는 한편, 각 부서가 특정 기능영역에서 다른 부서들의 상대적 우월성을 인정하면서 신뢰를 바탕으로 조직 전체의 목적 달성을 위해 상호 지원하고 협력해야 한다. 이러한 과정을 통해 각 부서는 서로의 영향력을 확대함과 동시에 서로의 영향력을 수용하게 되고, 결과적으로 조직 전체는 효율성과 혁신 양 측면에서 다른 기업들에 비해 더 높은 성과를 달성하게 된다. 요컨대 부서 간의 권력관계 측면에서 역설의 경영이 실현되는 것이다.

6. 맺음말

기업들은 효율성과 혁신이 상호 배타적이지 않고 함께 추구될 수 있는 서로 다른 차원이라는 인식을 바탕으로 혼합형 전략을 추구하기 시작하고 있다. 혼합형 전략을 성공적으로 추구하려면, 기업이 역설의 경영을 할 수 있는 능력을 갖추어야 한다. 조직모순을 구성하는 요소들의 어느 한편만을 일관성 있게 추구하는 것에 익숙해져 있던 기업들이 역설의 경영을 할 수 있는 능력을 갖춘다는 것은 단기간에 이루어질 수 있는 일이 아니다. 효율성 위주의 전략을 구사하던 기업들이 위험부담이 큰 혁신적인 활동들을 추구하고 구성원들의 시행착오적 학습을 인정한다는 것은 쉬운 일이 아니다. 마찬가지로 혁신에 경도되어 왔던, 기업들이 혁신활동에 할당해 왔던 자원을 효율성 향상에 돌린다거나 구성원들에게 효율성 의식을 심어주는 것 또한 매우 어려운 과제이다.

그렇지만 기업의 몰락은 역설적이게도 가장 우수한 것들에서부터 시작된다는 사실을 경영자가 직시한다면, 전략적 토대를 변화시키는 것이 비록 혼란을 수반하는 지난한 과정일지라도 혼합형 전략을 추구해야 할 것이다. 그러기 위해서는 무엇보다도 경영자의 리더십 스타일 또한 다차원적이어야 한다. 경영자는 새로운 비전을 설정하고 그것을 조직구성원들에게 공유시킬 수 있는 능력뿐만 아니라 합리성과 효율성에 근거하여 비전을 현실화할 수 있는 능력도 갖추어야 한다. 부서 간의 권력관계에도 변화가 있어야 한다. 조직 내의 각 부서가 다른 기업에 비해 특정한 전문분야에서 경쟁우위를 확보하기 위해 노력하면서도, 다른 한편으로는 조직 전체의 성장과 발전을 위해서 신뢰를 바탕으로 상호 지원하고 협력하면서 서로의 영향력을 확대해 나가야 할 것이다.

마지막으로 이 연구가 갖는 의의를 살펴보기로 한다. 모순적 요소 간의 관계를 이분법적으로 보는 전통과는 달리, 한 체계 내에 이들의 공존 가능성을 수용하는 흐름이 그동안 주변화되기는 했지만, 면면히 이어져 왔었고, 더욱이 최근에는 그러한 흐름을 계승하고 발전시켜 하나의 독자적인 패러다임을 구축하려는 학자들이 등장하고 있다. 이것은 다차원적인 전략적 목표들의 동시 달성 없이는 기업의 장기적 생존이 보장되기 어려운 최근의 경영환경을 반영하는 것이다. 역설의 경영에 대한 우리들의 주장이 새로운 것은 아니다. 그럼에도 모순에 대한 이분법적 인식을 극복하는 하나의 대안으로 제기되고 있는 역설의 경영과 관련된 일련의 논의들을 초보적인 수준에서나마 체계화하려고 시도했다는 점이 이 연구의 의의라 할 수 있다. 비록 역설의 경영이 서구 학자들에 의해 먼저 주목받고 있지만, 이것은 동양의 논리체계인 음양오행론과 그 논리가 맞닿아 있다. 우리는 이분법적 사고를 극복하고 모순을 기업경영에 활용할 수 있는 대안들을 찾아내는 데 필요한 많은 지적/문화적 자원들을 갖고 있다. 이런 점에서 역설의 경영은 한국적 경영학 이론을 정립하려고 노력하는 학자들에게 논리 전개의 준거점을 제공해 줄 수 있을 것이다.

참고 문헌

김상표 (1998), 「역설의 경영: 조직특성과 인적자원관리에 관한 실증연구」, 연세대학교 박사학위 논문.

김용옥 (1995), 『도올선생 중용강의』, 서울, 통나무.

소광섭 (1993), "오행의 수리물리학적 모형", 과학사상연구회(편), 『과학과 철학』, 제4권, pp. 35~56.

윤세준 (1997), "모순관리: 개념적 틀과 실현조건", 『연세경영연구』, 제34권, 봄호, pp. 3~42.

윤세준 · 김상표 (1997) "역설의 경영과 조직구조", 『한국경영학회 춘계학술연구발표논문집』, pp. 435~461.

____________(1998) "시장, 관료제 그리고 가족: 인적자원관리의 세 가지 패러다임과 기업성과", 『한국인사조직학회 춘계학술발표논문집』, pp. 37~63.

조동성 · 이동현 (1995), "본원적 전략의 동태적 결합", 『경영학 연구』, 제24권, pp. 33~63.

조동일 (1996), 『우리 학문의 길』, 서울, 지식산업사.

北川宗藏/조임수역 (1985), 『변증법과 경제학』, 서울, 사계절.

Abell, D. F. (1993), *Managing with Dual Strategies*, New York: Free Press.

Abernathy, W. J. (1978), *The Productivity Dilemma*, Baltimore, MD: Johns Hopkins Press.

Adler, P. S., B. Godoftas, and D. Levine (1999), Flexibility Versus Efficiency? A Case Study of Model Changeovers in the Toyota Production System, Organization Science, Vol. 10, pp. 43-67.

Argyris, C. and D. Schon (1978), *Organizational Learning*, MA: Addison-Wesley, Reading.

Ashby, W. (1956), *Design for a Brain*, New York: Jon Wiley.

Baden-Fuller, C. and J. M. Stopford (1994), *Rejuvenating the Mature Business : The Competitive Challenge*, Boston: Harvard Business School Press.

Bass, B. M. (1985), *Leadership and Performance beyond Expectations*, New York: Free Press.

Brittain, J. and J. Freeman (1980), Organizational Proliferation and Density Dependent Selection, in J. Kimberly and R. Miles (Eds.), *The Organizational Life Cycle*, pp. 291-338.

Burns, T. and G. M. Stalker (1961), *The Management of Innovation*, New York: Barnes and Noble.

Cameron, K. S. (1986), Effectiveness as Paradox: Consensus and Conflict in Conceptions of Organizational Effectiveness, *Management Science*, Vol. 32, pp. 539–554.

Cameron, K. S. and R. E. Quinn (1988), Organizational Paradox and Transformation, in R. E. Quinn, and K. S. Cameron (Eds.), *Paradox and Transformation: Toward a Theory of Change in Organization and Management*, Cambridge, MA: Ballinger Publishing Company, pp. 1–18.

Caves, R. and T. Pugel (1980), *Intraindustry Differences in Conduct and Performance: Viable Strategies in U. S. Manufacturing Industries*, Monograph, New York: New York University.

Collins, J. C. and J. I. Porras (1994), *Built To Last: Successful Habits of Visionary Companies*, New York: Harper Collins Publishers.

Conant, J. S., M. P. Mokwa, and P. R. Varadarajan (1990), Strategic Types, Distinctive Marketing Competencies and Organizational Performance: A Multiple Measures–Based Study, *Strategic Management Journal*, Vol. 11, pp. 365–383.

Conger, J. A. (1989), *The Charismatic Leader: Behind the Mystique of Exceptional Leadership*, San Francisco: Jossey Bass.

Denison, D. R., R. Hooijberg, and R. E. Quinn (1995), Paradox and Performance: Toward a Theory of Behavioral Complexity in Managerial Leadership, *Organization Science*, Vol. 6, pp. 524–540.

Dess, G. G., A. Gupta, J. Hennart, and C. W. L. Hill (1995), Conducting and Integrating Strategy Research at the International, Corporate, and Business Levels: Issues and Directions, *Journal of Management*, Vol. 21, pp. 357–393.

Dess, G. G. and A. M. A. Rasheed (1992), Commentary: Generic Strategies...(D. Miller), *Advances in Strategic Management*, Vol. 8, pp. 409–416.

Doty, D. H., W. H. Glick, and G. P. Huber (1993), Fit, Equifinality, and Organizational Effectiveness: A Test of Two Configurational Theories, *Academy of Management Journal*, Vol. 36, pp. 1196–1250.

Evan, W. M. (1966), The Organization–Set: Toward a Theory of Inter organizational Relations, in J. D. Thompson (Eds.), *Approaches to Organizational Design*, Pittsburgh: University of Pittsburgh Press, pp. 173–191.

Ford, J. D. and R. H. Backoff (1988), Organizational Change in and out of Dualities and Paradox, in R. E. Quinn, and K. S. Cameron (Eds.), *Paradox and Transformation: Toward a Theory of Change in Organization and Management*, Cambridge, MA: Ballinger Publishing Company, pp. 81–122.

Geser, H. (1992), Towards an Interaction Theory of Organizational Actors, *Organization Studies*, Vol. 13, pp. 429–451.

Ghemawat, P. and J. E. R. Costa I (1993), The Organizational Tension between Static and Dynamic Efficiency, *Strategic Management Journal*, Vol. 14, pp. 59–73.

Govindarajan, V. (1985), Decentralization, Strategy, and Effectiveness of Strategic Business Units in Multibusiness Organizations, *Academy of Management Review*, Vol. 11, pp. 844–856.

________________(1988), A Contingency Approach to Strategy Implementation at the Business-Unit Level: Integrating Administrative Mechanisms with Strategy, *Academy of Management Journal*, Vol. 31, pp. 828–853.

Hall, W. K. (1980), Survival Strategies in a Hostile Environment, *Harvard Business Review*, Vol. 58, pp. 75–85.

Hambrick, D. C. (1983), Some Tests of the Effectiveness and Functional Attributes of Miles and Snows Strategic Types, *Academy of Management Journal*, Vol. 26, pp. 5–26.

________________(1984), Taxonomic Approaches to Studying Strategy: Some Conceptual and Methodological Issues, *Journal of Management*, Vol. 10, pp. 27–41.

Hampden-Turner, C. (1990), *Charting the Corporate Mind: Graphic Solutions to Business Conflics*, New York: The Free Press.

Hampden-Turner, C. and A. Trompenaars (1993), *The Seven Cultures of Capitalism*, New York: Doubleday Dell Publishing Group, Inc.

Hannan, M. and J. Freeman (1977), The Population Ecology of Organizations, *American Journal of Sociology*, Vol. 82, pp. 149–164.

__________________________(1984), Structural Inertia and Organizational Change, *American Sociological Review*, Vol. 49, pp. 149–164.

Hart, S. and R. E. Quinn (1993), Roles, Executives Play: CEOs, Behavioral

Complexity, and Firm Performance, *Human Relations*, Vol. 46, pp. 543–574.

Hart, S. and C. Banbury (1994), How Strategy–Making Processes Can Make a Difference, *Strategic Management Journal*, Vol. 15, pp. 251–269.

Hayes, R. H. and S. C. Wheelwright (1984), *Restoring Our Competitive Edge: Competing Through Manufacturing*, New York: John Wiley & Sons.

Heskett, J. L. (1987), Establishing Strategic Direction: Aligning Elements of Strategy, *Harvard Business School Note #9–388–033*.

Hickson, D. J., C. R. Hinnings, R. E. Schneck, and J. M. Pennings (1971), A Strategic Contingencies Theory of Intraorganizational Power, *Administrative Science Quarterly*, Vol. 16, pp. 216–229.

Hill, C. W. L. (1988), Differentiation Versus Low Cost or Differentiation and Low cost: A Contingency Framework, *Academy of Management Review*, Vol. 13, pp. 401–412.

Hinings, C. R., D. J. Hickson, J. M. Pennings, and R. E. Schnek (1974), Structural Conditions of Intraorganizational Power, *Administrative Science Quarterly*, Vol. 19, pp. 22–44.

Hurst, D. K., J. C. Rush, and R. E. White (1989), Top Management Teams and Organizational Renewal, *Strategic Management Journal*, Vol. 10, pp. 87–105.

Jennings, D. F. and S. L. Seaman (1994), High and Low Levels of Organiza– tional Adaptation: An Empirical Analysis of Strategy, Structure, and Performance, Strategic Management Journal, Vol. 15, pp. 459–475.

Jones, G. R. and J. E. Butler (1988), Costs, Revenue, and Business–level Strategy, *Academy of Management Review*, Vol. 13, pp. 202–213.

Kahn, W. A and K. E. Kram (1994), Authority at Work: Internal Models and their Organizational Consequences, *Academy of Management Review*, Vol. 19, pp. 17–50.

Kekre, S. and K. Srinivasan (1990), Broader Product Line: A Necessity to Achieve Sucess? *Management Science*, Vol. 36, pp. 1216–1231.

Ketchen, Jr. D. J., J. B. Thomas, and C. C. Snow (1993), Organizational Configurations and Performance: A Comparison of Theoretical Approaches, *Academy of Management Journal,* Vol. 36, pp. 1278–1313.

Klein, B. H. (1984), *Prices, Wages and Business Cycles: A Dynamic Theory*, New York: Pergamon

Kotter, J. P. (1990), Forces for Change: *How Leadership Differs From Man- agement,* New York: The Free Press.

Lawrence, P. R. and D. Dyer (1983), *Renewing American Industry*, New York: The Free Press.

Likert, R. (1961), *New Patterns of Management*, New York, McGraw-Hill.

MacDuffe, J. Paul, K. Sethuraman, and M. L. Fisher (1996), Product Variety and Manufacturing Performance: Evidence from the International Automotive Assembly Plant Study, *Management Science*, Vol. 34, pp. 350-369.

Mann, F. C. and L. R. Hoffman (1960), *Automation and the Worker: A Study of Social Change in Power Plants*, New York: Holt, Rinehart &Winston.

March, J. G. (1991), Exploration and Exploitation in Organizational Learning, *Organizational Science*, Vol. 2, pp. 71-87.

McGee, R. H. and H. Thomas (1986), Strategic Groups: Theory, Research, and Taxonomy, *Strategic Management Journal*, Vol. 7, pp. 141-160.

Meyer, A. D. (1991), What is Strategys Distinctive Competence?, *Journal of Management*, Vol. 17, pp. 821-833.

Miles, R. E., and C. C. Snow (1978), *Organizational Strategy, Structure, and Process*, New York: McGraw-Hill.

____________________(1984), Designing Strategic Human Resources Systems, *Organizational Dynamics*, Vol. 12, pp. 36-52.

Miller, D. (1987), The Structural and Environmental Correlates of Business Strategy, *Strategic Management Journal*, Vol. 8, pp. 55-76.

__________(1990), *The Icarus Paradox: How Exceptional Companies Bring about their own Downfall*, New York: Harper Collins.

__________(1992), Generic Strategies: Classification, Combination and Context, *Advances in Strategic Management*, Vol. 8, pp. 391-408.

__________(1993), The Architecture of Simplicity, *Academy of Management Review*, Vol. 18, pp. 116-138.

Mintzberg, H. (1988), Generic Strategies: Toward a Comprehensive Framework, *Advances in Strategic Management*, Vol. 5, pp. 1-67.

____________(1994), "Rounding out the Manager's Job," *Sloan Management Review*, Fall, pp. 11-26.

Murray, A. I. (1988), Á Contingency View of Porters Generic Strategies, *Academy of Management Review*, Vol. 13, pp. 390–400.

Namiki, N. (1989), Miles and Snows Typology of Strategy, Perceived Environmental Uncertainty, and Organizational Performance, *Akron Business and Economic Review*, Vol. 20, pp. 72–88.

Nicholson, N., A. Rees and A. Brooks–Rooney (1990), Strategy, Innovation and Performance, *Journal of Management Studies*, Vol. 27, pp. 511–533.

Orton, J. D. and K. E. Weick (1990), Loosely Coupled Systems: A Reconceptualization, *Academy of Management Review*, Vol. 15, pp. 203–223.

Oster, S. (1982), Strategy, Organizational Design, and Human Resource Management, *Review of Economics and Statistics*, Vol. 64, pp. 376–384.

Parnell, J. A. and P. Wright (1993), Generic Strategy and Performance: An Empirical Test of the Miles and Snow Typology, *British Journal of Management*, Vol. 4, pp. 29–36.

Pascale, R. T. (1990), *Managing on the Edge: How the Smartest Companies Use Conflict to Stay Ahead*, New York: Simon & Schuster.

Porter, M. E. (1980), *Competitive Strategy: Techniques for Analyzing Industries and Competitors*, New York: Free Press.

______________(1985), *Competitive Advantage: Creating and Sustaining Superior Performance,* New York: Free Press.

Quinn, R. E. (1988), *Beyond Rational Management: Mastering the Paradoxes and Competing Demands of High Performance*, San Francisco, London: Jossey Bass Publishers.

Robbins, S. P. (1990), *Organization Theory: Structure Design and Applications* (3rd ed.), London: Prentice–Hall Inc.

Schneider, K. J. (1990), *The Paradoxical Self: Toward an Understanding of Our Contradictory Nature*, New York: Plenum Press.

Schoonhoven, C. B. and M. Jelinek (1990), Dynamic Tension in Innovative, High Technology Firms: Managing Rapid Technological Change through Organizational Structure, in M. A. Von Glinow and S. A. Mohrman (Eds.), *Managing Complexity in High Technology Organizations*, New York, Oxford: Oxford University Press, pp. 90–118.

Segev, E. (1987), Strategy, Strategy–Making, and Performance in a Business Game, *Strategic Management Journal*, Vol. 8, pp. 565–577.

________(1989), A Systematic Comparative Analysis and Synthesis of Two Business–Level Strategic Typologies, *Strategic Management Journal*, Vol. 10, pp. 487–505.

Shortell, S. M. and E. J. Zajac (1990), Perceptual and Archival Measures of Miles and Snows Strategic Types: A Comprehensive Assessment of Reliability and Validity, *Academy of Management Journal*, Vol. 33, pp. 817–832.

Stacey, R. D. (1996), *Complexity and Creativity in Organizations*, San Francisco: Berrett–Koehler Publishers.

Streufert, S. and R. W. Swezey (1986), *Complexity, Managers, and Organiz– ations*, Orlando: Academic Press, Inc.

Stroh, P. and W. W. Miller (1994), Learning to Thrive on Paradox, *Training and Development*, Vol. 48, No. 9, pp. 28–39.

Tannenbaum, A. S. (1962), Control in Organizations: Individual Adjustment and Organizational Performance, *Administrative Science Quarterly*, Vol. 7, pp. 236–257.

______________(1968), *Control in Organizations*, NewYork, McGraw–Hill.

Tannenbaum, A. S. and R. L. Kahn (1958), *Participation in Union Locals*, Evanston.

Thomas, H. and N. Venkatraman (1988), Research on Strategic Groups: Progress and Prognosis, *Journal of Management Studies*, Vol. 25, pp. 537–555.

Van de Ven, A. H. and M. S. Poole (1988), Paradoxical Requirements for a Theory of Change, in R. E. Quinn, and K. S. Cameron (Eds.), *Paradox and Transformation: Toward a Theory of Change in Organization and Management*, Cambridge, MA: Ballinger Publishing Company, pp. 19–63.

Westley, F. R. and H. Mintzberg (1989), Visionary Leadership and Strategic Management, *Strategic Management Journal*, Vol. 10, pp. 17–32.

White, R. E. (1986), Generic Business Strategies, Organizational Context and Performance: An Empirical Investigation, Strategic Management Journal, Vol. 7, pp. 217–231.

Yukl, G. and D. D. Van Fleet (1992), “Theory and Research on Leadership in Organizations," in M. D. Dunnette and L. M. Hough (Eds.), *Handbook of Industrial and Organizational Psychology*, Vol. 3, Palo Alto, Consulting Psychologist Press, Inc., pp. 147–198.

Zahra, S. A. and J. A. Pearce II (1990), Research Evidence on the Miles–Snow Typology, *Journal of Management*, Vol. 16, pp. 751–768.

Zammuto, R. F. (1988), Organizational Adaptation: Some Implications of Organizational Ecology for Strategic Choice, *Journal of Management Studies*, Vol. 25, pp. 105– 120.

인지복합성과 과업성과의 관계에 대한 실증적 연구[1]

1. 머리말

오늘날의 기업들은 매우 복잡한 환경에 직면해 있다. 시장은 계속적인 혁신을 요구하고, 소비자의 기호는 다양하며 변화가 심하고, 제품의 수명주기는 단축되고 있다. 그러면서도 품질을 올리고 원가를 낮추어야 한다는 압력은 가중된다. 기술혁신 속도는 가속적으로 빨라지지만, 제품기술과 공정기술을 안정시켜 생산의 효율도 도모하여야 한다. 신제품을 신속히 도입할 수 있어야 하지만 잘못된 투자와 의사결정이 초래할 수 있는 위험은 과도하다. 요컨대, 과거에는 서로 양립 불가능하다고 간주되었던 상호 모순적인 여러 목표를(예, 낮은 원가와 고품질, 끊임없는 신제품 개발과 높은 효율성 등) 한꺼번에 동시에 성취할 수 있는 기업역량이 필요하게 된 것이다(Collins & Porras, 1994).

이러한 경쟁 환경에서 기업의 성공은 내 · 외부로부터 유입되는 혼란스럽고 애매모호하며, 때로는 상호 모순적인 정보들을 어느 정도로 효과적으로 처리할 수 있느냐에 달려 있다고 해도 과언이 아니다. 그리고 조직이 이러한 정보를 처리하는 능력은 궁극적으로는 기업의 주체인 구성원들의 역량에 의존할 수밖에 없다. 다시 말해, 기업이 다양한 여러 전략적 목표를 성공적으로 달성하려면, 결국 조직 내 구성원들에

1 이 논문은 윤세준, 최규상과 함께 『경영학연구』 제33권 제5호(2004년)에 게재하였다.

게도 다양한 가치를 이해하고 관리할 수 있는 능력이 요구된다. 그렇다면 개인은 이러한 능력을 가질 수 있는가? 인간은 본질적으로 다차원적(multidimensional) 존재이기 때문에 상충적인 특성들- 예, 개인주의/공동체주의, 감성/이성, 분석/종합, 여성성/남성성 등 -을 모두 보유하고 있지만, 인격형성과정에서 특정한 측면이 억압될 수도 있고, 두 측면 모두를 갖게 되기도 한다(Schneider, 1990). 따라서 어떤 사람들은 모호한 상황에 직면해서도 그 안에서 다양하고 복잡한 면을 포착해내어 이를 통합된 체계로 재구성해내는 능력이 있는 반면, 다른 사람들은 어느 한 가지 혹은 일관성 있어 보이는 몇몇 단서들에만 집중하거나 혹은 여러 비일관적인 단서들을 분열적으로 파악한다. 개인들의 이러한 정보처리능력의 차이는 개인의 성과에 영향을 미치고, 이는 다시 조직의 성과를 좌우하는 요인이 된다(Kiesler & Sproull, 1982; Streufert & Swezey, 1986).

Fletcher와 Olwyler(1997)는 그들의 저서, 『Paradoxical Thinking: How to Profit from Your Contradictions』에서 각 분야에서 뛰어난 업적을 냈던 사람들은 일반인들과는 달리 '인간과 사물에 잠재해 있는 모순적인 면을 동시에 고려하는 사고'를 할 수 있는 능력, 즉 역설적 사고능력을 갖고 있음을 발견했다. 역설적 사고능력은 흔히 높은 창의성을 필요로 하는 예술가들에게나 필요한 것으로 여겨졌고, 그동안 기업조직에 관한 연구에서는 크게 주목받지 못했다. 하지만 최근 들어 기업의 일반 구성원들에게도 역설적 사고능력이 필요함을 강조하는 문헌들이 등장하고 있다(Quinn, 1988; Mintzberg, 1991; Bartunek, Gordon, & Weathersby, 1993; Hampden-Turner & Trompenaars, 1993; Maruyama, 1993). 이는 오늘날의 기업들이 복잡하고 동태적이며 혼돈스러운 경영환경에 직면하여 원가, 품질, 신제품 개발, 유연성 등 효율성과 혁신성에 관련된 모순적인 성과 목표 모두를 동시에 달성해야만 하는 시대적 요청이 투영된 결과이다. 하지만 아직까지 개인(individual) 분석 수준에서 이러한 관계를 실증적으로 검증한 연구는 그리 많지 않다.

이러한 문제의식 아래에서 이 연구의 목적은 모순을 수용할 수 있는 능력과 관련되어 있다고 믿어지는 한 가지 개인특성 변수, 즉 인지복합성(cognitive complexity)과 개인의 업무성과와의 관계를 탐색해보는 것이다. 좀 더 구체적으로 이야기하자면, 인지복합성이 높은 사람들이 낮은 사람들에 비해 다양한 성과목표들을 동시에 성취할 가능성이 더 높을 것이라는 가설을 검증하기 위해 두 가지 성과지표, 즉 효율성 및 창의성과 인지복합성과의 관계를 따져보는 것이 이 연구의 과제이다. 글의 순서는 다음과 같다. 2절에서는 이 연구의 핵심개념인 인지복합성에 대한 기존의 이론들과 경험연구의 결과들을 살펴본 후 이 연구의 가설을 설정한다. 3절에서는 연구방법에 관하여 서술하며, 4절에서는 자료의 분석을 통해 설정된 가설을 검증하고 그 결과에 관해 토론한다. 마지막으로 5절에서는 이 연구가 갖는 의의와 한계를 논의한다.

2. 이론적 배경: 가설의 설정

2.1 인지복합성의 개념적 정의 및 측정

인지복합성은 40여 년 전부터 심리학 분야에서 연구되어 온 개념으로 근원을 거슬러 올라가면 Kelly(1955)의 '개인적 구성개념(personal construct)' 이론으로부터 도출되었다. 여기에서 개인적 구성개념은 세계를 의미 있게 해석하고 이해하기 위해 사람들이 동원하는 개념체계를 의미하는데, 사람들은 각자의 독특한 구성개념들을 사용하여 세계를 능동적으로 이해하고 예측하며 통제한다. Bieri(1955)는 이러한 Kelly의 이론을 발전시켜 인지복합성에 대한 연구가 독립된 하나의 연구 분야로 성장하는 데 결정적인 기여를 하였다(Goodwin, 1991). 그에 의하면 구성개념들의 분화 정도가 높을수록 인지복합성이 높다는 것인데, 그는 개인의 인지복합성이 특히 사회적 환경의 자극을 지각하고 판단하는 데 어떤 영향을 미치는가에 관심을 가졌다. 그 과정에서 Bieri는 인지복합성을 "다차원적 방식으로 사회적 행위를 해석하는 경향"으로 정의하였다. 이후 여러 학자가 인지복합성을 다양한 방식으로 정의했지만, 모두 구성개념의 다차원성에 초점을 맞추었기에 Bieri가 내린 원래의 정의에서 크게 벗어나지 않았다(Streufert & Swezey, 1986).[2]

한편, Bieri는 인지복합성의 개념을 활용하여 주로 사람들 간의 상호작용에 관한 연구를 진행하였는데, 이를 위하여 측정도구, 즉 역할개념 목록(Role Construct Repertory) 테스트를 개발하였다. 흔히 'Rep 테스트'라 불리는 역할개념 목록 테스트는 Bieri가 Kelly의 연구에 착안하여 발전시킨 측정도구로 현재까지도 가장 널리 쓰이고 있는 방법의 하나다. 피험자들은 열과 행에 각각 10개의 역할 인물(예, 동성 친구, 어머니, 선생님 등)과 6점 척도로 구성된 양극화된 형용사, 즉 개념(예, 외향적-내성적, 사교적-비사교적)이 포함된 10×10의 평가표를 받는다. 이 평가표에 피험자들은 해당 개념이 각각 역할 인물에 대해 어느 정도 적용될 수 있는지를 판단하여 점수를 기입한다. 인지복합성 점수는 얼마나 많은 개념을 사용했는지의 정도에 관한 점수의 총계로 얻어진다. 예를 들어, 표시하지 않은 개념의 수가 많고, 총점이 낮으면 인지적으로 단순한 사람으로 평가한다.

2 인지복합성에 대한 정의 중 대표적인 것 몇 가지를 살펴보면 다음과 같다. 조직행동 분야에 인지복합성 개념을 선구적으로 적용해 본 Larson과 Rowland(1974)는 인지복합성을 "환경을 지각하고 평가하는 데 있어서 개인이 사용하는 개념들의 다양성 정도"로 정의하였다. 유사한 맥락에서, Schneier(1977)는 "행위를 다차원적 방식으로 지각하는 능력을 보유하는 정도"로, Porter와 Suedfeld(1981)는 "개인의 정보처리 능력, 즉 정보를 분화하고 통합할 수 있는 능력"으로, Streufert와 Swezey(1986)는 "개인의 인지 구조가 다차원적으로 분화되어 있고 통합되어 있는 정도"로, 그리고 Wofford(1994)는 "자극을 지각하고 평가하는 데 있어서 복수의 관점들을 활용하는 정도"로 정의하였다. 최근에, Goodwin과 Zieger(1998)는 "개인의 기억에 저장되어 있는 정보의 양과는 상관 없이, 그 정보를 활용하여 외부 자극을 지각하고 평가하는 데 있어서 복수의 관점을 활용하는 정도"로 정의하여 인지복합성이 정보의 양 혹은 정보의 질과 차별화되는 개념이라는 것을 강조하고 있다. 이하에서는 인지복잡성의 정의 및 측정에 대한 연구결과를 좀 더 깊이 있게 검토한 후 본 논문이 채택하는 인지복합성의 정의와 측정방법을 제시할 것이다.

Bieri의 연구결과에 의하면, 인지복합성이 높은 사람은 다른 사람들의 행위를 비교적 여러 차원으로 분화된 체계로 지각하는 데 비해 인지적으로 단순한 사람들은 다른 사람의 행위를 분화되지 않은 소수의 차원만으로 지각하기 때문에, 인지복합성을 가진 사람이 그렇지 않은 사람보다 자신과 타인 간의 차이를 더 잘 예측하였다. Bieri는 사회적 삶을 살아가는 인간에게 타인과의 관계는 가장 기초가 되는 공간이기 때문에, 사람 간의 영역에서 측정한 인지복합성은 다른 영역에도 적용될 수 있다고 보면서 인지복합성을 일반적인 개인 특성(trait) 중의 하나로서 인식했다.

인지복합성 개념은 Schroder, Driver 그리고 Streufert(1967)의 연구에서 보다 성숙한 개념으로 발전하게 된다. 그들은 인지복합성을 기본적으로 정보처리의 관점에서 파악하는데, 정보가 흘러가고 처리되고 사용되는 개인의 구조적 정보처리 양식에서 인지복합성이라는 개념을 유도해낸다. 그리하여 그들은 인지복합성을 사람들 인지 구조의 분화(differentiation)와 통합(integration) 정도로 이해한다. 여기서 분화는 외부의 자극을 서로 독립적인(orthogonal) 복수의 차원들로 지각하는 과정을 의미하고, 통합은 그러한 차원들을 상호 연결시키는 과정을 의미한다. 분화와 통합으로 구성되어 있는 인지구조는 복잡한 자극으로부터 정보를 여과하고 자극들을 유형화할 뿐만 아니라 이를 통합하고 내적 동기들을 통제하여 행동에 영향을 줌으로써 환경적 조건에 적응하는 기능을 한다(Schneier, 1977).

전술한 바와 같이 초기 연구자들(Bieri, 1955; Scott, 1962)은 분화의 정도가 높아지면 통합도 따라서 증가한다는 가정 하에 통합을 독립적인 한 차원으로 고려하지 않고 분화의 정도만을 인지복합성으로 이해하였다. 이에 반해 Schroder, Driver 그리고 Streufert(1967)는 분화의 정도가 높아진다고 해서 반드시 개인의 개념 구조의 통합수준도 높아지는 것은 아니라고 주장한다. 다시 말해서, 어떤 사람이 고도로 분화된 다차원적 개념 구조를 사용하여 자극을 지각한다고 할지라도 개념의 차원들을 연결시키는 데 있어서 소수의 경직된 규칙들만을 적용하거나 이 차원들 사이의 연결 관계를 도출해내지 못한다면, 그의 인지복합성은 낮은 수준에 머무를 것이라는 주장이다. 이후 이들의 견해는 인지복잡성을 연구하는 학자들 사이에 널리 받아들여지는데, 분화뿐만 아니라 통합도 포함하여 인지복합성을 정의하고 있다는 점 때문에 이들은 '총합복합성(integrative complexity)' 이론가들로 명명된다(Porter & Suedfeld, 1981; Streufert & Swezey, 1986; Suedfeld, Tetlock, & Streufert, 1992).

총합복합성 이론가들의 주장은 인지복합성의 분화만을 고려한 이전 학자들의 주장보다 개인의 역설적 사고능력을 더 정확하게 측정하는 것으로 보인다. 분화만을 고려하여 인지복합성을 측정하는 경우에는 현상의 다차원적 측면들을 차별적으로 인식하는 사람이 인지복합성이 높은 사람으로 분류되기는 하나, 그러한 사람은 극단적으로는 정신분열증에 걸리거나 극도의 혼란에 빠진 사람을 의미할 수 있다(손정락, 1983). 이처럼 개인이 현상을 지각하는 데 있어 그 현상에 내재된 다양한 속성들의 차별성만을 인식하고 그것들을 통합적으로 재구성해내지 못하는 경우에 그 사람이 역설적 사고능력을 가졌다고 볼 수 없기 때문에, 분화와 통합 둘 다를 고려하여 인지복합성을 정의하는 것이 더 바람직할 것이다.

총합복잡성 이론가들은 개인의 인지복합성을 측정하는 데 있어서 인상형성검사(Impression Formation Test)를 많이 활용한다(Streufert & Swezey, 1986). 인상형성검사는 처음 Asch(1946)에 의해 개발되었는데, Asch는 피험자들에게 상호 모순적인 형용사를 제시하고 이들이 사람의 인상을 묘사할 때 형용사들의 차이점을 인식하고 이를 통합하여 특정인의 인상을 형성해내는 능력에서 차이가 있음을 발견했다(Mayo & Crockett, 1964). 즉, 피험자들이 묘사한 문장의 내용과 구조에서 다양한 형태가 발견되었다. 어떤 사람들은 상충되는 화제를 언급함과 동시에 통합해내면서 사람의 인상을 묘사하는 반면, 다른 사람들은 통합 없이 개별적인 화제를 나열하기만 하고, 그밖에 또 다른 사람들은 상충되지 않은 부분만을 내용에 포함시켰다. Asch의 인상형성 검사는 Streufert와 Driver(1967) 등에 의해 인지복합성 측정에 활용될 수 있는 방법으로 발전하였다.

인지복합성에 통합 차원을 포함시켜야 한다는 견해가 널리 수용되는 것과는 달리 인지복합성의 개념 정의에 대해 아직도 논쟁이 끝나지 않은 부분들도 있다. 첫째는 인지복합성이 스타일(style)인가 아니면 능력(ability)인가에 대한 혼란이다. 스타일 관점을 채택하면 인지복합성(혹은 인지단순성)이란 사람들이 사고하는 여러 방식 중 하나일 뿐이고, 능력 관점을 채택하면 높은 인지복합성은 '더 좋은' 인지 능력을 보유함을 의미한다. 현재 학계에서는 인지복합성을 스타일로 취급하는 견해가 우세하지만, 능력 관점을 받아들이는 학자들도 없지 않다.[3] 이러한 혼란이 결과하는 이유는 인지복합성이 높은 사람이 그렇지 못한 사람에 비해 일반적으로 정보를 더 많이 기억하고, 더 정확하게 정보를 처리함을 발견한 실증연구들 때문이다(Streufert & Swezey, 1986). 이는 개념의 정의와 개념의 기준(criterion)을 구분하지 못하는 오류를 범하는 것이겠지만, 두 변수들 사이에서 정의 상관관계가 지속적으로 나타난다면 인지복합성을 능력으로 간주하는 견해가 전적으로 틀린 것이라고 볼 수만은 없을 것이다. 본 연구는 인지복합성을 스타일로 정의하는 전통을 받아들여서 스타일로서의 인지복합성이 조직구성원들의 업무성과에 미치는 영향을 실증적으로 검증해 보는 것이 목적이다.

두 번째 논쟁은 인지복합성이 특성(trait)인가 아니면 영역 특수적(domain-specific)인가에 대한 논란이다. 특성 변수로서 이해하는 학자들은 인지복합성을 비교적 안정적인 개인의 특성으로 파악하고, 특

3 인지복합성의 정의를 소개한 각주 1에서도 이러한 불일치는 발견된다.

정한 자극 영역에서의 인지복합성이 다른 영역들로 일반화될 수 있다고 주장한다. 이들은 특히 사회적 관계에서의 대인지각을 중요시하여 이 영역에서의 인지복합성이 다른 영역으로 일반화될 수 있다고 주장하는데, Bieri(1955)가 이 입장을 대표한다. 반면에, 영역 특수적으로 인지복합성을 파악하는 학자들은 한 자극 영역에서의 인지복합성이 다른 영역들로 일반화될 수 없다고 주장한다. 예컨대, Scott(1962)는 인지복합성을 "한 인지 영역 안에 포함된 사물을 독립적인 다양한 속성으로 이해하고 해석하는 지각적 스타일(perceptual style)"로 정의한다. 이러한 정의 안에는 인지복합성은 인지 영역에 따라 달라진다는 의미가 담겨 있다. 다시 말해서, 개인의 인지복합성 정도는 인지 영역에 따라서 달라질 수 있다고 보는 것이다. 예를 들어, 컴퓨터에 대해 개념적 이해가 고도로 발달한 사람이라고 해서 자동차에 대해서도 인지복합성이 높다고 말할 수는 없다는 것이다. 또한, 인지복합성을 영역 특수적인 것으로 이해한다면 개념의 측정 방법 역시 Bieri의 Rep 테스트와는 달라질 수밖에 없을 것인데, Scott는 그의 동료들과 함께 영역 특수적인 측정도구를 개발하였다(Scott, Osgood & Peterson, 1979).

경험 연구가 더 많이 축적되어야 영역 특수성을 둘러싼 논쟁이 명쾌한 결론에 도달하겠지만, 주목할 만한 발전은 이 이슈에 대해 통합적인 견해를 제시하는 학자들이 늘고 있다는 것이다. 최근에 Suedfeld, Tetlock 그리고 Streufert(1992)는 인지복합성이 자극의 영역에 따라 혹은 시점과 상황에 따라 달라질 수 있지만, 부분적으로는 특성 변수이기도 하다고 주장하였다. Burleson과 Caplan(1998) 역시 영역 특수성의 타당성을 주장하지만, 사회적 영역에서의 인지복합성의 경우에는 인간의 인지구조 전반에 영향을 미칠 수 있다는 견해를 조심스럽게 피력하였다. 실제로 Goodwin(1991)은 '사람과 사람 사이(interpersonal)' 영역에서의 인지복합성은 다른 영역들로 일반화될 수 있다는 경험 연구를 보고하였다. 그는 인지복합성을 특정 영역에 국한된 개념으로 가정하고, Scott의 측정방법을 이용하여 조직 영역에 적용되는 인지복합성 측정도구를 새로이 개발하였다. 그런데 새로운 측정도구로 얻어진 인지복합성과 기존 연구에서 인지복합성과 관련이 있다고 인정된 변수들 사이에서 상관관계를 전혀 관찰할 수 없었다. 반면에, Rep 테스트로 측정한 인지복합성은 관련변수들과 밀접한 상관관계가 있음을 확인하였다. 이 결과로부터 Goodwin은 사람들 사이의 영역에서 측정한 사회적 인지복합성은 조직 현상 일반을 이해하는 데 유효하다는 결론을 이끌어내었다. 다시 말해, "한 개인이 다른 사람의 행위를 지각하는 인지구조는 그의 주변의 다른 자극들과 사건들을 이해하는 데 가장 기초적인 구조이다."라는 Bieri의 일반화 가정을 지지하고 있는 것이다. 전체적으로 보았을 때, 인지복합성의 영역특수성을 인정한다고 할지라도 사회적 영역에서의 인지복합성만은 비교적 안정적인 특성 변수로서 상당히 넓은 영역들로 일반화될 수 있는 여지가 있는 것으로 보인다.

이제 이상의 논의를 종합하여 본 연구가 인지복합성을 어떻게 정의할 것인가를 논의하도록 하자. 우리는 종합복합성 이론가들을 대표하는 Streufert와 Swezey(1986)의 견해에 따라 인지복합성을 "개인의 인지구조가 다차원적으로 분화되고 통합되어 있는 정도"로 정의한다. 이 정의는 능력이라는 개념을 개입시키지 않고 인지복합성을 정의하고 있는데, 이는 능력이 아니라 스타일로서 인지복합성을 이해하기 때문이다. 또한, 본 연구는 사회적 영역에서의 인지복합성은 타 영역으로 일반화될 수 있다는 연구자들의 입장을 타당한 것으로 수용한다. 그에 따라, 인지구조의 분화 및 통합 정도를 사회적 영역에서 측정하는 도구인 Streufert와 Driver(1967)의 인상형성 검사를 본 연구의 인지복합성 측정도구로 사용하기로 하였다.

2.2 인지복합성과 과업성과

서론에서 논의한 바와 같이 이 연구의 목적은 인지복합성이 높은 사람들이 낮은 사람들에 비해 다양한 성과목표들을 동시에 성취할 가능성이 더 높을 것이라는 명제를 검증하기 위한 것이다. 비교적 추상 수준이 높은 이 명제를 실증이 가능한 연구가설로 전환하기 위해서는 두 가지 작업이 필요한데, 첫째는 '다양한 성과'라는 개념을 구체적 변수로 전환하는 일이고, 둘째는 이 성과 변수들과 인지복합성과의 관계를 연역할 수 있는 이론적 근거를 기존 연구에서 찾아내는 일이다. 아래에서는 이 두 과제를 본 연구가 어떻게 다루었는가를 설명한 후 이에 근거하여 가설을 제시할 것이다.

2.2.1 과업성과

첫 번째 과제인 성과 변수들을 어떻게 구체화할 것인가의 문제에 있어서 본 연구자들의 주관심사는 서로 상충관계에 놓여 있는 개인 수준의 성과변수들을 찾아내는 일이었다. 다시 말해서 동시에 달성하는 것이 쉽지는 않지만 그렇다고 불가능하지도 않은 성과지표들을 설정할 수 있어야 했는데, 이는 역설의 관점에서 성과를 바라보는 본 연구의 문제의식에 비추어볼 때 중요한 과제였다. 우리는 Lawrence와 Dyer(1983)의 두 가지 성과 개념, 즉 효율성과 혁신성에서 이 문제에 대한 해답을 찾았다.[4] Lawrence와 Dyer에 의하면 이 둘은 기업경영의 가장 기본적인 두 가지 축을 형성하고 있으며, 둘 중에서 어느 하나도 희생될 수 없다고 한다. 또한, 효율성과 혁신성은 동시에 상호 모순적인 개념이기도

4 상호 긴장관계에 있는 성과 지표들의 동시 달성이 기업생존의 관건임을 지적하는 문헌들이 증가하는 추세에 있기에 이러한 문헌들에서 몇몇 지표들을 차용할 수도 있다. 예를 들면, Kaplan과 Norton(1996)의 'Balanced Scorecard'에서 네 가지 성과지표(재무적 관점, 내부 프로세스 관점, 고객 관점, 학습과 성장)를 생각해 볼 수 있다. 그러나 이러한 종류의 지표들은 기업 전체, 혹은 부서 차원에 적용할 수 있는 것들이어서 이들을 개인 수준의 변수로 전환하는 것은 적절하지 않은 것으로 보인다.

하다. 효율성이 주어진 목표를 최소의 비용으로 최대한 달성하는 것을 의미한다면, 혁신성이란 새로운 사고, 제품, 시장, 또는 새로운 생산 방법을 추구하는 일련의 활동을 의미하기 때문이다. 따라서 혁신성을 강조하면 효율성이 희생되고, 효율성을 강조하면 혁신성이 마비된다. 그리고 효율성과 혁신성 사이의 대립적인 관계는 제조, 영업, 관리 등 조직의 모든 부문에서 발견될 수 있는 일반적 현상이어서 다양한 산업 혹은 기업의 상황을 포괄하는 개념이라는 이점도 있다. 또한, 혁신성이라는 개념은 창의성이라는 이미 잘 알려진 개인 수준의 변수로 무리 없이 전환될 수 있을 것이다. 이러한 이유로 인하여 본 연구는 성과변수를 개인의 효율성 성과와 창의성 성과로 범주화하였다(개념적 정의와 조작적 정의는 다음 절에서 논의됨).

2.2.2 인지복합성과 성과

1970년대 이래 인지복합성을 설명변수로 채택하여 조직행동의 다양한 측면을 연구하려는 많은 시도가 있었다.[5] 그러나 인지복합성을 업무성과의 직접적인 원인 변수로 인식하거나 두 변수 사이의 관계를 실증한 연구는 찾기 어렵다. 이는 Weick(1979), Bartunek, Gordon 그리고 Weathersby(1983) 등이 조직성과 향상에 인지적으로 복잡한 구성원들이 필수적임을 역설한 사실을 상기하면 놀라운 일이기도 하다. 하지만 최근 들어 인지복합성이 조직구성원들의 업무성과에 어떠한 영향을 미치는지를 연구하는 문헌이 증가하는 추세에 있다. 예컨대, Wofford(1994)는 인지복합성이 높은 조직구성원들이 상사로부터 더 높은 승진 가능성(promotability) 평가를 받음을 발견하였고, Zorn과 Violanti(1996), 그리고 Goodwin과 Ziegler(1998)도 이와 유사

5 예를 들면, 인지복합성과 리더십과의 관계(Mitchell, 1971), Fiedler의 LPC 척도와의 관계(Larson & Rowland, 1974), 인사고과의 정확성에 미치는 영향(Schneier, 1977), 인지복합성과 인사고과 담당자의 고과훈련의 관계(Sauser, 1981), 급여만족과의 관계(Carraher, 1996), 그리고 인지복합성이 종업원들의 약물복용, 흡연, 음주 행위에 미치는 영향(Oldham & Gordon, 1999)을 다룬 연구들을 들 수 있다.

한 연구결과를 보고하였다.[6] 약간 다른 맥락이기는 하지만, Porter와 Inks(2000)의 연구는 인지복합성이 영업사원들의 효과적 판매행위를 촉진함을 보고한 바 있다. 한편, 인지복합성과 과업 성과 사이에 유의한 관계를 찾지 못한 연구도 있는데, Penley, Alexander, Jernigen 그리고 Henwood(1991)의 연구가 그러한 경우이다.

대체로 이 연구들은 인지복합성과 과업성과 사이에서 정의 상관관계가 있음을 보고하고 있다. 그렇다면 이 관계는 구체적으로 어떤 과정을 거쳐서 성립하는 것일까? 이 질문에 대한 위 연구자들의 견해는 크게 두 가지로 구분된다. 첫째, 인지적으로 복합적인 사람은 외부 환경의 자극을 지각하고 해석하는 데 있어서 더 많은 개념과 관점을 적용함으로써 지각과 판단의 정확성이 더 높다고 한다. 또 이들은 주어진 정보에 고정되는 것이 아니라 새로운 정보를 탐색하고 새로운 정보가 유입되었을 때 기존의 개념체계를 유연하게 변화시킨다. 그리하여 의사결정에 도달할 때 더 많은 대안을 고려하여 최적의 해법을 찾아낸다는 것이다(Streufert & Swezey, 186). 둘째, 이와 같은 정보처리 상에서의 강점은 사회적 영역에서도 효과를 발휘한다. 즉, 인지복합성이 높은 사람들은 대인지각이 정확하고, 사회적 상황을 통찰하며, 타인으로부터 유입될 수 있는 일관성 없는 정보들을 통합적으로 이해할 수 있으며, 총체적 인상에 의해 부분적 국면에서의 정보처리를 왜곡시키지 않는다고 한다. 또 타인과의 의사소통 과정에서 상대방 중심적인 메시지를 보내고, 상대방이 보내는 메시지의 뉘앙스를 정확하게 포착하며, 대화의 주제, 흐름 등을 잘 관리할 수 있다(Burleson & Caplan, 1998).

위 논지들을 종합하면, 인지복합성은 1) 정보처리 및 의사결정의 효과성과 2) 대인관계의 효과성을 높여 과업성과에 영향을 미친다. Mintzberg(1973)에 따르면 대인관계, 정보처리, 의사결정은 관리자가

6 Wofford(1994)와 Goodwin과 Ziegler(1998)는 인지복합성과 과업 성과 사이의 관계가 조직구성원들이 수행하는 과업의 복잡성에 의해서 조절되고 있음을 발견하였다. 즉, 인지복합성과 과업성과 사이의 정의 관계는 수행하는 과업이 복잡할 경우에 성립하는 것임을 관찰한 것이다. 이에 대한 논의는 아래의 '과업의 조절효과' 부분에서 다루어진다.

수행하는 3대 역할이다. 이런 맥락에서 본다면 인지복합성이 이 세 분야에서의 능력을 향상시켜 과업 성과를 제고할 것이라는 논지는 설득력이 있다. 전체적으로 보았을 때, 위 연구들 대부분이 대리 변수를 사용하여 성과를 측정한다는 문제점을 안고는 있지만, 인지복합성과 조직구성원의 과업성과 사이에 정의 상관관계가 존재할 것이라는 가설을 유도할 근거는 있다.

본 연구가 성과변수를 효율성과 창의성으로 구분하고 있으므로 각각의 차원에서 인지복합성-성과 간의 관계가 어떻게 나타날 것인가를 좀 더 세세하게 검토해 보자.[7] 인지복합성과 효율성 성과와의 관계가 어떤 형태로 나타날 것인가에 대한 단서는 Streufert, Streufert 그리고 Denson(1982, 1985)의 연구에서 찾을 수 있다. 이들은 일종의 컴퓨터 게임(1980년대에 유행하였던 'Pac-Man'과 유사함)에 해당하는 과업을 개발한 후 실험실 상황에서 피험자들의 과업수행 성과를 측정하였다. 이들이 활용한 성과변수 중에 과업수행의 양적 지표(총점)와 질적 지표(오류의 수)가 포함되어 있었는데, 이 둘은 효율성 성과를 대표한다. 연구결과에 의하면, 인지복합성이 높은 사람들이 낮은 사람들보다 더 많은 양의 과업을 수행하고 범하는 오류의 수도 적었다.

Hendrick(1979)의 집단의사결정 연구도 인지복합성이 효율성 성과를 향상시킨다는 결과를 보고하고 있다. 이 연구는 '사각형 짜 맞추기(Broken Squares Exercise)' 과제를 소집단에게 부여하고 인지복합성이 집단의 과업성과에 미치는 영향을 연구한 것이다. 성과변수로는 과업을 완수하는 데 걸리는 시간 및 정보 활용(cue utilization)을 활용하였다. Hendrick은 인지적으로 복합적인 사람들이 단순한 사람들에 비해 과업을 완수하는 데 약 두 배 정도 빠르다는 사실을 발견하고 이

7 효율성과 창의성을 명쾌하게 구분한 상태에서 인지복합성의 영향을 다룬 연구는 기존 문헌에서 찾을 수 없었다. 그러나 이에 대해서 함축하는 바가 있는 연구들은 극소수나마 찾을 수 있었다. 여기서 한 가지 지적되어야 하는 점은 이 연구들은 거의 대부분이 모의실험(simulation) 상황에서의 의사결정의 질, 혹은 비디오 게임 상황에서의 시각-운동(visual-motor) 성과를 성과변수로 다루는 것들이어서 이 연구의 결과들이 조직의 맥락으로 쉽게 일반화될 수 없다는 것이다. 그런 의미에서, 본 연구가 제시하는 가설들은 작업가설의 성격을 갖는다.

를 다음과 같이 해석하였다. 인지적으로 단순한 사람들은 규격화된 문제해결방식에 의존하여 홀로 맡은 과업을 처리하려 하고 다른 정보 원천을 이용하거나 집단 성원들과의 상호작용을 꺼린다는 것이다. 반면에 인지적으로 복합적인 사람들은 다양한 정보 원천을 이용하고 다른 구성원들과의 교류를 통해 여러 가능한 해결책들을 탐색하고 적용해봄으로써 가장 최적의 문제해결책을 찾아내려 한다. 이상의 연구결과들을 종합하면, 인지복합성이 정보처리를 용이하게 하여 효율성 성과를 향상시킨다는 추론은 가능할 것으로 보인다.

인지복합성과 창의성 성과와의 관계에 초점을 돌리면, 이들 간에 정의 상관관계가 있을 것임은 비교적 쉽게 예상할 수 있다. 이는 '단순한 사람보다는 사물을 복합적으로 인식하는 사람이 새로운 아이디어를 창출하거나 기존의 아이디어들을 새롭게 결합하여 뜻밖의 결과를 산출할 가능성이 더 클 것'이라는 논리가 그 자체로서 설득력이 있기 때문이다. 게다가 인지적으로 복합적인 사람이 더 창의적이라는 결과를 보고하는 실증 연구들도 상당수 존재한다.

여러 연구를 통해 드러난 창의적인 사람들의 특성을 정리하면 인지복합성의 두 가지 구성요소인 인지구조 분화와 통합의 정도가 높다는 것이다. Quinn(1980)은 인지적으로 복합적인 사람이 단순한 사람보다 더 창의적일 것이란 가설을 경험연구를 통해 입증하였다. Quinn은 창작활동을 하는 작가들과 그밖에 창의성을 덜 요구하는 직업에 종사하는 일반 사람들 간에 Rep 테스트를 통해 얻은 인지복합성 점수를 비교해 보았는데, 작가들이 다른 부류의 사람들보다 인지복합성이 더 높게 나타났다. Mednick(1962)의 연구도 본 연구에 시사하는 바가 크다. 그는 여러 인지 요소들 사이의 관계를 다양하게 연상하는 능력이 창의적 성과의 필수 요건이라고 주장하고, 그 타당성을 입증하는 경험연구들을 보고한 바 있다. Streufert와 Swezey(1986)는 Mednick의 연구를 근거로 하여 인지복합성의 통합 요소가 창의성을 결정하는 중요변수라고 제안하였다. 한편, Csikszentmihalyi(1996)는 다양한 분야의 창의적인 사람들을 연구한 결과, 그들은 상호 모순적인 성격 특성(예, 내향성 대 외향성)들을 모두 동시에 가지고 있으며, 이러한 대립적 성격 특성들의 통합을 통해 창의적인 결과물을 산출해내고 있음을 발견했다. 노벨상 수상자들, 예일(Yale) 대학교의 영재들, 그리고 보통 사람들을 비교 분석한 Rothenberg(1999)도 높은 창의성은 상호 모순적인 다양한 관점들을 모두 동시에 보유하는 능력과 밀접하게 관련되어 있음을 발견하였다.

Baron과 Harrington(1981), 그리고 최근의 Runko(2004)에 의하면, 창의성을 설명하는 데 있어서 인지적 특성 변수가 갖는 중요성은 그동안의 문헌에서 지속적으로 확인된다고 한다. 그리하여, Baron과 Harrington은 창의적 성과를 가장 일관성 있게 잘 설명해온 변수들의 목록에 인지복합성 변수들(복합성에 대한 선호, 상호 모순적인 다양한 속성들을 수용하는 능력 등)을 포함하였다. Runko도 사물의 다양한 측면에 주의를 기울이는(wide attention) 인지 스타일 및 인지구조의 통합성 등을 창의성의 중요 설명 변수로 인정하고 있다. 창의성에 영향을 미치는 요소는 무척 다양하지만, 인지복합성이 그중 하나일 것이라는 것은 확실한 것으로 보인다.

이상의 논의를 종합해보면 인지복합성이 높은 개인은 문제해결의 속도가 빠르고 오류가 적으며(효율적), 새로운 아이디어를 만들어 내는 데 있어서도 더욱 효과적(창의적)이라는 사실을 알 수 있다. 이러한 결과를 업무 일반으로 확대(extrapolation)해보면 다음과 같은 가설이 유도된다.

가설 1: 인지복합성이 높은 사람일수록 과업성과가 더 높을 것이다.

가설 1-1: 인지복합성이 높은 사람일수록 효율성 성과가 더 높을 것이다.

가설 1-2: 인지복합성이 높은 사람일수록 창의성 성과가 더 높을 것이다.

2.2.3 과업복잡성의 조절효과

Schroder(1967), Driver와 Streufert(1967), Streufert와 Swezey(1986) 등 총합복합성 이론가들은 인지복합성이 높은 개인 성과로 이어지는 과업 환경과 그렇지 않은 환경이 있다고 주장한 바 있다. 즉, 인지복합성과 개인 성과와의 관계는 과업 자체의 복잡성(task complexity) 정도에 의해 조절(moderate)된다는 것이다. 이 학자들은 실험실 상황 아래에서 매우 단순한 환경으로부터 극도로 혼란스러운 환경에 이르기까지 환경의 조건을 조작하여 인지복합성과 과업복잡성의 상호작용이 개인 성과에 미치는 영향을 조사하였다. 이러한 연구들을 통해 이들은 과업복잡성의 조절효과를 일관성 있게 발견하였지만, 조절효과의 구체적 형태는 상당히 다양하게 나타나는 것을 관찰하였다. 예를 들면, 위에서 언급한 컴퓨터 게임 실험에서 Streufert, Streufert 그리고 Denson(1982, 1985)은 과업의 기본적 특성은 그대로 유지하면서 제공되는 정보량(load)을 아주 단순한 것에서부터 극단적으로 복잡한 것까지 4단계로 변화시켜 보았다. 그 결과, 인지복잡성이 과업성과에 미치는 영향이 정보량에 따라 다르며 그 상호작용의 형태도 성과변수가 어떤 것이냐에 따라 상이함을 발견하였다. 즉, 인지복합성이 양적 성과변수(과업 수행의 총 점수)에 미치는 효과는 정보량이 높을수록 더 강하게 나타났지만, 질적 성과변수(오류의 수)에 미치는 효과는 정보량이 극단적으로 높은 경우에만 발견되었다.

한편, 과업 내용을 의사결정으로 하는 모의실험들에서는 이와는 다른 형태의 상호작용이 발견되었다(Streufert, Driver, & Haun, 1967; Streufert, 1970). 이 연구들은 전략적 게임을 과업 내용으로 하는 모의실험을 실시하였는데, 성과변수를 양적 지표와 질적 지표로 구분하여 전자에는 피험자들이 도달한 적절한 의사결정의 수, 그리고 후자에는 문제를 정의하기 위해 적용한 개념적 차원의 수 및 전략을 사용한

빈도가 사용되었다. 연구 결과, 상호작용 효과는 질적 성과변수에서 관찰되었다. 상호작용의 형태는 뒤집힌 U 형태로 나타났다. 이를 구체적으로 설명하면, (1) 지루할 정도로 단순한 과업 환경에서는 인지적으로 복합적인 사람과 단순한 사람 간의 성과 차이는 나타나지 않았고, (2) 극도로 혼란스러운 과업 환경에서는 인지복합성이 높은 사람과 낮은 사람 모두 성과가 감소되었으며, (3) 과업이 극단적이지 않고 적절할 정도로 복잡한 과업 환경에서는 인지복합성이 높은 사람과 낮은 사람 간의 성과 차이가 현저히 나타났다.

이러한 연구들 이후, Streufert는 뒤집힌 U 형태의 상호작용을 이론화하는 작업을 하였고, 인지복합성과 관련된 여러 연구에서 과업의 특성은 과업성과와 관련하여 조절변수로서 사용되었다(Streufert & Swezey, 1986). 이러한 경향은 조직 연구에서도 발견되어, Wofford(1994)와 Goodwin과 Ziegler(1998)는 인지복합성과 과업성과(승진 가능성 혹은 승진 정도로 측정됨) 사이의 관계가 직무복잡성에 의해서 조절될 것이라는 주장을 하였다. 나아가 이들은 Streufert의 U 형태를 채택하지는 않았지만, '직무의 복잡성이 증가하면 인지복합성과 과업성과 사이의 정의 관계가 더욱 강하게 나타날 것'이라는 비교적 단순한 형태의 상호작용 가설을 실증하였는데, 결과는 가설을 지지하는 쪽이었다. 특히 Goodwin과 Ziegler의 경우, 높은 과업복잡성의 상황 아래에서는 인지복합성이 과업성과를 향상시키지만, 과업복잡성이 낮으면 인지복합성이 과업성과를 감소시키는 결과를 관찰하였다.

인지복잡성과 과업성과 사이의 관계를 연구할 때 과업복잡성의 조절효과를 고려하는 것은 필요한 것으로 보인다. 그러나 어떤 형태의 조절효과가 관찰될 것인가를 정확하게 예측하는 데에는 불확실성이 존재한다. Streufert 등의 U 형태는 실험실 상황에서처럼 극단적인 과업 복잡성을 작위적으로 창출하는 경우에는 관찰될 수 있을지 모르나 조직의 현실에서는 성립하지 않을 가능성이 크다. 게다가 Streufert 등의 연구

내에서도 항상 U형 상호작용이 발견된 것은 아니다. 또, Goodwin과 Ziegler의 연구 결과와 같은 극적 상호작용 효과를 예측할 수 있는 확실한 이론적 근거가 있는 것도 아니다. 효율성과 창의성으로 과업 성과를 나눈 측면에서 보아도 각각에 대해 서로 다른 조절효과를 예측할 정도의 이론은 아직 없는 것 같다. 이 모든 쟁점을 실증의 문제(empirical question)로 남겨두며 본 연구는 Wofford(1994)와 Goodwin과 Ziegler(1998)의 선례를 따라 다음과 같은 가설을 설정한다.

가설 2: 인지복합성이 개인 성과에 미치는 영향은 과업복잡성이 높은 경우에 더 클 것이다.

가설 2-1: 인지복합성이 효율성 성과에 미치는 영향은 과업복잡성이 높은 경우에 더 클 것이다.

가설 2-2: 인지복합성이 창의성 성과에 미치는 영향은 과업복잡성이 높은 경우에 더 클 것이다.

3. 연구방법

3.1 표본 및 자료수집 절차

본 연구는 인지복합성을 측정하기 위해 인상형성 검사를 활용하였는데, 이 검사는 표준적인 설문지 방법에 비해 응답자들의 적극적인 참여와 정확하고 성의 있는 답변이 필요하다. 더욱이 과업복잡성과 과업성과의 측정치를 상사로부터 획득하는 방법을 취했기 때문에 자료의 수집이 대단히 복잡하고 응답자들의 협조가 특별히 많이 요청된다고 할 수 있다. 이러한 난점들 때문에 비확률 표본추출(non-probability sampling) 방법이 사용될 수밖에 없었다.[8] 자료의 수집을 위해 서울

8 인상형성 검사를 통해 인지복합성을 측정한 Nidorf와 Crockett(1965)의 연구, 문장완성 검사 방법을

소재의 한 대학교 야간 경영대학원에 재학 중이면서 관공서와 개인사무소를 제외한 일반기업에서 중간관리자 이상의 직위에 있는 대학원생들 총 91명에게 설문지 세트(set)를 배포하였다.

한편, 본 연구는 동일한 응답자를 통하여 독립변수와 종속변수를 측정함으로써 발생하는 공통방법편기(common method bias)를 피하기 위해 독립변수와 종속변수를 서로 다른 자료원에서 획득하였다. 독립변수인 인지복합성은 직원 당사자들이 직접 답변하도록 했고, 그 직원의 과업복잡성(조절변수)과 과업성과(종속변수)는 상사가 답변하도록 하였다.[9] 따라서 한 사람이 받게 되는 설문지 세트에는 부하용 설문지 3부와 상사용 설문지 1부가 포함되었다. 경영대학원생들에게 설문지를 배포할 때 설문작성에 관한 자세한 안내문을 제공하였고, 연구자들이 직접 구두로도 응답 요령을 설명해 주었다. 즉, 자신이 근무하는 부서의 부하직원 2~3명을 선정하여 인지복합성을 측정하는 부하용 설문지를 나누어 준 후 부하로 하여금 응답하게 하고, 본인은 그 부하직원의 과업특성과 업무성과를 측정하는 설문지(상사용)에 응답할 것을 요청하였다.

모든 설문지 표지의 우측 상단에는 각각 A, B, C 기호를 표시하였는데, 이는 각 부하직원을 명확히 구분하기 위함이었다. 이 표시의 의미에 대해서도 자세한 설명을 해 주었다. 즉, 부하직원들에게 설문지를 배포할 때 누가 A, B, C를 받았는지 반드시 기억해 두었다가 부하용 설문지 A를 받은 부하직원에 대해 응답할 때는 상사용 설문지 A, 설문지 B를 받은 부하직원에 대해 응답할 때는 상사용 설문지 B, 그리고 설문지 C를 받은 부하직원에 대해 응답할 때는 상사용 설문지 C를 사용해야 한다는 것을 당부하였다.

91명의 관리자 중 24명으로부터 2~3부의 설문지가 들어있는 반송봉투를 회수하였는데, 이는 26.4%의 응답률에 해당한다. 회수된 설문

동원하여 인지복합성을 측정한 Stone, Sivitanides 그리고 Magro(1994)의 연구 등에서도 표본 획득의 어려움 때문에 확률 표본추출 방식을 사용하지 못했다.

9 설문지 세트를 받은 91명을 중간관리자 이상으로 제한한 이유는 이들은 상사용 설문지를 응답하게 하고 이들의 부하직원들은 부하용 설문지를 응답하게 하기 위한 것이다.

지 중 불성실하게 응답한 것을 제외한 56부를 본 분석에 사용하였다. 따라서 부하용 설문지에 응답한 직원이 이 연구의 표본 단위이고, 최종 표본의 크기는 56명의 응답자이다.

응답자들은 총 6개의 산업에 걸쳐 분포하였는데, 가장 많은 응답자가 속한 산업은 운송업으로 13명(23.2%)이 여기에 해당하였고, 제조업, 금융 및 보험업, 통신업에 각각 12명(21.4%), 건설업에 4명(7.1%), 그리고 도매 및 소매업에 3명(5.4%)이 속하였다. 소속부서별 분포는 영업/마케팅(33.9%), 인사(26.8%), 기획(21.4%), 회계/재무(17.9%)의 순으로 나타났다. 조직에서의 지위는 일반사원이 22명, 대리와 과장이 각각 18명과 12명, 그 이상이 4명이었다. 이들의 평균 근속연수는 6.68년이었다. 그 밖의 표본 특성으로, 남성(39명)이 여성(17명)보다 많았으며, 나이는 20세에서 47세 사이(평균 32.5세)이고, 학력은 고졸 이하가 10명, 전문대졸이 4명, 대졸이 36명이고, 나머지 6명은 대학원 졸 이상이었다.

비확률 표본이 갖는 여러 한계점에서 자유로울 수 없지만, 표본이 주는 전체적 인상은 입사 후 7년쯤 된 한국의 보통 '회사 사람들'을 어느 정도는 대표하고 있는 것으로 보였다. 또, 본 연구의 목적에 비추어 보아서도 별다른 결함을 찾을 수 없었다. 즉, 인지복합성이 특별히 높거나 혹은 낮은 집단이 편중되어 있는 것으로 보이지도 않았고, 수행하는 과업의 내용에 큰 영향을 미치는 산업, 소속부서, 지위 등도 충분히 상이하여 과업복잡성의 조절효과를 검증하기에도 적절한 것으로 판단하였다.

3.2 변수의 측정

3.2.1 인지복합성

본 연구는 인지복합성을 "개인의 인지 구조가 다차원적으로 분화되고 통합되어 있는 정도"로 정의한다. 따라서 분화와 통합의 정도를 동시에 측정할 수 있는 측정도구인 Streufert와 Driver(1967)의 인상형성 검사를 활용하여 인지복합성 정도를 측정하였다. 인상형성 검사는 크게 세 단계로 이루어진다. 첫 번째 단계에서는 피험자들에게 세 개의 형용사(예, 똑똑한, 근면한, 감정이 풍부한)를 이용해 한 사람의 인상을 묘사하게 하게 한 다음, 두 번째 단계에서는 첫 번째 단계에서 사용한 형용사와는 모순되어 보이는 세 개의 형용사(예, 흠잡기를 좋아하는, 고집이 센, 질투심이 강한)를 사용해 다른 한 사람의 인상을 묘사하게 한다. 마지막 단계에서는 앞의 두 단계에서 사용한 여섯 개의 형용사를 모두 이용해 제3의 인물의 인상을 묘사하게 한다. 이 연구에서 활용한 인상형성 검사지는 〈부록 1〉에 제시되어 있다. 평가는 세 번째 단계에서 응답자들이 기술한 문장을 분석하여 이루어진다. 인지적으로 단순한 사람들은 일관성을 유지하려는 경향이 강하기 때문에 모순적인 형용사를 접했을 때 긍정적인(혹은, 부정적인) 형용사만을 선택하여 기술한다. 반면, 인지복합성이 높은 사람은 대상 인물의 인상을 다차원적인 개념들을 사용해 부정적인 면과 긍정적인 면을 동시에 묘사한다(Mayo & Crockett, 1964).

인상형성 검사는 기본적으로 주관적인 평가이기 때문에 평가자의 주관이 많이 개입되는 단점이 있다. 따라서 이를 보완하는 방법으로 훈련받은 복수의 평가자들에 의한 평가가 반드시 이루어져야 한다. 그리고 평가자 간의 평가 신뢰도(interrater reliability)는 0.9 이상이어야만 한다(Streufert & Swezey, 1986). 본 연구에서는 응답자들의 인지복합성 수준을 평가하기 위해 Streufert와 Driver(1967)가 제시한 기준을 따랐으며, 복수(2명)의 평가자가 동시에 한 개인의 인지복합성 정도를 평가하였다. 평가 기준은 〈부록 2〉에 제시되어 있다. 평가자 간의 신뢰도는 0.92였으며, 각 응답자의 인지복합성 측정치는 두 평가자의 평가점수를 평균하여 구하였다. 인지복합성의 평균은 3.04(표준편차: 0.98)이었다. 인상형성검사의 타당성을 검증하기 위해 Schneier(1979),

Goodwin(1991), Goodwin과 Ziegler(1998) 등에 의해 인지복합성과 관련성이 없다고 판명되었던 인구통계적 변수들인 학력(교육년수), 지위, 근속년수와의 상관관계를 검증하였다. 그 결과 학력(r=0.09, n.s.), 지위(r=−0.12, n.s.), 근속년수(r=−0.161, n.s.)가 인지복합성과 관련이 없는 것으로 나타났다. 이것은 본 연구가 사용한 인상형성검사가 인지복합성을 측정하는 데 판별타당성이 있었음을 의미한다.

3.2.2 효율성과 창의성 성과

효율성은 사전(辭典)적으로는 '투입된 노력에 대하여 얻어진 결과의 정도' 또는 '투입량 대 산출량의 비율'로 간단히 정의될 수 있고, 이는 바로 생산성 개념과 일치한다. 본 연구 또한 효율성의 이러한 정의를 그대로 받아들인다. 그러나 다양한 투입, 산출 요소들로 인해 복잡한 조직에서 효율성을 조작적으로 정의하기는 쉽지 않은 문제이다(Katz & Kahn, 1978). 생산직 종업원들의 업무의 경우에는 투입물과 산출물 둘 다가 유형 자원이므로 이 둘 간의 비율을 정확히 계산하기 쉬운 편이다. 반면에 우리의 연구 대상처럼 사무직군에 속한 사람들의 효율성 성과를 측정한다는 것은 매우 어렵다. 생산직 종업원들보다 사무직 종업원들은 훨씬 더 다양한 업무를 수행하고 있기 때문에 투입, 산출되는 수많은 요소를 확인하고 그 양을 모두 다 정확히 계산해낸다는 것은 사실상 거의 불가능한 일인지도 모른다.[10]

이러한 이유로 인해 우리는 투입-산출 비율 대신 산출 측면에 초점을 맞춰 효율성 성과를 측정하기로 하였다. 그리하여 두 가지 효율성 지표를 설정하였는데 그것은 업무량과 업무의 질이었다. 업무의 양이 산출 지표로서 효율성 구성요소임은 자명하지만, 여기에 업무의 질을

10 더구나 개인 수준에서 투입-산출 비율에 해당하는 지표를 찾아내는 것은 참으로 어려운 일이다. 예컨대, Mahoney(1988)는 생산성을 측정하기 위해 널리 활용되는 지표들을 약 20가지 들고 있는데, 그중에서 개인 수준에 적용될 수 있는 것들은 투입-산출 비율 지표가 아닌 생산량, 업무의 질, 반응 시간뿐이다.

포함시킨 이유는 두 가지였다. 첫째 질이 저하하면 자원들이 낭비되어 효율성이 결국 떨어지기 때문이다. 효율성 개념에 질 차원을 포함하지 않았던 과거와 달리 질적인 속성을 포함시키는 학자들이 점차 늘어나고 있는 것도 이러한 이유 때문이다(Lawrence & Dyer, 1983; Keehley & Medlin, 1991). 둘째, 개인의 투입-산출 비율을 조작적으로 정의하는 것이 어렵다고 해서 업무량만으로 효율성을 측정하는 것은 생산성의 정의에서 분자에만 초점을 맞추는 것이다. 따라서 업무의 질을 효율성 측정 항목으로 포함하면 양-질 사이의 상충(trade-off) 관계가 효율성 측정에 반영될 것이고, 그렇게 되면 무조건 업무량만 많은 사람이 높은 효율성 점수를 받는 것과 경우가 줄어들 것을 기대했기 때문이다.

업무량과 업무의 질은 각각 한 개씩의 항목에 의해서 측정되었는데, 전자는 '귀하의 회사에서 설정한 일반적인 성과표준을 고려하여 업무 수행자가 처리한 업무 목표량의 달성 정도'를 5점 척도로 물었고, 그리고 후자는 '귀하의 회사에서 설정한 일반적인 성과표준을 고려하여 업무 수행자가 처리한 업무 결과의 오류 정도'를 5점 척도로 물었다.

다음으로 창의성 성과의 개념적 정의 및 조작적 정의에 대해 살펴보자. 창의성 개념은 그 기준을 어디에 두느냐에 따라 달리 정의되어 왔다(Amabile, 1983). 과거의 창의성 연구들이 창조의 과정(creative process) 혹은 창의적인 사람에 그 기준을 두었다면, 최근의 연구에서는 일반적으로 창의성을 상품 개발과정의 산출물에 중점을 두어 정의를 내리고 있다(Oldham & Cummings, 1996; Tierney, Farmer, & Graen, 1999). 이러한 경향을 반영하여 Amabile(1983)는 창의성을 '새롭고 유용한 아이디어의 생성'으로 정의한다. Oldham과 Cummings(1996)는 Amabile의 정의에 따라 생산성 성과를 (1)새롭거나 독창적이며, (2)조직에 적합하거나 실용적인 조건을 충족시키는 상품, 아이디어 혹은 절차로 정의한다. 이러한 정의에서 보면, 현존하는 재료들을 재조합하여 생겨난 새로운 상품, 아이디어, 절차까지도 창의성의 개념에 포함된다(Oldham & Cummings, 1996).

위의 논의를 토대로 이 연구에서는 창의성 성과의 조작적 정의를 다음 두 차원에서 진행하였는데, 종업원 개인에 의한 (1) 새롭고 독창적인 동시에 조직에 유용하고 실용적인 아이디어(상품, 절차)의 생성, (2) 기존의 정보나 자원을 이용하여 조직에 새롭고 유용한 실용적인 아이디어(상품, 절차)의 생성이 그것이다. 구체적으로는 Tierney, Farmer 그리고 Graen(1999)의 설문 문항을 수정하여 창의성 성과를 측정하였는데, 위 두 차원에 대한 조작적 정의를 각각 세 문항씩으로 해서 총 6개의 문항을 사용하였다. 효율성 성과와 마찬가지로 리커트 유형의 5점 척도를 사용했다.

〈표 1〉 과업성과에 대한 요인분석과 신뢰성 검증 결과

설문 항목 내용	요인 1 (효율성 성과)	요인 2 (창의성 성과)	Communality
기존 관행을 이용한 새로운 아이디어 제시	0.35	**0.81**	0.77
부서에 작은 변화를 가져오는 참신한 아이디어 제안	0.33	**0.72**	0.62
현재의 자원을 이용한 새로운 아이디어 생성	0.20	**0.76**	0.62
문제해결에 새로운 접근방식 제안	0.14	**0.80**	0.65
부서를 근본적으로 변화시키는 독창적인 아이디어 제안	-0.04	**0.86**	0.74
혁명적인 아이디어 생성	0.17	**0.80**	0.67
목표 달성 양	**0.90**	0.06	0.82
업무의 질	**0.82**	0.30	0.75
Eigenvalue	1.26	4.39	-
Variance(%)	15.73	54.86	-
Cronbach's α	0.73	0.89	-

개인 성과를 효율성 성과와 창의성 성과로 구분하는 것이 타당한지 아닌지를 확인하기 위해 요인 분석을 실시한 결과, 〈표 1〉에 제시된 바

와 같이 고유치가 1 이상인 요인이 두 개 추출되었고, 각 측정항목은 예정된 요인에 적절하게 수렴하였다. 즉, 각 요인으로 묶인 항목들의 요인 적재값은 0.7 이상이었고, 요인으로 묶이지 않은 항목들의 적재값은 0.35 이하로 수렴타당성과 판별타당성이 대체로 확보되었다고 볼 수 있다. 그리고 효율성과 창의성 성과 측정항목들의 Cronbach's α값은 각각 0.73과 0.89로서 신뢰성이 있는 것으로 판명되었다.

3.2.3 과업복잡성

과업복잡성이라는 개념은 조직행동이 다루는 주요 개념 중 하나이다.[11] 따라서 이에 대한 정의도 상당히 다양한데, 연구의 초점에 따라 개념의 정의가 달라짐을 알 수 있다. 예를 들면, 동기부여를 다루는 목표설정 이론에서의 과업복잡성은 과업이 과업수행자에게 요구하는 스킬과 지식의 정도를 의미하고(예, Locke, Shaw, Saari & Latham, 1981), 직무설계 분야에서는 직무특성(스킬 다양성, 자율성 등)의 심리적 효과와 관련되어 있다(Hackman & Oldham, 1975). 본 연구에서는 정보처리의 관점에서 과업복잡성을 이해하는 Campbell(1988)의 정의를 따른다. 그에 의하면, 과업복잡성은 정보의 양, 정보의 다양성, 정보의 변화 정도라는 세 가지의 정보 관련 과업특성을 의미한다. 우리가 Campbell의 과업복잡성 개념을 따르는 이유는 본 연구의 목적이 정보처리 양식으로서의 인지복합성과 과업성과 사이의 관계를 탐색하는 것이기 때문이다. 표현을 바꾸면, 정보처리 스타일로 정의된 인지복합성 변수와 과업복잡성 변수 간의 상호작용을 드러내기 위해서는 과업복잡성의 정의 및 측정에도 정보의 차원이 반영되어야 하고 또 과업복잡성의 조절효과에 대한 가설도 그러한 시각에서 도출되었기 때문이다.

Campbell의 연구는 Schroder, Driver 그리고 Streufert(1967)의 연

11 Campbell(1988)에 의하면 과업복잡성 개념을 가장 많이 활용하는 연구분야가 셋 있는데, 이는 정보처리와 의사결정, 직무 설계, 그리고 목표설정 이론이라고 한다.

구에 힘입은 바 크다. Schroder, Driver 그리고 Streufert는 과업을 수행하기 위해 처리해야 하는 정보의 양, 다양성, 변화 정도가 증가하면 그 과업의 복잡성이 증가한다고 주장하였다. Campbell은 이 세 가지 속성을 출발점으로 하여 과업복잡성의 네 차원을 제시하였는데, 이는 (1)목표에 도달하는 복수 방법(경로)의 존재, (2)과업 수행이 성취해야 할 기준 요소들의 다양성, (3)기준 및 방법 간의 상충적인 상호 의존성, (4)경로-목표 간의 불확실한(또는 확률적인) 연결 관계이다.[12] 과업복잡성은 이들 4개의 차원마다 각각 2문항씩, 총 8개의 항목으로 측정되었다. 5점 척도가 사용되었으며, 이들 문항의 Cronbach's α는 0.82로 신뢰성이 있었다. 과업복잡성 지표는 8항목들의 측정치를 평균하여 도출하였다.

3.2.4 통제변수

이 연구는 인지복합성과 과업성과에 영향을 미친다고 여겨져 왔던 인구통계적 변수들을 통제변수로 활용하였다. 나이(O'Keefe & Delia, 1978; Brook, 1981), 성별(Steufert & Swezey, 1986; Goodwin, 1991), 지위(Goodwin & Ziegler, 1998), 학력(Schneier, 1979), 근속년수(Goodwin & Ziegler, 1998) 등 다섯 개의 변수가 그것이다. 이 변수들은 인지복합성과 관련되어 논의되어 온 변수들이기도 하지만, 다른 한편으로는 과업성과에도 영향을 미치는 변수로도 다루어져 왔다. 특히, 인구통계적 변수들이 창의성 성과를 설명하는 변수로서 주목받아 온 것은 해묵은 일이다(Baron & Harrington, 1981). 예를 들면, Tierney, Farmer 그리고 Graen(1999)은 창의성 성과에 학력, 근속년

12 이들이 어떻게 과업복잡성과 관련되어 있는지를 살펴보면 다음과 같다. 첫째, 목표에 도달하는 경로가 많으면 업무처리에 필요한 정보의 양이 증가하고 과업복잡성도 높아진다. 둘째, 충족시켜야 할 기준들(예, 품질, 비용, 고객만족 등)이 증가하면, 다양한 정보를 분석해야 할 필요성이 발생하고 과업복잡성은 높아진다. 셋째, 목표달성 과정에서 기준 혹은 방법 간의 상충관계가 존재한다면, 과업수행자는 신중한 계획을 세워야 하므로 과업복잡성은 증가하게 된다. 또한, 경로와 결과 간의 연결 관계가 명확하지 않을 경우에는 정보처리의 양이 증가하고 정보의 가변성이 높아지기 때문에 과업복잡성이 높아진다. 그뿐만 아니라 경로-목표 간의 관계가 확률적이라면, 잠재적 경로들을 쉽게 제거할 수 없어 정보의 양과 유형이 증가하고, 여러 예비적 조치들을 준비해야 하므로 과업복잡성이 높아진다.

수, 지위 등 세 개의 변수가 영향을 미친다는 기존 연구결과를 인용하면서, 그들의 경험연구에 이 변수들을 통제변수로 활용한 바 있다. 그 밖에 Wofford(1994), Goodwin와 Ziegler(1998)의 연구도 근속년수나 지위를 개인의 승진 가능성에 영향을 미칠 수 있는 통제변수로서 연구모델에 포함시킨 바 있다. 요컨대, 나이, 성별, 지위, 학력, 근속년수 등 다섯 개의 변수는 인지복합성 및 개인 성과와 일정한 관련성을 가질 것으로 판단되었기에 통제변수로 삼았다.

4. 연구결과

4.1 기초통계분석

〈표 2〉에는 본 연구에 사용된 독립변수, 조절변수, 종속변수 및 통제변수들의 기술통계량과 각 변수 간의 상관관계가 제시되어 있다. 통제변수로 활용된 인구통계적 변수 간에는 상관관계가 높게 나타났지만, 이들 변수 중 인지복합성과 유의미한 관련성을 맺고 있는 변수는 전혀 없었다. 이것은 O'Keefer와 Delia(1978), Steufert와 Swezey(1986), Goodwin과 Ziegler(1998) 등에 이루어진 선행연구들과도 대체로 일치하는 결과이다. 인구통계적 변수들과 과업성과 변수들 사이의 관계를 살펴보면, 효율성 성과의 경우에는 인구통계적 변수들과 유의적 상관관계를 가지고 있지 않았다. 그러나 창의성 성과 변수들과 성별을 제외한 모든 인구통계적 변수들 사이에서는 유의적인 상관관계가 발견되었다. 즉, $p<0.05$ 혹은 $p<0.01$ 수준에서 나이, 지위, 근속년수, 학력은 창의성 성과와 정의 상관관계를 가지고 있는 것으로 나타났다. 이 결과는 창의성을 설명하는 데 있어서 개인특성 변수들의 중요성을 확인해주는 것으로, 그동안의 창의성 연구결과와 일치한다.

한편, 인지복합성은 효율성(r=0.50, p〈0.01) 및 창의성(r=0.38, p〈0.01) 성과와 매우 높은 정의 상관관계를 갖고 있었다. 이는 인지복합성이 높은 사람일수록 과업성과가 더 높을 것이라는 우리의 예측을 일단 지지해 주는 결과이다. 과업복잡성은 인지복합성, 효율성 및 창의성 성과 변수들, 그리고 대부분의 인구통계적 변수들과 유의미한 상관관계를 갖고 있지 않았다. 이는 과업복잡성이 조절변수로서 적절하게 선정되었다는 것을 의미한다. 효율성과 창의성 성과 간에는 정의 상관관계가 있었는데(r=0.41, p〈0.01), 이를 통해 우리는 효율성과 창의성 양 측면에서 개인들이 뛰어난 성과를 올린다는 것이 쉽지는 않지만 그렇다고 불가능한 것만은 아님을 알 수 있다. 연구가설 1과 2의 검증에서 이러한 사실을 구체적으로 살펴보게 될 것이다.

〈표 2〉 기술통계량 및 상관관계

변수	Means	s.d.	1	2	3	4	5	6	7	8
1. 나이	32.54	5.57								
2. 성별	1.30	0.46	−0.72**							
3. 지위	2.00	1.04	0.77**	−0.49**						
4. 근속년수	6.68	4.60	0.71**	−0.34**	0.65**					
5. 학력	12.36	1.79	0.62**	−0.64**	0.47**	0.25				
6. 인지복합성	3.04	0.98	−0.10	0.13	−0.12	−0.16	0.09			
7. 과업복잡성	3.39	0.77	0.29*	−0.27*	0.19	0.23	0.21	−0.08		
8. 효율성성과	3.69	0.72	0.04	−0.01	0.06	0.01	0.21	0.50**	−0.22	
9. 창의성성과	3.09	0.70	0.39**	−0.20	0.30*	0.27*	0.42**	0.38**	0.10	0.41**

주 1) n=56
주 2) * p 〈 0.05; ** p 〈 0.01

4.2 연구가설의 검증 및 토론

4.2.1 연구가설의 예비적 검증 및 토론

연구가설을 구체적으로 검증하기에 앞서, 다변량공분산분석

(MANCOVA)을 실시하였다. 이는 연구모형에서 효율성과 창의성이라는 두 개의 종속변수를 다루고 있고, 이들 종속변수가 서로 간에 상관관계를 갖고 있기 때문이다. 이 분석의 결과는 〈표 3〉에 제시되어 있다. 〈표 3〉에서 볼 수 있듯이, 인지복합성, 인지복합성*과업복잡성의 Wilks'Lambda는 각각, 0.740(p〈0.01), 0.877(p〈0.05)로 통계적으로 유의하였다.

〈표 3〉 개인 성과에 대한 인지복합성과 과업복잡성의 다변량공분산분석의 결과

원천	종속변수	Wilks' Lambda	제 III 유형 제곱합	자유도	평균제곱	F값	P값
절편	효율성 창의성	0.891	2.253 9.477E-02	1 1	2.253 9.477E-02	5.758 0.274	0.020 0.603
나이	효율성 창의성	0.966	0.246 0.228	1 1	0.246 0.228	0.658 0.630	0.431 0.421
성별	효율성 창의성	0.988	8.973E-02 7.905E-02	1 1	8.973E-02 7.905E-02	0.229 0.229	0.634 0.635
지위	효율성 창의성	0.995	8.130E-02 4.193E-04	1 1	8.130E-02 4.193E-04	0.208 0.001	0.651 0.971
근속년수	효율성 창의성	0.982	0.243 0.139	1 1	0.243 0.139	0.621 0.401	0.434 0.529
학력	효율성 창의성	0.934	0.644 0.831	1 1	0.644 0.831	1.645 2.403	0.206 0.128
인지복합성	효율성 창의성	0.740**	3.629 3.773	1 1	3.629 3.773	9.278 10.911	0.004 0.002
과업복잡성	효율성 창의성	0.940	0.860 0.101	1 1	0.860 0.101	2.197 0.293	0.145 0.591
인지복합성* 과업복잡성	효율성 창의성	0.877*	1.924 1.065	1 1	1.924 1.065	4.919 3.080	0.031 0.086
오차	효율성 창의성		18.386 16.252	47 47	0.391 0.346		
합계	효율성 창의성		789.750 563.926				
수정합계	효율성 창의성		28.281 27.438				

주 1) * p 〈 0.05; ** p 〈 0.01

반면 조절변수인 과업복잡성과 다섯 개의 통제변수들의 Wilks'Lambda

는 전혀 유의하지 않았다. 이 결과는 다음 두 가지로 요약된다. 첫째는 인지복합성이 효율성과 창의성 성과의 선형조합에 유의한 영향을 미친다는 것이고, 둘째는 인지복합성이 두 성과의 선형조합에 미치는 영향을 과업복잡성이 조절한다는 것이다. 이상의 결과를 확인한 후에, 이어서 효율성과 창의성 각각에 대해 통계적 유의성 여부를 살펴보았다. 이 논문에서 예측한 바대로, 인지복합성은 효율성(F=9.278, p=0.004)과 창의성(F=10.911, p=0.002) 각각에 유의적인 영향을 미치는 것으로 나타났다. 한편, 인지복합성과 두 성과 변수 간의 관계에 대한 과업복잡성의 조절효과는 효율성에서는 $p<0.05$의 수준에서 유의한 것으로 드러났지만(F=4.919, p=0.031), 창의성 측면에서는 유의하지 않았다(F=3.080, p=0.086).

4.2.2 연구가설 1의 검증 및 토론

다변량공분산분석을 통해 효율성과 창의성 성과를 개별적으로 분리하여 분석하기 위한 필요조건이 충족되고 있음을 확인하였다. 즉 인지복합성과 인지복합성*과업복잡성이 효율성과 창의성의 선형조합에 유의한 영향을 미친다는 점이 드러났다. 따라서 우리는 연구가설 1과 2를 세부적으로 검증하기 위해 두 성과 변수를 분리하여 3단계의 계층적 회귀분석(hierarchical regression analysis)을 실시하였다. 즉, 효율성 성과와 창의성 성과 각각에 대해 1단계에서는 통제변수와 독립변수가 포함되었고, 2단계에서는 조절변수가 추가되었으며, 3단계에서는 독립변수와 조절변수 간의 상호작용 변수가 추가되었다. 여기서 1단계의 회귀분석은 가설 1의 검증을, 그리고 2단계와 3단계의 회귀분석은 가설 2의 검증을 위한 목적으로 실시된 것이다.

가설 1-1은 인지복합성이 높은 사람이 낮은 사람에 비해 효율성 성과가 더 높을 것이라는 예측이었다. 이 가설의 검증 결과를 알아보기 위해 아래의 〈표 4〉를 살펴보자. 이 표는 효율성 성과를 종속변수로 하는 세 개의 회귀분석 결과들을 요약하고 있는데, 가설 1-1의 검증 결과는 '단계 1'에 요약되어 있다. 우선 우리는 모형 전체의 R^2이 0.29로 p〈0.01 수준에서 통계적으로 유의함을 알 수 있다. 그리고 모형에 포함된 설명변수 중에서는 본 연구의 핵심변수인 인지복합성만이 효율성 성과에 유의적 영향을 미치고 있음을 관찰할 수 있다. 나아가 인지복합성이 효율성 성과에 미치는 영향은 가설이 예측한 바와 같이 정(+)의 방향이었고, 통계적 유의성도 대단히 높았다(β =0.485, p〈0.001). 이러한 결과는 가설 1-1이 강하게 지지되고 있음을 보여 준다.

〈표 4〉 효율성 성과에 대한 계층적 회귀분석의 결과

변수	효율성 성과		
	단계 1	단계 2	단계 3
통제변수			
나이	-0.167	-0.133	-0.405
성별	0.024	-0.008	-0.166
지위	0.096	0.074	0.237
근속년수	0.093	0.123	0.229
학력	0.214	0.124	0.205
독립변수			
인지복합성	0.485***	0.476***	-1.830**
조절변수			
과업복잡성		-0.232	-2.001***
상호작용항			
인지복합성*과업복잡성			2.843***
R^2	0.286	0.334	0.481
F	3.273**	3.444**	5.452***
ΔR^2		0.048	0.147***

주 1) 회귀계수들은 standardized beta weight임.
주 2) * p 〈 0.05; ** p 〈 0.01; *** p 〈 0.001.

한편, 가설 1-2에서 우리는 인지복합성이 높을수록 창의성 성과가 더 높게 나타날 것으로 예측한 바 있다. 이 가설을 검증한 결과는

〈표 5〉의 '단계 1'에 요약되어 있다. 먼저 R^2부터 살펴보면 그 수치가 0.38(F=4.94, p〈0.01)로, 모형 전체의 적합성이 상당히 높은 수준에서 확보되었음을 확인할 수 있다. 다음 단계로, 개별 회귀계수들을 t 검증해 보았는데, 그 결과는 효율성 성과의 분석결과와 유사하였다. 즉, 인지복합성이 창의성 성과에 정(+)의 영향을 미쳤고, 통계적으로도 유의성이 높았다(β =0.370, p〈0.01). 따라서 가설 1-2 또한 채택된 것이다. 한편, 통제변수들의 회귀계수 중에서는 통계적 유의성이 p〈0.05 수준을 만족시키는 것이 없었는데, 이 역시 효율성 성과의 분석결과와 유사한 것이다.

〈표 5〉 창의성 성과에 대한 계층적 회귀분석의 결과

변수	창의성 성과		
	단계 1	단계 2	단계 3
통제변수			
나이	0.349	0.349	0.207
성별	0.212	0.213	0.130
지위	-0.022	-0.022	0.063
근속년수	0.098	0.098	0.153
학력	0.294	0.294	0.284
독립변수			
인지복합성	0.370**	0.370**	-0.834
조절변수			
과업복잡성		0.001	-0.923
상호작용항			
인지복합성*과업복잡성			1.485
R^2	0.377	0.377	0.417
F	4.937**	4.145**	4.200**
ΔR^2		0.000	0.040

주 1) 회귀계수들은 standardized beta weight임.

주 2) * p 〈 0.05; ** p 〈 0.01; *** p 〈 0.001.

요약하면, 가설 1-1과 가설 1-2는 자료에 의해 강한 지지를 받고 있다는 결론을 내릴 수 있다. 과도한 일반화는 피해야 하겠지만, 최소한

본 연구가 수집한 자료에 의하면 인지복합성은 상충적일 수 있는 두 개의 성과지표, 효율성과 창의성을 모두 향상시키는 중대한 개인특성 변수로 확인된 것이다.

4.2.3 연구가설 2의 검증 및 토론

한편, 연구가설 2에서 인지복합성이 과업성과에 미치는 영향이 과업의 특성에 따라 조절될 것이라는 예측을 한 바 있다. 과업복잡성이 조절변수의 역할을 하는가를 검증하기 위해서는 두 가지 조건이 충족되어야 한다(Baron & Kenny, 1986). 첫째, 일단 조절변수가 독립변수 및 종속변수와 관련성을 갖고 있지 않아야 한다. 둘째, 주 효과(main effect)만을 가지는 축소 모형(reduced model)과 전체 모형(full model)에서 산출된 R^2의 차이에 대한 F 검증에 의해 상호작용항이 유의적인 것으로 판단되어야 한다.

먼저 연구가설 2-1을 검증한 결과를 살펴보자. 연구가설 2-1은 인지복합성이 효율성 성과에 미치는 영향이 과업복잡성이 높은 경우에 더 클 것이라는 예측이었다. 우선, 〈표 2〉에서 확인할 수 있듯이 조절변수(과업복잡성)는 독립변수(인지복합성) 및 종속변수(효율성 성과와 창의성 성과)와 각각 −0.08, −0.22, 0.10의 상관관계를 가졌고, 이들은 $p<0.05$ 유의수준에서 유의하지 않았다.

〈표 4〉의 '단계 1'과 '단계 2'의 R^2 차이는 0.048로 통계적으로 유의미하지 않지만, '단계 2'와 '단계 3'의 R^2 차이는 0.147로 $p<0.001$ 유의수준에서 의미가 있었다. 그리고 인지복합성과 과업복합성의 상호작용항은 효율성 성과에 $p<0.001$ 수준(β =2.843)에서 영향을 미치고 있었다. 이는 인지복합성과 효율성 성과 간의 관계를 과업복잡성이 조절하는 정도가 매우 큼을 보여 주는 것이다. 따라서 연구가설 2-1은 채택된 것으로 결론지을 수 있다.

과업복잡성의 조절효과가 유의함을 확인할 수 있으므로 이제 조절효과가 구체적으로 어떤 형태를 갖는가를 분석해야 한다. 이를 위해 과업복잡성의 중앙값(median)을 기준으로 표본을 2개의 집단으로 분류하였다. 이어서 집단별로 인지복합성과 효율성 성과 간의 단순 기울기(simple slope)를 구하여 과업복잡성의 조절형태를 살펴보았는데, 그 결과를 圖示한 것이 〈그림 1〉이다. 이 그림은 연구가설 2-1이 예측한 내용과 일치하는 방향으로 자료가 움직이고 있다는 것을 일단 보여 주고 있다. 두 집단의 기울기 분석을 통해 이 경향을 확인해 보아도 결과는 마찬가지였다. 즉, 단순한 과업을 수행하는 경우에는 인지복합성이 효율성 성과에 미치는 영향은 통계적으로 의미가 없었다(β =0.193, p=0.308). 반면에 복잡한 과업 집단에서는 인지복합성이 효율성 성과에 매우 유의적 영향을 미치고 있었다(β =0.703, p=0.000). 따라서 연구가설 2-1은 채택되었다.

〈그림 1〉 인지복합성과 효율성 성과 간의 관계에 대한 과업복잡성의 조절효과

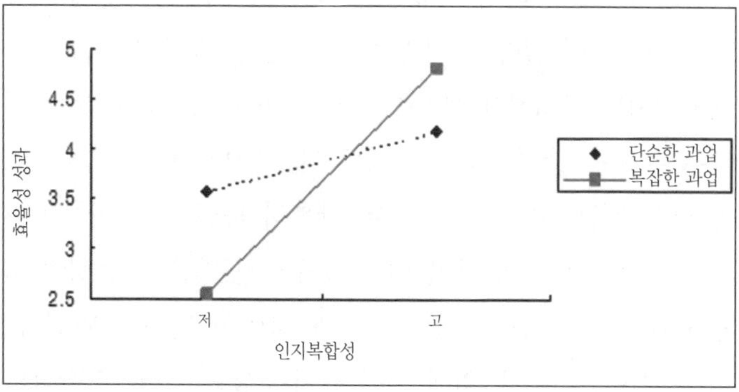

전체적으로 보았을 때, 연구가설 2-1의 검증결과는 과업복잡성의 정도에 따라 인지복합성이 개인 성과에 미치는 영향이 달라진다는 Streufert와 Swezey(1986) 등의 견해와 일치한다. 단순한 과업 환경

의 경우에는 업무수행이 일정한 절차에 따라 이루어지는 경우가 대부분이며, 소수의 정보만으로도 업무를 효율적으로 수행할 수 있기 때문에 개인의 인지복합성 수준에 따른 성과 차이가 없는 반면에, 복잡한 과업 환경의 경우에는 개인이 효율적으로 업무를 처리하기 위해서는 모호성과 불확실성에 대한 인내력이 강하고 상이한 패턴들을 확인하며, 이를 통합하는 능력이 뛰어나야 하므로 인지복합성을 가진 사람과 그렇지 않은 사람 간의 성과 차이가 매우 크게 나타난 것으로 보인다.

한편, 〈표 5〉의 계층적 회귀분석의 결과를 살펴보면, 가설 2-2는 단계 2와 단계 3의 R^2 차이가 0.040로 p〈0.05 수준에서 지지되고 있지 못함을 알 수 있다. 인지복합성과 과업복잡성의 상호작용항 또한 β =1.485(p=0.079)로 p〈0.05 수준에서 유의적이지 않았다. 따라서 연구가설 2-2는 기각된 것으로 결론지을 수 있다.[13]

가설 1-2의 채택과 가설 2-2의 기각을 결합하여 해석하면, 인지복합성-창의성 성과 사이의 관계에 대해 두 가지 정도의 시사점을 얻을 수 있는 것으로 보인다. 첫째, 인지복합성이 창의성 성과에 미치는 주효과가 압도적으로 강하여 과업복잡성과 같은 상황 변수에 의해 조절되지 않을 가능성이 있다. 다시 말해서, 과업이 복잡하지 않고 아주 단순한 상황에서도 창의적인 성과를 올리기 위해서는 인지복합성이 높아야 한다는 추론을 할 수 있는데, 이는 인지적으로 단순한 사람이 단순한 과업 상황에 놓이면 주어진 상황, 반복적 자극 등에 함몰될 가능성이 커서 새로운 아이디어 등을 아예 추구하지 않을 가능성이 있기 때문이다. 둘째, 인지복합성-창의성 성과 사이의 관계는 과업복잡성이 아닌 다른 제3의 변수에 의해 조절될 가능성도 있다. 일반적으로 창의성에 관한 문헌들에서는 창의적 성취를 위한 기본 조건으로 과업 자체의 특성에 대한 개인의 긍정적인 반응으로부터 생기는 내재적 동기

13 이 논문의 심사과정에 참여한 한 논평자의 제안으로 상호작용항(인지복잡성*과업복잡성) 변수에 대해 Power 검증을 실시하였다. 보수적 검증을 위해 상호작용 변수의 회귀계수를 〈표 5〉에 보고되어 있는 수치의 50%로 줄여서 Power 검증을 한 결과, 약 0.17(자유도=47)의 수치를 얻었다. 이 결과는 가설 2-2가 작은 표본 크기로 인해 기각되었을 수 있다는 것을 시사하고 있다. 실제로, R^2 차이와 상호작용항의 베타 계수는 p〈0.10 수준에서는 유의적이었다.

의 중요성을 들고 있다(Amabile, 1983, 1988; Shalley, 1991; 최인수, 1998). 즉, 아무리 창의성을 요하는 과업이라 할지라도 과업에 대한 본인의 흥미와 호기심이 없으면 창의적 성취를 이루지 못한다는 것이다. 흥미와 호기심 변수 이외에도 시간적인 압력(Andrews & Smith, 1996), 작업방식(Shalley, 1995) 등의 과업 환경 요인들이 창의성 성과에 영향을 미친다는 연구결과도 있다. 박영석 · 박신연(1999)은 과업환경을 촉진적 환경(조직의 격려, 상사의 격려, 작업집단의 지지, 충분한 자원, 도전적 직무, 그리고 자유)과 억제적 환경(조직의 방해, 직무과중 압력)으로 구분하고, 이것들이 창의성 성과에 영향을 미친다고 주장하였다. 조직구성원들의 창의성에 관한 연구는 그 중요성에도 불구하고 아직 많은 관심을 끌고 있지는 못한 상황이다. 다양한 개인특성 변수들 및 과업 환경 요인들을 포함한 후속 연구가 있어야 할 것인데, 이러한 연구과정에서 인지복합성과 개인의 창의성 성과 사이를 조절하는 새로운 변수가 등장할 수도 있을 것이다.

5. 맺음말

과거와는 비견할 수 없을 정도로 불확실하고 복잡해진 오늘날의 경영환경에서 기업이 성공하기 위해서는 모순적 요소들을 수용하고 이를 기업경영에 적극적으로 활용해야 한다는 사고, 즉 역설의 경영 관점이 국내·외의 학자들에게 새로운 화두로 등장하고 있다(Lawrence & Dyer, 1983; Quinn, 1988; Pascale, 1990; 윤세준, 1997; 김상표, 1998; 윤세준·김상표, 2000, 2002). 그런데 모순적 요소들이 공존하는 조직에서 살아가는 조직구성원들은 자칫하면 이로부터 발생하는 긴장과 갈등을 경험하면서 혼란스럽고 분열적인 자아상을 갖게 될 수 있다. 그것을 피하면서 조직이 모순적 요소들의 공존을 기업성과로 이끌어가려면, 조직구성원들이 역설적 사고능력을 갖고 있어야 한다 (Mintzberg, 1991; McGill, Johnson, & Bantel, 1994).

우리는 개인의 역설적 사고능력을 그동안 심리학 분야에서 많이 연구되어 왔던 인지복합성이라는 개념으로 포착하고, 인지복합성이 높은 사람이 그렇지 않은 사람에 비해 효율성 및 창의성 두 차원에서 더 높은 성과를 올리는지의 여부를 확인하였다. 그동안 인지복합성 연구가 주로 모의실험이나 실험실 실험을 통해서만 이루어졌던 데 비해, 기업 현장에 있는 조직구성원을 대상으로 한 우리의 연구결과는 크게 다음 두 가지로 요약될 수 있다. 첫째, 인지적으로 복합적인 사람이 전통적으로 상충하는 성과 차원으로 간주되었던 효율성과 창의성 성과 모두에서 뛰어났다. 둘째, 과업복잡성은 인지복합성-과업성과 사이의 관계를 조절하는데, 과업복잡성이 높은 경우에 인지복합성이 효율성에 미치는 효과가 더 큰 것으로 나타났다.

본 연구의 한계점과 앞으로의 연구방향을 지적하기로 한다. 이 연구가 역설적 사고능력을 측정하는 하나의 개념적 도구로서 인지복합성을 활용하고 있지만, 인지복합성이 인간의 역설적 사고능력의 모든 차원을 포괄하고 있는지에 대해서는 확신할 수 없다. 앞으로의 연구는 역설적 사고에 대한 문헌들을 보다 체계적으로 검토하고 이를 바탕으로 개인의 모순관리 능력을 인지복합성 이외의 여러 개념을 활용하여 측정하는 방법을 고려해야 할 것이다. 방법론적 측면에서 보면, 인상형성검사가 응답자로부터 많은 시간과 노력을 요구하기 때문에 비확률 표본추출 방법을 사용하였는바, 이와 관련하여 많은 표본을 확보하지 못했다는 한계가 있다. 따라서 이 연구의 결과를 일반화하는 데 있어서 한계가 있을 수밖에 없다. 앞으로는 손쉽게 측정할 수 있는 인지복합성 측정도구 개발과 함께 외적 타당성을 확보할 수 있는 후속 연구가 뒤따라야 할 것이다. 세 번째의 한계로 지적될 수 있는 것은 이 연구가 개인성과 특히 창의성 성과에 영향을 미치는 개인의 동기 혹은 조직 분위기 등과 관련된 변수들을 모델에 포괄하지 못했다는 점이다. 이점을 고려해야 인지복합성과 개인성과 간의 관계가 보다 명확히 드러날 것이다.

이러한 여러 한계에도 불구하고, 본 연구가 갖는 이론적·실천적 측면의 기여가 없지는 않은 것으로 보인다. 첫째, 본 연구는 개인 수준에서 역설의 경영을 성공적으로 실현하기 위한 조건을 탐색했다. 역설경영의 성공은 결국 모순적 요소들을 수용하는 개인들을 매개로 하여 이루어질 수밖에 없다는 주장이 있어 왔지만, 역설경영을 하는 조직에 속한 개인이 과연 구체적으로 어떠한 인지능력을 가져야 하는지에 대한 연구는 부재했다고 할 수 있다. 이 연구는 역설경영 연구의 이러한 공백을 메우는 시발점으로서 이후의 연구를 촉발시키는 계기로 작용할 수 있을 것이다. 둘째, 본 연구는 '개인-직무 간의 조화(person-job fit)' 이론에 인지복합성 개념을 도입할 필요성을 정당화하고 있다. 셋째, Hart와 Banbury(1994), Denison, Hooijberg 그리고 Quinn(1995) 등은 행위복잡성(behavioral complexity)이 리더의 효과성을 높이는 충분조건이라는 주장을 해왔는데, 이 연구결과는 인지복합성, 행위복잡성, 개인성과 삼자 간의 관계를 보다 깊이 있게 다룰 필요가 있음을 시사한다. 넷째, 앞으로 우리 기업들은 인지복합성을 가진 개인을 선발하는 도구를 개발하고 기존 조직구성원들에게 인지복합성을 길러주는 교육훈련 프로그램을 마련하는 데 더 많은 관심을 가져야 할 필요성이 있음을 이 연구결과는 시사하고 있다. 불확실한 경영환경 속에서 다양한 성과 지표들을 동시에 달성해야 하는 21세기 기업은 조직구성원들에게 복잡한 과업을 역할유연성을 발휘하면서 수행해나갈 수 있는 능력을 갖추도록 요구할 것이다. 개인에게 효율적으로 업무를 수행할 수 있는 능력은 물론 창의적으로 사고하고 행동할 수 있는 능력 또한 요구할 것이다. 이 연구는 21세기 기업에 가장 적합한 인재는 인지복합성을 가진 사람임을 실증연구를 통해 보여 주었다.

오늘날의 경쟁환경을 고려할 때, 현상에 잠재해 있는 모순적인 면을 포착하고 이를 결합하고 조화시켜 업무수행에 활용할 수 있는 조직구성원의 모습이 그 어느 때보다 절실히 요구된다. 21세기의 조직은 다양성을 인식하고 모호성을 수용하면서 대립적인 것들을 받아들여 해결하는 능력을 가진 사람을 필요로 하고 있는 것이다. 물론 기업의 경영진은 조직구성원이 인지복합성을 가질 수 있도록 여러 가지 제도적 방안을 강구해야 할 것이다. 개인이 인격형성과정에서 특정한 측면들을 강하게 갖게 되었다 할지라도, 인간은 본질적으로 모순적인 면들을 모두 보유하고 있는 역설적 존재이므로, 교육이나 기업문화 등을 통해 구성원들의 역설수용능력을 계발하는 것은 우리에게 열려 있는 기회이다.

참고 문헌

김상표 (1998), 역설의 경영: 조직특성과 인적자원관리에 관한 실증연구, 연세대학교 경영학과 박사학위 논문.

박영석 · 박신연 (1999), "작업환경과 작업동기 및 문제해결 방식이 조직 창의성에 미치는 효과," 한국심리학회지: 사회 및 성격, 13, 85–105.

손정락 (1983), "개인적 구성개념 이론에서의 인지 복잡성," 임상 및 상담심리학보, 4, 95–108.

윤세준 (1997), "모순관리: 개념적 틀과 실현조건," 연세경영연구, 34, 3–42.

윤세준 · 김상표 (2000), "역설의 경영을 실현하기 위한 조건에 대한 탐색: 전략, 리더십, 부서간의 권력관계를 중심으로," 인사관리연구, 24(1), 129–163.

윤세준 · 김상표 (2001), "시장, 관료제 그리고 가족: 인적자원의 역설경영과 기업성과 사이의 관계," 인사조직연구, 9(2), 313–356.

최인수 (1999), "창의성을 이해하기 위한 여섯 가지 질문," 한국심리학회지: 일반, 17, 25–47.

Amabile, T. M. (1983), *The Social Psychology of Creativity*, New York: Spring-Verlag.

Amabile, T. M. (1988), "A Model of Creativity and Innovation in Organization," In B. M. Staw & L. L. Cummings (Eds.), *Research in Organizational Behavior*, 10, Greenwich, CT, JAI Press, 123–167.

Andrew, J. and D. C. Smith (1996), "In Search of Marketing Imagination: Factors Affecting the Creativity of Marketing Programs for Nature Products," *Journal of Marketing Research*, 174–187.

Asch, S. E. (1946), "Forming Impressions of Personality," *Journal of Abnormal and Social Psychology*, 41, 258–290.

Baron, F. and D. M. Harrington (1981), "Creativity, Intelligence, and Personality," *Annual Review of Psychology*, 32, 439–476.

Baron, R. M. and D. A. Kenny (1986), "The Moderator-Mediator Variable Distinction in Social Psychological Research: Conceptual, Strategic, and Statistical Considerations," *Journal of Personality and Social Psychology*, 51, 1173–1182.

Bartunek, J. M., J. R. Gordon, and R. P. Weathersby (1983), "Developing "Complicated" Understanding in Administrators," *Academy of Management Review*, 8, 273–284.

Bieri, J. (1955), "Cognitive Complexity–Simplexity and Predictive Behavior," *Journal of Abnormal and Social Psychology*, 51, 263–268.

Brook, J. (1981), "An Exploratory Study Using the Repertory Grid Approach for the Measurement of Cognitive Complexity," *Perceptual and Motor Skills*, 53, 827–831.

Burleson, B. R. and S. E. Caplan (1998), "Cognitive Complexity," In J. C. McCroskey, J. A. Daly, M. M. Martin, and M. J. Beatty (Eds.), *Communication and Personality: Trait Perspectives*, Cresskill, N.J.: Hampton Press.

Campbell, D. J. (1988), "Task Complexity: A Review and Analysis," *Academy of Management Review*, 13, 40–52.

Carraher, S. M. (1996). "Cognitive Complexity and the Perceived Dimensionality of Pay Satisfaction," *Journal of Applied Psychology*, 81, 102–109.

Collins, J. C. and J. I. Porras (1994), *Built To Last: Successful Habits of Visionary Companies*, New York: Harper Collins.

Csikszentmihalyi, M. (1996), *Creativity: Flow and the Psychology of Discovery and Invention*, New York: Harper Collins.

Denison, D. R., R. Hooijberg, and R. E. Quinn (1995), "Paradox and Performance: Toward a Theory of Behavioral Complexity in Managerial Leadership," *Organization Science*, 6, 524–540.

Fletcher, J. and K. Olwyler (1997), Paradoxical Thinking: *How to Profit from Your Contradictions*, San Francisco: Berrett–Koehler Publishers, Inc.

Gardiner, C. S. (1972), "Complexity Training and Prejudice Reduction," *Journal of Applied Social Psychology*, 2, 325–342.

Goodwin, V. L. (1991), *Antecedents, Consequences, and Covariates in the Study of Organizational Cognitive Complexity*, Unpublished doctoral dissertation, University of Texas at Arlington.

Goodwin, V. L. and L. Ziegler (1998), "A Test of Relationships in a Model of Organizational Cognitive Complexity," *Journal of Organizational Behavior*, 19, 371–386.

Hampden–Turner, C. and A. Trompenaars (1993), *The Seven Cultures of Capitalism*, New York: Doubleday Dell Publishing Group, Inc.

Hart, S. and C. Banbury (1994), "How Strategy–Making Processes Can Make a Difference," *Strategic Management Journal*, 15, 251–269.

Hendrick, H. W. (1979), "Differences in Group Problem Solving Behavior and Effectiveness as a Function of Abstractness," *Journal of applied Psychology*, 64, 518–525.

Kaplan, R. S. and D. P. Norton (1996), *The Balanced Scorecard: Translating Strategy into Action*, Boston: Harvard Business School Press.

Katz, D. and R. L. Kahn (1978), *The Social Psychology of Organizations*, 2nd ed., New Yok: John Wiley and Sons.

Keehley, P. and S. Medlin (1991), "Productivity Enhancements through Quality Innovations," *Public Productivity & Management Review*, 17, 217–228.

Kelly, G. A. (1955), *The Psychology of Personal Constructs, Volume 1: A Theory of Personality*, New York: W. W. Norton.

Kiesler, S. and L. Sproull (1982), "Managerial Response to Changing Environments: Perspectives on Problem Sending from Social Cognition," *Administrative Science Quarterly*, 27, 548–570.

Larson, L. L. and Rowland, K. (1974), "Leadership Style and Cognitive Complexity," *Academy of Management Journal*, 17, 37–45.

Lawrence, P. R. and D. Dyer (1983), *Renewing American Industry*, New York: The Free Press.

Locke, E., K. Shaw, L. Saari, and G. Latham (1981), "Effects of Self Efficiency, Goals, and Task Strategies on Task Performance," *Journal of Applied Psychology*, 69, 241–251.

Mahoney, T. A. (1988), "Productivity Defined: The Relativity of Efficiency, Effectiveness, and Change," In J. P. Campbell and R. J. Campbell (Eds.), *Productivity in Organizations*, San Francisco: Jossey–Bass, 13–62.

Maruyama, M. (1993), "Mindscapes, Individuals, and Cultures in Management," *Journal of Management Inquiry*, 2, 140–155.

Mayo, C. W. and W. H. Crockett (1964), "Cognitive Complexity and Primacy–Recency Effects in Impression Formation," *Journal of Abnormal and Social Psychology*, 68, 335–338.

McGill, A. R., M. D. Johnson, and K. A. Bantel (1994), "Cognitive Complexity and Conformity: Effects on Performance in a Turbulent Environment," *Psychological Report*, 75, 1451–1472.

Mednick, S. A. (1962), "The Associative Basis of the Creative Process," *Psychological Review*, 69, 220–232.

Mitchell, T. R. (1971), "Cognitive Complexity and Group Performance,"

Journal of Social Psychology, 86, 35–43.

Mintzberg, H. (1973), The Nature of Managerial Work, Upper Saddle River, NJ: Prentice Hall, 1973.

Mintzberg, H. (1991), "The Effective Organization: Force and Forms," *Sloan Management Review*, 54, 54–67.

Nidorf, L. J. and W. A. Crockett (1965), "Cognitive Complexity and the Integration of Conflicting Information in Written Impressions," *Journal of Social Psychology*, 68, 165–169.

O'Keefe, B. J. and J. G. Delia (1978), "Construct Comprehensiveness and Cognitive Complexity," *Perceptual and Motor Skills*, 46, 548–550.

Oldham, G. R. and A. Cummings (1996), "Employee Creativity: Personal and Contextual Factors at Work," *Academy of Management Journal*, 39, 607–634.

Oldham, G. R. and B. I. Gordon (1999), "Job Complexity and Employee Substance Use: The Moderating Effects of Cognitive Ability," *Journal of Health and Social Behavior*, 40, 290–306.

Pascale, R. T. (1990), *Managing on the Edge: How the Smartest Companies Use Conflict to Stay Ahead*, New York: The Free Press.

Penley, L. E., E. R. Alexander, I. E. Jernigen, and C. I. Henwood (1991), "Communication Abilities of Managers: The Relationship to Performance," *Journal of Management*, 17, 57–76.

Porter, C. A. and P. Suedfeld (1981), "Integrative Complexity in the Correspondence of Literary Figures: Effects of Personal and Societal Stress," *Journal of Personality and Social Psychology*, 40, 321–330.

Porter, S. S. and L. W. Inks (2000), "Cognitive Complexity and Salesperson Adaptability: An Exploratory Investigation," *Journal of Personal Selling and Sales Management*, 20, 15–21.

Quinn, E. (1980), "Creativity and Cognitive Complexity," *Social Behavior and Personality*, 8, 213–215.

Quinn, R. (1988), *Beyond Rational Management: Mastering the Paradoxes and Competing Demands of High Performance*, San Francisco: Jossey Bass.

Rothenberg, A. (1999), "Janusian Process," In M. A. Runco and S. R. Pritzker (Eds.), *Encyclopedia of Creativity, Volume 2*, San Diego, CA: Academic Press, 103–108

Runko, M. A. (2004), "Creativity," *Annual Review of Psychology*, 55, 657–687.

Sauser, W. I., Jr. (1981). "Effects of Rater Training and Participation on Cognitive Complexity: An Exploration of Schneier's Cognitive Reinterpretation," *Personnel Psychology*, 34, 563–578.

Schneider, K. J. (1990), "*The Paradoxical Self: Toward an Understanding of Our Contradictory Nature,*" New York: Plenum Press.

Schneier, C. E. (1977), "Operational Utility and Psychometric Characteristics of Behavioral Expectation Scales: a Cognitive Reinterpretation," *Journal of Applied Psychology*, 62, 541–548.

Schneier, C. E. (1979), "Measuring Cognitive Complexity: Developing Reliability, Validity, and Norm Tables for a Personality Instrument," *Educational and Psychological Measurement*, 39, 599–612.

Schroder, H. M., J. J. Driver, and S. Streufert (1967), *Human Information Processing*, New York: Holt, Rinehart, and Winston.

Scott, W. A. (1962), "Cognitive Complexity and Cognitive Flexibility," *Sociometry*, 25, 405–414.

Scott, W. A., D. W. Osgood, and C. Perterson (1979), *Cognitive Structure: Theory and Measurement of Individual Difference*, Washington D.C.: Wiley.

Shalley, C. E. (1991), "Effects of Productivity Goals, Creativity Goals, and Personal Direction on Individual Creativity," *Journal of Applied Psychology*, 76(2), 179–185.

Shalley, C. E. (1995), "Effects of Coaction, Expected Evaluation, Goal Setting on Creativity and Produtivity," *Academy of Management Journal*, 38(2), 483–503.

Sharma, S., R. M. Durand, and O. Gur–Arie (1981), "Identification and Analysis of Moderator Variables," *Journal of Marketing*, 18, 291–300.

Stager, P. (1967), "Conceptual Level as a Composition Variable in Small Group Decision–Making," *Journal of Personality and Social Psychology*, 5, 152–162.

Stone, D. N., M. P. Sivitanides, and A. P. Magro (1994), "Formalized Dissent and Cognitive Complexity in Group Processes and Performance," Decision Sciences, 25, 243–261.

Streufert, S. (1970), "Complexity and Complex Decision Making:

Convergences between Differentiation and Integration Approaches to the Prediction of Task Performance," *Journal of Experimental Social Psychology*, 6, 494–509.

Streufert, S. and M. J. Driver (1967), "Impression Formation as a Measure of Conceptual Structure," *Educational and Psychological Measurement*, 27, 1025–1039.

Streufert, S., M. J. Driver, and K. W. Haun (1967), "Components of Response Rate in Complex Decision Making," *Journal of Experimental Social Psychology*, 3, 286–295.

Streufert, S., S. C. Streufert, and A. L. Denson (1985), "Effects of Load Stressors, Cognitive Complexity and Type A Coronary Prone Behavior on Visual–Motor Task Performance," *Journal of Personality and Social Psychology*, 48, 728–739.

Streufert, S. and R. W. Swezey (1986), *Complexity, Managers, and Organizations*, New York: Academic Press.

Suedfeld, P., P. E. Tetlock, and S. Streufert (1992), "Conceptual/ Integrative Complexity," In C. P. Smith (Ed.), *Motivation and Personality: Handbook of Thematic Content Analysis*, Cambridge: Cambridge University Press, 393–400.

Tierney, P., S. M. Farmer, and G. B. Graen (1999), "An Examination of Leadership and Employee Creativity: The Relevance of Traits and Relationships," *Personnel Psychology*, 52.

Weick, K. (1979), *The Social Psychology of Organizing*, Reading, MA: Addison–Wesley.

Wofford, J. C. (1994), "An Examination of the Cognitive Processes Used to Handle Employee Job Problems," *Academy of Management Journal*, 37, 180–192.

Woodman, R. W., J. E. Sawyer, and R. W. Griffin (1993), "Toward a Theory of Organizational Creativity," *Academy of Management Review*, 18, 293–321.

Zorn, T. E. and M. T. Violanti (1996), "Communication Abilities and Individual Achievement in Organizations," *Management Communication Quarterly*, 10, 139–167.

〈부록 1〉 인상형성검사지

아래의 예문을 참고로 하여, 각 문항에 대해 주어진 형용사를 이용하여 자신이 선택한 사람의 인상을 묘사하여 주십시오. (단, 여기에서 말하는 '인상'이란 사람의 외모를 뜻하는 것이 아니라, 어떤 사람의 품성·태도·행위 등을 통해서 마음속으로 느낀 그 사람의 '인상'을 의미합니다.)

☞ 보기: 다음의 예문은 밑줄 친 단어를 중심으로 한 사람의 인상에 대해 묘사한 문장입니다.

> 예문 1: 그녀는 불쌍한 사람을 보면 발 벗고 나서서 도와주려는 것을 볼 때 동정심이 많다. 그녀는 명문대학 출신이어서 똑똑하기도 하다. 더구나 다른 사람을 대할 때는 항상 친절하다.
>
> 예문 2: 그의 판단은 늘 정확하여 현명한 사람이라 할 수 있으며, 모든 일을 완벽히 처리하기 위해 열심히 노력하는 성실한 사람이다. 하지만 그의 이러한 완벽성 추구는 주위에 있는 사람들을 귀찮게 하는 경우가 종종 있다.
>
> ※ 예문 1, 2에서와 같이 문장 형태로 서술하여 주시고, 보다 정확한 분석을 위해 간단한 이유(즉, 그녀는 왜 동정심이 많고, 똑똑하며, 친절한지에 대한)를 적어 주시면 고맙겠습니다.

(1) 자신 주위의 사람(부모, 친척, 친구, 직장 동료, 상사 포함) 중에서 한 명을 선택한 다음, 아래의 박스(box)에 주어진 3개의 단어를 이용하여, 그 사람에 대해 평소에 자신이 느낀 인상에 관해 서술하여 주십시오. (※ 단어의 순서는 상관없습니다.)

① 신뢰할만한 ② 사교적인 ③ 자립적인(독립적인)

(2) 이번에도 역시, 자신 주위의 사람(부모, 친척, 친구, 직장 동료, 상사 등) 중에서 한 명을 선택한 다음, 아래의 박스(box)에 주어진 3개의 단어를 이용하여, 그 사람에 대해 평소에 자신이 느낀 인상에 관해 서술하여 주십시오. (단, (1)번에서 선택한 사람과는 다른 인물로 해 주십시오.)

① 신경질적인 ② 고집이 센 ③ 시기심이 많은

(3) 이번에는 위의 (1), (2)번 문항에서 사용했던 6개의 단어를 모두 사용하여 자신이 가장 잘 알고 있는 사람 중에서 한 명을 선택한 다음, 그 사람에 대해 평소에 느끼던 인상에 관해 서술하여 주십시오. (※ 주의: 역시 단어의 순서는 상관없으며, (1), (2)번과는 다른 **제3의 인물**을 선정하여 주십시오.)

① 신뢰할만한	④ 신경질적인
② 사교적인	⑤ 고집이 센
③ 자립적인(독립적인)	⑥ 시기심이 많은

〈부록 2〉 인상형성검사의 평가 기준

■ 1점:

- 상충되는 정보를 동시에 다루지 못함.
- 갈등(conflict)을 해결하는 것이 아닌, 부정 · 회피함.
- 일치하지 않는(incongruent) 형용사들의 동시 적용은 생략된다.
- 분화 · 통합을 엿볼 수 있는 어떠한 증거도 없다.
- 구조적으로 단순한 사람은 분화하지도 못하고 통합하지도 못한다.

■ 2점:

- 한 상황(a single setting), 또는 한 시점(a single point in time)에 상충되는 정보를 동시에 적용시키지 못함.
- 보통 형용사(모순되는 형용사를 포함하여)는 다른 상황, 다른 시간으로 엄격하게 분리되어 적용됨.
- 분화를 나타내는 증거는 미약하게 보이지만, 둘 이상의 분화는 거의 찾아보기 힘듦.
- 통합을 보여 주는 증거는 없다.

■ 3점:

- 일치하지 않는 형용사 중에서 적어도 한 개 이상을 사용하여 인상을 묘사한다.
- 이때 나타나는 분화하는 이유가 적절할 수도 있고 그렇지 않을 수도 있다.
- 중간 정도의 분화가 나타남.
- 약간의 통합이 나타난다.

■ 4점:

- 모든 형용사 간의 관계가 설정되어 있다.
- 그러나 여전히 표면적인 사건이나 관계를 중심으로 묘사한다.
- 통합이 나타나지만, 그리 높은 수준은 아니다.
- (대상 인물의 인상을 묘사하는 데) 적용된 형용사는 여러 시간과 공간에서 이해될 수 있다.

■ 5점:

- 모든 형용사 간의 관계가 확실히 설정되어 있다.
- 대상 인물의 성격을 이루고 있는 구성요소와 동기적 요소들에 바탕을 두어 인상 묘사.
- 사람을 묘사하는 문장에 이유가 명확하다(논리의 비약이 보이지 않음).
- 생생한 묘사.
- 한 형용사를 다른 시각 혹은 다른 의미로 파악될 수 있다.

제2부
공동체적 원리와 조직경영

경영은 관념의 모험이다

Management is the Adventure of Idea

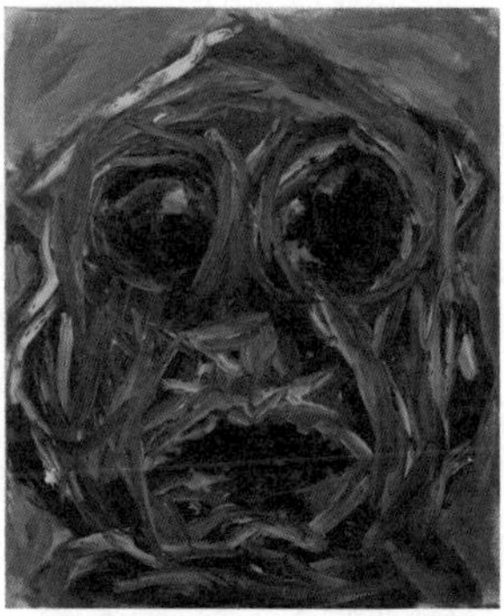

몰입형 인적자원관리와 중소기업의 성과 사이의 관계[1]

1. 문제의 제기

기업의 인적자원 관리전략은 크게 '통제형(Control)'과 '몰입형(Commitment)'으로 구분할 수 있다(Walton, 1985; Arthur, 1992, 1994; Pfeffer, 1994, 1998). 통제형 인적자원관리에서 기업과 구성원의 관계는 '현금관계(cash nexus)'라는 시장원칙에 의해 지배되는 경향이 있다. 기업은 구성원을 단지 대체할 수 있는 상품으로 인식하고 인건비를 최대한으로 낮추려 하기에, 고용의 안정성을 보장해주거나 역량개발을 위한 투자 등에 거의 관심을 두지 않는다(Walton, 1985). 여기서는 구성원들을 상급자의 권위와 규칙 및 절차에 순응하는 복종적이고 수동적인 인간형으로 만들고자 한다(Arthur, 1994). 통제형 인적자원관리를 채택하는 기업들은 공동체적 속성을 조직에 도입한다든가 혹은 조직과 구성원들 간에 신뢰를 구축한다든가 하는 문제에는 거의 관심을 두지 않는다. 결과적으로 기업과 구성원은 낮은 신뢰를 바탕으로 거래적 관계에 놓이게 된다(Hill, 1981).

반면에 몰입형 인적자원관리의 강조점은 개인과 조직의 목표를 통합할 수 있는 작업조건을 형성하는 데로 모인다(Walton, 1985; Arthur,

1 이 논문은 『인적자원관리연구』 제13권 제4호(2006년)에 게재하였다.

1994). 조직의 목표를 내면화한 상태에서 높은 역량을 갖추고서 주도적이고 열정적으로 주어진 과업을 수행하는 인간형을 계발하는 것이 강조된다. 그래서 몰입형 인적자원관리를 채택하는 기업들은 구성원들에게 고용안정성을 보장하고 의사결정과정에 대한 참여를 보장하며 광범위한 교육훈련을 제공하는 등 구성원의 조직에 대한 높은 신뢰를 이끌어 낼 수 있는 인사관행들을 활용한다(Pfeffer, 1994, 1998). 구성원의 보상방식 또한 개인들 간의 경쟁만을 부추기는 개별 성과급에만 한정되는 것이 아니라 종업원 지주제나 이윤분배제와 같이 조직 전체의 성과를 구성원 모두가 함께 나눌 수 있는 제도들도 시행된다. 몰입형 인적자원관리 아래에서 구성원들은 업무수행 과정에서 신뢰를 바탕으로 상호 협력하며 지식과 정보를 독점하기보다는 함께 공유하려 한다(Lado & Wilson, 1994).

통제형과 몰입형 인적자원관리를 기업경영에 어떻게 활용할 것인가를 두고, 보편적 접근방법(universalistic approach)과 상황적 접근방법(contingency approach)이 서로 대립된 주장을 한다(Delery & Doty, 1996). 보편적 접근방법은 모든 상황에 적용될 수 있는 보편타당한 최적의 인사관행들이 존재한다는 견해이고 최적의 인사관행들은 다름 아닌 몰입형 인적자원관리를 의미한다. 이와는 대조적으로 상황적 접근방법에서는 상황에 따라 그에 적절한 인사관행들을 구사해야 기업이 높은 성과를 올릴 수 있다고 본다. 즉, 몰입형 인적자원관리가 모든 상황에 적용될 수 있는 것이 아니라 그것이 효과적인 특정한 상황이 존재한다는 것이다. 현재까지의 연구결과는 상황적 접근방법보다는 보편적 접근방법이 더욱 폭넓은 지지를 얻고 있는 편이다.

우리나라에서도 몰입형 인적자원관리와 기업성과 간의 관계를 탐색하려는 실증연구들이 활발히 이루어지고 있는데(김동배·주낙선, 2001; 김재구·임상훈·김동배, 2003; 배종석·사정혜, 2003; 장은미, 2003; 권동인·박호환, 2003), 이들 연구에서는 몰입형 인적자원관리가 기업성과에 正의 영향을 미치는 것으로 나타났고, 보편적 접근방법이 상황적 접근방법보다 더욱 강하게 지지되고 있다. 하지만 연구대상을 300인 미만의 중소기업으로만 한정하여 몰입형 인적자원관리와 기업성과와의 관계를 탐색한 연구는 전무하다. 몰입형 인적자원관리를 채택하는 기업은 고용안정성을 보장하고 폭넓은 교육훈련을 실시하는 등 인적자원에 대한 많은 투자를 필요로 한다(Pfeffer, 1994). 이런 점에서 볼 때, 재무적 자원이 풍부하지 않은 중소기업들의 입장에서는 인적자원의 관리에 몰입전략을 활용한다는 것이 쉬운 일은 아니다. 따라서 우리나라 중소기업들에서 몰입형 인적자원관리와 기업성과와의 관계를 확인하는 것은 흥미로운 과제가 될 것이다. 구체적으로 이 논문은 두 가지의 연구목적을 갖는다. 첫 번째는 몰입형 인적자원관리의 개별 인사관행들이 중소기업의 성과에 영향을 미치는지를 확인함으로써 보편적 접근방법의 타당성을 검증하는 것이다. 두 번째는 경쟁전략의 차이에 따라 몰입형 인적자원관리의 개별 인사관행들이 중소기업의 성과에 미치는 방식에 차이가 있는지를 확인함으로써 상황적 접근방법의 타당성을 검증하는 것이다. 두 가지 연구목적의 검증을 통해 이 연구는 궁극적으로 몰입형 인적자원관리에 대한 보편적 접근방법과 상황적 접근방법의 상호적 관계를 규명해 볼 것이다.

2. 몰입형 인적자원관리와 기업성과: 가설의 설정

2.1 보편적 접근방법

보편적 접근방법은 기술이나 재무자원 등이 자본시장의 합리화와 기술수명주기의 단축 등으로 말미암아 지속적 경쟁우위의 달성에 기여하는 정도가 약화됨으로써 많은 기업이 전략적 자산(strategic asset)

으로서 인적자원에 주목하기 시작하면서 집중적으로 조명되기 시작했다(Pfeffer, 1994). 보편적 접근방법은 기업이 높은 성과를 올리려면 상황과 관계없이 채택해야만 할 최적의 인사관행들이 존재한다는 것이다(Arthur, 1992; Pfeffer, 1994, 1998; Ichniowski, Shaw, & Prennushi, 1994; Huselid, 1995; MacDuffie, 1995; Delery & Doty, 1996). 보편적 접근방법에서 최적의 인사관행으로 제시하는 것이 바로 몰입형 인적자원관리인데, 이는 연구자들에 따라 고성과 작업관행(high performance work practices), 고헌신 작업관행(high involvement work practices), 진보적 인적자원관리관행(progressive HRM practices) 등으로도 부른다.

몰입형 인적자원관리의 구성요소들은 Pfeffer(1994, 1998)를 비롯하여 Arthur(1992, 1994), Huselid(1995), MacDuffie(1995), Delery와 Doty(1996) 등 여러 학자에 의해 제시되었는데[2], 이 논문에서는 Delery와 Doty(1996)가 제시한 7가지 인사관행들을 선택하였다. 내부경력경로, 공식적 교육훈련, 업무성과중심의 평가, 조직성과와 연계된 보상, 고용안성성, 종업원 참여제도, 명확한 직무규정이 그것이다. Delery와 Doty(1996)는 이들 7가지 인사관행들이 다양한 문헌들에서 가장 강력한 지지를 받고 있는 바, 몰입형 인적자원관리의 구성요소를 이들만으로 한정하여 경험연구를 수행하는 것이 간결성(parsimony)의 장점을 가질 수 있다고 주장한다(Delery & Doty, 1996).

그런데 보편적 접근방법으로 인적자원관리를 연구하기 위해서는 먼저 몰입형 인적자원관리의 구성요소들이 명확히 제시되어야 하고, 두 번째는 이들과 기업성과와의 관련성이 밝혀져야 한다(Delery & Doty, 1996). 우선 Delery와 Doty(1996)가 제시한 7가지 인사관행을 명확히 규정해 보자. 첫 번째는 내부 경력 경로로서 이것은 기업이 인력충원을 내부노동시장에 의존함을 의미한다. 두 번째는 공식적 교육훈련

2 이에 대한 자세한 논의는 유규창(1998)을 참조할 것.

으로서 이는 기업이 종업원에게 다양하면서도 폭넓은 교육훈련을 제공함을 의미한다. 세 번째는 업무성과중심의 평가로서 업무수행과정에서의 종업원의 행동에는 관여하지 않고 단지 업무수행의 결과만을 가지고 평가하는 것을 의미한다. 네 번째는 조직성과와 연계된 보상으로서 조직성과의 향상에 대한 몫을 거기에 기여한 구성원들에게 돌려주는 보상방식을 의미한다. 다섯 번째는 고용안정성으로서 이것은 기업이 한 번 고용한 종업원은 해고하지 않고 장기적으로 보유하는 것을 의미한다. 여섯 번째는 종업원 참여제도로서 의사결정과정에 종업원의 의견을 반영할 메커니즘이 갖추어져 있는가를 의미한다. 일곱 번째는 명확한 직무규정으로서 직무의 범위가 제한되어 있으며 직무 관련 의무가 직무를 담당한 사람에 의해서보다는 직무기술서에 의해 규정되는 것을 의미한다.

다음으로 Delery와 Doty(1996)의 7가지 인사관행들이 기업의 성과 향상에 기여하는 이유를 밝혀 보도록 하자. 고용안정성, 공식적 교육훈련, 종업원 참여제도는 기업의 가족공동체적 성격을 강화하기 위한 인사관행에 속한다(Ouchi, 1980; Lawrence & Dyer, 1983; Ouchi & Price, 1993). 이것들은 Lawrence와 Dyer(1983)에 의하면 가족유형(clan mechanism)의 인사관행에 속한다. 고용안정성의 보장은 단기적으로 개인의 기여가 보상받지 못할지라도 장기적으로 보상될 것이라는 호혜성의 규범(norm of reciprocity)을 구성원들로 하여금 수용하게 만든다(Pfeffer, 1994). 결과적으로 고용안정성은 구성원들의 조직에 대한 높은 신뢰와 조직목적의 내면화를 이끌어 내는 데 핵심적 장치로 기능한다. 고용안정성을 보장하는 기업은 고용의 유연성을 통해 기술이나 환경의 변화에 대처할 수 없으므로, 구성원들의 역량(지식, 능력, 기술)향상을 위한 교육훈련에 많은 투자를 하게 된다(Pfeffer, 1994). 교육훈련은 다른 한편으로는 사회화(socialization) 기제로서 구성원이 조직의 문화와 가치를 습득하고 내면화하는 데 도움을 주어 개인의 조직 가치와의 동조성, 즉 개인–조직 적합성(person–organization fit)을 높여준다(Snell, 1992; Cable & Parsons, 2001). 또한, 참여적 의사결정은 작업과정에 대한 심리적 소유의식을 높여주어 소외(alienation)를 감소시키고 조직에 대한 충성심을 끌어올리는 데 기여할 것이다(Hackman & Oldham, 1980; Klein, 1994; Pfeffer, 1994).

업무성과중심의 평가제도와 조직성과에 기반한 보상제도는 가격기제, 즉 보상을 통해 인적자원을 관리하겠다는 사고방식이 반영된 것으로 시장유형(market mechanism)의 인사관행에 속한다(Ouchi, 1980, Lawrence & Dyer, 1983; Ouchi & Price, 1993; Delery & Doty, 1996). 업무성과중심의 평가제도는 성과나 결과에 입각해 보상함으로써 인적자원을 활용하는 것인데, 이것은 구성원들의 공정성(equity) 욕구를 충족시켜 조직에 대한 더 많은 헌신을 이끌어 내는 기능을 한다(Pfeffer, 1998). 이윤분배제(profit sharing)와 같은 조직수준의 보상제도는 구성원의 조직에 대한 기여로 조직이 성장하면, 그 대가를 구성원에게 되돌려주는 제도인데, 이것은 구성원들의 기업에 대한 소유의식을 제고시켜 기업과 조직구성원들 간에 높은 신뢰를 구축될 수 있게 한다(Shaw, 1997).

내부경력경로와 명확한 직무규정의 경우에는 관료제(bureaucracy) 유형의 인사관행에 속한다(Ouchi, 1980, Lawrence & Dyer, 1983; Ouchi & Price, 1993). 구성원들에게 내부 승진 기회를 폭넓게 보장하는 기업의 구성원들이 그렇지 않은 기업의 구성원들보다 조직에 더 많이 헌신하려 들 것이다(Delery & Doty, 1996). 그리고 명확한 직무규정은 조직에 안정성과 예측가능성을 제공하여 조직의 효율적 운영을 보장하는 기반으로 작용한다(Adler & Borys, 1996).

Delery와 Doty(1996)는 미국의 금융산업을 대상으로 한 실증연구에서 몰입형 인적자원관리가 자산수익율(ROA)과 지분수익율(ROE)에 正

의 영향을 미친다는 사실을 발견했다. 미국의 소규모 제철공장 중 30개 공장을 대상으로 한 Arthur(1994)의 연구에서도 몰입형 인적자원관리가 노동효율성을 높이고 스크랩률(scrap rate)을 떨어뜨리는 것으로 나타났다. Huselid(1995)는 주요 산업들을 망라한 총 3,452개의 기업을 대상으로 한 연구를 통해 몰입형 인적자원관리를 더 많이 채택한 기업들이 더 낮은 이직률을 보이고 종업원 1인당 판매량이 더 높으며 주식의 시장가치 및 이윤 면에서도 더 높은 성과를 달성하고 있음을 입증하였다.

또한, Pfeffer(1994, 1998)는 항공, 자동차, 의류, 정유산업 등 여러 산업에서 몰입형 인적자원관리를 채택하여 높은 성과를 올리는 기업들의 다양한 사례를 제시한 바 있다. Pfeffer에 의하면, 항공산업에서 몰입형 인적자원관리를 채택한 기업으로는 사우스웨스트 항공사가 대표적인데, 이 회사는 30년 가까이 한 해도 빠지지 않고 흑자를 기록해 왔으며, 1972년부터 1992년까지 21년 동안의 주가는 복합적인 수익(compounded return)이 21,000% 이상에 달하여 미국의 어느 주식보다도 높은 수익률을 기록했다. Pfeffer가 자동차 산업의 예로 들고 있는 NUMMI는 몰입형 인적자원관리를 채택한 후 GM의 프리몬트 공장이었을 때와 비교하여 생산성이 2배 이상 증가한 바 있다.

위의 논의를 종합하여 우리는 다음과 같은 연구가설 1을 제안한다.

연구가설 1: 몰입형 인적자원관리의 개별 구성요소들인 내부경력경로, 공식적 교육훈련, 업무성과중심의 평가, 조직성과와 연계된 보상, 고용안정성, 종업원 참여제도, 명확한 직무규정은 경영성과에 正의 영향을 미칠 것이다.

2.2 상황적 접근방법

상황적 접근방법에서는 상황변수 중에서도 특히 기업의 경쟁전략에 따라 인적자원관리가 기업성과에 미치는 영향이 달라지는가의 여부에 관심을 집중하여 왔다(Youndt, Snell, Dean, & Lepark, 1996). 실증연구에서는 주로 Miles와 Snow(1984)[3], Porter(1980, 1985)가 제시한 사업부 수준의 본원적 경쟁전략이 활용된다. Schuler(1988, 1989)는 경쟁전략들을 종업원의 역할행동들(role behaviors)을 매개로 인사관행들과 연결시킨다. 즉, 경쟁전략과 인적자원관리와의 관련성을 설명하기 위해 행동주의적 관점(behavioral perspective)을 도입한다. 경쟁전략이 성공적으로 실행되려면 그에 적합한 구성원들의 역할행동들로 뒷받침되어야 하는데, 그러한 역할행동들은 특정한 인적자원 관리전략을 통해 개발되고 유지되어야 한다는 것이다.

이 논문에서는 경쟁전략으로 Porter(1980, 1985)의 원가우위(Cost Leadership)와 차별화(Differentiation) 전략을 활용한다. 원가우위 전략을 추구하는 기업의 일차적인 관심은 효율성의 극대화에 있으며, 이들 기업의 궁극적인 목표는 해당 산업 내에서 원가가 가장 낮은 기업이 되는 것이다. 이러한 목표의 달성을 위해 기업은 규모의 경제를 추구하고 학습효과를 높임으로써 구매, 제조, 유통 등 가치창출과정에서 비용을 통제하기 위해 심혈을 기울인다(Porter, 1980, 1985). 원가우위 전략의 효과적 실행에 도움이 되는 종업원 상은 반복적이고 예측 가능한 행동을 하며, 모험을 회피하고 단기적 성과에 관심을 가지는 사람들이다. 이러한 종업원 상은 기업이 단기적인 성과평가, 최소한의 교육훈

3 Miles와 Snow(1984)는 경쟁전략을 방어형(Defender), 공격형(Prospector), 분석형(Analyser)으로 구분한다. 그들에 의하면 방어형 기업들은 안정적인 제품-시장 영역에서 낮은 원가와 고품질 유지에 힘쓰는 전략을 구사하는데, 이들은 내부노동시장에 의존하면서 인적자원에 장기적으로 투자하는 인사관행들을 활용해야 한다. 반면에 공격형 기업들은 동태적인 제품-시장 영역에서 신제품을 개발하고 신시장 개척을 도모하는 전략을 구사하는데, 이들은 고용유연성을 확보하기 위해 외부노동시장에 의존하면서 인적자원에 최소한의 투자만을 해야 한다. Miles와 Snow(1984)는 분석형 기업들의 경우에는 방어형과 공격형의 인사관행들을 절충하여 사용해야 한다고 주장한다. 이 논문은 Miles와 Snow(1984)의 논의와는 정면으로 배치되는 주장을 펼친다.

련, 고용유연성 등의 인사관행을 유지함으로써 개발되고 유지된다. 즉, 원가우위 전략을 추구하는 기업들은 고용유연성을 최대한 높여 인건비를 줄임으로써 효율성을 확보함과 동시에 종업원의 행동을 면밀히 점검하고 통제함으로써 조직을 안정적이고 예측가능한 형태로 운영할 수 있는 인적자원 관리전략을 구사한다(Schuler, 1989). 요컨대 상황적 접근방법에서는 원가우위 전략을 추구하는 기업은 통제형 인적자원관리를 추구해야 높은 성과를 올리게 된다고 주장한다.

한편 차별화 전략은 다른 기업의 제품이나 서비스의 인지된 가치보다 자사의 제품이나 서비스의 인지된 가치를 증가시킴으로써 경쟁우위를 얻고자 하는 경쟁전략이다. 이러한 차별화 전략은 높은 품질, 특별한 서비스, 혁신적 설계, 기술적 능력, 특별한 브랜드 이미지를 강조한다(Porter, 1980, 1985). 차별화 전략을 추구하는 기업들의 경우에 품질, 기술, 디자인 등에서 빈번한 변화와 혁신을 통해 타 기업과는 다른 독특한 이미지를 창출해야 하기 때문에, 변화에 유연하게 대처할 능력이 있으면서도 책임감과 품질의식이 강한 구성원을 필요로 한다. 또한, 품질향상과 기술혁신 측면에서 경쟁우위를 확보하려는 기업들은 협력적이고 상호 의존적 행동을 할 뿐만 아니라 장기적 관점에서 기업에 몰입하는 구성원의 개발과 유지에 각별한 관심을 기울여야 한다(Schuler, 1989). 따라서 차별화 전략을 추구하는 기업들은 고용안정성, 광범위한 교육훈련, 참여제도 등 기업의 가족공동체적 성격을 강화하는 인사제도들을 골간으로 삼고 있는 몰입형 인적자원관리를 채택해야 한다(Arthur, 1994). 그렇지 않고서는 타 기업과 차별화될 수 있는 제품을 만들어 낼 역량과 의지를 갖춘 뛰어난 구성원을 확보할 수 없다. 그런데 가족유형을 핵심적 인사관행으로 활용하는 몰입형 인적자원관리는 기업과 구성원 사이뿐만 아니라 구성원들 상호 간에도 신뢰가 형성되도록 돕는다. 구성원들의 신뢰에 기반한 협력적이고 상호의존적 행위는 혁신의 토대로 작용한다(Peck, 1994). 신뢰가 넘치는 조직에서는 구성원들 간에 지식과 정보의 교류가 활발히 일어나고 이에 따라 조직 전체의 지식 창출과 학습능력이 촉진된다(Lado & Wilson, 1994). 조직에 몰입하는 구성원은 자발적으로 창의성과 주도성을 발휘하여 환경변화에 대처해나가기에 기업의 유연성이 제고될 수 있다(Peck, 1994). 또한, 조직의 목적과 가치를 내재화한 구성원들은 생산과정에 대한 강한 심리적 소유의식을 가지고 품질향상에 노력할 것이다. 요컨대 상황적 접근방법에서는 차별화 전략이 성공하기 위해서는 몰입형 인적자원관리로 뒷받침되어야 한다고 주장한다.

이상의 논의를 기반으로 다음과 같은 연구가설을 제안한다.

연구가설 2: 몰입형 인적자원관리의 개별 구성요소들인 내부경력경로, 공식적 교육훈련, 업무성과중심의 평가, 조직성과와 연계된 보상, 고용안정성, 종업원 참여제도, 명확한 직무규정은 원가우위 전략보다는 차별화 전략에서 경영성과에 미치는 긍정적인 영향이 더 클 것이다.

3. 연구방법

3.1 표본 및 자료수집

이 연구는 2000년 5월부터 2001년 8월까지 대구와 경북지역에 소재하고 있으면서 종업원 수 300인 이하의 192개 중소기업으로부터 자료를 수집하였다. 설문서는 연구보조원들이 해당 기업의 최고경영자를 직접 방문하여 구조화된 인터뷰를 통하여 작성하고 회수하였다. 이러한 방법을 사용함으로써 애매한 설문항목에 대해 구체적으로 설명할 수 있었을 뿐만 아니라 무응답을 최소화할 수 있었다(Miller & Friesen,

1982; 권구혁·신진교, 2003). 여기서 설문의 응답이 불성실하거나 신뢰성이 낮다고 판단되는 13개 기업은 최종분석에서 제외하였다.

표본의 업종별, 규모별, 설립기간별 특징은 다음과 같다. 업종별로는 제조기업이 161개 기업(89.8%)이었고, 서비스기업이 18개(10.1%)이었다. 규모별로는 종업원 50인 이하가 95개 기업(53.1%), 51~100명 사이가 33개 기업(18.4%), 100~200명 사이가 27개 기업(15.1%), 그리고 201~299명 사이가 24개 기업(13.4%)이었다. 표본 전체의 평균 종업원 수는 85.5명이었다. 설립기간별로는 5년 이하가 24개 기업(13.4%), 6~10년 사이가 50개 기업(27.9%), 11~20년 사이가 55개 기업(30.8%), 21~30년 사이가 28개 기업(15.6%), 그리고 30년 이상이 22개 기업(12.3%)이었다. 표본 전체의 평균 설립기간은 16.1년이었다.

3.2 변수의 측정

3.2.1 몰입형 인적자원관리

몰입형 인적자원관리는 Delery와 Doty(1996)가 제시한 내부경력경로, 공식적 교육훈련, 업무성과중심의 평가, 조직성과와 연계된 보상, 고용안정성, 종업원 참여제도, 명확한 직무규정 등 7가지 인사관행으로 측정하였고, 측정 문항 또한 Delery와 Doty(1996)가 개발한 문항들을 사용하였다. 내부경력경로는 기업이 종업원들에게 내부 승진 기회를 보장하는가의 정도를 묻는 2개 문항(예: 우리 회사는 종업원들에게 내부 승진의 기회를 확실히 보장한다.)으로 측정하였다. 공식적인 교육훈련의 측정에는 광범위한 교육훈련 프로그램의 활용 여부를 묻는 2개 문항(예: 우리 회사는 종업원들에게 광범위한 교육훈련을 실시한다.)과 종업원의 기술습득향상에 도움을 주는 교육훈련 실시 여부를 묻는 2개의 문항(예: 신입사원들의 직무수행에 필요한 기술습득을 위한 공식적인 교육훈련 프로그램을 제공한다.) 등 총 4개 문항을 사용하였다. 업무성과중심의 평가는 종업원에 대한 성과평가가 행동보다는 산출물이나 업무수행결과를 토대로 이루어지는가를 묻는 3개 문항(예: 종업원들의 성과는 객관적이고 수량화할 수 있는 업무수행결과를 가지고 평가한다.)으로 조작적 정의되었다. 조직성과와 연계된 보상은 개인들이 조직의 이익을 토대로 보너스를 받는지의 여부를 확인하는 2개 문항(예: 회사 전체의 이익 증가분의 일정 부분을 종업원들에게 보너스로 제공한다.)으로 측정하였다. 고용안정성은 종업원들이 장기간 회사에 근무할 수 있는 기회가 보장되어 있는지의 여부를 묻는 4개 문항(예: 종업원들은 그들이 원하는 한 계속해서 회사에서 근무할 수 있다, 회사의 경제적 사정이 악화되더라도 우리 회사는 여간해서는 종업원들을 해고하지 않는다.)을 활용하여 측정하였다. 종업원 참여제도는 종업원들이 자신의 견해를 의사결정과정에 반영할 수 있는 기회를 갖는지의 여부를 확인하는 4개 문항(예: 관리자들은 종업원들에게 회사의 의사결정 과정에 참여하도록 요청하는 경우가 빈번하다, 종업원들은 회사 선체나 자신의 업무영역 내의 개선사항들을 제안할 수 있는 기회를 가지고 있다.)으로 조작적 정의되었다. 마지막으로 명확한 직무규정의 측정을 위해서는 직무가 분명하고 정확하게 정의되어 있는지를 확인하는 2개 문항(예: 종업원들의 의무는 직무기술서에 명확히 규정되어 있다.)이 활용되었다. 인사관행에 관련된 모든 문항은 리커트(Likert)의 5점 척도로 측정되었다.

〈표 1〉에는 몰입형 인적자원관리의 측정에 사용된 문항들과 직교회전(Varimax) 방법에 의한 탐색적 요인분석의 결과가 제시되어 있다. 여기서 보듯이 고유치(eigenvalue)가 1 이상인 7개의 요인이 출현하였고, 각 측정항목이 예정된 요인들에 적절하게 적재되었다. 요인분석에서는 일반적으로 요인적재값이 0.4 이상인 경우에는 받아들여지는데(Rummel, 1967), 한 문항을 제외하고 각 요인으로 묶인 항목들의 요

인적재값이 0.60 이상으로 판별타당성이 확보되었다고 할 수 있다.

〈표 1〉 몰입형 인적자원관리의 설문 문항에 대한 요인분석 및 신뢰성 검증의 결과

설문 문항	공식적 교육훈련	고용 안정성	종업원 참여제도	업무성과 중심의 평가	조직성과와 연계된 보상	내부경력 경로	명확한 직무규정
광범위한 교육훈련프로그램의 제공	**0.77**	0.06	0.17	0.12	0.20	0.17	0.13
매년 교육훈련프로그램의 이수	**0.81**	0.11	0.07	0.17	0.07	0.09	-0.03
직무기술 습득 프로그램 제공	**0.83**	-0.04	0.12	0.20	0.03	0.02	-0.03
상위직무 수행기술 습득프로그램 제공	**0.76**	0.00	0.20	0.23	0.10	0.12	-0.15
계속해서 근무할 기회 제공	-0.16	**0.79**	0.23	0.12	0.10	-0.01	0.07
해고의 어려움	0.08	**0.73**	-0.08	0.11	-0.11	0.34	0.07
고용안정성의 보장	0.16	**0.79**	0.19	0.10	0.09	0.03	0.03
사정악화에도 불구하고 해고 불가	0.00	**0.72**	0.37	-0.05	0.21	0.13	0.22
자율적 의사결정 기회 보장	0.29	0.22	**0.71**	0.09	0.06	0.06	0.31
의사결정과정에 대한 빈번한 참여요청	0.17	0.20	**0.60**	0.02	0.15	0.38	-0.16
개선사항 개진 기회	0.21	0.08	**0.71**	0.31	-0.03	0.20	-0.04
관리자들과의 개방적 의사소통	0.08	0.29	**0.78**	0.18	0.10	0.10	-0.03
결과 위주의 성과평가	0.26	-0.02	0.22	**0.72**	0.19	0.20	-0.04
객관적, 수량적 업무수행결과로 평가	0.28	0.15	0.07	**0.70**	0.15	0.16	-0.13
수행과정보다는 결과에 입각한 평가	0.22	0.18	0.15	**0.73**	0.15	-0.15	0.08
회사성과향상을 분배해주는 제도 실시	0.10	0.08	0.01	0.24	**0.76**	0.23	-0.02
회사성과 향상 부분을 보너스로 지급	0.26	0.15	0.18	0.11	**0.81**	0.08	0.13
내부승진기회의 보장	0.21	0.07	0.24	0.01	0.27	**0.70**	-0.05
이동할 수 있는 상위직무가 마련됨	0.09	0.26	0.22	0.17	0.08	**0.70**	0.14
직무기술서에 종업원 의무 규정	0.08	0.02	0.20	0.51	-0.33	0.13	**0.52**
종업원 의무가 직무기술서에 반영됨	-0.09	0.12	-0.04	-0.09	0.14	0.01	**0.84**
고유치	3.03	2.67	2.54	2.20	1.69	1.53	1.21
누적 분산	14.41	27.11	39.22	49.72	57.77	65.06	70.85
Cronbach's α	0.88	0.84	0.85	0.84	0.80	0.64	0.62

해당 변수의 측정에 활용된 항목들의 평균값을 구하여 개별 인사관행의 지표(composite variable)로 삼았다. 개별 인사관행에서 점수가 높다는 것은 몰입형 인사관행을 더 많이 활용하고 있음을 의미한다. 신뢰성을 검증한 결과에 의하면 〈표 1〉에서 보듯이 모든 변수의 Cronbach's α값은 0.60 이상으로 신뢰성이 있는 것으로 판명되었다.

3.2.2 경영성과

경영성과는 Venkatraman과 Ramanujam(1986), Hart와 Quinn(1993), Hart와 Banbury(1994) 등 여러 연구에서 활용되어 그 타당성이 입증된 재무성과와 사업성과로 측정하였다. 여기서 재무성과는 현금 흐름과 수익성 두 항목으로, 사업성과는 시장점유율, 매출액 성장률, 신제품 개발 세 항목으로 조작적 정의되었다. 이들 항목도 리커트의 5점 척도로 측정되었다. 연구대상 기업들이 중소기업들이어서 각 성과 항목들에 대한 검증된 자료를 구하는 것이 쉽지 않았기에 주관적 측정항목을 사용하였는데[4], 주관적 판단을 통해 측정한 성과와 객관적 지표 사이의 상관관계가 매우 높다는 사실은 이미 Dess와 Robbins(1984), Pears, Robbins와 Robinson(1987)에 의해 밝혀진 바 있다. 그런데 재무성과와 사업성과를 측정한 5개 항목에 대한 요인분석을 실시한 결과, 예상을 벗어나 한 개의 요인만이 추출되었다. 우리는 한 요인으로 묶인 현금 흐름, 수익성, 시장점유율, 매출액 성장률, 신제품 개발 등 다섯 가지를 종합하여 경영성과로 명명하였다. 이들 5개 항목의 평균값을 취하여 경영성과의 지표로 삼았다. 경영성과의 Cronbach's α값은 0.85로 신뢰성이 있었다.

---

4 한 논평자께서 공통방법편기(common method bias)가 발생할 우려가 있으므로, 사후적으로 객관적 성과지표를 구할 수 있는 일부 표본 기업들을 가지고 객관적 성과지표가 개별 인적자원관리 관행 및 주관적 성과지표와 어떤 관계를 맺고 있는지를 확인하기를 제언하여, 30여 개 기업의 재무적 지표들을 구하여 검증을 실시했으나, 아무런 관련성이 없는 것으로 나타났다. 이는 중소기업들의 실정상 재무제표의 신뢰성이 높지 못한 데 그 원인이 있는 것으로 판단된다. 사후적으로 이러한 부분적인 보완책을 시도했으나, 결국 이 논문에서는 주관적 성과지표를 사용하는 것을 피할 수 없었으므로, 동일한 자료원을 통해 변수를 측정했다는 것은 본 연구의 한계로 남는다.

3.2.3 경쟁전략

경쟁전략에 대한 변수는 Porter(1980)의 본원적 전략을 사용하였다. Porter (1980)의 본원적 전략이 실제로 존재하며(Hambrik, 1983), 구성타당도가 있음은 이미 입증된 바 있다(Dess & Davis, 1984). Porter(1980)의 경쟁전략 측정치로는 원가우위 전략(1)과 차별화 전략(7)을 양 극단으로 하고 중간점(4)에 원가우위/차별화 전략이 공존하는 7점 척도를 활용하였으며(Govindarajan & Fisher, 1990; 권구혁, 1998), 이들 각각의 전략이 의미하는 바를 설문 아래쪽에 기술하여 각 전략 유형의 개념을 명확히 하였다. 차별화 전략은 '이 전략의 초점은 우수한 제품기능이나 고객서비스, 제품이미지, 혹은 성능 등으로 인하여 소비자로부터 특별한 인식을 갖도록 하는 것'이며, 원가우위 전략은 '경쟁자들보다 낮은 원가를 달성하고자 하는 것'으로 구체적인 설명을 하였다. 경쟁전략 변수의 구성타당성을 측정하기 위해 비용절감, 효율성 향상, 제조공정 개선, 품질 개선, 신제품 개발, 기술을 새롭게 적용되는 정도 등 6개 항목이 전략적으로 활용되는 정도를 5점 척도로 측정한 후, 이들과 경쟁전략 변수와의 상관관계를 분석하였다. 그 결과 경쟁전략 변수는 비용절감, 효율성 향상, 제조공정 개선 세 항목과는 유의적인 負의 상관관계를, 그리고 품질개선, 신제품 개발, 기술을 새롭게 적용되는 정도 세 항목과는 유의적인 正의 상관관계를 가졌다. 따라서 경쟁전략 변수는 구성타당성이 갖추어졌다고 결론지을 수 있다.

3.2.4 통제변수

경영성과와 인적자원관리에 영향을 미친다고 알려진 규모, 환경불확실성, 기업연령, 노동조합 유무, 자동화 단계를 통제변수로 활용하였다. 규모는 종업원 수로 측정하였고, 환경불확실성은 Lawrence와

Dyer(1983), Miller(1988) 등의 연구를 참조하여 소비자 기호, 경쟁사들의 행동, 정부의 규제, 기술발전의 방향, 제품의 수명주기 등 다섯 가지 요인에 대한 예측가능성의 정도로 측정하였다. 자동화 단계는 박준병(1992)의 논문을 참조하여 7단계로 측정하였다. 예를 들어 가장 낮은 자동화 1단계는 단위기계의 간이자동화 단계로 그리고 가장 높은 7단계는 공장 전체의 자동화 단계로 측정하였다. 각 자동화 단계의 의미를 명확하게 전달하기 위해 구체적인 설명을 덧붙였다. 즉, 단위기계의 간이자동화는 '유압이나 공압을 이용한 기계의 일부 기능이 자동화된 단계', 공장 전체의 자동화 단계는 '자동화된 전체 공정이 컴퓨터에 의해 통제되고, 자동반송시스템과 자동창고가 있고, 공정 간의 물적 흐름과 경영정보의 흐름이 중앙 컴퓨터에 의해 통합되는 단계'로 규정되었다.

3.3 분석방법

몰입형 인적자원관리의 구성요소들과 경영성과 간의 직접적 관계에 관한 가설 1과 경쟁전략의 조절효과에 관한 가설 2를 검증하기 위해 계층적 다중회귀분석(hierarchical multiple regression)을 실시하였다. 회귀분석을 통해 도출된 상호작용 효과가 통계적으로 의미 있는 경우에는 이를 더욱 자세히 조사하기 위해 경쟁전략 변수들의 중앙값(median)을 기준으로 집단을 분류한 후, 각 집단에서 개별 인사관행과 경영성과 간의 단순기울기(simple slope)를 구하여 圖示하였다.

4. 실증분석 결과

4.1 예비적 분석

가설을 검증하기 앞서 우리나라 중소기업의 인적자원관리의 일반적 특성을 넓게 파악하기 위하여, 먼저 표본기업들이 전체적으로 7가지 몰입형 인사관행들을 어느 정도 활용하고 있는가를 〈표 2〉를 통해 살펴보자.

〈표 2〉 기술통계량 및 상관관계

	평균	표준 편차	1	2	3	4	5	6	7	8
1. 공식적 교육훈련	2.45	0.90								
2. 업무성과 중심 평가	2.79	0.89	0.17*							
3. 종업원 참여제도	3.04	0.85	0.58**	0.10						
4. 고용안정성	3.18	0.95	0.33**	0.02	0.59**					
5. 조직성과와 연계된 보상	2.56	1.01	0.49**	0.11	0.47**	0.42**				
6. 내부경력경로	2.82	0.87	0.51**	0.10	0.61**	0.52**	0.51**			
7. 명확한 직무규정	2.79	0.93	0.28**	0.60**	0.15	0.10	0.10	0.07		
8. 경쟁전략	2.80	1.13	0.31**	0.05	0.22**	0.03	0.10	0.13	0.03	
9. 경영성과	3.13	0.74	0.50**	0.05	0.52**	0.39**	0.34**	0.35**	0.13	0.22**

주) ＊p 〈0.05;＊＊p 〈0.01

〈표 2〉에서 볼 수 있듯이, 표본기업들이 특별히 많이 활용하고 있는 인사관행들은 없었다. 평균값이 가장 높은 고용안정성조차도 3.18에 불과하여 측정 척도 상의 중앙값인 3에 거의 근접한다는 점에서 볼 때, 우리나라 중소기업들은 몰입형 인사관행들을 활용하는 정도가 상

당히 낮은 것으로 판단된다. 전체적으로 재무적 자원이 부족한 중소기업들은 평균적으로는 아직 체계적인 인사관행을 구축하고 있지 못한 것으로 보인다. 특히 공식적 교육훈련은 단지 2.47에 불과하여, 중소기업들이 구성원의 역량 개발이나 조직 가치의 내면화를 목적으로 한 교육훈련에 투자하는 데 인색한 것으로 보인다. 다음으로 몰입형 인적자원관리와 경영성과와의 관계에 대해 살펴보았다. 공식적 교육훈련, 종업원 참여제도, 고용안정성, 조직성과와 연계된 보상, 내부경력경로는 경영성과와 正의 상관관계를 갖고 있었다. 다만 업무성과중심의 평가와 명확한 직무규정은 경영성과와 관계가 없는 것으로 나타났다. 이 결과만을 놓고 볼 때는 일단 7가지 몰입형 인사관행들이 경영성과에 미치는 효과가 적지 않은 것으로 보인다. 즉, 우리나라 중소기업들이 평균적으로는 체계적인 인사관행들을 결여하고 있지만, 몰입형 인사관행을 구축한 중소기업들이 그렇지 않은 중소기업들보다 대체로 더 높은 기업성과를 올리고 있음을 알 수 있다. 몰입형 인사관행과 경영성과와의 구체적인 관계는 가설을 검증하고 토론하는 과정에서 더욱 자세히 논의될 것이다.

4.2 가설의 검증 및 토론

〈표 3〉에 제시된 바와 같이 연구가설들을 검증하기 위해 3단계의 다중회귀분석을 실시하였다. 모델 1에서는 통제변수의 효과만을 검증하였고, 이어서 모델 2에서는 방정식에 몰입형 인사관행들과 경쟁전략 변수들을 추가하였다. 마지막으로 모델 3에서는 상호작용 항을 추가하였다. 즉, 모델 3은 몰입형 인사관행들과 경영성과 간의 관계가 경쟁전략에 의해 조절되는지를 확인하기 위해 실시한 통계분석의 결과이다.

연구가설 1에서는 몰입형 인적자원관리의 개별 구성요소들인 내부경력경로, 공식적 교육훈련, 업무성과중심의 평가, 조직성과와 연계된 보상, 고용안정성, 종업원 참여제도, 명확한 직무규정이 경영성과에 正의 영향을 미칠 것으로 예측하였다. 〈표 3〉의 모델 2에서 보듯이, 공식적 교육훈련, 종업원 참여제도, 고용안정성 등 세 가지 인사관행들만 경영성과에 正의 영향을 미치는 것으로 나타났다. 즉, 공식적 교육훈련, 종업원 참여제도, 고용안정성은 경영성과에 각각 β =0.24(p〈0.01), β =0.20(p〈0.05), β =0.18(p〈0.05)의 영향을 미치는 것으로 나타났다.

〈표 3〉 몰입형 인적자원관리의 경영성과에 대한 계층적 다중회귀분석의 결과

	경영성과		
	모델 1	모델 2	모델 3
통제변수			
규모	0.03	0.03	0.04
환경불확실성	0.23**	0.01	0.03
기업연령	0.04	0.06	0.09
노동조합 유무	0.12	0.09	0.04
자동화 단계	0.05	0.01	0.01
몰입형 인적자원관리			
공식적 교육훈련(TR)		0.24**	0.39
업무성과중심의 평가(AP)		0.11	0.03
종업원 참여제도(PA)		0.20*	0.09
고용안정성(SE)		0.18*	0.23
조직성과와 연계된 보상(PR)		0.06	0.42*
내부경력경로(IN)		0.02	0.18
명확한 직무규정(JO)		0.07	0.02
경쟁전략(STR)		0.08	0.84
TR*STR			0.95*
AP*STR			0.12
PA*STR			0.61
SE*STR			0.79*
PR*STR			0.60
IN*STR			0.43
JO*STR			0.15
R^2	0.08	0.32	0.42
F	2.99*	6.06***	5.62***
R^2 change	0.08*	0.24***	0.10***

주1) Coefficients는 standardized beta weights(two-tailed tests)임.
주2) *p〈0.05; **p〈0.01; ***p〈0.001.

이것은 인적자원관리에 관한 보편적 접근방법이 부분적으로 지지되고 있음을 의미한다. 아래에서는 이러한 연구결과를 네 가지 측면으로 나누어 미국의 기업을 대상으로 한 Delery와 Doty(1996)의 연구나 우리나라의 다른 연구들과 비교하면서 몇 가지 함의를 추출해 본다.

첫 번째, 고용안정성이 경영성과에 正의 영향을 미친다는 사실은 미국의 금융산업을 대상으로 한 Delery와 Doty(1996)의 연구결과와 동일하다. Pfeffer(1998)가 제시한 7가지의 몰입형 인사관행들과 조직유효성 간의 관계를 살펴본 권동인·박호환(2003)의 연구에서도 비슷한 결과가 도출되었다. 이로 미루어 짐작하건대, 미국은 물론이고 문화적 특성이 다른 한국에서도 고용안정성은 경영성과의 향상을 위해서는 기업이 반드시 갖추어야 할 가장 기본적인 토대임이 틀림없다. 고용안정성의 보장은 호혜성의 규범을 수용하게 만들어 구성원의 조직에 대한 헌신을 이끌어내고 이것이 경영성과의 향상으로 이어지는 것으로 보인다. 하지만 우리의 현실은 이러한 연구결과와는 정반대로 진행되고 있다. IMF로부터 구제금융을 받은 이후 기업들은 경영혁신이라는 미명아래 구성원들을 마구잡이로 해고하고 정규직을 비정규직화 하는 등 고용유연성을 확보하는 데 혈안이 되어 있다. 하지만 미국과 우리의 연구 모두에서 고용안정성이 경영성과의 향상에 탄탄한 바탕을 제공해 준다는 사실에 주목할 필요가 있다. 생산성이 투입물 대비 산출물의 비율이라고 할 때, 고용안정성을 보장하여 투입물인 구성원의 수를 그대로 둔 채, 그들로부터 조직에 대한 더 높은 헌신을 이끌어냄으로써, 경영성과의 향상을 이룩할 수 있음을 이 연구결과는 시위하고 있다.

두 번째, Delery와 Doty(1996)의 연구결과에서는 업무성과중심의 평가나 조직성과와 연계된 보상이 경영성과에 正의 영향을 미쳤으나 우리나라에서는 이것들이 경영성과와 유의적 관계를 맺지 않는 것으로 나타났다. 개인주의 문화를 갖고 있는 미국에서는 조직 내부의 경쟁 메커니즘으로 작동하는 성과나 결과에 입각한 보상제도가 구성원들의 공정성 욕구를 충족시켜 조직에 대한 더 많은 헌신을 이끌어내는 것으로 보인다. 하지만 우리 사회에서는 동일한 결과가 출현하지 않은 것이다. 조심스러운 해석이기는 하지만 성과급제는 우리나라에서는 구성원들에게 동기부여 수단으로 인식되기보다는 통제수단으로 인식되기 때문에 이러한 결과가 나타났을 개연성이 있다. 역사적으로 1987년 이후 기업들은 노동조합의 힘이 강성해지는 것을 막기 위한 수단으로 신인사제도를 도입하기 시작한다. 즉 업무성과중심의 평가체계나 성과급제는 '고과'라는 수단을 통해 종업원들을 통제하기 위해 도입된 측면이 강하다. 그래서 이것들을 도입하는 과정에서 기업들은 구성원들로부터 적지 않은 저항에 부딪혔다. 비록 유의적이지 않았지만, 업무성과중심의 평가가 경영성과와 負의 인과관계($\beta=-0.11$)를 갖는 것으로 나타났다는 점은 이러한 사실을 반증하는 결과로도 해석될 수 있다. 조직성과와 연계된 보상의 일종인 이윤분배제의 경우도 산업민주주의를 구현하는 수단으로서 조직에 기여한 몫을 구성원들에게 돌려준다는 원래의 취지를 제대로 살리고 있지 못하다. 우리나라에서는 이윤분배제가 개인의 성과와 밀접히 연동되어 개인들 간의 경쟁을 부추기는 또 하나의 요소로 작용하기에 의도한 바의 효과를 나타내지 못하고 있는 것으로 보인다.

세 번째, 미국 기업을 대상으로 한 Delery와 Doty(1996)의 연구결과에서는 공식적 교육훈련과 종업원 참여제도가 기업성과에 영향을 미치지 못한 반면에, 우리나라 중소기업들에서는 이 두 가지 인사관행이 경영성과에 正의 영향을 미친다는 사실이 확인되었다. 먼저 공식적 교육훈련의 의미에 대해 논의해 보자. 자원기반이론(resource-based theory)의 각도에서 관찰해 보건데, 구성원을 기업의 지속적 경쟁우위(sustainable competitive advantage)의 원천인 전략적 자산으로 만들려면, 기업이 구성원의 역량강화를 위한 교육훈련에 투자를 아끼지 않아야 한다(Lado & Wilson, 1994). 인적자본이론(human capital theory)에서도 사람들이 보유한 지식, 능력, 기술의 향상은 종업원들의 생산성 향상을 통해 기업의 경영성과를 올리는데 기여한다고 본다(Youndlt, Snell, Dean, & Lepark, 1996). 직무순환이나 직무 간의 이동교육을 비롯한 다양한 교육훈련은 구성원의 역량강화뿐만 아니라 구성원들에게 조직 전체의 방향과 목적 그리고 운영방식을 이해할 수 있는 기회를 부여하여, 사회화 기제로도 기능한다(Snell, 1992; Cable & Parsons, 2001). 이 연구결과를 통해 우리는 공식적 교육훈련이 구성원의 자아실현 욕구를 충족시킴은 물론이고, 사회화 기제로도 작용하여 경영성과의 향상에 기여했을 것이라 짐작할 수 있다. 또한, 참여적 의사결정은 작업과정에 대한 심리적 소유의식을 높여 주어 조직에 대한 구성원의 기여도를 높였을 것으로(Hackman & Oldham, 1980) 어렵지 않게 추론할 수 있다.

네 번째, 내부경력경로와 명확한 직무규정은 이 연구와 미국의 기업들을 대상으로 한 Delery와 Doty(1996)의 연구 모두에서 경영성과에 유의적인 영향을 미치지 못하고 있었다. 내부경력경로와 명확한 직무규정과 같은 관료제유형의 인사관행들은 독립적으로 경영성과에 영향을 미치기보다는 다른 유형들과 결합되어 몰입형 인적자원관리의 한 축을 형성하기 때문에 이러한 결과가 출현한 것 같다. 예를 들어 명확한 직무규정은 이것이 참여적 의사결정이나 조직학습을 지원하는 계층구조 등 민주적 인사관행들과 성공적으로 결합되느냐의 여부에 따라, 구성원들에게 억압적(coercive) 성격을 가진 것으로 인식되기도 하고, 과업수행에 도움이 되는 권능부여(enabling)의 성격을 지닌 것으로 여겨지기도 한다(Adler & Borys, 1996). 따라서 명확한 직무규정이 단독으로 경영성과에 유의한 영향을 미치고 있지는 않은 것으로 보인다. 윤세준·김상표(2001)의 연구에서도 관료제유형은 조직성과와 거의 관련성이 없었고, 심지어는 관료제유형에만 의존하는 기업군들은 체계적인 인사관리제도가 전혀 갖추어져 있지 않은 기업군들과도 성과 차이를 보이지 않았다. 이러한 사실들로부터, 조심스럽기는 하지만 내부경력경로나 명확한 직무규정과 같은 관료제유형의 인사관행들은 민주적 의사결정 구조나 기업의 공동체적 성격을 강화하는 다른 요인들로 보완되지 않았을 때, 종업원들에 대한 효과적인 동기부여 수단으로 작용하기 어렵다는 추론을 이끌어낼 수 있다.

연구가설 1의 검증결과를 통해 우리가 가장 주목해야 할 사실은 경영성과에 긍정적인 영향을 주는 세 가지 모두가 기업의 가족공동체적 성격을 강화하는 인사관행에 속하였고, 시장유형이나 관료제유형에 속하는 몰입형 인사관행 중 어느 것도 독자적으로는 경영성과에 영향을 미치지 않았다는 것이다. 인사관리의 기본유형을 가족유형, 시장유형, 관료제유형으로 구분하고 기업들의 인사관리패턴과 기업성과 간의 관계를 살펴본 윤세준·김상표(2001)의 연구에서도 상대적으로 높은 성과를 올리는 기업들은 가족유형을 기반으로 삼고 있었다. 이러한 사실들에 입각하여 판단해 볼 때, 우리나라의 중소기업들은 가족유형을 인사관리의 핵심적 축으로 견고하게 유지할 필요가 있다. 한때의 유행(fad)에 사로잡히거나 순전히 구성원의 통제를 목적으로 새로운 인사관행들을 도입한다 할지라도 장기적으로 그것이 경영성과의 향상으로 이어지기는 어렵다. 이런 점에서 IMF로부터의 구제금융 이후 과도하게 신자유주의적 인사관행들을 도입하고 있는 우리나라의 중소기업들에게 이 연구 결과는 자아성찰의 계기를 제공해 주고 있다.

그런데 교육훈련, 고용안정성, 종업원 참여제도 등 가족유형의 인사관행들은 대기업에 비해 중소기업에서 훨씬 실현되기 어려운 것들이다. 가족유형의 인사관행들이 기업 내에 성공적으로 뿌리내리기 위해서는 종업원에 대한 유·무형의 많은 투자가 필요하고, 현업에 종사하는 사람들에게 실질적인 권한을 부여하려는 노력이 뒤따라야 한다(Pfeffer, 1994). 하지만 우리나라 중소기업은 가족유형의 인사관행을 실행하는 데에 취약한 재무구조와 소유구조를 갖고 있다. 대부분의 중소기업은 독자적인 기술력을 갖고 있지 못하기에 대기업과의 협상에서 취약한 상황에 놓여 있게 된다. 이를 빌미로 대기업들은 수익구조가 악화되면 중소기업에 원가부담을 전가시키기 위해 가격인하압력을 빈번히 행사해 왔다. 그 밖에도 일본과 같은 중층하청구조의 결여 등 많은 이유로 인해, 우리나라 중소기업들은 오랫동안 재무구조의 취약성을 벗어나지 못해왔다. 교육훈련을 실시하거나 고용안정성을 보장하는 등 종업원에 대한 장기투자는 재무구조가 취약한 중소기업으로서는 경영자의 확고한 경영철학이 뒷받침되지 않는다면 실행하기 어려운 것들이다. 또한, 중소기업은 일반적으로 소유와 경영이 엄격히 분리되기 어렵고 기능식 조직형태를 취하고 있기 때문에, 최고경영층이 분권화된 의사결정보다는 집권화된 의사결정을 선호할 가능성이 높다(김상표 · 신진교, 2006). 특히 소유경영자는 통제의 불확실성을 회피하려 하므로 참여적 의사결정을 쉽사리 제도화하려 들지 않을 것이다. 그럼에도 중소기업의 경영자가 사람이 경쟁력의 원천이라는 확고한 믿음을 가지고 종업원들과 의사결정 권한을 공유하게 되면, 종업원들은 주인의식을 갖고 조직에 대해 더 많은 헌신을 할 것이고, 이는 결국 중소기업의 성과 향상으로 이어질 수 있음을 이 연구결과는 보여 주고 있다. 최근에 우리나라는 노동연구원 주도로 뉴패러다임센터를 만들고 중소기업들의 컨설팅을 돕고 있는데, 이 기관이 표방하는 뉴패러다임이 정확히 몰입형 인적자원관리와 일치하는 것은 아니지만, 사람을 경쟁력의 원천으로 보고 사람중심 경영문화를 확산하려고 시도한다는 점에서 핵심취지를 공유하고 있다. 뉴패러다임센터의 도움을 받아 대명화학, 이건환경, 하나코비 등 여러 중소기업이 가족유형의 인사관행들을 수용함으로써 기업성과를 획기적으로 개선한 사례들이 보고된 바 있다. 중소기업은 대기업에 비해 열악한 환경에 놓여 있으므로, 경영자들은 인원 감축이나 집권화 등과 같이 단기적으로 달콤함이 보장된 손쉬운 길을 선택하고 싶은 유혹을 느낄 것이다. 몰입형 인적자원관리라는 어렵고 힘든 길을 선택하는 데에는 용기가 필요하고 나아가 그것의 실행을 위해서는 많은 인내가 뒤따라야 하지만, 그 열매는 매우 클 것임을 이 연구결과는 보여 주고 있다.

연구가설 2는 원가우위 전략보다는 차별화 전략에서 몰입형 인적자원관리의 구성요소들이 기업성과에 미치는 긍정적인 영향이 더 클 것이라는 예측이었다. 〈표 3〉의 모델 3에서 보듯이 상호작용 항의 투입으로 인한 R^2 변화량이 0.001 수준에서 유의하였을 뿐만 아니라, 공식적 교육훈련*경쟁전략, 고용안정성*경쟁전략 두 항이 경영성과에 긍정적인 영향을 미치는 것으로 확인되고 있다. 먼저 공식적 교육훈련과 경쟁전략의 상호작용방식을 구체적으로 확인하기 위해, 우리는 경쟁전략의 중앙값을 기준으로 그보다 낮은 집단은 원가우위 전략을 추구하는 집단으로 그리고 그보다 높은 집단은 차별화 전략을 추구하는 집단으로 분류하고, 각 집단에 있어서 공식적 교육훈련이 경영성과에 미치는 단순기울기를 구하여 〈그림 1〉로 도시하였다.

〈그림 1〉 공식적 교육훈련과 경영성과 간의 관계에 대한 경쟁전략의 조절효과

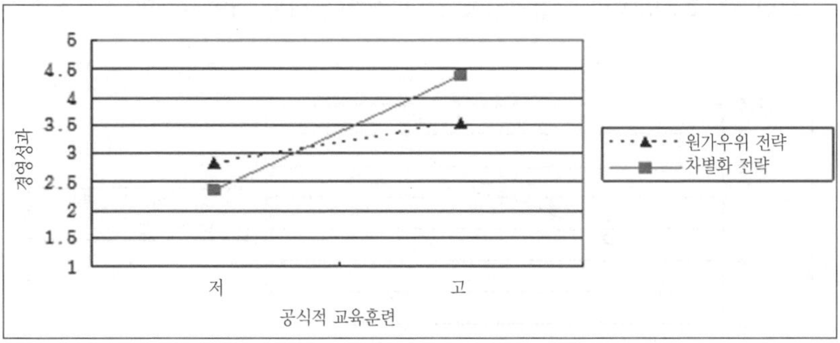

〈그림 1〉에서 보는 바와 같이, 원가우위 전략을 추구하는 집단(β =0.19, n.s.)보다 차별화 전략을 추구하는 집단(β =0.60, p〈0.001)에서 공식적 교육훈련이 경영성과에 미치는 효과가 더 높았다. 차별화 전략을 추구하는 중소기업들은 타 기업과 다른 이미지를 구축하기 위해

고품질이나 신제품 개발 등에서 선도적 위치를 점해야 하므로 지식, 능력, 기술 등의 측면에서 뛰어난 역량 있는 구성원을 필요로 한다. 그렇기에 이러한 결과가 출현한 것으로 보인다. 그런데 비록 유의적이지는 않지만 원가우위 집단에서도 공식적 교육훈련이 경영성과와 正의 관계를 맺고 있었다. 원가우위를 추구하는 중소기업들이 종업원들의 교육훈련에 투자하더라도 이것이 경영성과를 떨어뜨리는 요인으로 작용하지는 않는다는 것이다.

다음으로 고용안정성과 경쟁전략의 상호작용방식을 구체적으로 확인하기 위해, 〈그림 2〉에서 보는 바와 같이, 표본을 원가우위 전략을 추구하는 집단과 차별화 전략을 추구하는 집단으로 나누고 두 집단에서 고용안정성이 경영성과에 미치는 효과를 확인하였다. 여기서도 원가우위 전략을 추구하는 집단(β =0.22, n.s.)보다 차별화 전략을 추구하는 집단(β =0.50, p〈0.001)에서 고용안정성이 경영성과에 미치는 효과가 더 높았다.

〈그림 2〉 고용안정성과 경영성과 간의 관계에 대한 경영전략의 조절효과

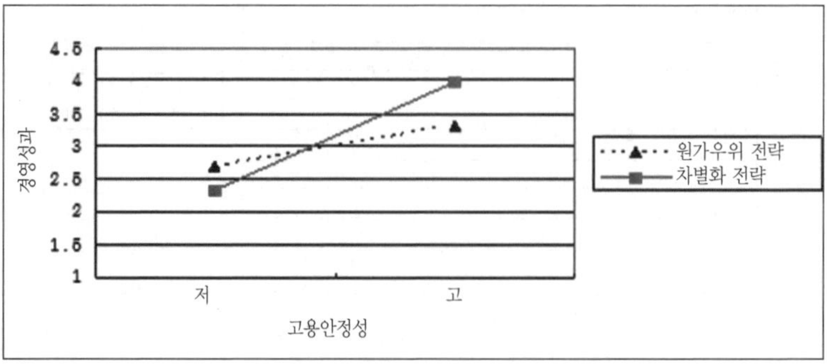

차별화 전략을 추구하는 중소기업에서는 책임감과 품질의식이 강함은 물론이고, 협력적이고 상호 의존적으로 행동하는 구성원의 개발과 유지가 필요하다(Schuler, 1989). 기업의 공동체적 속성을 강화하는

몰입형 인사관행들, 그중에서도 특히 고용안정성의 보장은 기업과 구성원 사이뿐만 아니라 구성원들 상호 간에도 신뢰가 형성되도록 돕는다. 조직에 신뢰가 배태되면, 구성원들 간에는 지식과 정보의 교류가 활발히 일어나 조직혁신과 변화가 성공적으로 달성될 개연성이 높아진다(Lado & Wilson, 1994). 이러한 이유로 이 연구에서 경쟁전략이 고용안정성과 경영성과 간의 관계를 조정하는 것으로 나타났을 것이다. 공식적 교육훈련과 마찬가지로, 비록 유의적이지는 않지만 원가우위 집단에서도 고용안정성이 경영성과와 正의 관계를 맺는 것으로 밝혀졌다.

연구가설 2의 검증을 통해 공식적 교육훈련과 고용안정성이 경영성과에 미치는 효과가 원가우위 전략 집단보다는 차별화 전략 집단에서 더 높게 나타났지만, 그렇다고 몰입형 인적자원관리를 사용하는 것이 원가우위 전략의 실행에 방해가 되지는 않는다는 사실이 확인되었다. 몰입형 인적자원관리에 대한 상황적 접근방법의 타당성이 부분적으로 입증된 것이다. 연구가설 1과 2의 검증결과를 종합해 보면, 몰입형 인적자원관리가 독립적으로도 기업성과에 영향을 미치지만, 다른 한편으로는 상대적으로 더 큰 영향을 미치는 특정한 상황(경쟁전략)이 존재한다는 사실이 확인되었다. 결론적으로 이 논문은 몰입형 인적자원관리에 대한 상황적 접근방법과 보편적 접근방법의 주장이 상호 보완될 수 있는 여지가 있음을 확인한 것이다.

5. 맺음말

20세기 초부터 대략 1970년대까지 대부분 기업은 대량생산방식에 기반을 두어 원가 위주의 경쟁전략을 구사하였다. 대량생산방식은 단일 제품을 고속으로 생산한다는 생산의 계속성과 노동력 절감만을 목표로 한 경직된 체계였다. 이때 대부분의 기업은 구성원을 그저 대체할 수 있는 상품 정도로만 인식하는 통제형 인적자원 관리전략을 구사하였다. 그런데 80년대 이후 기술 및 제품수명주기의 급격한 단축, 소비자 기호의 다양화, 경쟁의 세계화, 산업간 경계의 붕괴 등으로 말미암아 기업들은 과거와는 질적으로 다른 경쟁환경에 놓이게 되었다(Hart & Banbury, 1994). 이제 기업들은 원가 위주의 경쟁방식을 넘어서 품질, 유연성, 신제품 개발 등 보다 상위의 전략적 목표들을 추구하지 않으면 생존하기 힘든 경쟁환경에 놓이게 된 것이다(Baden-Fuller & Stopford, 1994). 원가우위는 물론이고, 타 기업과 비교해서 품질이나 기술 등의 측면에서 독특한 차별적 우위도 창출해야만 생존할 수 있는 그야말로 무한경쟁시대에 돌입하게 된 것이다. 품질의 일관성을 달성하고 불량률을 낮추기 위해서는 구성원들의 자발적인 헌신이 필수적이다. 또한, 기업이 경쟁환경의 변화에 유연하게 대처하고 계속해서 신제품을 성공적으로 도입하기 위해서도 조직에 몰입하여 자발적으로 창의성을 발휘하는 구성원을 필요로 한다. 요컨대 과거의 통제형 인적자원관리로는 더 이상 기업의 지속적인 경쟁우위를 유지하기 힘들게 된 것이다(McKinlay & Starkey, 1988). 이러한 경쟁환경의 변화를 반영하여, 최근 들어 기업경영에 신뢰를 도입하면서 조직과 개인의 목표를 통합하는 것을 지향하는 몰입형 인적자원관리에 관한 관심이 증대되고 있다.

이 연구는 인적자원관리의 두 가지 접근방법인 보편적 접근방법과 상황적 접근방법을 동원하여 우리나라 중소기업에서 몰입형 인적자원관리가 기업성과에 영향을 미치는지의 여부를 확인하였다. 이 연구의 결과는 두 가지로 요약될 수 있다. 첫 번째는 여러 가지 상황요인을 통제한 상태에서도 몰입형 인적자원관리의 구성요소 중 특히 가족유형의 인사관행들인 고용안정성, 공식적 교육훈련, 종업원 참여제도가 중소기업의 경영성과에 유의적인 영향을 미쳤다는 점이고, 두 번째는 원가우위 전략을 추구하는 집단보다 차별화 전략을 추구하는 집단에서 공식적 교육훈련과 고용안정성이 경영성과에 미치는 효과가 더 크게 나타났다는 점이다. 이상의 두 가지 연구결과를 통해 몰입형 인적자원관리에 대한 보편적 접근방법과 상황적 접근방법이 상호 보완될 수 있는 여지가 있다는 결론을 내릴 수 있다.

이제 이 연구의 한계점과 앞으로의 연구방향을 몇 가지 지적하고자 한다. 첫 번째는 독립변수와 종속변수를 동일한 자료원에서 얻었기 때문에 공통방법편기(common method bias)가 발생했을 가능성이 있다. 독립변수와 종속변수를 모두 자기 보고(self report)에 의존하여 측정하는 방법에서 벗어나, 경영성과 지표로 객관적 측정치를 사용하거나 인사관행들을 관리 매뉴얼이나 사내·외의 문헌자료들을 활용하여 객관적 수치로 환산하는 방법을 검토할 필요가 있다. 두 번째는 이 연구는 횡단면 자료 분석에 의존하였기 때문에, 성과가 높은 조직이 몰입형 인사관행들을 채택하게 되었을 가능성을 전적으로 배제하기 어렵다. 몰입형 인적자원관리와 기업성과 간의 명확한 인과관계의 파악을 위해서는 종단적 연구가 있어야 할 것이다. 세 번째는 표본이 대구와 경북지역의 중소기업으로 한정되었기 때문에 연구결과를 일반화하는 데 한계가 있다. 무작위 표본추출방법(random sampling)이나 계층화된 표본추출방법(stratified sampling) 등 좀 더 체계적인 표본추출방법을 사용하여 전국적인 수준의 중소기업 표본을 사용한 후속 연구가 있어야 할 것이다. 또한, 대기업과 중소기업의 비교연구를 통해 대기업과 중소기업에서 몰입형 인적자원관리가 기업성과에 미치는 방식에 차이가 있는지를 확인하는 것도 자못 흥미로운 과제가 될 것이다. 네 번째는 이 연구에서 사용한 경쟁전략 변수의 측정에 관한 것이다. 이 연구에서는 원가우위와 차별화 전략을 상호 배타적인 것으로 보고 이 둘을 단일 차원의 양극단으로 삼아 경쟁전략 변수를 측정하였다. 최근 들어 원가우위와 차별화 전략이 서로 다른 차원일 뿐 함께 추구될 수 없는 것은 아니라는 주장이 대두되고 있으므로, 이를 고려하여 경쟁전략을 측정한 연구도 필요하다고 본다. 다섯 번째는 외국에서 몰입형 인사관행으로 제시한 것들을 경험연구에 그대로 활용했다는 한계를 갖고 있다. 앞으로는 우리나라에서 뛰어난 경영성과를 올리는 기업들에 관한 사례연구를 통해 우리 고유의 문화적 특성이 반영된 몰입형 인사관행들이 있는지를 확인하는 것도 흥미로운 과제가 될 것이다.

참고 문헌

권구혁(1998), 대기업 계열사의 경쟁전략과 자원공유 및 인센티브 시스템의 관계: 계열사의 성과 및 경영자 만족에 미치는 영향, 경영학연구, 27(2), 309~341.

권구혁 · 신진교(2003), 전략적 환경적응력과 조직내부적 적합성이 중소기업의 성과에 미치는 영향, 중소기업연구, 25(2), 127~153.

권동인 · 박호환(2003), 고몰입인적자원관리와 조직유효성의 관계에 있어서 지식경영의 조절효과에 관한 탐색적 연구, 인사관리연구, 27(3), 1~31.

김동배 · 주낙선(2001), 조직상황, 인사관리시스템, 조직성과에 관한 연구, 인사 · 조직연구, 9(2), 249~279.

김상표 · 신진교(2006), 전략수립과정과 중소기업의 성과 사이의 관계, 중소기업연구, 28(1), 3~36.

김재구 · 임상훈 · 김동배(2003), 인사관리시스템과 경영성과가 상호간에 미치는 영향에 대한 연구, 인사관리연구, 27(3), 31~54.

박준병(1992), 공장자동화동화기술도입의 영향요인에 관한 연구, 연세대 경영학 박사논문.

배종석 · 사정혜(2003), 인적자원관리와 조직성과에 대한 실증연구, 인사 · 조직연구, 11(2), 133~169.

양혁승(2002), 전략적 인적자원관리: 기존 연구결과 및 향후 연구과제 개관, 인사관리연구, 26(2), 113~143.

유규창(1998), 인적자원관리의 전략적 접근법에 관한 연구, 경영학연구, 27(3), pp. 585~610.

윤세준 · 김상표(2001), 시장, 관료제 그리고 가족: 인적자원의 역설경영과 기업성과 사이의 관계, 인사 · 조직연구, 9(2), 313~356.

장은미(2003), 개인성과 위주의 보상제도가 직무 수행 노력에 미치는 영향에 관한 연구: 인적자원 관리 번들(HR Bundle)의 조절효과를 중심으로, 인사 · 조직연구, 11(1), 133~158.

Adler, P. S. & Borys, B.(1996), Two Types of Bureaucracy: Enabling and Coercive, *Administrative Science Quarterly*, 28, 621–624.

Arthur, J.(1992), The Link between Business Strategy and Industrial Relations Systems in American Steel Minimills, *Industrial and Labor Relations Review*, 45, 488–506.

Arthur, J.(1994), Effects of Human Resource Systems on Manufacturing Performance and Turnover, *Academy of Management Journal*, 37, 670–687.

Baden–Fuller, C. & Stopford, J. M.(1994). *Rejuvenating the Mature Business: The Competitive Challenge*. Boston, Massachusetts: Harvard Business School Press.

Barney, J. B. & Wright, P. M.(1998), On Becoming a Strategic Partner: The Role of Human Resources in Gaining Competitive Advantage, *Human Resource Management*, 37, 31–46.

Cable, D. M. & Parsons, C. K.(2001), Socialization Tactics and Person–Organization Fit, *Personnel Psychology*, 54, 1–22.

Delery, L. E. & Doty, D. H.(1996), Theoretical Frameworks in Strategic Human Resource Management: Universalistic, Contingency, and Configurational Perspectives, *Academy of Management Journal*, 39, 802–835.

Dess, G. G. & Davis, P. S.(1984), Porter's Generic Strategies as Determinants of Strategic Group Membership and Organizational Performance, *Academy of Management Review*, 27, 467–488.

Dess, G. G. & Robinson, R. B(1984), Measuring Organizational Performance in the Absence of Objective Measure: The Case of the Privately–Held Firm and Conglomerate Business Unit, *Strategic Management Journal*, 5, 265–273.

Govindarajan, V. & Fisher, J.(1990), Strategy, Control Systems, and Resource Sharing: Effects on Business–Unit Performance, *Academy of Management Journal*, 33, 259–285.

Hambrick, D. C.(1983), An Empirical Typology of Mature Industrial Product Environments, *Academy of Management Journal*, 26, 213–230.

Hart, S., and Banbury, C.(1994), How Strategy–Making Processes Can Make a Difference, *Strategic Management Journal*, 15, 251–269.

Hart, S. & Quinn, R. E.(1993), Roles, Executives Play: CEOs, Behavioral Complexity, and Firm Performance, *Human Relations*, 46, 543–574.

Hackman, J. R. & Oldham, G.(1980), *Work Redesign*, Reading, MA: Addison–Wesley.

Hill, S.(1981), *Competition and Control at Work*, London: Heinemann Educational Books.

Huselid, M. A.(1995), The Impact of Human Resource Management Practices on Turnover, Productivity, and Corporate Financial Performance, *Academy of Management Journal*, 38, 635–672.

Ichniowski, C., Shaw, K., & Prennushi, G.(1994), *The Impact of Human*

Resource Management Practices on Productivity, Columbia Business School Working Paper015, New York: Columbia University Press.

Klein, J. A.(1994), The Paradox of Quality Management: Commitment, Ownership, and Control, in C. Heckscher & A. Donnellon(Eds.), *The Post-Bureaucratic Organization: New Perspectives on Organizational Change*, Thousand Oaks: Sage Publication Ltd.

Lado, A. A. & Wilson, M. C.(1994), Human Resource Systems and Sustained Competitive Advantage: A Competency-Based Perspective, *Academy of Management Review,* 19, 699-727.

Lawrence, P. R. & Dyer, D.(1983), *Renewing American Industry*, New York: The Free Press.

MacDuffie, J. P.(1995), Human Resource Bundles and Manufacturing Performance: Organizational Logic and Flexible Production Systems in the World Auto Industry, *Industrial and Labor Relations Review*, 48, 197-221.

McKinlay, A. & Starkey, K.(1988), Competitive Strategies and Organizational Change, *Organization Studies*, 9, 555-571.

Miles, R. E. & Snow, C. C.(1984), Designing Strategic Human Resource Systems, *Organizational Dynamics*, 12, 36-52.

Milgrom, P. & Roberts, J.(1995), Complementarities and Fit: Strategy, Structure and Organizational Change in Manufacturing, *Journal of Accounting and Economics*, 19, 179-208.

Miller, D.(1988), Relating Porter's Business Strategies to Environment and Structure: Analysis and Performance Implications, *Academy of Management Journal*, 31, 280-308.

Miller, D. & Friesen(1983), Strategy Making and Environment: The Third Link, Strategic Management Journal, 4, 221-235.

Ouchi, W. G.(1980), Markets, Bureaucracies, and Clans, *Administrative Science Quarterly*, 25, 129-141.

Ouchi, W. G. & Price, R. L.(1993), Hierarchies, Clans, and Theory Z: A New Perspective on Organizational Development, *Organizational Dynamics*, 21, 62-70.

Pearce, F. T., Robbins, D. K., & Robinson, R. B.(1987), The Impact of Grand Strategy and Planning Formality on Financial Performance, Strategic *Management Journal*, 8, 125-134.

Peck, S. R.(1994), Exploring the Link between Organizational Strategy and Employment Relationship: The Role of Human Resources Policies, *Journal of Management*, 31, 715–736.

Pfeffer, J.(1994), *Competitive Advantage through People*, Boston, MA: Harvard Business School Press.

Pfeffer, J.(1994), *The Human Equation: Building Profits by Putting People First*, Boston, MA: Harvard Business School Press.

Porter, M. E.(1980), *Competitive Strategy: Techniques for Analyzing Industries and Competitors,* New York: Free Press.

Porter, M. E.(1985), *Competitive Advantage: Creating and Sustaining Superior Performance*, New York: Free Press.

Schuler, R. S.(1988), Human Resource Management Practices Choices, in R. S. Schuler, S. A. Youngblood, & V. L. Huber(Eds.), *Readings in Personnel and Human Resource Management*(3rd ed.), St. Paul, Minnesota: West Publishing.

Schuler, R. S.(1989), Strategic Human Resource Management and Industrial Relations, *Human Relations*, 42, 157–184.

Snell, S. A.(1992), Control Theory in Strategic Human Resource Management: The Mediating Effect of Administrative Information, *Academy of Management Journal*, 35, 292–327.

Venkatraman, N. & Ramanujam, V.(1986), Measurement of Business Performance in Strategy Research: A Comparison of Approaches, *Academy of Management Review*, 11, 801–814.

Walton, R. E.(1985), From Control to Commitment in the Workplace, *Harvard Business Review*, March–April, 77–84.

Youndt, M. A., Snell, S. A., Dean, Jr. J. W., & Lepark, D. P.(1996), Human Resource Management, Manufacturing Strategy, and Firm Performance, *Academy of Management Journal*, 39, 836–866.

사회적 교환, 수용자의 능력, 그리고 성과[1]

1. 문제제기

우리는 일상생활에서 '사회적 교환'이라는 현상을 흔히 목격할 수 있다. 사회적 교환은 시장거래에서 발생되는 관계뿐만 아니라 우정, 사랑에서도 찾을 수 있다(Blau, 1964). 이 교환은 공포로부터 발생된 것을 뺀 모든 사회적 교환행위로, 조직에서는 조직과 조직구성원 사이에, 또는 조직구성원들 사이에서 발생한다. 이에 관한 대부분의 연구는 리더와 부하 간의 관계(예, Graen & Uhl-Bien, 1995; Liden & Maslyn, 1998; Bernerth et al., 2008)와 조직의 지원이 성과(예, Eisenberger, Fasolo, & Davis LaMastro, 1990; Shore & Tetrick, 1991; Shore & Wayne, 1993)에 미치는 영향에 관심을 두어 왔다. 그러나 이들 관점은 사회적 교환을 유지시키는 것과 직접적인 관련성이 없을 수 있다.

사회적 교환은 도움을 받은 수용자(receiver)가 제공자(giver)에게 도움을 주어야만 계속 유지되며, 수용자가 제공자에게 해로움을 주면 파괴된다(Gouldner, 1960). 즉, 리더나 조직으로부터 많은 지원을 받으면 능력이 부족한 수용자라도 일시적으로 성과를 발생시켜 사회적 교환관계를 유지시킬 수 있지만, 계속적인 사회적 교환에서 리더나 조직이 수용자로부터 자신들이 투자한 만큼 성과를 획득하지 못한다는 것을 인식한다면 사회적 교환관계는 파괴될 수 있다. 이러한 수용자의 능

1 이 논문은 전수욱, 김태열과 함께 『인사·조직연구』 제19권 제1호(2011년)에 게재하였다.

력 부족은 사회적 교환관계에서 마치 수용자의 기회주의 행동처럼 보인다.

기회주의 행동은 자신의 이익만을 추구하는 행동으로(신유근 등, 1999: 222), 사회적 교환에서 수용자가 조직이나 관리자로부터 지원받은 자원만큼 되돌려 주지 않았을 때 발생된다. 그러나 수용자의 능력 부족은 기회주의 행동과 그 성격이 다르다. 수용자는 자신의 이익을 위해 받은 만큼 돌려주지 않는 것이 아니라 자신의 능력 부족으로 돌려주고 싶어도 돌려주지 못하는 상태에 있는 것이다. 다시 말해, 수용자가 조직이나 관리자로부터 자신의 능력보다 더 큰 지원을 받았다면, 자신의 능력으로는 받은 만큼 돌려줄 수 없는 상황에 처할 수 있다. 따라서 계속적인 사회적 교환은 수용자의 능력과 직접적인 관련성을 맺고 있다고 볼 수 있다.

수용자의 능력 향상은 사회적 교환의 신뢰와 의무감에서 비롯된다. 먼저, 신뢰는 사회적 교환에서 한 당사자가 다른 당사자에 대한 의존으로, 상대방의 행동, 공정성, 또는 신용을 기대하는 자신감을 뜻한다(Ring & Van de Ven, 1994). 조직에서 신뢰는 조직이나 관리자, 또는 동료에게 받은 지각된 이익에 비례하여 제공자에게 지원할 것을 의미한다(Blau, 1964). 수용자의 신뢰는 조직이나 관리자가 자신의 의도와 능력을 잘 알고 있어 그에 맞는 지원을 할 것이라는 믿음에서 형성된다. 그러나 신뢰의 파괴는 교환관계에 있는 개인의 능력이나 의도에 대한 앎에 비춰 발생된 관계 대상의 바람직하지 않은 행동에 관한 확신에서 발생된다(Deutsch, 1960). 신뢰관계를 파괴한 당사자는 조직이나 교환관계에 있는 다른 사람과 갈등관계(Molm, Collett, & Schaefer, 2006)에 놓이거나 보복(Morison & Robinson, 1997)을 당하게 된다. 그러므로 수용자는 보통 한 조직 안에서 교환관계로 형성된 신뢰관계를 파괴하지 않으려고 한다.

의무는 산출된 결과와 상관없이 절대적으로 행해지는 것을 말한다

(Hallgarth, 1998). 사회적 교환에서 양 당사자의 의무는 자신의 복리나 타인의 복리를 위한 고려가 합리적으로 받아들일 수 있는 도덕률과 어긋나면, 도덕률에 대한 복종이 압도적인 것을 말한다. 이것은 의무만을 위한 의무의 행함을 의미하는 것으로, 수용자의 의무는 다른 사람으로부터 보답이 있는 서비스를 제공받았을 때, 그에게 반드시 보답해야만 하는 것을 의미한다. 예를 들면, 관리자가 특정 과업에 대해 부하에게 조언하거나 지원하면, 부하는 성과, 몰입, 또는 다른 이익 있는 행동을 통해 상사에게 직접적으로 지불해야만 한다는 의무감을 갖게 된다(Bernerth et al., 2008). 따라서 수용자가 이 의무감에서 벗어날 수 있는 유일한 방법은 다음번에 그 제공자에게 이익을 제공하는 수밖에 없다(Blau, 1964).

이렇듯 사회적 교환의 유지와 수용자의 능력은 직접적인 관련성을 맺고 있을 것이며, 사회적 교환에 배태되어 있는 신뢰와 의무감이 수용자의 능력 향상에 강화물로 작용할 것이다. 따라서 이 연구는 사회적 교환이 활발한 조직에서 수용자의 능력을 향상시킬 수 있는지 실증조사를 통해 검증할 것이다. 그리고 수용자의 능력이 향상됨에 따라 조직에 어떤 성과를 발생시키는지 살펴볼 것이다. 마지막으로 수용자의 능력이 사회적 교환과 성과 사이를 매개하는지 확인할 것이다.

이 연구에서 사회적 교환의 제공자는 조직이나 관리자로 하며, 수용자는 종업원 또는 부하로 한다. 그 이유는 일반적으로 조직이나 관리자가 자원을 투자하면 종업원 또는 부하가 이를 변환하여 성과를 내는 형태로 조직이 구조화되어 있으며, 연구의 목적이 조직의 성과를 향상시키는 데 있기 때문이다. 또한, 수용자의 능력은 행동의 자주관리로, 성과는 직무만족, 조직몰입, 조직시민행동, 그리고 조직성과로 검증한다. 이 연구의 의의는 선행연구에서 이들 변수 간의 관계를 동시에 고려한 연구가 없었으므로, 사회적 교환-수용자의 능력-성과 간의 관계를 검증하고, 계속적인 사회적 교환이 이와 같은 과정으로 이루어질 수 있다는 것을 밝히는 데 있을 것이다. 그래서 〈그림 1〉과 같이 개념적 모델을 설정하고, 이를 이론적 배경 부분에서 구체적으로 설명할 것이다.

〈그림 1〉 사회적 교환, 수용자의 능력, 그리고 성과

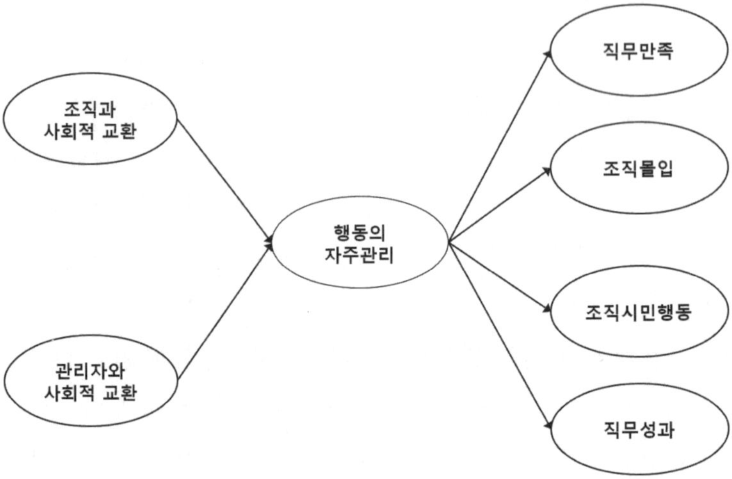

2. 이론적 배경: 가설의 설정

2.1 사회적 교환관계의 발생

교환관계는 거래 양 당사자 간에 교환되는 자원의 범주에 따라 경제적 교환과 사회적 교환으로 구별된다(Shore, Coyle-Shapiro, Chen, & Tetrick, 2009). 먼저 경제적 교환은 각자의 의무가 구체적이고, 양 당사자는 경제적 교환의 사회적 규칙들에 기초한 의무를 완성할 것이라 서로에게 자신하는 특징이 있다. 예를 들면, 고용주와 고용인 사이에 일한 만큼 공정한 보상이 지급되리라는 것과 구두로 협상된 내용이나 공식적 계약 등이 지켜질 것이라는 믿음을 말한다(Blau, 1964). 또한, 경제적 교환은 일정 기간 또는 분리된 거래에 대해 유형자원의 교환을 말한다. 경제적 교환의 이행은 지속적으로 조직과 종업원의 관계성을 유지시켜 주는 역할을 한다. 만약 종업원들이 자신들의 의무 이행에 따라 지불받지 못한다면, 그들은 이 관계성을 끊을 것이다.

이에 반해, 사회적 교환은 양 당사자가 장기간 관계를 맺길 원하고, 또한 교환관계에 대해 신뢰하고, 몰입하고, 집착하며, 아울러 유형자원뿐만 아니라 무형자원까지도 교환하는 것을 특징으로 한다(Emerson, 1981). 그런데 사회적 교환은 유용한 교환물에 대해 당사자들이 독단적으로 가치를 판단하여 제공함으로 양 당사자 사이에는 교섭되지 않고(Molm, 2003), 양 당사자 사이에 교환물에 대한 회수량과 시기는 구체적이지 않다(Blau, 1964). 사회적 교환의 양 당사자는 상대방에 투자를 하는데, 여기에 투자를 회수할 수 없을 위험이 도사리고 있다는 것을 안다. 그래서 이 관계에 투자하는 투자자는 상대가 유용한 교환의 지속적 순환을 발생시킬 것이라는 믿음을 요구한다(Blau, 1964; Eisenberger, Cotterell, & Marvel, 1987; Cotterell, Eisenberger, & Speicher, 1992). 여기에서 투자자의 믿음은 수용자의 신뢰와 의무감에서 비롯된 것이다. 수용자의 신뢰와 의무감은 호혜성, 공정성, 그리고 심리적 계약에 근거하여 발생된 것으로, 지금의 투자가 특정 시점에 다시 회수될 수 있다는 믿음을 투자자에게 심어 준다.

호혜성은 사회적 교환의 보편적 규범으로 상대적으로 자원을 주고받는 것을 뜻하며, 상호작용하는 특징을 가지고 있다(Gouldner, 1960; Leakey & Lewin, 1978; Keysar, Converse, Wang & Epley, 2008). 예를 들면, “당신이 나의 등을 끌어 주면 나도 당신의 등을 끌어 줄 것이다.” 또는 “눈에는 눈, 이에는 이”와 같이 상대방이 나에게 해주는 것만큼 나도 상대방에게 그만큼 돌려준다는 의미다. 여기에서 주고받는 자원의 가치는 행동의 사회적 의미 자체에서 평가되기(Brown, 1986) 때문에, 거래는 본질적으로 불일치가 발생할 수 있다. 사회적 교환에서 이익은 긍정적인 호혜성을 만들어 교환의 관계성을 지속시킬 수 있지만, 손해는 보복을 야기하여 관계를 파괴한다(Heider, 1956; Vidmar, 2000). 이 의미로 사회적 교환관계에 있는 양 당사자를 살펴보면, 투자자 또는 수용자가 상대방에게 이익을 제공하지 못하면 보복을 당한다는 것을 알 수 있다. 그래서 투자자는 수용자에게 이익을 제공해야 하는 신뢰와 의무가 있으며, 수용자 역시 투자자로부터 이익을 제공받으면 반드시 돌려줘야 한다는 신뢰와 의무가 있다. 투자자와 수용자는 사회적 교환에서 이와 같은 호혜성 원칙에 있으므로, 투자자는 수용자의 신뢰와 의무에 대한 믿음으로부터 자신의 자원을 제공하며, 수용자는 이를 배반하지 않고 지킬 수 있는 행동이 필요하다. 따라서 수용자는 호혜성 원칙에 따라 사회적 교환을 유지시키는 행동을 하도록 동기화될 것이다.

공정성은 종업원들이 조직으로부터 받는 보상과 직무에 들이는 노력을 비교하여 지각하는 것으로, 조직 또는 관리자와 종업원 간의 사회적 교환관계에서도 보편적으로 발생된다(Rupp & Cropanzano, 2002). 사회적 교환관계에서 공정성 지각은 자신의 투입에 따른 산출이 다른 사람과 비슷한 수준이면 공정하고 정의롭다고 생각하는 반면, 비율이 불균형적일 때 긴장을 경험한다. 불균형은 과대와 과소로 나눠 볼 수 있는 데, 자신이 과소 보상을 받을 경우에는 화가 나고, 과대 보상을 받을 경우에는 죄책감을 느낀다. 사회적 교환의 수용자인 종업원은 이러한 불균형이 있을 때 발생하는 긴장을 바로 잡기 위한 동기가 존재한다(Adams, 1965). 특히 상호작용적 정의는 조직 안에 있는 사람이 조직으로부터 존엄과 관심, 존경을 받고 있다고 생각하는 개인의 지각을 의미하는 것으로, 만일 수용자가 보기에 스스로 정의롭지 못한 취급을 받는다고 느끼는 경우에는 조직이나 관리자에 대해 좋지 않은 말을 퍼뜨리는 등의 방식으로 보복적인 행동을 한다(Skarlicki & Folger, 1997). 이처럼 사회적 교환에서 공정성을 지각하는 수용자가 조직이나 관리자에게 받은 유·무형의 자원을 주변에 있는 다른 사람들과 비교함으로써 자기 행동의 방향성(긍정적 또는 부정적 행동)을 결정하게 된다. 따라서 사회적 교환을 유지시키기 위해서는 투자자인 조직이나 관리자가 수용자인 종업원들에게 다른 사람들과 비교하여 투자에 대한 공정성을 준수하는 것이 중요할 것이다. 또한, 수용자는 신뢰와 의무감에 따라 조직이나 관리자로부터 제공받은 양만큼 되돌려 주는 행동으로 공정성을 준수하는 것이 사회적 교환을 유지시키는 원동력이 될 것이다.

심리적 계약은 개인과 조직의 교환합의에 관한 것으로 조직에 의해 형성된 개인적 믿음으로 정의한다(Rousseau, 1995: 9). 사회적 교환에서 심리적 계약은 개인에게 반대급부를 직관적으로 호소하고 문화적으로 받아들일 수 있는 방식을 제공한다. 예를 들면, 심리적 계약에 합의한 양 당사자는 의사소통, 관습, 그리고 과거 관행에 기초하여 사회적 교환을 실행할 것이다. 여기에서의 핵심 특성은 자신이 이해하는 대로 약속을 만들고 받아들이는 데 있으며, 양 당사자가 자발적으로 동의하는 것에 있다. 사회적 교환에 대한 합의는 당사자 자신이 믿는(의도하는 것이 아니라) 바이고, 이것이 계약을 만든다. 양 당사자에게 계약이 의도하는 바로 정의되면 정직한 사람만이 계약에 구속되는 특징이 있다. 그러나 각 당사자가 이해하고 합의하는 조건은 반드시 같지 않고, 보통 다른 해석을 가진다. 그렇다 해도 심리적 계약에는 사회적 교환에서 교환물에 대한 상호성(mutuality)[2]의 지각이 있다(Rousseau, 1995). 상호성은 보통 직접 검증되지 않으나 사회적 교환에서 상대방이 할 바와 성실한 노력과 지원을 예측하는 능력, 그리고 이해하고 합의한 조건의 간접 지표(성실한 노력에 대한 상대방의 관찰)에 의존한다. 따라서 심리적 계약에 의한 사회적 교환의 유지는 양당사자 사이에 조직의 전통에 의해 형성된 신뢰와 의무를 파괴하지 않는 것이 중요하다. 구체적으로 조직이나 관리자가 수용자인 종업원 또는 부하에게 사회적 교

2 여기에서 상호성은 신념으로 사회적 교환에 대한 이행을 지각하나, 호혜성은 직접적인 행동으로 사회적 교환을 지각한다. 또한, 호혜성은 보복이 있음으로 심리적 계약의 상호성과 구별된다.

환물을 제공하면, 수용자는 자신이 해야 할 것이 심리적 계약에 의해 정해짐으로 이를 실천하면 사회적 교환을 유지할 수 있을 것이다.

지금까지 우리는 사회적 교환관계가 호혜성, 공정성, 그리고 심리적 계약을 바탕으로 이루어진다는 것을 살펴보았다. 또한, 각 당사자의 신뢰와 의무감이 사회적 교환에 결정적인 역할을 하며, 안정적이고 지속적인 교환관계를 유지하기 위해 자원을 제공하는 사람 못지않게 이 자원을 제공받는 수용자가 더 중요한 역할을 한다는 것을 알 수 있었다. 특히 수용자는 호혜성, 공정성, 그리고 심리적 계약에 의해 교환관계를 지속시키기 위해서 반드시 자신이 제공받은 자원만큼 상대방에게 돌려줘야 하는 신뢰와 의무감을 가지고 있다는 것을 확인하였다. 따라서 수용자는 사회적 교환에서 발생되는 신뢰와 의무감으로 자신의 능력을 향상시켜 조직이나 관리자에게 보상해줌으로써 상호 간의 관계성을 유지하려 들 것이다.

2.2 사회적 교환과 수용자의 능력

사회적 교환은 수용자의 행동과 성과에 영향을 주는 사회적 영향 과정(Brower, Schoorman, & Tan, 2000; Ford & Seers, 2006; 이기현·오홍석·정명호, 2008)으로, 수용자의 능력 중 하나인 행동의 자주관리(behavioral self-management)에 영향을 줄 수 있을 것이다. 행동의 자주관리는 행동변화에 관한 많은 이론에 뿌리를 둔 것으로(Hellervik, Hazucha, & Schneider, 1990), 한 개인이 스스로 정의한 행동의 결과를 달성하기 위해 행동의 자극제, 숨겨진 과정들, 그리고 타인의 반응 결과에 대한 신중한 자기조절로 정의한다(Luthans & Davis, 1979). 즉, 자신의 행동과 내면적 과정을 통제할 수 있는 개인의 능력을 말한다(Watson & Tharp, 2007). 예를 들면, 자기조절 능력이 높은 사람은 학업 성취도가 높고 덜 우울하거나 불안하며, 자존감이 더 높고 더 만족스럽고 친밀한 관계를 누리며, 더 인기가 있다(Tangney, Baumeister, & Boone, 2004).

한편, 사회적 교환관계에 있는 수용자는 상대방이 원하는 바람직한 방법으로 행동하기 위해 자기 동기와 자기 지시가 필요하다. 또한, 이를 달성하도록 자기 자신을 돕는 노력도 할 것이다. 그 이유는 사회적 교환의 신뢰와 의무감에 묻어 있는 불확실성과 모호성에 있다. 조직 안에서 발생되는 사회적 교환은 수용자가 자신이 받은 가치와 양을 스스로 판단해서 조직이나 관리자에게 보답해야만 한다. 그렇지만 수용자는 조직이나 관리자가 원하는 가치와 양을 정확하게 알지 못한다. 그래서 이 불확실성과 모호성이 행동의 자주관리를 설명하는 긍정적 인식(positive cognitions), 자주적 목표설정(self-set goals), 그리고 자기관찰(self-observation) 능력을 향상시키는 동인으로 작용할 것이다(Murphy & Ensher, 2001).

먼저 긍정적 인식은 긍정적 믿음에 집중하는 것과 건설적 사고를 반복적으로 하는 것과 관련된다(Murphy & Ensher, 2001). 사회적 교환은 조직 또는 관리자와 수용자 사이에 계속적인 교환이 발생해야 유지되는 것으로, 조직이나 관리자가 수용자와의 교환관계를 파괴하지 않는다면 보답에 대한 믿음 때문에 사회적 교환이 수용자에게 긍정적 인식을 심어 줄 것이다. 예를 들면, 동료나 상사와의 관계가 우호적이라고 인식하는 구성원이 그렇지 않은 구성원들에 비해 더 높은 수준의 생리적 자원을 갖고 있음이 최근의 연구에서 밝혀졌다(Heaphy & Dutton, 2008). 여기서 생리적 자원을 많이 갖고 있다는 것은 사회적 관계를 맺는 과정에서 심장박동과 혈압이 정상 수치를 기록하고 강한 면역력을 보이는 등의 신체적 특징을 보여 주는 것을 의미한다. 따라서 우호적 사회적 관계가 개인에게 긍정적 심리상태를 유발시키고 그 결과로 개인들이 높은 수준의 생리적 자원을 갖게 될 것이다. 다음으로 자주적 목표설정은 단기적인 과업 수행의 목표나 장기적인 인생의 목표를 스스로 설정하는 것을 말한다(Manz, 1992). 이는 사회적 교환의 미래에 대한 보상과 연결된다. 사회적 교환은 지금 현재 보상이 주어지지 않더라도 조직이나 관리자에게 보답하면 미래의 특정 시점에 보상받을 수 있다는 믿음을 수용자에게 형성한다. 그러므로 조직에서 사회적 교환이 활발하게 이루어질 때, 수용자는 장·단기적인 목표를 스스로 설정하도록 유도될 것이다. 끝으로 자기관찰은 과업을 수행하는 동안이나 수행한 후 자신의 과업수행 행동이나 그 과업수행 결과를 스스로 주목하고 관찰하는 것을 말한다(Sims & Lorenzi, 1992). 사회적 교환은 문서화된 계약을 통해 이루어지는 것이 아니라 호혜성, 공정성, 그리고 심리적 계약에 따라 양 당사자 사이에 신뢰와 의무에 의해 이루어진다. 사회적 교환의 이행은 스스로의 판단에 의해 이루어지며, 상대방의 반응에 의해 확인된다. 따라서 사회적 교환은 수용자에게 조직이나 관리자에게 보답 있는 행동을 스스로 판단해서 이행하게 함으로써 수용자의 자기관찰을 향상시킬 것이다.

결과적으로 수용자는 조직과 관리자와의 사회적 교환에 배태된 신뢰와 의무에 따른 현재의 교환 유지와 장기적으로 회사 내 입지와 노력에 대한 보상을 기대한다. 그래서 수용자는 조직이나 관리자로부터 투자받은 것에 보답하고 그에 따른 장기적 보상을 사회적 교환을 통해 받을 수 있다는 믿음을 가짐으로써 긍정적 인식, 자주적 목표설정, 그리고 자기관찰 능력을 향상시키려고 노력할 것이다. 예를 들면, 이전에는 판매사원이 고객의 욕구와 효과적인 판매 전략에 관한 정확한 지식을 획득하지 못했는데, 조직이 판매사원들로 하여금 자주관리 역량을 계발하고 이를 충분히 발휘할 수 있도록 기회를 부여하니, 이것이 조직의 직접적인 관리를 대체하는 효과를 가져왔다(Anderson & Oliver, 1987).

지금까지 우리는 사회적 교환과 수용자의 행동 자주관리의 관계에 대해 살펴보았다. 이에 덧붙여 두 개념이 어떤 상태에 있을 때 사회적 교환관계를 유지될 수 있는지 알아볼 필요성이 있다. 〈그림 2〉는 사회적 교환과 행동의 자주관리의 관계에 따른 결과들을 표현한 것이다. 첫째, 조직에서 사회적 교환이 낮고 행동의 자주관리가 낮다면 현재 수용자가 가지고 있는 교환관계는 파괴 또는 소멸될 것이다. 구체적으로, 조직이나 관리자가 수용자에게 조직의 자원을 투자하고 난 후, 특정 시점에 행동의 자주관리가 낮은 수용자로부터 투자된 자원만큼 회수할 수 없다면, 사회적 교환은 파괴될 것이다. 또한, 조직에서 사회적 교환의 빈도가 낮고, 행동의 자주관리가 낮은 수용자로부터 투자의 회수가 낮다면 사회적 교환은 시간이 지남에 따라 자연적으로 소멸할 것이다. 둘째, 조직이나 관리자로부터 사회적 교환은 높은데, 수용자의 행동-자주관리가 낮다면 수용자는 불안하고 죄책감이 들 것이다. 구체적으로, 수용자는 자신이 받은 만큼 돌려주지 못함으로 조직이나 관리자로부터 받을 수 있는 보복에 불안감을 느낄 것이고, 호혜성과 공정성, 그리고 심리적 계약에서 발생되는 사회적 교환의 신뢰성과 의무감을 상실했음으로 죄책감이 들 것이다. 셋째, 사회적 교환은 낮고 수용자의 자주관리 능력은 높을 때, 수용자는 조직이나 관리자에 대한 불만과 교환의 철회를 가질 것이다. 구체적으로, 조직이나 관리자가 수용자의 능력에 비해 사회적 교환관계에 투자하는 정도와 빈도가 낮고, 수용자가 보상하는 정도와 빈도가 높을 때 수용자는 조직과 관리자가 호혜성과 공정성, 그리고 심리적 계약을 위반했다고 느낌으로 조직이나 관리자에 대해 불만을 가질 것이다. 또한, 수용자는 자신이 조직이나 관리자에게 더 많이 보답한다고 지각함으로, 조직이나 관리자에게 보답하는 행동을 철회할 것이다. 넷째, 사회적 교환이 높고 수용자의 행동-자주관리 능력이 높을 때, 사회적 교환은 안정되고 지속될 것이다. 구체적으로, 조직이나 관리자가 수용자에게 자원의 투자도 높고 빈도도 높을 때, 행동의 자주관리가 높은 수용자가 이에 부합한다면 사회적 교환은 안정적으로 유지될 것이다. 또한, 양 당사자가 사회적 교환에 신뢰와 의무를 다한다면 사회적 교환은 지속될 것이다.

〈그림 2〉 사회적 교환과 행동의 자주관리의 관계

요약하면, 수용자는 신뢰와 의무감으로 조직이나 관리자로부터 제공받은 자원만큼 되돌려 줘야 한다. 그러나 수용자는 조직이나 관리자가 보답 받기를 원하는 가치와 양을 정확하게 알지 못해 자신이 받은 가치와 양을 스스로 판단해서 조직이나 관리자에게 보답해야만 한다. 그래서 수용자는 행동의 자주관리인 긍정적 인식, 자주적 목표설정, 그리고 자기관찰 능력을 향상시킴으로써 사회적 교환을 유지시킬 수 있다는 것이다. 다시 말해, 조직이나 관리자가 수용자에게 자원의 투자가 높고, 둘 사이에 교환관계가 빈번하게 발생될 때, 행동의 자주관리 능력이 높은 수용자가 이를 충족시킨다면, 사회적 교환은 안정적으로 유지될 것이다. 또한, 양 당사자가 교환관계에서 신뢰와 의무를 다함으로써 사회적 교환은 지속될 것이다. 따라서 다음과 같은 가설을 설정한다.

가설 1: 사회적 교환은 수용자의 능력에 정(+)의 영향을 미칠 것이다.

가설 1-1: 조직과 사회적 교환은 행동의 자주관리에 정(+)의 영향을 미칠 것이다.

가설 1-2: 관리자와 사회적 교환은 행동의 자주관리에 정(+)의 영향을 미칠 것이다.

2.3 행동의 자주관리와 성과

조직에서 개인이 행동의 자주관리가 잘 된다면, 성과로 발생되는 것이 직무만족, 조직몰입, 조직시민행동, 그리고 직무성과일 것이다. 자주관리는 우물거리는 대신 명확하게 말할 때처럼 단기간에 발생하기도 하며, 체중 감량을 위해 몇 달 동안 의식적으로 적게 먹고 운동을 늘리거나 성적 향상을 위해 대학 시절 내내 시간 관리를 해서 학습을 증가시키는 경우처럼 장기간에 걸쳐 이루어지기도 한다(Watson & Tharp, 2007). 또한, 자주관리는 즉각적이고 유혹적인 보상이 장기적 목표의 달성을 방해하지 않도록 인내와 지혜가 요구되는 기술을 말한다(Fisher at al., 1982). 그래서 행동의 자주관리가 조직에서 자신의 장·단기적인 목표를 가지고 이를 달성하기 위해 현재 상황에 대한 긍정적 인식과 업무에 대한 자신의 행동과 결과에 대한 계속적인 관찰과 행동에 대한 수정으로 말한다.

직무만족은 업무에 대한 만족도를 말하며(Wanberg & Kammeyer-Mueller, 2000), 조직몰입은 조직 구성원들이 조직 및 조직의 목표와 자신을 동일시하고 조직의 일원으로 남아 있고자 하는 상태를 말한다(Blau & Boal, 1987). 조직시민행동은 조직에서 공식적으로 요구하지 않음에도 불구하고 조직 구성원이 자발적으로 수행하여 조직 효과성을 높이는 데 기여하는 행동을 말한다(Schnake, 1991). 그리고 직무성과는 개인이 담당한 직무의 성취도 혹은 달성도를 말한다(Williams & Anderson, 1991). 이들 성과는 장기적으로 조직에 어떤 보상을 기대하거나 목표가 있고, 이것을 달성하기 위해 지금 현재 조직이나 업무에 대해 긍정적 인식을 갖거나 행동을 관찰하고 수정이 이루어질 때, 향상될 수 있는 속성들을 가졌다. 따라서 다음과 같은 가설을 설정한다.

가설 2: 행동의 자주관리는 성과에 정(+)의 영향을 미칠 것이다.
- 가설 2-1: 행동의 자주관리는 직무만족에 정(+)의 영향을 미칠 것이다.
- 가설 2-2: 행동의 자주관리는 조직몰입에 정(+)의 영향을 미칠 것이다.
- 가설 2-3: 행동의 자주관리는 조직시민행동에 정(+)의 영향을 미칠 것이다.
- 가설 2-4: 행동의 자주관리는 직무성과에 정(+)의 영향을 미칠 것이다.

앞서 〈그림 1〉에서 표현된 모델과 앞서 개발된 가설에서 우리는 수용자의 능력인 행동의 자주관리가 매개효과를 발생시킨다는 것을 알 수 있다. 사회적 교환은 양 당사자에게 신뢰와 의무를 요구하고 이것은 수용자에게 행동의 자주관리 역량을 향상시켜야 하는 압력으로 작용한다고 가정했다. 사회적 교환의 신뢰와 의무에 붙박인 불확실성과 모호성이 이러한 일련의 과정을 지속시키는 원임임을 이미 해명한 바 있다. 한편 행동의 자주관리는 장기적으로 조직에 어떤 보상을 기대하거나 목표가 있고, 또한 지금 현재 조직이나 업무에 긍정적 인식을 가지며, 아울러 자신의 행동을 관찰하고 수정하는 것을 의미하는데, 자주관리 능력의 향상은 직무만족, 조직몰입, 조직시민행동, 그리고 직무성과의 제고로 이어질 수 있음을 이미 살펴보았다. 이제 우리는 사회적 교환이 성과와 관계를 맺게 되나 그 관계는 행동의 자주관리를 매개로 하여 이루어진다는 가정을 할 수 있게 된 것이다. 따라서 다음과 같은 매개효과 가설을 설정한다.

가설 3: 수용자의 능력은 사회적 교환과 성과 사이를 매개할 것이다.
- 가설 3-1: 행동의 자주관리는 조직과 사회적 교환과 직무만족 사이를 매개할 것이다.
- 가설 3-2: 행동의 자주관리는 조직과 사회적 교환과 조직몰입 사이를 매개할 것이다.
- 가설 3-3: 행동의 자주관리는 조직과 사회적 교환과 조직시민행동 사

이를 매개할 것이다.

가설 3-4: 행동의 자주관리는 조직과 사회적 교환과 직무성과 사이를 매개할 것이다.

가설 3-5: 행동의 자주관리는 관리자와 사회적 교환과 직무만족 사이를 매개할 것이다.

가설 3-6: 행동의 자주관리는 관리자와 사회적 교환과 조직몰입 사이를 매개할 것이다.

가설 3-7: 행동의 자주관리는 관리자와 사회적 교환과 조직시민행동 사이를 매개할 것이다.

가설 3-8: 행동의 자주관리는 관리자와 사회적 교환과 직무성과 사이를 매개할 것이다.

3. 연구방법

3.1 표본

실증연구를 위해 경상북도와 경상남도에 있는 항공, 호텔, 통신업체에 근무하는 종업원과 관리자를 대상으로 자료를 수집하였다. 기업의 최고경영자에게 양해를 구해 연구결과의 한 부를 제공한다는 조건으로 연구에 기업의 구성원들이 참여하는 것에 동의를 받았다. 각 부서의 부서장이 부하와 직속상관에 대한 목록을 만들어 이를 바탕으로 설문을 배포하였다. 항공회사는 총 배포된 설문지가 500부이며, 호텔은 200부, 통신회사는 100부이다. 참여는 자발적으로 이루어졌으며, 응답은 익명을 보장하였다. 설문조사에서 종업원 또는 부하들은 조직과 사회적 교환, 관리자와 사회적 교환, 행동의 자주관리, 직무만족, 그리고 조직몰입에 대해 응답했다. 직속상관은 부하의 조직시민행동과 직무성과에 대해 응답했다.

항공회사는 종업원과 관리자가 한 쌍으로 구성되어 배부된 500부 중 351부가 회수되어 70.2%의 회수율을 보였다. 34부는 오기(誤記)와 무응답으로 제거되고, 317부가 분석에 사용되었다. 호텔은 4개 회사를 대상으로 종업원과 관리자가 한 쌍을 이루어 200부를 배포하여 모두 회수되었다. 이중 분석에 사용된 것은 199부이다. 통신회사는 9개 지점에 종업원과 관리자를 한 쌍으로 하여 100부가 배포되어 94부가 회수되었다. 회수율을 94%로 분석에 모두 사용했다. 그래서 분석에 사용된 설문지는 총 610부이다.

분석대상인 표본의 연령별 분포는 직속상관의 경우 30세 이하가 1%, 31~35세 이하가 11.3%, 36~40세 이하가 31.8%, 41~45세 이하가 37%, 46~50세 이하가 13.8%, 51세 이상은 5.1%를 보였다. 부하의 경우 30세 이하가 35%, 31~35세 이하가 23.2%, 36~40세 이하가 23.3%, 41~45세 이하가 10.9%, 46~50세 이하가 6.8%, 51세 이상은 0.8%의 분포를 보였다. 성별은 직속상관의 경우 남성이 95.2%, 여성이 4.8%를 보였으며, 부하는 남성이 74.3%, 여성이 25.7%를 나타냈었다. 학력은 직속상관의 경우 고등학교 졸업이 23.1%, 대학졸업이 69.5%, 석사학위가 7.4%로 나타났으며, 부하의 경우 고등학교 졸업이 31.8%, 대학졸업이 65%, 석사학위는 1.5%, 기타가 1.7%로 나타났다.

3.2 변수의 측정

3.2.1 사회적 교환의 측정

사회적 교환관계는 Shore, Tetrick, & Barskdale(2001)에 의해 개발된 항목들을 Rupp & Cropanzano(2002)가 변형하여 사용한 항목으로 측정하였다. Shore, Tetrick & Barskdale의 연구에서 정의된 항목은 모두 14개로, 세부항목을 조직과 사회적 교환과 관리자와 사회적 교환으로 구분하고 있으며, 확인적 요인분석을 사용하여 타당성을 검증하고 있다. Rupp & Cropanzano(2002)는 여기에 2개의 항목을 추가하여 16개 항목으로 구성했다. 먼저 조직과 사회적 교환은 8개 항목으로, “회사는 나에게 상당한 투자를 한다.”, “내가 현재 업무상 하는 일들은 회사 내 나의 입지에 장기적으로 도움이 될 것이다.”, “회사와 나는 서로 많은 것들을 주고받는 호혜적 관계를 맺고 있다.” 등이다. 관리자와 사회적 교환도 8개 항목으로 구성했으며, “직속상사는 나에게 상당한 투자를 한다.”, “내가 현재 업무상 하는 일들은 직속상사와의 관계에서 나의 입지에 장기적으로 도움이 될 것이다.”, “직속상사와 나는 서로 많은 것을 주고받는 호혜적 관계를 맺고 있다.” 등이다.

3.2.2 행동의 자주관리 측정

행동의 자주관리는 긍정적 인식, 자주적 목표설정, 그리고 자기 행동의 자기관찰로 구성했다(Murphy & Ensher, 2001). 이 항목들은 Manz & Sims(1987)의 자기관리와 Uhl-Bien & Graen(1998)이 사용한 항목들을 바탕으로 개발되었다. 긍정적 인식을 측정하기 위한 3개의 항목은 “나는 대체로 긍정적으로 생각하려고 노력한다.”, “부정적이거나 패배주의적인 생각이 떠오르면, 나는 그것을 긍정적인 생각으로 바꾸려고 노력한다.”, 그리고 “미래의 성공을 머릿속에 그려 보는 것이 내 목표를 달성하는 데 도움이 된다.”이다. 자주적 목표 설정에 대한 항목은 “나는 미래에 대한 명확한 계획을 갖고 있다.”와 “목적을 달성한 것에 대해 나 자신에게 보상을 준다.”이다. 마지막으로 행동의 관찰은 “일할 때 내 행동이 업무수행에 얼마나 효과적인가를 스스로 점검한다.”와 “내 행동이 주변 상황이나 주변 사람들에게 어떤 영향을 미치는지 곰곰이 생각한다.”이다.

3.2.3 조직의 성과 측정

수용자 자신이 평가한 성과는 직장에 대해 평소에 갖고 있는 태도에 대해 평가한 것으로, 직무만족과 정서적 몰입으로 나누었다. 먼저 직무만족은 Wanberg & Kammeyer-Mueller(2000)가 사용한 항목을 사용했다. 이들 항목은 "일반적으로 내 업무에 만족한다.", "대체로 내 업무가 마음에 든다.", 그리고 "내 업무는 매우 즐겁다."로 구성했다. 개인의 조직몰입은 Meyer & Allen(1991)의 정서적 몰입을 사용하여 측정했다. 정서적 몰입은 조직에 대해 구성원이 느끼는 심리적 애착감으로 조직과 관리자와의 사회적 교환에 대한 응답으로 개인에게 발생되는 결과물일 것이다. 이 항목에 대한 예는 "현재 재직 중인 회사에서 내 직장생활의 나머지를 보낸다면 매우 행복할 것이다.", "회사 밖의 다른 사람들과 우리 회사에 관해 토론하기를 즐긴다." 등으로 5개 항목으로 구성했다.

상사가 평가한 수용자의 성과는 부하직원의 회사생활 전반을 평가하기 위한 것으로, 조직시민행동과 직무성과라는 두 변수를 사용하여 측정하였다. 조직시민행동은 조직에 이익을 제공하는 시민행동(Williams & Anderson, 1991)과 관리자에게 이익을 제공하는 시민행동(Malatesta, 1995)으로 구분하는 데, 여기에서는 관리자에게 이익을 제공하는 시민행동으로 조직의 성과를 측정한다. 그 이유는 조직에서 자신을 평가할 수 있는 관리자에게 제공받은 혜택을 더 적극적으로 돌려주려는 행동이 발생될 것으로 보이기 때문이다. 측정에 필요한 항목은 Rupp & Cropanzano(2002)가 사용한 5개 항목을 가져와 사용했다. 예를 들면, "내 결근으로 인해 생긴 추가 업무부담을 기꺼이 수용한다.", "내 업무량이 많을 때 기꺼이 도와준다." 등이다. 직무성과는 Williams & Anderson(1991)이 개발한 역할행동에 대한 성과 항목을 사회적 교환 이론과 비교했을 때, 이 연구와 적합한 4개의 문항을 선택하여 측정하였다. 또한, 이 문항들은 조직시민행동과 구별된다(Williams & Anderson, 1991). 예를 들면, "업무상 주어진 자신의 의무들을 잘 이행한다.", "업무상 주어진 자신의 책임들을 충실히 이행한다." 등으로 구성했다. 그리고 인구 통계적 변수들 이외에 다른 변수의 설문 문항은 Likert 7점 척도로 구분하여 측정했다.

3.3 타당성과 신뢰성 분석

연구모형에 포함된 변수들에 대한 타당성 검증을 위해 확인적 요인분석을 실시하였다. 〈표 1〉은 확인적 요인분석모델(confirmatory factor analysis model)로, 잠재변수 간의 인과관계에 초점을 둔 것이 아니라, 관측변수들이 특정 잠재변수들을 구성하는 관계를 설명한 것이다(배병렬, 2005: 71).

〈표 1〉 확인적 요인분석 모델

모형	χ^2	*df*	CFI	NNFI	RMSEA	$\Delta\chi^2$	Δdf
모델 1(1요인모델)	15438.76	665	0.84	0.80	0.191	-	-
모델 2(7요인모델)	3228.70	644	0.99	0.99	0.081	12210.06**	11
모델 3(종속변수가 한 개인 2차 확인적 요인모델)	3241.31	655	0.94	0.94	0.081	-	-
모델 4(종속변수가 두 개인 2차 확인적 요인모델)	3073.15	652	0.99	0.99	0.078	168.16**	3

주) ** p〈0.01

모델1은 38개 항목에 대해 1개 잠재변수로 측정한 것을 말하며, 모델2는 38개 항목을 이론에서 제시된 7개 잠재변수로 나누어 측정한 것이다. 적합도 해석 기준은 RMSEA의 경우 0.06 이하이면 매우 좋은 것으로, 0.06~0.08 사이이면 좋은 적합도로 해석한다(Hu & Bentler, 1999). NNFI와 CFI의 경우 1부터 0의 연속체에 따라 다르게 나타나는 데, 그 값이 0.90 이상이면 적합도가 좋다고 할 수 있다(Bentler, 1990; Tucker & Lewis, 1973). 따라서 모델2가 모델1보다 더 좋은 요인분석모델이라 할 수 있다.

모델3과 모델4는 2차 확인적 요인분석(second-order confirmatory factor analysis)으로 7개 요인으로 나눈 것을 독립변수, 매개변수, 그리고 종속변수로 각각 구분할 수 있는가를 측정한 것이다. 모델3은 성과를 측정한 변수들을 하나의 종속변수로 묶어 측정한 것이고, 모델4는 수용자 자신이 평가한 성과(직무만족과 조직몰입)와 상사가 평가한 수용자의 성과(조직시민행동과 직무성과)로 종속변수를 구분하여 측정하였다. 결과적으로 두 모델은 $\Delta\chi^2(\Delta df=3)=168.16$, $p<.01$에서 유의한 차이를 보였으며, 모델의 적합도(ΔNNFI=0.05, ΔCFI=0.05, ΔRMSEA=0.003)에서도 모델4가 더 좋은 것으로 나타났다. 또한, 모델4는 모델2와 비교해도 더 좋은 모델($\Delta\chi^2=155.55$, $\Delta df=8$, $p<.01$, ΔRMSEA=0.003)로 볼 수 있다.

그리고 모델4는 독립변수와 종속변수에 해당하는 잠재변수들의 각 오차 사이에 공분산이 존재한다는 것을 말하고 있다. 즉, 독립변수인 조직과 사회적 교환과 관리자와 사회적 교환에 오차상관(correlated error)이 있다는 것을 말한다(배병렬, 2005: 76). 또한, 종속변수인 직무만족과 조직몰입에 오차상관이, 조직시민행동과 직무성과에 오차상관이 각각 있다는 것을 의미한다. 이것은 연구결과를 분석할 때, 해당 잠재변수들 사이에 오차상관의 경로를 추가해서 가설을 검증해야만 한다는 것을 뜻한다.

확인적 요인분석의 결과는 〈부록〉에 제시되어 있다. 대부분의 요인적재값은 0.5 이상의 값을 보이나, 조직과 사회적 교환과 관리자와 사회적 교환의 각각 한 문항씩 0.3 이하의 값을 보이므로, 이 문항들은 제거하고 분석하였다. 요인분석 결과를 바탕으로 신뢰도를 분석한 결과, 측정된 변수들의 신뢰도 계수(Cronbach α)는 〈표 2〉에 나타난 바와 같이 0.842에서 0.923 사이로 나타나, 일반적으로 요구되는 신뢰도 계수(0.6 이상)보다 높게 나타남으로 신뢰도가 확보되었음을 알 수 있다.

〈표 2〉 측정도구의 신뢰성 검증

측정척도		문항 수	Cronbach α
사회적 교환	조직과 사회적 교환	7(8)*	0.842
	관리자와 사회적 교환	7(8)*	0.857
수용자의 능력	행동의 자주관리	7	0.883
성과	직무만족	3	0.923
	조직몰입	5	0.860
	조직시민행동	5	0.891
	직무성과	4	0.908

주) * ( )는 타당성 분석 이전에 포함된 측정항목의 수를 말한다.

4. 연구결과

상관관계 분석은 가설검증에 사용될 뿐 아니라 가설검증을 실시하기에 앞서 모든 연구가설에서 사용되는 중요 변수 간의 관계성을 제시함으로써 변수 간 연관성에 대한 대체적 윤곽을 제시해 준다(Cohen & Cohen, 1983). 이 연구의 변수 간 상관관계는 〈표 3〉에 나타나 있다. 분석결과를 보면, 독립변수와 종속변수, 매개변수 간에는 99% 수준에서 유의한 상관관계를 나타내고 있다. 이러한 상관관계는 독립변수, 매개변수, 그리고 종속변수 간의 관련성을 보여 주고 있어 이 연구의 가설들이 검증될 가능성이 있음을 알 수 있다.

〈표 3〉 변수들의 평균, 표준편차, 상관관계 분석 결과

	평균	표준편차	1	2	3	4	5	6	7
1. 조직과 사회적 교환	4.53	1.10	-						
2. 관리자와 사회적 교환	4.43	1.04	0.746**	-					
3. 행동의 자주관리	5.01	0.87	0.411**	0.400**	-				
4. 직무만족	4.70	1.20	0.440**	0.480**	0.430**	-			
5. 조직몰입	4.51	1.07	0.625**	0.541**	0.471**	0.565**	-		
6. 조직시민행동	4.87	1.02	0.170**	0.182**	0.172**	0.175**	0.209**	-	
7. 직무성과	5.06	1.00	0.176**	0.153**	0.199**	0.117**	0.128**	0.673**	-

주) **p〈0.01

가설 검증에 앞서 이 연구에서 사용된 데이터가 제시된 이론모형과 얼마나 일치하는지를 살펴보기 위해 적합도 검증을 실시하였다. 이론모형의 적합도 평가와 경로 분석을 위해 LISREL 8.54를 활용하였다. 투입자료는 상관관계 행렬(correlation matrix)을 이용하였는데, 상관관계 행렬은 계수의 유의성에 대한 상당히 안정적인 추정치(more conservative)를 제공해주기 때문에 과대편기를 일으키지 않는 장점이 있다(Dillon, Kumar, & Mulani, 1987; 김상표·김태열, 2004). 모수추정방법은 최대우도비 추정방법(Maximum Likelihood Estimation)을 사용하였다.

구조방정식모형분석에서는 변수 간에 인과관계 검증 시, 가설모형이 자료를 가장 잘 대표하여 준다는 사실을 입증하기 위해 대체모형과의 비교가 필요하다(Kelloway, 1998). 다양한 방식의 대체모형이 사용되고 있지만, 이 연구에서는 Kelloway(1998)의 연구에 기반을 두어 대체모형을 구성하였다. Kelloway(1998)는 가설모형이 완전매개모형일 경

우에 영(null)모형, 비매개모형, 그리고 부분매개모형과의 비교를 통해 가설모형의 설명력을 입증해야 한다고 주장한 바 있다.

〈표 4〉에 제시되어 있는 영(null)모형은 잠재변수들 사이에 아무런 관계가 설정되지 않은 모형이다. 이 모형은 경로의 추가가 가져오는 기여도를 평가하기 위해 기준 적합도를 제공해 준다. 그러나 단순히 기준만 제공해 줄 뿐 실제 대체모형의 역할은 하지 못한다. 대체모형1은 매개변수인 수용자의 능력을 사회적 교환과 같은 독립변수로 가정하여, 조직의 성과에 직접적으로 미치는 영향이 더 적합한 모형인지를 가설모형과 비교하기 위해 설정되었다. 즉, 이 대체모형은 수용자의 능력이 매개변수인지 또는 독립변수인지 구분하기 위해 설정되었다. 대체모형2와 대체모형3은 부분매개효과를 검증하기 위해 설정했다. 대체모형2는 가설모형과 사회적 교환이 성과에 직접 영향을 주는 경로가 추가되어 가설모형과 비교하기 위해 설정되었다. 대체모형3은 가설모형과 더불어 조직과의 사회적 교환이 조직몰입에 직접 영향을 주는 경로, 그리고 관리자와의 사회적 교환이 직무만족에 직접 영향을 주는 경로가 추가되어 가설모형과 비교하기 위해 설정되었다.

가설모형은 이론에서 제시한 모형으로 CFI와 NNFI가 0.95로 좋은 적합도를 나타내며, RMSEA도 0.082로 좋은 적합도를 나타내었다. 그러나 대체모형3이 가설모형보다 더 좋은 적합도를 나타내었다. 즉, 자유도의 변화(Δdf=2)에 비해 χ^2가 아주 크게 변화($\Delta\chi^2$=192.13)되고 있음을 나타내고 있다. 결론적으로 대체모형3이 이론모형인 가설모형보다 주어진 자료에 더 잘 부합한다고 할 수 있다. 이러한 이유로 최종모형은 매개효과(사회적 교환→수용자의 능력→성과)와 부분 직접효과(조직과 사회적 교환→조직몰입, 관리자와 사회적 교환→직무만족)가 있는 대체모형3을 채택한다.

〈표 4〉 모형별 적합도 평가 결과

모형	설명	χ^2	*df*	CFI	NNFI	RMSEA	$\Delta\chi^2$	Δdf
가설 모형	사회적 교환→수용자의 능력→성과	3362.04**	656	0.95	0.95	0.082	-	-
영(null) 모형	잠재변수들 사이에 관계가 설정되지 않은 모형	5083.78**	665	-	-	-	-	-
대체 모형 1	사회적 교환, 수용자의 능력→성과	3568.03**	w652	0.94	0.94	0.086	205.99**	4
대체 모형 2	사회적 교환→수용자의 능력→성과, 사회적 교환→성과	3157.54**	648	0.95	0.95	0.080	204.50**	8
대체 모형 3	사회적 교환→수용자의 능력→성과, 조직교환→조직몰입, 관리자교환→직무만족	3169.91**	654	0.95	0.95	0.079	192.13**	2

주) 1. 조직교환은 조직과 사회적 교환을, 관리자교환은 관리자와 사회적 교환을 뜻한다.
2. ** $p < 0.01$

대체모형3을 이용한 가설검증은 〈표 5〉에 나타나 있다. 먼저, 가설1-1과 가설1-2는 조직이나 관리자와의 사회적 교환이 행동의 자주관리에 정(+)의 영향을 미칠 것으로 예측했다. 〈표 5〉에서도 알 수 있듯이, 조직과 사회적 교환→행동의 자주관리의 경로계수가 0.30(3.77)으로 정(+)의 영향을 주며, 관리자와 사회적 교환→행동의 자주관리의 경로계수는 0.23(2.87)으로 정(+)의 영향을 준다는 것을 알 수 있다. 즉, 사회적 교환이 증가할수록 수용자의 능력인 행동의 자주관리가 향상된다는 것을 알 수 있다. 따라서 가설1은 모두 채택되었다고 할 수 있다.

가설2-1, 2-2, 2-3, 2-4는 행동의 자주관리가 성과에 정(+)의 영향을 미칠 것으로 가정했다. 먼저, 행동의 자주관리→직무만족의 경로계수는 0.27(5.99), 행동의 자주관리→조직몰입의 경로계수는 0.30(6.96), 행동의 자주관리→조직시민행동의 경로계수는 0.22(4.82), 그리고 행동의 자주관리→직무성과의 경로계수는 0.23(4.98)으로 행동의 자주관리가 조직의 성과변수 모두에 정(+)의 영향을 미친다는 것을 알 수 있다. 즉, 종업원 또는 부하의 행동-자주관리가 증가할 수록 직무만족, 조직몰입, 관리자에 이익을 주는 조직시민행동, 그리고 직무성과가 향상된다는 것을 알 수 있다. 따라서 가설2 또한 모두 채택되었다고 결론지을 수 있다.

〈표 5〉 연구가설의 검증 결과

	경로	경로계수	t-값	채택 여부
가설 1-1	조직과 사회적 교환 → 행동의 자주관리	0.30**	3.77	O
가설 1-2	관리자와 사회적 교환 → 행동의 자주관리	0.23**	2.87	O
가설 2-1	행동의 자주관리 → 직무만족	0.27**	5.99	O
가설 2-2	행동의 자주관리 → 조직몰입	0.30**	6.96	O
가설 2-3	행동의 자주관리 → 조직시민행동	0.22**	4.82	O
가설 2-4	행동의 자주관리 → 직무성과	0.23**	4.98	O

주) ** $p < 0.01$

매개효과를 검증하기 위해 이 연구는 Baron & Kenny(1986)의 매개효과 검증절차를 따랐다. 매개변수가 매개효과를 가지려면, 먼저 독립변수→매개변수의 경로계수와 매개변수→종속변수의 경로계수가 둘 다 유의적이어야 한다. 이것을 필요조건으로 하여 독립변수→종속변수의 경로계수가 유의적이지 않는 경우에는 매개변수가 완전매개 효과를 가지며, 유의적인 경우에는 부분매개 효과를 갖는다고 할 수 있다(Baron & Kenny, 1986; 한주희·고수일, 2003; 김상표 · 김태열, 2004). 그런데 Baron & Kenny 방법은 매개효과의 크기와 매개효과에 대한 표준오차 계산이 불가능한데, 이를 보완하기 위해 Sobel test를 하였다 (MacKinnon et al., 2002). Sobel test의 공식은 $z = \frac{ab}{\sqrt{b^2 s_a^2 + a^2 s_b^2}}$ 이다.

매개효과는 연구가설1과 2를 검증하는 과정에서 확인했듯이, 독립변수→매개변수의 경로계수와 매개변수→종속변수의 경로계수가 통계적으로 모두 유의적이었다. 따라서 매개효과를 가질 수 있는 필요조건은 갖춘 셈이다. 또한, 독립변수→종속변수의 경로계수는 조직과 사회적 교환→조직몰입, 관리자와 사회적 교환→직무만족이 〈표 6〉에서 보듯이 각각 0.50(6.97), 0.36(4.96)으로 통계적으로 유의했으며, 이를 제외한 경로계수들은 유의하지 않았다. 따라서 조직과 사회적 교환→조직몰입의 경로와 관리자와 사회적 교환→직무만족의 경로를 제외한 나머지 경로는 매개효과의 충분조건을 충족시킨다.

〈표 6〉 사회적 교환과 성과 간의 직접효과 결과

경로	경로계수	t-값	경로	경로계수	t-값
조직과 사회적 교환→직무만족	0.04	0.57	관리자와 사회적 교환→직무만족	0.36**	4.96
조직과 사회적 교환→조직몰입	0.50**	6.97	관리자와 사회적 교환→조직몰입	0.06	0.89
조직과 사회적 교환→조직시민행동	0.05	0.59	관리자와 사회적 교환→조직시민행동	0.09	1.11
조직과 사회적 교환→직무성과	0.14	1.59	관리자와 사회적 교환→직무성과	−0.02	−0.26

주) ** $p < 0.01$

매개효과를 분석한 결과는 〈표 7〉에 제시하고 있다. 가설3-1에서 가설3-8은 행동의 자주관리가 사회적 교환(조직과 관리자)과 성과(직무만족, 조직몰입, 조직시민행동, 직무성과) 사이를 매개할 것으로 가정했다. LISREL 8.54를 활용하여 분석한 결과를 보면, 먼저 조직과 사회적 교환→행동의 자주관리→성과(직무만족, 조직몰입, 조직시민행동, 직무성과)의 간접효과는 각각 0.08, 0.09, 0.04, 0.05로 유의하며, Sobel test 결과는 각각 3.04, 3.33, 2.24, 2.43이 나와 매개효과가 있는 것으로 밝혀졌다. 그리고 관리자와 사회적 교환→행동의 자주관리→성과(직무만족, 조직몰입, 조직시민행동, 직무성과)의 간접효과는 각각 0.06, 0.07, 0.03, 0.04로 이 또한 유의하며, Sobel test 결과도 2.51, 2.67, 2.00, 2.13으로 매개효과가 있는 것으로 분석되었다. 따라서 행동의 자주관리가 사회적 교환(조직과 관리자)과 성과(직무만족, 조직몰입, 조직시민행동, 직무성과) 사이를 매개할 것으로 가정한 가설 3이 모두 채택되었다고 할 수 있다.

〈표 7〉 연구모형의 간접(매개)효과와 Z-검정 결과

	경로	간접효과[1]	Z-값[2]	채택 여부
가설 3-1	조직과 사회적 교환→행동의 자주관리→직무만족	0.08**	3.04**	O
가설 3-2	조직과 사회적 교환→행동의 자주관리→조직몰입	0.09**	3.33**	O
가설 3-3	조직과 사회적 교환→행동의 자주관리→조직시민행동	0.04*	2.24*	O
가설 3-4	조직과 사회적 교환→행동의 자주관리→직무성과	0.05*	2.43*	O
가설 3-5	관리자와 사회적 교환→행동의 자주관리→직무만족	0.06**	2.51*	O
가설 3-6	관리자와 사회적 교환→행동의 자주관리→조직몰입	0.07**	2.67**	O
가설 3-7	관리자와 사회적 교환→행동의 자주관리→조직시민행동	0.03*	2.00*	O
가설 3-8	관리자와 사회적 교환→행동의 자주관리→직무성과	0.04*	2.13*	O

주) 1. LISREL 8.54를 이용한 간접효과의 검정 결과를 말한다.
2. Sobel test 결과에 따른 Z값을 말한다.
3. * $p<0.05$ ** $p<0.01$

5. 맺음말

5.1 연구의 요약 및 시사점

이 연구의 목적은 사회적 교환의 유지를 위해 수용자의 능력이 어떤 역할을 하는지를 이론과 실증연구를 통해 검증하는 것이었다. 이 연구의 결과를 요약하면 다음과 같다. 첫째, 이론적으로 사회적 교환과 수용자의 능력인 행동의 자주관리에 따라 양 당사자의 관계가 어떻게 변화될지에 대해 설명했다. 둘째, 사회적 교환이 수용자의 능력에 영향을 준다는 것을 실증적으로 밝혔다. 셋째, 행동의 자주관리가 조직의 성과변수인 직무만족, 조직몰입, 조직시민행동, 직무성과 등에 영향을 준다는 것을 경험적으로 확인했다. 넷째, 사회적 교환과 조직의 성과 사이를 수용자 능력이 매개함을 경험적으로 입증했다.

이제 이러한 연구결과의 이론적, 실천적 함의를 좀 더 구체적으로 살펴본다. 먼저 우리는 이 논문을 통해 사회적 관계와 수용자 능력 간에 밀접한 관련성이 있음을 이론적으로 논하였다. 구체적으로 사회적 교환과 행동의 자주관리의 관계는 그 정도가 낮고 높음에 따라 다양하게 분류할 수 있다는 것을 이론적으로 제안했다. 우리는 다음과 같은 네 가지 유형으로 분류될 수 있음을 탐색적으로 살펴본 바 있다. 사회적 교환과 행동의 자주관리 둘 다 낮다면 교환관계의 파괴와 소멸이 발생하고, 사회적 교환이 높고 행동의 자주관리가 낮다면 수용자인 부하나 종업원은 불안과 죄책감을 갖게 될 것이다. 또한, 사회적 교환이 낮고 행동의 자주관리가 높다면 수용자는 불만과 철회를 표현할 것이고, 사회적 교환이 높고 행동의 자주관리가 높다면 수용자는 교환관계의 안정과 지속이 보장되도록 노력할 것이다. 이러한 분류체계와 이론적 전개를 통해 다음과 같은 중요한 함의를 이 논문은 던져 주고 있다. 사회적 교환관계가 안정적이고 지속적으로 유지되고 발전되려면, 이 과정에서 발생하는 조직이나 관리자의 이익뿐만 아니라 수용자인 부하나 종업원의 이익도 고려될 필요가 있다는 점을 이 논문은 시사하고 있다. 아울러 부하나 종업원들은 사회적 교환이 안정되고 지속됨에 따라 장기적인 목표를 가지고 이를 달성하기 위해 자발성과 능동성을 바탕으로 행동에 옮김으로써 더 많고 더 좋은 성과를 조직에 안길 수 있다는 점을 이 분류체계는 암시하고 있다.

다음으로 사회적 교환이 활성화될수록 수용자는 자신의 역량, 즉 행동의 자주관리 능력을 제고시키기 위해 노력할 것이라는 가정을 세우고 경험적으로 입증해 보였다는 것이 이 논문의 매우 큰 의의이다. 사회적 교환이 조직구성원의 역량이나 능력과 관련성이 있으리라는 것은 환경과 개인 간의 상호작용을 고려하는 심리학적 관점에서 보면 어쩌면 당연하지만, 아직까지 사회적 교환과 수용자의 능력 간의 관계를 실증적으로 연구한 논문은 국내는 물론이고 국외에서도 전무하다. 이 논문은 바로 이러한 연구의 공백을 메웠다는 점에서 중요한 기여를 하고 있다. 사회적 교환은 그 밑바탕에 호혜성, 공정성, 그리고 심리적 계약을 깔고 있기에 양 당사자에게 신뢰와 의무감을 심어 준다. 그러나 신뢰와 의무감은 조직에서 수용자인 부하나 종업원에게 상당한 부담감으로 다가온다. 그것은 수용자가 조직이나 관리자와 사회적 교환을 할 때 부딪히는 다음과 같은 두 가지 불확실성 때문이다. 첫째, 조직이나 관리자가 자신들이 제공한 자원을 얼마만큼의 값어치가 있다고 생각하는지 알지 못한다. 둘째, 수용자 자신도 자신이 반대급부로 제공하는 자원이 얼마만큼의 가치로 평가되고 있는지 측정하지 못한다. 사회적 교환의 이러한 특성 때문에 수용자는 자신의 역량, 즉 행동의 자주관리 능력을 높이게 된다는 것을 이론적으로 논증하고 이것을 다시 실증적으로 입증해 보였다. 조직과 사회적 교환뿐만 아니고 관리자와 사회적 교환도 행동의 자주관리에 정의 영향을 미친 이 연구결과는, 조직과 관리자 양 측면에서 사회적 교환을 강화하려는 기업의 노력이 조직구성원들의 역량계발로 보상받을 수 있다는 중요한 실천적 함의도 동시에 던져 주고 있다. 그렇다면 수용자가 조직과의 교환관계를 사회적 관계로 인식할 수 있도록 공동체 지향적 인적자원관리방식을 기업이 도입하고 실행하는 데, 한편으로는 힘쓸 필요가 있을 것이고, 다른 한편으로는 관리자가 리더십을 발휘하는 과정에서 조직구성원과 우호적이고 신뢰적인 관계를 맺을 수 있는 능력과 자세를 갖도록 리더육성프로그램을 마련하여 운영할 필요가 있을 것이다. 그리고 조직구성원이 조직과 관리자 양 측면에서 우호적인 사회적 교환관계를 맺고 있다고 인식하도록 조직 내의 여러 메커니즘과 관리자 리더십이 작동하는 데 각별히 신경 쓸 필요가 있을 것이다.

사회적 교환관계가 활발히 이루어질수록 수용자의 행동 자주관리 능력을 높이려는 노력도 많이 이루어질 것인데, 그렇다면 행동의 자주관리 능력은 어떻게 높일 수 있을까? 이것은 부하나 종업원들에 대한 학습을 통해 가능하다(Peterson & Seligman, 2004). 높은 자기통제 능력이 있는 사람은 다양한 상황에서 성공적인 자기조절이 가능하며, 더 좋은 결과를 만들어 낸다(Watson & Tharp, 2007). 이 연구는 높은 행동의 자주관리가 조직의 좋은 성과로 이어진다는 것을 경험적으로 증명했다. 그래서 조직은 부하나 종업원들이 학습을 통한 행동의 자주관리 능력을 향상시킬 수 있는 방안을 만들 필요성이 있다. 예를 들면, 멘토(mentor)가 경력의 자주관리 전략을 사용하거나(Murphy & Ensher, 2001), 조직이 신입사원들에게 초기 사회화 경험에 따른 불확실성과 걱정을 감소시키고(Saks & Ashforth, 1996), 근무환경을 구조화시키기(Manz, 1986) 위해 행동의 자주관리 프로그램을 도입하는 것을 들 수 있다.

사회적 교환이 조직의 성과에 영향을 미친다는 연구는 상당히 많이 축적되었지만, 어떠한 과정을 통해 영향을 미치는지에 대한 연구는 그동안 공백으로 남아 있었다. 이 연구는 바로 이러한 공백을 채우는 데도 일조할 것으로 기대된다. 덧붙여, 사회적 교환은 조직의 성과에 직접적인 영향을 주기보다는 수용자의 능력인 행동의 자주관리를 통해 간접적으로 그 영향을 미친다는 사실이 이 연구에서 확인되었다. 앞서 연구결과에서도 논의했듯이, 수용자 능력의 일종인 행동의 자주관리를 매개변수로 삼았을 때 사회적 교환과 조직의 성과 간의 직접효과는 기존 연구들과 달리 두 가지 경우를 제외하고는 발견되지 않았다. 이러한 연구결과는 조직의 내부 환경이나 구조, 또는 조직에서 실행하고 있는 정책이나 전략 등이 조직구성원이 가지고 있는 능력과 상관없이, 조직의 성과를 향상시킬 수 있다는 관점에 의문을 제기하게 만든다.

한편, 이 논문에서는 사회적 교환관계가 기회주의 행동으로 파괴될 수 있음을 지적한 바 있다. 기회주의는 자신의 이익만을 추구하는 행동으로, 조직이나 관리자에게도 발생될 수 있고, 또한 수용자인 부하나 종업원에게도 발생될 수 있다. 조직은 양 당사자의 기회주의 행동을 막기 위해 호혜성, 공정성, 그리고 심리적 계약에 따른 신뢰와 의무감을 심어줄 필요성이 있다. 신뢰와 의무감은 하루아침에 형성되는 것이 아니라 조직의 정체성과 사회적 교환의 역사와 함께하는 속성을 가졌다. 따라서 조직은 신뢰와 의무감을 조직구성원들에게 심어 줌으로써 기회주의 행동을 막고 나아가 바람직한 사회적 교환관계를 창조해 낼 수 있다. 이를 통해 조직은 지식의 확산(Lin & Huang, 2010)과 새로운 지식의 창조(McFadyen & Cannella, 2004)를 이룰 수 있음은 물론이고, 궁극적으로는 조직구성원들의 직무만족, 조직몰입, 조직시민행동 등 조직이 원하는 성과를 달성할 수 있을 것이다.

5.2 연구의 한계점 및 미래연구를 위한 제언

이 연구는 사회적 교환, 수용자의 능력, 그리고 성과와의 관계를 실증적으로 검증한 연구이다. 본 연구가 다양한 시사점을 제시하고 있지만, 몇 가지 측면에서 한계점을 가지고 있다.

첫째, 연구에서 사용된 표본이 대부분의 조직을 대표하지 않는 것이 한계점이다. 앞으로의 연구는 보다 다양한 산업에서 자료를 폭넓게 수집해서 사회적 교환, 수용자의 능력, 그리고 성과와의 관계를 분석하여 연구의 일반화 가능성을 높여야 할 것이다.

둘째, 이론적 배경에서 교환관계를 사회적 교환과 경제적 교환으로 구분하였다. 그러나 실증연구에서는 사회적 교환만 연구범위로 삼았다. 앞으로는 경제적 교환을 본 연구의 사회적 교환과 같은 모형에 적용해 보는 것도 필요할 것이다. 또한, 사회적 교환과 경제적 교환을 동시에 검증하는 연구도 시도해 봄 직하다.

셋째, 수용자의 능력을 이 연구에서는 행동의 자주관리로 보았다. 그러나 다른 많은 연구에서 인간이 가지고 있는 능력을 다양한 변수들로 측정하고 있다. 이들 변수 중에 수용자의 능력으로 볼 수 있는 변수들이 있을 것이다. 수용자의 능력을 행동의 자주관리로만 한정할 게 아니라 다른 변수들도 이론적으로 논증해서 함께 분석하는 연구들이 앞으로 진행되는 것이 바람직하다.

넷째, 수용자의 관점에 따라 사회적 교환의 관계성을 크게 4가지 유형으로 분류하여 설명하고 있지만, 이 유형들은 사회적 교환과 수용자의 능력인 행동의 자주관리에 따라 이론적으로만 분류한 것일 뿐 실증연구를 하지는 못했다. 그 이유는 각 유형에 알맞은 설문 문항을 구성하여 측정하지 못했기 때문이다. 사회적 교환과 행동의 자주관리에 따라 구분된 4가지 유형을 실증 분석하는 앞으로의 연구가 기대된다.

다섯째, 직무만족, 조직몰입, 조직시민행동, 그리고 직무성과와 같이 긍정적 태도에서 발생되는 결과만으로 조직의 성과를 측정했다는 한계점이 있다. 이직의도와 같은 부정적 태도에서 발생되는 결과도 포함하는 연구가 시도될 필요가 있다.

참고 문헌

김상표 · 김태열. 2004. 조직의 사회화 전략들과 근거리 사회화 결과들 그리고 원거리 사회화 결과들 사이의 관계에 관한 연구. 「경영학연구」 (한국경영학회), 33(6): 1781–1808.

Kim, S. P. & Kim, T. Y. 2004. Organizational socialization tactics, proximal socialization outcomes, and distal socialization outcomes. *Korean Management Review*, 33(6): 1781–1808.

배병렬. 2005. 「LISREL 구조방정식모델 –이해와 활용–」. 도서출판 청람.

Bae, B. R. 2005. *LISREL structural equation modeling –comprehension and application–*. Seoul, Korea: Cheougram Books.

신유근 · 구병진 · 김재구 · 김현철 · 박철 · 백윤정 · 이동명 · 이윤철 · 이현정 · 장재윤 · 홍길표. 1999. 「신조직환경론」, 서울: 다산출판사.

Sin, Y. G., Gu, B. J., Kim, J. G., Kim, H. C., Park, C., Baek, Y. J., Lee, D. M., Lee, Y. C., Lee, H. J., Jang, J. Y., & Hong, G. P. 1999. *New organizational environment theory*. Seoul, Korea: Dasan Books.

이기현 · 오홍석 · 정명호. 2008. 관계적 리더십과 팀 구성원의 성과: 리더–구성원 교환관계(LMX)와 사회적 네트워크 관점의 통합. 「산업 및 조직」 (한국심리학회), 21(4): 545–573.

Lee, K. H., Oh, H. S., & Chung, M. H. 2008. Relational leadership and individual performance: Integrating LMX and social network perspectives. *Korean Journal of Industrial and Organizational Psychology*, 21(4): 545–573.

한주희 · 고수일. 2003. 급여탄력성에 따른 조직공정성, 회사–구성원 교환관계 및 조직몰입에 대한 연구. 「인사 · 조직연구」 (한국인사조직학회), 11(2): 171–197.

Hahn, J. H., & Ko, S. I. 2003. Organizational justice, firm–employee relationship, and organizational commitment with moderating effect of pay risk. *Korean Journal of Management*, 11(2): 171–197.

Adams, J. S. 1965. Inequity in social exchange. In L. Berkowitz (Eds.), *Advances in experimental social psychology*. 2: 267–299, New York: Academic Press.

Anderson, E., & Oliver, R. L. 1987. Perspective on behavior–based versus outcome–based salesforce control systems. *Journal of Marketing*, 51: 76–88.

Baron, R. M., & Kenny, D. A. 1986. The moderator–mediator variable distinction in social psychological research: Conceptual, strategic, and statistical considerations. *Journal of Personality and Social Psychology*. 51: 1173–1182.

Bentler, P. M. 1990. Comparative fit indices in structural models. *Psychological Bulletin*, 107: 238–246.

Bernerth, J. B., Armenakis, A. A., Feild, H. S., Giles, W. F., & Walker, H. J. 2008. The influence of personality differences between subordinates and supervisors on perceptions of LMX: An empirical investigation. Group & *Organization Management*, 33: 216–240.

Blau, P. M. 1964. *Exchange and power in social life*. New York: Wiley.

Brower, H. H., Schoorman, F. D., & Tan, H. H. 2000. A model of relational leadership: The integration of trust and leader-member exchange. *Leadership Quarterly*, 11: 227–250.

Brown, R. 1986. Social psychology. London: Free Press.

Cohen, J., & Cohen, P. 1983. *Applied multiple regression/correlation analysis for the behavioral science* (2nd Eds.). Hillsdale, NJ: Lawrence Erlbaum Associates.

Cotterell, N., Eisenberger, R., & Speicher, H. 1992. Inhibiting effects of reciprocation wariness on interpersonal relationships. *Journal of Personality and Social Psychology*, 62: 658–668.

Deutsch, M. 1960. The effect of motivational orientation upon trust and suspicion. *Human Relations*, 13: 123–139.

Dillon, W., Kumar, A., & Mulani, N. 1987. Offending estimates in covariance structure analysis–comments on cause and solutions to Heywood cases. *Psychological Bulletin*, 101: 126–135.

Eisenberger, R., Cotterell, N., & Marvel, J. 1987. Reciprocation ideology. Journal of *Personality and Social Psychology*, 53: 743–750.

Eisenberger, R., Fasolo, P., & Davis-LaMastro, V. 1990. Perceived organizational support and employee diligence, commitment, and innovation. *Journal of Applied Psychology*, 75: 51–59.

Emerson, R. 1981. Social exchange theory. In M. Rosenberg & R. Turner (Eds.), *Social psychology: Sociological perspectives*: 30–65. New York: Basic Books.

Fisher, E. B., Levenkron, J. C., Lowe, M. R., Loro, A. D., & Green, L. 1982. Self-initiated self-control in risk reduction. In R. Stuart (Eds.), *Adherence, compliance, and generalization in behavioral medicine*: 145–168, New York: Brunner/Mazel.

Ford, L. R., & Seers, A. 2006. Relational leadership and team climates: Pitting differentiation versus agreement. *Leadership Quarterly*, 17: 258–270.

Gouldner, A. W. 1960. The norm of reciprocity: A preliminary statement. *American Sociological Review*, 25: 161–177.

Graen, G. B., & Uhl–Bien, M. 1995. Relationship–based approach to leadership: Development of leader–member exchange(LMX) theory of leadership over 25 years–Applying a multi–level multi–domain perspective. *Leadership Quarterly*, 6: 219–247.

Hallgarth, M. W. 1998. Consequentialism and denotology. *Encyclopedia of Applied Ethics*, 1: 609–621, San Diego: Academic Press.

Heaphy, E. D., & Dutton, J. E. 2008. Positive social interactions and the human body at work: Linking organizationals and physiology. *Academy of Management Review*. 33: 137–162.

Heider, F. 1956. *The psychology of interpersonal relations*. New York: Wiley.

Hellervik, L. W., Hazucha, J. F., & Schneider, R. J. 1990. Behavior change: Models, methods, and a review of evidence. In M. Dunnette & L. Hough. *Handbook of Industrial Organizational Psychology* (2nd Eds.), 2: 823–895, Palo Alto: Consulting Psychologists Press.

Hu, L. T., & Bentler, P. 1999. Cutoff criteria for fit indexes in covariance structure analysis: Conventional criteria versus new alternatives. *Structural Education Modeling*. 6: 1–55.

Kelloway, E. K. 1998. *Using LISREL for structural equation modeling: A researcher's guide*. Thousand Oaks, CA: Sage.

Keyar, B., Converse, B. A., Wang, J., & Epley, N. 2008. Reciprocity is not give and take: Asymmetric reciprocity to positive and negative acts. *Psychological Science*. 19: 1280–1286.

Leakey, R., & Lewin, R. 1978. *People of the lake*. New York: Anchor Press/Doubleday.

Liden, R. C., & Maslyn, J. M. 1998. Multidimensionality of leader–member exchange: An empirical assessment through scale development. *Journal of Management*, 24: 43–72.

Lin, T. C., & Huang, C. C. 2010. Withholding effort in knowledge contribution: The role of social exchange and social cognitive on project teams. *Information & Management*, 47: 188–196.

Luthans, F., & Davis, T. R. V. 1979. Behavioral self–management:

The missing link in managerial effectiveness. *Organizational Dynamics*, 7: 42–60.

MacKinnon, D. P., Lockwood, C. M., Hoffman, J. M., West, S. G., & Sheets, V. 2002. A comparison of methods to test mediation and other intervening variable effects. *Psychological Methods*, 7: 83–104.

Malatesta, R. M. 1995. Understanding the dynamics of organizational and supervisory commitment using a social exchange framework. Unpublished Doctoral Disertation, Wayne State University, Michigan.

Manz, C. C. 1986. Self-leadership: Toward and expanded theory of self-influence processes in organizations. *Academy of Management Review*, 11: 585–600.

Manz, C. C. 1992. *Mastering self-leadership: Empowering yourself for personal excellence*. Englewood Cliffs, NJ: Prentice-Hall.

Manz, C. C., & Sims, H. P. 1987. Leading workers to lead themselves: The external leadership of self-managed work teams. *Administrative Science Quarterly*, 32: 106–128.

McFadyen, M. A., & Cannella, A. A. 2004. Social capital and knowledge creation: Diminishing returns of the number and strength of exchange relationships. *Academy of Management Journal*, 47: 735–746.

Meyer, J. P., & Allen, N. J. 1991. A three-component conceptualization of organizational commitment. *Human Resource Management Review*, 1: 61–98.

Molm, L. D. 2003. Theoretical comparisons of forms of exchange. Sociological Theory, 21: 1–17.

Molm, L. D., Collett, J. L., & Schaefer, D. R. 2006. Conflict and fairness in social exchange. *Social Forces*, 84: 2331–2352.

Morrison, E. W., & Robinson, S. L. 1997. When employees feel betrayed: A model of how psychological contract violation develops. *Academy of Management Review*, 22: 226–256.

Murphy, S. E., & Ensher, E. A. 2001. The role of mentoring support and self-management strategies on reported career outcomes. *Journal of Career Development*, 27: 229–246.

Peterson, C., & Seligman, M. E. P. 2004. *Character strengths and virtues: A handbook and classification*. Oxford: Oxford University Press.

Ring, P. S., & Van de Ven, A. H. 1994. Developmental processes of cooperative interorganizational relationships. *Academy of Management Review*, 19: 90–118.

Rousseau, D. M. 1995. Psychological contracts in organizations: *Understanding written and unwritten agreements*. thousand Oaks, CA: Sage.

Rupp, D. E., & Cropanzano, R. 2002. The mediating effects of social exchange relationships in predicting workplace outcomes from multifoci organizational justice. *Organizational Behavior and Human Decision Processes*, 89: 925–946.

Saks, A. M., & Ashforth, B. F. 1996. Proactive socialization and behavioral self-management. *Journal of Vocational Behavior*, 48: 301–323.

Shore, L. M., Coyle-Shapiro, J. A-M., Chen, X-P., & Tetrick, L. E. 2009. Social exchange in work settings: Content, process, and mixed models. *Management and Organization Review*, 5: 289–302.

Shore, L. M., & Tetrick, L. E. 1991. A construct validity study of the survey of perceived organizational support. *Journal of Applied Psychology*, 76: 673–643.

Shore, L. M., & Tetrick, L. E., Lynch, P., & Barksdale, K. 2001. Social and economic exchanges as mediators between commitment and performance. Unpublished manuscript.

Shore, L. M., & Wayne, S. J. 1993. Commitment and employee behavior: Comparison of affective commitment and continuance commitment with perceived organizational support. *Journal of Applied Psychology*, 78: 774–780.

Sims, H. P., & Lorenzi, P. 1992. *The new leadership paradigm: Social learning and cognition in organizations*. Newbury Park, CA: Sage.

Skarlicki, D. P., & Folger, R. 1997. Retaliation in the workplace: The roles of distributive, procedural, and interactional justice. *Journal of Applied Psychology*, 82: 434–443.

Tangney, J. P., Baumeister, R. F., & Boone, A. L. 2004. High self-control predicts good adjustment, less pathology, better grades and interpersonal success. *Journal of Personality*, 72: 273–324.

Tucker, L. R., & Lewis, C. 1973. A reliability coefficient for maximum likelihood factor analysis. *Psychometrika*, 38: 1–10.

Uhl-Bien, M., & Graen, G. B. 1998. Individual self-management: Analysis of professionals' self managing activities in functional and cross-functional work teams. *Academy of Management*

Journal, 41: 340–350.

Vidmar, N. 2000. Retribution and revenge. In J. Sanders & V. L. Hamilton (Eds.), *Handbook of justice research in law*: 31–63. New York: Kluwer Academic/Plenum.

Wanberg, C. R., & Kammeyer–Mueller, J. D. 2000. Predictors and outcomes of proactivity in the socialization process. *Journal of Applied Psychology*, 85: 373–385.

Watson, D. L., & Tharp, R. G. 2007. *Self–directed behavior* (9th Eds.). Cengage Learning.

Williams, L. J. & Anderson, S. E. 1991. Job satisfaction and organizational commitment as predictors of organizational citizenship and in–role behaviors. *Journal of management*, 17: 601–617.

〈부록〉 확인적 요인분석

항목	요인적재량	t-값
조직과 사회적 교환		
회사는 나에게 상당한 투자를 한다.	0.63	44.66
내가 현재 업무상 하는 일들은 회사 내 나의 입지에 장기적으로 도움이 될 것이다.	0.69	48.21
회사와 나는 서로 많은 것들을 주고받는 호혜적 관계를 맺고 있다.	0.76	52.11
현재 열심히 일하는 것을 꺼리지 않는다. 언젠가는 회사가 나의 노력을 보상해줄 거라는 것을 안다.	0.77	52.98
회사와 나의 관계는 상호신뢰를 바탕으로 삼고 있다.	0.83	55.84
회사가 나를 보살펴 줄 것을 믿기 때문에, 회사에 가장 이익이 되는 방향으로 업무를 처리하려고 노력한다.	0.74	50.91
회사가 나의 가치를 항상 인정하지 않는다 해도, 회사가 앞으로 나의 노력에 대해 보상해 줄 것을 알고 있다.	0.67	47.10
관리자와 사회적 교환		
직속상사는 나에게 상당한 투자를 한다.	0.56	39.65
내가 현재 업무상 하는 일들은 직속상사와의 관계에서 나의 입지에 장기적으로 도움이 될 것이다.	0.79	53.63
직속상사와 나는 서로 많은 것을 주고받는 호혜적 관계를 맺고 있다.	0.79	53.20
현재 열심히 일하는 것이 싫지 않다. 언젠가는 직속상사가 나의 노력에 대해 보상해줄 거라는 것을 안다.	0.75	51.41
직속상사와 나의 관계는 상호신뢰를 바탕으로 삼고 있다.	0.75	51.53
직속상사가 나를 보살펴줄 것을 믿기 때문에, 직속상사에게 가장 이익이 되는 방향으로 업무를 처리하려고 노력한다.	0.75	51.06
직속상사가 나의 가치를 항상 인정하지 않는다 해도, 직속상사가 앞으로 나의 노력에 대해 보상해줄 것을 알고 있다.	0.79	53.60
행동의 자주관리		
나는 대체로 긍정적으로 생각하려고 노력한다.	0.76	45.23
부정적이거나 패배주의적인 생각이 떠오르면, 나는 그것을 긍정적인 생각으로 바꾸려고 노력한다.	0.73	43.64
미래의 성공을 머릿속에 그려보는 것이 내 목표를 달성하는 데 도움이 된다.	0.71	42.38
나는 미래에 대한 명확한 계획을 갖고 있다.	0.66	40.64
목적을 달성한 것에 대해 나 자신에게 보상을 준다.	0.71	43.19
일할 때 내 행동이 업무수행에 얼마나 효과적인가를 스스로 점검한다.	0.79	46.91
내 행동이 주변 상황이나 주변 사람들에게 어떤 영향을 미치는지 곰곰이 생각한다.	0.68	41.20

항목	요인적재량	t-값
직무만족		
일반적으로 내 업무에 만족한다.	0.90	44.97
대체로 내 업무가 마음에 든다.	0.92	45.45
내 업무는 매우 즐겁다.	0.87	44.55
조직몰입		
현재 재직 중인 회사에서 내 직장생활의 나머지를 보낸다면 매우 행복할 것이다.	0.68	43.60
회사 밖의 다른 사람들과 우리 회사에 관해 토론하기를 즐긴다.	0.56	37.37
나는 정말로 우리 회사의 문제를 내 문제인 것처럼 느낀다.	0.82	49.90
우리 회사는 내 삶에서 많은 중요한 의미를 갖고 있다.	0.84	51.31
나는 회사에 감정적으로 애착심을 느낀다.	0.83	50.41
조직시민행동		
내 결근으로 인해 생긴 추가 업무부담을 기꺼이 수용한다.	0.83	41.91
내 업무량이 많을 때 기꺼이 도와준다.	0.89	43.93
내가 요청하지 않더라도 나의 일을 도와준다.	0.83	42.40
나의 개인적인 문제들에 관심을 갖고 있다.	0.63	33.86
담당 업무와 관련된 정보를 내게 전해준다.	0.77	40.12
직무성과		
업무상 주어진 자신의 의무들을 잘 이행한다.	0.81	39.40
업무상 주어진 자신의 책임들을 충실히 이행한다.	0.84	40.57
주위에서 받은 기대에 부응할 만큼 업무를 잘 처리한다.	0.88	41.95
회사의 성과표준을 충족시킬 만큼 일을 잘 처리한다.	0.84	40.77

사회복지기관의 새로운 자립화 전략[1]: 사회적 기업 창업과 지속적 경쟁우위

1. 서론

사회복지기관은 기초생활수급자와 차상위층의 자립 촉진에 필요한 사업을 수행하기 위해 설립되었다. 설립목적은 근로능력이 있는 저소득층에게 집중적이고 체계적인 자활지원서비스를 제공함으로써 자활의욕 고취 및 자립능력 향상을 지원하는 것에 있다(조성은 외, 2008). 2007년 「사회적기업육성법」이 제정됨에 따라 사회복지기관의 자활공동체들은 자활사업의 최종 발전단계인 사회적 기업으로 전환하기 시작했다. 사회복지기관의 자활공동체는 참여자의 탈빈곤과 탈수급을 목표로 사업을 운영하여 사회적 기업과 크게 다르지 않았다. 그래서 사회복지기관에서 출발한 사회적 기업은 공공의 이익이 되는 각종 재화 및 용역을 제공함과 동시에 저소득층의 일자리를 창출함으로써 소득격차로 인해 발생되는 양극화 문제를 해소하고 공공의 복지를 증진시키는 역할을 수행한다.

하지만 사회적 기업에 대한 회의론도 만만치 않다. 그 이유는 자활사업과 사회적 일자리 사업이 실업과 빈곤문제를 해소하기보다는 오히려 빈곤양상을 지속시키고 있다고 보기 때문이다. 즉, 자활사업 참여자

1 이 논문은 전수욱, 박기순과 함께 『한국창업학회지』 제7권 제3호(2012년)에 게재하였다.

를 기준으로 자활성공률을 조사한 결과를 보면 2002년 6.9%, 2003년 6.8%, 2004년 5.4%, 2005년 5.5%로 낮은 수치를 나타내며(김안나 외, 2006), 자활 참여자들의 저임금과 6~12개월 단위의 계약 사업에서 70여만 원에 머물고 있는 사회적 일자리 사업의 임금이 회의론의 근거가 된다(조성은 외, 2008). 실제 정부의 인건비 지원을 받는 자활근로를 마치고 스스로 시장에서 자립해야 하는 단계에서 시장의 문턱을 넘기 전에 좌절되는 경우도 많은 것이 사실이다. 사회적 기업의 사업들이 단기간의 성과 중심으로 운영되기 때문에 근로빈곤 계층의 확산과 끊임없이 반복되는 공공부조체계로의 회귀를 양산하면서, 오히려 취약계층의 자활능력과 의지를 추락시키는 역할만을 사회적 기업이 한다는 것이다(이문국, 2006).

이러한 비판에도 불구하고 자립을 위해 지속 가능한 일자리, 특히 사회적 취약계층에게 제공되는 일자리의 필요성은 누구나 인정하는 바이다. 그래서 사회적 기업은 이들에게 주요 일자리를 제공하여 자립을 돕고, 시장에서의 취약성을 제고하고 경쟁우위를 달성하여 지속적으로 성장할 수 있는 기업이 되는 것이 가장 중요한 과제이다. 많은 연구에서 사회적 기업의 활성화는 정부나 지방자치단체의 재정지원을 통해 달성할 수 있다고 설명하고 있다. 예를 들면, 저소득층 창업 지원 및 사회적 기업 육성을 들 수 있는 데, 이들에게 창업 컨설팅, 경영 컨설팅, 기술 및 재무에 관한 지속적 교육, 구성원들에 대한 역량 강화 등 다양하고 지속적인 지원체계를 제공하면 성공할 수 있다는 것이다. 그러나 이러한 지원에도 불구하고 사회적 기업으로 지속되기에는 현실적으로 경영상의 어려움이 존재한다.

사회적 기업은 사회적 기업의 인증조건[2]에도 나와 있듯이 근로자가 의사결정에 참여하는 노동자관리 기업과 그 형태가 유사하다. 노동자관리 기업은 전통적 자본주의 경제에서 영세함을 벗어나지 못하는 데

2 서비스 수혜자, 근로자 등 이해관계자가 참여하는 민주적 의사결정구조를 가져야 한다.

그 이유를 크게 두 가지로 설명할 수 있다(이승현, 2001). 먼저 자본주의적 경제 환경과 고유의 소유 및 통제구조 때문에 노동자관리 기업의 구조 자체가 자본주의적 기업의 속성으로 퇴행하여 전통적 영리기업과 경쟁에서 열악함을 벗어나지 못한다는 것이다. 그리고 노동자관리 기업은 상응한 자본주의적 기업에 비해 경제적 생존력과 성과가 뒤떨어진다는 것이다. 시장 환경의 변화에 대한 잘못된 고용 및 산출 반응, 낮고 비효율적인 투자 행동, 노동자들의 기회주의적인 행동양식, 그리고 관리의 비능률이 발생하여 낮은 성과를 발생시켜 사업의 지속을 어렵게 한다는 것이다.

이렇듯 경영상의 어려움을 안고 있는 사회적 기업이 자립하기 위해서는 소유구조, 의사결정 구조, 사회적 자본, 그리고 기업가정신에서 경제적 가치와 사회적 가치를 실행하기 위해 기업적 노력이 필요할 것으로 보인다. 왜냐하면, 기업은 특이한 자원과 능력의 독특한 묶음(unique bundle)으로 이루어져 있어, 경쟁을 위해 자원과 능력을 최적화하여 기업의 가치를 극대화하고 기업이 필요로 하는 미래의 자원기반을 발전시키는 데 있기 때문이다(Barney, 1991; Teece, 1998). 그러나 사회적 기업은 전통적 영리기업에 비해 자원과 능력이 현저히 떨어진다. 예를 들면, 취약계층에 있는 참여자들의 숙련된 기술과 근로의욕이 약하다. 그래서 이를 극복하기 위해 소유구조, 의사결정구조, 사회적 자본, 그리고 기업가정신이 필요할 것이다.

소유구조와 의사결정구조는 사회적 기업의 조직민주주의를 실행하여 열악한 자원과 능력을 개발하기 위해 필요하다. 예를 들면, Bernstein(1982)은 조직구성원들의 민주적 의식 결여가 불평하고 수동적인 행동을 가져오고, 민주 의식은 과업수행을 위한 행동통제를 가져오므로, 조직민주주의는 인적자원의 효과적인 활용과 능력개발을 위해 필연적인 요소로 보았다. 그리고 사회적 자본과 기업가정신은 생존과 성장을 위해 필요하다. 사회적 기업은 태생적으로 정부나 지방자치단체의 지원이 있는 부분에 사업영역을 확보하고 있고, 조직구성원들도 대부분 취약계층에 있어 전통적 영리기업의 구성원에 비해 과업수행 능력이 상대적으로 취약할 수 있다. 따라서 사회적 기업은 기업 활동에 필요한 요소를 외부에서 확보하는 노력이 필요하다. 또한, 사회적 기업은 전통적 영리기업이 진출하지 않은 부분에 사업기회를 파악해 사회적 재화와 서비스를 생산·판매해야 하는 사명을 안고 있다. 그러므로 이 연구에서는 사회적 기업의 소유구조, 의사결정구조, 사회적 자본, 그리고 기업가정신에 관해 사례연구를 통해 분석함으로써 사회복지기관의 자립화 전략을 제시하고자 한다.

이 연구의 의의는 자활공동체나 자활근로사업을 하던 사회복지기관들이 여러 가지 지원 혜택을 받아 조직구성원들의 지위향상과 경영여건 개선 등 자립구조의 틀을 마련하기 위해 사회적 기업으로 전환을 시도하고 있는데, 이들 기업에 자립화의 방향을 제시하는 것에 있다. 구체적으로 많은 사회적 기업들이 사회적 기업으로 인증되었더라도 인건비 등의 지원이 끝나면 자립할 수 있는 재정적 능력에 문제가 발생하여 좌절하게 된다. 또한, 수익성 없는 업종으로 인해 적자를 키워, 직원 간의 마찰을 극복하지 못해 사회적 가치추구의 소홀로, 그리고 경험 부족과 외부의 경영컨설팅 및 자금지원을 받지 못해 실패하게 된다. 그러므로 진주지역에 있는 (유)A휴먼케어와 ㈜B하우징을 살펴봄으로써 사회적 기업의 자립화 전략을 논의하는 데 그 의의가 있다. 또한, 선행연구에서는 사회적 기업이 창업하여 지속적 경쟁우위를 가지기 위한 관리방법들을 논의하지 않았다. 이 연구는 소유구조, 의사결정구조, 사회적 자본, 그리고 기업가정신으로 제시함으로써 사회적 기업 경영에 토대를 마련한 것에 의의가 있다.

2. 이론적 배경

2.1 사회적 기업과 자립

사회적 기업(social enterprise)은 취약계층의 사람들이 자신의 힘으로 스스로 살아갈 수 있도록 돕기 위해 설립된 기업으로 인식되면서 수입창출 활동을 하는 비영리기업(nonprofit enterprise), 지역사회 벤처(community wealth venture), 사회적 목적 기업(social purpose enterprise) 등 다양한 이름으로 불리고, 그 정의 또한 다양하다. 국제협력기구에서는 실무적인 목적으로 “공익을 위해 모험 사업가적인 전략으로 조직화되어, 조직의 목적을 수익의 극대화가 아닌 경제적·사회적 목표의 실현에 두고, 사회적 소외와 실업문제에 대해 혁신적인 해결책을 제시할 역량이 있는 민간기업의 활동”으로 정의한다(Noya & Clarence, 2007). 2007년에 제정된 우리나라의 「사회적기업육성법」에 따르면, 사회적 기업은 “취약계층에게 사회서비스 또는 일자리를 제공하여 지역주민의 삶의 질을 높이는 등의 사회적 목적을 추구하면서 재화 및 서비스의 생산·판매 등 영업활동을 수행하는 기업으로서 제7조에 따라 인증 받은 자를 말한다.”라고 정의하고 있다. 또한, 사회적 기업은 ‘민간부문의 합법적인 기업형태 및 경영모델과 공공의 재화 및 서비스 제공이라는 목적을 결합시킨 것이지만, 그 위상과 조직 형태에 있어서는 사회적 목적을 강조하는’ 기업이다(노대명·석희정, 2001).

사회적 기업의 유형은 노동 통합, 사회 통합, 혼합형으로 분류할 수 있다(김윤태, 2009). 첫째, 노동 통합(work integration)을 주요 목표로 하는 사회적 기업은 일자리 제공이다. 일자리 제공 활동은 노인, 장애인 등 취업하기 힘든 취약계층을 위한 보호 고용(sheltered employment)을 주로 한다. 동시에 일시적 실업자들을 위한 직업훈련을 제공하여 과도기적 고용(transitional employment)을 제공하는 경우도 있다(전병유 외, 2003). 또한, 노동 통합형은 공익적 고용정책에서 지원을 받지 못하는 매우 특수한 근로 계층을 직접 고용하기도 하고, 광범위한 근로 계층을 구별하지 않고 고용하기도 한다. 둘째, 사회 통합(social integration)을 주요 목표로 하는 사회적 기업은 공공기관이 제공하지 못하는 사회적 서비스나 공적 기관이 제공하는 사회서비스에서 제외된 사회계층을 위해 서비스를 제공한다. 처음에는 정부의 지원이 거의 없이 사회적 기업이 독자적으로 수행하는 경우도 있고, 처음부터 정부가 지원하는 프로그램을 사회적 기업이 운영하는 경우도 있다. 사회적 기업이 제공하는 사회 서비스가 공익적 목적을 갖고 있다고 인정을 받게 되면, 정부가 사회적 기업의 운영에 필요한 재정의 전부 또는 일부를 지원하는 경우도 있다. 셋째, 혼합형은 일자리 제공과 사회 서비스 제공을 동시에 수행하는 사회적 기업이다. 예를 들면 약물중독자 등 한계근로집단을 위한 사회적 기업은 사회 서비스의 공급과 일자리 제공을 동시에 수행해야만 한다.

사회적 기업의 유형들과 앞서 설명한 사회적 기업 정의에서 보듯이, 사회적 기업은 그 구성원들과 지역경제의 자립을 도울 수 있어야 한다. 먼저 사회적 기업이 조직구성원인 취약계층의 자립을 돕는 방식은 '사회적 목적 실현', '영업활동을 통한 수익', '유급근로자의 고용'으로 가능하다(조선주·김영옥, 2008). 첫째, 사회적 목적 실현이란 취약계층에게 일자리를 제공하여 해당 당사자의 삶의 질을 높이는 것을 말하는 데, 사회적 목적 실현이 자립을 돕는다는 것은 일을 통해 소득을 가지고 자기규율, 자기정체성, 자기가치를 획득할 수 있기 때문이다. 예를 들면, 1930년대 오스트리아의 작은 산업도시 '마리엔탈'에서 실직 이전에는 일뿐 아니라 여가활동(정치조직 참여, 도서관 방문, 사회행사 준비)에도 활발히 참여하던 시민들이, 공장이 문을 닫아 모두 실직하자 시민들은 이 모든 것에 무관심해졌다. 그들은 일뿐 아니라 자기효능감·소속감·규칙성 같은 일과 관련된 사회적 혜택과 여가를 즐길 능력도 잃어버렸다(Ciulla, 2000). 둘째, 사회적 기업은 영업활동을 통한 수익을 발생시켜야 한다. 인증신청일 직전 6개월 동안 영업활동을 통한 총수입이 총 노무비의 30% 이상이어야 하며, 이를 회계법인에 의해 검증 받아야 인증 받을 수 있다. 이는 사회적 기업의 구성원들이 자사에서 생산하는 제품과 서비스를 시장의 수요에 적합하게 생산하도록 노력하게 만든다. 특히 사회적 기업은 이해관계자가 모두 참여하는 의사결정구조를 가져 기업과 시장에 대한 정보와 지식을 구성원들이 갖추도록 유도한다. 따라서 영업활동을 통한 수익이 구성원들의 자립을 돕는다. 셋째, 사회적 기업은 유급근로자를 고용하여 재화와 서비스의 생산·판매 등 영업활동을 수행해야 한다. 이전까지 시간제 고용, 일시적 고용 등에 시달려 생활(금전)의 안정과 직장의 안정을 누리지 못하던 참여자들이 유급근로자로 고용됨에 따라 안정감을 되찾을 수 있고, 미래에 대해 계획을 세울 수 있으므로 자립을 돕는다.

사회적 기업이 지역경제의 자립을 돕는 것은 외부효과에서 찾을 수 있다(장종익, 2010). 외부효과는 사회적 기업이 재화와 서비스를 지역시장에 공급하는 것에서 볼 수 있다. 예를 들면, 지역의 역사적, 문화적, 그리고 환경적 유산의 보존을 위한 활동은 자본과 노동의 투입이 요구되지만 이러한 투자활동의 결과로 나타난 산출물은 준공공재적 성격을 띠기 때문에 이윤추구기업이 공급을 기피하게 된다. 공기업이 이를 담당할 수 있지만, 지역의 사회적 기업이 담당하면 원재료 공급의 다양성과 열린 지배구조의 특성상 참여형 보존활동이 이루어질 수 있기 때문에 지역경제의 자립을 돕는다. 또한, 사회적 기업이 낙후된 지역의 실업주민에게 일자리를 마련해주는 서비스나, 장애인·장기실업자·빈곤여성·노인 등 노동시장에서 배제된 취약계층에게 사회적으로 유익한 일자리를 마련하는 일은 그러한 취약계층의 존재로 인하여 발생할 수 있는 지역경제에 부의 외부효과를 감소시킨다는 점에서 기여하게 된다. 이렇듯 사회적 기업의 구성원과 지역경제의 자립을 돕는 사회적 기업은 전통적 영리기업과 구별된다.

사회적 기업과 전통적 영리기업의 차이는 기업의 미션(O'Gorman & Doran, 1999)과 자원 동원(Austin et al., 2006), 그리고 성과 측정(Austin et al., 2006)에 있다. 전통적 영리기업은 개인적인 수익창출에 집중하는 반면, 사회적 기업은 새로운 사회적 가치를 창출하는 데 더욱 많은 관심을 가지고 있다. 자원 동원에서 전통적 영리기업은 인적자원을 취득함에 있어 정당하고 매력적인 보수와 혜택을 제공함으로써 좋은 인재를 획득할 수 있으나, 사회적 기업의 경우 충분한 보수를 제공하지 못하는 경우가 많으므로 자발적인 봉사인력이 절대적으로 필요하다. 이러한 인적자원의 동원 이외에 특히 재무적 자원을 동원함에 있어 사회적 기업은 결정적인 취약점을 가지고 있다. 전통적 영리기업은 재무자원을 획득함에 있어 다양한 배당금과 보상 등을 제공하기 때문에 재무적 자원을 쉽게 획득할 수 있는 장점이 있는 반면, 사회적 기업은 기본적으로 경제적 가치를 창출하기 어려운 분야에서 활동하므로 재무적인 자원마련에 취약하다. 전통적 영리기업의 성과는 예를 들어 수익률과 매출 성장 등 오랫동안 안정적으로 검증되어 온 일반적인 재무적인 성과를 측정하게 되는 반면, 사회적 기업은 덜 표준화되어 있으며, 조직에 따라 각각의 특징을 가지고 있기 때문에 사회적 기업의 성과를 측정하기가 쉽지 않다. 아울러 재무적 성과가 아닌 중요한 이슈가 되는 사회적 기업의 영향력이 효과적으로 측정되기는 쉽지 않다. 이러한 전통적 영리기업과의 차이가 사회적 기업이 자립할 수 없는 요소로 작용한다. 사회적 기업이 이러한 문제점을 극복하기 위해서는 소유구조, 의사결정구조, 사회적 자본, 그리고 기업가정신을 전통적 영리기업과 다르게 가져야 할 것으로 보인다.

2.2 사회적 기업과 소유구조

사회적 기업의 소유구조는 3가지 형태가 존재한다. 사회적 기업은 소유 주체의 형태가 무엇인지를 기준으로 하여 소유구조에 따라 공적 소유(public ownership), 사적 소유(private ownership) 및 조합 소유(cooperative ownership) 형태로 나누어진다(남승연·조창현·정무권, 2010). 공적 소유의 사회적 기업은 다시 전통적인 비영리 조직(NGO)과 비영리 주주들이 사회적 기업의 주식을 소유하는(public shareholders) 두 가지 형태로 나누어진다. 또한, 사적 소유의 사회적 기업은 단일 소유자(sole proprietorship)와 민간 주주 소유(private shareholders), 그리고 자선 소유자(benevolent owners)로 나눌 수 있다. 마지막으로 조합 소유의 사회적 기업은 비영리 조합(nonprofit cooperatives)과 영리 조합(for profit cooperatives)의 형태로 구분할 수 있다.

이러한 소유구조가 전통적 영리기업에서는 기업을 누가 지배하고 있는가를 보여 준다. 그러나 사회적 기업은 소유와 지배를 견제하기 위해 이해관계자가 참여하는 의사결정구조를 가지고 있다. 이러한 형태는 현재 전통적 영리기업에서 규모가 증가함에 따라 기업을 소유한 주주와 기업을 경영하는 경영자가 분리되는 형태와 비슷하다. 그러나 사회적 기업은 지역을 중심으로 활동하고 그 대상도 주로 취약계층을 대상으로 하는 경우가 많아 규모가 그리 크지 않다. 그래서 소유와 경영을 굳이 분리할 필요성이 없을 것이다. 그럼에도 불구하고 사회적 기업이 소유와 경영을 분리하는 것은 다른 의미를 지니고 있다. 바로 기업의 자립을 위해서다.

사회적 기업의 경영에 대한 통제구조는 1인1표제를 기초로 구성원들이 평등하게 갖는 통제권 또는 투표권에 기초한다. 특히 직접·참여민주주의는 모든 구성원이 모든 일과 외부 제약조건 및 시장을 충분히 이해할 수 있는 작은 규모에 적합하므로(이승현, 2001) 사회적 기업에서 실행하기가 좋을 것이다. 사회적 기업에서 조직민주주의의 실행은 조직의 문제를 증언하고 밝혀내는 힘이 되고, 또한 그 힘은 새로운 기술, 능력, 제도와 같은 것을 창안하고 새로운 조직형태를 꾸리는 힘이 될 것이다. 그래서 소유와 경영의 분리가 사회적 기업의 자립을 도울 것이다.

2.3 사회적 기업과 의사결정구조

사회적 기업은 인증 요건에 서비스 수혜자, 근로자 등 이해관계자가 참여하는 의사결정구조를 갖추어야 한다. 그러나 사회적 기업이 자신에게 필요한 사회서비스를 시장가격으로 구매하는 데에 어려움이 있거나 노동시장의 통상적인 조건에서 취업이 특히 곤란한 계층을 고용하여 기업을 구성하므로 전통적 영리기업과 의사결정능력에서 차이가 있을 수 있다. 사회적 기업이 이를 극복하기 위해서는 외부 이해관계자의 참여가 필요하다. 예를 들면, Varman & Chakrabarti(2004)의 노동자 협동조합인 SAMITI 연구에서 기업 외부에 존재하는 중상층협회(MCAs)의 활동가가 의사결정에 참여하여 기업개선과 구성원들의 의식전환을 가져와 기업의 생존력을 높였다고 설명했다.

또한, 많은 연구에서 의사결정 참여가 기업에 많은 이점을 제공한다고 설명하고 있다. 예를 들면, Bolle de bal(1989)은 의사결정 참여가 당사자들에게 조직의 성과와 자신을 동일시하게 함으로써 조직몰입을 향상시키고 사기·동기·만족 수준을 높인다고 보았다. 그리고 의사결정 참여는 개인의 동기와 자아실현을 자극하는 유용한 도구로 설명했다. Ritchie & Miles(1970)는 의사결정 참여가 자신들이 참여하고 있으며, 자문을 해 주고 있다는 느낌이 참여자들의 자아를 만족시켜 조직에 협조하게 된다는 것이다. 이와 같이 인간관계론적 입장에서 의사결정 참여는 당사자들에게 참여하고 있으며, 자문을 해 주고 있다는 느낌을 유발하여 참여자에게 보다 많은 만족과 조직에 대한 협조를 보이게 되는 과정을 만들어 마치 가족관계에서처럼 사람들 사이의 전인격적인 이해와 몰입, 도움의 주고받음, 상호성장 등이 사회적 기업 내·외부에서 발생하게 할 것이다. 따라서 다양한 이해관계자의 참여가 사회적 기업의 자립을 도울 것이다.

2.4 사회적 기업과 사회적 자본

전통적으로 조직의 성과를 결정하는 요인으로써 인적자본과 물적자본(재무자본 포함)이 중요시되었지만, 현실적으로 이러한 자본들이 풍부해졌기 때문에 조직 경쟁력의 원천으로써 그리 큰 역할을 하지 못하게 되었다(이경묵, 1996). 그래서 지식이 시장에서 경쟁우위의 주요 원천으로 토지, 노동과 같은 전통적 자본을 대신하게 됨에 따라 새로운 지식을 창조하거나 기존 지식을 공유하거나 새로운 상황에 지식을 적용하는 능력이 매우 중요하게 되었다(Lesser, 2000). 따라서 사회적 기업도 전통적 영리기업과 같이 안정적인 상업적 거래 활동을 통해 수익을 창출하기 위해서는 기업 외부에 존재하는 지식과 태생적으로 부족한 인적·물적 자본을 사회적 관계를 통해 획득해야 한다. 사회적 자본 이론에 따르면 사회적 기업은 외부 경제 주체들과 관계를 맺으므로, 또는 경영자를 포함한 구성원들이 가족, 친구 등이 포함된 관계망을 활용해서 필요한 사회적 자본을 획득할 수 있다.

사회적 기업은 사회적 자본을 획득할 수 있는 곳은 첫째, 연계기업에서 획득할 수 있다. 연계기업은 특정한 사회적 기업에 대해 재정지원, 경영 자문 등 다양한 지원을 하는 기업으로서 그 사회적 기업과 인적·물적·법적으로 독립되어 있는 기업이다. 둘째, 사회적 기업은 시·도에서 사회적 자본을 획득할 수 있다. 특별시장·광역시장·도지사 및 특별자치도지사는 법 제5조의 2제 1항에 따른 시·도별 사회적 기업 지원계획을 5년마다 수립해야 한다. 구체적으로 사회적 기업 지원의 기본방향 및 추진전략을 만들어 지원하며, 법 제11조에 따른 시설비 등의 지원, 법 제12조에 따른 우선 구매 및 법 제13조에 따른 조세감면과 사회보험료 지원 등 사회적 기업 활성화를 위한 여건을 조성한다. 셋째, 사회적 기업은 시민사회와의 협력적 네트워크를 통해 시장에서 경쟁력의 확보에 필요한 사회적 자본을 획득할 수 있다. 예를 들면, 김종수(2009)는 한국사회에서 사회적 자본의 형성이 가장 용이한 곳이 시민사회라고 설명했다. 마지막으로, 사회적 기업은 역동적인 환경에 속한 개인, 다른 조직, 다른 공동체와의 협력체계를 형성하여 직면한 환경의 역동성과 복잡성을 적절하게 관리할 수 있다. 이러한 사회적 자본의 획득은 사회적 기업이 시장에서 수익을 창출하고 지속적인 경쟁우위를 확보하는 데 도움을 줄 수 있다. 그러므로 사회적 자본 획득은 사회적 기업의 자립을 도울 것이다.

2.5 사회적 기업의 기업가정신

사회적 기업은 사회적 목표를 우선적으로 추구하는 기업으로서 주주와 소유주를 위한 이윤 극대화를 추구하기보다 창출된 수익 대부분을 주로 사회적 목표달성을 위해, 즉 사업 또는 지역사회에 재투자하는 기업이다(DTI: Department of Trade and Industry, 2002). 이를 위해 사회적 기업은 수익창출이라는 경제적 가치도 추구해야 한다. 따라서 사회적 가치를 위해 경제적 가치를 추구해야 하는 사회적 기업은 전통적 영리기업과 다른 기업가정신이 필요할 것이다.

전통적 영리기업에서 기업가는 여러 가지 자원제약에도 불구하고 이익을 최대화시켜야 된다(Day & Sunder, 1996: 140). 그 이유가 기업 성공에 대한 측정에서 찾을 수 있다. 전통적 영리기업의 측정은 기업의 총매출액, 이익, 그리고 개인적 부의 창조와 같은 금전적 요소를 강조한다. 그래서 '부'와 '기업가정신'이라는 단어는 자본주의 사회에서 많은 사람의 마음속에 떼려야 뗄 수 없는 관계에 있다(Amit et al., 2001). 그러나 사회적 기업은 취약계층을 고용하므로 전통적 영리기업보다 더 많은 자원제약에도 불구하고 이익의 최대화가 아닌 사회적 가치를 최대화하기 위해 노력한다. 그 증거는 "근로 능력이 있는 빈곤층의 자립을 위해 경제조직을 만들어 시장에서의 영리 활동을 수행하도록 지원하고 안정적 고용을 유지하는 동시에 이윤의 일부를 사회에 환원한다."라는 사회적 기업의 정의에 잘 나타나 있다.

사회적 가치 실현이라는 사회적 기업의 기업가정신은 더 많은 취약계층을 고용하거나 이들에게 보다 많은 혜택을 제공하는 방법들로 이루어질 것이다. 이를 위해서는 기존과 다른 방식이 필요하다. 즉, 기업은 새로운 아이디어를 채택해서 실행해야만 한다. 먼저 아이디어는 고객이 원하는 제품 또는 서비스로 변경되어야 하고, 다른 업체와 비교해 경쟁우위를 가져야 한다. 그래서 사회적 기업은 사회적 가치 실현을 위해 시장 확장에 나서거나, 새로운 제품 또는 서비스를 생산하거나 기존보다 더 나은 생산과 운영방식을 추구할 것이다. 그러므로 사회적 가치 실현이라는 기업가정신이 사회적 기업의 자립을 도울 수 있을 것이다.

3. 연구방법

3.1 자료수집 방법

연구대상 기업의 설립형태 및 현황을 파악했다. 기업에서 발간하는 사업보고서, 홍보물, 회계장부, 홈페이지 등을 통해 자료를 수집하고, 이에 대한 의문사항은 기업을 방문하거나 혹은 전화 통화로 확인하였다. 그리고 문헌 조사를 통하여 사회적 기업에 대한 유형과 소유구조,

의사결정구조, 사회적 자본, 그리고 기업가정신을 이론적 배경에 비추어 해석하였다.

사례분석은 2008년에 사회적 기업으로 인증 받은 '(유)A휴먼케어'와 2011년에 예비 사회적 기업으로 인증 받은 '㈜B하우징'을 대상으로 실시하였다. 두 기업은 사회복지기관의 자활공동체에서 사회적 기업으로 전환한 진주지역의 대표적 기업으로, (유)A휴먼케어는 저소득층에게 재화와 서비스를 제공하므로 '저소득층 시장모델(low-income client as market model)'에 해당되고, ㈜B하우징은 재화 및 서비스를 외부 시장에 판매하여 이로 인한 수입을 사회서비스 프로그램에 사용하므로 '서비스 보조금 지원 모델(service subsidization model)'에 해당된다(남승연·조창현·정무권, 2010). 그러므로 두 회사는 수익을 발생시키는 시장에서 차이가 있어 사례분석 대상으로 삼았다.

연구자들은 사회복지기관인 J자활센터[3]에 근무하고 있거나 연구대상인 (유)A휴먼케어와 ㈜B하우징을 컨설팅한 경험을 가지고 있다. 그래서 두 기업의 내부 현황과 자활공동체에서 사회적 기업으로 전환되어 지금까지 이어온 역사에 대해 잘 알고 있다. 인터뷰는 (유)A휴먼케어의 담당자와 ㈜B하우징의 이사(대표)를 중심으로 사회적 기업의 기본현황, 소유구조, 의사결정구조, 사회적 자본, 그리고 기업가정신을 파악하기 위해 실시하였다. 그리고 자활공동체에서부터 현재까지 활동하고 있는 반장을 통해 현장의 상황을 파악하기 위한 인터뷰도 하였다. 연구자는 J자활센터에 근무하여 업무활동 중에 참여자 및 관계자와의 라포르(rapport)를 형성하였으며, 인터뷰는 일상의 이야기를 담아내는 데 중점을 두었다. 그리고 기본적인 인터뷰 대상자는 〈표 3-1〉과 같다.

3 사례대상기업의 모 법인을 J자활센터로 지칭한다(자료는 2010년 12월 기준).

〈표 3-1〉 인터뷰 대상자의 기본사항

회사명(직위)	성별(나이)	근무 기간	자격 유무	경력	비고
(유)A휴먼케어 (팀장)	여 (31세)	2009년 ~현재	사회복지사/ 간호조무사	사회복지 (간호조무) 8년	
(유)A휴먼케어 (반장)	여 (65세)	2005년 ~현재	간병사	간병 업무	
㈜B하우징 (대표)	남 (47세)	2006년 ~현재	사회복지사	인테리어 자영업 및 공동체사업 등	경영대학원 재학
㈜B하우징 (2팀 반장)	남 (56세)	2005년 ~현재	–	자활사업 참여(집수리)	

3.2 J자활센터의 현황

이 연구의 연구대상인 두 기업을 설명하기에 앞서 두 기업의 사회적 기업 설립에 영향을 끼친 사회복지기관인 J자활센터에 대해 설명할 필요성이 있다. 왜냐하면, J자활센터가 추구하는 방향과 사업들이 연구대상이 되는 (유)A휴먼케어와 ㈜B하우징에 영향을 주기 때문이다. J자활센터의 추구방향은 운영목표, 사업목표, 비전, 그리고 사명선언서에 설명되어 있을 것이다. 사업현황은 J자활센터의 조직도와 주요사업내용에 잘 나타나 있을 것이다.

먼저, J자활센터의 운영목표는 더불어 함께하는 지역 공동체를 지향하며, 참여주민들이 주체적이고 더 나은 삶을 살아갈 수 있도록 사회적 가치를 지닌 일자리와 주민역량 강화에 필요한 다양한 복지서비스를 제공하며, 노동의 기쁨을 체험하고 공동선을 이루는데 기여하는 것에 있다. J자활센터의 사업목표는 첫째, “자활사업을 통하여 참여주민들이 온전한 자립을 할 수 있도록 지원한다.”, 둘째, “사회적 일자리를 창출하여 참여주민들이 일하는 기쁨을 체험할 수 있도록 한다.", 셋째, "더불어 사는 지역 공동체를 만들기 위하여 공동선의 가치를 확산시킨다.", 넷째, "자활사업에 필요한 네트워크를 구축하고 정책변화를 위하여 협력한다.", 다섯째, "역량을 강화하는 데 필요한 교육, 상담 및 그 외 복지 프로그램을 진행한다."로 설정했다. J자활센터의 비전 2015는 첫째, "전 사업의 프로그램 매뉴얼을 확보한다.", 둘째, "경쟁력 있는 사업의 사회적 기업화를 추진한다.", 셋째, "5년 내 독립된 자활공간을 확보한다.", 넷째, "모든 자활 참여주민의 자립실현을 이룬다."로 되어 있다. J자활센터의 사명선언서는 "인간을 존중하고 이웃사랑을 실천하는 마산교구 천주교회유지재단의 설립이념을 바탕으로 지역사회 저소득 주민의 행복한 삶을 위해 일한다."이다.

J자활센터의 직원(실무자)현황은 센터장인 신부님을 포함한 사회복지사 및 사업 관련 전문가, 간호조무사, 직업 상담사 등 18명으로 구성되어 있으며, 자활사업(자활공동체 포함)에는 350여 명의 지역주민이 참여하고 있다. J자활센터의 조직도는 〈그림 3-1〉과 같다.

〈그림 3-1〉 J자활센터 조직도

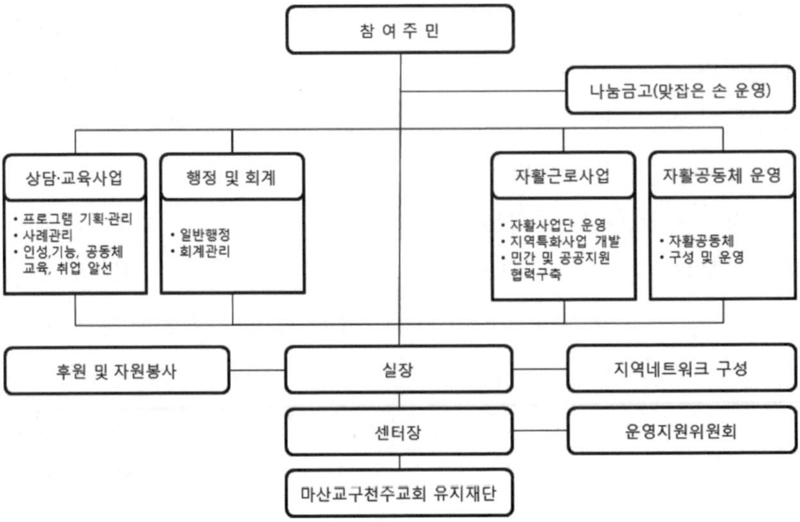

J자활센터의 주요사업내용은 참여주민 역량 강화, 자활공동체 사업 지원, 자활지원사업(자활지원계획수립, 주민조사사업, 후원사업), 자활 네트워크 구축사업(자활기관 협의체, 자활사업위원회 참여), 지역복지 사업(실습지도, 자활인의 날, 지역아동센터 운영, 아름다운 가게), 기타 사업(홍보, 직원교육, 사회연대금고 운영)이다.

3.3 (유)A휴먼케어의 현황

(유)A휴먼케어의 현황은 다음과 같다. 첫째, 경제활동으로 (유)A휴먼 케어는 병원 간병을 통해 수익창출을 하고 있다. 사업 초기에는 진주 의료원(인공관절 환자), 제일병원(공동 간병실)의 소규모 간병 사업을 하면서 2008년 12월에 예비 사회적 기업을 통한 간병시장의 영역을 확대하였다. 인건비를 지원받으면서 진주의료원의 7층 노인 병동을 위탁받고 2009년부터 진주의료원 8층 노인 병동, 보호자 없는 병동, 수자원 공사 남강댐 주변 생활도우미 사업으로 순차적인 매출 성장을 하고 있으나, 순이익이 많지 않아 수익을 배분하거나 사회에 환원하기가 쉽지 않은 상황이다.

〈표 3-2〉 (유)A휴먼케어의 현황(2011.12.31. 기준)

업체명	(유)A휴먼케어	대표자	이 0 0
사업 시작일	2005년 2월	근로자 수	62명
기업인증일	2010년 7월	조직형태	상법상법인(유한회사)
사업분야	돌봄	사업장	진주시 평거동 399-1
사회서비스 (업종)	간병 · 가사지원	사회적 목적	일자리 제공형
자본금	10,000,000원	연매출액	1,010,000,000원

사회적 기업에 대한 재투자 효과는 간병사의 고용창출과 무료 간병 서비스 지원을 들 수 있다. 2012년에는 사회적 기업이 사회서비스 바우처 사업의 수행기관 참여가 용이함에 따라 사업 확장으로 인한 수입증대의 기회가 생기고 있다. 또한, 돌봄과 관련한 반찬가게 수익사업을 계획 중에 있는 데, 그 배경은 이 사업이 향후 경제적으로 성장가능성이 있기 때문이다. 〈표 3-2〉는 2011년의 기업현황에 관한 내용이다.

둘째, 조직의 목적 및 형태에 따라 자활공동체가 사회적 기업으로 전환한 목적 중 하나는 참여자들의 탈수급을 통해 자립 및 자활을 지향하고, 취약계층을 위한 고용창출이라는 정책적 목표를 달성하기 위해서이다. (유)A휴먼케어는 실질적으로 취약계층의 일자리를 창출하는 데 큰 몫을 하고 있다. 예를 들면, 취약계층은 고용유지 및 성장을 위해 (유)A휴먼케어에서 교육 및 훈련의 기회를 제공 받고, 자활간병에서 기초 간병을 습득하고, 자활공동체를 통해 숙련의 시간을 가진 후 사회적 기업인 (유)A휴먼케어에서 자활·자립의 안전망인 일자리를 제공 받는다. 이는 자활 사업에 있어서도 큰 의미가 있으며, 자활 간병 참여자들의 탈 수급에 따른 자립에 대한 의식전환의 계기가 되었다는 평가를 (유)A휴먼케어가 받고 있다.

셋째, (유)A휴먼케어는 독립된 조직으로 2008년 11월까지 4명의 간병사에서 시작하여 2011년에는 62명의 관리자 및 간병사로 구성되어 운영되고 있다. 기업의 대표는 비상근직으로 자활센터의 센터장이 맡아 일반적인 사업팀장과 구분되어 있다. 그리고 전통적 영리기업과 유사한 조직형태를 갖추고 있으며, 사업팀장을 중심으로 병원별 간병 대표를 두어 체계적인 관리방식으로 조직을 운영하고 있다.

넷째, (유)A휴먼케어는 자활근로사업 및 시장진입형 사업단계(2001년~2005년), 자활공동체 단계(2005년~2008년), 그리고 (예비)사회적 기업과 (유)A휴먼케어 설립 단계(2008년~현재)로 이어졌다. 특히 마지막 단계에서는 자활공동체 A간병의 법적 지위를 향상시키고 경영부실로 인한 사업 확장과 경제적 지원의 디딤돌을 마련하기 위한 자구책으로 노동부 사회적 기업 신청을 준비하게 되었다. 이후 진주의료원 노인 병동과 보호자 없는 병동, 수자원공사 남강댐 수변 지역 재가방문사업을 계약하게 되면서 참여자의 인원이 대폭 늘어났다. (유)A휴먼케어의 설립과정을 살펴보면 〈그림 3-2〉와 같다.

〈그림 3-2〉 (유)A휴먼케어의 설립과정

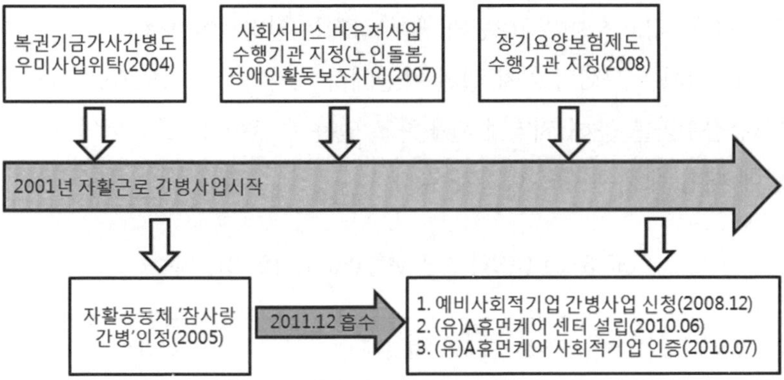

끝으로 (유)A휴먼케어 경영현황은 순이익이 많지 않아 수익을 배분하거나 사회에 환원하기가 쉽지 않은 상황이고, 사회적 기업에 재투자 효과를 가지기가 어렵다. 경영이 어려운 이유는 경남발전연구원의 조사에 의해 1순위로 나타난 제품·서비스의 요금이 낮기 때문이다(권용덕, 2011).

3.4 ㈜B하우징의 현황

경제활동으로 ㈜B하우징은 주거복지라는 업종을 가지고 수익창출을 하고 있다. 자활공동체에서 기본적인 자금을 확보해 토지를 매입하고,

대표자의 개인적인 자금 확보로 건물을 건립하여 2012년 4월에 집현면 봉강리에 500평 규모의 대지에 사무실과 회의실 공간을 마련하고, 여기에 건축자재를 적재할 수 있는 창고를 지었다. 주식회사 설립을 위한 자본금 3천만 원의 출자는 대표자 70%와 자활센터의 직원(이사)이 30%를 부담했다. 조직을 운영하기 위한 수입원은 정부의 보조금과 현물급여, 그리고 민간기업 위탁사업과 일반 공사 및 관급공사이며, 계속적으로 사회적 기업의 공신력과 주거복지센터의 연대를 통해 수익이 날로 증대할 것으로 기대하고 있다. 다만, 건물 구매로 여러 가지 재정적인 문제를 겪고 있어 2012년의 재무 상태는 안정적이지 못하다. 그래서 2011년까지는 사회적 가치 실현 차원에서 지역에 기부하였지만, 지금은 무료 집수리를 통해 지역에 환원하고 있는 수준이다. 2011년의 기업현황에 대한 내용은 〈표 3-3〉과 같다.

〈표 3-3〉 ㈜B하우징 현황(2011. 12. 31. 기준)

업체명	㈜B하우징	대표자	박 0 0
사업시작일	2004년 5월	근로자 수	11명(남6, 여5)
기업인증일	2011년 9월	조직형태	상법상 법인(주식회사)
사업 분야	기타	사업장 주소	집현면 봉강리 556-3 대표자 소유(500평)
업종	주거복지	사회적 목적	혼합형
자본금	30,000,000원	연매출액	776,000,000원

㈜B하우징의 목적은 "주거복지는 기본적인 거주의 권리, 즉 인간이 적절한 주거에 살고, 인간의 존엄을 지키면서, 안전하고 편안하게 생활하는 상태를 말한다. 즉 주거복지는 주거와 사회복지가 결합된 개념으

로, 인간의 생존과 행복을 위한 기초 조건이고, 인간으로서의 기본적 권리이며, 궁극적으로 인류사회가 실현해야 할 공동의 목표이다."로 설정하고 있다.

㈜B하우징은 자활참여자들의 탈수급의 마지막 근로의 장으로 취약계층의 고용유지 및 경제적 자립을 통한 삶의 질을 향상시키고, 지역의 주거문화를 개선하는 것이 설립 이념이다. ㈜B하우징은 상법상 주식회사의 인증요건을 갖추었다. 자활공동체인 늘푸른집을 일부 남겨 놓은 채 ㈜B하우징을 설립하였는데, 자활사업의 현물급여는 자활공동체의 고유사업으로 사업자등록의 문제가 발생했다. 그리고 자활공동체와 ㈜B하우징의 인원으로 주거사업을 운영하고 있으며, 기업의 대표, 현장팀과 관리 팀의 체제로 구성되어 있는 것이 전통적 영리기업과 흡사하다.

㈜B하우징의 역사는 자활근로사업 및 시장진입형사업 단계(2001년~2004년), 자활공동체 단계(2004년~20011년), 그리고 (예비)사회적 기업 설립 단계(2011년~현재)로 이어졌다. 특히 2011년 경남형 예비 사회적 기업 인증으로 ㈜B하우징으로 다시 태어난 ㈜B하우징의 주거복지사업은 독립된 공간을 마련하고, 새로운 조직개편과 체계적인 관리시스템으로 기업의 목적을 달성하기 위해 모든 구성원이 노력하고 있다.

4. 연구결과

4.1 (유)A휴먼케어의 사례분석

4.1.1 (유)A휴먼케어의 소유구조

(유)A휴먼케어의 소유구조는 총 9명이 출자하여 출자금이

10,000,000원이다. 각 출자자의 지분율을 보면, 김**이 11.2%, 정**이 11.1%, 황**이 11.1%, 이**이 11.1%, 그리고 기타 5명이 각자 11.1%를 가지고 있다. (유)A휴먼케어에서 지분율이 의사결정에 영향을 미치지는 않는다.

(유)A휴먼케어는 J지역자활센터의 간병 사업에서 완전한 독립을 위해 법적, 경제적, 사회적 지위를 갖추고, 아래의 〈그림 4-1〉과 같은 조직도를 만들어 내었다. 참여자(근로자) 중심의 운영 원칙을 고수하고자, 전통적 영리기업의 조직 형태를 갖추고는 있으나 대표이사가 참여자(근로자)를 받드는 형태를 가진다. 모든 구성원은 이것에 대단한 의미를 두고 있다. 또한, 이런 의미는 참여자들이 취약계층에 있는 고객들을 받들기 위한 노력으로 이어진다. 예를 들면, 간병 사업은 취약한 노인, 장애인 등을 대상으로 하는 돌봄 서비스로, 우선시 되는 것이 '인성'이다. 타인을 배려하고 마음으로 환자를 돌보는 기본을 갖추기 위해 간병사들의 문화 의식을 변화시키고 있다. 그래서 (유)A휴먼케어에서는 첫째, 참여자들의 자존감을 향상시키고 주체적으로 근로를 할 수 있도록 의식전환의 기회를 제공하고, 조직문화를 바꾸고자 노력하고 있다. 둘째, 전통적·관료적인 조직구조의 틀을 부수고 의사결정의 참여와 일에 대한 책임을 현장에서 책임지도록 했다. 셋째, 신뢰하는 기업으로 거듭나기 위해 이미지 활동으로 조직을 변화시키고자 노력한다.

〈그림 4-1〉를 보면 사업관리팀장의 역할이 대단히 중요한 위치를 차지한다는 것을 나타내고 있다. 센터장과 실장은 사회복지기관인 J자활센터 소속으로, 운영의 중심을 팀장체계에 두어 행정적 지원과 관리 책임만을 맡는다. 운영에 있어서는 J자활센터와의 관계성을 계속 유지하면서 인적·물적 지원을 받을 수밖에 없는 형태를 띠고 있다. 이는 자활근로 – 시장진입형 – 자활공동체 – 사회적 기업(휴먼케어)으로 이어지는 탈수급 경로시스템을 갖추고 있다는 것을 의미한다. 이렇게 구성한 이유는 취약계층 자립의 효과와 운영상의 효율을 높이기 위해서이다.

〈그림 4-1〉 (유)A휴먼케어 조직도

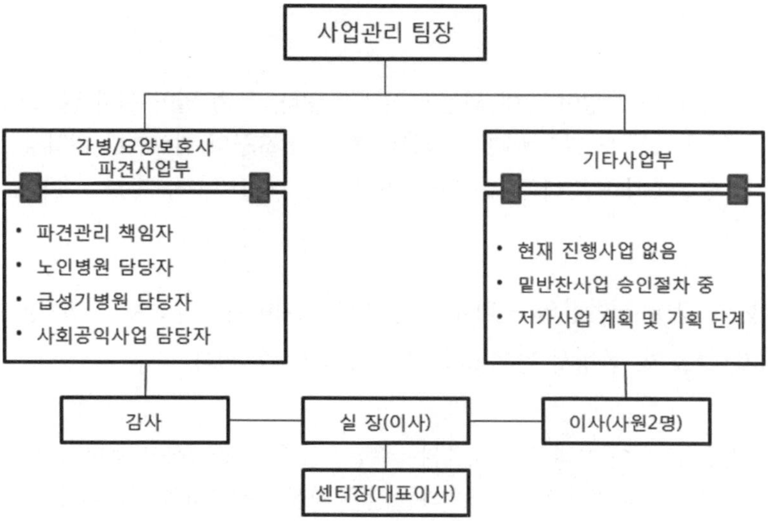

4.1.2 (유)A휴먼케어의 의사결정구조

의사결정구조는 민주적 의사결정구조를 가지고 있으나, 참여자 개개인이 일터에서 민주적인 방식으로 자신의 의견을 제시하고 주장하는 직접적인 참여가 불가능한 상황이다. 왜냐하면, 간병사의 업무 특성상 24시간의 근무로 1일 2교대 3개 조로 나뉘어 있어 전체가 만날 수 있는 기회가 적다. 그래서 병원별 간병사 대표를 통해 의사를 전달하는 대의제를 채택하고 있다. (유)A휴먼케어의 이사진 구성을 보면 참여자가 절반을 차지하고 있다. 이것은 참여자(근로자)의 의견이 주요 의사결정에서 많이 반영될 수 있는 구성으로 민주적 틀을 갖추었다고 할 수 있다. 하지만 실제로 현장에서 직접 일을 하는 참여자들에게 기업에 대해 사고할 수 있는 여건이나 의견을 반영할 수 있는 수준은 낮은 편이다. 그래서 기업 운영에 관해 결정하고 영향력을 미칠 수 있는 참여자는 일부에 불과하다. 또한, 아래의 담당자와 반장의 고충에서 나오듯이 의사결정 참여가 쉽지 않음을 알 수 있다. 담당자의 고충내용은 다음과 같다.

> 다들 바쁘고 일이 많아 의논할 상대가 없다. 무슨 일이 이리 많노? 제출할 서류도 많고 어쩌다 병원과 저 단가 요구의 협상이나 기업의 방향성에 대해 말하고 싶은데…. 아이고~.

한편 간병사 반장의 인터뷰 내용에서도 이해관계자들로 인한 병원, 환자, 보호자, 간병사 간의 고충이 많음을 알 수 있다.

> 진주의료원이 우리 일터지, 나는 주로 7~8층을 관리하고 층마다 조장이 있어서 전부 모르지, 우리는 같은 병실 조원끼리의 단합이 중요하고 병원의 간호사나 보호자하고 관계가 중요해, 보통 회의는 주 2회로 하고 친절이나 업무의 고충 등 이런 이야기를 주로 하지…. 우리는 간병 업무 외는 특별히 결정할 것도 요구할 것도 없지. 열심히 할 수 있는 일이 있어 기쁘지 않으냐고 우리 간병사들을 다독이지. 간병사들 너무 안쓰럽고 욕보지, 힘든 환자들 뒷바라지하랴, 간호사들 눈치 보랴….

〈표 4-1〉는 (유)A휴먼케어의 이사진 구성 현황으로 주요 의사결정에서는 이들을 중심으로 이루어진다는 것을 알 수 있다.

〈표 4-1〉 (유)A휴먼케어의 이사진 구성 현황

구분		성명	직위	담당 업무	소속
이사회	비상근	이**	대표	센터 총괄	J자활센터장
	비상근	김**	이사	업무총괄	J자활센터센터실장
	상근	백**	이사	현장 업무	(유)A휴먼케어
	상근	신**	이사	현장 업무	(유)A휴먼케어
	상근	김**	이사	현장 업무	(유)A휴먼케어
감 사	비상근	강**	감사	감사	J자활센터과장

4.1.3 (유)A휴먼케어의 사회적 자본

(유)A휴먼케어는 전체 매출액에서 인건비의 비중이 70%가 넘어 정부 지원 없이 시장으로의 완전한 자립이 사실상 불가능한 상황에 있다. 만일 정부와 민간단체의 지원이 중단될 경우 1~2년 후에는 폐업할 수밖에 없는 처지에 놓여 있다. 그래서 '실패는 곧 기회다'라는 정신으로 첫째는 보호자 없는 병동의 제도권 진입에 따른 경쟁우위 획득을 우선 목표로 세웠고, 두 번째는 병원간병시장의 시장 확보를 통한 기업의 탈수급의 유도이며, 세 번째는 공공의료기관과의 협약을 통한 윈윈(win-win)전략으로, 지역의 건강한 간병 인프라를 구축하는 것이며, 네 번째는 사회적 기업 인증을 통한 자활공동체인 A간병의 경영 부실을 대체할 수 있는 사업으로 기업을 확장하는 것이었다. 이를 위해서는 무엇보다도 사회적 자본의 확보가 중요했다.

〈그림 4-2〉는 (유)A휴먼케어의 사회적 자본 네트워크를 설명하고 있다. 먼저 진주지역자활센터는 간병 서비스 협력, 수혜자 추천, 지역사회 홍보, 비전 공유, 참여자 추천 등에서 협력하고 있다. 진주의료원은 서비스 장소 제공, 서비스 품질관리 협조, 간병인실 제공, 지역사회 홍보, 무료 간병 점심 제공 등에서, 진주시청은 사업 비전 공유, 지역사회 홍보, 참여자 추천, 수혜자 추천 등에서, 한국사회적기업협의회는 정부 및 기업 지원, 네트워크 공유, 교육, 사업 비전 공유 등에서, 사회서비스진흥원은 사업 비전 공유, 경영컨설팅, 교육 및 연구개발 사업, 평가사업 등에서, 마지막으로 비정규직센터는 간병사 처우개선 요구활동 등에서 사회적 자본의 협력적 네트워크를 형성하고 있다.

〈그림 4-2〉 (유)A휴먼케어의 사회적 자본 네트워크

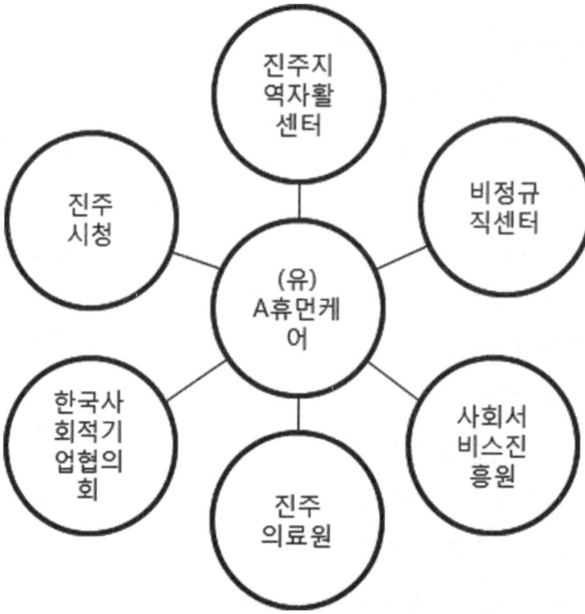

4.1.4 (유)A휴먼케어의 기업가정신

사람은 누구에게나 변화의 두려움은 있다. 탈수급 및 자활공동체를 사회적 기업으로 전환에서 발생되는 문제점 중 하나는 일반시장으로 내몰려 경제적 지원 및 물적 지원 등이 중단될 수 있다는 두려움이다. 그 이유는 참여자 대부분이 가정의 생계를 책임지는 가장인 여성, 저학력, 고연령, 정신적·신체적 결함이 있는 장애우들이기 때문이다. 그래서 여러 가지 취약한 부분이 많은 분에게 변화를 기대하기란 여간 어려운 일이 아니었다. 2005년도에 자활공동체 A간병을 설립할 당시에는 어쩔 수 없이 자활지원 제도에 떠밀려 설립되긴 했지만, 2008년 (유)A휴먼케어의 사회적 기업 전환은 간병 사업의 틀을 잡아가는 계기가 되었다. 예를 들면, 병원에서 간호조무사 근무 경력을 가지고 있고, 사회복지사로 실무 경력이 풍부한 전문가[4]를 채용하여 사업의 구심점 역할을 하게 했다.

자활근로 무료간병과의 유기적인 관계 속에서 (유)A휴먼케어는 체계적이고 단계별 관리 시스템을 실천함으로써 간병사들의 의식변화를 크게 가져왔다. 또한, 끊임없는 교육과 경제적인 수입의 안정성, 최저임금 보장 등 철저한 간병사 중심의 사업 운영은 자활근로에 머무르지 않고 탈수급의 길로 접어들게 하는 성과를 거두었다. 그리고 대부분의 자활공동체가 2~3년이 지나 독립운영의 기로에 서기 시작하는데, 2007년에 「사회적기업육성법」이 제정되면서 어쩌면 탈출구일수도 있는 노동부 사회적일자리사업을 신청하게 되었다. 이는 기업가정신이 발휘된 것으로, 이에 대한 담당자의 생각은 다음과 같다.

> "저는 사회적 기업가정신이 뭔지 잘 모른다. 하지만 사회적 기업의 설립목적에 부합하는 수익을 창출하고 사회공익성을 추구하는 부분에 고충이 많다. 우리는 고용창출의 효과가 높고 사업보고서에 보면 확인할 수 있듯이 무료간병서비스를 비용으로 환산하면 실적이 높다. 자활센터가 지역에서 투명하고 청렴하다 보니 휴먼케어도 인지도가 높다. 그래서 자부심은 있다."

4.2 ㈜B하우징의 사례분석

4.2.1 ㈜B하우징의 소유구조

㈜B하우징은 주식회사의 형태를 가지고 있으나 운영방식에 있어서는 관료제적인 상·하 수직적 지배구조가 아니라 수평적 구조를 가지고 있다. 정관에 따른 이사회의 이사가 대표이사를 맡고 있으며, 주식의 보유에 따른 의사결정권이나 수익 배분을 하지 않는 1인1표제를 띤다. 조

4 2009년 초에 예비 사회적 기업 단계에서 채용되어 (유)A휴먼케어의 담당으로 활동하다가 현재는 팀장으로서 역할을 수행하고 있다.

직체계는 전통적 영리기업처럼 효율성을 기하기 위해 팀 단위로 구성된다. 이것은 사업이 진행되면서 일에 대한 전문성과 다양성이 요구되고, 중간참여자의 역할이 점차 커지면서 기업의 조직체계에 변화의 필요성이 제기되었기 때문이다. 소유구조는 대표인 박**이 자본지분율 70%를 보유하고 있으며, J자활센터 실장이면서 ㈜B하우징에 사외이사인 김**이 30%를 보유하고 있다. ㈜B하우징의 조직구조는 아래의 〈그림 4-3〉과 같다.

〈그림 4-3〉 ㈜B하우징 조직구조

자활공동체 늘푸른집에서 출발하여 현재의 ㈜B하우징까지 처음의 모든 참여자가 함께하고 있고, 사회적 가치 실현을 위해 직원이 계속적으로 충원되고 있는 상황이다. 〈그림 4-3〉의 조직구조는 대표자와 직원의 수평구조 속에서 민주적인 의사결정과 '회사는 곧 내가 주인이다'라는 주인의식을 갖기에 충분한 형태를 보여 준다. 그러나 대표자와의 인터뷰 내용을 살펴보면, 주인의식이라는 개념을 참여자들이 정확히 이해할 필요성이 있으며, 사회적 기업의 가치에 대한 교육의 필요성이 느껴진다.

"주인의식이 소유의식으로 바뀔까 봐 조심스럽다. 기존 자활참여자의 구성원이 그대로 있다 보니 아래위가 따로 없지만, 의사결정이나 추진력을 발휘하는 데 있어서는 누군가가 총대를 메야 한다고 생각한다. 이사회를 구성하긴 했지만, 그 역할을 제대로 하지 못하고, 구성원끼리 의논하고 논의해서 결정하지. 하지만 (구성원들이) 자산 지분에 대한 권한을 요구하기 시작해서 문제다."

4.2.2 ㈜B하우징의 의사결정구조

㈜B하우징은 이사회를 구성하여 일반 구성원과 함께 의사결정 하는 구조를 갖추고 있다. 소유의식을 가진 내부 구성원들이 이사회의 구성에 대해 반발할 수 있으나 별다른 이의 없이 지나갔다. 여기에 대해 참여자에게 물었을 때, 내가 회사의 주인이기 때문에 개의치 않으며, 자활공동체에서 사회적 기업으로 출범하기 위한 하나의 형식에 불과하다고 설명했다. 그리고 점진적으로 발전하기 위한 사회적 기업의 준비과정에도 참여자들의 의견이 반영된 것을 ㈜B하우징에서는 엿볼 수 있었다. 다만 처음과 같이 소유분배에 따른 합의가 변함없이 지켜져야 한다고 했다.

대표자는 회사를 대표하며 실무경험을 바탕으로 총괄을 하며, 현장은 2인 1조의 팀제로 구성하여 현장 업무의 접근성과 신속한 대처를 위한 구조를 마련했다. 행정·회계를 책임지는 관리팀은 재무 및 현장에 필요한 업무를 보다 적극적으로 지원했다. 이 구조는 역할분담을 통한 직무관리를 위해, 팀장에게 책임을 부여하여 진취적인 사고를 갖게 하기 위해, 그리고 회사를 위해 열정을 쏟을 수 있도록 하기 위해 만들어졌다.

주요 의사결정은 〈표 4-2〉에 보는 바와 같이 이사진과 이해관계자의 참여를 통해 지분과 관계없이 1인 1표로 결정했다. 예를 들면, 자활공동체에서 사회적 기업으로 전환할 때와 2007년에 설립한 자활공동체 늘푸른 장식을 ㈜B하우징에 통합할 때 이해관계자들이 참여하여 동의와 투표로 결정했다.

〈표 4-2〉 ㈜B하우징 이사진 구성 현황

구분		성 명	직 위	담당 업무	소 속	비 고
이사회	상 근	박**	대 표	업무총괄	㈜B하우징	자본지분율 70%
	상 근	정**	이 사	현장총괄	㈜B하우징	
	비상근	김**	이 사	사 외	J자활센터실장	자본지분율 30%

4.2.3 ㈜B하우징의 사회적 자본

㈜B하우징의 주거개선에 관한 업종은 무한한 발전의 가능성을 바라보고 있다. 예전의 집수리에서 벗어나 첨단의 주거문화 사업은 기술력만 보강된다면 성공의 길은 훤히 보인다고 대표자는 설명한다. 이 목적 실현을 위한 경영전략을 살펴보면, 주거환경 개선사업과 주택 에너지효율화 사업에 중점을 두며, 주거복지의 새로운 모델을 만들어 가는 데에 있다. 그 내용은 다음과 같다.

(1) 단기적인 2011년 사업추진 목표와 방향성을 세운다.

① 저소득층 주거복지사업: 주거복지서비스 제공, 에너지복지사업, 주택·시설 에너지진단사업 등에 꾸준한 고객을 확보한다.

② 지역사회네트워크 구축: 서비스 연계 및 대상자 발굴, 주거복지 서비스 통합, 주거복지 재원 확보 등으로 주거복지센터의 역할을 구축한다.

③ 직원교육 전문화: 에너지 효율화 시공교육, 에너지 진단 교육, 보일러 기능 등의 전문성을 기른다.

④ 경제적 효과 기대: 지역사회 저소득층 고용창출, 수익금의 확보 및 사회 환원 실현, 에너지 사용량 절감, 공공기관 연계를 통한 수익사업의 기반을 마련한다.

(2) 〈그림 4-4〉와 같이 세부적인 에너지 효율개선사업의 전략을 수립한다.

〈그림 4-4〉 에너지 복지사회 구축도

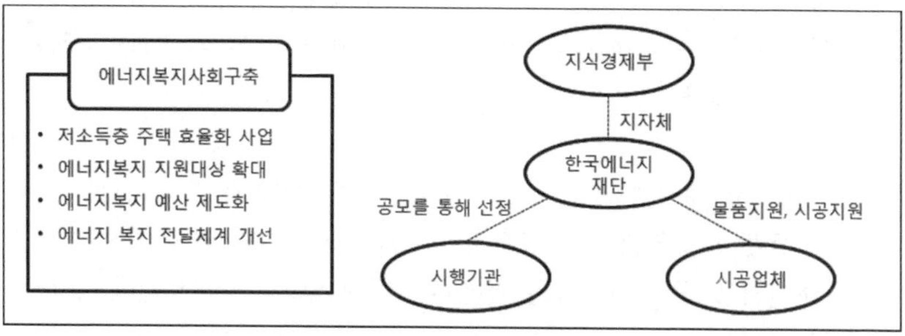

(3) 기부와 봉사를 통한 사회공헌사업을 활성화한다. 큰 금액은 아니지만, 꼭 필요한 곳에 힘이 되고자 금전적으로 사회 환원을 실천하고, 지원을 받지 못하는 복지 사각지대에 있는 취약한 사회 복지시설 및 저소득 가구에 무료로 물품을 교체하고 집수리를 해드리며, 드러나지 않는 곳에서 봉사를 통한 기쁨과 보람을 느끼는 실천주의 전략을 세운다.

(4) 전문건설업 면허와 건축자재와 관련된 대리점을 세워 수익을 확보한다. 구체적으로 현재 저소득층 현물급여, 주거개선사업, 에너지효율사업, 일반건축사업의 틀을 벗어나 유통업(건축자재, 도배장판 대리점 등)을 통한 수익을 창출하고, 경쟁력을 갖기 위한 건설업 면허를 취득하여 사업의 확장을 계획한다.

다음에 나오는 대표자와의 인터뷰 내용 속에는 위의 내용이 시장의 높은 장벽을 뛰어넘는 기업의 도전정신이 사회적 자본을 필요로 한다는 것을 알 수 있다.

"주거복지사업은 일반시장이 진입하기에는 불가능하다. 현물급여나 기타 관 · 공급 공사는 공익성 추구기업의 우선으로 위탁 가능성이 크므로 사회적 기업으로 인증 받은 것도 시장성을 넓힐 수 있는 기회로 보였다. 더불어 기업의 가치도 올라갈 것이고 또한 성장·발전에 도움이 될 것이라 본다. 취약계층이나 소외계층의 무료 주거지원과 지역사회환원을 통한 좋은 이미지를 지역에 심어 주는 효과도 거둘 수 있을 것이다."

"한 가지 더 중요한 것은 주거복지협회의 운영위원으로 대외적인 활동을 통해 폭넓은 정보를 공유하고, 경남에서 주거사업의 거점 역할을 하면서 연대를 갖는다는 것은 우리에게 많은 도움이 된다. 물론 출장 갈 일이 많아서 힘들기는 하지만…. 암튼 열심히 하다 보면 좋은 일들이 많겠죠."

"우리는 아무래도 수익을 무시할 수 없는 기업이라 외부관계자와의 관계성이 중요하더라. 그래서 시청, 주민협의회, 소방서, 수자원공사, 세무서, 자활협회, 경남협회, 주거복지협회, 에너지재단, 사회적 기업 협의회, 사회복지협의회 등 지역의 여러 단체와의 교류를 하지 않으면 돌아가는 판을 알 수가 없어. 물론 힘든 일도 많아 가격을 낮게 책정해서 공사를 부탁하거나 형편이 어려운 대상의 무료공사를 부탁한다거나…. 더 어려운 건 사회적 기업 목적 달성의 틀에 맞추고 지나치게 서류가 많다는 것이…. 왜 이리 어렵노…."

㈜B하우징의 사회적 자본 네트워크는 〈그림 4-5〉에 나타나 있다. 진주지역자활센터는 사업협력, 수혜자 추천, 지역사회 홍보, 비전 공유, 참여자 추천 등에서 협력하고, 진주시청은 사업 비전 공유, 지역사회 홍보, 참여자 추천, 수혜자 추천 등에서, 진주소방서는 참여자 추천, 수혜자 추천, 사업연계 등에서, (사)진주시주민협의회는 지역사회 홍보, 참여자 추천, 수혜자 추천 등에서, 한국수자원공사 남강댐 관리단은 사업위탁기관으로 공모 및 참여자 추천 등에서, 경남지역자활협회는 사업 비전

공유, 지역사회 홍보, 지역연대 등에서, 한국주거복지협회는 사업위탁기관으로 공모 및 참여자 추천 등에서, 마지막으로 한국에너지복지재단은 사업위탁기관으로 공모 및 참여자 추천 등에서 사회적 자본의 협력적 네트워크를 형성하고 있다.

〈그림 4-5〉 ㈜B하우징의 사회적 자본 네트워크

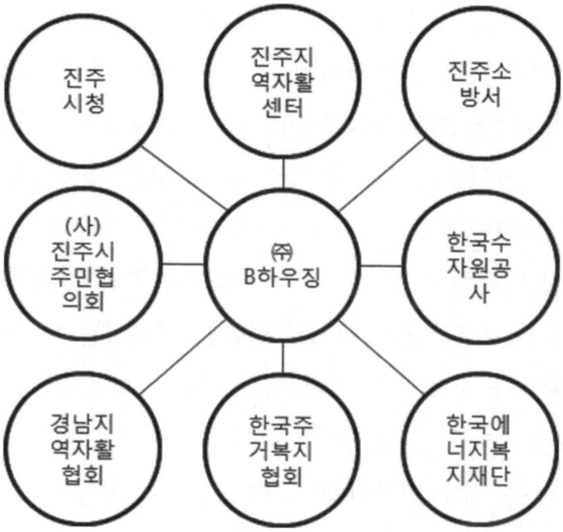

4.2.4 ㈜B하우징의 기업가정신

"인간은 누구나 안락한 환경의 가정에서 자라 행복한 삶을 살기를 꿈꿉니다. 그러나 우리 사회는 비좁고 불결한 주거공간에서 아이를 양육하거나 생활하는 가구가 아직도 많이 있습니다. ㈜B하우징은 주거빈곤층의 주거복지를 실현하고자 뜻있는 사람들이 모여서 만든 기업으로 주거복지의 사각지대에 놓여 있는 취약한 사회시설과 장애인, 저소득가구의 주거복지를 위해 최선을 다하는 기업이 되겠습니다."라는 대표자의 설립 인사말에는 사회적 기업의 사회적 목적 실현의 가능성이 담겨 있다.

자활공동체 늘푸른집을 경남형 예비 사회적 기업으로 성장시키고, ㈜B하우징을 설립하기까지 (현)대표자의 역할이 많았다. 전문가로 채용되면서 모 기관인 자활센터의 목표 지향을 위한 복지 마인드를 키우고, 집수리사업의 총괄업무를 하면서 내·외적인 성장을 거듭하였다. 또한, 사회적 기업이 추구하는 사회적 목적 실현에 가치를 두고, 설립 당시의 인사말에서 표현된 지역사회 주거 복지 실현이라는 함축된 말에 기업가 정신이 담겨 있음을 읽을 수 있다. 2005년 자활공동체 늘푸른집의 운영상태가 마이너스일 때, 과감하게 사업의 성장을 위한 전략을 세우게 된다. 참여자들의 느슨한 마음을 버리고 근로 의지를 다시 살리기 위해 관계형성을 우선시했다. 월별·분기별 사업보고를 통해 "최소한의 손익분기점을 달성하자." 하는 간절한 마음을 조직에 전파했다. 지자체의 현물급여사업에 만족하지 않고 공동 모금회 및 주거복지협회를 통한 주거복지사업들을 공모하였다. 사업의 성공을 위해서는 무엇보다 자금 확보와 인력 확보가 중요한데, 특히 자금 확보는 매출을 통한 이윤율을 높이는 방법을 선택했다. 여기에는 다른 대안이 없었다. 그리고 공공기관의 사업홍보를 위해 민간단체 등 주민협의회 활동으로 지역에 홍보하기 시작했다. 사업의 확장은 차츰 해를 거듭할수록 늘어만 갔다. 주어진 사업을 문제없이 추진할 수 있었던 것은 초창기부터 같이 한 직원들의 단합으로 가능했다. 대표자는 경영을 위해서 제도나 정치의 흐름도 파악하고, 사회·철학·심리 등 다양한 분야의 지식이 필요하여 경영대학원에 진학해 사업을 개선하고 확장하기 위해 끊임없는 노력을 하고 있다. 경영부실에서 벗어나 연 매출 7억여 원의 규모와 ㈜B하우징의 작업장까지 마련한 것은 대표자와 구성원들이 기업가정신을 충분히 발휘한 예이다. 또한, 2005년 상근직 센터장의 미래지향적 사고력과 직원을 믿어 주는 신뢰성이 처음 약속한 업무 수행의 결과로 나타났다. 믿음과 신뢰가 바탕이 되어 좋은 경영성과를 만들어 낸 것에서 또한 ㈜B하우징의 기업가정신을 엿볼 수 있다. 그러나 아직 기업가정신이 기업 전반에 확실하게 뿌리 내렸다고 말하기에는 이른 감이 있다. 다음은 ㈜B하우징의 2팀 반장의 이야기이다.

> "사업의 확장을 위해 여러 가지로 애를 많이 쓴다. 나중에는 어찌 될지는 모르나 너무 규모가 커져서 걱정이 많지. 사회적 기업에 관한 이야기도 들었다마는 우리는 뭔지 잘 몰라. 사업성이 있다고 잘 벌리기는 하는데…."

위의 2팀 반장의 인터뷰 내용은 사업 확장과 사회적 기업으로의 전환에 대해 걱정이 많아 보인다. 사회적 기업에 대한 정확한 인지와 이해가 결여되어 있다는 느낌이 들게 한다. 또한, 아직까지 기업 내 의사소통의 문제가 남아 있어 새로운 것에 대한 두려움을 가지고 있다는 것을 알 수 있다.

5. 사례기업의 경영성과

앞에서 소유구조, 의사결정구조, 사회적 자본, 그리고 기업가정신을 바탕으로 (유)A휴먼케어와 ㈜B하우징의 사례를 분석하였다. 그렇다면 이들 요소가 구현되고 있는 (유)A휴먼케어와 ㈜B하우징의 경영성과를 살펴볼 필요성이 있다. 그 이유는 사회적 기업이 자립하기 위해서는 소유구조, 의사결정구조, 사회적 자본, 그리고 기업가정신이 기업 내부에 정립되어야 높은 성과를 낼 수 있다고 보기 때문이다. 그래서 〈표 5-1〉과 같이 두 기업을 목적유형, 조직형태, 업종과 업태, 그리고 직원 수로 비교한 후 기업의 성과들을 살펴볼 것이다.

〈표 5-1〉 (유)A휴먼케어와 ㈜B하우징의 기업 비교

구 분	(유)A휴먼케어	㈜B하우징
목적유형	일자리 제공형	혼합형
조직형태	유한회사	주식회사
업종과 업태	서비스/가사 · 간병	기타/주거복지
직원 수(남/여)	62명(2/60)	11명(5/6)

사회적 목적에 따른 유형의 분류로 (유)A휴먼케어는 취업 취약계층에게 일자리를 제공하여 이들의 경제적·심리적 자립을 지원하는 노동 통합형이다. 그래서 돌봄 서비스 업종의 경우, 일반 시장에서의 경쟁 계약은 저 단가를 전제로 출발할 수밖에 없는 조건에 있다. ㈜B하우징은 취약계층에게 일자리를 제공하고, 취약계층에게 사회서비스를 제공하는 두 가지 기능이 혼재된 혼합형으로, 기존 시장이 확보되어 있고, 기술력을 갖추고 있다. 그래서 두 기업은 사회적 기업의 유형에서 차이가 있으나 앞서 보았듯이 자립의 방식은 닮아 높은 경영성과를 발생시켰다. 이를 직원 수와 매출현황을 통해 살펴본다.

(유)A휴먼케어는 예비 사회적 기업의 인증을 통해 인원과 매출 성장이 눈에 띄게 나타났다. 〈그림 5-1〉에서 보는 바와 같이 2008년도까지 4명에서 2009년에는 47명, 2010년에는 57명, 2010년에는 62명으로 인원의 증가가 큰 폭으로 발생했다. 이는 인건비 지원을 통한 시장 확보에 목표를 두고, 보호자 없는 병동의 제도화와 노인 병동의 발전성을 바라보고 사업 전략을 실행했기 때문이다. 1인당 평균 770만 원의 매출액으로 나타났고, 원자재 및 기타 경비의 집행은 없으며, 관리 운영비(퇴직금, 4대 보험, 복리후생비, 기타 경비 등)와 인건비가 주로 지급되었다. 간병사 임금은 약 100만 원이 지급되었는데, 인건비 지원을 보조받았기에 가능했다. 하지만 점차적인 매출의 신장과 고용의 증

가를 〈그림 5-1〉을 통해 확인할 수가 있다.

〈그림 5-1〉 (유)A휴먼케어 인원수와 매출현황

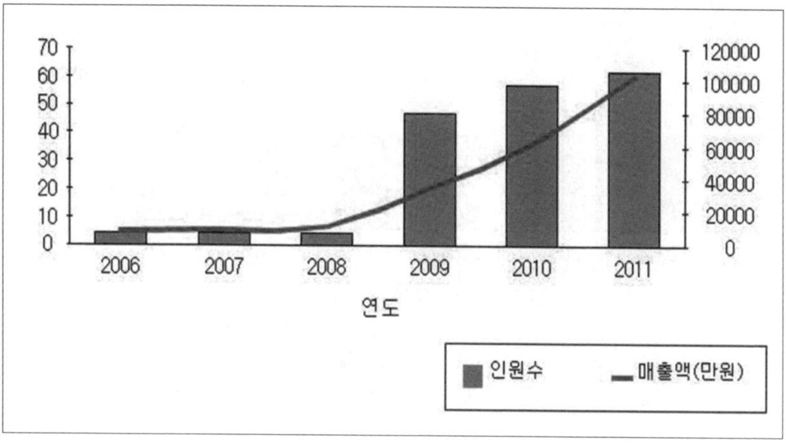

2011년에는 1인당 평균 매출액이 1,600만 원으로 나타났으며, 간병사 임금은 평균 120만 원이 지급되고 있는데, 이는 진주지역의 다른 간병사(시간급이며, 일시적 고용)에 비해 임금이 안정적이고 높다. 매출액에서 인건비 비율이 70% 이상으로 높게 차지하는 것에 대한 대안이 필요한 것 같다. 그리고 (유)A휴먼케어는 이익의 재분배에서 고용창출이라는 목적성을 충분히 이행했고, 지역의 무료 간병 건수도 연간 58명(471일)으로, 화폐로 환산하면 1,200여만 원으로 산출될 수 있다. 또한 (유)A휴먼케어는 보다 나은 자립과 지속적인 성장을 위해 새로운 수익사업(반찬 사업, 노인생활시설 등)을 위한 투자를 계획하고 있다.

㈜B하우징은 〈그림 5-2〉에서 2008년도를 눈여겨볼 필요가 있다. 2008년 매출액이 396백만 원에서 2009년에는 513백만 원, 2010년에는 750백만 원, 2011년에는 788백만 원으로 증가했다. 인원은 고정인데(단, 2011년에 11명), 2008년부터 매출이 지속적으로 증가하는 현상을 보여 준다. 그 원인은 대표자의 영업이나 홍보를 통한 사업의 확

장이 많은 영향을 주었다.

〈그림 5-2〉 ㈜B하우징 인원수와 매출현황

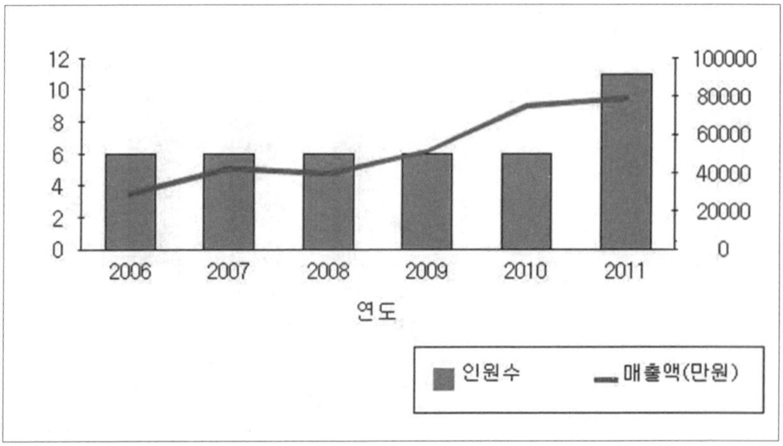

2008년에는 인당 연평균 매출이 8,500만 원으로 산출되었는데, 이것은 원자재비용을 제외하지 않은 금액이다. 당시의 직원 임금은 130여만 원이며, 상여금 200%, 하계휴가비, 복리후생비(식비) 등을 지급하고, 자재비 및 차량유지, 사무실 운영비 등을 집행하는 데 사용되었다. 이는 동종업종[5]에 같은 일을 하는 사람들보다 처우가 좋고, 생활의 안정을 가져다주어 조직구성원들을 취약계층에서 벗어나게 했다.

㈜B하우징에서 가장 의미 있는 것은 수익금을 지역사회에 환원하고, 취약시설이나 저소득가구에게 주거 개선을 무료로 제공하는 것에 있다. 이에 대한 구체적인 예를 들 수 없는 이유는 아직 행정이나 회계의 체계화 및 매뉴얼화가 되어 있지 않아 자료가 불충분하여 정확한 데이터를 찾기 어려웠기 때문이다. 그러나 대표와 구성원들이 사회적 가치 실현을 하고 있다고 증언했다.

2011년에는 2008년 대비 200%의 매출신장을 확인할 수 있다. 그러

5 일이 있을 때만 일을 해서 그에 대한 대가를 시간급(일당)으로 지불받아 일과 생활이 안정적이지 못하다.

나 1인당 평균매출액은 8,000여만 원으로 나타나는데 이는 예비 사회적 기업 신청을 통해 채용한 6명의 인원증가로 인해 평균 매출액이 감소되었기 때문이다. 그리고 증가된 6명은 2011년 하반기에 채용한 인원이라 매출액에는 영향을 주지 않았음을 인터뷰를 통해 알 수 있었다. 또한, 구성원들이 인원의 증가와 매출의 증가를 비례적으로 바라보고 발전가능성에 대한 긍정적인 표현을 했다.

잦은 담당자의 변경이나 관리의 소홀로 마이너스 사업을 손익분기점을 넘어 이익을 얻기까지는 현장 직원의 노고와 대표자의 사업 계약체결, 그리고 저임금을 인내한 시간이 있었기에 가능한 일이었다. 물론 사회적 가치로서 지역사회 환원금도 빼놓을 수 없는데, 참여자(직원)들의 100% 동의를 얻어 집행되지 않은 부분은 향후 소통을 통해 해결해야 할 과제로 남아 있다.

6. 결론

6.1 연구의 요약과 시사점

이 연구는 취약계층의 사람들이 자신의 힘으로 스스로 살아갈 수 있도록 돕기 위해 설립된 사회적 기업이 참여자와 기업이 함께 자립할 수 있는 방안을 이론과 더불어 (유)A휴먼케어와 ㈜B하우징을 통해 구체적으로 설명했다. 이 연구의 결과를 요약하면 다음과 같다. 첫째, 사회적 기업이 취약계층과 지역경제에 자립을 돕는 방식을 논의했다는 점이다. 둘째, 사회적 기업은 소유구조, 의사결정구조, 사회적 자본, 그리고 기업가정신에서 전통적 영리기업과 차이를 보였고, 이것이 사회적 기업의 자립에 도움을 준다는 것이다. 셋째, 사회적 기업의 자립에 자활센터와 같이 경영 전반에 대해 조언과 지원을 해 줄 기관이 필요하다는 점이다.

그렇다면 우리는 연구결과에 대해 이론적 함의와 실천적 함의에 대해 좀 더 구체적으로 살펴볼 필요성이 있다. 먼저, 사회적 기업이 조직구성원인 취약계층의 자립을 돕는 방식은 고용을 통해 그 참여자에게 일을 주고, 그 일을 달성하게 하며, 그에 대한 대가를 지불함으로써 생활의 안정과 미래를 설계할 수 있도록 만드는 데 있었다. 즉, 의식의 전환을 통해 참여자들의 자존감을 높이고, 자기 일을 통해 자기규율, 자기정체성, 자기가치를 획득함에 따라 자신의 의지로 삶을 살아갈 수 있는 계기를 마련하게 했다. 이것은 (유)A휴먼케어와 ㈜B하우징의 점진적으로 개선되고 있는 경영성과에서 잘 알 수 있는 부분이다. 사회적 기업이 지역경제의 자립을 돕는 것은 재화와 서비스를 지역시장에 공급하는 것에서 찾을 수 있다. 사회적 기업이 지역의 실업자에게 일자리를 제공하고, 장애인·장기실업자·빈곤여성·노인 등 노동시장에서 배제된 취약계층에게 자립할 수 있도록 사회적으로 유익한 일자리를 주어, 여기에서 생산된 제품과 서비스를 지역에 공급하는 것이다. 즉, 부의 외부효과를 제거함으로써 지역경제의 자립을 돕고, 또한 지역시장에서 원자재를 구매하여 다른 기업의 영업활동을 활성화시켜 지역경제의 자립을 도울 수 있다. 이는 (유)A휴먼케어와 ㈜B하우징의 증가되는 고용에서 찾아볼 수 있었다.

사회적 기업의 소유구조는 조직민주주의를 실현할 수 있도록 설계되어야만 한다. 이는 소유와 경영의 통제가 구분되는 것으로, 자본의 제공자가 기업을 소유하지 않고, 기업의 모든 구성원이 1인1표제의 원칙 아래 기업의 경영을 통제하는 것을 말한다. 이는 입사 시 계약의 체결로 가능하게 된다(이승현, 2001). (유)A휴먼케어와 ㈜B하우징은 지분율이 경영통제와 의사결정에 영향을 주지 않았다. (유)A휴먼케어는 전통적·관료적인 조직구조의 틀을 부수고, 대표이사가 참여자를 떠받드는 형태를 가져 의사결정의 참여와 일에 대한 책임을 개인에게 지도록 했다. ㈜B하우징은 대표이사와 직원의 수평구조 속에서 민주적 의사결정이 이루어지고, '회사는 곧 내가 주인이다'는 주인의식 또한 소유와 경영통제의 구분으로 가능했다. 사회적 기업은 그 인증에서 이해관계자가 참여하는 의사결정구조를 갖추어야 한다. 조직 외부에 있는 이해관계자도 주요 의사결정에 참여시키는 이유는 경영상에서 발생하는 문제를 해결하는 데 도움을 받을 수 있기 때문이다. 또한, 의사결정의 참여로 조직의 성과와 자신을 동일시하여 조직몰입을 증가시키고, 동기부여와 자아실현을 자극하기 위해서이다. 인간관계론적 입장에서 의사결정 참여는 당사자들에게 참여하고 있으며, 자문을 해 주고 있다는 느낌을 유발하여 개인에게 보다 많은 만족과 조직에 대한 협조를 만들어 낸다(Ritchie & Miles, 1970). (유)A휴먼케어의 의사결정구조는 민주적 의사결정구조를 가졌으나, 참여자는 업무 특성상 직접적인 참여가 거의 불가능하고, 병원별 간병사 대표를 통해 의사를 전달하는 대의민주주의제도를 시행하고 있었다. ㈜B하우징은 주요 의사결정에 있어 이해관계자들의 참여를 통해 지분과 관계없이 1인 1표로 결정하는 구조로 되어 있고, 조직의 구조도 역할분담이 효과적으로 이루어지도록 설계했으며, 팀별로 책임을 부여하고 진취적인 사고를 갖도록 유도했다.

앞서 말한 소유구조와 의사결정구조는 조직민주주의를 실천하는 조직에 필수적인 요소이다. 그러나 이런 소유구조와 의사결정구조는 현실에서 많은 문제를 야기한다. 많은 연구에서 이를 '모순(contradiction)'으로 설명하고 있다(Varman & Chakrabarti, 2004). 모순은 조직민주주의에서 환경 또는 시장의 요구와 기업 내부의 추구방향이 상이할 때 발생한다. 예를 들면, SAMITI의 경우 노동자가 소유하고, 거의 구조적으로 계층화되지 않아도 전통적인 노동자와 경영자의 역할을 기업에 적용시켰으며, 계급제도, 전문지식, 경제적 힘, 접촉 네트워크의 장벽으로 참여자들이 사회에서 규정하는 역할을 넘어서기가 매우 어려웠다(Varman & Chakrabarti, 2004). 이러한 모순은 (유)A휴먼케어와

㈜B하우징에서도 발생할 것이다. 우리나라 사회에도 자본주의 체제를 숭상하고 자본의 힘이 기업을 지배해야 한다는 사상이 압도적이며, 이것을 일반화하기 때문이다.

모순의 발생은 퇴행(degeneration)으로 조직을 이끈다. 조직퇴행은 조직민주주의를 실행하는 기업이 모순에 의해 전통적 영리기업으로 점차적으로 변해가는 것을 말한다. Cornforth et al.,(1988)은 조직민주주의를 실행하는 노동자 협동조합의 퇴행에 대해 세 가지 이론을 제시했다. 첫째는 구성퇴행(constitutional degeneration)으로, 소유권이 최종적으로 소수의 엘리트, 종종 설립자의 손에 다시 들어가는 것을 말한다. 두 번째는 자본주의 퇴행(capitalist degeneration)으로 시장의 힘이 조직과 환경 사이를 연결시키는 것이다. 세 번째는 규율 부족과 같은 내적 압력(internal pressures)이 관리주의자의 통제로 기업을 이끈다는 것이다. (유)A휴먼케어와 ㈜B하우징은 조직민주주의를 내걸고 있지만 아직까지 구성원들의 인식이나 실천 면에서 많이 부족하다. 주요 의사결정에 있어 참여자들이 주도하기보다는 이사회나 J자활센터에서 주도하였다. 이러한 일들이 반복적으로 발생되고 다른 부분으로 확산된다면 Cornforth et al.,(1988)이 제시한 세 가지 퇴행으로 흘러갈 것이다.

사회적 자본은 사회적 관계를 통해 획득할 수 있다. 사회적 기업은 다른 조직과 관계를 맺어 얻기 힘든 자원을 확보할 수 있고, 기업 내부에 다양한 정보를 확산시킬 수 있으며, 새로운 가치를 창출하는 데 도움을 받을 수 있다. 사회적 기업은 주로 시·도나 연계기업, 자활센터 또는 사회적 기업 지원기관 등에서 이러한 것들을 획득할 수 있다. 그러므로 (유)A휴먼케어와 ㈜B하우징은 다양한 조직들에서 자립에 필요한 자원을 획득하고 있었다. 그리고 사회적 기업의 기업가정신은 기회를 발견하여 이를 활용하게 만든다. 특히 사회적 목적을 실현할 수 있는 기회에 대해서는 위험을 감수하더라도 도전적으로 추구한다. (유)A휴먼케어는 자활공동체 A간병의 법적 지위를 향상시키고, 경영이 부실한 데도 사업 확장을 가져왔다. 이러한 결과로 2008년 4명의 간병사에서 2011년 62명의 관리자와 간병사로 인원이 확대되었으며, 매출액은 72백만 원에서 1,031백만 원으로 증가되었다. 또한, 사회적 가치 추구에 있어서도 고용창출의 효과가 높고 무료간병서비스를 비용으로 환산하면 높은 수준에 있었다. ㈜B하우징은 대표이사의 인사말에 나와 있듯이 주거복지의 사각지대에 놓여 있는 취약한 사회시설과 장애인, 저소득가구의 주거복지를 위해 최선을 다하는 기업가정신을 가지고 있었다. 또한, 사업 영역을 일반 에너지 열효율 사업, 남강댐 수변지구 주거개선 사업, 일반 공사와 관급공사 등으로 계속 확장하였다. 이로써 2008년 매출액이 396백만 원에서 211년 788백만 원으로 증가하고 인원수도 6명에서 11명으로 증가했다.

끝으로 사회적 기업에 J자활센터와 같은 지원기관은 중요해 보인다. 2007년 7월부터 시행된 「사회적기업육성법」은 많은 자활공동체로 하여금 사회적 기업으로 전환하도록 했다. 그 배경에는 사회적으로 유용함에도 불구하고 수익성 때문에 시장에 충분히 공급되지 않는 사회적 서비스를 제공하고, 공익적 사업을 통해 재화 또는 용역을 공급하며, 수익의 공정한 배분 및 사회 환원을 실천하는 경제적 활동을 정부와 사회가 요구했기 때문이다. 그러나 취약계층이 고용되고 운영하는 사회적 기업은 스스로 이와 같은 요구를 충족시킬 수 없었다. 그러므로 J자활센터와 같은 지원기관이 사회적 기업의 부족한 부분을 보완해줄 필요성이 발생하게 되었다. J자활센터는 (유)A휴먼케어와 ㈜B하우징에 더불어 함께하는 지역 공동체를 지향하도록 했으며, 참여주민들이 주체가 되어 더 나은 삶을 살아갈 수 있는 일자리를 사회적 기업에 요구했고, 노동의 기쁨을 느끼며, 공동선을 추구하도록 했다. 또한, 경영에 있어서도 사업의 주요 의사결정을 지원하며, 사회적 기업으로 전환하도록 했다. 그러므로 J자활센터와 같은 지원기관이 사회적 기업의 자립에 중요한 역할을 한다는 것을 알 수 있다.

6.2 연구의 한계점

본 연구는 같은 자활공동체에서 출발하여 사회적 기업으로 전환한 두 기업을 대상으로 사회적 기업의 자립, 그리고 지속적인 생존과 성장에 대해 짚어보았다. 전반적인 연구결과와 앞서 설명한 시사점에도 불구하고 다음과 같은 몇 가지 연구의 한계를 지니고 있다.

첫째, 사례연구가 가지는 근본적인 문제점을 들 수 있겠다. 즉, 사례연구에 적용 가능한 엄격한 방법론의 부족이 주된 문제점이 될 수 있다.

둘째, 연구과정에서 임금이나 개인의 평가에 대해서는 공개를 꺼려하거나 적극적이지 못하여 평균 임금과 정성적 개념의 평가만 실시한 한계가 있다.

셋째, 사회적 기업의 가치를 정확하게 측정할 수 있는 이론과 도구가 부족했다.

넷째, 인터뷰 과정에서 사회적 기업 구성원의 대부분이 경영에 대한 개념이 부족하여 연구자의 질문 의도와 응답자의 이해에 다소 차이가 났다.

다섯째, 사례연구의 특성상 특정 사례에 대한 연구자의 주관적인 견해가 연구 결과에 많이 반영되었다는 한계를 가진다. 이후 동일한 업종에서 사회적 기업으로 전환한 자활공동체의 여러 사례를 비교·분석하여 자립을 위해 갖추어야 할 요인을 일반화하는 연구가 필요하다.

여섯째, 두 사례기업의 소유구조, 의사결정 구조, 사회적 자본, 그리고 기업가정신이 성과와 직접적으로 연관되어 있다는 구체적인 인과관계를 설명하지 못한 한계가 있다. 그러나 사회적 기업이 이 요소들을 갖추었을 때 성과가 높게 나타날 수 있음을 이 연구는 설명하고 있다. 그러므로 다음 연구에서는 소유구조, 의사결정 구조, 사회적 자본, 그리고 기업가정신과 성과와의 관계를 객관적으로 증명할 수 있는 연구가 필요하다고 본다.

참고 문헌

권용덕(2011), 「경남의 사회적기업 육성방안」, 경남발전연구원.

김안나·전지현·지은정(2006), 「2006 자활사업 모니터링 및 평가연구」, 한국보건사회연구원.

김윤태(2009), "사회적 기업의 트라일레마: 한국형 모델의 전망", 「사회와 이론」, 14, pp.243-273.

김종수(2009), "사회적 기업과 주민자치센터의 연계 가능성에 대한 연구", 「한국정책분석평가학회」, 춘계학술대회발표논문집, pp.73-92.

남승연·조창현·정무권(2010), "사회적 기업의 개념화와 유형화 논쟁: 사회적 기업의 다양성과 역동성의 이해를 위하여", 「창조와 혁신」, 3, pp.129-173.

노대명·석희정(2001), 「자활공동체 창업활성화 방안 연구」, 한국보건사회연구원.

이경묵(1996), "사회적 자산의 형성과 활용", 「노사관계연구」, 7, pp.265-290.

이문국(2006), "자활지원 사례관리 체계론", 이인재 편. 「자활정책론」, 나눔의집.

이승현(2001), "노동자관리 기업의 조직이론", 「산업경영」(산업경영연구소), 28, pp.193-215.

장종익(2010), "사회적 기업의 조직적 특성에 관한 신제도경제학적 고찰", 「사회경제평론」(한국사회경제학회), 34, pp.173-205.

전병유·박찬임·장지연·정인수·황덕순·황수정(2003), 「사회적 일자리 창출방안 연구」, 한국노동연구원.

조선주·김영옥(2008), "여성친화적 사회적기업 발전에 관한 소고: 지방자치단체의 여성인력개발센터 사례를 중심으로", 「The Women's Studies」, 75, pp.27-60.

조성은·백학영·조광자(2008), 「취약계층 일자리 창출을 위한 사회적 기업 육성체계 구축방안」, 경기개발연구원.

Amit, R., MacCrimmon, K. R., Zietsma, C. and Oesch, J. M.(2001), "Does money matter?: Wealth attainment as the motive for initiating growth-oriented technology ventures", *Journal of Business Venturing*, 16, pp.119-1432.

Austin, J. Stevenson, H. and Wei-Skillern, J.(2006), "Social entrepreneurship and commercial entrepreneurship: Same, different, or both?", *Entrepreneurship Theory and Practice,* 30, pp.1-22.

Barney, J. B.(1991), "Firm resources and sustained competitive advantage", *Journal of Management,* 17, pp.99-120.

Bernstein, P.(1982), "Necessary element for effective worker participation in decision-making", in *Workplace democracy and social change*. Frank L. & Whitt, J. R. (Eds), pp.51-81. Boston, MA: Porter Sargent.

Bolle De Bal, M.(1992), Participation. in Szell, G. (ed.) *Concise Encyclopaedia of Participation and Co-Managemen*, New York: Walter de Gruyter. pp.603-610.

Ciulla, J. B.(2000), "The working life"; 안재진 옮김.(2005), 「일의 발견」, 서울: 다우.

Cornforth, Chris, Alan Thomas, Jenny Lewis, and Roger Spear.(1988), *Developing successful worker cooperatives*. London: Sage.

Day, R. H. and Sunder, S.(1996), "Review: Ideas and work of Richard M. Cyert", Journal of Economic Behavior and Organization, 31, pp.139-148.

DTI.(2002), *Social enterprise: A strategy for success.*

Lesser, E. L.(2000), "Leveraging social capital in organizations", In E. L. Lesser (Ed), *Knowledge and social capital: Foundations and applications*, Boston: Butterworth-Heinemann, pp.3-16.

Noya, A. and Clarence, E.(2007), *The social economy: Building inclusive economies*. OECD.

O'Gorman, C. and Doran, R.(1999), "Mission statements in small and medium-sized businesses", *Journal of Small Business Management*, 37, pp.59-67.

Ritchie, J. B. and Miles, R. E.(1970), "An analysis of quantity and quality of participation as mediating variables in the participative decision making process", *Personnel Psychology*, 23, pp.347-359.

Teece, D. T.(1998), "Capturing value from knowledge asset: The new economy, market for know-how, and intangible assets", *California Management Review*, 40: 55-79.

Varman, R. and Chakrabarti, M.(2004), "Contradictions of democracy in a workers' cooperative", *Organization Studies*, 25, pp.183-208.

제3부
기업가 정신과 벤처창업

경영은
관념의 모험이다

Management is the Adventure of Idea

한국의 기업가정신 활동[1]: 2009년 글로벌기업가정신연구(GEM) 일반성인조사(APS)를 중심으로

1. 서론: 연구목적 및 배경

2009년 글로벌 경제위기의 충격으로 수출과 내수가 위축되고, 성장이 큰 폭으로 감소하고, 금융시장이 극심한 어려움에 처하기도 했다. 최근 한국경제는 OECD 국가 중 가장 빠른 회복세를 보이고 있다. 그러나 글로벌 경제위기를 완전히 극복했다고 보기는 시기상조이며, 위기는 아직 잠복해 있고, 위기 이후의 대응전략이 보다 중요하다는 의견이 지배적이다. 창업활동은 세계 모든 지역에서 경제발전에 매우 중요한 요소로서 고용의 창출과 경제발전에 기여하고 있다. 1997년 외환위기 이후 한국 경제를 되살린 것은 기술력 있는 벤처기업 창업에 의한 일자리 창출이었다. 이와 같이 창업활동은 경제발전에 매우 중요한 요소로 알려져 있다. 따라서 세계 각국에서는 창업에 활력을 불어넣기 위한 다각적인 방안이 모색되고 있고, 경제 회복을 위해 여러 정책을 강구하는 과정에서, 창업 활동과 경제발전 사이의 관계에 대한 국가 간에 일관성 있는 데이터를 통한 정밀한 연구의 필요성이 대두되었다.

글로벌기업가정신연구(이하 GEM)는 1999년부터 매년 국가 간 창업활동의 비교를 위한 일관성 있는 데이터를 수집함과 동시에, 세계 각국

1 이 논문은 반성식, 송경모, 조동환, 박종해, 차민석과 함께 『한국창업학회지』 제5권 제3호(2010년)에 게재하였다.

의 창업전문 학자들이 공통된 연구프로그램 하에서의 협력하여 연구할 수 있는 시스템을 구축하였다. GEM은 창업활동의 국가별 특징에 대한 정보를 널리 알리고, 국제적으로 창업 과정과 성장에 대한 다양한 조사를 통해 유용한 데이터를 수집한다. GEM 연구는 공식적인 창업활동뿐만 아니라 비공식적인 창업활동에 대한 정보 역시 담고 있다. 더욱이 GEM은 설립 이후 안정화된 중견사업체뿐만 아니라 새로 설립한(42개월 미만의) 초기 단계의 사업체까지 측정한다. 데이터는 국가 간의 비교가 가능하도록 정교하고, 통일된 설문에 의해 이루어짐으로써 방대한 정보를 수집·분석할 수 있다.

GEM은 런던경영대학(London Business School)의 Michael Hay 교수와 뱁슨대학(Babson College)의 William Bygrave 교수가 고안하였다. 첫 번째 연구는 1999년 상대적으로 부유한 미국, 캐나다, 영국, 프랑스, 독일, 일본, 이태리 G7 국가와 핀란드, 이스라엘, 덴마크를 포함한 10개 나라를 중심으로 우선적으로 시작하였다. 2008년의 연구는 10년간, 64개국 연구팀의 데이터로 시행되었다. 2008년에는 한국을 포함한 43개 국가가 연구대상이 되었으며, 2009년에는 54개국이 참여하였다. 경제성장과 경쟁력에 대한 전통적인 분석에서는 국가 경제에서 중소기업이 행하는 역할을 간과하는 경향이 있었다. GEM은 보다 포괄적인 접근법을 채택하여, 한 국가 내에서 창업활동이 이루어지는 정도를 고려함으로써, 창업의 다양한 유형과 국면을 연구한다. 일반성인조사(APS)에서는 국가별 최소 2,000명 이상의 일반성인 표본을 추출한 상태에서 조사를 수행했다. 2009년 5월부터 10월에 걸쳐(공휴일을 제외하고) 18만 명 이상의 성인을 대상으로 인터뷰를 실시했고, 창업 활동에 대하여 그들이 어떤 태도를 지니고 있는지, 그리고 어떤 방식으로 관여하고 있는지에 대하여 응답을 받았다. 한국은 2009년 5월에 2,000명의 일반 성인을 대상으로 설문조사를 시행했다. 그뿐만 아니라 GEM 연구는 국가별 최소 36명 이상의 국가전문가를 대상으로 조사한다.

창업기업들은 전 세계 여러 나라에서 소비자의 수요를 만족시키며 생산과 분배 등 다양한 영역에서 활동을 하고 있다. 그뿐만 아니라 창업 성장과 특성은 전 세계에서 지역별로 확연히 다름을 알 수 있었다. 국제적인 수준과 개별 국가에서 창업활동을 촉진하기 위해서는 사람들이 창업가가 되기 위한 의지에 영향을 주는 요인은 무엇이며, 어떻게 그들의 능력을 향상시키고 새로운 사업을 시작하도록 동기부여를 할 수 있는지에 대해 알아야만 한다. 따라서 본 GEM 연구는 창업활동에 관한 국제비교 연구를 통해 창업에 대한 학문적, 실무적 이해를 증진시키고, 국가 경제발전과 복지 증진에 기여할 수 있는 정책 개발에 기여할 수 있다는 점에서 연구의 의의가 있다.

2. 연구모형 및 방법론

2.1 GEM 연구모형

경제발전에서 창업이 지니는 중요성에 대해서는 대체로 많은 사람이 동의하고 있다. 기업 창업가(business entrepreneurs)들은 혁신을 주도적으로 실천하고, 경제의 구조적 변화를 촉진하며, 새로운 경쟁구조를 도입함으로써, 결국 생산성 향상에 기여한다. 사회적 기업가(social entrepreneurs)는 경제 사회에서 기업 창업가와 유사한 역할을 수행한다. 즉 기업이나 정부에서 제대로 충족시켜주지 못한 사회적 요구사항(social needs)을 대신 충족시켜 주는 역할을 수행한다(Global Entrepreneurship Monitor 2009 Executive Report).

창업가들이 경제에 미치는 영향은 중요하지만, 그 영향력의 정도는 경제발전의 국면에 따라 다르다. 본 연구는 GEM 2008 보고서에서 처음 도입된 포터(Porter)의 요소주도형 경제, 효율주도형 경제, 혁신주도형 경제라는 유형 구분 방법론(Porter, Sachs, and McArther, 2002)을 기본 틀로 삼고 있다. 이전의 GEM 보고서에서도 이미 밝혔듯이, 생계형 자기 고용 활동(necessity-driven self-employment activity)은 저개발 국가에서 보다 일반적인 현상이다. 저개발 경제에서는 높은 생산성을 요구하는 일자리가 드물기 때문에 많은 사람이 자기 노동에 의한 경제 활동을 영위해야만 한다. 그러나 경제가 점점 발전하면서 생산적인 산업 부문이 성장하고 그로부터 더욱 많은 고용 기회가 창출되기 때문에 생계형 창업활동은 점점 줄어들게 된다. 이와 동시에 부와 기반시설의 여건이 개선되면서 기회가 주도하는 창업활동(opportunity-driven entrepreneurial activity)이 증가하고, 이로부터 전반적인 창업활동이 질적으로 변화하기 시작한다. 경제발전의 서로 다른 국면마다 창업의 역할이 어떻게 다른지에 대해서 자세히 나와 있다.

한국은 20개 혁신주도형 국가 중 하나이다. 혁신주도형 국가에서는 부(wealth)의 확대와 함께 서비스 산업이 소비자들에게 중요한 위치를 차지한다. 보조품 시장은 효율주도형 국가들에 밀리게 되는 반면, 혁신주도형 국가들은 새로운 기술을 발명하는 역할이 주가 된다. 혁신주도형 국가에서 연구개발 노력은 혁신적인 사고의 발전에 기여하고, 기회포착형 창업활동의 기반이 된다. 이들 국가에서는 전통 있는 대기업들이 가지고 있는 규모의 경제, 형성되어 있는 관계, 자원 접근 용이성 등이 존재함에도 불구하고, 창업기업가들은 혁신을 통하여 이들 오래된 대기업과 경쟁할 수 있다. 아래는 2009년 글로벌기업가정신연구에 참여한 54개국을 경제 발전도 별로 구분한 것이다.

요소주도형(Factor-driven) 국가

알제리,* 과테말라,* 자메이카,* 레바논,* 모로코**, 사우디아라비아,* 시리아,* 통가, 우간다, 베네수엘라,* 서안과 가자지구, 예멘

효율주도형(Efficiency-driven) 국가

아르헨티나, 보스니아헤르체고비나, 브라질, 칠레,* 중국, 콜롬비아, 크로아티아,* 도미니카공화국, 에콰도르, 헝가리,* 이란, 요르단, 라트비아,* 말레이시아, 파나마, 페루, 루마니아,* 러시아,* 세르비아, 남아프리카공화국, 튀니지, 우루과이*

혁신주도형(Innovation-driven) 국가 (20개국)

벨기에, 덴마크, 핀란드, 프랑스, 독일, 그리스, 홍콩, 아이슬란드, 이스라엘, 이탈리아, 일본, 대한민국, 네덜란드, 노르웨이, 슬로베니아, 스페인, 스위스, 영국, 아랍에미리트, 미국

주) * 다음 단계로 이전하고 있는 국가

2.1.1 창업: 태도, 활동 및 열망

학계의 문헌, 정책 문서, 그리고 언론에는 창업에 대한 상이한 의견과 상이한 정의들이 혼재한다. GEM모형은 창업의 다면적 속성을 인정한다. 일정한 범위의 환경 여건들은 태도, 활동, 그리고 열망이라는 세 가지의 창업 구성요소에 영향을 미친다는 사실, 그리고 이 세 가지 요소가 상호작용하면서 경제적 사회적으로 가치가 있는 활동들을 생성하고 일자리와 부를 창출한다는 사실을 GEM은 잘 인식하고 있다.

창업 태도(entrepreneurial attitudes)는 창업에 대한 태도를 의미한다. 예를 들어서, 새로 사업을 시작하기에 좋은 기회가 존재한다고 생각을 하는 정도, 또는 창업가들의 위상을 높게 평가하는 정도 등은 다 창업 태도라고 이름 지을 수 있다. 그 밖에, 개인이 감당할 수 있는 수준의 위험이나 개인이 사업을 시작할 때 필요한 스스로의 숙련, 지식, 경험을 인지하는 정도도 역시 창업 태도라고 말할 수 있다.

창업 태도는 창업 활동(entrepreneurial activity)에 영향을 미치지만, 창업활동으로부터 영향을 받기도 한다. 예를 들어서, 긍정적인 창업 태도에서 나타나듯이, 한 사회에서 창업이 정당하게 인정받는 문화가 형성되어 있으려면, 사람들이 주변에 최근 사업을 시작한 사람들을 잘 알고 있느냐의 여부로부터 영향을 받는다. 이 문화는 창업활동과 사회적 네트워킹 활동이라는 두 차원으로부터 다 같이 영향을 받는 함수다. 최근에 사업을 시작한 사람이 주변에 많이 존재할수록 그는 창업과정에 더욱 친숙할 것이기 때문에, 창업 문화를 당연한 것으로 받아들이게 된다.

창업 태도는 창업가와 창업정신에 대해 전체 인구가 보유하는 일반적인 정서를 표현하기 때문에 중요하다. 사회에는 가치 있는 사업 기회를 인지할 수 있는 사람들이 있어야 하고, 그런 기회를 자기 것으로 만들기 위해 필요한 능력을 갖추고 있다고 스스로 인정하는 사람들이 있어야 한다. 더욱이, 창업에 대하여 국가가 긍정적인 관점을 지니고 있으면, 문화적으로도 창업을 인정하는 분위기가 조성되면서 각종 지원과 금융자원과 네트워킹이 이미 창업가가 된 사람들이나 앞으로 창업가가 되고 싶어 하는 사람들에게 제공되기 시작할 것이다.

창업 활동(entrepreneurial activity)은 여러 형태를 띨 수 있지만, 그중 하나는 전체 인구 중에서 얼마나 많은 사람이 새로운 사업 활동을 시작하려는 의도를 품고 있는가 하는 것이다. 새로운 사업 영역이라 해도 그 안에서는 다양한 유형의 창업활동을 발견할 수 있다. 예를 들어서, 새로운 사업의 시작 형태는 산업 부문에 따라, 창업 팀의 규모에 따라, 그리고 새로운 벤처가 다른 사업체와 법적으로 독립되어 있는 정도에 따라, 성, 연령, 또는 교육수준과 같은 설립자의 인구학적 특성에 따라 매우 다양한 형태를 띠게 된다.

창업활동은 사건이 아니라 하나의 과정으로 해석해야 한다. 이는 창업가가 최초에 의도를 가진 다음, 초기 단계의 창업 준비를 거쳐, 신생

벤처로 탄생하고, 나중에 중견 기업(established firm)으로 성장하고, 다시 사업을 중단(폐업)(business discontinuation)하기도 하는 과정을 거친다. 이와 같이 GEM이 창업활동을 사건이 아니라 하나의 과정으로 측정하는 이유가 바로 여기에 있다.

창업활동의 다각적인 측면을 검토하게 되면, 결국 국가 경제 발전의 3단계에 걸쳐 창업 과정에도 역시 차이가 난다는 사실에 자연스럽게 주목하게 된다. 예를 들어서 요소주도형 경제에서 창업이 활발하게 이루어지는 배경에는 주로 경제적 필요 또는 생계유지(necessity)의 목적이 있다. 혁신주도형 경제에서는 기회를 추구하는 창업(opportunity-based entrepreneurship)이 요소주도형이나 효율주도형 경제에서보다 더 높은 비율로 나타날 것으로 예상할 수 있다.

창업 열망(Entrepreneurial aspirations)에는 창업활동의 질적인 본질이 드러나 있다. 예를 들어서, 신제품 또는 신공정을 도입하거나, 해외 시장에 진출하거나, 조직을 구축하거나, 외부자본을 도입하여 성장을 도모하고자 하는 열망은 개별 창업가마다 매우 다르다. 이러한 성격의 창업기업가의 열망들은 주주와 사회 및 국가 경제에 경제적으로 큰 영향을 미칠 수 있다. 제품혁신과 공정혁신, 국제화, 그리고 성장에 대한 야망, 이 모든 것들은 열망으로 가득 찬 창업 정신의 중요한 상징물들이다. GEM은 이러한 성격의 열망을 측정하는 수단을 개발했다.

2.1.2 창업의 구조적 여건(Entrepreneurial Framework Conditions)

창업의 구조적 여건(EFCs)에는, 한 나라의 창업 부문에 영향을 미치는 내부적 사회경제 환경이 고스란히 반영되어 있다. GEM모형은 국가 차원에서 창업의 구조적 여건이 다르면 기존의 성숙 사업과 신생 비즈니스 활동에 미치는 영향이 다르다는 입장을 취한다. 요소주도형 경제와 효율주도형 경제에 적용할 수 있는 적절한 국가적 여건 개념은 2009~2010 국제경쟁력보고서(Global Competitiveness Report: GCR, Schwab 2009)에서 원용했다. 혁신주도형 경제에 대해서는, 오히려 GEM이 혁신과 창업 현상에 특이하게 영향을 미치는 구조적 여건을 정의함으로써 GCR의 관점에 추가적인 방법론을 제공했다(Levie and Autio 2008에서 그 이론적 기반을 다루고 있다). Acs and Armington(2006)도 주장하였듯이, 혁신을 경제적 성과로 전환시키는 역할은 바로 창업의 메커니즘이다. 따라서 창업 문화가 결여되어 있으면, 혁신주도형 경제도 지속적인 성장을 달성하는 데에 어려움을 겪을 수밖에 없다.

이 세 가지 유형의 경제 양태, 즉 요소주도형, 효율주도형, 혁신주도형 경제의 특성은 모든 국가 경제에 어느 정도씩은 존재하고 있다는 사실을 주지할 필요가 있다. 그러나 이 세 가지 중에 어떤 양태가 보다 두드러지게 나타나는가는– 더불어 경제발전에 어떻게 영향을 미치는가는 – 나라마다 다르다. 이 세 가지 경제발전 유형마다 세 가지의 활동이 서로 다른 방식으로 조합되어야만 최적의 효과를 낼 수 있다는 것이 GCR의 주장이다. 이 세 가지의 단계들은 단계별로 가장 중요성이 높은 활동에 초점을 맞추어 이름이 붙여진 것이다. 따라서 한 나라가 경제발전 단계를 고도화시키고자 할 때 창업의 구조적 여건이 지니는 중요성은 그 나라가 어떤 경제발전 단계에 처해 있느냐에 따라 다르다.

〈그림 1〉의 연구모형은 창업기업가의 태도, 활동 및 열망이 국가 경제성장에 중요한 영향을 미친다는 것을 보여준다. 창업기업가의 태도는 해당 영역에서 사업을 시작할 좋은 기회가 있다거나, 국가 내에서 기업가로서 인정받는 지위를 가진다거나, 창업기업가는 일반대중의 이목을 받는 좋은 직업이라는 생각 등을 포함한다. 태도는 스스로 인식하는 창업에 대한 본인의 능력이나 실패에 대한 두려움 역시 포함한다. 또한, 열망은 제품혁신과 공정혁신, 국제화, 그리고 성장 열망이다.

〈그림 1〉 GEM 연구모형

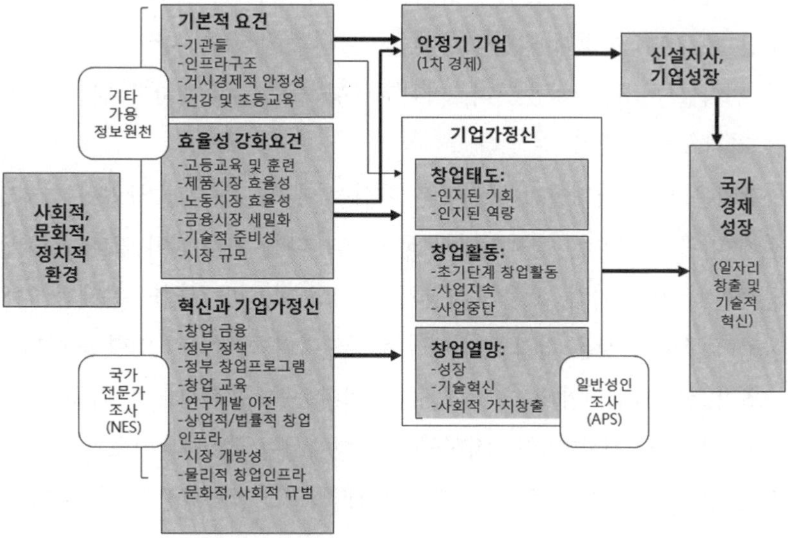

GEM 모형에는 창업활동의 구조적 여건(EFCs; Entrepreneurial Framework Conditions) 역시 나타나 있다. 이러한 조건들은 창업기업가의 태도, 활동, 열망과 같은 요소들에 영향을 준다. 창업활동의 구조적 여건은 한 국가에서 창업활동에 영향을 줄 것으로 기대되는 사회적, 정치적, 경제적, 문화적 환경에 대한 주요 특징이다. 창업기업가의 태도, 활동 및 열망은 국가 경제성장에 영향을 주고, 일자리, 혁신, 재투자 등으로 사회적 번영에까지 영향을 미친다.

즉, 요소주도형 경제에서는 기본적인 요구조건들(basic requirements), 즉 제도, 기반시설, 거시경제의 안정화, 보건, 의무교육의 정착 등을 강조한다. 이런 기본적인 요구조건들은 생계형 창업활동을 위하여 반드시 구비되어야 하지만, 기회추구형 창업활동을 좀 더 높은 수준에서 유도하는 데에는 그것만으로는 부족하다. 그리고 여기에서 생계형 창업의 의미를 과소평가해서는 결코 안 된다. 예를 들어서 정치적 환경이 안정된 나라에서 단지 경제적 필요에 의해 생계형 창업에 나선 사람들은 그 활동의 결과로서 보다 나은 자녀교육의 여건을 확보할 수 있다. 이렇게 되면 그 자녀들은 나중에 직업 시장에서 더 유리한 위치를 차지할 수 있거나, 기회추구형 창업을 수행하기 위한 더 나은 자격요건을 갖출 수 있다.

창업은 모든 경제발전 국면에서 핵심적 메커니즘이다. 창업이 경제발전에 미치는 영향은 경제발전의 국면마다 다를 가능성이 크다. 정책담당자들이 기본 여건, 효율증대장치, 그리고 혁신과 창업의 문제를 인식하고 강조하는 것은 각각의 경제발전 국면마다 핵심적인 역할을 한다.

초기 신생기업단계와 초기 신규 창업활동을 중점적으로 다룬다. 그뿐만 아니라 글로벌기업가정신연구 모형에서는 경제의 기초로서 설립 후 안정화된 중견기업의 창업활동에 대해서도 경제성장과 창업활동에 영향을 주는 것으로 나타났다. 게다가 구조적 여건은 초기 창업활동에 비해 설립 후 안정화된 중견기업의 창업활동에는 다른 영향을 줄 것으로 기대된다.

위에 세시된 GEM모형은 창업이 국가적 제반 여건으로부터 영향을 받는 방식을 표현하고 있다. 그리고 거기에서도 알 수 있듯이 GEM모형은 창업의 3대 구성 요소, 즉 태도, 활동 및 열망을 포함하고 있다. GEM은 각국의 창업 분야에 정통한 전문가들을 대상으로 일관성 있는 조사를 수행함으로써, 창업의 구조적 여건을 효과적으로 파악한다. 창업의 구성 요소들은 성인설문조사를 통하여 파악한다. 따라서 GEM은 국가 간에 일관성 있게 적용 가능한 방법론을 채택함으로써, 각국의 구조적 창업 여건과 창업의 태도, 활동, 열망 수준에 대한 고유한 데이터를 생성한다.

본 연구에는 GEM데이터를 이용하여 창업이 경제발전에 미치는 영향을 추정하는 작업은 생략되어 있다. 양자의 관계는 생각보다 복잡한 특성이 있기 때문이다. 세계의 지역마다 창업의 유형과 국면이 다르면 경제성장에 미치는 영향도 다르다 (Stemberg and Wennekers, 2005). 더욱이 이론적 측면에서 보면 양자의 관계는 양방향에서 이루어진다. 즉, 창업은 경제발전에 영향을 미치고, 경제발전은 다시 창업에 영향을 미친다. 이런 두 측면의 강화관계를 분리해서 연구하기 위해서는 시계열 분석에 매우 신중할 필요가 있다. 이 작업은 향후 GEM데이터가 좀 더 풍부해지면 수행할 수 있을 것이고, 이와 관련된 초기의 연구결과로는 Van Stel et al.(2005), Acs and Varga(2005), Acs and Amoros(2008), Koellinger and Thurik(2009) 등의 연구들을 참조하기 바란다.

창업과 경제성장 사이의 관계가 있다는 기존의 연구에 바탕을 두고, 이 결과들을 GEM데이터에 투영함으로써, GEM 연구원인 Zoltan Acs와 Laszlo Szerb(2009)는 국제창업지수(GEI: Global Entrepreneurship Index)를 개발했다. 그 논의의 출발점을 이루는 두 가지의 중요한 가정은 다음과 같다: (i)태도, 활동, 열망이라는 세 요소가 지수에 반영되어야 하고, (ii)이 요소들이 경제 발전에 미치는 영향은 특정의 제도적 여건의 존재 여부와 수준의 함수로 표현된다.

Acs와 Szerb는 각각의 하위 지표에 대하여 몇 가지 구성 요소를 할당했다. 이 요소 가운데 하나는 창업 자체를 가리키는 지표(대부분은 GEM데이터에서 도출한다.)이고, 다른 하나는 제도적 환경을 가리키는 지표(대부분은 GEM 이외의 자료에서 도출한다.)이다. 한 예를 들자면, Acs와 Szerb는 한 나라에서 기업하기 좋은 환경이 갖추어져 있을 때에는 기회추구형 창업활동이 경제 발전에 더 많은 영향을 미친다고 주장했다. 그들은 기회가 주도하는 초기 단계의 창업활동에 대한 GEM의 측정지표를 세계은행(the World Bank)의 '비즈니스 활동의 용이성' 측정 지표와 결합하여 하나의 측정 지표를 만들었다. 이 측정 지표는 다시 창업활동과 관련된 5가지의 다른 측정지표와 결합되어 창업활동의 한 가지 하위 지표가 된다.

2.2 변수의 측정방식(How GEM Measures Entrepreneurship)

앞에서 살펴본 바와 같이 창업활동은 다양한 맥락을 포괄하는 복잡한 현상이라는 점을 보였다. GEM은 그 목적상 창업에 대한 광범위한 관점을 취하고, 창업 과정에서 개인이 행하는 역할에 초점을 둔다. GEM의 연구방법은 개인에 관한 연구를 통해 전 세계 창업기업가에 대한 이해도를 넓히는 데 공헌하였다. 결국, 사업을 시작하는 것은 개인이다. 그러므로 그들 사업의 특성은 개인의 특성과 태도, 열망 등에 기인한다. 본 연구에서는 이러한 관점에서 특성에 따라 잠재적 예비창업가, 태동기 창업기업가, 초창기 창업기업가, 설립 후 안정기 창업기업가로 분류하여 조사하였으며, 이를 통해 다양한 창업활동의 국면에 대한 이해를 넓힐 수 있을 것으로 생각한다. 여기서 태동기의 창업기업가들은 새로운 사업을 시작하는 단계에 있는 사람들이며, 초창기의 창업기업가들은 3개월 이상 3년 6개월(42개월) 이하 동안 급여를 지급한 기업가들을 말한다. 그리고 이보다 오랜 기간 급여를 지급한 경우 설립 후 안정기에 들어선 창업기업가로 분류하였다. 이러한 정의는 〈그림 1〉를 통해 잘 나타나 있다. 이 보고서는 이러한 4가지 단계 중에서도 태동기의 창업활동과 초창기 창업활동에 특히 중점을 두고 있는데, 이 두 초기 단계는 총 창업활동비율(TEA rate; total entrepreneurial activity rate)을 구성하는 요소이다. 그리고 이 보고서에서는 사업개시와 영업단계의 뿐만 아니라 사업중단(폐업)(business discontinuation)의 특성과 비율도 다루고 있다.

신생기업이나 소기업을 측정하는 대부분의 창업 데이터들과는 달리, GEM은 비즈니스를 시작하고 경영하는 개인(individuals)의 행동을 연구한다. 이 점이 바로 GEM데이터가 여타의 데이터와 다른 점이며, 2008년 글로벌 GEM보고서에서도 알 수 있듯이 GEM데이터의 대부분은 신생기업의 등록과 관련한 기업 수준의 데이터를 기록한다(Bosma et al., 2009. p.12). 신생기업은 대개는 개인이 출범시키는 경우가 많다. 성숙 기업의 경우에서조차도, 창업 태도, 활동, 열망은 개인별로 천차만별의 양상을 띤다.

GEM연구가 취하는 또 다른 방향은 창업을 하나의 과정으로 해석한다는 사실이다. 그런 의미에서 GEM은 비즈니스를 만들고 유지하는 여러 단계별로 상이하게 나타나는 창업가들의 행동 양태를 관찰한다. GEM의 관점에서 볼 때, 창업가 자신을 포함하여 3개월 이상 근무하는 직원에게 지급되는 급여가 있다면 이를 실질적인 비즈니스의 '개시 사건(birth event)'으로 간주한다. 비즈니스를 시작하기 위해 여러 자원을 적극적으로 관리하고는 있지만, 아직 이 단계의 '개시 사건'에 도달하지 못한 개인들은 태동기 창업가(nascent entrepreneurs)라고 부른다.

현재 기업체를 소유함과 동시에 경영하고 있으면서 3개월 이상 42개월 이하의 기간 동안 급여를 지급한 개인들은 초창기 창업가(new business owner)라고 부른다. 42개월이라고 하는 구분점은 이론상의 또는 실무상의 여러 요소를 종합적으로 고려하여 결정한 것이다. 태동기 창업가와 초창기 창업가의 비중은 한 나라에서 초기 창업활동(Early-stage entrepreneurial activity: TEA)을 측정하는 지표의 역할을 한다. 그 비중은 초기 창업의 역동적인 활동 수준, 즉 전체 인구 중에서 얼마나 많은 사람이 초기 창업을 시도하는가를 나타낸다.

안정기 창업기업 소유자(established business owners)들은 이미 기반이 잡힌 회사를 42개월 이상 소유하고 경영해 온 사람들이다. 그들은 변화를 통해 살아남아야 한다는 당위성을 실천한 사람들이다. 이러한 성숙 기업의 소유권이 두텁게 존재할수록 그 사회는 기업의 생존 여건이 긍정적이라는 사실을 의미한다. 그러나 이 명제가 항상 맞는 것은 아니다. 어떤 사회에서 초기 단계의 창업 활동은 부족한 반면에 성숙 기업의 기업가정신은 왕성하다면 그 사회는 창업활동의 역동성이 낮은 수준이라는 것을 의미한다. 마지막으로, GEM은 직전 12년 이내에 사업을 중단한 사람들의 사례를 관찰하고 있다. 이 개인들은 언젠가는 창업 과정에 다시 진입할 가능성이 있는 사람들이다.

〈그림 2〉에는 창업의 과정과 GEM이 채택하고 있는 초기 창업활동 등 제반 개념에 대한 실용적 정의(operational definitions)들이 제시되어 있다.

〈그림 2〉 창업 과정과 GEM의 운영 단계상의 구분

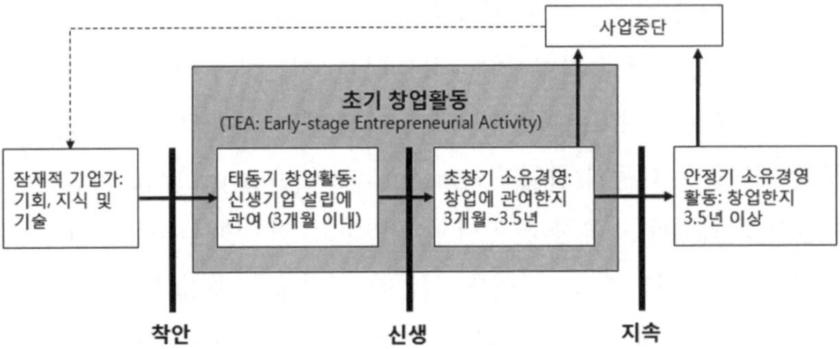

주) 태동기 창업단계, 초창기 창업단계, 그리고 설립 이후 안정기 창업단계 사이에 각각 3.5년의 기간을 두고 구분한 것은 Reynolds et al. (2005) 및 2008-2009 GEM 리포트인용.

2.3 변수설명

창업태도 관련 변수	해 설
창업기회 인식 (perceived opportunities)	18~64세 인구 중 해당 지역에서 사업을 시작하기에 좋은 기회라고 생각한 사람의 비율
창업능력 인식 (Perceived capabilities)	18~64세 인구 중 사업을 시작할 기술과 지식을 가지고 있다고 생각한 사람의 비율
창업 의도 (entrepreneurial intentions)	18~64세 인구 중 3년 이내에 사업을 시작하려는 의도를 가진 사람의 비율
실패의 두려움 (fear of failure rate)	18~64세의 창업 기회에 대해 긍정적인 인식을 가진 인구 중 창업을 하지 못하도록 하는 실패에 대한 두려움을 나타낸 비율
직업 선택 시 창업 선호 (entrepreneurship as desirable career choice)	18~64세 인구 중 해당 국가에서 대부분의 사람이 창업을 선호하는 직업으로 생각한다는 것에 동의한 사람의 비율
언론의 창업 관심도 (media attention for entrepreneurship)	18~64세 인구 중 해당 국가에서 공공매체를 통해 자주 성공적인 창업에 관한 이야기를 듣는다는 것에 동의한 사람의 비율

창업태도 관련 변수	해 설
태동기 창업활동 비율 (nascent entrepreneurship rate)	18~64세 인구 중 현재 신생기업 단계의 창업에 해당하는 사람의 비율. 즉, 사업을 소유 혹은 공동 소유의 형태로 창업에 관여하였고 어떠한 형태의 임금 지급이 3개월 이하로 이루어진 경우
초창기 소유경영 비율 (new business ownership rate)	18~64세 인구 중 현재 새로운 사업의 소유주자 이며 경영인에 해당하는 사람의 비율. 즉, 운영 중인 사업을 소유 및 경영하고 있고, 어떠한 형태의 임금 지급이 3개월 이상, 42개월 이하로 이루어진 경우
초기 창업활동 비율 (early-stage entrepreneurial activity (TEA)	18~64세 인구 중 현재 태동기의 창업활동 혹은 초창기 창업활동에 해당하는 사람의 비율. (각각 위의 정의와 같음)
안정기 소유경영 활동 (established business ownership rate)	18~64세 인구 중 현재 설립 후 안정화된 창업기업의 소유주 이자 경영인에 해당하는 사람의 비율. 즉, 운영 중인 사업을 소유 및 경영하고 있고, 어떠한 형태로든 임금 지급이 42개월 이상 이루어진 경우
총 창업활동 비율 (overall entrepreneurial activity rate)	18~64세 인구 중 현재 초기 창업활동 혹은 안정기 소유경영 활동에 해당하는 사람의 비율. (각각의 정의는 위와 같음)
사업중단(폐업) 비율 (business discontinuation rate)	18~64세 인구 중 지난 12개월 이내에 사업을 중단한 경험-판매, 생산, 사업중단(폐업), 경영 혹은 소유의 중단-이 있는 사람의 비율.
생계형 창업활동 (necessity-driven entrepreneurial activity)	초기 창업활동에 속하는 사람 중 별다른 직업 선택의 여지가 없어 창업을 선택한 사람의 비율
개선형 기회추구 창업활동 (improvement-driven opportunity entrepreneurial activity)	초기 단계 창업활동에 속하는 사람 중 아래 정의된 사람의 비율 (i) 취업보다는 창업을 더 좋은 기회로 선택한 경우 (ii) 현 소득의 유지를 위해서가 아니라 독립성을 높이거나, 더 높은 소득을 추구하는 경우
초기 창업활동의 고성장 기대 (high-growth expectation early-stage entrepreneurial activity; HEA)	18~64세 인구 중 태동기 창업가이거나 초창기 소유경영 창업가(이 정의는 위와 같음)이면서, 5년 후에 최소 20명 이상의 인원을 고용하고 있을 것으로 예상하는 사람의 비율
초기 창업활동의 고성장 기대: 상대적 비율 (high-growth expectation early-stage entrepreneurial activity; relative prevalance)	초기 창업가(이 정의는 위와 같음) 중에서, 5년 후에 최소 20명 이상의 인원을 고용하고 있을 것으로 예상하는 사람의 비율. 보다 약화된 측정 기준은 5년 이내에 최소한 5명 이상의 인원을 고용하고 있을 것으로 예상하는 사람의 비율
초기 창업활동의 신제품-신시장 지향성 (new product-market oriented early-stage entrepreneurial activity)	초기 창업가(이 정의는 위와 같음) 중에서, 자신이 생산하는 재화 또는 서비스가 적어도 일부 소비자에게 새롭고 (AND) 자신 외에 이들 재화나 서비스를 제공하는 사업체가 그리 많지 않다고 생각하는 사람의 비율. 약한 측정 기준은, 제품이 참신하거나 (OR) 자신과 동일한 제품 또는 서비스를 제공하는 사업체가 그리 많지 않다고 응답한 사람의 비율
국제시장지향의 창업활동 (entrepreneurial activity with international orientation)	초기 창업가 중에서, 25% 이상의 고객이 외국에 존재하는 경우. 보다 약한 측정 기준은, 1% 이상의 고객이 외국에 존재하는 경우임.
기술 부분의 초기 창업활동 (early-stage entrepreneurial activity in technology sectors)	초기 단계 창업활동에 속하는 사람 중 OECD(2003)에서 정의한 '하이테크(high technology)' 또는 '미디엄테크(medium technology)' 분야의 사업 종사하는 사람의 비율

3. 연구결과: 국내 초기 창업활동

3.1 창업 활동

글로벌기업가정신연구(GEM)에서는 매년 일반성인조사(APS)를 통해 한 국가의 주요 창업활동 비율을 조사하고 있다. 2009년 GEM APS 조사결과에 따른 우리나라의 주요 창업활동 비율이 〈그림 3〉에 제시되고 있다. 〈그림 3〉에는 주요 단계별 창업활동의 비율과 성별에 따른 창업활동, 창업 동기별로 구분한 창업활동의 비율 등이 나타나 있다. 우리나라에서 가장 활발한 활동을 보이는 유형은 '남성의 안정기 소유경영 활동'인 것으로 나타났으며, '안정기 소유경영 활동'이 다소 큰 격차를 보이며 그 뒤를 잇고 있다.

〈그림 3〉 한국의 주요 창업활동 비율

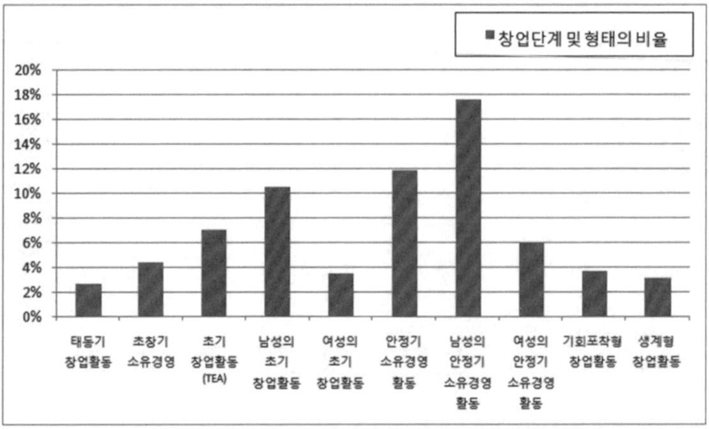

설립된 지 42개월이 경과하지 않은 초기 창업활동 (TEA: Early-stage Entrepreneurial Activity, 이후 TEA로 약술, 7.0%)에 비해 42개월이 경과하여 어느 정도 안정화되었다고 볼 수 있는 안정기 소유경영 활동 비율(11.8%)이 높은 것으로 조사되었다. 안정기의 소유경영

기업은 초창기 창업 시기의 비즈니스 모델 및 재무적 위험을 어느 정도 극복하여 사업이 안정화 궤도에 오른 기업들이다. 따라서 이러한 기업들이 많다는 것은 우리나라의 창업활동과 경제성장에 긍정적인 요인으로 볼 수 있다. TEA를 성별로 구분하였을 때, 남성은 10.4%, 여성은 3.5%로 성별에 따른 격차가 상당히 큰 편이다. 이러한 차이는 안정기 소유경영 활동에서도 나타나고 있는데, 남성의 안정기 소유경영 활동 비율은 17.6%인데 비해 여성의 경우는 5.9%에 그치고 있다. 기회포착형 창업활동의 비율은 54%, 생계형 창업활동의 비율은 46%로 유사한 수준으로 분포되어 있는데, 이는 우리나라가 속한 혁신주도형 국가들과 매우 다른 양상이라고 볼 수 있다. 다른 혁신주도형 국가들의 경우 대부분의 국가에서 생계형 창업에 비해 기회포착형 창업이 높게 나타나는데, 우리나라는 그 격차가 크지 않은 것이다. 즉, 우리나라에서는 기회포착형 창업활동의 퇴조가 기업가정신의 초기 단계 창업비율 감소에 큰 영향을 주고 있다.

〈그림 4〉 2008~2009년 한국의 창업동향

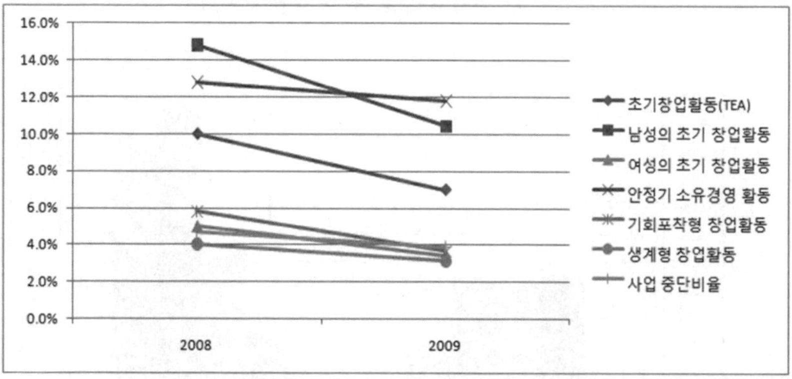

우리나라의 초기창업 동향은 〈그림 4〉에 제시되어 있으며, 2008년에 비해 2009년에는 전반적인 창업활동의 위축이 관측되고 있다. 남성의

초기 창업활동의 위축이 가장 큰 편이며, 안정기 소유경영 활동의 감소가 가장 작은 편인데, 이는 2008년과 2009년에 걸쳐 발생한 전 세계적인 경제위기에 기인한 것으로 보인다. 전반적인 초기 창업활동(TEA)은 2008년의 10.0%에서 2009년의 7.0%로 낮아졌으며, 남성과 여성을 구분하였을 때 여성에 비해 남성의 초기 창업활동의 하락세가 두드러지게 나타났다. 생계형 창업활동과 기회포착형 창업활동 모두 감소하였으나, 생계형 창업활동의 감소폭(2008년에는 4.0%, 2009년에는 3.1%)보다 기회포착형 창업활동의 감소폭(2008년의 5.8%에서 2009년에 3.7%로 감소)이 상대적으로 크게 나타났다. 이 역시 글로벌 금융위기의 여파로 인해 직장에서의 자율성을 찾거나 새로운 사업 기회를 추구하는 활동이 감소했음을 시사한다. 반면에 자신이 운영하던 사업을 매각하거나 중단하는 사업 중단비율의 감소폭은 다른 창업활동에 비해 상대적으로 감소폭이 낮게 나타났다.

3.1.1 창업활동과 연령 분포

〈그림 5〉 연령집단별 총 창업활동 비율

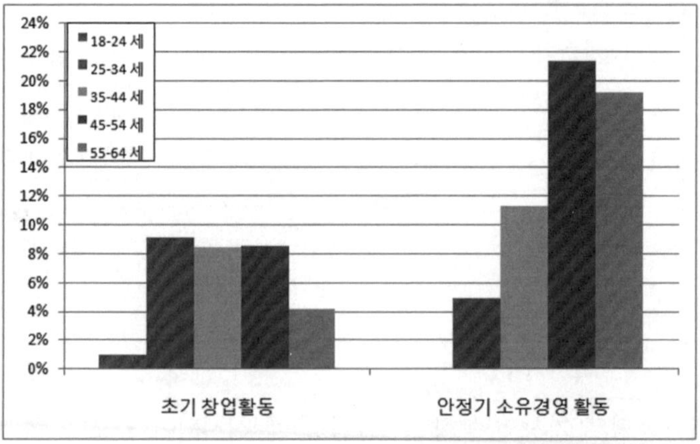

연령집단별 창업활동 비율은 〈그림 5〉에 제시되어 있다. TEA의 경우, 연령이 제일 낮은 집단(18~24세)과 높은 집단(55~64세)의 두 집단을 제외한 나머지 세 집단은 유사한 수준의 창업활동이 관측되고 있다. 안정기 소유경영 활동의 경우, 45~54세 집단이 가장 높고 55~64세 집단이 그 뒤를 따르고 있다. 안정기 소유경영 기업은 기업을 새롭게 설립한 이후 42개월이 경과한 기업들을 대상으로 하기 때문에, 회사 근무 혹은 사업 운영 경험이 어느 정도 축적되기 시작한 35~44세 집단부터 높아지기 시작한 것으로 보인다. 같은 이유에서 18~24세 집단은 안정기의 소유경영 활동이 없는 것으로 판단된다. 전체적으로 살펴볼 때, 35~44세 집단을 기점으로 초기 창업활동과 안정기 소유경영 활동의 정도가 뒤바뀌는 것을 확인할 수 있다. 즉 연령이 낮은 집단으로 갈수록 상대적으로 초기 창업활동의 비율이 높음을 알 수 있으며, 반대로 연령이 높은 집단으로 갈수록 안정기 소유경영 활동의 비율이 높아짐을 알 수 있다.

〈그림 6〉 초기 창업활동의 연령대별 분포 비율

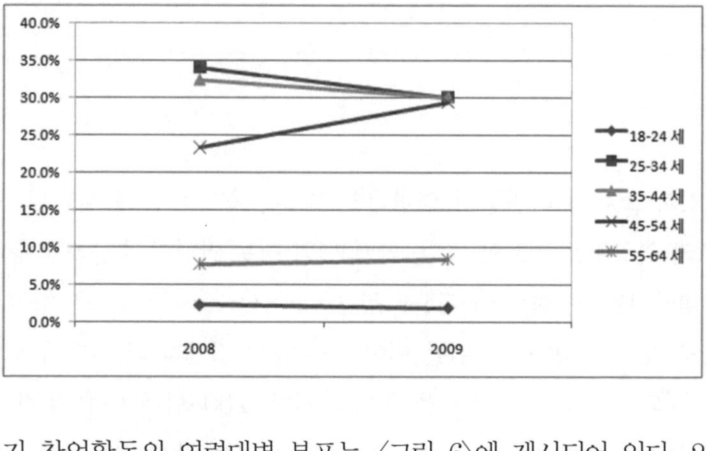

초기 창업활동의 연령대별 분포는 〈그림 6〉에 제시되어 있다. 2009년의 경우 18~24세 집단과 55~64세의 두 집단을 제외한 나머지 세

집단의 초기 창업활동은 유사한 수준으로 관측되었다. 2008년에 비해 45세 이후의 두 집단(45~54세, 55~64세)이 다른 세 집단과 달리 TEA가 증가하였는데, 그중에서 45~54세의 증가가 두드러졌다. 이는 우리나라의 고용구조상 실질적인 퇴직은 45세 이후에 발생하는 경우가 많기 때문에, 퇴직에 대비하거나 퇴직 대신 새로운 창업을 선택하는 사람들이 많기 때문인 것으로 보인다. 반면에 45세 이하의 세 집단에서는 모두 2008년에 비해 2009년의 TEA가 소폭으로 감소하였다. 이는 글로벌 금융위기에 따른 국내 경기침체 영향 때문인 것으로 판단된다.

〈그림 7〉 안정기 소유경영 활동의 연령대별 분포

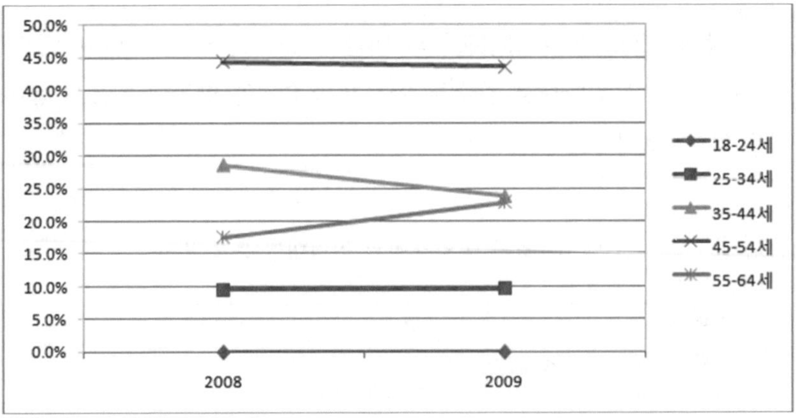

안정기 소유경영 활동의 연령대별 분포는 〈그림 7〉에 나타나 있다. TEA의 연령대별 분포와 달리, 2009년의 경우 안정기 소유경영 활동의 연령대별 분포에서는 45~54세 집단이 43.6%로 가장 높은 창업활동 비율을 보이고 있다. 그 뒤를 이어 35~44세 집단과 55~64세 집단이 23% 내외의 창업활동 비율을 보이고 있다. 2008년에 비해 뚜렷한 증가세를 보인 집단은 55~64세 집단이며, 뚜렷한 감소세를 보인 집단은 35~44세 집단으로 나타났다. 나머지 세 집단은 뚜렷한 변화가 관측되었다고 보기 어렵다.

초기 창업활동과 안정기 소유경영 활동 모두에서 가장 활발한 활동을 보인 집단은 45~54세 집단이다. 이 연령대에서는 TEA가 증가세를 보이고 있고, 안정기 소유경영 활동 역시 가장 높은 비율을 보이고 있다. 따라서 창업활동에 가장 높은 관심과 열의를 보이고 있는 이들 집단에 대한 창업 교육 및 창업활동에 대한 지원이 필요함을 알 수 있다.

3.1.2 창업활동과 교육

누적된 GEM 연구결과와 창업에 관련된 다른 연구결과들에서는 사회적으로 창업가들을 많이 배출하거나 공급하는 데 있어 교육이 대단히 중요한 역할을 하는 것으로 나타나고 있다. 〈그림 8〉은 창업활동의 교육수준 분포를 보여 주고 있다. 초기 창업활동과 안정기 소유경영 활동의 교육수준 분포는 다른 양상을 보이고 있는데, 초기 창업활동 즉 TEA는 대졸 이상이 가장 많은 데 비해, 안정기 소유경영 활동에서는 대졸 이상이 가장 적게 나타나고 있다.

〈그림 8〉 창업활동의 교육수준 분포

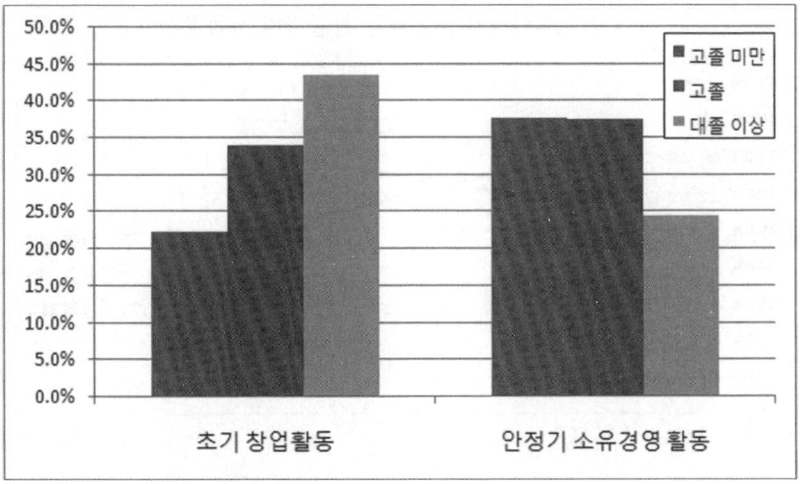

3.1.3 창업활동과 소득분포

창업활동의 여러 다양한 모습 중에서 창업자들의 소득 구분에 따른 창업활동을 살펴보고자 한다. 소득의 구분은 높음과 중간, 낮음으로 구분하였으며, 높음과 중간, 낮음은 응답한 창업자들의 소득을 상위 33.3%, 중간 33.3%, 하위 33.3%로 분류한 것이다. 그 결과는 〈그림 9〉와 〈그림 10〉에 제시되었으며, 이는 각각 초기 창업자의 소득분포와 안정기 소유경영 창업자의 소득분포를 나타내고 있다.

〈그림 9〉 초기 창업자의 소득분포

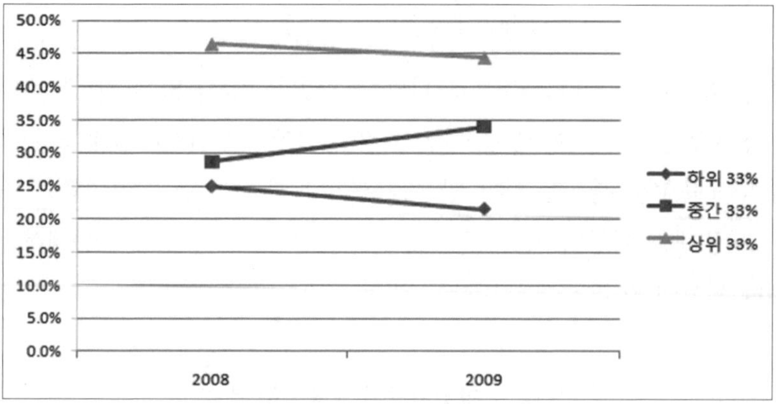

〈그림 10〉 안정기 소유경영 활동자의 소득분포

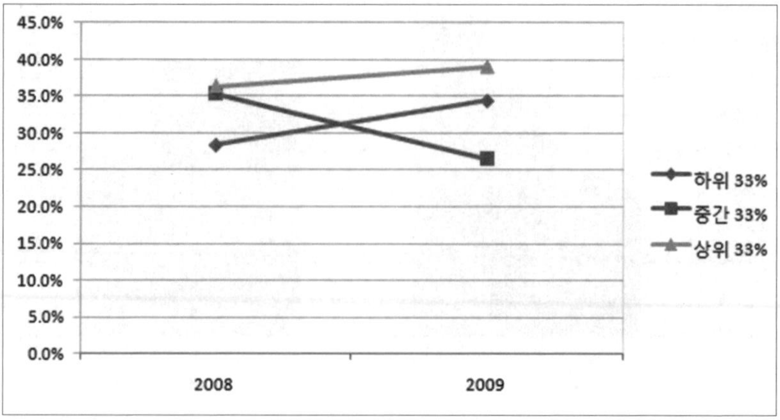

소득집단별로 구분하였을 때, 초기 창업자들은 하위 혹은 중간 집단보다 상위 집단에 속한 사람들의 비율이 높아, 상대적으로 많은 수입을 벌어들이는 것으로 확인되었다. 이러한 결과는 2008년과 2009년에 있어 동일하게 나타나는 것이다. 하위 33%의 소득수준을 보이는 집단은 2008년에 비해 2009년에 감소한 반면(24.9%에서 21.6%로 감소), 중간 33%의 소득수준을 보이는 집단은 증가하였다(28.7%에서 34.0%로 증가). 이러한 결과는 전반적으로 초기 창업자들의 소득수준이 증가하였음을 보여 주는 것이다.

안정기 소유경영 창업자의 소득분포는 초기 창업자의 소득분포와는 다른 양상을 보이고 있다. 〈그림 10〉에 제시된 결과는 초기 창업자의 소득분포 트렌드와 정반대의 양상이다. 중간 33.3%의 소득수준을 나타내는 집단이 감소한 반면, 하위 33.3%와 상위 33.3%의 소득수준 집단이 증가한 것이다. 증가폭에 비해 감소폭이 확연히 더 크게 나타났는데, 중간 33.3% 소득수준 집단의 감소폭은 2008년의 35.3%에서 2009년의 26.5%로 8.8%가 감소하였다. 반면에 하위 33.3% 소득수준 집단의 증가폭은 6.1%(28.4% -> 34.4%), 상위 33.3% 소득수준 집단의 증가폭은 2.7%(36.3% -> 39.0%)로 조사되었다. 중간층이 줄어들고 상위와 하위계층이 늘어나 양극화가 심화되었다고 할 수 있다.

3.1.4 사업 중단(폐업) 이유

새로운 사업을 시작한 이후 중단한 사람들을 면밀히 들여다보는 것은 매우 중요한 일이다. 이 사람 중 상당수는 새로운 사업을 또다시 시작할 가능성이 높고, 현재 사업을 운영 중에 있는 창업자들이 안고 있는 문제점 역시 파악할 수 있기 때문이다. GEM에서는 1년 이내에 사업을 중단한 사람들을 대상으로 하여 사업중단 이유를 조사하고 있으며, 그 결과는 〈그림 11〉에 나타나 있다. 2009년의 경우 '수익 저하'가

36.1%로 가장 높고, 그다음으로 '개인적 이유'가 14.4%, '다른 직업이나 사업 기회 발견'이 10.6%로 뒤를 잇고 있다. '수익 저하'는 상당히 포괄적인 개념으로, 제공하는 제품 및 서비스의 수익성 부족, 비즈니스 모델의 수익성 부족, 유통경로 및 판로 애로 등 다양한 요인들을 포함하는 개념이라고 볼 수 있다. 구조화된 설문지 혹은 그룹 면담 등을 통해 보다 상세한 원인을 파악하는 것이 필요하겠다.

〈그림 11〉 사업 중단(폐업) 이유

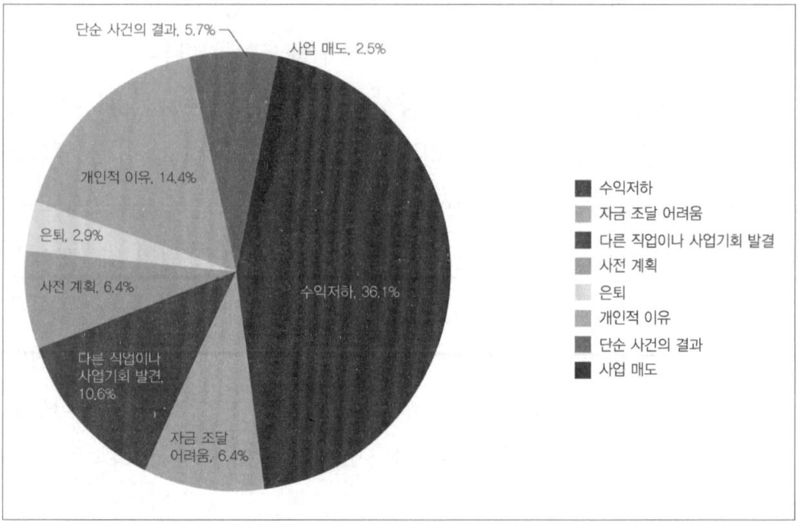

2008년 대비 2009년 눈에 띄는 변화는 '수익 저하'의 큰 폭 감소와 '단순 사건의 결과'의 감소이다(〈그림 12〉 참조). '수익 저하'를 이유로 사업을 중단했다고 응답한 사람들은 10% 이상 감소하였고, 통제하기 어려운 단순 사건의 결과로 인해 사업을 중단했다고 응답한 사람들의 비율 역시 감소하였다. 반면에 '사전 계획'이나 '은퇴'의 경우에는 증가하였는데, 사전에 계획을 수립한 후 사업을 중단하든지 혹은 은퇴로 인해 사업을 중단하는 비율이 높아졌다는 것은 경기침체의 영향을 엿볼 수

있는 대목이라고 할 수 있다.

〈그림 12〉 2008~2009년 사업 중단 이유의 변화

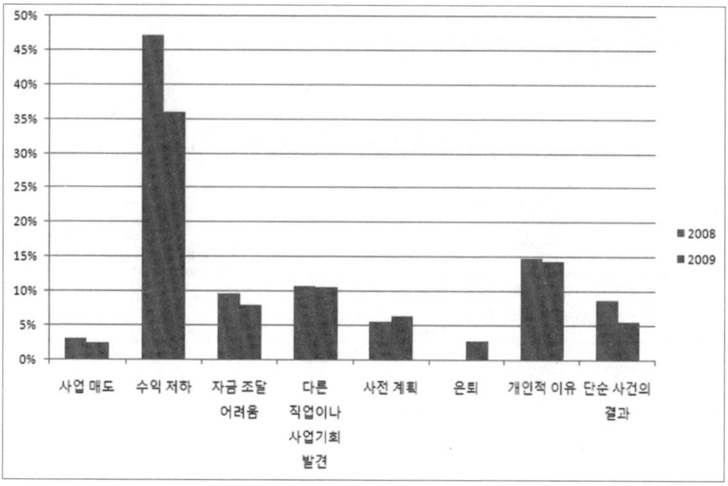

3.2 창업 태도와 인식

개개인들이 새로운 사업을 시작하는 것에 관련된 의사결정은 일련의 복잡한 요인들과 관련되어 있다. 창업에 대한 개개인의 인식과 의도는 의사결정과정에 있어 향후를 예측해 볼 수 있는 중요한 요인이라고 할 수 있다. 따라서 정책입안자가 중장기적으로 준비하고 관심을 기울여야 하는 부분이 바로 창업에 대한 인식과 창업의도라고 할 수 있다. 개인의 창업 의사결정에 영향을 미치는 요인들을 파악하고 이를 개선하는 노력이 필요하다.

새로운 일자리를 창출하고자 하는 창업가들은 요즘과 같이 경제가 어려운 시기에 있어서 더욱 특별한 관심을 받는다. 일자리를 창출하고자 하는 의도는 창업자의 관리자로서의 역량과 함께 환경에 부응하고

자 하는 인식을 측정할 수 있는 측정치라고 볼 수 있다. 개인적인 기술 및 지식, 실패에 대한 두려움 또한 시장에 진입하는 창업자들의 수와 형태에 중요한 역할을 한다고 할 수 있다.

3.2.1 창업기회 인식과 창업 의도

〈그림 13〉 창업기회 인식과 창업 의도

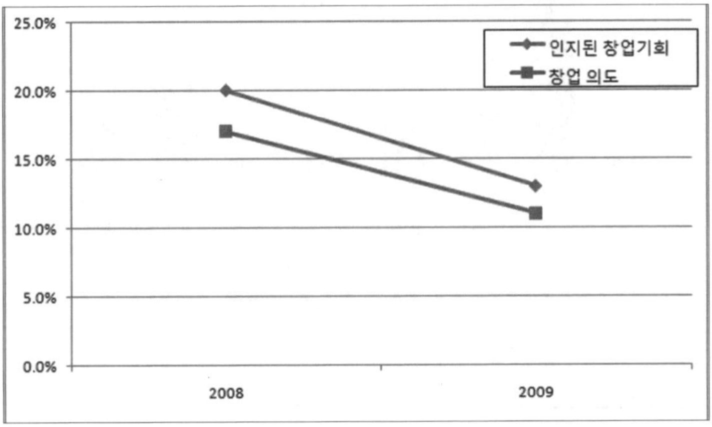

창업기회의 인식과 창업 의도는 향후의 창업활동을 예상해 볼 수 있는 중요한 예측치라고 볼 수 있다. 〈그림 13〉에 이러한 인지된 창업기회와 창업의도가 표시되어 있다. 여기에서 인지된 창업기회란 앞으로 6개월 이내에 좋은 창업기회가 있을 것이라고 인식한 사람들의 비율을 의미하는 것이고, 창업 의도란 향후 3년 이내 창업할 것으로 예상하는 사람들의 비율을 의미하는 것이다. 2008년에 비해 2009년에는 인지된 창업기회와 창업 의도가 모두 큰 폭의 감소세를 보이고 있다. 인지된 창업기회는 20%에서 13%로 감소하였고, 창업 의도 역시 17%에서 11%로 감소하였다. 이러한 결과는 글로벌 금융위기에 따른 국내 경기침체의 여파가 장기간 지속될 것이라고 보고, 창업기회가 제한적이며 따라서 창업할 의도 역시 줄어든 것으로 판단된다.

창업 기업가에 대한 사회적 인식은 〈그림 14〉에 나타나 있다. 창업 기업가에 대한 사회적 인식은 직업 선택 시 창업을 선호하는 정도와 언론의 창업에 대한 관심도를 통해 측정할 수 있다. 우리나라에서 창업 기업가에 대한 태도는 매우 긍정적이라고 볼 수 있는데, 2008년의 경우 '직업 선택 시 창업 선호'와 '언론의 창업 관심도'가 70%에 가까운 수준이다. 이러한 높은 수준이 2009년 들어 감소세를 보이고 있는데, 특히 '언론의 창업 관심도'가 14% 하락하였다(67% -> 53%).

〈그림 14〉 창업 기업가에 대한 사회적 인식

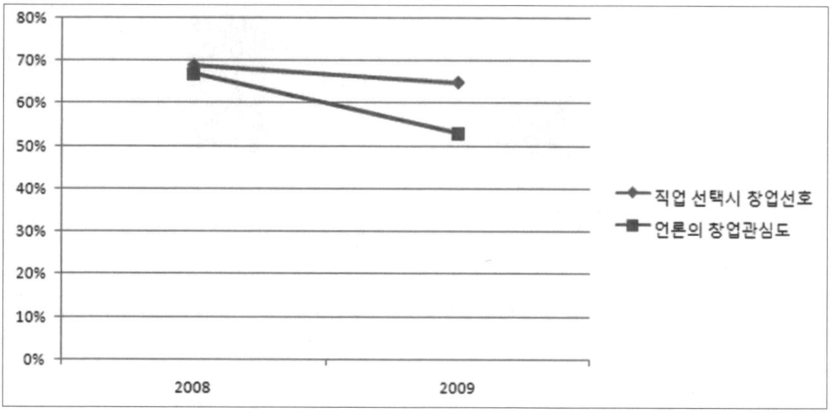

3.2.2 창업 능력에 대한 인식

〈그림 15〉에 제시되어 있는 바와 같이, 새로운 사업 시작을 위해 필요한 지식과 기술을 갖추고 있다고 인식하고 있는 비율이 대폭 증가하였다. 2008년에 30.1%에 그치던 것이 2009년 들어 52.8%로 크게 증가한 것이다. 창업에 관련된 각종 교육 및 정부 프로그램의 양적인 증가와 함께 질적인 향상이 이러한 인식의 증가에 기여한 것으로 보인다.

이러한 결과를 〈그림 13〉에 제시된 창업기회에 대한 인식과 창업 의도에 관한 결과와 결합시켜 보면, 향후 긍정적인 창업기회를 인식하여 창업 의도 또한 증가하게 된다면, 창업을 위한 지식과 기술을 보유하고 있는 정도가 대폭 향상되었으므로 향후 창업활동이 증가하리라는 예상을 해 볼 수 있다.

〈그림 15〉 창업 능력 인식

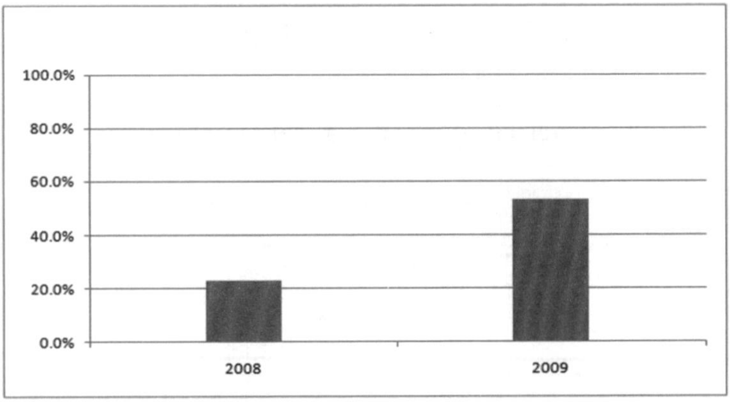

3.2.3 실패의 두려움에 대한 태도 및 인식

실패에 대한 두려움은 어느 정도 창업활동을 저해한다. 이러한 두려움을 느끼는 정도가 높다면 창업활동이 대체적으로 제한되는 반면, 두려움을 느끼는 정도가 낮다면 창업활동이 자유로울 수 있기 때문이다. 〈그림 16〉에 나타난 바와 같이 우리나라는 2008년에 비해 2009년에 창업활동을 저해하는 실패에 대한 두려움을 느끼는 비율이 감소하였다. 2008년 32%이던 창업 실패에 대한 두려움이 2009년 들어 23%로 감소한 것이다. 글로벌 경제위기에도 불구하고 창업 실패에 대한 두려움이 감소하는 것은 특기할 만한 사항이다. 이와 함께 〈그림 15〉에 나타난 창업능력 향상에 대한 인식 제고는 국내의 예비 창업자 혹은 창업가들의 창업에 대한 자신감이 향상된 것을 보여 주는 대목이다.

〈그림 16〉 실패의 두려움

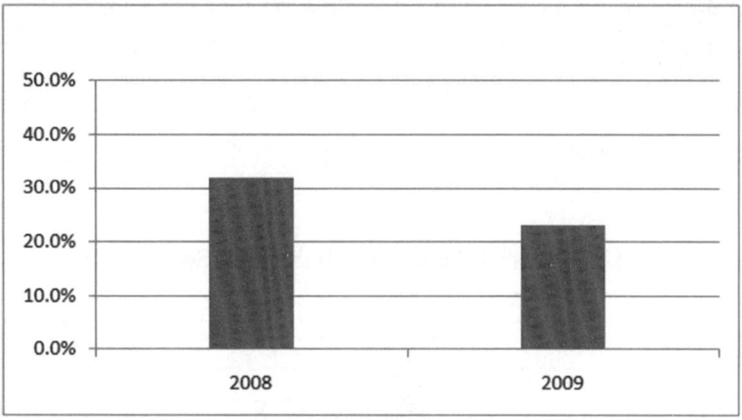

3.3 창업 열망

창업 기업가들은 창업을 통해 일자리 증대 및 기술혁신과 같은 국가 경제성장에 기여하고자 하는 열망을 갖고 있기도 하다. 이러한 창업 기업가들의 열망은 일자리 증대와 같은 성장, 제품 및 기술 혁신, 그리고 사회적 가치 창조에 대한 열망에 나타난다. GEM 연구를 통해 전 세계적으로 창업기업가의 열망은 창업활동의 원동력임을 확인할 수 있다.

3.3.1 기술창업(Medium or High-Tech Sector) 변화

최신 기술을 이용한 창업은 창업기업가의 혁신에 대한 열망을 엿볼 수 있는 대목으로, GEM 연구에서는 최근에 창업이 이루어진 분야를 대상으로 기술창업 또한 조사하고 있다. 기술 부문의 초기 창업활동은 초기 창업활동에 속하는 사람 중 OECD에서 정의한 하이테크 혹은 미디엄테크(Medium or High-Tech) 분야의 사업에 종사하는 사람의 비율을 의미한다. 2008년 대비 2009년에는 초기 창업활동과 안정기의 소유경영활동 모두 감소하였다. TEA의 경우 기술창업 활동은 8.1%에서 2.2%로 감소하였고, 안정기 소유경영활동의 경우도 마찬가지로 기술창업 활동이 큰 폭으로 감소하였다(〈그림 17〉 참조). 이는 글로벌 경제위기의 확산에 따라 기술창업에 수반되는 위험을 회피하고자 하는 성향이 높아졌기 때문인 것으로 판단된다.

〈그림 17〉 기술창업(Medium or High-Tech Sector) 변화

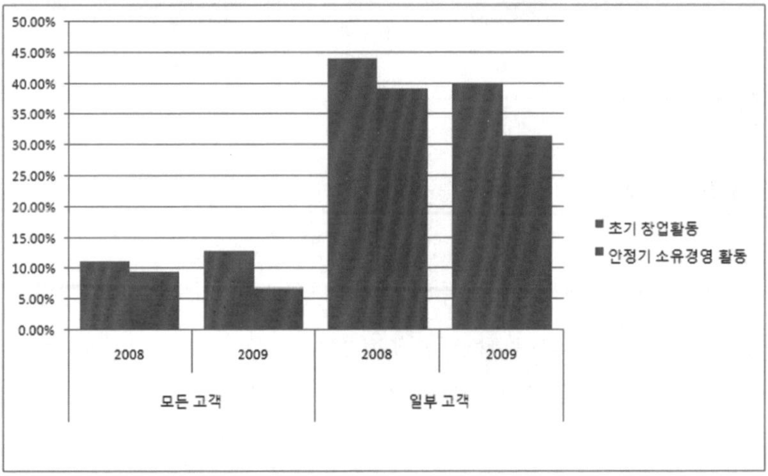

3.3.2 신제품 창업

신제품 창업 수준은 제품 혹은 서비스가 고객에게 새로운 정도와 유사제품을 제공하는 경쟁자 수를 통해 측정할 수 있다. 고객에게 새로운 정도는 제품 혹은 서비스가 모든 고객 혹은 일부 고객에게 새롭게 인식되는 정도를 파악하는 것으로 〈그림 18〉에 나타나 있다. 2008년 대비

2009년에는 초기 창업활동 중에서 '모든 고객' 그룹만이 소폭으로 상승하였을 뿐, 대부분이 하락 추세를 보이고 있다. 즉 새로운 제품 혹은 서비스가 시장에 출시되는 정도는 하락되었다고 볼 수 있겠다.

〈그림 18〉 신제품 창업 비율: 고객에게 새로운 정도

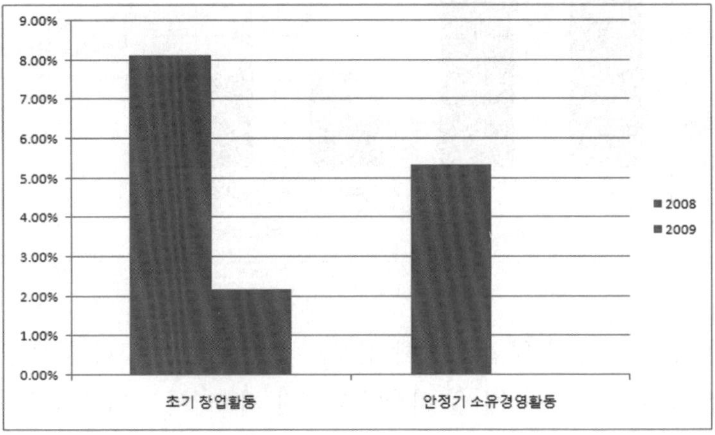

신제품 창업활동의 수준을 파악하는 또 다른 측정치는 유사제품을 제공하는 경쟁자 수이다. 2008년 대비 2009년에는 경쟁자가 많은 제품을 창업하는 비율이 감소하였다. 또한, 경쟁자가 약간 있는 제품으로 창업하는 비율은 증가하였다(〈그림 19〉 참조). 즉 경쟁자가 많아 제품 혹은 서비스의 차별화가 이루어지기 힘든 분야에서는 창업활동이 감소하였고, 차별화의 여지가 어느 정도 존재하는 분야에서의 창업활동이 증가한 것으로 볼 수 있다.

〈그림 19〉 신제품 창업 비율: 유사제품을 제공하는 경쟁자 수

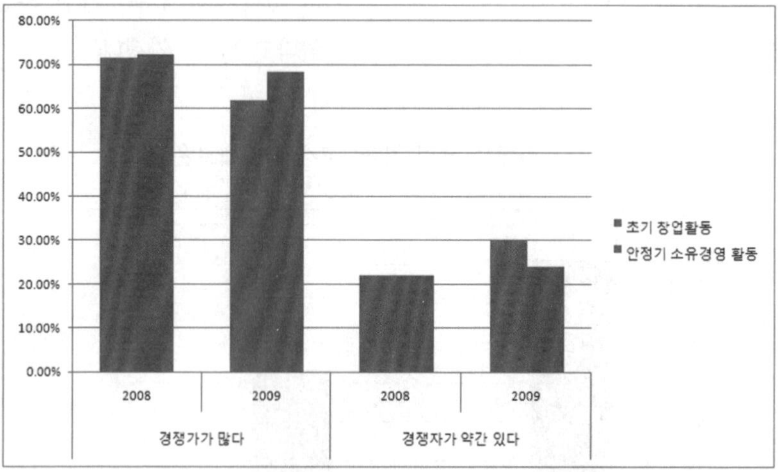

신기술을 활용한 창업을 통해 신제품 창업 비율을 조사할 수 있다. GEM 연구에서는 신기술을 시장에 알려진 지 1년이 지나지 않은 최신 기술과 1~5년 이내의 신기술로 구분하고 있다. TEA의 경우 '1~5년 내의 신기술 이용'만이 상승하였고, 나머지는 모두 하락하였다(〈그림 20〉 참조). 특히 1년이 지나지 않은 최신 기술을 이용한 창업은 2008년 대비 2009년에 큰 폭으로 감소한 반면, 1~5년 내의 신기술을 이용한 창업이 증가하였다. 안정기 소유경영 활동의 경우에는 1~5년 내의 신기술을 이용한 창업이 모두 하락하였다. 신기술을 이용한 창업에는 본질적으로 위험이 수반되는 바, 글로벌 경제위기에 따른 위험 회피 성향의 증대로 인해 이러한 신기술 창업이 감소한 것으로 볼 수 있다. 신기술 기반의 벤처기업들이 실패한 이후에 겪게 되는 학습효과들이 나타나면서, 위험을 감수해야 하는 신기술기반 창업이 줄어드는 것으로 판단된다. 따라서 창업자의 연대보증제도와 같이 우수인력들이 창업을 기피하게 하는 사회적 여건을 개선할 필요가 있다.

〈그림 20〉 신제품 창업 비율: 신기술 활용 정도

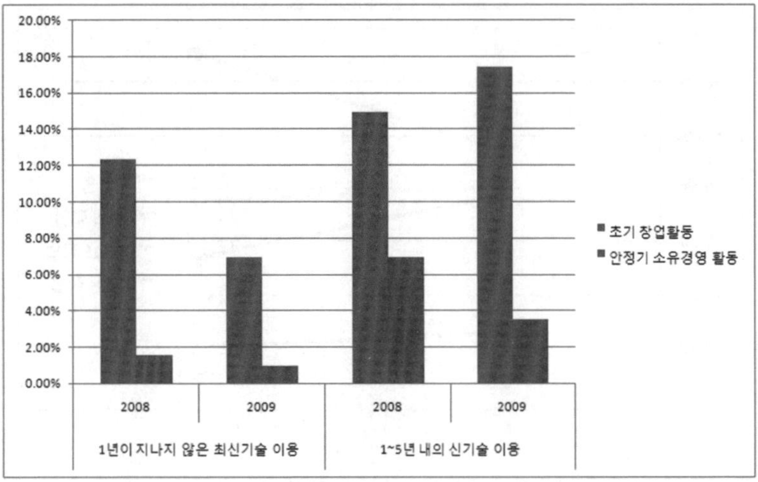

3.3.3 창업을 통한 고성장 기대

초기 창업자들이 예상하는 일자리 수의 증가는 많지 않은 것으로 조사되었다(〈그림 21〉 참조). 2009년의 경우 55.3%에 해당하는 초기 창업자들은 1명에서 5명 사이의 일자리 증가를 예상했다. 이러한 일자리 수의 증가는 2008년의 37.1%에 비해 증가한 것이다. 반면에 6명에서 19명 사이의 일자리 증가를 예상하는 초기 창업자들과 20명 이상의 일자리 증가를 예상하는 초기 창업자들은 모두 감소하였다. 일자리 증가 전망이 낮아지는 점은 상당히 관심을 가져야 하는 측면이 있다. 물론 이러한 전망의 저변에는 시장환경의 불확실성과 글로벌 경제위기와 같은 분위기도 영향을 주었을 것이다. 하지만, 창업만큼이나 현재 사업 중인 기업에서 고성장에 대한 열망을 나타내고 실현시키는 것이 중요함을 주지해야 한다.

〈그림 21〉 초기 창업활동의 고성장 기대

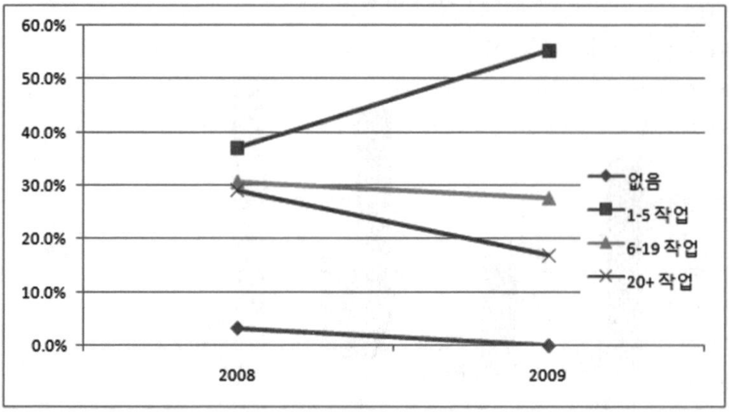

〈그림 22〉 안정기 소유경영활동의 고성장 기대

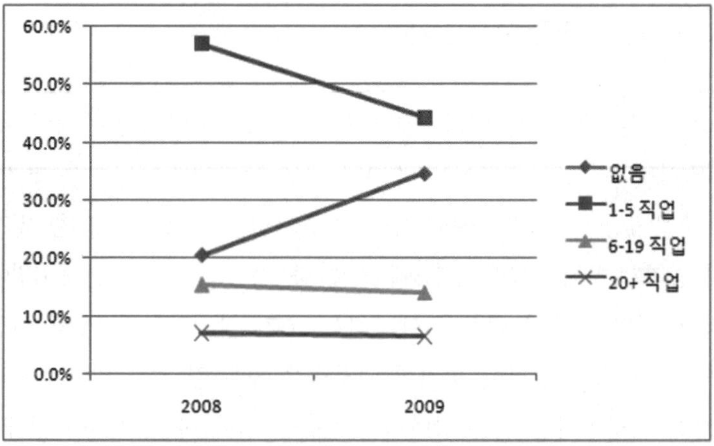

안정기의 소유경영 창업자들이 예상하는 일자리 수의 증가 역시 비관적으로 조사되었다(〈그림 22〉 참조). 향후 5년 이내에 일자리 수의 증가가 없을 것으로 예상하는 안정기 창업자들은 2008년의 20.5%에서 2009년의 34.7%로 대폭 증가하였다. 이와 함께 다른 구간에서도 마찬가지로 일자리 수의 증가 예상은 감소하였다. 초기 창업자들과 마찬가지로 안정기의 소유경영 창업자들 역시 마찬가지로 글로벌 경기침체의 영향 때문에 일자리 수의 증가를 비관적으로 예상하는 것으로 판단된다.

4. 연구결과: 창업활동 국제간 비교

4.1 창업활동

〈그림 23〉 2009 GEM 54개국의 TEA에 대한 구간 추정(95% 신뢰 수준)

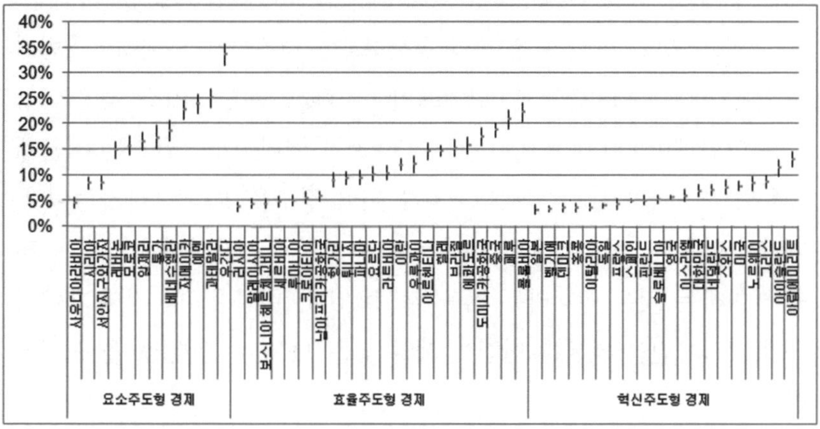

〈그림 23〉은 2009년 GEM 연구에 참여한 54개 국가의 TEA 비율을 보여주고 있다. 여기에서 국가들은 경제발전 상태에 따라 군집화되어 세 가지 유형으로 구분하였다. 세 가지 유형 구분은 혁신주도, 효율주도, 요소주도 경제이다. 개별 경제유형 내에서 각 국가는 TEA 수준에 따라 오름차순으로 정렬되어 있다. 높은 TEA 비율을 보이는 국가일수록 그 나라의 경제 역시 건강하다고 해석하기가 쉬운데, 그렇지만 정작 중요한 점은 창업활동의 형태를 면밀하게 들여다보는 것이다.

대체로 생계형 창업수준이 높은 국가들이 기회포착형 창업수준이 높고, 전체적인 TEA는 낮은 국가들에 비해 경제 상황이 좋지는 않기 때문이다. 예를 들어 생계형 창업수준이 높은 국가들은 일반적으로 요소주도형 경제에 속한 국가들로 경제수준이 낮은 저개발 국가들이다. 반면에 기회포착형 창업수준이 높고 전체적인 TEA가 낮은 국가들은 유럽, 미국 등과 같이 경제수준이 높은 선진국들이 많다. 〈그림 23〉에서 수직선은 95%의 신뢰구간을 나타내는데, 다른 국가와의 비교에서 각 수직선이 겹치지 않는다면 통계적으로 TEA 비율이 서로 다르다고 할 수 있다.

전체적으로 살펴보았을 때, 요소주도형 경제에 속한 국가들의 TEA 수준이 가장 높고, 효율주도형 경제국가, 혁신주도형 경제국가들이 그 뒤를 잇고 있다. 한국은 20개의 혁신주도형 경제국가들 내에서 8번째로 높은 TEA 수준(7.0%)을 보이고 있다. TEA 수준이 가장 높은 국가들은 아랍에미리트와 아이슬란드, 그리스 등인데, 이들 국가는 최근에 금융위기로 국가부도 사태를 겪거나 위험 징후를 보이는 국가들이다. 따라서 단순히 TEA 비율이 높다는 것이 국가의 경제상태가 좋다는 것을 의미하는 것은 아니라는 점을 알 수 있다. 혁신주도형 경제 내에서 동일 아시아권인 일본은 반면에 제일 낮은 TEA 수준(4.2%)을 보이고 있다.

4.1.1 초기 창업활동과 경제성장

〈그림 24〉는 2009년의 초기창업활동(TEA) 비율과 일 인당 GDP 사이의 관계를 보여주고 있다. 우리나라는 추세선의 상단부에 있는데, 이는 우리나라의 창업활동이 국내총생산 대비 활발한 편이라는 것을 의미한다.

〈그림 24〉 TEA 비율과 일 인당 국내총생산(GDP), 2009

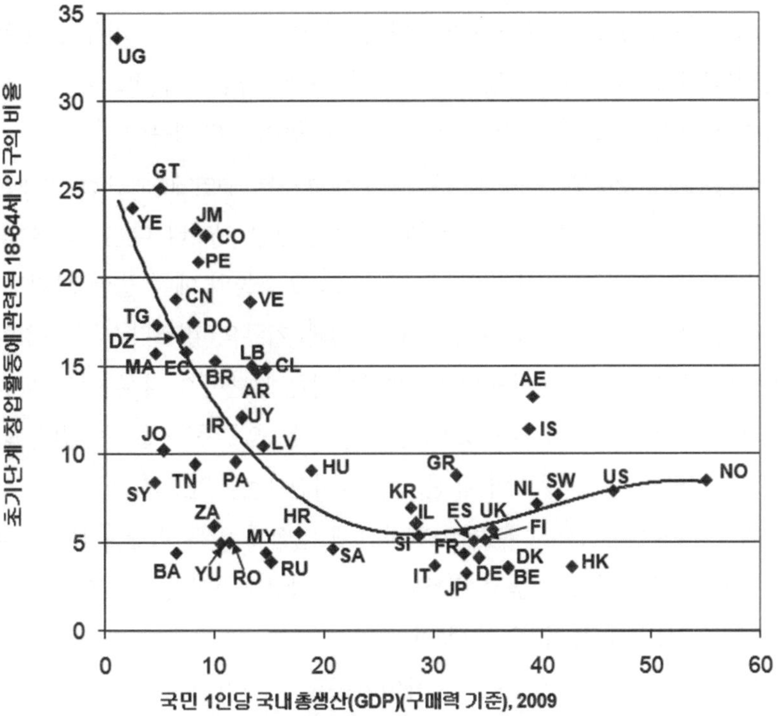

〈그림 24〉의 패턴을 살펴보면, 우선 일 인당 소득이 낮은 나라의 경제는 중소기업들이 많이 형성되어 있다는 특징이 있다. 일 인당 소득이 증가할수록 산업화와 규모의 경제를 통해 대기업과 성숙기업은 점증하는 시장 수요를 충족시키고 경제에서 그들이 차지하는 역할이 상대적으로 증가한다. 대기업의 역할이 증가하면, 점점 더 많은 사람이 대기업 공단 같은 곳에서 안정적인 일자리를 찾으려 하기 때문에 신생기업의 수는 감소할지 모른다.

일 인당 소득이 낮은 나라에서는 초기 창업활동 비율이 감소한다는 것은 경제의 지속가능성 측면에서 긍정적인 현상이며, 특히 이러한 현상이 경제성장과 정치적 안정과 함께 발생할 때에는 더욱더 그러하다.

예를 들어서 북아프리카의 모로코, 알제리, 튀니지 같은 나라들을 서로 비교해 보면 이런 패턴이 정확히 드러난다. 〈그림 4-2〉에서 오른쪽으로 갈수록 창업의 비중은 상승하는 경향이 있는데, 그 이유는 풍부한 기회가 존재하는 지식집약적인 환경일수록 자신만의 비즈니스를 시작하기 위해 필요한 자원의 가용도가 더욱 높아지기 때문이다.

〈그림 24〉에서 TEA 추정치들이 추세적합선 주변에 분산된 형태를 보면, 창업 비율은 경제발전 단계의 함수일 뿐만 아니라 다른 요소들의 함수이기도 하다는 사실을 알 수 있다. 그 요소들의 예를 들어 보자면, 인구성장(수요 증가를 유발하는 요소임)과 기존의 비즈니스 소유경영자들의 규모(후발 창업자들이 바라보는 역할 모델이자 다른 어떤 사람들과 비교해도 창업의 가능성이 높은 인구계층임) 등을 들 수 있다. 동유럽 국가들은 공산주의의 유산으로 남겨진 낮은 인구와 비즈니스 소유경영자층의 부족으로 추세선의 하단에 밀집해 있는 반면, 남미의 국가들은 인구 증가율이 높고 비즈니스 소유경영자층이 풍부하기 때문에 추세선의 상단에 몰려있는 경향이 있다.

칭업기업가의 활동은 태동기 창업활동과 초창기 소유경영 활동, 안정기 소유경영 활동으로 구분된다. 〈표 1〉은 2009년 GEM 연구에 참여한 54개국을 세 가지 경제발전 국면에 따라 구분하고, 이들 국가의 18~64세 인구 중에서 이들 세 단계에 해당하는 창업활동 비율을 보여주고 있다. 혁신주도형 경제에 속한 국가들과 우리나라의 창업활동 수준을 비교해 보면, 우리나라의 초기 창업활동(TEA)은 7.0%로 혁신주도형 경제국가의 평균인 6.3%를 상회하는 수준이다. TEA를 단계별로 구분하였을 때, 태동기 창업활동은 평균(3.1%)보다 높은 4.4% 수준이나, 초창기 소유경영 비율은 평균(3.4%)보다 낮은 2.7% 수준이다. 안정기 소유경영 활동은 평균(6.8%)보다 훨씬 더 높은 수준인 11.8%를 보이고 있다.

〈표 1〉 2009년 GEM 연구에 참여한 54개 국가의 주요 창업활동 비율

	태동기 창업활동	초창기 소유경영 활동	초기 창업활동 (TEA)	안정기 소유경영 활동	사업중단 비율	생계형 창업 (% of TEA)	기회포착형 창업 (% of TEA)
요소주도형 국가							
과테말라	17.1	12.2	26.8	3.3	6.0	23	30
레바논	6.7	8.8	15.0	16.0	4.6	18	60
모로코	6.9	9.4	15.8	15.2	3.7	25	57
베네수엘라	13.3	5.4	18.7	6.5	3.0	32	42
사우디아라비아	2.9	1.9	4.7	4.1	2.9	12	63
서안과 가자지구	3.0	5.9	8.6	6.9	7.1	37	33
시리아	3.4	5.1	8.5	6.7	7.4	37	43
알제리	11.3	5.6	16.7	4.7	7.9	18	51
우간다	12.4	22.7	33.6	21.9	24.2	45	45
예멘	22.8	1.2	24.0	2.9	2.0	35	16
자메이카	13.0	10.6	22.7	16.3	10.7	33	45
통가	6.5	11.1	17.4	2.3	3.6	33	39
평균 (unweighted)	9.9	8.3	17.7	8.9	6.9	29.0	43.6
효율주도형 국가							
남아프리카공화국	3.6	2.5	5.9	1.4	4.2	33	38
도미니카공화국	8.8	9.2	17.5	11.4	12.9	34	26
라트비아	5.3	5.4	10.5	9.0	3.3	32	54
러시아	1.8	2.3	3.9	2.3	2.2	29	37
루마니아	2.8	2.3	5.0	3.4	3.6	34	31
말레이시아	1.7	2.7	4.4	4.3	2.7	25	44
보스니아 헤르체고비나	3.1	1.3	4.4	3.9	3.1	39	20
브라질	5.8	9.8	15.3	11.8	4.0	39	48
세르비아	2.2	2.8	4.9	10.1	1.9	41	46
아르헨티나	6.1	9.3	14.7	13.5	6.2	47	37
에콰도르	6.3	9.7	15.8	16.1	6.0	32	43
요르단	5.9	4.9	10.2	5.3	6.8	28	35
우루과이	8.1	4.2	12.2	5.9	4.9	22	57
이란	8.2	4.1	12.0	6.5	6.0	35	35
중국	7.4	11.8	18.8	17.2	6.6	48	29
칠레	9.6	5.6	14.9	6.7	6.4	25	42
콜롬비아	15.0	8.0	22.4	12.6	7.1	34	45
크로아티아	3.5	2.2	5.6	4.8	3.9	37	39
튀니지	2.2	7.2	9.4	10.2	4.8	20	57
파나마	6.2	3.5	9.6	4.2	1.4	24	59
페루	16.1	5.1	20.9	7.5	7.1	28	42
헝가리	5.4	3.7	9.1	6.7	3.2	24	45
평균(unweighted)	6.1	5.3	11.2	7.9	4.9	32	41
혁신주도형 국가							
그리스	4.5	4.7	8.8	15.1	2.6	26	47
노르웨이	5.0	3.9	8.5	8.3	3.7	9	74
네덜란드	3.1	4.1	7.2	8.1	2.5	10	57
덴마크	1.6	2.0	3.6	4.7	1.1	7	56
독일	2.2	2.1	4.1	5.1	1.8	31	43
미국	4.9	3.2	8.0	5.9	3.4	23	55
벨기에	2.0	1.6	3.5	2.5	1.3	9	55
스위스	4.3	3.5	7.7	8.4	2.1	7	67

	태동기 창업활동	초창기 소유경영 활동	초기 창업활동 (TEA)	안정기 소유경영 활동	사업중단 비율	생계형 창업 (% of TEA)	기회포착형 창업 (% of TEA)
스페인	2.3	2.8	5.1	6.4	2.0	16	41
슬로베니아	3.2	2.1	5.4	5.6	1.3	10	69
영국	2.7	3.2	5.7	6.1	2.1	16	43
아이슬란드	7.6	4.2	11.4	8.9	4.0	10	58
이스라엘	3.4	2.7	6.1	4.3	4.0	25	48
이탈리아	1.8	1.9	3.7	5.8	1.1	14	57
일본	1.9	1.3	3.3	7.8	1.4	30	62
아랍에미리트	6.5	7.4	13.3	5.7	6.5	9	79
핀란드	2.9	2.3	5.2	8.5	2.1	19	62
프랑스	3.1	1.4	4.3	3.2	1.9	14	67
한국	2.7	4.4	7.0	11.8	3.9	45	37
홍콩	1.6	2.2	3.6	2.9	1.5	19	49
평균 (unweighted)	3.4	3.1	6.3	6.8	2.5	17	56

4.1.2 2008~2009년 창업활동의 변화

2008년에는 총 43개국이 GEM연구에 참여하였고, 2009년 들어 참여국이 54개국으로 확대되었다. 이 중에서 우리나라가 속한 혁신주도형 경제국가는 2008년의 18개국에서 2009년의 20개국으로 증가하였다. 2008년과 2009년에 연속으로 GEM연구에 참여한 국가들의 창업활동 변화를 살펴보는 것은 의미 있는 일이다.

〈그림 25〉는 2008년과 2009년에 참여한 국가들을 경제유형별로 구분하고 각 유형의 TEA 변화를 보여주고 있다. 개별 국가들은 증가 혹은 감소하기도 하였으나, 평균적으로 살펴보았을 때 요소주도형이나 효율주도형, 혁신주도형 경제는 큰 변화가 없었다고 할 수 있다. 반면 혁신주도형 경제국가의 평균보다 높은 우리나라는 TEA의 하락폭이 큰 편이다. 〈그림 26〉과 같이 안정기 소유경영 활동 역시 하락하였다.

2008년과 2009년에 연속으로 참여한 혁신주도형 경제국가들의 TEA 변화는 〈그림 27〉에 나타나 있다. 혁신주도형 국가들의 TEA 평균은 2008년 대비 2009년에 하락하였으며, 비슷하거나 증가세를 보인 국가들이 감소세를 보인 국가들에 비해 더 적다. 비슷하거나 증가세를 보인 국가들은 우측 편의 이스라엘, 노르웨이, 영국, 네덜란드 등이며, 감소세를 보인 국가들은 좌측 편의 덴마크, 이탈리아, 그리스 등이다. 우리나라는 감소세를 보인 국가 중에서 가장 큰 하락폭을 보였다.

〈그림 25〉 초기 창업활동 변화

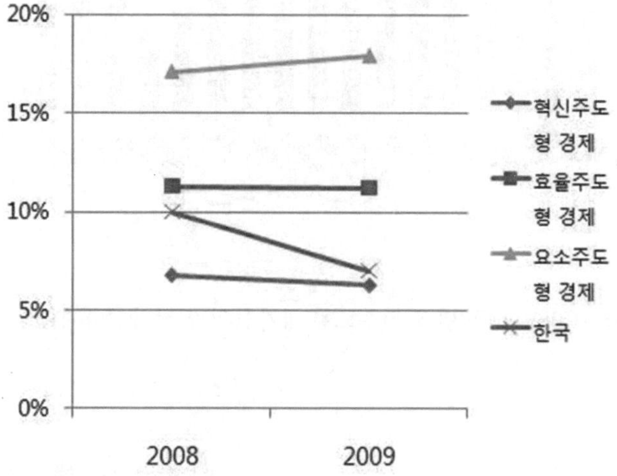

〈그림 26〉 안정기 소유경영 활동 변화

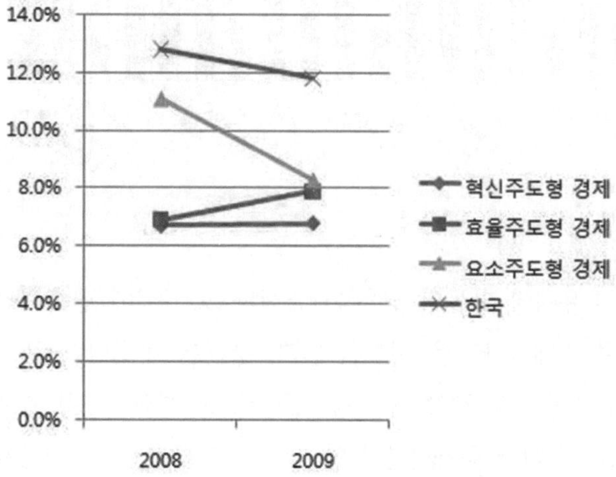

〈그림 27〉 2008~2009년 혁신주도형 국가들의 TEA 변화

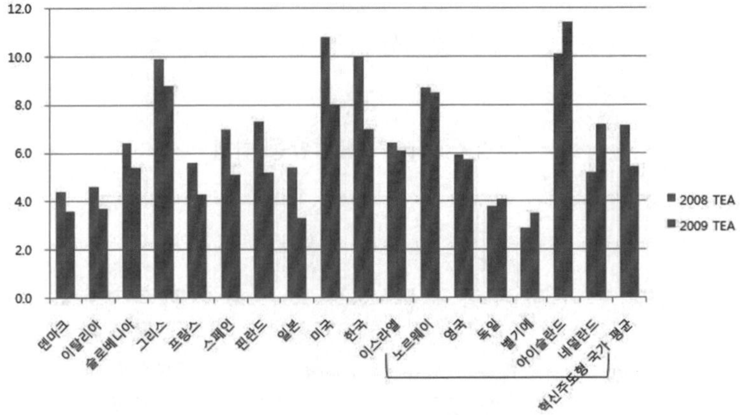

〈그림 28〉 2008~2009년 혁신주도형 국가들의 안정기 소유경영 활동 변화

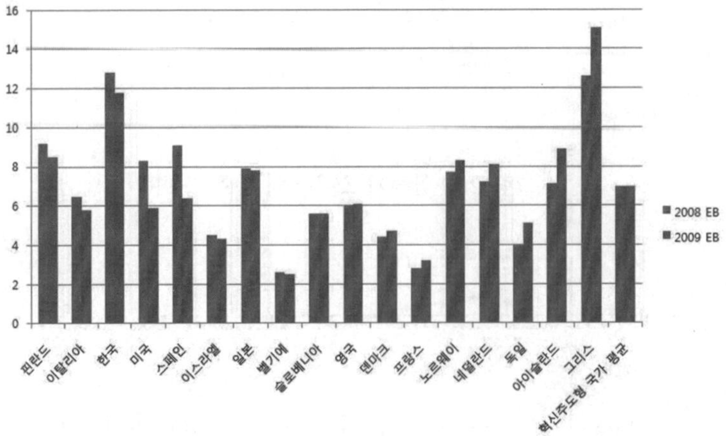

안정기 소유경영 활동의 경우 2008년과 2009년에 연속으로 참여한 혁신주도형 경제국가들을 비교한 결과, 평균은 비슷한 수준으로 별다른 변화가 관측되지 않았다(〈그림 28〉 참조). 혁신주도형 경제 내에서 거의 변화가 없거나 증가세를 보인 국가들은 우측 편에 그룹핑되어 있

으며, 이스라엘, 일본, 영국, 네덜란드 등이 이에 속해 있다. 반면에 하락세를 보인 국가들은 좌측 편에 있으며, 이러한 국가들은 핀란드, 이탈리아, 미국 등이다. 우리나라는 하락세를 보였으며, 혁신주도형 경제국가 내에서 세 번째로 하락폭이 큰 것으로 조사되었다. 위와 같이 국가 간 비교 결과를 종합해 보면, 우리나라의 창업활동은 2008년 대비 2009년에 다른 국가에 비해 위축된 편이라고 할 수 있겠다.

4.1.3 산업 분포

우리나라의 창업활동을 산업별로 구분하여 보면, 도소매업의 비중이 61.1%로 가장 높고, 그다음이 제조업 및 건설업(19.6%), 비즈니스 서비스업(13.1%)이 그 뒤를 잇고, 농수산 및 광공업(6.1%) 비중이 가장 낮게 나타난다(〈그림 29〉 참조). 이러한 구성에 있어서 대부분의 혁신주도형 경제국가들과 차이점을 보이는 부분은 바로 비즈니스 서비스업과 도소매업에 있다.

〈그림 29〉 초기 창업활동의 산업 부문별 분포

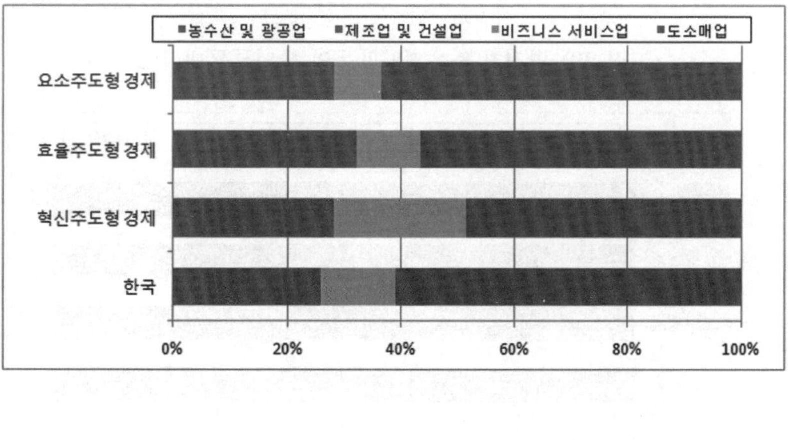

대부분의 혁신주도형 경제에 속한 국가들의 경우 우리나라보다 비즈

니스 서비스업의 비중이 상대적으로 더 높고, 도소매업의 비중이 낮은 편이다. 이러한 우리나라의 산업별 특성은 혁신주도형 경제가 아니라 효율주도형 경제 혹은 요소주도형 경제에 오히려 가깝다. 혁신주도형 경제에 가까워지기 위해서는 도소매업의 비중을 낮추고 비즈니스 서비스업을 키울 필요가 있다.

〈그림 30〉에서 보는 바와 같이, 안정기 소유경영 활동의 경우 초기 창업활동과는 다른 분포를 보이고 있다. 안정기 소유경영 활동을 산업별로 구분하여 보면 도소매업의 비중이 44.1%로 가장 높고, 그다음이 제조업 및 건설업(28.4%), 농수산 및 광공업(17.8%), 마지막으로 비즈니스 서비스업(9.7%)이다. 초기 창업활동의 분포와 차이를 보이는 부분은 도소매업과 제조업 및 건설업의 상대적 비중 차이다. 안정기 소유경영 활동에서는 도소매업의 비중이 낮고, 제조업의 비중이 상대적으로 더 높다. 또한, 이러한 산업부문별 분포에서 혁신주도형 경제국가들과 차이를 보이는 부분은 다른 혁신주도형 경제국가들에 비해 우리나라는 도소매업의 비중이 낮고 제조업 및 건설업의 비중이 높다는 것이다. 이러한 현상은 혁신주도형 경제가 아니라 오히려 효율주도형 경제나 요소주도형 경제에 가까운 것이다.

〈그림 30〉 안정기 소유경영활동의 산업부문별 분포

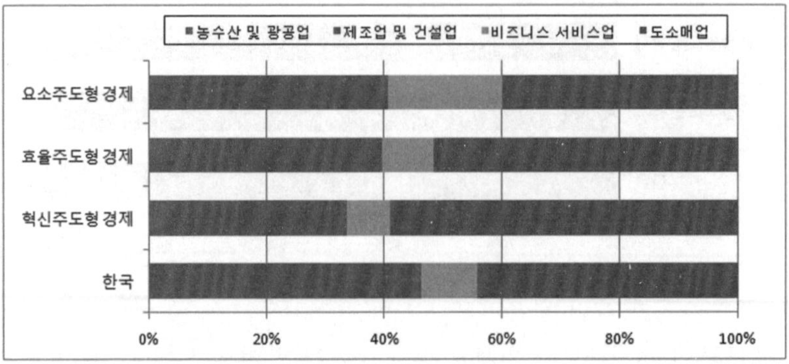

초기 창업활동과 안정기 소유경영 활동의 산업 분포를 종합해 보면, 우리나라의 제조업 및 건설업 창업은 중견창업 활동이 상대적으로 더 높은 편이고, 도소매업 창업은 규모가 작은 초기 단계의 창업이 더 많은 편이라고 할 수 있겠다. 이러한 현상은 제조업 위주의 대기업 중심 경제구조를 갖고 있는 우리나라의 경제 국면을 어느 정도 반영한다고 볼 수 있겠다.

4.1.4 연령 및 성별 구조

〈그림 31〉 연령대별 초기 창업활동, 2009

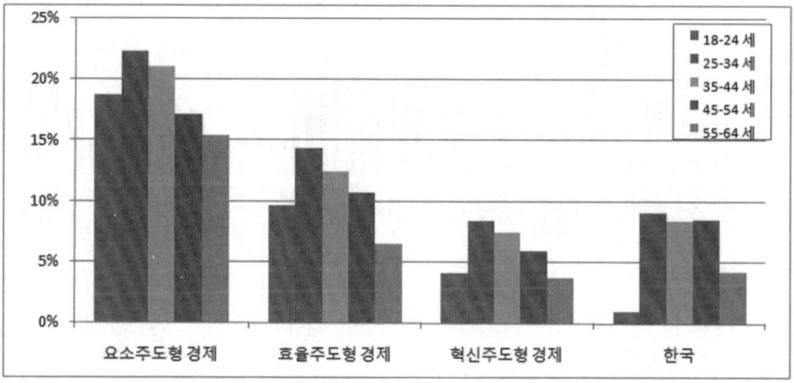

초기 창업활동을 연령과 경제발전 국면별로 구분하여 보았을 때(〈그림 31〉 참조), 한 가지 흥미로운 사실을 발견할 수 있다. 우리나라는 GEM 연구에 참여한 다른 모든 국가의 연령별 창업 패턴과 다른 양상을 보이고 있는 점이다. 요소주도형이나 효율주도형, 혁신주도형이건 상관없이 연령별 창업은 25~34세를 정점으로 나이가 들수록 감소하는 현상을 보이고 있다. 그렇지만 우리나라의 경우 25~34세가 정점인 것은 똑같으나, 이러한 비율이 거의 54세까지 지속되는 현상을 보이고 있다. 이와 같이 대부분의 다른 국가들과 다른 패턴을 보이는 것은 직장에서의 실질적 퇴직이 45~50세 정도에 이루어지고 있기 때문에, 퇴직에 앞서 창업을 준비하거나 퇴직과 동시에 창업하는 사람들이 많기 때문인 것으로 판단된다. 또 한 가지 다른 국가들과 큰 차이점을 보이는 부분은 18~24세의 창업활동이 현저하게 낮다는 점이다. 이 연령대에 속한 많은 사람은 대학 교육을 받기 때문에 창업활동이 낮은 것으로 보인다.

〈그림 32〉 성별 초기 창업활동, 2009

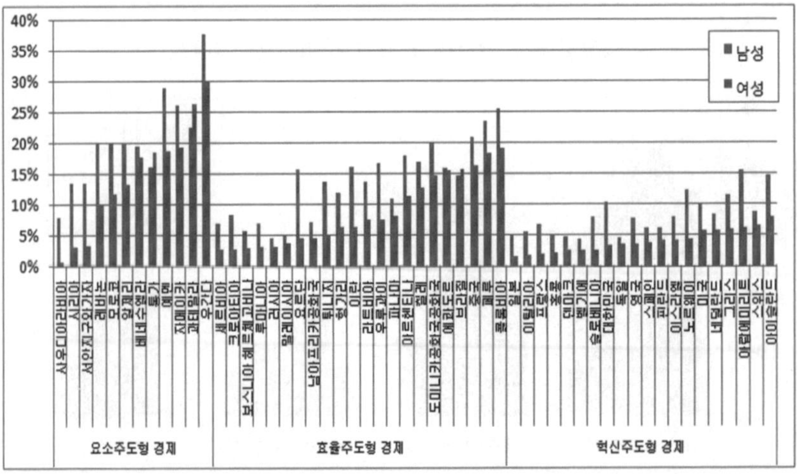

초기 창업활동을 성별과 경제발전 국면별로 구분하였을 때(〈그림 32〉 참조), 우리나라는 남성과 여성의 격차가 크다는 사실을 발견할 수 있다. 혁신주도형 경제에 속한 국가 중에서 우리나라 남성의 창업활동은 5번째로 높은 수준이나, 여성들의 창업활동은 13위로 낮은 수준에 머무르고 있다. 우리나라보다 남성의 창업률이 높은 다른 국가들의 경우(아이슬란드, 노르웨이, 아랍에미리트 등) 여성의 창업률 역시 상당히 높은 편임을 알 수 있다.

4.1.5 창업활동 유형별 변화

〈그림 33〉과 〈그림 34〉는 각각 2008~2009년의 생계형 창업활동과 기회포착형 창업활동의 비율을 나타내고 있다. 생계형 창업활동의 경우 우리나라는 혁신주도형 경제국가들에 비해 높은 수준으로 혁신주도형보다 오히려 효율주도형 경제에 가까운 양상을 보이고 있다. 경제유형에 상관없이 2008년 대비 2009년의 생계형 창업활동은 큰 변화를 보이지 않았는데, 우리나라는 이러한 흐름에서 예외적으로 생계형 창업활동 비율이 감소하였다. 감소폭은 2008년의 4.0%에서 2009년의 3.1%로 0.9% 하락하였다.

〈그림 33〉 2008~2009년 생계형 창업활동의 변화

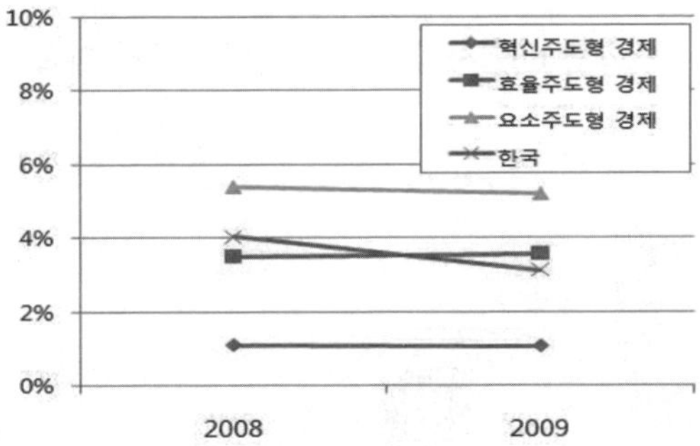

〈그림 34〉 2008~2009년 기회포착형 창업활동의 변화

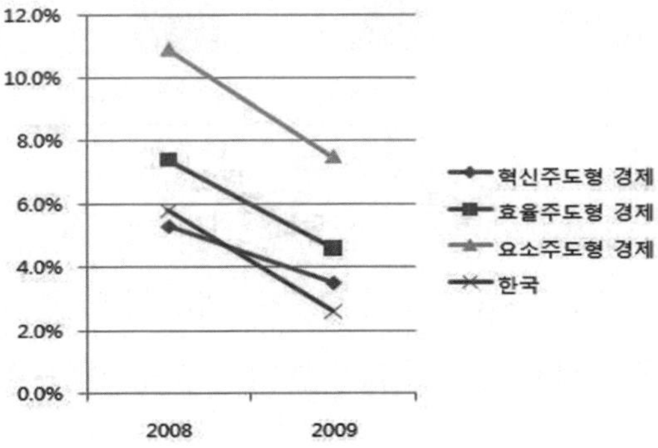

기회포착형 창업은 혁신주도형 경제국가들과 비슷한 수준이나, 다른 혁신주도형 경제국가에 비해 하락폭이 큰 편이다. 전체적으로 경제유형에 상관없이 기회포착형 창업은 감소하였다. 글로벌 경제위기에 따른 사업 기회의 감소, 소득 증대 및 독립성 증대 요인의 하락 등에 따른 당연한 결과로 보인다. 우리나라는 혁신주도형 경제에 속해 있으나, 창업활동을 유형별로 구분하였을 때 기회포착형 창업은 혁신주도형에 가깝고 생계형 창업은 효율주도형 경제에 가까운 양상을 보이는 특징이 있다. 이는 우리나라가 혁신주도형 경제의 상위가 아닌 하위에 속해 있기 때문에 혁신주도형 경제의 특징과 효율주도형 경제의 특징이 복합적으로 나타나기 때문인 것으로 보인다.

4.1.6 사업 중단

〈그림 35〉 사업 중단 비율의 국제간 비교

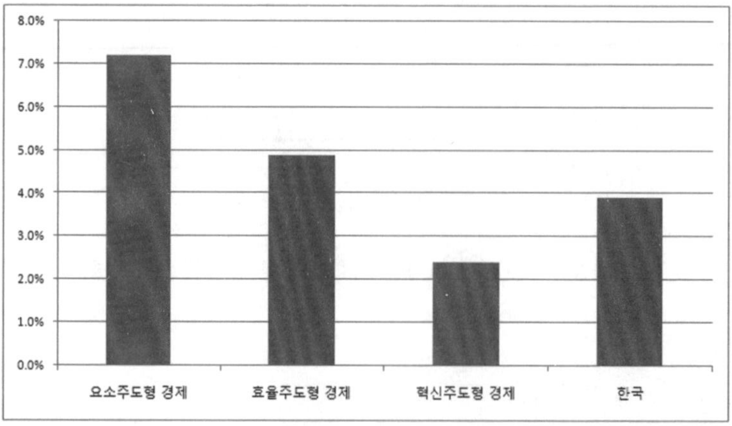

사업 중단 비율에 있어서는 혁신주도형 경제국가들의 평균보다 상당히 높은 수준인 3.9%를 기록하여(〈그림 35〉 참조) 혁신주도형 경제국가 내에서 네 번째로 높은 수준을 보이고 있다. 이는 효율주도형 경제

국가들의 평균(4.9%)이나 요소주도형 경제국가들의 평균(6.9%)보다는 낮은 수준이다.

4.2 창업 태도와 인식

〈표 2〉는 2009년 GEM연구에 참여한 54개 국가의 창업기업가의 태도와 인식에 관한 몇 가지 지표를 보여주고 있다. 어떤 국가들은 의도된 창업 비율은 낮으면서도 창업 기회를 인지하는 수준은 꽤 높은 것으로 나타난다. 이런 현상은 유럽의 많은 혁신주도형 국가에서 주로 나타난다. 다시 말해, 대다수의 유럽인은 그들의 높은 소득수준과 비교했을 때, 창업에 대한 태도와 창업 기회에 대한 인지는 상당히 높은 수준인 반면, 실제로 창업을 실천하는 적극성은 높지 않다는 것이다.

요소주도형 및 효율주도형 경제에서 창업을 인지하고 창업을 시도하는 행위에 이르기까지의 격차는 비교적 작은 편이라는 사실 또한 발견할 수 있다. 이는 창업활동의 기회비용이 비교적 낮다는 사실을 의미하는데, 이런 나라들에서 생계형 창업의 비율이 비교적 높다는 것도 놀랄 만한 일은 아니다.

〈표 2〉 2009년 GEM연구에 참여한 54개 국가의 창업기업가들의 태도와 인식

	창업기회 인식	창업능력 인식	실패의 두려움*	창업 의도**	직업 선택 시 창업 선호	성공한 창업가에대한 사회적 태도	언론의 창업 관심도
요소주도형 국가							
과테말라	57	64	24	18	77	69	68
레바논	54	77	21	22	85	79	65
모로코	53	78	24	27	82	86	74
베네수엘라	48	59	26	29	76	69	49
사우디아라비아	69	73	49	34	80	89	78
서안과 가자지구	50	56	36	24	88	78	52
시리아	54	62	18	54	89	89	55
알제리	48	52	31	22	57	58	39
예멘	14	64	65	9	95	97	96

	창업기회 인식	창업능력 인식	실패의 두려움*	창업 의도**	직업 선택 시 창업 선호	성공한 창업가에대한 사회적 태도	언론의 창업 관심도
우간다	74	85	29	58	81	85	74
자메이카	42	77	24	29	76	77	74
통가	56	53	65	6	91	52	80
평균(unweighted)	52	67	34	28	81	77	67
효율주도형 국가							
남아프리카공화국	35	35	31	11	64	64	64
도미니카공화국	50	78	27	25	92	88	61
라트비아	18	50	40	10	59	66	51
러시아	17	24	52	2	60	63	42
루마니아	14	27	53	6	58	67	47
말레이시아	45	34	65	5	59	71	80
보스니아헤르체고비나	35	57	32	17	73	57	51
브라질	47	53	31	21	81	80	77
세르비아	29	72	28	22	69	56	56
아르헨티나	44	65	37	14	68	76	80
에콰도르	44	73	35	31	78	73	55
요르단	44	57	39	25	81	84	70
우루과이	46	68	29	21	65	72	62
이란	31	58	32	22	56	78	61
중국	25	35	32	23	66	77	79
칠레	52	66	23	35	87	70	47
콜롬비아	50	64	29	57	90	74	82
크로아티아	37	59	35	8	68	49	53
튀니지	15	40	34	54	87	94	70
파나마	45	62	26	11	74	67	50
페루	61	74	32	32	88	75	85
헝가리	3	41	33	13	42	72	32
평균(unweighted)	36	54	35	21	71	71	62
혁신주도형 국가							
그리스	26	58	45	15	66	68	32
네덜란드	36	47	29	5	84	67	64
노르웨이	49	44	25	8	63	69	67
대한민국	13	53	23	11	65	65	53
덴마크	34	35	37	3	47	75	25
독일	22	40	37	5	54	75	50
미국	28	56	27	7	66	75	67
벨기에	15	37	28	5	46	49	33
스위스	35	49	29	7	66	84	57
스페인	16	48	45	4	63	55	37
슬로베니아	29	52	30	10	56	78	57
아랍에미리트	45	68	26	36	70	75	69
아이슬란드	44	50	36	15	51	62	72
영국	24	47	32	4	48	73	44
이스라엘	29	38	37	14	61	73	50
이탈리아	25	41	39	4	72	69	44
일본	8	14	50	3	28	50	61
프랑스	24	27	47	16	65	70	50
핀란드	40	35	26	4	45	88	68
홍콩	14	19	37	7	45	55	66
평균(unweighted)	28	43	34	9	58	69	53

* 분모: 좋은 창업기회를 인지한 18~64세 인구의 비율
** 분모: 18~64세 비창업기업가

4.2.1 창업기회 인식 및 창업의도 변화

2008년 대비 2009년 창업기회의 인식 변화는 〈그림 36〉에 나타나 있다. 우리나라도 다른 혁신주도형이나 효율주도형 국가들과 마찬가지로 창업을 위한 인지된 기회는 큰 폭으로 줄어들었다(혁신주도형 국가 평균의 경우, 한국은 제외). 2008년 조사 당시 세계적인 금융위기로 인한 경기침체 조짐이 예측되었던 우리나라의 경우 창업 기회에 대한 인식이 2008년의 20%에서 2009년에 13%로 하락하였다.

〈그림 36〉 2008~2009년 창업기회 인식 변화

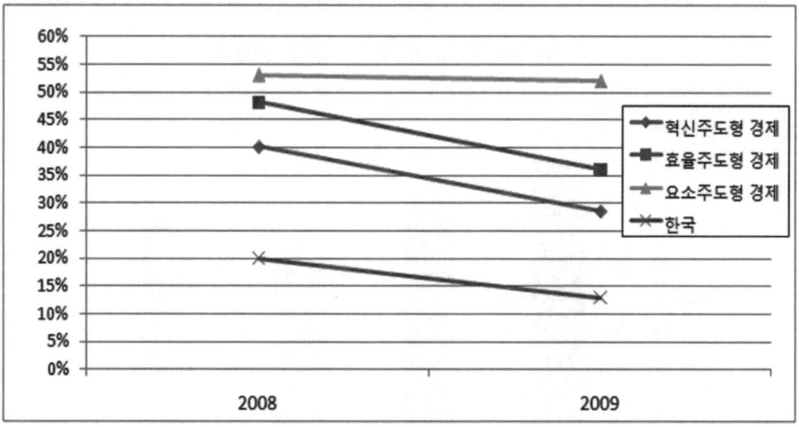

향후 3년 이내 새로운 사업을 시작할 것으로 예상하는 정도를 국제간 비교한 결과, 요소주도형 경제들만 하락하고 효율주도형이나 혁신주도형 경제국가들은 상승한 것으로 나타났다(〈그림 37〉 참조). 혁신주도형에 속한 우리나라는 다른 혁신주도형 국가들과 달리 향후 3년 이내의 창업 의도가 하락한 것으로 나타났다. 이러한 결과를 창업기회에 대한 인식 변화와 통합시켜보면, 2008년에 비해 2009년의 부정적 인식이 높아진 것으로 판단할 수 있다.

〈그림 37〉 2008~2009년 창업의도 변화

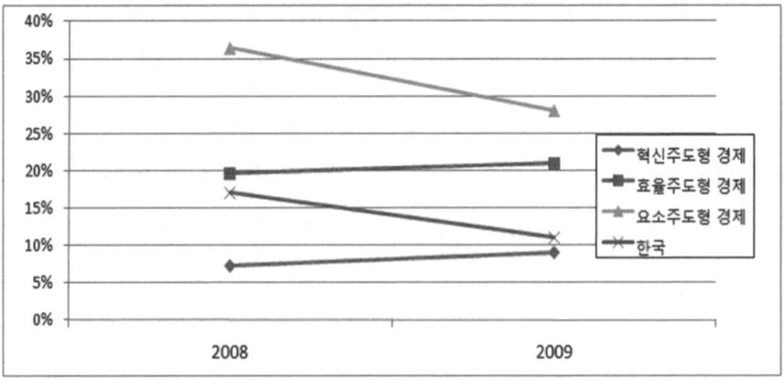

4.2.2 창업기업가에 대한 인식 변화

〈그림 38〉 직업 선택 시 창업 선호도

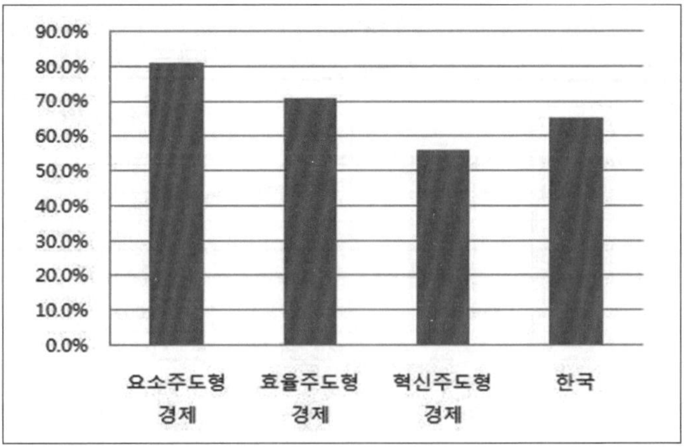

직업 선택 시 창업기업가를 선망하는 직업으로 생각하는 비율을 국제간 비교한 결과가 〈그림 38〉에 나타나 있다. 전반적으로 요소주도형 경제로 갈수록 창업기업가에 대한 긍정적 인식이 높은 편이다. 우리나라는 혁신주도형 경제 평균보다 긍정적 인식이 높은 수준으로 조사되고 있으며, 이는 효율주도형 경제에 가까운 수준이다.

언론의 창업에 대한 관심도가 〈그림 39〉에 나타나 있다. 이 역시 직업 선택 시 창업 선호와 마찬가지로 요소주도형 경제로 갈수록 언론의 관심도가 높다고 생각하는 것으로 조사되었다. 우리나라는 창업기업가에 대한 언론의 관심이 다른 혁신주도형 경제국가들에 비해 높은 편이며, 이는 효율주도형 경제에 가까운 수준이라고 볼 수 있다. 이와 같은 결과를 종합해 보면, 우리나라는 혁신주도형 경제국가들에 비해 창업기업가에 대한 긍정적 인식이 높은 편이라고 볼 수 있겠다.

〈그림 39〉 언론의 창업 관심도

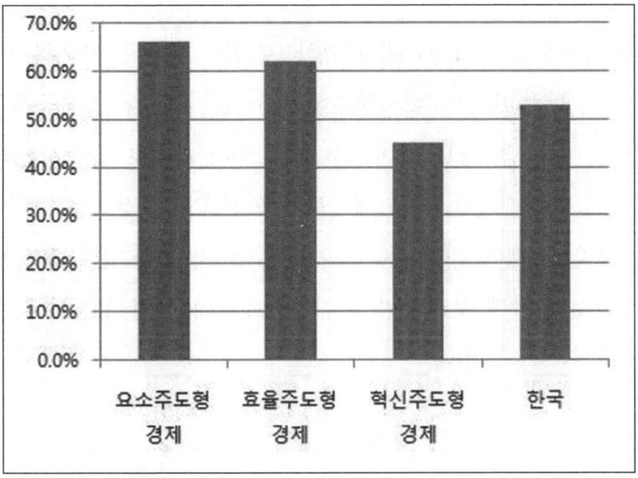

4.2.3 실패의 두려움

창업 실패에 대한 두려움이 보다 현실적인 의미를 갖기 위해서는, 창업을 위한 좋은 기회를 인지하는 사람들 사이에 이러한 두려움의 감정이 얼마나 자리 잡고 있는지를 파악해야 한다. 이런 사람들이 실패에 대한 두려움을 특별히 많이 느끼고 있다면, 실패에 대한 두려움을 감소시켜주는 정책을 수행하는 것도 충분히 고려할 만한 일이다. 대부분의 국가에서 실패에 대한 두려움의 감정은 전체 인구집단보다는 창업할 만한 좋은 기회를 알고 있는 사람들 사이에서 적게 나타나고 있다.

우리나라는 다른 모든 국가에 비해 실패에 대한 두려움을 느끼는 비율이 상당히 낮은 편이다. 2008년 대비 2009년에는 경제유형에 상관없이 실패에 대한 두려움을 느끼는 정도는 소폭 하락하였으나, 우리나라의 경우 하락폭이 매우 크다. 이는 우리나라 국민들의 창업에 대한 자신감이 상승한 것으로 해석할 수 있다.

4.2.4 창업능력 인식 변화

새로운 사업을 시작하는 데 필요한 지식과 기능을 보유하고 있다고 인식하는 비율의 변화는 혁신주도형이나 효율주도형 경제국가들 모두 이러한 비율이 상승하였으며, 우리나라도 마찬가지로 상승하였다. 그러나 우리나라의 상승폭이 이들 국가보다 훨씬 더 큰 것으로 나타나고 있다. 이는 창업 실패에 대한 두려움이 다른 국가들에 비해 훨씬 큰 폭으로 하락한 것과 함께 우리나라 창업기업가들의 창업 성공에 대한 자신감 증대로 해석할 수 있다.

5. 결론 및 시사점

일반성인조사(APS)를 통해서 우리나라 경제시스템에서 창업활동과 이에 대한 태도와 기대 등 여러 가지 단면에 대해 심층적인 분석을 진행하였다. 여러 가지 좋은 조짐이나 현상과 세계적인 경기악화와 더불어 부정적인 신호들도 잡히고 있다. 우선, 최근 신설법인 수는 2008년 하반기에 줄어들다가 2009년도 상반기는 전년월 대비 증가한 상태를 보여준다. 2009년 하반기부터 더욱 많은 신설법인 수를 기록하지만, 일반성인조사 기간에 포함되지는 못했다. 우선, 2009년 상반기 창업의 호조는 전년 대비 40대~50대의 TEA 증가와 중장년층의 인구증가로 상당 부분 설명할 수 있다. 청년층과 여성층은 여전히 상대적으로 저조한 창업활동을 보여주고 있다. 청년층을 겨냥한 창업경진대회, 창업교육, 2030프로젝트 등 다양한 창업지원책이 필요한 시점이다. 신뢰구간 안에서 보더라도 2009년의 초기 창업활동(TEA: 설립 후 42개월 = 3.5년 이내)이 2008년보다 감소한 것으로 평가된다. 창업태도인 실패에 대한 두려움이나 창업능력에 대한 자신감은 전년보다 높아졌다. 이러한 부분은 제도적 개선과 창업교육 등의 지원체계의 영향이 있을 것으로 본다. 창업활동 측면에서만 보면, 2009년 TEA는 2008년 하반기에 나타난 신설법인 수의 하락에 따른 기저효과가 2009년 측정 시점에 반영된 것으로 볼 수 있다. 초기 창업활동을 비롯한 창업인식, 창업태도, 창업열망 등의 기업가정신 지표들의 특징은 현재 일어나는 창업활동뿐 아니라, 경제시스템을 구성하고 있는 일반성인 모두의 인식, 태도, 기대, 안정화되어 가는 창업활동 등 다양한 면모를 살펴볼 수 있으며, 향후 일어나는 창업활동 가능성을 알 수 있다. 이들 지표는 비율(%)로 측정되기 때문에 실제 창업 가능한 전체인구(18세 이상)가 지속적으로 증가는 50대 이후의 실버창업의 증가를 통해 창업활동의 약진으로 반영된다. 매년 같은 비율이라 할지라도 보다 많은 신설법인으로 집계될 수 있지만, 그것으로 경제시스템 내의 기업가정신을 단정하기에는 이르다. 표면적인 창업활동과 더불어 다양한 면모와 선행적인 창업태도 및 인식, 특히 창업의도에 대한 파악을 통해 창업지원정책을 수립할 필요가 있다.

2008년 경제위기의 상황이 전 세계적으로 확산되고 있다. 위기의식과 두려움이 팽배해질 수 있는 현실이다. 하지만 슘페터(1934)가 역설한 경제주기(Business cycle) 관점에서 바라보면, 경제침체는 활황 이후에 자연스럽게 따르는 것이고, 이를 극복하는 것은 기술혁신을 중심으로 한 기업가정신이라고 설명한다. 다행히 일반성인조사(APS) 결과 보인 창업태도에서 '실패에 대한 두려움'이 전년 대비 감소하고, 창업에 대한 지식과 기술보유 비율이 늘어나고 있다. 경제주기가 한순간에 'V 곡선'으로 회복된다고 전망하는 것은 아니지만, 기업가정신을 통해 경제주기의 하강 국면이 바뀔 수 있다는 가능성을 보여주는 일면이다. 전반적으로 한국의 글로벌기업가정신연구 결과는 기업가정신 수준은 건전함을 보여주고 있다. 하지만 창업태도, 열망, 활동의 구체적인 내용에서 개선의 여지가 보인다.

글로벌기업가정신연구(GEM)에서는 각국의 창업 분야에 정통한 전문가들을 대상으로 일관성 있는 조사를 수행함과 동시에 창업의 구성 요소들은 성인설문조사(APS)를 통하여 성인남녀 2,000명을 표본 추출하여 분석함으로써, 창업의 구조적 여건과 기업가정신 수준을 효과적으로 파악한다. 할당추출(Quota sampling)을 통해서 남녀비율 등에서 균등하게 표본이 표집되었다. 초기 창업활동의 경우 95%의 신뢰구간의 범위를 제시하고 있다. 더불어 GEM은 국가 간에 일관성 있게 적용 가능한 방법론을 채택함으로써, 각국의 구조적 창업 여건과 창업의 태도, 활동, 열망 수준에 대한 고유한 데이터를 생성하여 국가 간 비교를 가능하게 하다. 지속적으로 축적될 경우 경제적 예측과 처방에 보다 효율적인 정책도구로 자리 잡을 것이다.

글로벌기업가정신연구(GEM)는 비영리 목적의 학술연구조사를 위한 단일 기업가정신 연구조직 중 가장 큰 국제적 연구단체를 구성하여 국제적 높은 수준의 창업/기업가정신(entrepreneurship)에 관한 자료를 수집, 비교 연구를 목적으로 한다. 이를 통하여 창업활동에 관한 국제적 연구 자료를 제공하고, 창업 관련 영향 요인과 일련의 변수 간의 인과 관계연구를 연구하며, 무엇보다 국가별 창업활동의 수준 차이를 조사함과 동시에 국가별 창업활동 수준에 영향을 주는 요소 규명하고자 한다. 궁극적으로는 국가 내에서 창업활동을 진흥시킬 정책제안을 모색하고 있다.

기업가정신을 통한 경제성장을 위해서는 중장기적인 여건변화가 필요하다. 구조적인 제반 여건에는 정부 주도적인 요인들도 있지만, 시장 자체적인 속성과 민간주도적인 요인들도 함께 존재한다. 대기업과 중소기업을 일구어온 기업가정신이 새로운 물결을 맞이할 수 있도록 정부정책의 적절한 리더십이 필요하다 (배종태 & 차민석, 2009). 이러한 개선노력은 정확한 현황 및 원인 진단에서 출발한다는 것을 전제로 〈그림 40〉에 정부주도의 여건변화에 따른 기업가정신 및 경제성장의 관계를 모형으로 정리하였다. 경제의 발전에 따라 시장과 민간영역의 역할이 점점 중요해질 것으로 기대한다. 하지만, 비공식적인 자금조달의 감소 등과 같이 민간 부문이 급격히 위축되고 있는 상황에서는 정부의 정책적 리더십의 중요성은 더욱 커진다. 향후 보다 정밀한 정책방향 수립과 실행에 필요한 기업가정신에 대한 지속적 추적 모니터링(follow-up monitoring)을 통해, 한국의 기업가정신은 경기침체의 일시적 현상을 타개하는데 핵심적인 역할을 수행하고 경제성장과 사회책임, 환경문제를 해결하는 지속가능 기업가정신으로 성숙해져 가야 할 것이다.

〈그림 40〉 정부주도 제반 여건과 기업가정신을 통한 경제성장모형

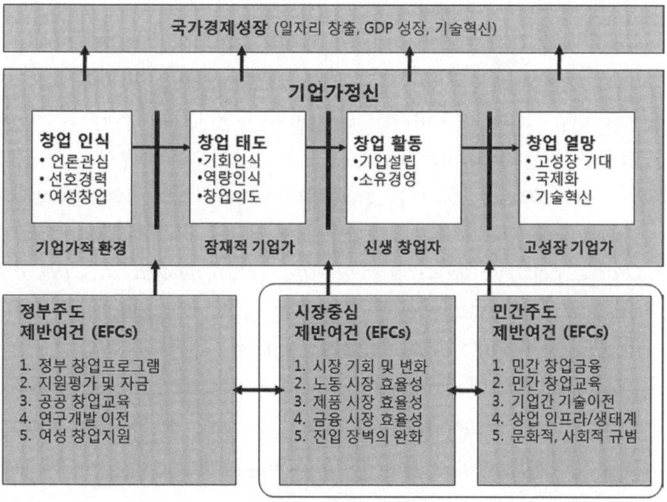

참고 문헌

반성식, 김상표, 송경모, 조동환, 박종해, 차민석(2009), 글로벌기업가정신연구(GEM) 2009 한국보고서, 진주산업대학교.

반성식, 서상구, 이현숙, Donna J. Kelley, 이용삼(2008), "한국의 기업가정신활동: 글로벌기업가정신연구(GEM) 일반성인조사(APS)를 중심으로," 한국창업학회지 제4권 제3호, pp.1-20.

배종태, 차민석(2009), 기업가정신의 확장과 활성화, 중소기업연구, 31권, 1호, 109-129.

조영복, 류정란(2009), 부산지역 사회적 창업자를 위한 사회적 기업 육성에 대한 연구, 인적자원관리연구, 16(2), 231-244.

중소기업청(2009), 2009년 11월중 신설법인 동향.

Acs, Z.J. and Armington, C. (2006). Geography and American Economic Growth.Cambridge, UK: Cambridge University Press.

Acs, Z.J. and E. Amorós (2008). "Entrepreneurship and Competitiveness Dynamics in Latin America,"*Small Business Economics*, 31(3), 305-322.

Acs, Z.J. and L. Szerb (2009). "The Global Entrepreneurship Index (GEINDEX)," *Foundations and Trends® in Entrepreneurship*, 5(5), 341-435.

Acs, Z.J. and A. Varga (2005). "Entrepreneurship, Agglomeration and Technological hange," *Small Business Economics*, 24(3), 323-343.

Acs, Z.J. (2008). "Foundations of High Impact Entrepreneurship," *Foundations and Trends® in Entrepreneurship*, 4(6), 535-620.

Acs, Z.J. (2006). "How is Entrepreneurship Good for Economic Growth?" *Innovations*, 1(1), 97-107.

Audretsch, D.B. (2007). "Entrepreneurship Capital and Economic Growth," *Oxford Review of Economic Policy*, 23(1), 63-78. Autio, E. (2007). *Global Entrepreneurship Monitor 2007 Global Report on High Growth Entrepreneurship*. London, UK: London Business School and Babson Park, MA: Babson College.

Baumol, W.J. (1990). "Entrepreneurship: Productive, Unproductive and Destructive," *Journal of Political Economy*, 98(5), 893--921.

Baumol, W.J. (1993). *Entrepreneurship, Management, and the Structure of*

Payoffs. Cambridge, MA: MITPress.

Bergmann, H. and R. Sternberg (2007)."The Changing Face of Entrepreneurship in Germany,"*Small Business Economics,* 28(2), 205-221.

Bosma, N.S. (2009). *"The Geography of Entrepreneurial Activity and Regional Economic Development. Multilevel Analyses for Dutch and European Regions."* PhD diss., Utrecht University.

Bosma, N., E. Stam and A.R.M. Wennekers (2010). "Intrapreneurship: An International study,"*EIM Research Report,* forthcoming, Zoetermeer, Netherlands: EIM.

Bosma, N.S., Z.J. Acs, E. Autio, A. Coduras and J. Levie (2009). *Global Entrepreneurship Monitor 2008 Executive Report.* Babson Park, MA: Babson College,Santiago, Chile: Universidad del Desarollo and London, UK: London Business School.

Bosma, N.S. and Jonathan Levie (2010), *Global Entrepreneurship Monitor, 2009 Executive Report,* Global Entrepreneurship Research Association, Babson Park, MA: Babson

Brock, D.D. (2008). *Social Entrepreneurship Teaching Resources Handbook,* Ashoka.

Cabinet Office(2006), Social Enterprise Action Plan: Scaling New Height.

Carree, M. and R.A. Thurik (2003). "The Impact of Entrepreneurship on Economic Growth." In *Handbook of Entrepreneurship Research,* edited by Z.J. Acs and D.B. Audretsch, 437-471. Boston, MA:Kluwer Academic Publishers.

Gartner, W.B. (1985). "A Framework for Describing and Classifying the Phenomenon of New Venture Creation," *Academy of Management Review,* 10(4), 696-706.

Gries, T. and W. Naude (2008). "Entrepreneurship and Structural Economic Transformation," *UNUWider Research Papers.* Helsinki.

Henley, A. (2007). "Entrepreneurial Aspiration and Transition into Self-Employment: Evidence from British Longitudinal Data," *Entrepreneurship and Regional Development* 19(3), 245-280.

Kao, J.J. (1991). *The Entrepreneurial Organization*. London, UK: Prentice Hall.

Kihlstrom, R. E. and J.J. Laffont (1979). "A General Equilibrium Entrepreneurial Theory of Firm Formation Based on Risk

Aversion," Journal of Political Economy, 87, 719-49.

Koellinger P. and R. Thurik (2009). "Entrepreneurship and the Business Cycle,"*Tinbergen Institute Discussion Paper*, TI 2009-032/3, Erasmus School of Economics, Erasmus University

Rotterdam, EIM Business and Policy Research, Zoetermeer, The Netherlands, Tinbergen Institute.

Levie, J. and E. Autio (2008). "A Theoretical Grounding and Test of the GEM Model," *Small Business Economics*, 31(3), 235-263. Lucas, R.E., Jr. (1978). "On the Size Distribution of Business Firms," *Bell Journal of Economics*, 9,508-523.

Lumpkin, G.T. and G.G. Dess (1996). "Clarifying the Entrepreneurial Orientation Construct and Linking it to Performance," *Academy of Management Review*, 21(1), 135-172.

Mair, J. and I. Marti (2006). "Social Entrepreneurship Research: A Source of Explanation, Prediction and Delight," *Journal of World Business*, 41(1), 36-44.

Parker, S.C. (2004). *The Economics of Self-Employment and Entrepreneurship*. Cambridge, UK: Cambridge University Press.

Porter, M.E., J.J. Sachs and J. McArthur (2002). "Executive Summary: Competitiveness and Stages of Economic Development." In *The Global Competitiveness Report* 2001-2002, edited by M.E. Porter, J.J. Sachs, P.K. Cornelius, J.W. McArthur and K. Schwab, 16-25. New York, NY: Oxford University Press.

Reynolds, P., N. Bosma, E. Autio, S. Hunt, N. De Bono, I. Servais, P. Lopez-Garcia, and N. Chin (2005). "Global Entrepreneurship Monitor: Data Collection Design and Implementation, 1998-2003," *Small Business Economics*, 24(3), 205-231.

Schumpeter, J.A. (1934). *The Theory of Economic Development*. Cambridge, MA: Harvard University Press.

Schumpeter, J.A. (1942). Capitalism, Socialism and Democracy. New York, NY: Harper and Row. Schwab, K. (2009). *Global Competitiveness Report 2009-2010*. World Economic Forum, Geneva, Switzerland. http://www.weforum.org/pdf/GCR09/GCR20092010fullreport.pdf

Shane, S. (2003). *A General Theory of Entrepreneurship; The Individual-Opportunity*

Nexus. Cheltenham, UK: Edward Elgar.

Shane, S. and S. Venkataraman (2000). "The Promise of Entrepreneurship as a Field of Research," Academy of Management Review, 25, 217–226.

Short, J.C., T.W. Moss and G.T. Lumpkin (2009). "Research in Social Entrepreneurship: Past Contributions and Future Opportunities," *Strategic Entrepreneurship Journal,* 3, 161–194.

Sternberg, R. and A.R.M. Wennekers (2005). "The Determinants and Effects of New Business Creation Using Global Entrepreneurship Monitor Data," Small Business Economics, 24(3), 193–203.

Van DeVen, A., H. Sapienza and J. Villanueva (2008). "Entrepreneurial Pursuits of Self- and Collective Interests," *Strategic Entrepreneurship Journal,* 1(3--4), 353--370.

Van Stel, A.J., M.A. Carree and A.R. Thurik (2005). "The Effect of Entrepreneurial Activity on National Economic Growth," *Small Business Economics,* 24 (3), 311–321.

Wennekers, A.R.M., A. van Stel, A.R. Thurik and P.D. Reynolds (2005). "Nascent Entrepreneurship and the Level of Economic Development," *Small Business Economics,* 24(3), 293–309.

Zahra, S.A., E. Gedajlovic, D.O. Neubaum, and J.M. Shulman. 2009. "A Typology of Social Entrepreneurs: Motives, Search Processes and Ethical Challenges," *Journal of Business Venturing,* 24(5), 519–532.

한국의 여성 창업성향 변화에 관한 실증분석[1]

1. 서론

최근 전 세계적인 금융위기에 따른 경기침체 여파로 경기 활성화 및 일자리 창출은 우리나라뿐만 아니라 세계적인 과제가 되었다. 특히 우리나라는 녹색성장을 경제성장의 목표로 정하고 이를 통한 성장동력 확보와 일자리 창출에 고심하고 있으며, 벤처기업은 창의성과 혁신성을 바탕으로 한 높은 기술력, 무한한 성장잠재성 등으로 녹색성장을 이끌어 나갈 핵심적인 주체로서 중요성을 인정받고 있다. 각국 연구기관의 조사 결과에 의하면, 벤처기업은 높은 매출성장률, 고용창출, R&D 투자를 통해 실제 자국 경제에 이바지하는 바가 큰 것으로 보고되었다. 주요 통계에 따르면, 우리나라의 2006년 및 2007년에 벤처인증을 받은 기업별 평균 직원 수는 각각 28명, 30.2명으로 조사되어 7.48%의 고용 증가율을 나타내었으며 2009~2010년의 신규 인력수요는 6.7명, 9.7명으로 예측되어 고용 증가율은 향후에도 계속 높은 수준을 유지할 것으로 전망된다. 또한, 2007년 평균 매출액 규모는 53억 원으로 전년 대비 13.8%가 증가하였으며, 기업별 R&D투자비율은 대기업의 2배, 중소기업의 약 4배에 달하는 규모이다.[2]

이와 같이 벤처기업이 우리 경제에서 차지하는 중요성은 날로 높아지

1 이 논문은 반성식, 조동환, 박종해와 함께 『벤처경영연구』 제13권 제1호(2010년)에 게재하였다.

2 자료: VCPE Monthly(The Journal of Venture Capital & Private Equity Market in Korea & The World), 2009년 3월호, pp. 3~7 발췌

고 있으며, 앞서 말한 녹색성장시대를 열어가기 위한 시대적 요구가 있는 상황에서는 더더욱 그러하다. 특히 여성기업은 고용창출 능력뿐만 아니라 기술적, 경제적 환경에 유연하게 대처할 수 있는 잠재력이 높은 것으로 평가되면서 여성기업에 대한 중요성이 증대되고 있다(이상석, 2006). 이러한 인식은 이미 외국의 문헌에서 다양하게 나타나고 있는데(Minniti et al., 2005; Arenius and Minniti, 2005; Verheul and Thurik, 2001), 국가의 경제성장에서 여성이 차지하는 역할에 대한 인식은 이미 사회 저변에 확대되었다. 만약 여성이 경제성장과 성장을 위한 창업에 중요한 역할을 한다면, 어떠한 요인이 여성 창업을 촉진 또는 방해하는지에 대해 이해하는 것이 중요할 것이다(Langowitz & Minniti, 2007).

최근 우리나라에서 여성과 남성의 창업에 대한 특징적 차이에 관한 연구는 IT분야 여성 창업에서 인적자본의 역할에 관해 연구한 전방지 · 한미라(2008)의 연구를 비롯하여 여성기업의 창업동기, 성공요인, 성과 간의 관계에 관한 연구(이상석, 2006), 여성 창업기업의 환경 및 경영자 특성, 협력활동이 성과에 미치는 영향(나중덕 · 김승호 · 최탁열, 2004)에 관한 연구, 여성벤처기업의 창업동기와 경영특성에 관한 탐색적 연구(한정화 · 백윤정, 2003), 여성 중소기업인의 창업과 경영방식을 우리나라와 미국의 경험을 비교하여 분석한 전방지(2002)의 연구가 대표적이다.

이러한 연구들 외에도 남녀 간 자영업 비중의 격차 분석(김우영, 2001)이라든지 여성기업의 경영현황을 분석하고 지원정책에 대한 정책적 시사점을 제시하고 있는 연구는 다수 존재한다(김원석 · 고순철 · 권오박, 2007; 정영순 · 송연경, 2007; 서도원, 2006; 서도원 · 조규호, 2006; 정영일, 2005; 김복규 · 이종열, 2005; 김우영, 2001; 정희선, 1998; 한인수 · 박경환, 1998; 고성삼, 1998).

이러한 연구들은 여성창업자들의 특성을 파악하고 여성창업이 남성

창업과 구별되는 원인과 이로 인한 여성기업의 특징을 찾아내고자 하였다. 다만, 여성창업을 설명할 수 있는 요인과 표본의 선정에 있어 주관적인 요소와 표본이 적다는 점 등이 지속적으로 지적이 되어 왔다. 본 논문에서는 이러한 지적을 보완하여 연구할 수 있는 계량적인 연구방법을 소개하면서, 최근 금융위기 직전의 여성의 창업성향과 외환위기 이후의 여성창업 성향을 남성과 대비하여 비교해 봄으로써 우리나라의 여성창업성향이 어떻게 변화되고 있는지 실증적으로 검증하고자 하였다. 그리고, 남성과 여성의 창업성향 차이를 계량적으로 측정하고, 측정된 자료를 수치화함으로써 향후 창업과 관련된 정책에 이용될 수 있는 지표를 제시하고자 노력하였다. 이후의 논문 구성은 GEM에 대한 간단한 소개 후 여성창업과 관련된 국내의 문헌들을 살펴보고, GEM Data를 이용하여 연구한 국외 연구를 살펴본다. 다음으로 본 연구에서 사용된 창업성향의 계산방법과 시뮬레이션 방법을 소개한 다음 분석결과와 결론을 제시하였다. 본 연구는 기존의 연구들에서 제시된 한계점들을 극복하기 위해 노력하였으며, 우리나라 여성창업분야의 연구가 더욱 발전할 수 있는 방향을 제시할 수 있을 것으로 사료된다.

2. 연구의 배경

2.1 글로벌기업가정신연구(GEM)

기업가정신이 주창된 이후 최근의 기술혁신과 벤처붐을 거치면서 창업의 근간이 되는 기업가정신에 대한 연구는 그 중요성을 더해가고 있으며, 이러한 과정에서 창업기업가들의 태도, 활동 및 열망에 대한 국제적인 이해를 증진시키기 위해 글로벌기업가정신연구(GEM; Global Entrepreneurship Monitor)가 탄생하였다. GEM은 1999년 미국의 Babson College와 London Business School의 교수들이 중심이 되어 10개국으로 출발하였으며, 2005년 글로벌기업가정신연구협회(GERA; Global Entrepreneurship Research Association)가 설립되어 현재까지 GEM을 관리하고 있다. 2008년에는 미국, 영국, 한국 등 총 43개국이 참여하였으며, 2009년에는 전체 50개국으로 확대되었다. GEM 프로젝트는 기업가정신에 영향을 미칠 수 있는 요인과 일련의 변수 간의 인과관계를 조사하는 것을 목적으로 하고 있다. GEM 프로젝트를 통해 1999년에 중소기업의 기업가정신과 경제성장 간에 높은 양(+)의 상관관계가 존재한다는 가설이 발표되었고, 그 후 매년 선진국 및 개발도상국에 관한 실증연구가 활발하게 진행되어오고 있다. GEM 조사는 두 개의 부분으로 구성되어 있는데, 하나는 일반성인을 대상으로 하는 APS(adult population survey)와 전문가집단을 대상으로 조사하는 NES(national expert survey)로 구성되어 있다. APS는 국내 대형 리서치 회사를 통해 전국의 성인 남녀 2,000명으로 대상으로 이루어졌으며, NES는 분야별 전문가 60명을 대상으로 이루어졌다.

GEM조사를 통해 수집된 자료는 표본의 수가 충분히 크며 설문 문항 또한 많은 수의 연구자들이 수년에 걸쳐 지속적인 피드백을 통해 보완해 나가고 있기 때문에 기존의 창업 분야에 관련된 연구에서 지적되고 있는 분석대상 표본의 부족과 연구자의 주관적인 요인설정 및 해석에 따르는 한계를 어느 정도 해소하는 것으로 판단된다(Minniti, 2005; Verheul, 2006; Langowitz, 2007).

2.2 관련 연구 소개

전방지(2002)는 그의 연구에서 "여성 기업인의 증가는 1980년대 이래 전 세계적으로 관찰되는 현상인데, 이러한 여성 기업인의 경제기여도 증가가 남성 기업인과 비교하여, 여성 기업인의 '여성적'인 창업 혹은 경영 방식 때문인지 혹은 '여성적'인 방식이 있는 것이 아니라 단지 '기업인'으로서의 여성이 늘어나는 것 때문인지 쟁점이 되고 있다."라고 하였으며, 다음과 같은 연구결과를 제시하였다.

첫째, 지난 20년간 시계열 자료를 통해 여성기업의 진출 분야가 다양화되었다. 제조업 및 건설업에 진출한 비중이 적고, 서비스업이 주를 이루고 있는 것으로 분석하였다.

둘째, 공통적으로 소규모 기업의 비중이 높은 것으로 분석되었다.

셋째, 여성 기업인의 경우 필요에 의한 창업이 일반적일 것이라는 주장을 검증하였는데, 우리나라 여성 기업인은 최근 들어서야 내재적 창업 동기를 갖고 출발한 것으로 보인다. 이러한 연구결과는 GEM Data를 통해 더욱 보편적인 결과를 제시할 수 있을 것으로 여겨진다.

넷째, 경영방식에 대해서는 종업원 개개인에게 세심하게 신경을 써주기는 하나 업무의 구체적인 부분까지 세밀히 지시 감독함으로써 권한과 책임을 위임하지 않는 것으로 나타났다. 이러한 특성은 기업규모가 커짐에 따라 부정적인 요인이 된다.

이러한 결론을 통해 여성창업과 남성의 창업에 대한 특성과 원인을 타당하게 분석하고 있으나, 다만 대다수의 연구는 샘플의 크기가 50 이내로 매우 작고, 주로 심층인터뷰를 통한 자료수집방법을 사용하는 등에 대한 점은 여전히 한계로 지적될 수 있다.

한정화 · 백윤정(2003)은 그들의 연구에서, "여성창업의 문제는 하위 직급에 주로 분포되어 있는 여성인력들의 실질적인 지위향상을 위한 이론적, 현실적 토대를 제공해 준다는 점에서 매우 중요한 의미가 있다."라고 하였다. 또한, "여성의 창업동기가 남성과 차이가 나는 이유는 승진제한과 관련된 유리천장 현상(Hisrich & Brush, 1984)과 직장생활 및 가정생활의 양립문제 등이라고 여겨지고 있다."라고 지적하였다. 그들은 여성기업가들의 창업동기요인에 대한 면밀한 분석을 위하여 심층 인터뷰를 통해 우리나라 사회문화적 여건을 고려한 여성벤처기업가의 창업요인을 도출하였다. 또한, 분류적 접근법(taxonomic approach)에 기초하여 여성벤처기업가들의 창업동기요인(독립욕구, 개발욕구, 환경적 측면)을 토대로 기업들을 유형화하였으며, 유사한 창업동기 요인에 기초하여 창업한 여성창업가 및 기업 간에는 어떠한 공통된 특성들이 있는지를 분석함으로써 여성과 남성의 창업요인을 도출하는데 크게 기여하였다. 분석결과, 여성은 긍정적 창업촉진요인(끌어당기는 요인)에 의해 창업하는 남성과는 달리 부정적인 창업촉진요인(밀어내는 요인)에 의해 창업하리라는 선행연구(Buttner & Moore, 1997)와는 다른 결과가 제시되었다. 오히려 여성이 창업하는 데 있어서 긍정적 창업촉진 요인과 부정적 창업촉진 요인 모두 영향을 미칠 수 있다는 잠정적 결론을 내고 있다. 하지만, 적은 표본 수를 대상으로 연구함에 따라 전반적으로 연구결과에 대한 일반화가 어렵다는 한계점이 여전히 존재하고 있는 것으로 보인다.

요컨대, 이러한 연구들에서 공통적으로 지적하고 있는 한계점은 일반적인 여성에 대한 대표성을 가지기 어렵다는 점이다. 우리나라의 경우, 여성기업 및 여성 기업인에 관하여는 소수의 연구자 혹은 기관에서 조사를 한 결과가 있기는 하나 대부분 여성 기업인 단체에 등록되어 있는 상대적으로 큰 규모의 제조업들을 중심으로 한 조사 혹은 소수의 사례 연구이므로 여성기업 혹은 기업인의 일반적 특성 분석이라고 보기 어렵다. GEM Data가 중요한 이유가 여기에 있으며, 다음에서는 GEM Data를 이용한 여성과 남성의 창업에 관한 연구를 살펴볼 것이다.

Langowitz & Minniti(2007)은 2001년도 GEM Data를 이용하여 남녀 간 창업유인 차이에 대한 국가별 비교연구를 수행하였다. 총 17개국을 대상으로 하였으며, GEM조사 방법에 따라 각국 2,000명의 성인 남녀의 데이터가 이용되었으며, 연구를 통해 다음과 같은 세 가지에 초점을 맞추었다. 첫째, 여성의 창업성향에 영향을 미치는 요인에 관해 설명하였다. 둘째, 데이터의 방대함을 통해 어떠한 요인이 전 세계적으로 광범위하게 영향을 미치는지에 대한 결과를 제시하였다. 셋째, 주관적인 기준에 의한 기존의 연구를 객관적인 자료로 뒷받침하고자 하였다.

Langowitz & Minniti(2007)의 연구가설과 가설검증에 사용된 GEM Data는 〈표 1〉과 같이 요약될 수 있다.

〈표 1〉 Langowitz & Minniti(2007)의 연구가설과 관련 변수

번호	가설(모든 나라에서)	Data
1	연령, 소득, 고용상태, 교육수준은 여성 창업성향에 영향을 미치는 요인이다.	AGE, GEMHHIC WORKSTATUS GEMEDUC
2	다른 창업가를 아는 것은 여성 창업성향에 양(+)의 상관관계를 가진다.	KNOWENT
3	(창업)기회에 대한 포착은 여성의 창업성향과 양(+)의 상관관계를 가진다.	OPPORT
4	실패에 대한 두려움은 여성의 창업성향과 음(−)의 상관관계를 가진다.	FEARFAIL
5	기술과 지식을 보유하고 있다는 주관적인 믿음은 여성의 창업성향과 음(+)의 상관관계를 가진다.	SUSKILL
6	사회인구통계학적 변수 또는 여성의 창업성향에 대한 인지(perceptual) 변수들의 상대적 중요성은 창업 동기에 기인한다.	AGE GEMHHIC WORKSTATUS GEMEDUC
7	사회인구통계학적 변수는 성별에 따른 창업성향의 차이에 있어서 중요한 부분을 설명한다.	AGE GEMHHIC WORKSTATUS GEMEDUC
8	다른 기업가(창업가)를 아는 것은 성별에 따른 창업성향의 차이에 있어서 중요한 부분을 설명한다.	KNOWENT
9	인지변수는 성별에 따른 창업성향 차이에 있어서 중요한 부분을 설명한다.	
10	남녀의 상대적인 창업성향의 차이는 창업동기의 차이에 따른 것이다.	

가설 검증에서 전체적으로 사용된 더미변수는 ①성별(gender), ②창

업 여부(suboanw), ③국가(name of country)이다. 이러한 방법은 우선 집단내의 창업성향의 차이를 가져오는 요인이 무엇인지를 살펴보고, 유의한 차이를 가져오는 요인이 집단 간(남녀 간)에 어떠한 차이를 발생시키는지를 단계적으로 분석함으로써 남녀의 창업성향의 특징적인 차이를 규명하고자 하는 방법이다. 집단내의 변수는 이미 살펴본 바와 같이 연령, 소득, 고용상태, 교육수준, 사회적 네트워크, 창업기회에 대한 포착, 실패에 대한 두려움, 보유능력에 대한 믿음 등이다.

Langowitz & Minniti(2007)는 여성이 남성에 비해 자신 스스로의 역량과 사업환경에 대해 긍정적인 전망이 약한 경향이 있으며, 이러한 점은 전 국가에 걸쳐 일관되게 나타나는 현상이라고 지적하고 있는데, 실증분석을 통해, 창업기회의 인식, 자기가 보유하고 있는 능력에 대한 자신감 그리고 다른 창업자를 아는 것은 여성이 새로운 사업을 시작하는 데 있어 핵심적인 요인이 된다는 것을 밝혔다. 따라서, 객관적으로 측정 가능한 나이, 소득, 교육수준, 고용상태 등과 함께 남녀의 주관적인 인식 차이가 고려되어야 하는 중요한 요소라는 사실이 본 연구를 통해서 확인되었다.

Verheul, I. & Stel, A. V. & Thurik, R.(2006)은 국가별 남성창업과 여성창업의 구분특성을 ①일반적인 창업에 대한 요인, ②여성의 노동시장 참여에 대한 요인 ③여성창업에 대한 요인으로부터 도출하였다. 특히, 남성과 구별되는 여성창업에 영향을 줄 수 있는 요인을 크게 기술발전, 경제적 요인, 인구통계학적 요인, 교육적 요인, 정부지원, 문화적 요인 등으로 구분하여 총 12범주의 가설을 통해 요인별 유의성을 검증하였다. 여성창업과 남성창업을 구분하는 요인을 규명하기 위해 모델에 사용된 변수의 정의는 다음의 〈표 2〉와 같다. 가설의 검증에 의하면, 1인당 국민소득(per capital income), 실업률, informal sector, 이전 공산주의 여부 그리고 informal venture capital들의 전반적인 창업활동에 대한 유의한 영향이 나타났다. 여성과 남성의 창업활동 차이에 영향을 미치는 유의적인 요인은 실업률과 삶의 만족도로 분석되었다. 주목할 만한 것은, 실업률이 미치는 음(-)의 영향이 여자가 더 적다는 것이며, 삶의 만족도는 여성의 창업활동에 굉장히 중요한 요인이나 남성에게는 그렇지 않다는 결과가 제시되었다는 점이다.

〈표 2〉 Verheul, I. & Stel, A. V. & Thurik, R.(2006)의 연구에 사용된 주요 변수

구분	변수명	출처
종속변수	창업활동수준 (TEA: Total entrepreneurial activity)	GEM
	여성 창업활동수준 (FEA: Female entrepreneurial activity)	GEM
	남성 창업활동수준 (MEA: Male entrepreneurial activity)	GEM
	여성 창업활동비율(FEA / TEA)	GEM
독립변수	연구개발비용(R&D expenditure)	World Competitiveness Yearbook
	1인당 국민소득(Per capita income)	World Development Indicators
	실업률(Unemployment)	World Competitiveness Yearbook
	서비스 고용수준(Service employment)	World Competitiveness Yearbook
	Informal sector	Global Competitiveness Report
	여성 노동비율(Female labour share)	World Competitiveness Yearbook
	이전 공산주의 국가(Former communist country)	Dummy(0,1)
	가족의 중요성(Importance family)	World Values Surveys
독립변수	진입규제(Entry regulation)	Global Competitiveness Report
	Informal venture capital	GEM
	출산/육아 휴가(Maternity leave coverage)	Social Security Worldwide
	삶의 만족도(Life satisfaction)	World Values Surveys

기존의 문헌에 의하면, 창업 결정은 국가별 특징에 따라 다르게 나타날 수 있는데, 이러한 국가별 특징은 GDP의 차이, 잠재성장률의 차이, 경제자유도의 차이 등이다(Baumol, 1990; Acs et al., 2005). 마찬가지로, Minniti & Nardone (2007)은 그들의 연구에서 "창업은 국가별로 특징적인 양상을 보이는데 첫째, 모든 나라에 걸쳐 영향을 주는 요인들이 있으며 둘째, 문화적인 차이에 따른 창업의 특징이 있다." 라고 하였다. 특히 국가별로 영향을 주는 요인과 문화적인 차이에 따른 여성과 남성의 특징적인 차이에 관한 부분에 관심을 가졌다. 이러한 궁금증을 밝히기 위해 2002년 37개국의 GEM Data를 이용하여 보편적으로 여성과 남성의 창업에 영향을 미치는 요인들이 어떠한 것들이며, 구체적으로 어느 정도의 차이가 있는지 계량적인 수치로 결과를 제시함으로써 기존의 연구에 대해 객관적인 검증방법을 제시하였으며, 이를 통해 남녀의 창업성향에 대한 차이의 구체적 원인과 정도를 이해하고자 하였다.

구체적으로, 5개의 사회경제적 요인과 4개의 인지변수(GEM변수)를 요인으로 하여 각각의 요인에 따라 발생할 수 있는 경우의 수에 따른 창업 여부를 성별을 달리하여 결합확률로 산출하였다. 이렇게 계산된 결과가 통계적으로 유의한 차이를 보이는지를 검증하기 위해 조사된 표본을 re-sampling하는 붓스트랩 방법을 이용하여 반복 추출함으로써, 성별에 따른 창업비율 분포가 유의적인 차이를 보이는지를 확인하였다. 성별에 따른 5개의 사회경제적 요인과 4개의 인지요인(GEM변수)을 분류한 방법은 다음의 〈표 3〉과 같다.

〈표 3〉 Maria Minniti & Carlo Nardone(2007)의 연구에서 사용된 주요 변수

변수명	GEM Code	분류 방법
창업 여부	SUBOANW	혼자 또는 다른 사람과 최근에 창업하였거나 창업을 준비하고 있는지에 대한 여부로써 예/아니오의 2가지로 분류
나이	AGE	응답자의 나이를 18-24, 25-34, 35-44, 45-554, 55-64, 65-74의 6가지로 분류
교육수준	GEMEDUC	응답자의 교육수준에 따른 5개의 분류
가계소득	GEMHHINC	조사대상 전체의 소득수준을 3개의 범주로 분류
고용상태	GEMWORK	응답자의 현재 고용상태를 풀타임, 파트타임, 은퇴, 주부, 학생, 실업의 6가지 범주로 분류
네트워크[1]	KNOWENT	최근 2년 이내에 창업한 기업가를 개인적으로 알고 있는지에 대한 여부를 예/아니오 2가지로 분류
기회인식	OPPORT	조사 시점으로부터 이전 6개월 동안 창업에 대한 좋은 기회가 있었는지에 대한 인식 여부로 예/아니오의 2가지로 분류
역량 자신감	SUSKILL	창업에 필요한 능력을 보유하고 있는지에 대한 여부를 예/아니오의 2가지로 분류
실패두려움	FEARFAIL	실패할지도 모른다는 두려움 때문에 창업을 회피하는지에 대한 여부를 예/아니오의 2가지로 분류

주1) 네트워크는 다른 창업가를 아는 것으로 말함.

Minniti & Nardone(2007)는 남성과 여성이 위와 같은 요인에 따른 특징적인 차이를 가진다면 이러한 특징의 차이가 창업성향에 영향을 미칠 수 있다고 생각하였다. 따라서, 이러한 요인을 통제하지 않았을 경우와 통제하였을 경우의 창업확률을 비교함으로써 남녀 간의 창업성향에 주요하게 영향을 미치는 요인을 알아내고자 하였다. 또한, 보다 일반적이고 광범위하게 적용할 수 있는 요인을 찾아내기 위해, 37개국의 GEM Data를 이용하여 국가별 영향을 배제한 결론을 도출하였다. 분석결과를 간단하게 소개하면 다음의 〈표 4〉와 같다.

〈표 4〉 사회경제적 요인과 인지적 요인을 고려하여 분석한 남녀 간의 창업성향 차이

아래 표는 GEM Project에서 조사된 2002년의 자료를 이용하여 Minniti & Nardone(2007)이 제시한 결과를 요약하여 작성한 것으로서, 통제는 대상요인을 분석요인에 포함하여 분석한 경우이며, 비통제는 포함하지 않은 경우를 말한다. 최소확률, 평균확률, 최대확률은 붓스트랩 시뮬레이션에서 95% 신뢰구간 내에서 최소, 평균, 최대 창업확률을 계산한 것이다.

대상요인	구 분	최소확률	평균확률	최대확률
사회통계학적 변수 AGE, GEMEUC, GEMHHINC, GEMWORK	포 함	1.788	1.874	1.962
	불포함	1.728	1.805	1.886
인지적 변수 KNOWENT, FEARFAIL, OPPORT, SUSKILL	포 함	1.791	1.874	1.963
	불포함	1.135	1.185	1.240
FEARFAIL, OPPORT SUSKILL	포 함	1.794	1.875	1.963
	불포함	1.197	1.249	1.305
FEARFAIL, SUSKILL	포 함	1.790	1.873	1.963
	불포함	1.262	1.317	1.378
SUSKILL	포 함	1.743	1.828	1.910
	불포함	1.388	1.452	1.518

〈표 4〉에서 대상요인을 통제하였을 경우와 그렇지 않을 경우를 비교하면 사회통계학적 변수는 여성과 남성의 창업성향에 크게 영향을 미치지 못하고 있는 것으로 판단할 수 있다. 반면 인지적 변수인 KNOWENT, FEARFAIL, OPPORT, SUSKILL의 4가지 요인은 여성과 남성의 창업성향에 중요한 차이를 보이게 하는 요인임을 알 수 있다. 그중에서도 SUSKILL이 가장 두드러진 차이를 보이게 하는 요인으로 여겨진다.

3. 연구방법

기존의 여성과 남성의 창업특성에 관한 연구는 전문가를 대상으로 한 심층면접 분석방법이 일반적이었다. 그런데, GEM의 특성상 대규모의 자료조사를 바탕으로 할 경우 여성과 남성의 창업특성 및 연관된 현상에 대한 분석방법은 다양한 통계학적인 분석방법을 이용할 수 있다고 생각되며, 여러 연구자가 다양한 분석방법을 통해 연구를 수행 중이다. 특히, Minniti & Nardone(2007)의 연구방법을 주목할 필요가 있는데, 여성과 남성의 창업성향 차이를 대규모의 모집단 자료[3]를 통해 계산한 후 통계적으로 두 집단 간의 창업에 대한 성향 차이가 유의적인 차이를 보이는지를 확인하기 위해 붓스트랩 시뮬레이션 방법을 이용하여 시뮬레이션하였다. 그리고 남녀 간 차이에 영향을 미칠 수 있는 인구통계학적인 변수와 인지적 변수를 통제하여 분석, 비교함으로써 추가적인 함의를 찾아내고자 하였다. 여기서 창업에 대한 성향이란 "혼자 또는 다른 사람과 최근에 창업하였거나 창업을 준비하고 있는지에 대한 여부"로 정의되며 GEM APS조사에서 SUBOANW로 정의되는 변수이다. 이러한 대규모 시뮬레이션 방법의 장점은 남녀 간의 창업성향 차이를 계량적인 수치로 나타냄으로써 자료조사 경과에 따른 시계열 확보 시 전년(또는 전기) 대비 비교가 가능하며, 정책적 변수를 조절함으로써 창업성향이 어떻게 변할 수 있는지에 대해서 시뮬레이션 할 수 있다는 점이다. 이러한 목적으로 본 논문에서는 붓스트랩을 이용한 re-sampling을 통해 한국의 결과가 기존의 연구와는 어떠한 차이를 보이고 있는지를 확인하고자 하였으며, 이를 통해 어떠한 방법으로 연구를 발전시켜야 하는지에 대해 심도 있는 고민을 해 보고자 하였다. 연구절차와 방법에 대한 간략한 설명은 다음과 같다.

3 2002년에 수집된 37개국의 데이터 중 가용한 59,304개의 성인조사자료(APS)를 이용하여 분석하였다.

분석 단계를 개략적으로 설명하면 다음과 같다.

STEP1: 창업성향에 영향을 미치는 요인 선택
STEP2: 구분된 요인에 따라 발생 가능한 요인조합을 생성하고 모집단으로부터 re-sampling
STEP3: 해당 요인조합에 따라 샘플의 창업성향을 계산(남성과 여성을 구별)
STEP4: STEP2와 STEP3을 반복하여 남성과 여성의 창업성향 분포 생성/비교

위의 각각의 절차를 자세히 보면, STEP1에서는 GEM의 주요변수 중 창업성향에 영향을 미치는 사회통계학적 요인과 인지적 요인을 선택하는데 본 연구에서는 Langowitz & Minniti(2007)의 연구와 Minniti & Nardone(2007)의 연구에서 이용된 변수 중에서 국가변수를 제외한 연령(AGE), 교육수준(GEMEDUC), 가계소득(GEMHHINC), 고용상태(GEMWORK) 등 4개의 사회통계학적 변수와 다른 창업자를 아는 것(KNOWENT), 기회에 대한 인식(OPPORT), 창업에 대한 자신감(SUSKILL), 실패에 대한 두려움(FEARFAIL) 등 4개의 인지적 변수를 요인으로 선택하였다. Minniti & Nardone(2007)의 실증분석 결과에 따르면 4개의 사회통계학적 요인과 4개의 인지적 요인 중 남성과 여성의 창업성향에 직접적인 영향을 주는 변수는 4개의 인지적 요인들로 나타났으며, 이중에서도 창업 분야에 대한 자신감이 더욱 중요한 요인으로 해석되고 있다. 선택된 요인들에 대한 세부사항은 다음의 〈표 5〉와 같다.

기존 연구에 적용된 방법을 우리나라에서 조사된 2008년도 자료의 기초통계에 따라 분류를 수정한 후, 인구통계학적 요인과 인지적 요인에 의해 발생할 수 있는 경우의 수를 계산해 보면 4,320가지[4]이다. 다음 단계로 모집단 2,000명 중 분석에 적합한 1,442명의 자료로부터

4 5×3×3×6×2×2×2×2 = 4320

1,000명의 표본을 무작위로 추출하여 새로운 표본 집단을 생성하였다.

다음으로 생성된 표본 집단의 요인조합에 따른 창업성향을 계산하고, 계산된 모든 요인조합에서의 창업성향을 합하여 남성과 여성의 창업성향 차이를 계산해 낸다. 이 과정을 수식으로 표현하면 다음과 같다.

$$P^{male} = P^{male}(f) = \sum_{k=l}^{L} P_k^{male} \cdot f_k^{male} \qquad \text{식 (1)}$$

$$P^{female} = P^{female}(f) = \sum_{k=l}^{L} P_k^{female} \cdot f_k^{female} \qquad \text{식 (2)}$$

$P^{male(femele)}$: 모든 요인조합을 고려한 남성(여성)의 창업[5]확률, 즉 창업성향

$P_k^{male(femele)}$: 요인조합 k에 해당하는 응답자 중 남성(여성)의 창업확률

$f_k^{male(femele)}$: 요인조합 k에 해당하는 응답자 중 남성(여성)의 비율

식(1), 식(2)를 통해 1개의 남성과 여성의 창업성향 값이 계산되는데, 1개의 값만으로는 그 차이를 통계적으로 유의하다고 판단하기 어렵다. 따라서 붓스트랩 시뮬레이션을 통해 위의 과정을 반복수행하여 남성과 여성의 창업성향 분포를 추출하여 비교함으로써 통계적인 유의성을 판단할 수 있다.

4. 실증분석 및 토론

본 연구에 사용된 자료는 GEM KOREA에서 조사된 자료로서 외환위기를 겪고 난 2001년과 가장 최근 시점인 2008년에 성인 2,000명을

5 GEM APS의 SUBOANW 문항에 '예'라고 답한 비율

대상으로 조사된 APS(adult public survey) 자료[6]이다. 2,000개 자료 중 사용될 수 있는 적합한 자료의 수는 2001년에 1,687개, 2008년에는 1,442개이다. 전체 자료를 대상으로 자료의 특성을 파악해 보면, 앞서 설명된 〈표 5〉에 의해 발생 가능한 4,320개의 조합 중 실제로 응답자가 있는 요인조합은 총 530개, 370개였다.

〈표 5〉 연구에 사용된 요인들에 대한 세부사항

변수명	GEM Code	분류 방법
창업 여부	SUBOANW	혼자 또는 다른 사람과 최근에 창업하였거나 창업을 준비하고 있는지에 대한 여부로써 예/아니오의 2가지 상태로 분류
나이	AGE	응답자의 나이를 18-24, 25-34, 35-44, 45-54, 55세 이상의 5가지 분류
교육수준	GEMEDUC	응답자 교육수준에 따라, 고졸 미만, 고졸, 대졸 이상의 3개 상태로 분류
가계소득	GEMHHINC	조사대상 전체의 소득수준을 하위 33%, 중위 33%, 상위 33%의 3개 상태로 분류
고용상태	GEMWORK	응답자의 현재 고용상태를 정규직, 파트타임, 은퇴/장애, 주부, 학생, 실업의 6가지 상태로 분류
네트워크	KNOWENT	최근 2년 이내에 창업한 기업가를 개인적으로 알고 있는지에 대한 여부를 예/아니오 2가지로 상태로 분류
기회인식	OPPORT	조사 시점으로부터 이전 6개월 동안 창업에 대한 좋은 기회가 있었는지에 대한 인식 여부로 예/아니오의 2가지로 상태로 분류
역량 자신감	SUSKILL	창업에 필요한 능력을 보유하고 있는지에 대한 여부를 예/아니오의 2가지로 상태로 분류
실패두려움	FEARFAIL	실패할지도 모른다는 두려움 때문에 창업을 회피하는지에 대한 여부를 예/아니오의 2가지로 상태로 분류

〈그림 1〉은 2008년을 기준으로 가능한 요인조합 4,320개를 대상으로 응답자를 검색했을 때, 응답자가 존재하는 요인조합별로 응답자 수를 표시한 그림이다. 2008년을 기준으로 가장 많은 도수를 보인 경

6 GEM Data의 상세내용은 http://www.gemconsortium.org에서 확인할 수 있음.

우는 나이 1, 교육 3, 소득 1, 고용 5, 네트워크 정도 0, 기회인식 0, 자신감 0, 실패에 대한 두려움 0인 응답자였으며, 이를 코드로 나타내면 13150000으로 표기하였으며, 이 경우 대상자 모두 창업성향은 0이었다.

〈그림 1〉 응답자가 존재하는 요인조합별 응답자 수(2008년 기준)

아래 그림은 전체 1,442명을 대상으로 4,320개의 요인조합 중에서 응답자가 존재하는 경우를 합산한 결과이며, 가로축에 쓰인 것은 8개의 요인에 따른 상태를 나열해서 기록한 요인조합 코드이다.

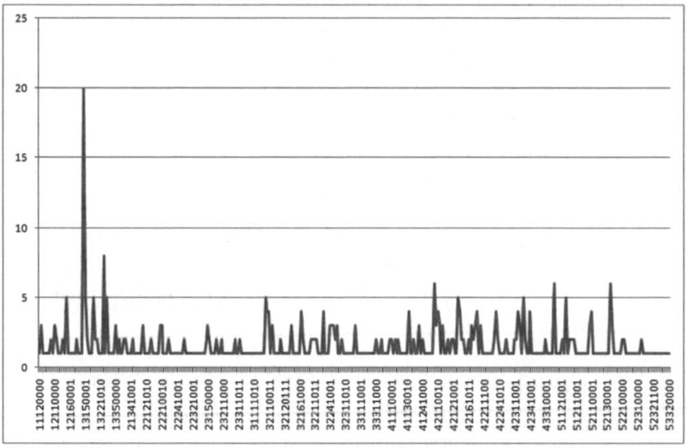

〈그림 2〉는 응답자가 존재하는 요인조합 중에서 창업성향에 '예'라고 응답한 응답자, 즉 창업을 계획하고 있거나 현재 창업과정에 있는 응답자가 있을 경우만을 추출하여, 해당 요인조합에서 몇 명 정도가 창업성향을 보이는지를 차트로 표시하여 어떠한 요인조합에서 창업성향이 높은지를 확인하고자 하였다. 총 1,442명의 샘플 중에서 78명이 창업성향이 있는 것으로 조사되었으며, 이 중 남성이 55명, 여성이 23명으로 남성이 여성에 비해 약 2.4배 많은 것으로 조사되었다. 그림에서 보면 연령이 35~44세이고, 대학교 이상의 교육을 받았으며, 소득수준이 중위 이상인 그룹들에서 창업성향이 1 이상인 경우가 집중되어 있는 것으로 짐작할 수 있는데, 이는 통계적인 유의성은 고려되지 않는다. 각각

의 요인별로 창업성향이 있는 응답자 수를 확인해 볼 필요가 있는데 이는 다음의 〈표 5〉를 통해 확인할 수 있다.

〈그림 2〉 요인조합별 창업성향 도수(2008년 기준)

아래 그림은 전체 응답자가 있는 370개의 요인조합을 대상으로 파악한 자료로, 창업성향에 '예'라고 응답한 요인조합만 별도로 추출하여 해당 응답자 수를 기록한 것이다. 그림에서 볼 수 있듯이 조합별로 창업성향에 '예'라고 응답한 수는 1명 또는 2명으로 나타났다.

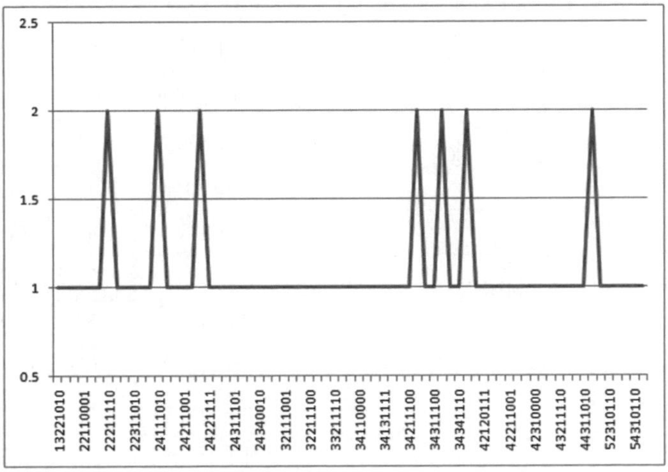

〈표 6〉을 통해 확인한 결과 나이는 25세~34세가 27명으로 35세~44세보다 근소하게 앞서고 있으며, 대학교 이상의 교육을 받고, 소득수준이 상위라고 생각하는 사람들의 창업성향이 높았다. 또한, 현재 정규직으로 고용되어 있으면서 창업자를 알고, 기회에 대한 인식이 있으며, 자신의 창업 분야에 부합하는 전문지식과 기술에 대한 자신감이 있으며, 실패에 대한 두려움이 없는 사람의 창업성향이 대표적으로 높은 것으로 조사되고 있다.

〈표 6〉 각각의 독립요인별 창업성향 수(2008년 기준)

아래의 표는 창업성향을 보이는 78명의 샘플에 대해 개별 요인의 요인값에 따른 빈도를 계산한 것으로, 요인별로 어떤 요인값에서 창업성향을 두드러지게 보이는지를 확인할 수 있다.

요인범주	요인	요인값	요인값 해설	도수	비율주[1]
사회통계학적 요인	나이 (AGE)	1	18세~24세	3	3.85%
		2	25세~34세	27	34.62%
		3	35세~44세	26	33.33%
		4	45세~54세	17	21.79%
		5	55세 이상	5	6.41%
	교육 (GEMEDUC)	2	고등학교 미만	26	33.33%
		3	고등학교	8	10.26%
		4	대학교 이상	44	56.41%
	소득 (GEMHHINC)	1	하위 33%	16	20.51%
		2	중위 33%	27	34.62%
		3	상위 33%	35	44.87%
	고용상태 GEMWORK)	1	정규직	50	64.10%
		2	파트타임	8	10.26%
		3	은퇴 또는 장애	2	2.56%
		4	주부	9	11.54%
		5	학생	1	1.28%
		6	실업상태	8	10.26%
인지적 요인	창업자 네트워크 (KNOWENT)	0	모름	23	29.49%
		1	알고 있음	55	70.51%
	기회인식 (OPPORT)	0	기회 없음	33	42.31%
		1	기회 있음	45	57.69%
	자신감 (SUSKILL)	0	자신감 없음	18	23.08%
		1	자신감 있음	60	76.92%
	실패에 대한 두려움 (FEARFAIL)	0	두려움 없음	53	67.95%
		1	두려움 있음	25	32.05%

주1) %, 78명 중 차지하는 비율을 나타내며, 각각의 요인별 합계는 100%이다.

전체 모집단을 대상으로 남녀의 창업성향에 대해 계산하면, 총 370개의 요인조합에서 남성의 창업성향은 5.05%로 나타났으며, 여성의 창업성향은 1.89%로 나타나 3.16%의 차이를 보이고 있다. 2002년 37개국의 자료를 대상으로 조사한 Minniti & Nardone(2007)의 연구결과와 비교하면, 남성의 창업성향은 5.01%로 우리나라의 결과와 크게 차이가 나지 않는 것으로 보이나 여성은 2.71%로 우리나라 여성의 창업성향과 비교하였을 때 다소 높게 나타났다. 즉, 우리나라의 경우 남성의 창업성향은 국제적으로 평균적인 수준이나, 여성의 창업성향은 국제적으로 보았을 때 낮은 수준이라는 점이다. 그러면 시뮬레이션을 통해 남녀의 창업성향을 비교한 결과는 어떨까? 다음의 〈그림 3〉, 〈그림 4〉에는 남성과 여성의 창업성향 시뮬레이션 결과값의 분포가 제시되어 있으며, 〈그림 5〉에는 매회의 시뮬레이션에서 나타난 남녀 간의 창업성향 차이의 분포가 나타나 있다. 남성의 경우는 분포가 고르나, 여성의 경우는 분포가 매우 고르지 못한 모습을 보이고 있어 어떤 응답자가 표본에 포함되었느냐에 따라 결과가 크게 달라지고 있음을 보이고 있다. 따라서, 〈그림 5〉를 통해 성별 창업성향의 차이를 확인하는 것이 직관적인 이해를 더 높일 수 있을 것으로 판단된다.

〈그림 3〉 남성창업성향 분포

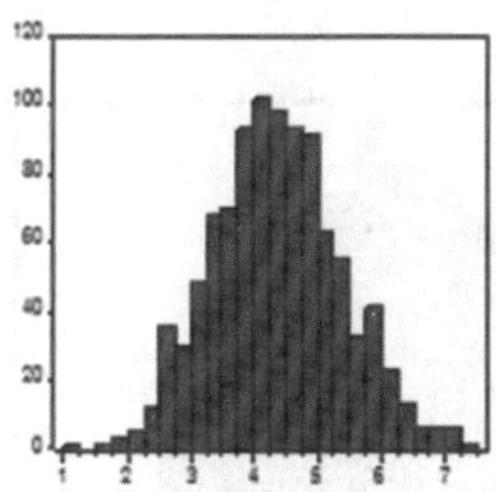

〈그림 4〉 여성창업성향 분포

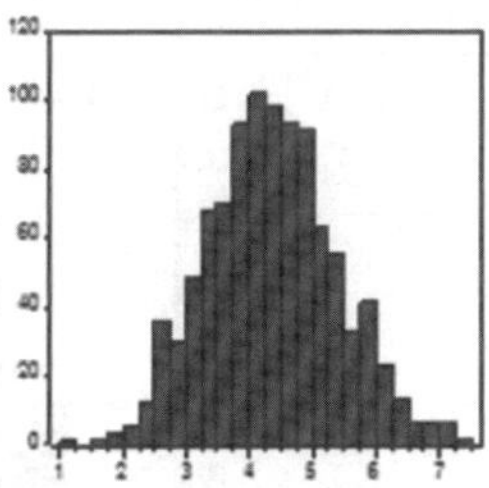

〈그림 5〉 창업성향 차이 분포

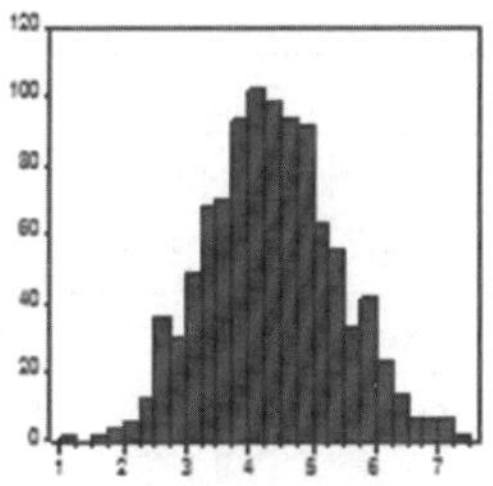

그런데, 시뮬레이션 결과 중에는 여성의 경우 창업성향이 0%로 계산되거나, 남성과 여성의 창업성향 차이가 −0.61%로 계산되는 극단적인 사례가 있기 때문에 이러한 결과값은 제외하고 결과를 해석할 필요가

있다. 따라서, 시뮬레이션 결과 중 분포의 좌우측 극단적인 결과값을 제외한 95%[7]의 결과만을 살펴보면 〈그림 6〉, 〈그림 7〉과 같이 분포가 수정되며, 〈표 7〉과 같은 수치가 제시된다.

〈그림 6〉 남성창업성향 분석 결과(2008년, 95%)

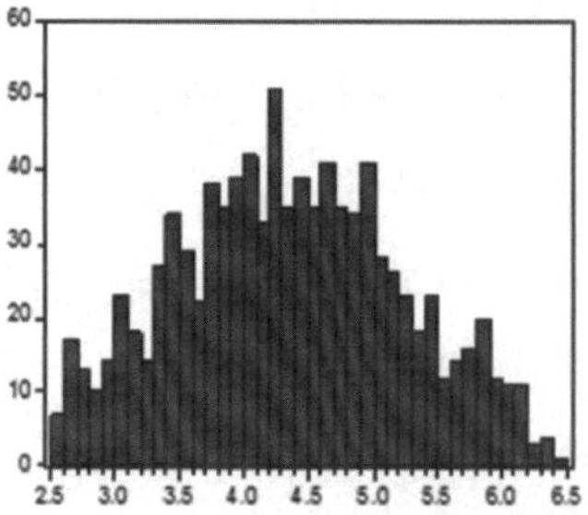

〈그림 7〉 여성창업성향 분석 결과(2008년, 95%)

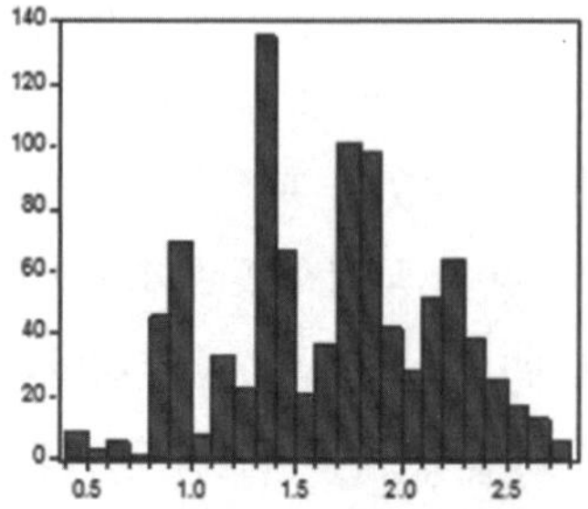

〈표 6〉을 통해 시뮬레이션 결과를 자세하게 검토하면, 남성의 경우 창업성향은 평균 4.35%, 중앙값이 4.31%이며 최소 1.24%와 최대 7.26% 사이에 분포되어 있다. 표준편차는 1%이다. 여성의 경우는 평균 1.65%, 중앙값이 1.72%이며, 최소 0%와 최대 3.59% 사이에 분포되어 있다. 표준편차는 0.57%이다. 시뮬레이션 결과의 평균적인 남성과 여성의 창업성향 차이는 2.7%로 나타났으며, 표준편차는 1.17%로 계산되었다.

〈표 7〉 시뮬레이션 결과 기초통계량(2008, 95%)

통계량	남성	여성	차이값
Mean	4.35	1.65	2.69
Median	4.31	1.72	2.65
Maximum	6.41	2.73	5.07
Minimum	2.52	0.47	0.47
Std. Dev.	0.88	0.50	1.03
Skewness	0.08	−0.05	0.03
Kurtosis	2.37	2.26	2.27

〈그림 8〉 성별 창업성향 차이 분포(2008년, 98%)

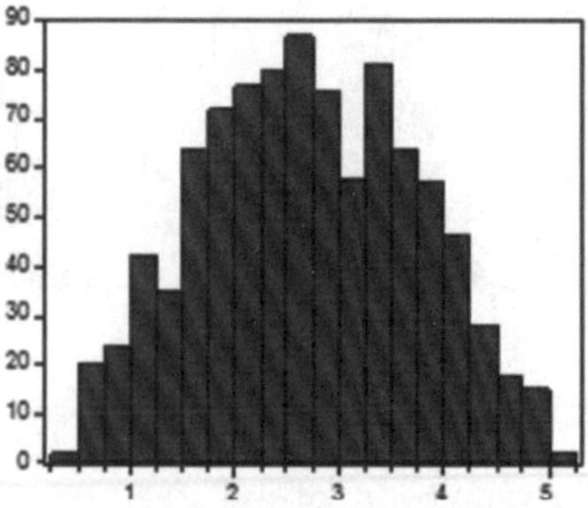

7 95% 하위~상위 임계값은, 남성 2.51%, 6.42%, 여성 0.46%, 2.74%, 남녀차이 0.43%, 5.10%임

이상과 같이 2008년도 분석자료를 통해 붓스트랩 방법을 이용한 우리나라 여성과 남성의 창업성향 차이를 살펴보았다. 다음은 외환위기를 겪고 난 이후인 2001년 자료를 통해 분석한 결과로 2008년도의 분석결과와 다소 차이가 있다. 자세한 분석결과는 〈그림 9〉~〈그림 11〉과 〈표 8〉에 제시되어 있다.

〈그림 9〉 남성창업성향 분석 결과(2001년, 95%)

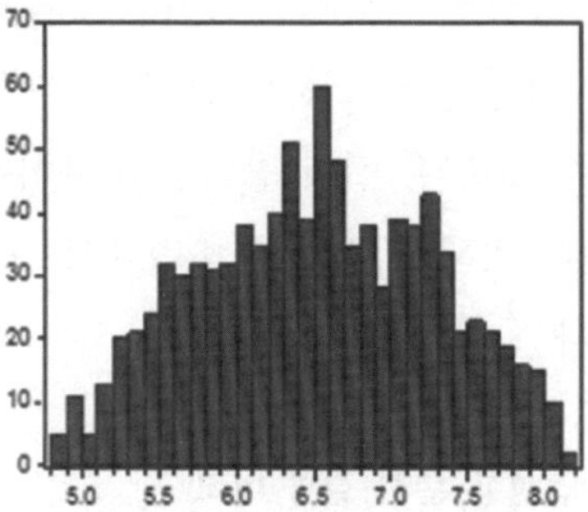

〈그림 10〉 여성창업성향 분석 결과(2001년, 95%)

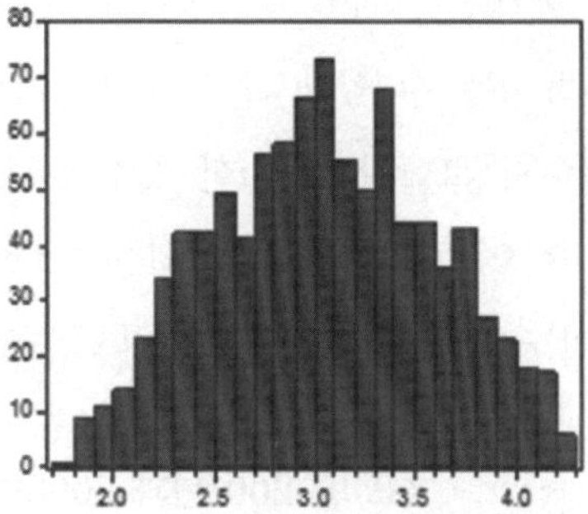

〈표 8〉 시뮬레이션 결과의 기초통계량(2001)

통계량	남성	여성	차이값
Mean	6.52	3.04	3.47
Median	6.52	3.03	3.48
Maximum	8.16	4.25	5.47
Minimum	4.87	1.79	1.15
Std. Dev.	0.76	0.55	0.97
Skewness	−0.02	0.02	−0.13
Kurtosis	2.21	2.30	2.32

〈그림 11〉 성별창업성향 차이 분포(2001년, 95%)

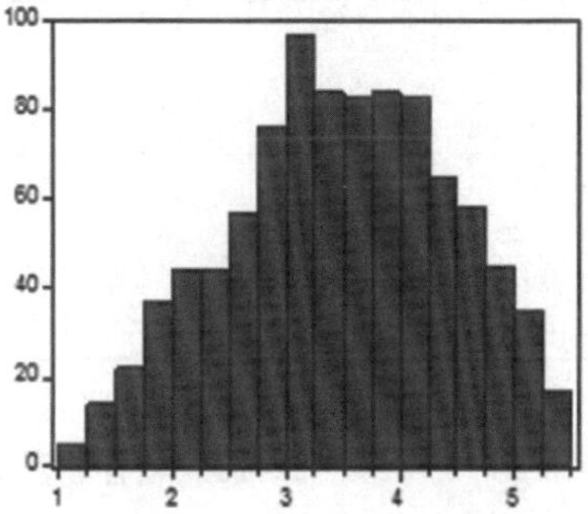

2008년의 시뮬레이션 결과에 비해 여성의 경우 분포가 다소 누그러진 것으로 보이며, 남성의 경우 창업성향 평균이 6.52%, 여성의 경우 창업성향 평균이 3.04%를 보여, 창업성향의 평균적인 차이는 3.47%로 나타났다.

2001년의 결과와 2008년의 결과를 비교하여 보면, 〈표 9〉를 통해 확인할 수 있듯이 2001년에 비해 2008년에 전반적으로 창업성향이 감소하였음을 알 수 있으며, 〈표 10〉의 평균검증을 통해 이러한 차이가 통계적으로 유의적인 차이인지에 확인할 수 있다. p-value값이 모두 0.000으로 유의수준 1%보다 작으므로 통계적으로 유의한 차이가 있는 것으로 검증되었다. 특징적인 것을 보면 남성의 창업성향이 6.52%에서 4.35%로 33.28% 감소하는 데 비해, 여성의 창업성향은 3.04%에서 1.65%로 감소하여 2001년에 비해 45.72%만큼 크게 감소한 점이다. 또한, 차이값을 보더라도 여성과 남성의 창업성향의 차이가 확대된 것으로 해석될 수 있다. 얼핏 보면, 여성과 남성의 창업성향 차이는 절대적인 수치상으로는 감소한 것처럼 보일 수 있으나, 전체 창업성향 차이에 대비하여 비교하면 2001년은 36.3%인데 비해 2008년은 44.83%로 상당한 수준으로 증가하였다고 볼 수 있다.

〈표 9〉 2001년과 2008년 창업성향 분석 결과 비교

통계량	2008년도			2001년도		
	남성	여성	차이값	남성	여성	차이값
Mean	4.35	1.65	2.69	6.52	3.04	3.47
Median	4.31	1.72	2.65	6.52	3.03	3.48
Maximum	6.41	2.73	5.07	8.16	4.25	5.47
Minimum	2.52	0.47	0.47	4.87	1.79	1.15
Std. Dev.	0.88	0.50	1.03	0.76	0.55	0.97
Skewness	0.08	−0.05	0.03	−0.02	0.02	−0.13
Kurtosis	2.37	2.26	2.27	2.21	2.30	2.32

〈표 10〉 창업성향 분포의 평균검증 결과

아래의 표는 2001년과 2008년 자료를 이용하여 추출한 남녀 각각의 창업성향 시뮬레이션 분포의 평균검증 결과이다.

검증대상 차이	t-value(p-value)
2008 남자 − 2008 여자	72.63(0.000)*
2001 남자 − 2001 여자	68.35(0.000)*
2008 남자 − 2001 남자	51.75(0.000)*
2008 여자 − 2001 여자	51.66(0.000)*

주) *는 1% 유의수준을 나타냄.

〈그림 12〉 소상공인 경기동향 추이

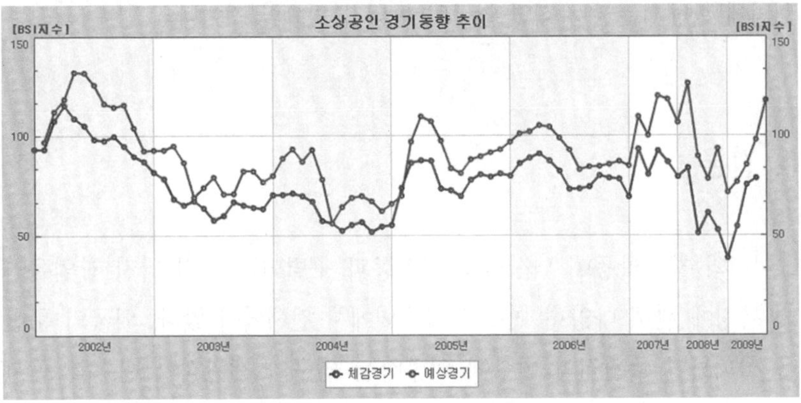

자료: 소상공인종합정보시스템 http://www.sbdc.or.kr/

2001년에 비해 2008년의 창업성향이 줄어든 것은 사회경제적 창업환경의 변화와 무관하지 않다. 국내의 경우 1997년 외환위기 이후 많은 기업이 도산하거나 생존을 위한 구조조정과정에서 높은 실업률을 기록하였고, 이 과정에서 새로운 일자리를 찾기 위한 방편으로 창업을 선택한 경우가 높았다(박윤재 외, 2001). 또한, 양현봉(2003)에 따르면 1997년부터 2000년까지 우리 경제가 극심한 침체현상을 보였음에도 불구하고 중소제조업 전체의 사업체 수 및 종업원 수는 각각 6,055개사, 9만 3,000명이 증가하였으며, 특히 종업원 수 50인 미만의 소기업에서 사업체 수, 종업원 수의 절대 수치 및 중소제조업 전체에서 차지하는 비중도 매우 높은 증가를 보이고 있는 것으로 분석하고 있다. 이러한 현상은 소상공인 경기동향 추이를 통해서도 확인할 수 있는데, 〈그림 12〉의 소상공인 경기동향 추이에 따르면 최근 2008년의 소상공인 경기는 다른 해에 비해 현저히 낮은 실정이다. 즉, 외환위기 이후 구조조정 과정에서 중소기업 및 '생계형 창업'으로 일컫는 소상공인 창업활동이 증가하였으나 그 이후 완만한 하락세를 보이고 있으며 이러한 현상은 2008년 금융위기 당시의 경기침체 과정에서 발생한 창업자본조달의 어려움으로 인해 창업환경이 악화된 데 기인했다고 추측할 수 있다. 이에 대한 구체적인 원인에 관해서는 추가적인 연구와 논의가 필요할 것이다.

5. 결론

여성의 창업활동이 남성의 창업활동과 구별되는 여러 가지 창업유인 및 특징에 관해 다양한 연구가 국내외에서 진행되어 왔다. 외국의 문헌을 살펴보면 주관적인 변수에 의존하는 연구와 객관적인 변수를 동시에 사용하는 연구 등 연구방법 및 모델도 다양하나, 국내의 연구는 주로 심층면접에 의한 주관적인 요소가 많이 개입되어 있으며 표본의 특징 및 수도 일정규모 이상의 벤처기업을 운영하고 있는 소수의 여성기업가에 한정되어 있어 보다 일반화된 결론을 도출하기에는 무리가 있는 것이 사실이다. 따라서, GEM 프로젝트를 통해 획득된 다수의 일반적인 표본을 통해 이러한 점을 보완하여, 기존의 연구를 이어나가는 시도가 이루어지고 있으며, 본 연구도 이러한 연구 흐름의 선상에 있다.

본 연구는 남녀 간의 창업성향의 일반적인 차이를 검증하고자 한 연구로, GEM APS Data를 대상으로 붓스트랩 방법을 이용한 시뮬레이션을 통해 최근의 여성과 남성의 창업성향 차이의 변화를 검증하였다. 다만, 우리나라 여성과 남성의 창업성향 차이에 대한 직접적인 요인을 밝히는 것은 현재 연구의 범위에서는 제외되었다.

분석결과, 2001년에 비해 2008년의 창업성향이 통계적으로 볼 때, 전반적으로 감소하였으며, 이러한 감소의 폭은 여성의 경우가 더 크다는 사실이 확인되었다. 이러한 현상은 외환위기 이후 높아진 생계형 창업이 최근에 와서는 상당히 줄어들었으며, 특히 여성의 생계형 창업이 더 많이 줄어든 것으로 이해할 수 있다. 또한, 창업활동이 경제성장의 단계에 따라 U자형 패턴을 보이는데 우리나라의 경우 U자의 왼쪽에서 오른쪽으로 이동하는 중에 있으며, 이 경우 여성의 창업성향이 더 많이 하락하게 됨을 실증적으로 보였다. 즉, 경제상황에 따라 구조적으로 생계형 창업이 줄어들고 기회인식을 통한 창업활동이 늘고 있는 것이라면, 기회인식을 통한 창업 지원 프로그램들에 대한 여성의 지원 비율을 높이는 것이 여성의 창업성향을 높이는 데 더 유효할 것으로 보인다. 다만, 이에 대한 구체적인 논의는 보다 심도 있는 연구를 통해 검토되어야 할 것으로 본다.

우리나라 여성의 창업성향이 남성에 비해 현저히 낮은 수준이라는 사실은 다양한 통계 및 기조의 GEM 연구에서 통념상 인지되고 있는 사실이나, 대규모의 자료를 이용한 시뮬레이션 분석을 통해 시간에 따른 전반적인 창업성향의 비교 및 남녀 간의 창업성향 차이가 계량적인 수치에 의해 구체적으로 제시되었다는 점에 의의가 있으며, 일반적인 수치를 학문적인 의미로 해석할 수 있는 방법론적 기초를 제공해 줄 수 있다는 점에서 의미가 있다. 또한, 이러한 조사 및 연구가 지속된다면 여성과 남성의 비교연구 뿐만 아니라 관련된 비교연구에도 응용될 수 있을 것으로 기대하며, 현재의 방법론적인 발전이 적용되어 기존의 연구결과들을 실증적으로 보완할 수 있다면 여러 방면에서 활용도가 높을 것으로 기대한다. 다만, 창업성향에 영향을 미치는 요인에 대한 사전 분석 없이 기존의 연구에서 사용된 요인을 그대로 사용하였으며, 비교의 대상이 2001년과 2008년으로 비교 시점의 경제 상황 및 환경변화에 대한 요인들이 고려되지 못했다는 것은 한계로 남는다. 따라서, 향후 계속되는 자료수집을 통해 창업성향에 영향을 미치는 요인의 변화에 대한 비교연구가 본 연구와 함께 병행되면 보다 나은 함의를 제시할 수 있을 것으로 기대한다.

참고 문헌

김복규, 이종열(2005), "농촌여성 소규모 사업 창업지원방안에 관한 연구," 한국지역사회학회, 「지역사회연구」, 제13권, 제3호, pp. 55-86.

김우영(2001), "남녀간 자영업 비중의 격차 분석," 「노동경제논집」, 제24권, 제2호, pp. 1-34.

김원석, 고순철, 권오박(2007), "농촌여성 창업자 특성과 사업성과: 농촌여성일감갖기사업 참여자를 중심으로," 「농촌지도와 개발」, 제14권, 제1호, pp. 93-116.

나중덕, 김승호, 최탁열(2004), "여성 창업기업의 환경 및 경영자 특성, 협력활동이 성과에 미치는 영향," 「중소기업연구」, 제26권, 제1호, pp. 175-201.

박윤재, 윤현덕, 김영수(2001), "한국의 창업여건과 활성화에 관한 국제비교연구 - GEM 연구를 중심으로 - ",「중소기업연구」, 제23권, 제3호, pp. 157-184.

반성식, 서상구, 이현숙, Donna J. Kelley, 이용삼(2009), 「글로벌기업가정신연구(GEM) 2008 연구보고서」, 진주산업대학교/중소기업청.

서도원(2006), "여성창업 보육센터의 효과적 운영방안," 「산업과 경영」, 제19권, 제1호, pp. 75-98.

서도원 , 조규호(2006), "우리나라 여성창업보육센터 입주기업의 특성에 관한 연구," 「산업과 경영」, 제19권, 제1호, pp. 297-322.

양현봉(2003), "외환위기 전후의 중소기업 구조변화 분석 및 정책적 시사점", 「2003년 경제학 공동학술대회 발표논문」, pp. 2-18.

이상석(2006), "여성기업의 창업동기, 성공요인, 성과간의 관계에 관한 연구",「중소기업연구」, 제28권, 제4호, pp. 45-64.

전방지(2002), "여성 중소기업인의 창업과 경영방식 - 우리나라와 미국의 경험 -", 「중소기업연구」, 제24권, 제2호, pp. 61-87.

전방지, 한미라(2008), "창업 경로: IT분야 여성 창업에서 인적자본의 역할",「산업경제연구」, 제21권, 제6호, pp. 2909-2929.

정영순, 송연경(2007), "소액창업업체의 생존에 관한 탐색적 연구", 「사회복지정책」, 제31권, pp 397-422.

정영일(2005), "여성의 사회참여와 일자리창출을 위한 전략 -광주,전남지역의 여성 사회참여와 창업을 중심으로-",「한국여성교양학회지」, 제14권, pp. 167-181.

정희선(1998), "여성기업의 연구동향과 지원정책과제," 한국중소기업학회, 1998년도 추계학술연구논문발표회, pp. 26-46.

한인수, 박경환(1998), "정보통신 여성인력의 근무여건 개선 및 장기경력 육성 - 중소기업과 대기업의 비교를 중심으로 -," 한국중소기업학회, 1998년도 추계학술연구논문발표회, pp 26-46.

한정화, 백윤정(2003), "여성벤처기업의 창업동기와 경영특성에 관한 탐색적 연구," 중소기업연구, 제25권, 제3호, pp. 329-355.

VCPE(2009), "벤처기업의 경제적 파급효과", *VCPE Monthly(The Journal of Venture Capital & Private Equity Market in Korea & The World)*, 2009년 3월호, pp. 3 - 7.

Arenius, P. and M. Minniti(2005), "Perceptual Variables and Nascent Entrepreneurship," *Small Business Economics Journal* 24(3), pp. 233-247.

Baumol, W. J.(1990), "Entrepreneurship: Productive, Unproductive, and Destructive," *Journal of Political Economy* 98, pp. 893-921.

Hisrich, R. and Brush, C. G.(1986), *The Women Entrepreneur: Starting, Financing and Managing a Successful New Business*, Lexington, Lexington Books

Langowitz & Minniti(2007), "The Entrepreneurial Propensity of Women", *Entrepreneurship Theory and Practice* 31(3), pp. 341-364

Minniti, M. & Nardone, C.(2007), "Being in Someone Else's Shoes: the Role of Gender in Nascent Entrepreneurship", *Small Business Economics* 28, pp. 223-238.

Minniti, M.(2005), "Entrepreneurship and Network Externalities", *Journal of Economic Behavior and Organization* 57(1), pp. 1-27.

Minniti, M.(2004), "Organization Alertness and Asymmetric Information in a Spin-Glass Model," *Journal of Business Venturing* 19(5), pp. 637-658.

Minniti, M.(2003), "Entrepreneurship Studies: A Stock Taking," *Advances in Austrian Economics* 6, pp. 9-37.

Niels Bosma, Zoltan Acts, Erkko Autio, Alicia Coduras, Jonathan Levie(2008), *Global Entrepreneurship Monitor*, 2008 Executive Report, GERA.

Shane, S., Kolvereid, L. and Westhead, P.(1991), "An exploratory examination of the reasons leading to new firm formation across country and gender," *Journal of Business Venturing* 6: pp. 431-.446.

Verheul, I., A.J. van Stel and A.R. Thurik(2006), "Explaining Female and Male Entrepreneurship at the Country Level," *Entrepreneurship and Regional Development* 18(2), pp. 151-183.

Verheul, I. and R. Thurik(2001), "Start–up Capital: Does Gender Matter?," *Small Business Economics* 16, pp. 329–345.

근거이론에 따른 창업교육 인식에 관한 고찰[1]

1. 서론

현재까지 국내에서 이루어지고 있는 창업 관련 정규 및 비정규 교육과정은 중소기업청과 교육부의 정부사업 중심으로 진행되고 있다. 정부주도 사업으로 시행 중인 창업교육은 사업으로써 고유의 목표를 가진다. 중소기업청의 경우 창업자 육성을 중심으로, 창업성공률 제고와 창업전문가 육성 등을 목표로 두고 있다. 교육부의 경우 창업교육의 확산이란 교육적 목표를 가지고 사업을 수행하고 있다. 교육목표의 달성은 창업성공률의 제고로 연계되며, 나아가 건강한 중소기업의 육성 등을 포함한 거시적인 경제효과로도 연계될 것이다.

창업교육은 학습자에게 동기를 부여하고 역량을 강화하여 창업성공에 영향을 미친다. 최근에는 창업자 양성을 목표로 한 창업교육에 사회적 관심이 증가하고 관련 연구도 이루어지기 시작했다. 박동·김안국·황규희·이종선·이봉주(2010)는 청년창업정책에 관한 연구에서 창업교육정책의 필요성에 대하여 언급하고 있다. 이들은 국내 창업지원정책이 창업생태계 조성에 중점을 두고 있으며, 실제 창업인재 육성은 경시하고 있음을 말한다. 또한, 지식기술분야에서 창업인재를 양성하기 위하여 청년을 대상으로 창업교육 상시화, 산학협력사업의 창업교육과 연계

1 이 논문은 설병문, 박상혁, 박종복과 함께 『벤처창업연구』 제9권 제3호(2014년)에 게재하였다.

등으로 창업인재를 직접적으로 지원하는 정책의 필요성을 제시한다. 이들은 청년창업의 성공을 위한 주요 요소로 창업교육의 중요성을 언급하고 있다.

미국은 1945년 하버드(Harvard)대 경영대학원이 최초로 창업교육을 도입하기 시작하였다. 이후 1970년대 후반 베스퍼(Vesper) 같은 학자들이 경영교육과 창업교육의 차별성을 본격적으로 인식하였다. 이후 뱁슨(Babson), 베일러(Balyor), 하버드(Harvard), 와튼(Wharton)대학 등이 대학교육에 본격적으로 도입하여 왔다. 국내 대학에서는 1980년대 초반부터 중소기업 경영교육 차원에서 창업에 대한 교과목이 개설되었다. 서울특별시와 중소기업진흥공단 그리고 대학부설기관에서 주로 학위과정이 아닌 단기연수과정 중심으로 운영되어 왔다(Jeong, 2008). 최근에는 대학 내에 창업학과가 개설되고, 중소기업청 창업선도 대학사업으로 대학에서 창업강좌를 개설하고 있다. 중소기업청과 교육부를 중심으로 한 창업교육에 대한 인식과 관심 증가가 대학의 역할 증가로 이어지고 있다. 그동안 중소기업청은 기술창업기술아카데미와 성공창업패키지 능 단기교육 위주의 창업교육사업을 시행하여 왔다. 교육부는 링크(LINC)사업에 참여한 61개 대학 내에 창업교육센터를 설치하여 창업교육을 확산하고 있다. 현재 박사학위과정이 일부 대학에서 운영되고 있으며, 최근에는 학부에 창업학과를 개선하는 대학이 늘고 있다.

창업교육이 양적으로 확산되는 현시점에서 본 연구는 창업교육의 방향 및 방법에 대한 논의를 교육수요자의 창업교육에 대한 인식에 근거하여 연구한다. 여기서 인식이란 학습자가 창업교육을 통하여 배우길 원하는 내용(창업교육의 정의), 학습과정(창업교육 방향과 교육내용)과 학습 후 달성하길 희망하는 결과의 달성 기대감(교육생의 목표달성), 내용과 기대 간의 일치성 등을 포함한다. 창업교육은 교육으로써의 고유한 특성을 가진다. 교육 수요자인 학습자와 공급자인 교육기관이 생각하는 교육목표가 존재하며, 이들은 동질적이거나 또는 이질적일 수 있다.

본 연구는 질적 연구에 속하는 근거이론 접근방법을 사용한다. 국내에서는 2000년대 들어서 교육학 분야에서 근거이론 접근방법을 활용한 연구들이 이루어지고 있다. 그러나 국내 창업학 분야에서는 현재까지 근거이론적 접근방법을 수용한 선행연구를 보기 어렵다. Mason(1996)은 질적 연구를 해석주의 철학적 입장에서 자료를 만들어내는 방법으로 융통적이며, 분석과 해석에서 복합성, 세부사항, 맥락을 이해하는 데 중점을 둔다고 설명한다(Kim, 2011).

본 연구는 국내 창업학의 학문적 정체성에 대한 명확화와 체계화 시도란 의미를 가진다. 이를 위하여 창업교육을 받는 교육생이 교육과정에서 배우길 원하고 있으며, 배울 수 있을 것으로 기대하고 있는 것이 무엇인가를 조사한다. 연구결과를 통하여 창업교육의 정의를 추론한다. 창업교육의 정의를 명확화하고 구체화함으로써 교육기관의 교육목표와 학습자의 학습목표 수립에 도움을 주고자 한다. 조사를 통하여 창업교육의 교수방법에 대한 체계적인 접근이 가능할 것으로 기대한다. 본 연구는 제1장 서론에 이어 제2장에서 창업교육의 의미와 교육방향을 선행연구 중심으로 정리한다. 제3장 연구방법에서 근거이론에 따른 연구절차와 연구대상을 설명한다. 제4장은 근거이론에 기반을 둔 부호화 과정을 제시하고, 수요자 관점의 창업교육에 관한 분석을 진행한다. 끝으로 제5장은 시사점을 중심으로 연구의 논의와 제언을 정리한다.

2. 창업교육

2.1 창업교육의 의미

창업교육의 중요성이 인식되면서 다수의 연구에서 창업교육에 대한 정의가 이루어져 왔다. 황보윤·양영석(2012)은 창업교육을 "창업 관련 지식, 기능, 태도를 가르쳐 새로운 사업을 성공적으로 운영할 수 있도록 하는 교육"으로 정의한다. 김주미·오상훈·양재경(2007)은 "미래의 창업자를 위한 창업 관련 지식, 기능, 태도 등 이들을 가르치는 교육뿐 아니라 창업을 하지 않더라도 피고용자 입장에서 직무수행에 긍정적인 자세를 갖고 일할 수 있도록 하는 교육"으로 창업교육을 정의하고 있다.

창업교육은 창업 후 안정적 운영에 결정적 정보를 제공하여 창업성공률을 높이는데 매우 중요한 정책이다. 사업운영자가 사업을 시작하기 전에 사업경영에 필요한 지식 및 기술과 기업가에게 요구되는 태도 및 가치관을 갖추지 못한 채 사업을 시작하는 경우 실패의 가능성이 높아진다. 체계적인 창업에는 관련 지식과 기술을 얻을 수 있는 창업교육이 필요하다. 창업교육은 사업아이디어를 탐색하고, 구체적으로 사업을 계획하며, 계획을 성공적으로 운영하는 데 필요한 지식, 기능, 태도 등을 가르친다(Mok & Choi, 2012). 중소기업청은 실업문제의 대안으로 창업정책이 본격화된 2000년대에 들어서면서 현재까지 창업대학원사업과 소상공인진흥원 등을 통해 창업교육을 시행하고 있다. 현재 중소기업청의 주요 창업교육사업으로는 창업컨설팅지원, 대학창업강좌지원, 기술창업학교, 창업대학원, 성공창업패키지 등이 있다. 이외에도 예비기술창업자육성사업, 기술창업아카데미, 연구원특화예비기술창업자육성사업, 선도벤처연계 창업지원사업, 창업선도대학지원사업, 청년창업전용펀드 조성 등 창업교육에서 창업지원자금에 이르는 창업에 대한 일괄지원사업을 실시하고 있다. 그러나 창업의 양적 확산 기능 중심으로 작용할 경우에 부실창업을 양산할 수 있다는 우려가 있다(Yang, Choi, and Hwangbo, 2012).[2]

2 정부가 20~30대 청년층을 대상으로 창업을 촉진하기 위하여 지원하는 사업은 중소기업청, 지식경제부 등의 중앙부처, 서울특별시 중심의 지방정부에서 이루어지고 있다. 이들 사업의 유형은 크게 기업가정신 확산을 위한 창업교육, 우수예비창업자발굴을 위한 창업경진대회, 그리고 창업사업화지원 등이다. 창업교육사업으로는 중소기업청의 창업선도대학, 청년사관학교, 대학창업강좌, 기술창업학교, 문화관광부의 뉴미디어창업스쿨, 서울특별시의 하이창업스쿨 등이 있다. 중소기업청의 창업동아리지원사업은 청년창업활성화를 목적으로 창업아이템발굴과 아이템의 개발비용을 지원하고 있다.

창업교육의 의미는 경험 등의 창업자 특성에 따라 창업기회를 탐색하고 인식하는 과정에서 차이가 있다는 점에서도 찾을 수 있다. 설병문·홍효석(2013)에 따르면, 창업교육의 경험이 있는 사람은 창업기회의 상황에서 의도적일 가능성이 있는 것으로 나타났다. 또한, 창업교육을 받은 경험이 없는 사람은 창업기회의 우연성에 연관될 가능성이 높게 나타난다. 이러한 결과는 창업교육이 창업자의 창업의도에 긍정적인 영향을 미칠 수 있음을 보여준다. 예비창업자들이 가장 어려움을 겪고 있는 것이 창업아이템 발굴, 자금조달, 입지선정, 창업실무 등이며, 이 역시 창업교육과 깊은 관련이 있다. 창업을 준비하는 예비창업자에게는 창업교육은 필수이며, 창업에 관한 행정절차, 사업타당성 검토, 사업계획서 작성, 상권 및 입지분석, 자금수지예상표 작성 등에 대한 실무실습은 창업을 위하여 꼭 필요한 부분이다(Hong & Seol, 2013).

2.2 창업교육의 방향

창업교육의 방향 또는 방법은 교육 커리큘럼에 의해 결정된다. 교육기관이 교육 시간과 내용 및 방식을 결정하는 과정에서 커리큘럼은 자연스럽게 완성된다. 이 과정에서 중요한 사실은 교육기관이 교육목표를 분명히 하지 않으면 커리큘럼이 방향을 잃게 된다는 점이다. 앞서 언급한 바와 같이 정부사업으로 진행되는 교육프로그램은 정부의 사업목표에 따라 영향을 받게 된다. 사업목표를 수행하지 않는다면 사업에 참여하지 않는 것이 맞을 것이다. 교육사업도 예외일 수 없다.

창업교육만을 두고 살펴본다면, 창업교육에 있어서 커리큘럼 결정, 즉 개설과목 결정문제는 창업교육의 목표에 대한 인식과 창업행위를 바라보는 시각의 차이에 따라 달라진다. 조병주(1996)에 따르면, 이러한 시각 차이는 창업행위에 대한 정의의 차이이다. 당연히 연구자마다 창업을 차별적으로 인식할 수 있다. 베스퍼(Vesper)는 거의 모든 종류의 사업을 창업대상으로 포함하면서, 창업과정을 신규사업의 초기단계로 국한시켰다. 이에 비하여 맥물란(McMullan)과 롱(Long)은 단지 성장잠재력이 큰 사업의 창업을 중시하고 있으며, 신규사업을 탄생시키는 단계뿐만이 아니라 계속 성장이 보증되는 단계까지 창업자의 창업역할이 계속된다고 보고 있다. 조병주(1996)의 언급처럼, 어떠한 개념을 존중하느냐에 따라서 교육과목들이 다르게 결정되어야 할 것이다. 창업교육의 목적에 따라서도 교육과정은 달라져야 한다. 학습자가 누구인가에 따라서도 교과목이 달라질 필요가 있다.

창업교육을 정책적으로 지원하는 정부기관의 입장에서 본다면, 양질의 창업자를 다수 배출하는 교육시스템에 관심을 가질 수 있다. 정책결정자는 질적인 성과와 양적인 성과에 대해 고민을 하게 될 것이며, 정책적 선택을 해야 한다. 정부지원사업으로 교육을 제공하는 교육기관 역시 동일한 고민을 가게 된다. 창업을 권장시키고 촉진시키기를 원하는 정부관계자는 지원대상 창업자를 효과적으로 선별하는 능력을 배우고 싶어 할 수 있으며, 예비창업자는 창업성공에 필요한 지식이나 기술을 얻고자 할 것이다. 벤처캐피탈은 투자이익률을 보장하는 창업에 관심이 있어 사업기회분석이나 창업자의 능력에 특별한 관심을 가질 것이다. 학사과정에서 가르칠 내용은 대학생이 진로를 생각할 때 여러 가지 목적을 수용할 수 있도록 과목을 개설하는 것이 이론적인 듯하다. 과목결정에서 또 다른 기준은 강조점의 차이에 관한 것이다. 강조점의 차이란 예비창업자의 경우에는 창업성공의 어떤 주제가 특별히 강조되어야 하겠는가와 같다. 강조해야 할 내용의 차이에 따라 교육과목이 다를 수 있다. 즉, 창업성공에 필요한 과목 중에서 특별히 기회의 출처나 기회인식방법을 강조하는 과목을 다수 둘 수 있다(Cho, 1996). 이외에도 창업전문인력 육성을 위한 교육내용도 차별적 구성이 필요하다. 창업자와 컨설턴트의 교과목에 이론과 실습과목의 편성 차이가 있어야 한다. 최근 강조되는 창업퍼실리테이터를 육성하기 위해서도 기존의 창업자와 컨설턴트 교과목과 별도의 커리큘럼이 제공되어야 한다.

대학의 창업교육에 관한 관심이 점차 높아지고 있다. 2012년 교육부가 61개 대학을 산학협력선도대학(LINC)으로 선정하고, 이들이 창업교육센터를 설립하도록 하여 창업교육을 강화하고 있다. 중소기업청은 창업선도대학을 2011년부터 실시하여 18개 대학을 지원하고 있다.[3] 창업교육에 대한 대학의 관심도는 1~2년 사이에 급증하였다. 이외에 국내 창업대학원에서 기업가정신, 사업아이템 개발, 비즈니스모델 및 시장조사, 시업계획서 작성, 자금조달 등의 창업에 필요한 이론 및 실무 교육을 중심으로 교육과정이 수립되어 있다. 미국 대학의 경우, 대학원에서 창업교육이 학부보다 더욱 활성화되어 있다(Barr et al., 2009; Thursby, 2009). 기술경영과 기술혁신 전공에서도 창업 과목을 일부 개설하고 있다.[4]

3. 연구방법

3.1 연구절차

이 연구에서 근거이론을 활용한 연구절차는 〈그림 1〉과 같다. 면담단계에서는 면담과정을 녹음하고, 녹음된 자료를 정리하여 분석 자료를

3 대학원에 대한 지원은 좀 더 제한적이다. 중소기업청에서 5개 창업대학원을 지원하는 사업이 2004년부터 올해로 9년간 진행되고 있다. 일반적 관점에서 창업을 기준으로 본다면, 대학원에서 창업교육은 학부보다 더 효과적일 것으로 보인다.

4 한국연구재단(2013)이 전국의 433개 대학(대학, 전문대학, 대학원)을 조사한 내용을 보면, 2011년 현재 창업강좌는 총 2,582개가 개설되었으며, 총 153,258명이 이수하였다. 교양강좌로 개설한 대학은 총 115개 대학으로 1개 대학 당 평균 6.9개의 교양창업강좌를 개설하였다. 전공강좌를 개설한 대학은 총 127개로 대학 당 평균 13.5개의 전공창업강좌를 개설하였다. 실습강좌를 개설한 대학은 총 19개로 대학 당 평균 3.8개의 실습창업강좌를 개설하였다. 대부분의 창업교육 개설과목이 경영학 중심으로 구성되는 공통점이 있었다. 교육부는 2012년 일반대 51개, 전문대 10개를 산학협력선도대학(LINC)으로 선정하고, 5년간 지속사업으로 학교당 총 40억 원을 평균적으로 지원하였다. 각 대학은 현장실습지원센터와 창업교육센터를 의무적으로 운영하고 있다. 61개 산학협력선도대학의 창업교육센터를 조사한 결과에 따르면, 2012년 말 56개 대학을 기준으로 각 대학이 개설한 창업강좌는 총 974건으로 2011년 714건보다 36.4% 증가하였다. 대학이 학생들의 창업 및 경영능력을 배양하기 위하여 실시하는 창업 관련 강좌는 60% 이상이 창업에 관한 이론이나 기업가 마인드 제고에 도움이 되는 일반 교양강좌에 집중하고 있다(최종인·변영조, 2013).

수집한다. 개방코딩단계에서 연구자는 면담대상의 단어, 문장으로 구성된 자료를 바탕으로 의미 단위를 개념화한다. 비슷한 개념의 범주화를 위해 범주에 속한 개념의 속성과 차원을 분류, 비교하는 과정을 거친다. 이 과정은 핵심범주가 확인될 때까지 계속되며, 이것은 축코딩과 선택코딩단계에서도 반복된다. 축코딩단계에서 각각의 범주를 이론적으로 연결하는 일련의 과정인 패러다임(인과적 조건, 맥락적 조건, 중심현상, 중재조건, 상호작용, 결과)을 모으는 반복적인 분석단계를 거친다. 선택코딩단계에서는 핵심 범주와 현상 정리를 제시한다.

〈그림 1〉 연구절차

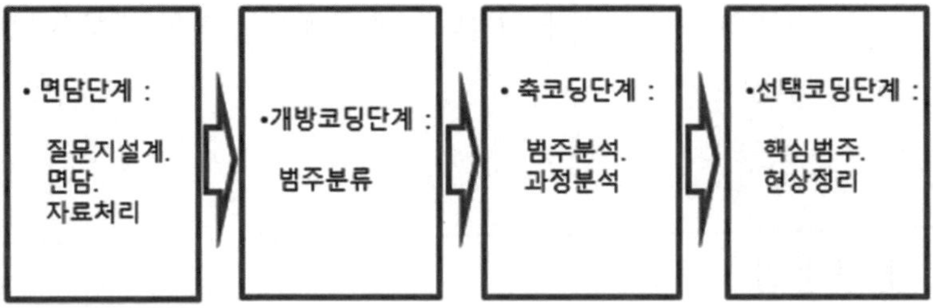

자료 수집과 분석은 Strauss와 Corbin(1998)이 제시한 근거이론 방법을 적용하였다(Kim & Kim, 2012). 이 방법은 인터뷰를 통하여 연구 참여자의 창업교육에 대한 인식을 파악하고, 이 자료를 근거로 창업교육에 대한 교육 수요자의 인식을 유형화함으로써 이들 유형이 가지는 의미와 시사점을 발견하는 데 유익하다.

본 연구는 간단한 질문목록을 만든 후, 피면담자가 개방적인 방식으로 응답할 수 있도록 사전에 개발하여 면담 중에 사용하였다. 질문의 형식이 개방적인 형태로 진술되기 때문에 피면담자는 자기 입장, 느낌, 의견을 표현할 수 있다. 연구자와 피면담자가 교수와 학생 관계이므로, 면담 내용의 객관성을 담보하기 위하여 본 대학원과 관계가 없는 제3자를 선정하여 면담을 진행하였다(Kim & Kim, 2012). 연구에 참여한 피면담자의 개인적 의견은 보호됨을 면담 전에 공지하였다. 주요 질문은 첫째, 창업교육 정의, 둘째, 창업교육의 장점과 단점, 셋째, 창업교육에서 배우는 내용, 넷째, 창업교육의 방법을 내용으로 한다. 인터뷰 질문지 작성과 분석단계까지의 연구진행과정은 아래와 같다.

1단계: 질문지 설계

ㅇ 질문지 초안 구성 및 사전 면담(대상 각 1명 총 2회)

ㅇ 사전 면담 진행: 연구자 2명

2단계: 면담 진행

ㅇ 진행자: 면담 내용 및 대상과 관련 없는 제3자로 선정

ㅇ 면담 대상

- 창업자(예비창업자 포함)와 비창업자 1/2씩 구성
- 창업교육 받은 경남과학기술대학교 창업대학원 재학생과 졸업생

ㅇ 면담 실행 방법

- 1인당 면담 시간은 30분 이내
- 1인당 1회만 시행
- 1일 3명 이내로 면담 인원 제한
- 면담 진행자는 연구자, 인터뷰 시간 동안 시나리오에 기재된 내용만 말하도록 설계
- 면담 장소는 주위의 소음으로부터 분리된 연구실
- 면담 참석자는 면담 대상 1인과 면담 진행자 1인

3단계: 면담 자료 처리

ㅇ 녹취로 스크립트 작성

- 면담 내용은 참석자 각자가 녹음
- 면담 종료 후 녹취를 한글파일로 처리하도록 연구보조자에게 즉

시 전달
- 녹취 자료는 연구자들이 자료와 연구의 일치성을 협의 후 자료 처리를 함

○ 개념 및 범위 추출을 위한 분류(그룹핑) 작업
- 분류 참가자: 면담 진행자와 면담에 참여하지 않은 창업대학원 재학생 2명
- 분류자: 연구자

3.2 연구대상

연구를 위하여 경남과학기술대학교 창업대학원에 재학 중인 20명을 대상으로 인터뷰를 시행하였다. 경남과기대 창업대학원은 창업석사과정의 특수대학원으로, 창업대학원 학생은 기본적으로 창업에 관심을 가지고 있으며, 창업자이거나 창업전문가를 목표로 창업 분야를 전공하고 있다. 대상자 중 창업자와 비창업자는 각 10명씩 구성되어 있다. 학년별 분포는 1학년이 11명, 2학년이 9명이다. 연령별로는 20대 1명, 30대가 6명, 40대 8명, 50대 5명이다. 이들은 창업에 관련된 단기교육이나 인터넷 교육 등 다양한 비정규 교육에 참여한 경험을 가지고 있다. 본 연구의 창업교육에 대한 인터뷰과정에서 인터뷰참가자들은 창업교육 일반이 아닌 창업대학원의 창업교육을 중심으로 답변하는 현상이 있었다. 순번은 인터뷰를 진행한 순서이다. 본 연구의 내용은 창업대학원의 창업교육을 받고 있는 교육생을 대상으로 하고 있으나, 분석내용은 창업교육 전반에 적용할 수 있으며 일반론으로 의미를 가진다.

4. 부호화 과정

부호화 과정에 대해 Strauss와 Corbin(1998)은 코딩을 하는 것은 사실상 해석하는 것이라는 견해이다. 이들은 부호화 과정을 정보나 자료를 분류하고 분석하는 과정이라고 정의한다. 부호화 과정은 개방 코딩과 축 코딩, 선택 코팅으로 이루어진다.

4.1 개방 코딩

개방 코딩에서 나타난 개념과 범주는 〈표 1〉과 같다. '주입식 교육 지양', '맞춤식 교육 지향' 등의 주요 표현과 이들에게서 '학업성취', '기대감' 등의 개념이 나왔다. 이들 개념은 다시 '만족', '불만족', '소통' 등의 7개 범주로 분류되었다.

〈표1〉 개념 추출과 범주화

주요 표현	개념	범주
주입식 교육 지양, 맞춤식 교육 지향, 사고중심적 교육, 기대감, 기회 탐색의 교육, 문제해결 탐색형 수업, 토론식 학습, 학업성취	학업성취, 기대감	만족
현실과의 괴리, 막연하게 학문적 접근, 기대와의 격차, 창업초기단계 교육 위주, 현장 경험 교육 부족, 실패사례 학습 부족, 학습을 위한 교육생의 시간 부족, 많은 시간 소요, 진로지원 부족, 관심 분야 집중 어려움	현실과의 괴리	불만족
주입식 교육, 경제·경영지식 교육, 교수-학생 간 파트너십 부족, 운영/실행 능력 부족	주입식 교육	
관심 없는 내용 학습, 통계학 등의 학문기초 과목은 도움 안 됨, 실무와의 연계성 미흡, 이론·지식에 그침	관심 없는 내용 학습	

주요 표현	개념	범주
멘토링, 경험공유, 경험전수/공유, 참여자로부터 배움, 사례분석/검증, Q-A식 학습, 자발적 역할 수행 유도, 영위 업종과 연관성, 새로운 정의, 선입견	멘토링, 경험공유	소통
다양성 교육, 현실성 교육, 특정 분야 기술, 전공의 다양성, 전문가 양산, 연령대별 접근	다양성 교육	
소속감, 조직 내 주인의식 함양, 졸업생 간 네트워크 활성화, 행사 참여, 외부와의 접촉	소속감	네트워크
교류, 유대, 열정적인 사람들의 모임, 고민 터놓고 얘기, 기존 창업자와의 소통 기회 확대, 창업 동아리 참여 병행, 네트워킹, 사회성·교류, 동아리 활동, 사업아이템 구상, 원활한 커뮤니케이션, 다양한 간접 경험	교류, 유대	
실제 창업, 리더십, 자립, 결정, 창업 결정, 예비 창업자, 기 창업자, 1인 창조기업가 육성, 퇴직 후 돈벌이 수단, 돈 벌기 위한 수단, 자아실현, 사회적 기여, 현장운영, 창업 절차, 성장 단계에서의 경영지식·스킬, 종업원, 체계적/이론 기반 의사결정, 문제해결 능력 향상, 의사결정 지원, 민주주의 오너십 교육, 인식전환, 기업가의 인격 연마, 실제 창업에 도움 되기, 종업원, 자립, 현장 운영	실제창업, 리더십, 자립, 결정	인식전환
실질적 도움 제공, 전문성창업 준비에 큰 도움, 마케팅 교육의 필요, 조기 교육 시 다양한 직업군 창출, 사회적 기여 가능한 창업인재 양성, 사업 기획 시 균형적 감각 형성(이상과 현실), 발표스킬, 사업타당성 검증 스킬, 전문영역은 선택과목, 마케팅 지식, 창업법규 등 창업절차 지식, 구체적이고 실행 가능한 교육, 창업에 대한 적성 검증 기회 제공, 성공 및 실패 사례 중심의 교육	실질적 도움 제공, 전문성	학습방식
폭넓은 지식습득, 꿈과 비전, 잠재력을 실질 능력으로 전환 교육, 실천적인 교육, 경영 가치관 교육(습득), 주인의식 함양을 위한 인격교육, 철학적 소양·통찰력, 통합적 교육, 비즈니스의 정의/개념, 기업 경영 교육, 경영·경제 등 학문기초과목 도움, 창업동기부여, 미래지향적 사고들 뒷받침하는 교육, 동기부여효과, 이상적인 과목, 꿈을 성취하는 데 도움, 꿈과 비전을 주는 교육	폭넓은 지식습득, 꿈과 비전	목표성취

4.2 축 코딩

개방 코딩은 자료를 해체하여 개념화시킨 후, 속성과 차원에 따라 범주화시키는 것을 말하고, 축 코딩은 하나의 범주에 그 하위 범주를 연관 지어 새로운 방식으로 자료를 재조합하는 것을 말한다. 축 코딩의 과정을 보면, 근거이론에서 하위범주들은 범주를 발생시키는 인과적 상황, (중심) 현상, 전후 관계(맥락적 요소), 중재적 상황, 작용/상호작용 전략, 결과들을 나타내는 범주에 연결된다(Kim, 2011).

4.2.1 범주 분석

개방코딩에서 얻은 7개 범주의 속성과 차원을 고려하여 패러다임모형에 의해 분석한 결과를 요약하면 <표 2>와 같다. 인터뷰 결과에서 창업대학원에서 시행하는 창업교육에 대한 인식은 수용형과 개선형으로 분류되며, 거부형은 나타나지 않고 있다. 개선형의 경우 부분적 개선형과 전면적 개선형으로 나타난다. 개선 요구 사항은 교육방향과 교육방법에 걸쳐 다양하게 나타난다. 교육방향의 경우 실무적 교과목에 대해서는 전반적으로 만족감과 필요성을 인정하고 있다. 그러나 이론적 교과목의 필요성에 대해 상이한 인식이 존재한다. 부분적으로 선택과목으로 포함하자는 의견도 함께 보인다. 이러한 교육방법에 대한 이견은 학습자가 창업자와 비창업자로 구성된 부분과 관련성이 있을 것으로 추론된다.

〈표 2〉 패러다임 모형을 통한 범주 분석

패러다임	범 주	정 도
인과적 조건	교육 목적·내용·방식에 대한 만족(학업성취, 기대감), 불만족(현실과의 괴리, 주입식 교육, 관심 없는 내용 학습)	강함-약함
맥락적 조건	소통, 네트워킹	강함-약함
중심현상	창업에 대한 인식전환	높음-낮음
중재조건	학습방식(실질적 도움, 전문성), 목표성취	강함-약함
상호작용	부족한 부분의 보완 활동(습득, 표현, 반응, 정립)	강함-약함
결과	수용형, 개선형	

위 〈표 2〉는 축 코딩으로 분석한 창업인식에 대한 하위범주 간의 연결과정을 보여준다. 범주화한 내용을 정리하면 다음과 같다.[5] 먼저, 창업교육을 받는 학습자들이 수업과정을 거치면서(인과적 조건 혹은 상황), 학습자의 창업에 대한 인식전환에 변화가 발생한다(중심현상). 창업교육은 학습자에게 창업자로서의 정신적 자세부터 전문지식과 일반직 싱식에 이르기까지 다양한 영역에 걸친 교육을 이론과 실습 및 체험방식으로 전달한다(맥락적 조건). 이 과정에서 학습자들은 창업아이디어와 사업계획에 대한 다양한 발표기회를 가진다. 현재 제공되는 커리큘럼에 대해 지루하다거나 또는 본인에게 직접적으로 필요한 내용이 아니라는 생각을 가지기도 한다. 창업의지를 제고하고 창업기회를 적극적으로 탐색하게 하는 이론과 실습을 병행하는 교육방향이나 교육방법에 대해 긍정적 인식을 가지고 있다. 좀 더 적극적으로 다양한 커리큘럼이나 전문적 교육의 제공을 요구하기도 한다. 또한, 경험자나 창업자 간의 교류나 소통기회를 통하여 학습자 스스로 창업에 대한 인식의 명확

5 여기에서 상황, 현상, 전략, 결과 등이 드러나 있다. 하지만, 하나의 예만 가지고서는 일련의 관계나 속성, 혹은 차원을 확실히 하기에는 충분하지 않으며, 다양한 자료에는 그 근거가 반복적으로 뒷받침되어야 한다. 따라서 연구자는 범주를 발생시키는 인과적 상황(조건)과 각각의 범주(현상), 그리고 전후 관계에 비추어 현상을 조절·취급·반응하는 게 사용되는 속성, 전후 관계(맥락), 작용/상호작용 전략을 통해 현상의 구체적인 차원화의 위치와 작용/상호작용이 가져온 결과를 발전시켜 나가야 한다(김성곤, 2011).

화 기회를 가짐을 보인다. 교육기관에서 제공하는 멘토링과 컨설팅 기회는 창업에 대한 구체적이고 체계적인 인식기회를 제공한다. 이러한 인식전환은 창업실행 또는 체계적 창업준비 필요성 인식 등으로 나타난다(작용/상호작용). 창업실행이나 준비를 목표로 하고 있는 학습자는 현재 제공되는 창업교육에 대하여 그 필요성을 수용하고 있다. 그러나 적합성에 대해서는 수용하거나 적극적·소극적 개선이 필요하다는 의견을 제시하고 있다(결과).

4.2.2 과정 분석

창업교육의 특성상 교육에 대한 인식은 학습을 통한 습득과 이의 실천 행위까지 다양한 스펙트럼을 보이고 있다. 또한, 학습자의 교육 욕구 충족조건이 다양하며, 창업교육의 학습결과에 대한 기대도 현실성과 기대감이 결합되어 복합적으로 나타나고 있다. 창업교육에 대한 인식 형성과 이에 기반을 둔 교육의 적용까지 과정은 습득, 공존, 반응, 표현단계의 상호작용이 있는 것으로 보인다.

습득단계에서는 만족과 불만족, 기대감과 현실과의 괴리란 형태로 창업교육에 대한 인식이 형성되는 과정이 주로 나타났다.

사례 1: "창업교육이란 창업이란 단어에 대한 새로운 정의를 내리게 하고 각 자신의 가치 실행에 방향성을 생각하는 힘과 방법을 제시해주고 계획을 수립할 수 있게끔 도와주고 문제해결 능력을 향상시키는 것으로 생각합니다."

사례 2: "창업을 스타트업의 준비단계와 시작단계에 교육을 지금 받고 있는데 확실히 도움이 되는 것 같습니다. 장점이라는 게 제가 배웠던 지식을 제가 하는 사업에 직접 접목시켜 보고 경험을 해

봄으로써 좋은 시너지효과를 만들고 있는 것 같습니다. 단점은 지금 교육은 단순히 창업 초기에 시작단계에서 이루어지는 교육이 선행되는 게 많은데, 분명히 사업 중반부로 들어가게 되면 그 속에서 일어나게 되는 위험성이라든지 경영의 부재에 대해서 모든 상황이 많을 거라는 말이죠. 그런 사업 중반부에 대한 교육이 많이 없지 않은가. 분명히 기업을 운영하시는 분들도 알고 싶은 게 실패사례를 많이 알고 싶을 텐데, 그 속에서 학습하고 배우고 경험할 수 있으니까요. 그게 아직 없어서 단점이지 않을까 생각합니다."

사례 3: "지금 교육은 단순히 창업 초기에 시작단계에서 이루어지는 교육이 선행되는 게 많은데, 분명히 사업 중반부로 들어가게 되면 그 속에서 일어나게 되는 위험성이라든지 경영의 부재에 대해서 모든 상황이 많을 거라는 말이죠. 그런 사업 중반부에 대한 교육이 많이 없지 않은가. 분명히 기업을 운영하시는 분들도 알고 싶은 게 실패사례를 많이 알고 싶을 텐데, 그 속에서 학습하고 배우고 경험할 수 있으니까요."

사례 4: "창업교육이라면 실제 창업에 도움이 되는 게 맞는 것 같습니다. 전반적으로 학업에 불과할 수 있는 이 과목이 좀 더 현실적으로 되기 위해서는 현장학습이나 자기 관심 분야에 대해서 좀 더 깊이 있게 접목시킬 수 있는 방향성도 많이 필요하다고 생각합니다."

공존단계에서는 멘토링 등을 통한 경험의 공유와 소통이란 형태로 창업교육에 대한 공유과정이 나타났다.

사례 1: “창업교육에서는 하나의 주제를 가지고 똑같은 고민을 하는 나이가 비슷한 네트워크와 좀 더 다양한 경험을 가지신 나이가 있으신 분들에 대한 멘토나 이런 부분들, 네트워크 중에서도 나이가 많은 분과 나이가 적은 분을 일부러 나누어 봤는데, 그런 부분에서는 상당히 많은 장점이 되었던 것 같습니다.”

사례 2: “사회 전체적으로 봐서도 어떤 하나의 큰 문제이기 때문에 사회적 분위기가 잘 되는 사람이 창업을 해서 성공을 하는 사람이 많으면 좋지 않겠습니까? 그래서 저는 단순하게 몇 시간 하는 것보다는 정규과정에 들어와서 이론적 깊이도 더하고 다양한 사례도 접하고, 전문가도 만나고 이렇게 해서 좀 더 깊이 있게 배움으로써 창업이 더 정착화되고 안정화될 수 있지 않나 싶습니다.”

사례 3: “퍼팩트 창업이라고 저희들이 동아리를 만들어서 만나서 그간에 시행착오를 거쳤던 것을 직접 듣고 또 앞으로 어떻게 나아가겠다는 말도 듣고. 젊은 나이지만 많은 것들을 해본 사람들이 왔더라고요. 그래서 저분이 저런 일도 했고 때로는 유통을 했다가 건축을 하고 있기도 하고 그렇더라고요. 그래서 그런 것들에 관해 이야기하고 있는 것을 하고 있습니다.”

반응단계는 창업에의 실질적 도움, 폭넓은 지식습득, 꿈과 비전의 주는 교육으로 창업교육에 대한 인식이 형성되는 과정이다.

사례 1: “창업이 중요한 게 아니라 창업을 하고 나서 사업을 지속적으로 영위해 갈 수 있게 하는 것이 창업교육의 가장 큰 방향이 아닐까 생각합니다. 창업을 무조건 시키는 게 중요한 게 아니라, 창업은 누구나 시작을 할 수 있는데 그 시작을 하고 나서 창업자들이 실패하지 않고 조금 더 지속적으로 계속 영위할 수 있는 사업으로 나갈 수 있게끔 그 기반을 다지는 교육이 궁극적인 창업교육의 방향이 아닐까 생각합니다."

사례 2: "다음번에서는 예전보다 더 나은 결정을 내릴 수 있겠다는 그런 부분들. 발표력은 계속 일을 하고 싶고, 앞에 서고 싶다는 의욕도 있다 보니까 여기서 조금이라도 바뀌어 보고 싶다는 그런 부분에서 조금씩 바뀌어 가고…. 내성적인 성격이다 보니까 말은 잘 못 하지만 내부에서 조금씩 바뀌어 가고 있고…."

사례 3: "창업교육이 그런 교육이라고 생각하는데 모르고 덤비는 거 보다는 경제적인 수익 면에서나 자아실현적인 면에서는 훨씬 효과적이라고 생각하고 사회적인 기여로도 볼 때도 잘 배워서 자기가 원하는 창업을 했을 때 성공할 확률이 높기 때문에 사회적인 기여도 높은 교육이라고 생각합니다. 그냥 생각했던 것들을 현실에 옮기기 전에 수없이 많은 사람의 성공과 실패 사례를 들어 보면서 자기가 조금 더 돌다리도 두드려보고 건너는 그런 마음으로 하기 때문에 좀 더 나은 경제적인 수익을 만들 수 있지 않을까. 그리고 알고 하기 때문에 도전하고 성취하는 것들이 더 높을 것으로 생각합니다."

표현단계는 창업교육을 통한 긍정적 마인드의 생성 및 이에 기반을 둔 변화, 발전, 진화와 이로 인한 창업동기 고취, 창업결정이 나타나는 과정이다.

사례 1: "창업이라는 게 실패를 두려워하지 않는 용기라고 생각합니다.

용기가 무모하다면 문제가 되겠지만, 창업학을 배우면서 용기에 힘을 실어주는 역할을 하기 때문에 앞으로 나갈 때 어떤 준비를 해야 하는지, 창업학과에서 배움을 통해서 단순하게 창업이 어렵다는 게 아니라 준비과정을 한 번 더 돌아볼 수 있게 하고, 반복하고, 그런 시뮬레이션을 통해 많은 교육과 서로 간의 공유와 대화를 통해서 그런 부분을 공유하면서 발전하는 게 창업학과의 목표가 아닌가 생각합니다. 창업이라는 게 혼자 하는 게 아니라 함께 하는 것이기 때문에 자기중심이 아니라 타인중심이 될 수 있는 거고, 창업교육을 통해서 창업을 하는 것과 그냥 막연하게 하는 것은 차이가 크게 날 것 같습니다. 창업교육이라는 게 상당히 바람직하고 앞으로도 필요하다고 생각하고, 단순하게 상업적인 차원을 떠나서 인간관계에서도 충분히 사용될 수 있다고 봅니다."

사례 2: "우리의 사업을 정의하고 그 정의된 사업 속에서 수익을 만들어 낼 수 있는 방법을 교육이 확실히 목적 달성하는 데 도움이 되는 것 같고요. 지금 받고 있는 창업 교육이. 그리고 자아실현 부분에서는 저는 이렇게 생각합니다. 제가 피고용자일 때와 사업경영자일 때는 마인드 자체가 일에 임하는 몰입도 자체가 다르다고 생각하거든요. 피고용자일 때는 확실히 '이 기업에서 돈만 받고 일만 하면 되지.'라는 생각을 할 수도 있는데, 그 기업 경영자가 가치라든지 비전을 피고용자에게 주지 못하면 단순히 그 사람은 일하는 사람밖에 되지 않을 거고. 그런 문제가 있을 거라고 생각을 하고요. 사업가였을 때 피고용자들을 고용하였을 때 하는 태도라든지 인사 조직 관리라든지 경영에 대한 방법도 제가 배울 수 있다고 생각하고요. 사회적 기여는 현재 사업에 나오는 트렌드들이 사회 문제를 해결하고, 지역을 대상으로 도움이 되는 사업군들이 있으니까 지금 현재 배우고 있는 교육들이 목적 달성하는 데 도움이 된다고 생각합니다."

사례 3: "교육생의 목표가 자아를 만들어 나가는 자립의 목적이라면 현재의 수업 그리고 행사를 참여하고 이런 부분에 대해서 교육 이외에도 행사에 참여함으로써 소속감이라든지 어떤 것을 보는 것만으로도 상당히 많은 도움이 되고 일을 하는 데 있어서 그런 목표가 있다면 실현을 할 수 있는 기관이라고 생각합니다."

4.3 선택 코딩

4.3.1 핵심 범주

창업교육에 대한 학습자의 인식이 형성되어 나가는 과정의 핵심범주는 "자신이 경험하고 습득한 창업교육에 대하여 만족과 불만족이 공존하나 피교육자가 목직 달성을 위하여 필요하거나 또는 필요성이 불확실한 부분에 대해서도 수용하거나 스스로 개선해나감"으로 정리되었다. 이러한 과정의 표현이 바로 창업이나 창업에 대한 인식변화로 표현되고 있다. 창업교육이란 인식의 변화를 만들어 내고 변화의 결과가 현실에서의 창업결정이나 전문가로서의 활동으로 연결됨을 보이고 있다.

4.3.2 현상 정리

이러한 현상은 창업교육의 방향과 방법에 대한 이해를 높여준다. 첫째, 핵심 범주의 내용은 교육생이 교육기관에서 제공하는 교육방향에 대해 기본적으로 공감 또는 암묵적으로 수용한 결과로 보인다. 창업교육에 대하여 교육생은 기대감을 보유하고 있다. 이러한 기대감은 실제적인 만족과 함께 현재 제공되는 창업교육에 대한 긍정적 평가로 이어진다.

둘째, 창업교육에 대한 평가가 창업에 관한 인식전환 및 소속감과 유대에 의한 소통과 네트워크 활동으로 이어짐을 알 수 있다. 셋째, 창업교육에 대한 불만족 요인은 현실과의 괴리, 주입식 교육, 관심 없는 내용도 다른 교과목과 함께 학습해야 하는 교육환경으로 정리된다. 이러한 결과는 교육생의 커리큘럼 선택 폭의 확대 필요성을 제기한다. 그러나 이 과정에서도 여전히 창업교육의 정의에 대한 관점의 차이를 정리할 필요성이 존재한다. 창업교육이 예비창업과 초기창업 단계만을 대상으로 한다면, 관심 없는 내용을 학습하게 된다는 주장을 수용하여 일부 커리큘럼에서 선택과목이나 또는 일부 관련 과목의 통합적 운영이 의미를 가질 수 있다.

넷째, 핵심은 교육생의 관점에서 요구되는 교육(교육 커리큘럼, 교육방법)을 제공하는 것이 맞는가 아니면 교육기관의 교육목표에 맞는 교육을 제공하는 것이 맞는가의 문제이다.[6]

다섯째, 이와 함께 교육 커리큘럼에 대한 다양한 입장은 결과적으로 교육기관에서 이를 수용할 것인지 아니면 선택적으로 대응할 것인지를 결정하게 한다. 이 문제는 '창업교육정의' 문제로 종착된다.

여섯째, 교육생의 다양한 목표를 수용할 수 있는 교육과정의 개발이 필요한 것이 사실이다. 일부 학생 특히, 창업 후 성장단계의 창업기업 경영에 관심을 가진 교육생에게 효율적으로 경영기법과 성장기업 경영자에게 요구되는 역량획득 기회를 제공할 수 있어야 한다. 창업교육기관에서 이 부분을 수용한다면, 창업자와 창업전문가 양성이란 두 가지 성과를 얻을 수 있다.

---

6 현재 창업대학원 입장에서 본다면 중소기업청 지원사업으로 고유한 사업목표를 가진다. 그동안 창업대학원의 사업목표는 창업자 육성에서 창업자와 창업전문가 육성의 병행으로 변화되고 있다. 창업자 육성을 목표로 하는 다양한 국가사업들이 시행되고 있는 상황에서 창업대학원의 사업목표는 창업전문가 양성으로 수정될 전망이다. 그러나 현재 창업대학원 재학생의 창업교육에 대한 인식은 창업자가 되기 위한 창업자로서의 역량을 배양하기 위한 교육이란 관점이 중심적인 것으로 분석된다.

5. 논의와 제언

본 연구는 창업대학원 재학생을 연구대상으로 한다. 연구대상의 특성상 창업교육을 받는 교육대상 일반으로 해석을 확대하는 것에 한계가 있다. 그럼에도 불구하고 본 연구는 교육대상을 달리하더라도 적용할 수 있는 일반론적 정의를 도출하기 위한 연구로 의미를 가진다고 본다.

창업교육기관은 무엇을 교육내용으로 할 것이며 결정된 내용을 어떻게 가르칠 것인가가 문제로 등장한다. 창업교육프로그램을 전공과정으로 설계함에 있어서 기본적으로 세 가지의 중요한 문제가 관여되어 있음을 본 연구에서도 볼 수 있다. 하나는 창업교육에 필요한 과목의 종류를 결정하는 일이고, 두 번째는 개설될 과목들을 배열하고 조합하는 문제이다. 세 번째는 다양한 학습자의 요구를 반영하거나 교육기관에서 정의 내린 교육목적에 맞추어 교과목과 교육방법을 제한하는 문제이다. 현재 정부에서 추진하려는 창업교육정책은 창업교육에 대한 정부의 인식에 따라 향후에 다양한 변화가 있을 것으로 예견된다. 창업대학원 개편도 동일선상에 있다. 교육 수요자와 공급자의 인식의 차이를 확인할 합리적 접근과 발견된 간격을 해결할 방안을 찾아야 한다.

조병주(1996) 등의 선행연구에서 언급한 바와 같이 창업 전공과정이 기존의 경영학전공과 어떻게 구분되어야 하는지에 대한 고민이 필요하다. 경영학 과목과의 구분과 관계에 관한 연구가 필요하다. 어떻게 가르칠 것인가에 대한 교수방법과 누가 가르칠지의 교수요건도 창업교육에서 중요한 문제이다. 이는 교과 내용이 정해지고 교육방법이 잡히면 해결의 실마리가 보일 것이다.

본 연구는 분석과정을 통하여 창업교육으로 창업자의 창업에 대한 인식전환이 이루어지고 있음을 보았다. 여기서 창업교육의 수요자가 생각하는 창업교육은 '창업이란 단어에 대한 새로운 정의를 내리게 하고,

각자 자신의 가치실행에 방향성을 생각하는 힘과 방법을 제시해주고 계획을 수립할 수 있게끔 도와주고 문제해결능력을 향상시키는 교육'이며, '창업교육이 현실적이 되기 위해선 현장학습이나 자기 관심 분야에 대한 깊이 있는 접목이 제공되어야 함'을 보았다.

교육생에게 창업교육이란 학업성취의 기대감과 현실적 괴리를 가지고서 일부 관심 없는 내용을 학습하지만, 전문성과 폭넓은 지식습득 기회와 소속감과 교류 기회를 제공하며, 멘토링과 네트워크를 통하여 창업을 실질적으로 지원하는 꿈과 비전을 주는 교육이다. 교육생의 관점에서 분석한 특성으로 정의한 창업교육은 전문성과 지식 습득을 위한 이론과 네트워크 기회를 제공하며, 이와 함께 창업에 필요한 현장 지도를 병행하는 교육이란 특징을 가진다.

따라서 본 연구가 도출한 수요자 관점의 창업교육이란 창업을 준비하는 교육생이 가치를 생각할 힘을 갖게 하고, 이들에게 계획수립 및 실행할 방법을 제공하며 현실에 기반을 둔 문제해결능력을 향상시키는 교육이다. 창업교육은 수요자에게 현장학습과 네트워크 제공 등 현장에 기반을 둔 교육을 제공하는 교육이 되어야 함을 보였다. 또한, 교육생은 창업뿐만 아니라 창업 후 성장단계의 경영에도 관심이 있음을 볼 수 있었다.

본 연구는 창업교육이 학습자에게 주는 인식을 관찰하고, 그 결과 인식이 현상으로 연결되는 과정을 중심현상으로 제시하고 있다. 교육이 고유의 목적을 가지고 있다 하더라도, 교육을 제공하는 행위가 교육을 제공하는 목적과 일치하지 않으면 원하는 성과를 얻기 어려울 것이다. 본 연구는 일시적 현상일지라도 창업교육에서 교육받길 원하는 학습자의 목적이 교육기관의 목적과 일치하지 않을 수 있음을 보이고 있다. 이 논문은 창업교육기관이 어떤 내용과 방법으로 창업교육을 구성할지를 결정하는 데 도움이 될 것이다.

참고 문헌

Barr, S. H., Baker, T., Stephen, K., Markham, S. K. and Kingon, A. I.(2009), "Bridging the Valley of Death: Lessons learned from 14 Years of Commercialization of Technology Education", *Academy of Management Learning and Education,* Vol 8, No 3, 370-388.

Cho, B. J(1996), "Entrepreneurship Education : An Integrated Model for Course Development and Curricular Directions", T*he Korean Small Business Review*, 18(2), 157-184.

Choi, J. I. and Byun, Y. J.(2013), "The Exploratory Study on Development of Interdisciplinary Technology Entrepreneurship Education Model", *Asia-Pacific Journal of Business Venturing and Entrepreneurship*, 8(2), 119-128.

Hong, H. S. and Seol, B. M.(2013), "Effects of Entrepreneurship Education and Students' Business Incubation Club on Youth Start-ups", *Asia-Pacific Journal of Business Venturing and Entrepreneurship,* 8(2), 141-151.

Hwangbo, Y. and Yang, Y. S.(2012), "A study for Establishing Entrepreneurship Graduate School enhancing the Expertise of Entrepreneurship Education", *Asia-Pacific Journal of Business Venturing and Entrepreneurship,* 7(1), 141-151.

Jeong, H. B.(2008), "A Study on the Educational Program Improvement of Graduate School of Entrepreneurial Management", *Korea Business Review,* 12(1), 109-128.

Kim, J. M., Oh, S. H., and Yang, J. k.,(2007), *A Study on the Entrepreneurship Education of Korea : Focusing on the Entrepreneurship Graduate School,* KOSBI, Seoul.

Kim, M. J. and Kim, D. H.(2012), "University Students' Cognitive Adaptation types in The Traditional Korean Education Based on the Grounded Theory", *Asia-Pacific journal of business and venturing*, 7(1), 105-111.

Kim, S. G.(2011), "A Review of the Application of the Grounded Theoretical Approach in Sport Pedagogy Studies", *Journal of Research in Curriculum Instruction,* 15(2), 371-390.

Mason, J.(1996), Qualitative Research, London: Sage Publication.

Mok, Y. and Choi, M.(2012), "A Study on the Entrepreneurship Curriculum

Development Model to Systemize Entrepreneurship Education in Undergraduate School", *Korean Journal of Business Administration,* 25(2), 833–857.

Park, T., Kim, A., Hwang, G., Lee, J., and Lee, B.(2010), *Rearsch on Youth Start-ups in Knowledge and Technology Industries*, KRIVET, Seoul

Seol, B. M. and Hong, H. S.(2013), "A Study on the Business opportunity Score and Search According to the Characteristic of Entrepreneur", *Asia-Pacific Journal of Business Venturing and Entrepreneurship*, 8(1), 19–28.

Strauss, A. and Corbin, J.(1998), *Basics of Qualitative Research: Grounded theory procedures and techniques,* Thousand Oaks, CA: Sage Publications.

Thursby, M., Fuller, A. and Thursby, J.(2009), "An Integrated Approach to Educating Professionals for Careers in Innovation ", *Academy of Management Learning and Education,* Vol 8, No 3, 389–405.

Yang, Y. S., Choi, J. I. and Hwangbo, Y.(2012), "A Conceptual Study for Creating 'A Good Quality Startup' by Algorithm-Based Entrepreneurship Education", *Asia-Pacific Journal of Business Venturing and Entrepreneurship,* 7(2), 141–150.

제4부
감정노동과 페미니즘

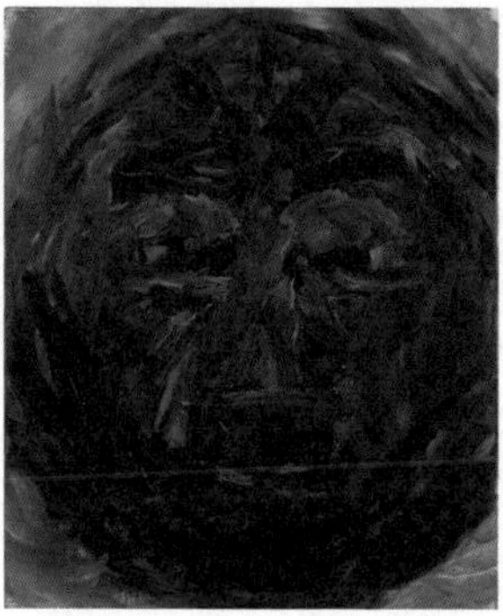

감정노동[1]: 조직의 감정표현규범에 관한 질적 연구

1. 문제의 제기

주유소, 편의점, 슈퍼마켓, 호텔, 패스트푸드점, 연체금 수금회사, 항공사, 보험회사 등 서비스업체의 종업원은 물론이고 내부고객과의 접촉기회가 잦은 중간관리자와 제조업체의 판촉 및 영업사원 그리고 변호사, 의사, 간호사 등 전문직업종사자에 이르기까지 감정표현이 직무의 일부분을 이루는 직업은 여러 산업에 걸쳐 폭넓게 분포되어 있다(Rafaeli & Sutton, 1989; Wharton & Erickson, 1993). Hochschild(1979, 1983)는 이와 같은 경계연결역할(boundary spanning role)의 담당자들, 특히 서비스 노동(service work)에 종사하는 사람들은 육체노동과 정신노동 이외에도 그것들과 차별화될 수 있는 또 하나의 노동을 수행하고 있음에 주목하고 이를 '감정노동(emotional labor)'이라고 명명하였다. 감정노동은 자본주의에 특유한 감정관리(emotion management)의 한 형태이다. 감정관리는 '외적으로 드러나는 표정과 몸짓을 연기하기 위한 느낌의 관리'를 의미하는데(Hochschild, 1983: 7), 자본주의를 포함해 어떠한 시대에도 인간은 사적 영역에서 자아를 지키고 타인과의 원만한 상호작용을 유지하는 등의 목적으로 자신의 감정을 관리해 왔다(Goffman, 1969). 개인의 감정관리 활동이 사적 영역을 벗어나 공적 영역에서 임금을 받고 팔리게 되어 사용가치(use value)뿐만 아니라 교환가치(exchange value)

1 이 논문은 윤세준, 김은민과 함께 『산업노동연구』 제6권 제1호(2000년)에 게재하였다.

의 성격을 동시에 지니게 되는 경우에, 감정관리활동은 상품화된 노동력의 일부분이 된다. 즉 감정관리는 감정노동의 성격을 띠게 된다.

고객만족 또는 接客서비스가 기업의 경쟁우위를 결정하는 주요한 요인 중의 하나로 부각됨에 따라 정도의 차이는 있을지라도 모든 산업에 종사하는 종업원들은 기업이 요구하는 감정표현규범에 따라 자신의 감정이나 느낌을 고객에게 연출하도록 강제되고 있다. 특히 서비스 노동에 종사하는 종업원들의 감정표출행위는 그들이 수행하는 노동과정의 특성상 기업의 이윤창출에 직접적인 영향을 미치게 된다. 서비스 노동에서 종업원과 서비스 수용자 사이에 이루어지는 상호작용의 질(quality)은 고객에게 전달되는 서비스로서 대개의 경우에 그 자체가 제품의 일부분을 구성하기 때문에, 다른 형태의 노동과 달리 종업원, 노동과정, 제품들이 분명하게 구분되지 않고 뒤섞여 있다(Leidner, 1999: 82). 고객은 단순한 관찰자가 아니라 상호작용의 공동창출자로서 그들 또한 노동과정의 일부를 이룬다. 고객의 협력이 수반되지 않는다면 노동과정은 지체되고 방해되며, 극단적으로는 중단될 위험마저 있다. 이러한 서비스 노동의 특징으로 인해 서비스 노동자들은 자신의 감정표현을 전략적으로 조작하여 서비스 수용자가 원하는 특정한 심리적 상태(예, 기쁨, 놀람, 공포, 흥겨움 등)를 충족시키고 그럼으로써 직무수행에 적합한 고객과의 상호작용 형태를 창출해야 한다. 요컨대 감정노동은 서비스 노동자들의 원활한 직무 수행을 위해서는 없어서는 안 될 필수적인 요소이고, 나아가 기업의 이익 창출에 결정적인 영향을 미친다. 바로 이 지점에서 사적 공간에서 사용가치로만 머물러 있던 개인의 감정관리 활동이 시장(marketplace)의 영역으로 끌어와서 조직의 규범에 따라 통제되어야 할 필요성이 발생하게 된다(Steinberg & Figart, 1999: 8).

Hochschild(1983)의 기념비적 저작인『The Managed Heart: Commercialization of Human Feeling』이래 Rafaeli &

Sutton(1987, 1989), Mumby & Putnam(1992), Sutton(1991), Ashforth & Humphrey(1993, 1995), Wharton & Erickson(1993), Morris & Feldman(1996, 1997), Martin, Knopoff, & Beckman(1998) 등에 의해 감정노동에 관한 연구들이 이루어져 왔다. 하지만 국내는 물론 국외에서도 체계적인 경험연구들은 거의 없는 실정이다. 따라서 감정노동 이론의 발전을 위해서는 사회연구에서 체계적으로 획득되고 분석된 자료들로부터 이론을 정립하려는 노력이 절실히 요청된다(Glaser & Strauss, 1967). 이러한 문제의식하에서 우리는 프랜차이즈 계약의 형태로 운영되는 레스토랑업체의 한 지점(다음부터는 A사의 D지점으로 표기한다)을 대상으로 민속방법론(ethnomethodology)을 통해 자료를 수집하고 분석한 결과를 보고한다. 경험연구의 결과에 관한 기술에 앞서, 2절에서는 감정표현규범과 이의 유지수단 그리고 감정노동을 수행하는 종업원의 심리적 반응과 관련된 이론적 논의들을 살펴보게 되는데, 이는 감정노동이라는 사회적 현상은 이들 3자 간의 동태적이고 긴밀한 상호작용 속에서 이루어지기 때문이다.

2. 이론적 배경

2.1 감정노동에 대한 통제수단

종업원에 의해 표출된 감정은 고객의 선택 행위에 영향을 미치는 제어기제(control move)[2]로 작용할 수 있기에, 조직은 감정에 관한 '표현규칙(display rule)'을 만들게 된다(Rafaeli & Sutton, 1987, 1989). 감정표현규칙의 형태는 감정노동이 수행되는 맥락에 따라 상당한 차

2 제어기제란 다른 사람의 행위에 영향을 미치기 위해 개인이 자신의 표현을 전략적으로 조작하는 것을 일컫는다(Goffman, 1969: 12).

이를 보이는데, 긍정적인 것과 부정적인 것을 양 극단으로 하여 그 중간에 중립적인 것 등 크게 세 가지로 분류된다. 디즈니랜드, 항공회사, 편의점에 근무하는 종업원들은 기쁨이나 즐거움 또는 공손함과 같은 긍정적 감정을 표출하도록 요구받고(Hochschild. 1983; Sutton & Rafaeli, 1988; Van Maanen & Kunda, 1989), 이와는 대조적으로 연체금 수금회사의 종업원들은 채무자들에게 주로 위협이나 분노, 흥분 등의 부정적인 감정을 표출하도록 기대된다(Sutton, 1991). 한편 의사나 간호사들은 고객이 의사의 권위에 도전할 소지를 줄이기 위해 환자로부터 정서적 중립성(affective neutrality)을 유지해야 한다(Forbes & Jackson, 1980).

조직의 감정표현규범[3]이 종업원의 감정표출방식을 결정하는 주요한 결정요인의 하나인 것만은 분명하지만, 그렇다고 이것만이 유일한 결정요인은 아니다. Hochschild(1983), Rafaeli & Sutton(1989), Van Maanen & Kunda(1989) 등은 감정표현규범과 더불어 종업원의 내적 느낌(inner feeling) 또는 체험된 느낌(cxperienced feeling) 또한 표출된 감정에 영향을 미칠 수 있음을 확인하였다. 그러한 이유로 관리자들은 감정표현규범들을 만드는 것에서 그치지 않고 모집 및 선발 그리고 사회화과정을 통해 규범적 감정(normative emotion), '느낌규칙(feeling rule)'[4], 내적 느낌이 모두 일치하는 주체를 구성해내려고 노력한다.

조직은 외모검사, 면접, 필기시험, 추천서, 직무실연 등의 선발도구를

---

3 조직위계상의 상급자들이 표현규칙에 일치하는 방식으로 하급자들의 행위가 이루어져야 한다고 믿고 있다는 점에서 감정표현규칙은 조직규범의 일종이다(Sutton, 1991: 245). 따라서 우리는 이 논문에서 표현규범을 표현규칙과 동의어로 사용하게 된다.

4 감정표현규칙과 느낌규칙은 개념적으로는 분명히 구분된다. Hochschild(1979, p. 565)가 느낌규칙을 "종업원이 느껴야만 하는 감정(what I shoud feel)"으로 정의한 데서도 알 수 있듯이, 이것은 주로 종업원의 내적 심리상태에 관련된 규범이다. 반면 표현규칙은 일반적으로 '외적으로 표현되어야만 하는 감정(what emotions ought to be publicly expressed)'으로 정의된다는 점에서 내적 심리상태보다는 행위와 관련된 규범을 지칭한다(Ashforth & Humphrey, 1993, p. 89). Hochschild는 느낌규칙이라는 용어만을 사용한 반면, 그녀의 연구 이후 감정노동을 관리적 관점(managerial perspective)에서 연구한 대부분의 논자는 느낌규칙을 포착해내기 어려울 뿐만 아니라 이것이 구성원들에 의해 지켜지는가의 여부 또한 확인하기 곤란하다는 이유로 표현규칙이라는 용어를 선호한다(Morris & Feldman, 1996). 본 논문에서 우리는 표현규칙이나 느낌규칙 중 어느 하나만을 사용하지 않고 둘 간의 미묘한 개념상의 차이를 고려하여 논의의 맥락에 따라 둘 중 어느 하나를 사용할 것이다.

활용하여 조직으로부터 기대되는 감정표현에 적합한 기질과 성격을 갖고 있는 종업원들을 선발한다(Leidner, 1999). 이는 특정한 기질을 가진 사람들은 다른 부류의 사람들보다 감정표현규범을 쉽게 배우고 거부감 없이 느낌규칙으로 내면화하기에 규범적 감정과 내적 느낌 간의 불일치를 더 적게 경험할 것이고, 설혹 내적 느낌이 감정표현규범과 충돌하는 경우에도 내적 감정을 적절히 조절하고 통제하여 자신의 진정한 감정을 밖으로 그대로 드러내지 않은 채 고객과의 상호작용을 계속해 나갈 수 있을 것으로 기대되기 때문이다.

종업원들이 비록 처음에는 조직으로부터 기대되는 감정을 느끼지 못할지라도, 그들로 하여금 표현규칙을 내면화하고 느낌규칙과 동일한 감정을 학습할 수 있도록 조직은 다양한 사회화 수단을 활용한다. 여기에는 공식적 교육훈련 프로그램, 직장훈련(on-the-job training), 토론, 상급자와 동료들 간의 비공식적 접촉, 의식, 의례, 이야기, 신화 등 다양한 것들이 포함된다(Leidner, 1999). 표현규칙을 느낌규칙으로 수용한 감정노동자들은 조직의 개입이 없을 때라도 자기검열(self-discipline)과정을 통해 표현규범과 동일한 감정을 일관되게 고객에게 표출할 가능성이 높다(Etzioni, 1961; Lebas & Weigenstein, 1986; Perrow, 1986; Leidner, 1999). 하지만 인간은 한편으로는 조직규범을 수용하면서도 다른 한편으로는 자아정체성을 유지하려고 하는 역설적 존재(paradoxical self)이므로(Smith & Berg, 1987: 90-95), 개인들의 조직에 대한 완전한 동일시는 일어나지 않는다. 또한, 조직동일시의 정도는 시간에 따라 변하고 상황적 단서들에 의해 부분적으로 영향을 받는다(Ashforth & Humphrey, 1993). 따라서 조직은 앞서 언급한 감정표현규범, 모집과 선발, 사회화 이외에도 보상과 처벌을 감정노동의 관리에 활용한다(Martin, Knopoff & Beckman, 1999). 암행감사(mystery shopper). 전화도청감독시스템(spy-and-tell system), 상급자평가, 고객평가, 역할연기대회 등 매우 광범위한 수단들이 종업원들의 감정노동 수행과정과 그 결과를 평가하는데 활용된다(Sutton & Rafaeli, 1988; Sutton, 1991).

2. 감정노동에 대한 종업원의 심리적 반응

앞서 언급한 바와 같이 조직은 종업원들로 하여금 규범적 감정을 고객에게 일관성 있게 표출하도록 모집 및 선발, 사회화, 보상과 처벌 등 다양한 통제수단들을 활용한다. 이것들이 의도한 바의 효과를 충분히 발휘하게 될 때, 종업원들은 '심층적 행위(deep acting)' 방식으로 감정노동을 수행하게 된다(Hochschild, 1983). 즉 규범적 감정을 느낌규칙으로 수용하여 규범적 감정과 동일한 내적 감정을 가진 상태에서 감정노동을 수행한다. 이와 같이 규범적 감정, 느낌규칙, 내적 느낌 간의 삼각 일치가 이루어지는 경우를 감정적 조화(emotional harmony)라고 한다(Rafaeli & Sutton, 1987, 1989). 감정적 조화에 대한 평가는 엇갈린다. Rafaeli & Sutton(1987, 1989)에 의하면, 감정적 조화를 체험한 감정노동자들은 심리적 안녕(well-being)과 자아효능감(self-efficacy)이 높아져 과업에서 높은 성과를 올리게 되고 결과적으로 높은 경제적 보상을 얻게 될 것이라고 주장한다. 반면 Hochschild(1983)는 심층적 행위 방식으로 감정노동을 수행하는 사람들은 '진정한 자아(real self)'에 대한 손상을 입게 되어 심각한 자기소외(self-alienation)를 경험하게 된다는 매우 비판적인 견해를 표명한다.

조직이 아무리 정교한 통제수단들을 활용할지라도 감정적 조화를 종업원들로부터 줄곧 이끌어내기는 어렵다. 특정 상황에서는 감정노동자들이 감정표현규범과는 상반되는 내적 느낌을 체험하기도 하는데, 이러한 경우에 '감정적 부조화(emotive dissonance)'를 수용하거나 '감정적 일탈(emotional deviance)'을 범하는 방식으로 감정노동을 수행한다

(Rafaeli & Sutton, 1987, 1989). 자신의 내적인 감정과 무관한(혹은 상반된) 표정이나 몸짓 혹은 어조 등을 겉으로 연기하는 '표면적 행위(surface acting)'를 통해 감정노동을 수행하는 것이 감정적 부조화를 수용하는 경우에 해당한다. 표면적 행위를 하는 종업원은 자신을 위선적이라고 생각하는 '거짓 자아(false self)'를 경험하게 되고 이것은 종업원들을 자기 비하, 우울증, 냉소주의, 소외 등과 같은 개인적 혹은 직무 관련 부적응 상태에 빠뜨린다(Ashforth & Humphrey, 1993). 감정노동자가 감정표현규범과 상반되는 내적 느낌을 여과 없이 고객에게 표현하는 경우가 감정적 일탈에 해당한다(Rafaeli & Sutton, 1987). 감정적 일탈을 적극적으로 해석하여 종업원이 자아를 손상시키지 않기 위해 조직규범을 깨뜨리는 일종의 개인적 저항이라고 볼 수도 있다(Leidner, 1999).

감정적 부조화나 감정적 일탈을 초래하는 요인들은 크게 다섯 가지로 구분된다. 첫째 나이, 성별, 국적 등과 같은 인구통계학적 변수들이나 옷차림, 장신구, 화장, 습관화된 거동 등과 같은 대상 인물의 특성을 들 수 있다(Rafaeli & Sutton, 1989). 둘째는 밤이나 낮과 같은 시간(temporal context), 조명이나 온도와 같은 분위기(atmosphere condition), 거래장소에 있는 사람들의 특성(interpersonal context) 등과 같은 상황적 요인들을 들 수 있다(Griffitt, 1970; Rafaeli & Sutton, 1987, 1989; Thoits, 1990; Ashforth & Humphrey, 1993). 셋째는 감정적 거래 중에 보여주는 대상 인물, 즉 고객의 반응(모욕적 언사나 무례한 태도)을 들 수 있다(Mars & Nicod, 1984; Van Maanen & Kunda, 1989; Sutton, 1991). 넷째는 고객 이외에 동료, 감독자, 부하, 가족 등 감정노동자가 맺고 있는 사회적 네트워크의 구성원들을 들 수 있다(Ashforth & Humphrey, 1993). 마지막으로 종업원 개인의 피로나 기분을 들 수 있다(Rafaeli, 1989a, 1989b; Thoits, 1990; Ashforth & Humphrey, 1993).

이상의 이론적 논의를 토대로 감정노동이 수행되는 일련의 과정을 개략적인 분석의 틀로 표현하면 〈그림 1〉과 같다. 이 그림에서 보듯이 종업원들의 감정표현이 고객의 거래행위에 영향을 미쳐 조직의 목표달성을 촉진시킬 것이라는 기대 아래 조직은 감정표현규범을 만들고, 이를 유지하기 위해 모집과 선발, 사회화, 보상과 처벌 등의 수단들을 이용한다. 하지만 이러한 조직적 통제수단들이 아무리 정교하게 설계되어 있다 하더라도, 조직이 통제하지 못하는 다양한 상황적 요인들이 감정노동자의 감정적 조화를 방해하거나 규범화된 감정의 표현을 어렵게 만든다. 따라서 감정노동자는 감정적 조화 이외에도 감정적 부조화나 감정적 일탈을 경험하면서 감정노동을 수행하게 되고, 그 결과 다양한 심리적 반응을 보이게 된다.

〈그림 1〉 감정노동의 분석 틀

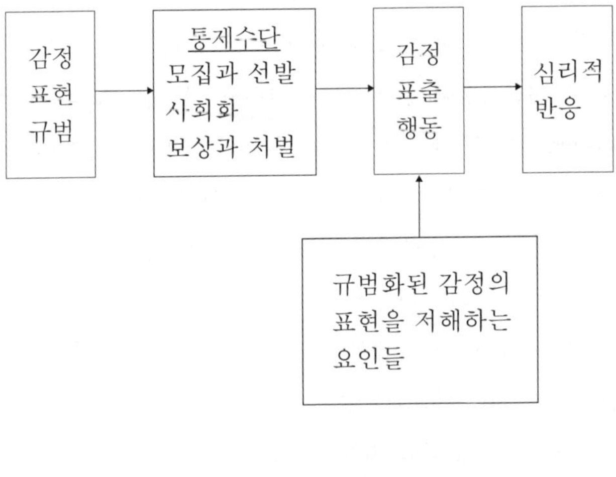

아래에서는 이와 같은 일련의 개념들을 활용하여 감정노동의 실상을 살펴볼 것인데, 한 레스토랑에서 약 4주에 걸쳐 수행된 참여관찰을 통해 수집된 자료를 분석한다.

3. 연구방법

3.1 연구대상기업

본격적인 현장연구에 앞서, 감정노동이라는 사회적 현상을 가장 전형적으로 관찰할 수 있는 연구대상을 선정하기 위해 백화점, 호텔, 항공사, 레스토랑, 패스트푸드점 등 5개 업종에 걸쳐 각 2개 업체를 선정하여 사전조사를 실시하였다. 이들 업체의 공통점은 접객서비스의 질이 핵심적인 경쟁우위 요소이고, 규모가 크며, 긍정적 감정표현규범을 갖고 있다는 사실이다. 접객서비스의 중요성과 규모가 큰 기업들을 선택한 것은 상대적으로 이러한 기업들이 체계적인 감정표현규범과 그것을 유지하는 관행들을 갖고 있을 것이라고 예상되었기 때문이다. 또한, 긍정적인 감정표현규범을 갖고 있는 업체들을 조사대상기업으로 삼은 것은 다음과 같은 두 가지 이유 때문이다. 첫째, 서비스산업에서 종업원들에게 가장 전형적으로 요구되는 감정은 미소, 친절 등과 같은 긍정적인 것이다(Rafaeli & Sutton, 1987). 둘째, 감정노동의 평가를 둘러싸고 논자들 간에 의견의 불일치가 가장 심한 지점은 무엇보다도 긍정적 감정표현규범 아래 감정노동을 수행하는 사람들의 심리적 반응에 관한 것이다(Rafaeli & Sutton, 1987; Fineman, 1996). 10개의 기업 중 본 연구에 적합한 기업을 선정하는 기준으로는 명확한 감정표현규범의 존재 여부, 종업원과 고객 사이에 감정적 상호작용의 강도와 빈도, 상근직 대비 비상근직의 비율, 감정표현을 관리하는 체계적인 수단의 존재 여부, 자료획득의 용이성 등 다섯 가지 요소가 고려되었다. 이러한 요소들은 신문이나 잡지 등에 실린 회사의 광고물, 인사/교육 담당 관리자와의 면담 등을 통해 업체별로 확인되었다. 사전조사를 토대로 다섯 가지 기준을 대체로 충족시키는 A사를 연구대상기업으로 선정하였다.

A사의 D지점은 미국에 본점을 둔 프랜차이즈 계약의 형태로 운영되는 서울의 강북에 위치하고 있는 레스토랑이다. 이 식당의 1층은 주차 공간이고, 2층에는 매장(hall)과 주방이 들어서 있다. 피자와 멕시칸 요리 등 미국식 음식이 A사의 주요 상품이고 매장의 일부를 차지하고 있는 바(bar)에서는 칵테일과 맥주 등 음료도 판매하고 있다. 지점 내 직급체계 중 가장 상위 직위는 점장(店長)으로서 본사의 차장직급을 갖고 있다. 점장 밑으로 4명의 과장이 있는데, 이들은 웨이터/웨이트리스, 바, 안내, 주방 중에서 어느 한 부서의 운영을 책임지고 있다. 종업원들이 감정노동을 수행하는 부서는 주방을 제외한 나머지 3개 부서이다. 6개월 이상 근무한 종업원 중 업무능력과 지도능력을 인정받은 직원에게는 '근무조장(shift leader)' 및 신입직원교육의 직장훈련을 담당할 수 있는 '지점 내 지도사원(in-house trainer)'의 자격이 부여된다. 그리고 1년 이상(대졸자 기준)의 근무경력을 가지고 있으며, 우수한 업무능력을 지닌 직원의 경우는 '캡틴(captain)'의 호칭을 주어 각 부서 관리자의 업무를 보조하거나 부서 직원들의 리더역할을 수행토록 하고 있다.

A사 각 지점의 종업원은 대개 120명 정도인데, 이 중 90%가 정규직원이고, 10%가 임시직원으로서 남녀 비율은 40:60이다.[5] 직무의 유형별로 볼 때, 조리와 조리보조, 설거지 등을 담당하는 주방 근무자가 40%, 바텐더, 웨이터/웨이트리스, 안내원 등 매장 내에 근무하는 직원이 50%, 나머지 10%의 인원은 주차원과 금전출납원(cashier) 등 기타 업무를 담당하는 직원들이다. A사 종업원의 임금은 국내 특급호텔의 종업원 임금을 약간 밑도는 수준이다. 정확한 자료는 입수되지 않았으나, 이 회사 종업원들의 이직률은 50% 이상으로 매우 높은 편이며, 이

5 A사 D지점의 남녀 종업원들은 담당한 업무와 감정노동의 수행에 따른 심리적 반응에서 차이가 거의 없었다. 정규직과 임시직의 경우에는 선발과정과 담당 업무에서 일정한 차이가 있었다. 정규직원의 채용은 본사의 권한이고 임시직원의 채용은 각 매장 점장의 권한이다. 정규직은 접객서비스의 전 과정을 수행하는 반면, 임시직은 식탁과 빈 그릇 치우기, 얼음통 채우기, 음식 포장, 재떨이 교체 등 감정노동이 비교적 덜 필요한 허드렛일을 주로 담당하면서 정규직을 보조하였다. A사의 종업원 중에서 정규직원의 비율이 90%를 차지하고 있고 감정노동이 수행되는 전형적인 모습은 이들에게서 드러나기 때문에, 우리는 정규직원을 기준으로 연구결과를 기술하였다. 그렇지만 정규직원과 임시직원이 섞여 있는 조직을 연구하면서 이들 간의 차이를 연구결과에 반영되지 못했다는 점은 본 논문의 한계로 지적될 수 있다.

직자의 대부분은 입사 후 3개월에서 6개월 사이에 직장을 옮긴다. 종업원들은 1일 10시간씩 주 5일 근무를 하며 전체 종업원들은 통상 1일 3교대의 근무조로 편성된다. 영업준비조는 아침 7시에 출근하여 개점시간인 오전 11시까지는 영업준비를 하고, 상대적으로 손님이 붐비지 않는 오후 5시까지의 영업을 담당한다. 오후 근무조는 오후 2시에 출근하여 폐점시간인 오후 11시에 퇴근한다. 다소 유동적이긴 해도 절반 이상의 직원들이 오후 근무조에 편성되어 있으며, 이들은 손님이 가장 붐비는 시간대의 영업을 담당하게 된다. 마감조는 오후 3시에 출근하며, 폐점시간 이후 새벽 1시까지 매장의 정리와 이튿날의 영업을 위한 준비작업을 한다.

3.2 자료 원천

고객과의 상호작용이 직무의 가장 중요한 일부분을 이루는 감정노동자들은 자기 자신을 포함하여 상호작용과정에 관련된 사회적 행위자들, 그들 간의 상호작용 그 자체, 감정표현규범, 주변의 물리적 환경 등으로 구성된 직무 상황(setting)을 해석하는 과정에서 자신의 느낌이나 감정을 형성한다. 이렇게 형성된 감정을 조절하고 통제하면서 표정, 몸짓, 말, 목소리의 음색 등을 복합적으로 활용하여 감정노동을 수행한다. 감정노동이 수행되는 맥락과 그 방식의 이와 같은 복잡성으로 말미암아, 이의 연구를 위해서는 민속방법론의 활용이 가장 바람직하다(Rafaeli & Sutton, 1987). 민속방법론이란 사회적 성원들이 그들의 세계로부터 의미를 창출하고 그것을 설명하는 방법이 무엇인가에 대한 연구이다(Garfinkel, 1967). 민속방법론자들은 의미와 행위가 특정 상황 안에서의 사회적 구성원들 간의 상호작용을 통하여, 그리고 그 진행과정에서 생성되고 변화한다고 본다. 이처럼 민속방법론자들은 지표성(indexicality)[6]을 방법론적 전제로 삼고 있기 때문에, 자료수집에 참여

6 지표성이라는 용어는 인간의 사회적 행위는 맥락 또는 상황과 밀접히 연관되어 있기 때문에 그 행위

(participation) 방법을 주로 활용하지만, 그 밖에도 직접적인 관찰, 대화분석, 문헌자료 등 다양한 수단들을 동원한다. 감정노동과 민속학적 방법론의 특성을 고려하여, 우리는 웨이터업무를 직접 수행해 보는 것에서부터 종업원교육 혹은 근무조 회의에 참가하는 것뿐만 아니라 역할연기대회 관찰, 심층면접, 문서, 고객반응 등 9가지 원천들로부터 약 25일에 걸쳐 자료를 수집하였다. 각 원천에서 수집된 자료들은 매일 기록되었고, 심층면담자료들의 경우에는 녹취하는 방식으로 수집되었다. 이 연구에 활용한 9가지 자료원천의 상세한 내용은 다음과 같다.

웨이터 업무수행: 연구자 중 1인이 D지점의 웨이터로서 1일 6시간씩 10일간 근무하였다. 연구자는 근무 첫날에 테이블 청소와 빈 그릇 치우기, 얼음 통 채우기 등 다른 웨이터/웨이트리스들의 업무를 보조하였으며, 2~3일째부터는 첫째 날의 업무를 주로 하되, 다른 종업원들과 마찬가지로 고객의 주문을 받고 음식물을 전달하는 등 종업원의 주요한 접객서비스를 수행해 보기도 했다.

매장 내 교육참여: 매장 내 교육은 1~3명의 신입사원을 대상으로 1일 3시간씩 1주 동안 매장의 부속건물에 있는 교육실에서 지도사원에 의해 집중적으로 실시된다. 대부분의 교육시간은 메뉴의 종류와 특성에 관한 내용으로 채워져 있는데, 연구자들은 메뉴교육에 들어가기 전 3시간의 초기교육 과정에 참여하여 웨이터로서 지녀야 할 서비스 태도와 예절에 관한 내용을 교육받았다.

근무조 회의 참여: A사의 D지점은 매일 오전 10시 45분과 오후 3시에 과장급의 관리자들이 주관하는 근무조 회의를 갖는다. 이 회의에서 관리자는 부서별로 종업원들의 서비스 태도를 평가하고 서비스 질을 높이도록 종업원들을 독려한다. 연구자들은 모두 7번의 오후 근무조 회의와 1번의 오전 근무조 회의에 참석하였다.

에 대한 이해는 맥락을 통해서만 가능하다는 점을 강조하기 위해서 민속방법론에서 즐겨 쓰는 표현이다(Garfinkel, 1967).

역할연기대회 관찰: A사는 각 지점 종업원들 간의 유대감을 높이고 지점별 서비스 질의 균일화를 달성하기 위해 각종 경연대회를 개최한다. 연구자들은 회사 측의 허가를 받아 2시간에 걸친 접객서비스 역할연기대회와 생일축하 노래경연대회를 관찰할 기회를 가졌다.

핵심정보원(key informant) 면담: 연구자들은 A사의 인사관리 전반에 대한 책임자로서 신입사원의 입문교육(orientation)을 담당하고 있는 본사의 관리자 1인과 대면으로 1차례, 전화로 2차례 이야기를 나눴다. 대면 면담은 반구조화된(semistructured) 형태로 1시간 동안 진행되었는데, 면담 내용에는 회사의 연혁과 철학, 회사의 직급체계, 감정표현규범, 종업원의 고용, 선발, 교육, 보상체계 등 회사의 전반적인 관리관행들이 포함되었다. 현장연구를 끝내면서 전화통화를 통해 수집된 자료들에 대한 연구자들의 의문점들을 질문하였다.

D지점 관리자 면담: 지점의 인사와 영업 등 관리상의 거의 모든 권한을 갖고 있는 점장과 약 1시간씩 2차례 그리고 웨이터/웨이트리스 부문과 바 부문을 담당하는 2명의 과장과 1차례씩 반구조화된 면담을 가졌다. 이때 연구자들은 D지점의 일반적인 현황, 감정표현규범과 그 유지수단들, 관리자의 책임과 의무 등에 관련된 질문사항을 준비해갔다. 이 연구는 귀납적으로 이루어지는 것이므로, 준비된 질문 이외에도 대화 도중에야 비로소 알게 된 문제들에 관해서도 이야기를 나누었다.

종업원 면담: 종업원들과의 면담은 현장면담과 집단면담 등 두 가지 형태로 수행되었다. 현장 면담은 말 그대로 웨이터 직무를 수행하는 과정에서 다른 종업원에게 질문하는 형태로 수행되었다. 현장면담에서 가장 중점을 두었던 사항은 그때그때 발생하는 사건들에 대한 종업원의 심리적 반응이나 직무수행에 요구되는 감정표현행위를 확인하는 것이었다. 집단면담은 연구자가 10일간의 웨이터 근무를 끝낸 뒤에 근무과정 중 가장 친했던 5명의 종업원을 만나 편안한 분위기 속에서 2시간 동안 이루어졌다. 주요한 질문사항은 회사에서 그들에게 요구하는 감정

표현규범과 그것을 학습하고 수용하는 과정, 일에 대한 태도, 스트레스를 주는 상황과 그에 대처하는 방식 등이었다.

문서: 연구자들은 A사의 연혁과 철학이 소개된 책자, 종업원교육지침서, 광고물, 사내 게시자료 등을 광범위하게 수집하였다. 일반적으로 기업은 광고물에 회사가 내세우는 핵심적인 철학과 이미지를 담아내려고 한다는 점에 착안하여, A사의 신입사원 모집광고를 제작한 광고대행사의 담당 카피라이터를 만나 30분간 면담하였다.

고객 반응: A사는 홍보 목적상 하이텔(Hitel)에 전자게시판을 개설해 놓고서 종업원들의 서비스와 식당 분위기에 대한 고객의 반응을 수집하고 있었다. 전자게시판에 실려있는 고객의 발언들도 본 연구의 자료로 활용되었다.

3.3 자료분석방법

경험과학에서 개념은 현실의 세계로 들어가는 관문이다. 실증주의에서는 통상적으로 연구를 '한정적인 개념(definitive concepts)'에 입각하여 시작하지만, 우리는 감정노동과 관련된 개념들을 '감지적 개념(sensitizing concepts)'으로 받아들이면서 자료를 분석하였다(Blumer, 1954). 한정적인 개념은 속성이나 고정된 기준점(bench mark)에 대한 명확한 정의에 근거하여 일단의 대상들에 내재하는 공통점을 정확히 규정한다. 그런데 한정적인 개념은 연구대상의 고유한 특성을 사전적으로 국한하고 경직시키며 심지어는 왜곡시킴으로써, 연구자가 유동적이고 비확정적이며 동태적인 인간 사회의 모습을 있는 그대로 파악할 수 없게 만든다. 따라서 Blumer(1954)는 연구자가 사회과학의 개념들(예, 문화, 제도, 사회구조, 관습, 인격 등)을 한정적 개념이 아닌 감지적 개념으로 받아들이도록 제안한다. 감지적 개념은 속성이나 고정된 기준점에 대한 자세한 명세서를 결여하고 있어서, 연구자로

하여금 개별적인 사건들과 그와 관련된 내용에 직접적으로 다가설 수 있도록 도와주지는 않는다. 그 대신 독특한 성격을 가진 맥락 속에 놓여 있는 경험적 사건들에 접근하는 연구자들에게 참고와 지침이 되는 일반적인 감각(general sense)을 제공해 준다.

감정노동과 관련된 감지적 개념들을 연구의 출발점으로 하여 이론적 통찰력과 자료를 체계적으로 오가는 연역과 귀납의 순환적 과정을 밟아 수집한 자료들을 분석하였다(Glaser & Strauss, 1967; Miles, 1983; Miles & Huberman, 1984). 3명의 연구자는 비구조화된 브레인스토밍(brainstorming) 회합을 거치면서 자료 해석에 있어서 합의점을 도출하였다(Rafaeli, 1989b). 이러한 과정에서 자료수집단계 이전에 갖고 있던 이론적 통찰력은 현장에서 수집된 자료와 비교하여 유지되거나 변경되며 혹은 폐기되었다(Sutton, 1991).

〈표 1〉은 수집된 자료들을 분석하여 연구자들이 최종적으로 확인한 감정표현규범들과 9가지 자료원천이 그것을 입증하는 정도를 나타내고 있는데, 이것은 Miles & Huberman(1984)이 제안한 단일사례(within-site display) 표현방법에 따라 작성되었다. 감정표현규범을 입증하는 데 명확한 여러 가지 실례들을 제시할 수 있는 자료원천은 강한 증거로 간주된 반면, 단 하나 혹은 모호한 실례만을 찾을 수 있는 자료원천들의 경우에는 약한 증거로 표기되었다. 이러한 방법은 연구자가 최종적인 결론에 도달하기 전에 모든 자료원천을 검토했는가를 확인할 수 있도록 해 줄 뿐만 아니라, 연구에서 도출된 결론이 어느 정도로 실재 증거에 근거하고 있는가를 독자들이 알 수 있게 해 준다는 장점이 있다.

A사에서 종업원들에게 요구하는 감정표현규범들을 확인한 뒤, 우리는 이러한 감정표현들을 유지하기 위해 A사는 어떠한 관행과 관리수단들을 갖고 있는가에 대한 문제로 분석의 초점을 이동시켰다. 9개의 원천에서 수집된 자료들을 분석한 결과, 7개의 원천에서 조직의 감정표현규범과 관련된 모집 및 선발과 사회화 그리고 상벌의 관행들을 확인할 수 있었다.

〈표 1〉 거래 단계별 감정표현규범

거래의 단계	감정표현규범		
	친근감	흥겨움	공손함
① 접객	종업원, 교육 회의, 역할, 문서 **핵심, 관리자, 웨이터**		
② 주문접수	교육, 웨이터 역할, 문서, 고객 **종업원**		종업원, 교육 역할, 문서 **웨이터, 회의**
③ 음식 전달 및 확인	교육, 웨이터 회의, 문서, 고객 **종업원, 역할**		
④ 불만 접수/처리			핵심, 종업원 교육, 웨이터 회의, 역할, 문서
⑤ 생일축하	웨이터	관리자, 종업원 웨이터, 역할 **핵심**	
⑥ 계산 및 인사	교육, 회의 문서, 웨이터		

* 웨이터=웨이터업무수행에서 입수된 강한 증거; **웨이터=웨이터업무수행에서 입수된 약한 증거**
교육=종업원교육 참가에서 입수된 강한 증거; **교육=종업원교육 참가에서 입수된 약한 증거**
회의=근무조 회의에서 입수된 강한 증거; **회의=근무조 회의에서 입수된 약한 증거**
역할=역할연기 관찰에서 입수된 강한 증거; **역할=역할연기 관찰에서 입수된 약한 증거**
핵심=핵심정보원에게서 입수된 강한 증거; **핵심=핵심정보원에게서 입수된 약한 증거**
관리자=관리자와 면담에서 입수된 강한 증거; **관리자=관리자와 면담에서 입수된 약한 증거**
종업원=종업원과 면담에서 입수된 강한 증거; **종업원=종업원과 면담에서 입수된 약한 증거**
고객=고객의 반응에서 입수된 강한 증거; **고객=고객의 반응에서 입수된 약한 증거**
문서=문서자료에서 입수된 강한 증거; **문서=문서자료에서 입수된 약한 증거**

〈표 2〉에 감정표현규범의 유지와 관련된 관행들을 입증하는 자료들과 그 증거의 강도가 자료의 원천별로 요약되어 있다. 하지만 이러한 자료표현방법만으로는 질적 자료의 풍요로움을 살리지 못하거나 감정표현규범들 간의 미묘한 차이점을 드러내지 못한다. 또한, 모집 및 선발과

사회화 그리고 상벌제도 등의 관행들이 감정표현규범들을 유지하기 위해 종업원들에게 개입해 들어가는 양상을 구체적으로 드러내기 곤란하다. 따라서 우리는 4, 5절에서 〈표 1〉과 〈표 2〉에 제시된 내용에 관련된 구체적인 자료와 추론의 근거들을 제시할 것이다.

〈표 2〉 감정표현규범의 유지수단

감정표현규범들	규범의 유지수단		
	선발	사회화	보상/처벌
친근감	관리자 **핵심, 종업원**	관리자, 종업원 교육, 회의 **핵심, 웨이터**	**핵심, 관리자** **종업원, 회의**
흥겨움	관리자	종업원, 웨이터	
공손함	**핵심**	관리자, 종업원 교육, 웨이터, 회의, 문서	**핵심**

* 자료원천의 표기방법은 〈표 1〉과 동일.

4. 거래 단계별 감정표현규범[7]

접객 단계: 주차원이나 안내원들과 손님들 간에 이루어지는 최초의 감정적 거래는 접객 단계에서 이루어지는데, 이때 종업원들에게 요구되는 감정표현규범은 친근감이다. 종업원들을 손님의 눈을 마주 보며 미소를 지어야 한다. 손님에게 인사하는 대화법은 특별히 정해진 것이 없고, 손님에게 친근한 느낌을 주는 것이라면 어떤 것이든지 말할 수 있

7 이하의 서술에서는 인용된 자료의 원천을 밝혀주기 위해 '[ ]'표시를 사용하기로 한다. 각각의 정보원천은 다음과 같이 간략히 표기된다. [웨이터] = 웨이터 업무수행, [교육] = 매장내 교육참여, [회의] = 근무조 회의참여, [역할] = 역할연기 대회관찰, [핵심] = 핵심정보원 면담, [관리자] = D지점 관리자 면담, [종업원] = 종업원 면담, [문서] = 문서, [고객] = 고객반응.

다[교육, 문서]. 한 가지 규칙이 있다면, 그것은 모든 손님에게 동일하게 인사하지 말라는 것이다. 역할연기 경연대회에서 A사 D점의 종업원들이 보여 준 연극은 접객 단계에서 종업원이 표현해야 할 친근함의 감정 표현 행동을 예시적으로 잘 보여 준다[역할].

(젊은 부부가 딸을 데리고 차에서 내리자 여자 안내원이 다가간다.)
안내원 1: (미소를 지으면서) 어서 오세요. 어머, 아이가 참 예쁘네요.
(아이에게) 얘, 너 이름이 뭐니?
아이: 아림이요.
안내원 1: 이름이 참 예쁘구나. 어서 오렴.
아이: 고마워요. 언니.
안내원 1: (부모들에게 입구를 가리키며) 자, 이리로 들어가세요.
아버지: 고맙소.
(손님들이 입구로 향하자 안내원 1은 무전기에 대고 아이의 이름과 손님 수를 입구 안쪽에 있는 안내원 2에게 말한다. 잠시 후 손님들이 입구로 들어서자 안내원 2가 반갑게 맞는다.)
안내원 2: 아림아, 안녕! 어서 와.
아이: 어? 언니, 제 이름 어떻게 아셨어요?
안내원 2: 네 이마에 써 있는 걸.
아이: (제 이마를 손으로 가리며) 정말이에요?
안내원 2: (웃으며) 그럼. 자, 언니가 풍선 줄게. (풍선을 아이에게 건넨다)
아이: 고마워요, 언니.
안내원 2: (어른들을 향해) 자리는 금연석으로 드릴까요, 아니면 흡연석이 좋으시겠어요?
아버지: 금연석으로요.
안내원 2: 자, 이쪽으로 오세요. 아림아! 이리와.
어머니: 사람들이 참 친절하네요. 여보 우리 여기 오길 잘했죠?

주문접수 단계: 접객 단계에 이어서 웨이터/웨이트리스들이 주문을

받게 된다. 주문단계에서 종업원은 고객과 가장 높은 빈도로, 또 가장 높은 강도로 감정적 상호작용을 주고받는다. 여기서 요구되는 감정표현 규범은 친근감과 공손함이다. 주문단계에서 웨이터/웨이트리스들은 친근감을 드러내는 다양한 인사말로 손님들과의 감정적 거래를 시작하게 되는데, 이때의 인사법도 안내원들의 인사법과 마찬가지로 틀에 박힌 인사말이어서는 안 된다. A사는 식사메뉴의 주문을 받는 종업원들에게 매우 독특한 자세를 취하도록 요구한다. 웨이터/웨이트리스가 손님의 테이블 옆에서 서 있는 것이 아니라 무릎을 꿇고서 앉아있는 손님들과 같은 눈높이를 유지해야 한다. 무릎을 꿇고서 손님에게 밝고 진지한 표정을 지어 보임으로써 '지금 당신과 대화를 나누는 것보다 더 중요한 일은 없습니다'라는 느낌을 전달해야 한다[관리자]. 또한, 주문 시에 손님이 요구하는 사항은 거의 무조건적으로 수용해 주어야 하는 것이 이 식당의 규칙이다[문서, 관리자]. 손님은 때때로 종종 표준화된 메뉴를 변형시켜 제공해 달라거나 김치와 같이 메뉴에 나와 있지 않은 음식을 요구하곤 하는데, 그러한 손님의 요청에 대해 그 자리에서 "그건 안 됩니다."라든지 "손님, 지금은 바쁜 시간이라서 할 수 없습니다."라고 말하는 것은 규칙에 어긋난다. 손님이 정해진 주문 이외에 아무런 요청을 하지 않는 경우에라도 종업원들은 무엇이든 손님이 요청만 하면 자신이 도와줄 것이라는 인상을 손님들에게 심어 주어야 한다. 웨이터/웨이트리스의 이러한 주문접수 자세는 '정중하고 수용적인 태도'인 공손함의 감정표현규범과 관련되어 있다.

음식 전달 및 확인 단계: 손님이 주문한 요리가 끝나면 이것을 웨이터/웨이트리스가 주방으로부터 손님의 테이블로 운반한다. 종업원들은 음식이 제공된 뒤 3분 이내에 음식에 대한 손님의 만족도를 확인하도록 규정되어 있다[문서]. 종업원들은 손님들의 좌석 사이를 오가며 테이블 위에 필요한 것이 없는지를 확인하게 되는데, 이때 종업원들에게 요구되는 규칙은 손님의 요구가 있기 이전에 이를 포착하여 해결해 주거나 먼저 손님에게 물어보는 것이다. 종업원들은 “또 필요한 것이 없으세요?”라고 묻거나, “빈 그릇을 치워드릴까요?”, “커피 더 드릴까요?” 등 짤막한 질문도 하게 되지만, “스테이크 맛이 어떠세요? 적당히 익혀졌습니까?”라고 물음으로써 손님과의 친근한 대화를 유도한다[회의, 문서]. 음식물을 확인하는 과정에서 이루어지는 한 웨이트리스와 손님 간의 대화에는 종업원의 친근한 태도가 물씬 묻어 있다[웨이터].

> “수프 맛이 어떠세요? 짜지 않으세요?” 애인으로 보이는 여자친구와 함께 식사를 하고 있던 20대 후반의 남자 손님은, 웨이트리스의 질문에 잠시 생각하는 듯하다가 반문한다. “왜 물어봐요? 짜면 바꿔줄 건가요?” 웨이트리스는 다소 짓궂은 웃음을 지어 보이며 대답한다. “그럴 수야 있겠습니까? 그저 손님이 맛있게 드시길 원해서 여쭤본 거지요.”

불만 접수/처리 단계: 음식이 제공된 직후이든 손님의 식사 중이든 관계없이 이 식당의 종업원들은 고객들이 추가적인 요구나 불만사항이 있는지에 대하여 항상 확인하고 이를 처리해 주어야 한다. 종업원들은 고객의 요구가 어떤 것이든지 부정적 태도나 거부 의사를 나타내서는 안 되며, 경청하는 태도와 고객이 제기하는 문제를 적극적으로 해결하겠다는 태도를 보여주어야 한다[핵심]. D지점의 종업원들이 5개 지점 대항 역할연기 경연대회에 참여하여 1등을 차지한 연극은, 연극이라는 특성상 다소 과장된 면이 있긴 하지만, A사의 종업원이 불만을 제기하는 고객에 대해 취해야 할 공손한 태도가 무엇인지를 보여주고 있다. 연구자는 그들이 회사 측에 제출한 원고를 입수할 수 있었는데, 다소 길지만, 원고의 문장 그대로 인용해 보기로 한다[역할].

(4명의 손님이 식사 중)

손님 1: 내가 주문한 건 레어(rare)인데, 웰던(well done)으로 나왔어.

손님 2: 종업원에게 이야기해봐. 여긴 A식당이잖아. A식당에선 좋은 서비스를 보장하고 있어. 서비스가 나쁠 경우엔 음식값을 받지 않는다고 하던걸?

손님 3: 내 마가리타(음료의 일종)에 관해서도 종업원과 이야기해야겠어. 맛이 너무 진해.

손님 4: 웨이터가 저기 있네, 이봐요, 웨이터!

웨이터: (테이블 점검을 위해 돌아와서, 퍼피도그(puppy dog)의 자세로): 안녕하세요, 손님 여러분, 뭐 필요한 것이라도 있으세요?

손님 1: 내 스테이크가 너무 익혀졌군요. 저는 레어를 주문했는데 웰던으로 나왔어요. 난 다른 스테이크로 먹고 싶어요.

웨이터: (스테이크를 바라보며 공감한다는 듯이) 대단히 죄송합니다, 손님. 지금 즉시 다른 스테이크로 바꾸어 드리겠습니다. 레어 스테이크는 3분 정도 걸립니다. 그리고 부인께선 무엇이 필요하신가요?

손님 3: 제 마가리타 맛이 독한 테킬라(술의 일종) 같아요.

웨이터: 그렇습니까? 이 마가리타가 입에 맞지 않는다는 말씀이죠? 알겠습니다. 지금 바로 다른 마가리타로 바꾸어 드리겠습니다.

손님 3 : 그건 값을 받지 않나요?

웨이터: 그럼요. 그건 계산에 들어가지 않습니다. 손님의 말씀은 언제나 옳은 것이니까요. 저희는 좋은 서비스와 좋은 음식을 보장합니다.

손님 2: 와! 정말 대단하군! 저 웨이터 참 멋진 사람이군.

손님 3: 이 식당의 서비스는 역시 최고야!

생일축하 단계: A사가 고객에게 제공하는 독특한 서비스 중의 하나는 생일을 맞은 손님에게 생일축하노래를 불러주는 것인데, 이 경우에 흥겨움의 감정표현이 뚜렷이 나타난다. 흥겨움의 감정표현규범은 웃음과 쾌활한 목소리로 손님들에게 즐거운 분위기를 전달해야 하는 것을 의미한다. 손님 중에 생일을 맞은 사람이 있다는 것이 확인되면, 먼저 테이블을 담당한 웨이터/웨이트리스가 손님들과 대화를 나눈다. 참여관찰한 바에 따르면, 어떤 웨이터는 젊은 여자 손님의 외모에 대하여

다소 짓궂은 농담을 하는 등 격의 없는 대화를 통해 친근감을 표현했다[웨이터]. 이어서 7~8명의 웨이터/웨이트리스들이 기타와 탬버린 등의 악기를 가져와 테이블을 둘러싸고 그들이 직접 개사했거나 본사에서 만들어 준 생일축하노래를 불러준다. 이때 종업원들 모두가 밝게 웃는 표정을 짓고, 손뼉을 치며, 노래 중간마다 크게 소리를 지른다. 마치 자신들의 축제를 열 때와 같은 쾌활함과 흥분감을 고객에게 전달하여 손님들이 재미있는 경험을 즐길 수 있도록 한다[관리자].

계산 및 인사 단계: 식사를 마친 손님이 계산서를 요구하면, 웨이터/웨이트리스가 직접 계산서를 제시하고 돈을 받는다. 돈을 받은 종업원은 계산대(counter)에서 거스름돈을 받아 손님에게 되돌려준다. 자신이 담당한 테이블에서 식사를 하고 일어나는 손님들에게 웨이터나 웨이트리스들은 식사가 유쾌했는지를 묻거나 다시 찾아올 것을 권하는 등 개성을 살린 다양한 인사를 한다. 이때 종업원들은 손님으로부터 행하를 받기도 한다. 손님이 식당 문을 나서는 것은 상대적으로 짧은 순간에 이루어지기 때문에, 안내원들이 손님에게 인사를 하면서 친근한 감정을 표현하는 것은 비교적 불분명하게 나타난다[종업원].

5. 감정표현규범의 유지수단

5.1 모집 및 선발[8]

〈표 2〉에 제시되어 있듯이 우리는 3가지 자료원천들에서 A사가 친근감, 흥겨움, 공손함을 표현하는 데 적합한 기질(disposition)을 가진 사람을 선발하기 위해 세심한 주의를 기울이고 있음을 확인할 수 있었다.

8 본 연구의 수행과정에서 A사의 신입사원 선발과정을 직접 관찰할 기회를 갖지 못한 것이 연구자들의 아쉬움으로 남는다. 이 회사의 선발과정에 관한 분석은 선발과정에 참여하는 핵심정보원, 관리자들, 선발과정을 거친 종업원들과의 면담결과를 토대로 이루어졌다.

D지점 점장의 다음과 같은 언급은 A사가 왜 선발과정, 특히 면접을 중요하게 여기고 있는가를 잘 보여 준다.

> "제일 중요한 건 고객들을 상대하는 일이 자기 성격하고 맞아야 해요. 우리 회사는 이직률이 매우 높은 편인데, 입사한 사람 중 많은 사람이 3개월에서 6개월 사이에 다른 회사로 옮기죠. 기분 나쁜 일이 있으면 오히려 손님하고 재미있게 이야기하면서 잊어버리기도 하고 그래야 하는데, 자기 자존심을 너무 내세우거나 하면 스스로 힘들어서 못 견디는 거죠. 이런 사람이 입사하는 것은 본인이나 회사 양쪽에 모두 손해라고 봐요. 면접은 아마 이런 사람을 골라내는 최선의 방법이 아닐까 싶네요."

면접을 통해 종업원의 내적 심리상태를 직접 확인할 수는 없기 때문에, 면접자는 면접 도중에 지원자들이 외적으로 드러내는 말, 몸짓, 표정 등을 관찰하는 방식으로 그들의 기질적 특성을 간접적으로 추론하게 된다(Sutton, 1991). A사 면접자들이 지원자를 평가하는 기준들이 감정표현규범별로 〈표 3〉에 요약되어 있다.

먼저 친근함의 감정표현규범의 경우에 웃음, 미소, 익살 넘치는 답변 등이 주요한 평가요소이다. 면접관과 시선을 접촉하면서 미소 띤 얼굴로 대답하는 지원자들이 좋은 평가를 받는다. 외모가 뛰어나더라도 면접관의 농담에도 잘 웃지 않는 지원자는 친근함을 잘 표현하지 못하는 사람으로 취급된다. A사의 종업원들은 주문접수, 음식 전달 및 확인, 불만 접수/처리 단계에서 손님과의 대화를 친근하게 이끌어 가는 능력이 요구되므로, 지원자가 질문에 얼마나 재기 발랄하게 답변하는지 그리고 조리 있게 자신의 견해를 밝히는지를 면접관은 유심히 관찰한다.

〈표 3〉 감정표현규범에 대한 지원자의 적합성 평가[9]

감정표현 규범	평가요소	지원자의 답변이나 태도	
		긍정적으로 평가되는 반응	부정적으로 평가되는 반응
친근감	면접 시의 전반적 태도	시선 교환	다른 곳을 쳐다봄
		미소	굳은 표정
		자신감	위축, 경직됨
	면접관의 농담	크게 웃음	긴장한 태도 유지
친근감	의사소통능력	익살스러운 대답	눌변, 과묵
		조리 있는 말	말을 적게 함
흥겨움	노래 부르기	밝고 즐거운 노래	어두운 노래
		명랑한 태도	소극적 태도
	취미	노래, 춤, 운동	독서, 명상
공손함	증거 없음		

지원자들이 유쾌함의 감정표현을 잘 수행할 수 있는 성격의 소유자인지를 판단하기 위해 면접관은 노래 부르기를 주문하거나 취미나 성격에 대한 질문을 던진다. 밝고 명랑한 태도로 노래를 부르거나 빠르고 경쾌한 노래를 즐긴다고 말하는 지원자에게 좋은 점수를 준다. 또 독서나 명상 등 혼자서 조용한 시간을 보내는 것을 좋아하는 지원자보다는 노래, 춤, 운동 등을 취미로 하거나 여러 사람이 어울리는 자리를 좋아한다고 답변하는 지원자가 높게 평가된다. 이러한 평가 기준들은 생일축하 단계에서 흥겨움의 감정표현이 종업원들에게 요구되기 때문이기도 하지만, 일차적으로는 A사의 작업조건 및 환경과 관련되어 있다[관리자]. A사 식당의 매장은 항시 손님들로 북적거리며 많은 사람이 떠들고 이야기한다. 또 벽면의 비디오 화면에는 쇼우(show)나 스포츠 경기의

9 A사에서는 손님에게 친근하거나 흥겨운 감정을 표현하지 못하는 종업원은 고객의 요구에 정중하고 수용적인 태도로 임하기 힘들다고 본다. 즉 친근하고 흥겨운 태도는 손님에게 공손한 태도를 보이는데 필요조건이라는 것이다. 따라서 A사는 면접 과정에서 상대적으로 정중한 감정표현규범을 소홀히 하고, 친근감과 흥겨움의 감정표현에 적합한 지원자를 확인하는 데 중점을 둔다[핵심]. 이러한 이유로 〈표 3〉에서 공손함의 감정표현규범과 관련된 부분은 증거 없음으로 처리되었다.

장면들이 연속적으로 이어지며 경쾌하고 빠른 박자의 음악이 스피커를 통해 계속 흘러나온다. 사람들과 어울리기보다는 혼자 있는 조용한 시간을 좋아하는 사람들이라면 A사 식당의 분위기를 견디지 못할 수도 있다는 것이 관리자의 설명이었다[관리자]. 관리자들은 독특한 분위기가 연출되는 매장의 분위기에 스스로도 즐거워하는 종업원이 손님에게 흥겨움의 감정을 잘 표현할 것이라고 믿고 있었다.

5.2 사회화

〈표 4〉 감정표현규범과 사회화 수단의 관련성

감정표현 규범	사회화의 수단/매개물	사회화의 내용
친근함	종업원 교육	고객에 대한 태도와 마음가짐 학습
	직장훈련	고객을 대한 태도와 마음가짐 학습
	고참사원 관찰	고참사원을 역할모델로 인식
	동료의 행위 관찰	감정표출행동의 단서로 작용
	상급자나 동료의 피드백	감정표출행동의 수정
유쾌함	매장 분위기	흥겨운 분위기에 동화
	생일축하	동료들의 감정표현 학습
공손함	종업원 교육	고객의 불만/요구를 접수하는 태도 학습
	직장훈련	고객의 불만/요구를 접수하는 태도 학습
	회의	적극적인 수용태도 학습

A사에서 세 가지 표현규범의 사회화가 이루어지는 과정은 〈표 4〉와 같이 요약될 수 있다. 친근함의 감정표현규범에 대한 종업원들의 사회화는 공식 교육훈련프로그램뿐만 아니라 비공식 조직에 의해서도 매우 활발히 이루어지고 있었다. 교육용 지침서에는 "당신이 하는 일은 손님들로 하여금 당신의 집에서 환영받는 손님이라는 느낌을 갖게 하는 것입니다."라고 적혀 있으며[문서], 이러한 내용은 본사 인사담당자가 실

시하는 입문교육과 매점 내 교육에서 구체적인 형태로 신입사원들에게 전달된다. 입문교육과 매점 내 교육과정을 거친 신입 웨이터/웨이트리스나 바텐더는 2~3개월간 직장훈련 기간을 거치게 되는데, 이때 캡틴이나 지도사원들은 업무를 수행하는 중간중간마다 자신이 담당하는 신입사원에게 그들이 수행해야 할 직무 내용과 손님을 대하는 방식에 대해 일러 준다[관리자].

A사의 경우에는 탁 트인 매장구조 덕분에 신입사원들의 모방학습(vicarious learning)이 매우 수월하게 이루어지고 있다. 직장훈련을 받고 있는 신입사원들은 한가한 시간이나 심지어는 접객서비스를 하고 있는 도중에도 옆 테이블의 고참사원의 행동을 흘낏흘낏 쳐다보고 있는 것이 자주 목격되었다[웨이터]. 종업원들과의 면담에서도 우리는 신참사원들이 고참사원들을 역할모델로 삼아 그들의 감정표출방식을 자신의 무대에서 연출해야 하는 각본으로 받아들이고 있음을 확인할 수 있었다(Bandura, 1977). 종업원들 서로가 다른 사람의 친근한 감정표출행위를 강화하는 기제로 작용하기도 한다. 자신의 주변 어디를 둘러보아도 친절하고 상냥한 말투로 만면에 웃음을 지으며 손님과 친근하게 대화를 나누는 동료들뿐이다. 이러한 동료의 행위는 자신이 경험해야만 하는 감정, 즉 느낌규칙의 단서로 다가온다(Sutton, 1991). 감정노동에 대한 실험실 연구(Schacter & Singer, 1962), 히스테리 전염에 관한 현장연구(Colligan, Pennebaker, & Murphy, 1982), 감정에 관한 사회학적 연구(Frank & McCarthy, 1989)에서도 사람들이 느껴야만 하는 감정을 학습하는데 주변 사람들이 매우 큰 영향을 끼치게 된다는 점이 확인된 바 있다. 또한, 고참사원이나 신입사원들에 대한 피드백(feedback)이 신입사원의 사회화를 촉진하기도 한다(Bell, 1984). 신참사원이 다소 긴장하여 손님에게 깍듯하고 정중한 태도를 보이자, 다른 웨이터가 그에게 다가와 다음과 같은 도움말을 주었다[웨이터].

“우리가 하는 서비스는 호텔식의 정중한 서비스와 달라요. 손님한테 거의 친구처럼 대하기도 하죠. 손님이 무얼 요구하기 전에 필요한 것이 있는가를 먼저 알아내서 제공해야 하는데, 그러기 위해서는 자신감 있는 자세를 가져야 해요."

흥겨움의 감정표현규범은 매장 내의 분위기와 생일축하노래를 부르는 과정에서 종업원들에게 학습된다. 식당 내의 스피커에서는 밝고 경쾌한 음악이 흘러나오고, 손님으로 온 아이들은 안내원에게서 풍선을 받고 즐거워하고 있다. 나를 포함하여 사원들은 특이한 모자를 쓰고 몸에는 인형과 배지를 달고, 특히 여자들은 야하고 반짝이는 스타킹을 신고 일하고 있다.[10] 이러한 A사 식당의 분위기 속에서 종업원들 자신들도 실제로 흥겨운 기분이 들어 손님에게 친근하게 대하게 된다고 한 종업원은 면담과정에서 귀띔해 주었다[종업원]. 이것은 종업원들이 유쾌함을 느낌규칙으로 수용하게 됨을 의미한다. 종업원들이 흥겨움의 감정표현을 학습하는 또 하나의 계기는 생일을 맞은 손님에게 생일축하노래를 불러줄 때이다. 종업원들은 함께 모여 밝은 표정으로 박수를 치고, 큰 소리로 노래를 부르며, 노래 중간마다 괴상한 소리를 지르기도 하면서 축제분위기를 연출한다. 노래를 부르면서 웨이터/웨이트리스들은 노래의 가사를 배우는 것 못지않게 노래를 부를 때의 표정과 태도를 동료들로부터 학습한다. 우리가 면담한 한 종업원은 생일축하 노래 부르기가 비록 업무의 일부이긴 하지만, 흥겨운 노래를 부르다 보면 자신도 어느덧 흥겨운 기분에 빠져들기도 한다는 이야기를 들려주었다[종업원]. 이것은 감정표출행위가 내적 감정의 변화로까지 이어질 수 있음을 의미한다(Sutton, 1991).

"생일 맞은 손님들보다 우리가 더 신이 나기도 하죠. 그래서 생일축하 노래를 부를 때는 굳이 웃으려고 애쓰지 않아도 돼요. 기타를 치고 탬버린을 두드리면서 한참 노래를 부르다 보면 때로는 제 기분에 취

10 A사의 모든 종업원은 전 세계적으로 통일된 유니폼인 빨간색과 흰색의 줄무늬가 그려진 상의와 검은색의 바지 및 치마를 입어야 한다. 하지만 나머지 옷차림과 장신구는 자신의 임의대로 선택하여 착용할 수 있는데, 이들은 다양한 형태와 색상의 모자와 조끼, 귀걸이, 목걸이, 허리 장식 등의 장신구를 가지고 예쁘고 우스꽝스러운 모습을 연출한다.

하기도 하죠. 노래 부르고 나서 얼마간은 신나는 노래를 읊조리면서 일할 때가 있어요."

공손함의 감정표현규범은 사원용 지침서, 교육훈련프로그램과 회의 등 주로 공식적인 경로를 통해 종업원에게 전달된다. 고객의 까다로운 요구나 불만을 접했을 때, 종업원들이 경청하고 수용하는 태도를 보여야 한다는 것은 회사의 종업원 지침서에 명시적으로 표현되어 있다[문서].

"매니저들과 직원들은 실제 가능한 상황에서 있을 수 있는 모든 요구를 존중할 책임을 지닙니다. 손님들이 원하는 것이 비록 우리 레스토랑에 없을지라도 정확히 제공함으로써 그들의 요구를 한 단계 높게 만족시켜야 합니다. … 우리에게 손님이 없다면 회사나 당신의 위치는 무의미합니다. 어떤 경우라도 손님에게 무례함은 변명의 여지가 없으며, 용서받을 수 없다는 것을 기억하십시오."

이러한 내용은 종업원들의 교육을 통해 전달된다. 지도사원들은 직장훈련 중에 있는 신입사원을 가르칠 때에, 고객의 요구가 처리 가능한 것인지의 여부를 혼자서 판단할 수 없다면 일단 "알아보겠습니다. 잠시만 기다려 주십시오."라고 공손하게 말한 뒤 다른 종업원에게 물어보거나 관리자들에게 보고하라고 가르친다[웨이터]. 또한, 근무조 회의 때 관리자들은 불만을 제기하는 손님을 대하는 방식에 대해서 때때로 언급하는데, 입사한 지 얼마 되지 않은 종업원들은 이 기회를 통해서도 손님에 대한 감정표현의 규칙을 학습할 수 있다.

5.3 보상과 처벌

백화점, 편의점, 음식점 등 접객서비스를 하는 곳에서는 종업원들이 불특정 다수의 고객을 상대한다는 점에 착안하여 암행감사 제도를 활용하는데(Rafaeli & Sutton, 1997), A사는 이와 유사한 위장고객(spy guest) 제도를 시행하고 있었다. 이들은 지점의 종업원들에게 알려지지 않은 거래처의 직원이나 본사의 신입사원들로서 수시로 각 지점을 방문하고 종업원들의 서비스를 점검한다. 위장고객들이 지적한 문제들은 각 지점으로 되먹임되어 근무조 회의에서 소개된다. 연구자들은 근무조 회의에 참여하여 위장고객의 지적사항에 대한 보고를 들을 기회가 있었다. 회의를 주관하던 관리자는, 'D동 지점 안내원들의 태도는 친절한 듯 보이지만 얼굴에 웃음이 없다'는 위장고객들의 지적을 소개하고 안내원들의 보다 친절한 서비스에 대하여 당부하였다[회의]. 지점 혹은 특정 종업원에 대한 위장고객의 평가가 경제적 보상으로 직접적으로 연결된다는 공식적인 증거는 없었지만, 사원들은 위장고객의 나쁜 평가가 잠재적으로 인사상의 불이익으로 작용할 수 있다는 생각 때문에 업무수행과정에서 '눈에 보이지 않는' 위장고객의 존재를 의식하지 않을 수 없다는 생각을 갖고 있었다[종업원].

> "관리자들은 상당히 위장고객의 평가를 의식하고 있죠. 형식적으로는 (지점에 대한) 위장고객의 평가가 인사고과에 반영되지 않는다고들 하지만, 그것 때문에 그 사람들이 언제 불이익을 받을지 모르잖아요. 그래서 수시로 위장고객에 대해 들먹거리죠. 나만 해도 그래요. 관리자들이 말로는 위장고객의 개인평가가 인사고과에 별반 영향을 미치지 않는다지만, 그거 누가 알아요. 언제 구실로 작용하게 될지. 그렇다고 (위장고객이) 손님 중에 섞여 있으니 알 수가 있나요. 매번 조심하는 수밖에."

위장고객뿐만 아니라 진짜 고객도 종업원들의 감시자들이다. 고객은 테이블을 담당한 웨이터/웨이트리스의 접객서비스에 대해 불만사항이 있으면 매장 내에 비치된 고객소리함을 이용할 수 있다. 또한, 고객은 하이텔에 설치된 A사의 전자게시판에 특정 지점이나 종업원의 서비스를 평가하는 글을 올릴 수 있다. 일례로 자료수집과정 중에 A사 게시판에 다음과 같은 글이 실렸었다[고객].

> "안녕하세요? 전 중2예요. 어제 아빠를 엄청 졸라서, 우리 식구가 D 지점에 갔어요. 전 화지타 먹고, 동생은 나초 먹다가 죽을 뻔함. 그런데 우리 식구한테 진짜 친절하게 해 준 누나를 봤어요. 이름이 000 이라는 누나인데, 너무 친절해서 엄마도 좋아했어요. 000 누나 고마워요."

때로는 회사에 편지나 전화로 고객의 불만사항이 접수되기도 한다. 이러한 수단들은 불특정 다수의 고객을 종업원의 감정표출행위에 대한 감시자로 만드는 셈이다. A사는 고객평가들을 종합하여 가장 평점이 우수한 사원에게 1달에 한 번씩 모범사원 상장과 상금을 수여한다.

물론 관리자들도 종업원의 감정표출행위에 대한 감시자로의 역할을 충실히 수행한다. 개방된 매장구조 덕분에 관리자는 언제 어느 장소에서든 종업원들의 행위를 한눈에 볼 수 있기 때문에 종업원들은 고객에 대한 접객서비스 시 관리자의 시선을 항상 의식하게 된다. 손님에게 무뚝뚝하거나 불친절한 자로 적발된 종업원들은 관리자들로부터 비난을 받기는 하나, 대개의 경우에 그 시기는 업무시간 외 근무조 회의 때이며, 이때도 특정 개인을 지목하여 비난하는 것은 아니다[관리자]. 이와 같은 방식으로 감정표현규범을 위반한 종업원을 처벌하는 것은 감정노동의 특성상 종업원의 내적 감정이 그들의 과업수행에 영향을 미칠 수 있다는 점을 관리자들이 잘 인식하고 있기 때문이다. 이점은 근무조 회의에서 연구자들이 들었던 관리자의 다음과 같은 언급에서 확인된다[회의].

> "우리 회사에는 규칙이 있고, 사원들은 그것을 잘 알고 있습니다. 잘못을 저지른 직원에게는 규칙을 환기시켜 주는 것으로 충분하며, 주의를 주는 데도 불구하고 상습적으로 규칙을 위반하는 경우에만 보직 해임이나 해고 등 강력한 처벌이 내려집니다. 우리 회사는 '종업원

의 경험이 좋은 것일 때 손님의 경험도 좋은 것이 될 수 있다'고 믿기에 손님의 기분을 좋게 하기 위해서는 종업원의 기분도 좋게 해주려고 노력하는 것입니다."

또한, A사는 1일 근무조장(shift leader)이라는 제도를 실시하고 있는데, 그는 1일 우수사원을 추천할 권한을 갖는다. 근무조장은 그날의 근무배치와 사원의 출퇴근에 대한 점검을 수행하면서 손님에 대한 서비스, 동료들 간의 협조, 동료에 대한 지도력 등이 우수하다고 판단되는 종업원을 관리자에게 추천한다. 근무조장이 뽑은 1일 우수사원에 대한 결과는 다음 날 오후의 근무조 회의에서 보고되며, 일명 '와우핀(wow pin)'이라는 배지가 수여되고 동료들로부터 박수를 받는다. 그러나 종업원들 내부에서 이루어지는 이 평가는 종업원들 간의 균등한 분배를 고려하여 이루어지기 때문에, 규범화된 감정을 표현하는 데 대한 강력한 유인수단이 되지는 못하는 것으로 보인다.

6. 감정노동 수행에 따른 종업원의 심리적 반응

우리는 지금까지 A사의 감정표현규범과 그것을 유지하기 위한 여러 가지 활동들에 대해 살펴보았다. 이것들로만 판단해 볼 때, 일견 A사는 매우 성공적으로 종업원들로부터 규범적 감정, 느낌규칙, 내적 감정이 일치하는 감정적 조화를 이끌어내고 있는 것으로 보인다. 그렇지만 감정노동이 수행되는 구체적인 맥락들을 좀 더 자세히 들여다보게 되면, 그것은 진실의 한 측면에 불과하다는 사실을 쉽사리 이해할 수 있다. 감정노동자는 사적 공간이나 공식적인 역할수행과정에서 발생하는 다양한 원인으로 인해 심리적 혹은 신체적 스트레스를 받게 된다(Rafaeli & Sutton, 1989; Ashforth & Humphrey, 1993). 그러한 상황에서도 자신의 감정과는 무관하게 조직으로부터 강제되는 규범적 관점을 일관되게 표출하도록 요구받는다. 이와 같은 감정노동의 특성 때문에 접객서비스 업체들은 직무가 수행되는 무대의 앞면(frontstage)과 직무가 해제된 무대의 뒷면(backstage)을 명확히 구분하고, 무대의 앞에서는 엄격한 감정표현규범을 강요하지만, 휴게실이나 복도 등과 같은 무대의 뒷면에서는 자신의 진정한 감정을 드러냄으로써 감정노동 수행에 따르는 스트레스를 해소하도록 허용한다(Goffman, 1959; Ashforth & Humphrey, 1993). 무대의 뒷면에서 종업원들은 인지적 평가(cognitive appraisal), 방어기제(defensive mechanism), 유머 등을 통해 스트레스에 대처하는 한편(Sutton, 1991), 사적 공간에서 술이나 마약 또는 사랑하는 대상에의 탐닉을 통해 스트레스를 풀기도 한다(Hochschild, 1983).

우리가 연구한 A사의 종업원들도 규범적 감정과 내적 감정의 불일치를 초래하는 다양한 상황들을 경험하고 있었고, 그러한 스트레스를 무대의 뒷면과 사적 공간에서 다양한 방식으로 해소하고 있었다. 종업원들은 무대의 앞면에서 경험한 위선적 자아를 무대의 뒷면에서 일시적으로 해소하고 다시 두터운 가면을 쓰고 무대 위에 서서 규범적 감정을 연기하고 있었다. 〈표 5〉에는 A사 종업원들에게 스트레스로 작용하는 요인들과 스트레스를 해소하는 장소 및 방식이 예시되어 있다.

〈표 5〉 스트레스 요인과 해소 장소 그리고 대처 방식

작용 요인 예	해소 장소	대처방식의 구체적 예
까다롭고 무례한 손님 접대	버스스탠드	동료들에게 불만 토로
	버스스탠드	손님의 불쾌한 기분으로 자위
	주방	소리를 지르거나 노래를 부름
관리자의 질책	휴게실	관리자에 대한 험담
		음담패설이나 농담
	기타 장소(술집 등)	관리자에 대한 험담
너무 많은 손님 접대	주방	동료들에게 푸념
개인적인 육체적 피로	주방	동료들에게 푸념
개인적인 우울함	기타 장소(술집 등)	친구에게 고민 토로

A사의 종업원들이 규범적 감정과 내적 감정의 불일치를 경험할 때는 1) 요구가 까다롭거나 태도가 무례한 손님을 대하는 경우, 2) 밀려드는 손님으로 매우 바쁜 경우, 3) 관리자에게 질책을 받는 경우, 4) 개인적으로 기분이 울적하거나 피곤한 경우 등이었다. 이 중에서도 연구자들이 면담한 거의 모든 종업원이 규범적 감정을 표현하기 힘들 때로 요구가 까다롭거나 태도가 무례한 손님을 대하게 되는 경우를 가장 먼저 꼽았다. 그러한 예들에는 반쯤 남아 있는 콜라 컵을 채워 달라고 요구하는 경우, 30~40대 손님이 반말을 사용하는 경우, 물컵에 레몬을 띄워 달라는 등 정해져 있지 않은 무료서비스를 요구하는 경우, 음식에 불만이 있을 때 무조건 화부터 내는 경우 등이다[종업원]. 종업원들 개인마다 차이는 있지만 이러한 경우에는 내키지 않지만, 마지못해 손님의 요구를 수용하게 된다. 이때 외적으로는 규범적 감정을 연출하고 있지만, 내면적으로는 불쾌한 감정이나 자기 비하감을 느낀다는 종업원들의 이야기였다. 종업원들이 가장 빈번히 감정적 부조화를 겪는 경우는 손님과의 이와 같은 감정적 거래에서 발생한다. 암행감사와 관리자뿐만 아니라 고객조차도 그들의 감정표출행위를 감시하고 있지만, 손님의 요구가 지나치게 많고 대화가 길어질 경우에는 무심한 표정을 짓거나 의도적으로 다른 곳을 쳐다보는 등 조직이 요구하는 친근하고 공손한 태도를 보이지 않기도 한다[웨이터]. 이것은 A사가 매우 치밀하게 종업원들의 감정노동을 통제하고 있음에도 상황에 따라서는 종업원들에 의한 감정적 일탈이 일어나고 있다는 것을 의미한다(Van Maanen & Kunda, 1989).

A사의 관리자들은 종업원들의 내적 감정이 그들의 감정표출방식에 영향을 미친다는 점을 주지하고 있었기 때문에, 무대를 벗어난 버스스탠드(bus stand)[11], 휴게실, 주방 등에서 스트레스를 분출해도 문제 삼고 있지 않았다. 이에 대해 D지점의 한 관리자는 다음과 같이 설명했다

11 장내의 양 끝부분에는 음료와 커피 등을 서비스하고 빈 그릇이나 쓰레기를 모아서 치우기 위한 버스스탠드가 마련되어 있다.

[관리자].

> "우리 종업원들이 스트레스를 많이 받는 것을 알고 있습니다. 그래서 우리는 많은 부분을, 심지어는 매장 내에서조차도 손님에게 방해만 되지 않는다면 종업원들이 자유롭게 행동하는 것을 허용하고 있습니다."

무대에서 빈번하게 발생하지만, 지속성이 낮은, 손님과의 감정적 거래 과정에서 발생하는 스트레스는 많은 경우 버스스탠드에서 동료들과 짧은 대화를 나누면서 풀고 있었다. 예를 들어 어떤 손님이 나이 어린 웨이트리스에게 반말로 대했다면 그녀는 이곳에 돌아와 다른 동료에게 이를 하소연한다. "오빠, 저 사람 – 나한테 그냥 반말이네."라고 하면 동료는 "새파랗게 젊은 놈이 그래." 하면서 맞장구치는 식의 대화가 이곳에서 이루어진다. A사 동료들 간에는 서로의 스트레스를 기탄없이 말할 수 있는 동료애가 형성되어 있었기 때문에 이러한 대화가 가능하다. 동료들 간의 친밀성에 대해 한 웨이터는 다음과 같은 설명을 덧붙였다[종업원].

> "우린 서비스를 하다 보니 사람들 간에 굉장히 친하게 지내요. 같이 앉아서 얘기하다 보면, 남자와 여자 간에도 거리낌 없이 음담패설도 하고 치고받는 장난도 치죠. 우리가 그렇게 즐겁게 지내야 손님하고도 상대하지, 안 그러면 스트레스 많이 받을 거예요."

Freud(1946)는 거리낌 없이 말함으로써 정서적인 긴장을 해소하는 것을 정화(catharsis)라고 한다. 정화가 사회적으로 수용되는 방식으로 이루어지기 위해서는 자신의 불만을 진심으로 들어주고 그에 동조할 수 있는 사람이 필요하다(Weiten, 1986). A사 종업원들은 동료들이 똑같은 감정노동자로서 서로의 처지를 잘 이해하고 있다는 믿기 때문에, 버스스탠드에서 동료에게 쉽게 손님에 대한 불만을 토로할 수 있고, 이것이 자신의 스트레스를 정화하는 계기가 되는 것으로 보인다. 또한, 음식이 자기 입맛에 맞지 않는다고 무조건 화부터 내는 손님을 접대한 종업원이 "쟤는 어디서 열 받고 나서는 여기 와서 저러냐?" 하는 식으로 자신을 위안하는 광경도 버스스탠드에서 목격되었다[웨이터]. 이것은 인지적 평가를 통해 스트레스 원천과의 심리적으로 거리를 두려는 자아의 책략으로서 감정노동자들이 자주 사용하는 불만대처방식이다(Ashforth & Humphrey, 1993). 연체금 수금회사에 관한 Sutton(1991)의 연구에서도 화를 내는 불량채권자에게 기업이 요구대로 중립적이거나 냉정한 목소리로 그들과 전화통화를 해야만 하는 수금원들이 이와 동일한 방식으로 스트레스에 대처하고 있는 것으로 보고되었다.

손님에게 받은 스트레스의 강도가 심하거나 당일에 여러 고객으로부터 스트레스를 받는 경우에 종업원들은 그들이 연기하는 무대와 멀리 떨어진 주방에서 소리를 지르거나 노래를 부른다. 주방이 어느 정도의 소음이 항상 유지되는 장소인 까닭도 있겠지만, 이곳에서 종업원들이 대화하는 목소리나 웃음소리는 다소 과장되어 있다. 예를 들어, 누군가 실수로 접시를 떨어뜨려 깨뜨리면 "와~!" 하고 소리를 지르면서 박수를 치는 것도 흔히 볼 수 있는 광경이다[웨이터]. 종업원들과의 면담과정에서 그들은 "즐거운 감정을 가장하여 스트레스를 잊기도 한다."라고 말함으로써 주방에서 이루어지는 자신들의 행동을 설명했다. 과장된 웃음이나 조크 후에 긴장이 극적으로 해소된다는 점에서 이것들은 스트레스에 대처하는 하나의 수단이 되기도 한다(Freud, 1962; Berlyne, 1969). 또한, 주방에서 투박한 욕설로 고객을 향해 자신의 진정한 감정을 쏟아내는 광경도 볼 수 있었다.

관리자에게 비난을 받는 경우에도 종업원들은 감정적 부조화를 경험한다. 대개의 경우에 관리자들은 특정 개인을 지칭해서 종업원의 잘못을 지적하는 것을 삼가고 있다. 하지만 다른 직원들의 시선을 피할 수 있거나 적어도 손님들에게 보이지 않는 장소에서 때때로 관리자들은 업무상의 실수를 범하거나 감정표현규칙을 지키지 않은 종업원들에 대해 질책을 하기도 한다. 이 경우에 관리자들의 질책은 단순히 '규칙의 환기' 정도로 끝나지 않는다고 종업원들은 귀띔해 주었다[종업원]. 실제로 웨이터로서 참여관찰을 수행했던 연구자는 일하는 기간 동안 "그렇게 하면 안 돼요, 과장님이 보시면 뭐라고 하시거든요."라고 말하는 종업원들을 자주 접할 수 있었다[웨이터]. 손님으로부터 받는 불쾌함은 일시적인 것이므로 쉽게 잊히나 관리자들로부터 받은 스트레스는 하루 종일 마음을 불편하게 하거나 그 다음 날까지 이어지고 있었다. 관리자들로부터 받은 스트레스는 대체로 무대와 가장 멀리 떨어진 휴게실에서 해소하는 편이다. 휴게실에서 이루어지는 대화는 전날 퇴근 후 사건들이나 휴일과 퇴근 후의 계획에 대한 것들이 대부분이지만, 관리자들에 대한 불만이나 험담을 털어놓은 놓은 경우도 있다. "000 자기가 한번 해보라지 얼마나 잘하나!" 하는 식의 불만 토로도 있지만, 글로 옮기기 힘들 정도의 욕설을 퍼붓는 경우도 가끔 있었다[웨이터]. 상대방을 직접적으로 공격하지 못하고 공격성이 음성적 형태로 전이(displacement)되어 표현되고 있는 것이다(Freud, 1946). 종업원들은 진한 음담패설이나 농담을 주고받으며 관리자들에 대한 스트레스를 풀기도 했다. 그 밖에도 술집에서 친구를 만나 직장생활의 애로를 토로하거나 관리자들을 험담하며 스트레스를 해소한다고 하는 종업원들도 있었다.

손님이 붐비는 공휴일의 늦은 시간에는 자주 규범적 감정이 지켜지지 않는다. 평일에 비하여 토요일 오후나 공휴일은 많은 손님이 찾아온다. 식당의 출입구 현관 앞에도 20여 명이 기다려 입장할 정도로 식당이 만원을 이루는 날은 종업원들도 매우 바쁘게 움직여야 한다. 그들은 하루 10시간씩 근무하게 되는데, 일요일의 경우 오후 2시에 출근하여 6시간 이상 근무하고 나면, 육체적으로나 정신적으로 모두 지친 상태가 된다. 웨이터로 일하던 연구자도 이런 시간에는 주방에서 설거지 되어 나오는 식기와 수저, 포크, 나이프 등을 분류하여 빈 통에 채워 넣고, 매장 내의 스탠드에 얼음을 채워 넣는 등 다른 웨이터/웨이트리스들의 일을 뒤편에서 보조하는 것만으로도 매우 바빠서 다른 웨이터/웨이트리스들이 손님을 대하는 모습을 관찰할 기회가 적었다[웨이터]. 그럼에도 주의 깊게 눈길을 돌려보면 무심한 표정으로 손님과 매우 형식적인 대화만을 나누는 종업원들의 모습을 여기저기서 볼 수 있었다. 생일축하 노래를 부를 때도 종업원들은 거의 굳은 표정으로 맥없이 노래를 불렀고, 생일파티를 끝내고 주방으로 걸어들어오는 종업원들은 지친 표정으로 서로에게 피로감을 호소하는 것이 관찰되었다. 면담과정에서 "어떤 경우에 밝은 표정으로 손님을 대하는 것이 힘이 드는가?"라고 묻자, 한 웨이트리스는 "말 그대로 힘이 들 때가 그렇죠. 주말엔 오전부터 손님들이 붐비기 시작해서 저녁 식사 때가 되면 거의 정신이 없어요." 라고 답변했다[종업원]. 우리는 이들의 말에서 손님과의 과다한 접촉이 종업원들을 감정적 무감각(emotional numbness) 상태에 빠뜨리게 된다는 사실을 느낄 수 있었다. 디즈니랜드 종업원을 대상으로 한 Van Maanen & Kunda(1989)의 연구에서도 동일한 사실이 관찰된 바 있다. 또한, 전날 밤 과음을 해서 숙취가 남아 있을 때나 신체에 이상이 있을 때에도 손님을 친근하게 대하거나 유쾌한 기분을 갖기 힘들다는 의견이었다.

연구자들이 한 웨이터에게 "출근 이전이나 업무 시작 전에 불쾌한 기분을 가지고 일해야 할 때 스트레스를 느끼게 되는가, 그렇다면 어느 정도 느끼는가?"라는 질문을 던지자 그는 "당연하다, 매우 많이 느낀다."라고 답하였다. 한 바텐더는 개인적으로 불쾌한 일이 있을 경우에는 "손님에게 의도적으로 대화를 시도해야 하는 것은 물론이고, 손님의 질문에 대답하는 것도 귀찮아진다."라고 말하였는데, 이것은 친근감의 감정표현이 억제되는 경우로 볼 수 있다. 이러한 기분은 하루 종일이나 혹은 며칠 동안 계속될 수도 있으며, 마지못해 손님을 친절하게 대하게 된다면 감정적 부조화에 의한 스트레스도 매우 크다. 개인적인 우울함은 사적인 것이어서 회사 내 장소에서 동료들과 해소하기보다는 회사 외부에서 친구를 만나 영화나 연극 등을 관람하거나 술을 마시며 푸는 편이었다.

A사는 무대의 뒷면에서 종업원들이 규범적 감정과 내적 감정의 불일치로 인한 긴장을 해소할 수 있도록 유도하고 있음을, 우리는 지금까지의 논의에서 확인하였다. 이러한 방식은 일정 정도 종업원들이 직무에서 받은 스트레스를 해소할 수 있게 도와주는 것이 사실이다. 그럼에도 스트레스의 해소가 '연극이 이루어지는 무대'의 뒤편에서 이루어진다는 점은 다시 숙고해 볼 필요가 있다. 마음속에서만 스트레스적 상황의 위협을 감소시킴으로써 자신의 문제를 거짓으로 해결하고 있는 것이다. 문제의 원천은 그대로 둔 채, 직무로부터 발생하는 자기 비하감, 우울증, 불쾌감, 냉소 등의 내적 감정을 단지 부분적으로만 해소하고 있는 것이다. 부분적 해소에 대한 체험은 무대 뒤편에서 스트레스를 해소하는 행위에 자기 영속성을 갖게 하여, 문제에 적극적이고 건설적으로 대처하려는 자아의 노력을 방해하게 된다. 그 결과 종업원들은 자신의 정서적 경험들에 대해 부정적이고 자기방어적인 성향을 갖게 되어(Weiten, 1986), 점차 진정한 자아의 감정에는 무감각해질 수 있다. 즉 이러한 해소방식은 장기적으로는 종업원들을 극심한 자기 소외 속으로 몰아넣을 가능성이 있다(Ashforth & Humphrey, 1993).

그렇다면 감정노동자들은 직무수행과정에서 규범적 감정과 내적 감정 간의 불일치로 인한 스트레스를 받을 뿐, 감정노동의 긍정적인 측면은 전혀 없는 것인가? 웨이터로 근무한 연구자는 참여관찰 기간 동안 여러 종업원과 함께 직원식당에서 점심식사를 하거나 휴게실에서 흡연하면서 별다른 의도를 갖지 않은 채 그들과 많은 대화를 나누었다. 몇몇 종업원은 "우린 손님을 대하는 데는 자신이 있다."라고 말함으로써 그들이 직무경험을 통해 얻게 된 기술(skill) 중의 하나가 자신감 있게 사람을 대하는 것임을 알려주었다. 우리가 면담했던 한 종업원은 “여기서 일하다 보니 성격이 바뀐 것 같다.”라고 스스로를 평하기도 했다. 연구자들은 현장연구 기간 중 우연히 다른 지점으로 옮겨가는 2명의 관리자를 환송하는 자리에 합석할 수 있었다. 종업원들은 무대로 마련된 장소에 나와 아쉬움을 담은 인사말을 하고, 노래를 불렀으며, 격렬한 몸짓으로 춤을 추었다. 그리고 좌석에 앉아 있는 이들도 때때로 좌중을 웃기는 말과 환호를 보냄으로써 환송회의 분위기를 돋웠다. 이때 우리는 종업원들의 거침없는 자기표현과 서로에 대한 우호적인 태도를 확인할 수 있었는데, 일견 이러한 태도들은 수많은 사람을 대면 접촉하면서 긍정적인 감정을 전달하는 그들의 직무를 통해 길러진 것으로 보였다. 이러한 사실들에 근거해서 볼 때, Ashforth & Humphrey(1993), Leidner(1999) 등이 지적한 것처럼 감정노동(혹은 감정표현규범)은 종업원들의 의사표현능력과 과업에 대한 자아효능감을 높여 주는 것으로 일단 긍정적으로 평가할 수 있다.

그런데 규범적 감정과 내적 감정 간의 불일치가 초래되는 상황들을 제쳐놓고서라도, 자기표현능력과 자아효능감이 향상되었다는 종업원들의 진술을 액면 그대로 감정노동의 긍정적인 측면으로 받아들여야 하는가? 이것은 그들이 진정한 자아를 상실해 가는 과정으로 해석될 수도 있다. A사의 종업원들과 고객과의 감정적 거래는 둘 간의 대등한 관계를 전제로 하는 것이 아니다. 거래 관계에서 권력은 일방적으로 고객에게 기울어져 있고, 종업원들은 그들의 구매행위를 촉진하기 위해 미소를 지으면서 친근하게 말하고 모든 요구에 공손하게 응해야만 한다. 이런 점에서 심층적 행위에 익숙해진 종업원들은 사실은 항상 고객보다 낮은 지위로서 자신을 비하하고 있음에도 이를 인식하고 있지 못한 것이다. ‘성격이 바뀐 것 같다’는 종업원들의 자기진술은 물론 긍정적 의미의 자기표현이었으나, 다른 한편으로는 자존심을 상실한 ‘거짓 자아’가 표현되는 한 형태로 보인다. Hochschild(1983)가 주장하는 바와 같이, 서비스직에 종사하는 노동자들이 분노나 굴욕감과 같은 자연스러운 감정을 통제하는 것에 익숙해진 결과, 그들이 직무를 떠나 일상의 현실로 돌아왔을 때에도 자신의 진정한 감정적 욕구나 다른 사람들과의 감정적 관계를 인지하는 능력에 혼란을 겪을 수 있다. 본 연구에서 구체적인 증거는 입수되지 않았으나, 자신의 성격이 바뀐 것 같다는 그들의 진술은 평상시에 자신이 분노나 혐오감을 느끼던 대상에 대해서조차 긍정적 감정으로 대하게 된다는 것으로 해석될 여지를 남기고 있다.

7. 맺음말

자본주의는 모든 것을 상품화한다. 인간의 감정도 예외가 될 수 없다. 팔과 다리뿐만 아니라 머리, 나아가 자신만의 은밀한 공간으로 남겨 두고 싶은 마음마저도, 이제 노동력의 일부로서 노동과정에 투입해야 할 요소가 되고 말았다. 인간의 감정이 조직목적의 실현에 도구적으로 활용되기 시작한 것이다. 감정노동에 대한 통제는 느껴지지 않을 뿐, 이미 우리의 일상 삶에 가까이 와 있다. 항공사, 백화점, 호텔, 레스토랑 등의 서비스업체에서 흡사 봉건시대의 왕이나 왕비가 된 착각을 불러일으킬 만큼 우리를 친절하고 공손하게 맞아주는 직원들은 그들이 선천적으로 갖고 있는 감정을 자연스럽게 드러내는 것이 아니라 암행감사, 관리자, 고객의 감시와 감시 속에서 훈련받은 규범적 감정을 직무의 일부로서 표출하고 있는 것이다(Leidner, 1999). 더구나 오늘날에는 서비스업체뿐만 아니라 거의 모든 조직이 전화예절이나 외부손님에 대한 접견규칙 등을 갖고 있고 이는 고객뿐만 아니라 조직 내 구성원에게까지 적용되고 있다. 따라서 감정노동을 일부 유형의 조직에 한정된 특수문제로 취급하기 보다는 자본주의적 노동의 현대적 특성 중의 하나로 파악하는 것이 올바른 접근이라 하겠다.

노동의 문제를 다루는 기존의 연구들은 노자 간의 관계를 경제적인 측면에 초점을 맞춰 접근함으로써 감정표현에 대한 통제 문제를 간과해온 것이 사실이다. 기업조직이 계획적인 의도로 구성원의 감정표현을 관리할 것이라는 막연한 혐의를 두어 왔지만, 구체적인 증거를 제시하지는 못했던 것이다. 우리 연구의 의미는 바로 이 점에 있다. 우리는 자본주의 사회에서 노동하는 인간의 감정이 상품화되는 과정을 현장의 사례를 통해 구체적으로 살펴봄으로써, 조직이 노동자의 감정표출행위에 개입하는 구체적인 과정과 감정노동자들이 자신의 감정으로부터 소외되고 있는 현실을 생생하게 그려내려고 노력했다.

경쟁을 통해 이윤을 추구하는 자본주의적 조직에서는 인간의 진정한 자아와 내면으로부터 우러나오는 긍정적 감정보다는, 비록 위장된 것일지도 상품화되어 팔려나갈 수 있는 감정표현이 중요시된다. Mumby & Putman(1992)은 감정노동에 대한 대안으로 여성주의 관점의 수용을 주창한다. 하지만 Martin, Knopoff & Beckman(1998)의 연구에 의하면, 여성주의 원칙에 가장 근사하게 운영되는 바디샵(body shop)에서조차 종업원들의 고객에 대한 감정표출행위가 조직에 의해 통제되고 있다는 점에서는 변함이 없었다. 그렇다면 자본주의적 기업에서 과연 감정노동에 대한 실천적 대안의 제시가 가능한가? 무엇보다도 감정노동자가 자신의 느낌과 감정을 자유롭게 표현할 수 있는 권리를 보장받아야 한다. 감정노동자가 감정표현의 재량권을 더 많이 가질수록, 감정적 부조화와 소외감을 느끼는 정도가 줄어들 것이다(Hochschild, 1983). Morris & Felman(1996)은 경험연구를 통해 감정표현의 자율성과 감정적 부조화가 부의 상관관계를 맺고 있음을 밝혀냈다. 하지만 노동자가 감정표현의 자율성을 보다 더 확보한다는 사실 자체가, 그들이 자본주의적 임노동관계에서 감정노동을 수행하고 있는 현실을 근본적으로 바꾸어 놓지는 않는다. 결국, 감정노동에서 발생하는 인간소외의 문제는 자본주의적 조직에서 노동자의 삶에 강요되는 일체의 억압적 기제들을 지양하는 과정에서 함께 해결될 수밖에 없을 것이다.

참고 문헌

김은민(1995), "감정노동: 조직의 감정표현규범에 관한 질적 연구", 연세대학교 석사학위논문.

박홍주(1995), "판매여직원의 감정노동에 관한 일연구: 서울市內 백화점 사례를 중심으로", 이화여자대학교 석사학위논문.

Ash, M. K.(1984), *Mary Kay on People Management, Warner Books.*

Ashforth, B. E. & Humphrey, R. H.(1993), "Emotional Labor in Service Roles: the -Influence of Identity," *Academy of Management Review,* Vol.18, pp. 88–115.

__________(1995), "Emotion in the Workplace: A Reappraisal," *Human Relations,* Vol.48, pp.97–125.

Bandura. A.(1977), *Social Learning Theory*, Prentice-Hall.

Berlyne, D. E.(1969), "Laughter, Humor and Play," In G. Lindzey & E. Aronson (eds.), *Handbook of Social Psychology,* pp.795–852, Addison-Wesley.

Blumer, H.(1954), "What Is Wrong with Social Theory?" *American Sociological Review,* Vol.19, pp. 3–10.

Bryman, A.(1988), *Quantity and Quality in Social Research*, Unwin Hyman.

Colligan, M. J., Pennebaker, J. W., & Murphy, L. W.(1982), *Mass Psychogenic Illness: A Social Psychological Analysis,* Erlbaum.

Etzioni, A.(1961), *A Comparative Analysis of Complex Organizations,* Free Press.

Fineman, S.(1996), "Emotion and Organizing," In S. R. Clegg, C. Cynthia, & W. R. Nord (eds.), *Handbook of Organization Studies,* pp. 543–564, Sage Publications.

Forbes, R. J. & Jackson, P. R.(1980), "Non-verbal Behavior and the Outcome of Selecti-on Interviews," *Journal of Occupational Psychology,* Vol.53, pp. 65–72.

Frank, D. D. & McCarthy, E. D. (eds.)(1977), *The Sociology of Emotions: Original Ess-ays and Research Papers,* JAI Press.

Freud, S.(1946), The Ego and Mechanism of Defense, International University Press.

________(1960), *Jokes and their Relation to the Unconscious,* Pergamon Press.

Garfinkel, H.(1967), *Studies in Ethnomethodology,* Prentice-Hall.

Glaser, B. G. & Strauss, A. L.(1967), *The Discovery of Grounded Theory: Strategies for Qualitative Research,* Aldine.

Goffman, E.(1969), *Strategic Interaction,* University of Pennsylvania Press.

Griffitt, W.(1970), "Environmental Effects on Interpersonal Affective Behavior: Ambient-Effective Temperature and Attraction," *Journal of Personality and Social Psych-ology,* Vol.15, pp. 240-244.

Hochschild, A. R.(1979), "Emotion Work, Feeling Rules, and Social Structure," *American Journal of Sociology,* Vol.85, pp.551-575.

________________(1983), The Managed Heart, Berkeley & Los Angeles, University of California Press.

Lebas, M. & Weigenstein, J.(1986), "Management Control: The Roles of Rules, Markets and Culture," *Journal of Management Studies,* Vol.23, pp. 259-271.

Leidner, R.(1999), "Emotional Labor in Service Work," *Annals of the American Academy of Political and Social Science,* January, pp. 81-95.

Mars, G. & Nicod, M.(1984), *The World of Waiters,* Allen and Unwin.

Martin, J., Knopoff, K., & Beckman, C.(1998), "An Alternative to Bureaucratic Impersonality and Emotional Labor: Bounded Emotionality at the Body Shop," *Administrative Science Quarterly,* Vol.43, pp. 429-469.

Miles, M. B.(1983), "Qualitative Data as an Attractive Nuisance," In J. Van Maanen (eds.), Qualitative Methodology, pp.117-134, Sage Publications.

Miles, M. B. & Huberman, A. M.(1984), *Qualitative Data Analysis,* Sage Publications.

Morris, J. A. & Feldman, D. C.(1996), "The Dimensions, Antecedents, and Consequences of Emotional Labor," *Academy of Management Review,* Vol.21, pp. 986-1010.

Morris, J. A. & Feldman, D. C.(1997), "Managing Emotions in the Workplace," *Journal of Management Issues,* Fall, pp. 257-274.

Mumby, D. K. & Putnam, L. L.(1992), "The Politics of Emotion: A Feminist Readings of Bounded Rationality," *Academy of Management Review,* Vol.17, pp. 465-486.

Perrow, C.(1986), *Complex Organizations:* A Critical Essay (3rd ed.), Newbery Award Record Inc.

Peters, T. J. & Waterman, R. H.(1982), *In Search of Excellence,* Harper & Row.

Rafaeli, A.(1989a), "When Clerks Meet Customers: A Test of Variables Related to Emotio-nal Expressions on the Job," *Journal of Applied Psychology,* Vol.74, pp. 385-393.

_________(1989b), "When Cashiers Meet Customer: An Analysis of the Role of Supermar-ket Cashiers," *Academy of Management Journal,* Vol.32, pp. 245-273.

Rafaeli. A. & Sutton, R. I.(1987), "The Expression of Emotion as Part of the Work Role," *Academy of Management Review*, Vol.12, pp. 23-37.

______________________(1989), "The Expression of Emotion in Organizational Life," *Research in Organizational Behavior,* Vol.11, pp. 1-42.

Schacter, S. & Singer, J. E.(1962), "Cognitive, Social, and Psychological Determinants of Emotional State," *Psychological Review,* Vol.69, pp. 379-399.

Smith, K. K. & Berg, D. N.(1987), *Paradoxes of Group Life: Understanding Conflict, Para-lysis, and Movement in Group Dynamics,* Jossey-Bass.

Steinberg, R. J. & Figart, D. M.(1999), "Emotional Labor since the Managed Heart," *Annals of the American Academy of Political and Social Science,* January, pp. 8-26.

Sutton, R. I. & Rafaeli, A.(1988), "Untangling the Relationship between Displayed Emotions and Organizational Sales: The Case of Convenience Store," *Academy of Mana-gement Journal,* Vol.31, pp. 461-487.

Sutton, R. I.(1991), "Maintaining Norms about Expressed Emotions: The Case of Bill Colle-ctors," *Administrative Science Quarterly,* Vol.36, pp. 245-268.

Thoits, P. A.(1990), "Emotional Deviance: Research Agendas," in T. D. Kemper (ed.) *Research Agendas in the Sociology of Emotions,* pp.180-203, State University of New York Press.

Van Maanen, J. & Kunda, G.(1989), "Real feelings: Emotional Expression and Organizational Culture," *Research in Organizational Behavior,* Vol.11, pp. 43-104.

Wharton, A. S. & Erickson, R. J.(1993), "Managing Emotions on the Job and at Home," *Academy of Management Review,* Vol.18, pp. 457–486.

Weiten, W.(1986), *Psychology Applied to Modern Life,* Brooks/Cole Publishing Company.

개인 특성, 고객과의 상호작용 특성 그리고 관리기제가 감정노동 수행전략에 미치는 효과[1]

1. 문제 제기

서비스 조직에 근무하는 종업원들은 주로 기쁨이나 즐거움 혹은 공손함과 같은 긍정적 감정을 표출하도록 요구받는다(Hochschild, 1983; Sutton & Rafaeli, 1988; Van Maanen & Kunda, 1989). 예를 들어, 델타(Delta)항공사의 여승무원들은 승객들의 요구에 대해 언제든지 도와줄 준비가 되어 있다는 느낌을 전달하거나 항공여행에 두려움을 느끼는 승객에게는 시종일관 따뜻하고 안정된 미소를 보여주어야 한다. Peters와 Waterman(1982)은 그들의 책 『In Search of Excellent Company』에서 회사가 고객에게 좋은 이미지로 다가가게 되면, 고객의 상표 충성도가 높아지게 된다고 주장한 바 있다. 이들의 주장에 깊은 감명을 받은 7-11(Seven-eleven)사의 최고경영진은 종업원들로 하여금 1) 인사말을 건넬 것, 2) 미소를 지을 것, 3) 시선을 교환할 것, 4) '감사합니다'라고 말할 것 등 네 가지를 고객에게 표현하도록 요구했다. 이 네 가지는 서비스 조직이 종업원들에게 기대하는 가장 전형적인 감정표현들이다. 항공사나 편의점 이외에 주유소, 슈퍼마켓, 호텔, 패스트푸드점, 연체금 수금회사, 보험회사 등 서비스업

---

1 이 논문은 『경영학연구』 제36권 제2호(2007년)에 게재하였다.

체의 종업원들도 감정표현을 직무의 일부로 수행하고 있다(Rafaeli & Sutton, 1989; Wharton & Erickson, 1993). 전체 산업에서 서비스 산업이 차지하는 비중이 커지고 고객만족과 接客서비스가 기업의 경쟁우위를 결정하는 수단으로 인식되기 시작하면서 인간감정의 상품화(commercialization of human feeling)가 전면적으로 진행되기 시작하고 있는 것이다(Hochschild, 1983).

Hochschild(1983)는 감정노동(emotional labor)이라는 개념을 도입하여 감정이 상품화되는 현상을 분석한다. Hochschild는 특히 서비스 노동(service work)에 종사하는 사람들은 육체노동과 정신노동 이외에도 그것들과 차별화 될 수 있는 또 하나의 노동을 수행하고 있음에 주목하고 이를 감정노동이라고 명명하였다. 감정노동은 자본주의에 특유한 감정관리(emotion management)의 한 형태이다. 감정관리는 '외적으로 드러나는 표정과 몸짓을 연기하기 위한 느낌의 관리'를 의미하는데(Hochschild, 1983: 7), 자본주의를 포함해 어떠한 시대에도 인간은 사적 영역에서 자아를 지키고 타인과의 원만한 상호작용을 유지하는 등의 목적으로 자신의 감정을 관리해 왔다(Goffman, 1969). 개인의 감정관리 활동이 사적 영역을 벗어나 공적 영역에서 임금을 받고 팔리게 되어 사용가치(use value)로서뿐만 아니라 교환가치(exchange value)의 성격을 동시에 지니게 되는 경우에, 감정관리 활동은 상품화된 노동력의 일부분이 된다.

감정노동은 특히 서비스 직종에 종사하는 사람들의 직무에서 두드러지는데, 서비스 노동만이 갖고 있는 독특한 특성에서 그 이유를 찾을 수 있다. 서비스 노동에서는 종업원과 서비스 수용자 사이에 이루어지는 상호작용의 질(quality)은 그 자체가 고객에게 전달되는 서비스로서 제품의 일부분을 구성한다. 이 때문에 서비스 노동에서는 종업원, 노동과정, 제품들이 분명하게 구분되지 않는다(Leidner, 1999: 82). 고객은 단순한 관찰자가 아니라 상호작용의 공동창출자로서 그들 또한 노동과정의 일부분으로 기능하므로, 고객의 협력이 수반되지 않는다면 노동과정은 지체되고 방해되며 극단적으로는 중단될 위험마저 있다. 서비스 종업원들이 노동과정을 원활하게 진행시키려면, 자신의 감정표현을 전략적으로 조작하여 서비스 수용자가 원하는 특정한 심리적 상태(예, 기쁨, 놀람, 공포, 흥겨움 등)를 충족시킴으로써 직무수행에 적합한 고객과의 상호작용 형태를 창출해야 한다(Steinberg and Figart, 1999). 요컨대 서비스 과정의 원활한 진행을 위해서 서비스 종업원들의 감정노동이 필수적으로 요청된다는 것이다. 서비스 조직의 입장에서 볼 때, 종업원의 적절한 감정표현은 고객의 추가주문(immediate gains)과 반복구매(encore gains)를 유도하고, 소개 고객의 유치(contagion gain) 가능성을 높인다(Rafaeli and Sutton, 1987; Rafaeli, 1988). 이와 같은 이유로 기업들은 종업원의 감정표출행위에 깊이 개입하게 된다.

많은 영역에서 점차 인간의 감정표출행위가 노동력의 일부가 되어 가고 있는 추세이기에, 이제 우리 학계도 감정노동에 대한 문제를 이론적으로 진지하게 따져 묻고, 체계적인 경험연구를 수행할 때가 되었다. 그럼에도 불구하고 국내에서는 김은민(1995), 박홍주(1995), 김상표(2000, 2006), 윤세준·김상표·김은민(2000), 김상표·윤세준(2002) 등 소수의 연구자에 의해 감정노동에 관한 연구가 이루어졌을 뿐이다. 이들 연구는 개념적 논의나 몇몇 기업에 관한 사례연구에 머무르거나 감정노동의 쟁점들을 포괄하지 못한 초기 단계의 경험연구에서 벗어나지 못하였다.

이러한 문제의식에서, 이글은 감정노동의 두 가지 쟁점들을 경험연구를 통해 확인할 것이다. 첫째로 이 논문은 감정노동 수행전략에 대한 기존 논의를 비판적으로 검토한 후, 새로운 감정노동 수행전략의 분류방식을 제안하고, 이의 타당성을 경험적으로 검증할 것이다. 감정노동에 관한 연구가 체계를 갖추기 위해서는 무엇보다도 먼저 종업원들이 감정노동을 수행하기 위해 구사할 수 있는 전략들에는 어떠한 것들이 있는지가 확인되어야 한다. 그렇지 않고서 감정노동에 영향을 미치는 선행요인이나 감정노동의 결과를 탐색한다는 것은 의미가 없다. 즉, 감정노동 연구의 첫걸음은 감정노동 수행전략의 분류방식에 관한 연구에서부터 시작되어야 한다. 둘째로 이 논문은 감정노동 수행전략의 선행변수들을 개인의 성격 특성, 고객과의 상호작용 특성, 감정노동 관리기제들 세 가지로 구분하고 이것들이 감정노동 수행전략의 선택과 활용에 어떠한 영향을 미치는지를 경험적으로 검증할 것이다. 이러한 검증과정을 통해 우리는 감정노동을 관리하는 데 있어서 주안점을 두어야 할 지점들을 발견할 수 있을 것이다. 또한, 종업원들로 하여금 특정한 감정노동 수행전략들을 선택하도록 만들기 위한 구체적인 방법들을 확인할 수 있을 것이다.

2. 이론적 배경: 가설의 설정

2.1 감정노동 수행전략

감정노동이 육체노동이나 정신노동을 비롯한 그 밖의 노동과 분명한 차별성을 가지려면, Hochschild(1983)의 주장처럼 '감정의 조절(regulation of emotion)'에 초점을 맞춰 감정노동을 정의하는 것이 가장 적절하다(Thompson & McHugh, 2002). Krumel과 Geddes(2000), Schaubroeck와 Jones(2000), Grandey(2003) 등도 Hochschild(1983)를 따라 감정노동을 정의하고 있다. 이 논문에서는 Hochschild(1983)의 정의를 바탕으로 감정노동을 '대인적 상호작용과정에서 어조, 표정, 몸짓 등 외부적으로 드러나는 감정표현을 직무의 일부로 연기하기 위해 종업원이 자신의 감정을 조절하려는 노력'으로 정의한다.

Hochschild(1983)는 감정노동 수행전략을 이분법적으로 분류하였는데, 심층연기(deep acting)와 표면연기(surface acting)가 그것이다. 그 후, Rafaeli와 Sutton(1987)은 Hochschild (1983)가 제안한 두 가지 전략에 감정일탈(emotional deviance)를 추가한 삼분법적 분류방식을 채택하였다. 이어서 Ashforth와 Humphrey(1993)는 Hochschild(1983)의 두 가지 전략에 자발적 연기(the expression of naturally felt emotions)를 추가하여, Rafaeli와 Sutton(1987)의 것과는 다른 새로운 삼분법적 분류방식을 제시하였다. 그렇지만 심층연기, 표면연기, 자발적 연기, 감정일탈 4가지 모두를 감정노동 수행전략으로 포착하고 이의 타당성을 경험적으로 검증한 경우는 국내는 물론이고 국외에서도 전무하다. 이 논문에서는 이들 네 가지 모두가 감정노동 요구상황에서 종업원이 구사할 수 있는 서로 구분 가능한 독특한 전략들이라고 본다. 아래에서는 이에 대해 좀 더 상세히 논의하겠다.

Hochschild(1983)가 제시한 심층연기(deep acting)와 표면연기(surface acting) 두 전략은 공통점이 있다. 두 전략 모두 종업원이 자연스럽게 적절한 감정을 표현하지 못할 때 사용하는 일종의 보완적인 감정노동전략들(compensatory strategies)로서(Diefendorff, Croyle, & Gosserand, 2004), 조직이 종업원으로 하여금 고객에게 표현하도록 요구하는 감정, 즉 규범적 감정(normative emotion)과 일치하는 방식으로 감정노동을 수행하려고 시도한다는 점에서 그렇다(Ashforth & Humphrey, 1993; Grandey, 2003).

그렇지만 두 가지 전략의 의도는 명확히 다르다. 심층연기전략을 구사하는 경우에 종업원은 규범적 감정과 일치하는 방향으로 자신의 내적 감정까지도 변화시키려고 시도한다. 호텔종업원이 비 때문에 구두에 흙을 잔뜩 묻힌 손님에게 연민을 표현하기 위해 자신이 비에 흠뻑 젖은 모습을 상상하는 경우에, 이것은 심층전략의 한 예라고 볼 수 있다. 종업원은 자신의 감정표현이 고객에게 진실한 모습으로 비치도록 만들기 위해 심층연기전략을 구사하는 것인데, 이런 점에서 Rafaeli와 Sutton(1987)은 심층연기전략을 '좋은 신념으로 속이기(fake in good faith)'로 명명한 바 있다.

표면연기전략에서 종업원은 내적 감정을 변화시키려는 노력 없이, 외적 표현만을 규범적 감정에 일치시키려고 시도한다. 속마음은 그대로 둔 채 겉으로만 가장하여 조직이 요구하는 감정을 고객에게 표현하고 있는 것이다. 이때, 종업원들은 규범적 감정과 내적 느낌 간의 충돌로 인해 감정적 부조화를 체험할 수 있다(Rafaeli & Sutton, 1987). 표면연기전략의 예로써 백화점의 한 판매사원이 무례한 고객에게 화가 났으면서도 공손하게 대하는 경우를 들 수 있다. 이 판매사원은 표현규칙(display rule)에 순응하고 있지만, 진실한 마음으로 고객과의 상호작용을 하고 있는 것은 아니다. 이런 점에서 표면연기전략을 심층연기전략과는 반대로 '나쁜 신념으로 속이기(fake in bad faith)'라고 명명할 수 있다(Rafaeli & Sutton, 1987).

Hochschild(1983) 이후에 Rafaeli와 Sutton(1987), Ashforth와 Humphrey(1993), Zapf(2002), Diefendorff, Croyle와 Gosserand(2004), Tschan, Rochat와 Zapf(2005) 등은 감정노동 수행전략으로 심층연기와 표면연기 이외에도 자발적 연기와 감정일탈을 제시한 바 있다. 하지만 종업원이 이 두 가지 방식으로 감정노동 요구상황에 대처하는 것은 의식적인 노력이 필요하지 않는다는 이유로, 그동안 감정노동 수행전략의 범주에 포함시키지 않는 것이 일반적이었다. 그런데 최근 들어 이를 감정노동 수행전략의 일환으로 보아야 한다는 주장들이 등장하고 있는 것이다.

자발적 연기전략은 Ashforth와 Humphrey(1993)에 의해 처음으로 제기되었다. 자발적 연기전략은 규범적 감정과 내적 감정의 일치를 경험하면서 감정노동을 수행하는 방식을 의미하기 때문에, 심층연기나 표면연기 방식보다는 더 적은 노력이 필요하겠지만, 의식적인 노력이 전무한 상태에서 이루어질 수는 없다. 예를 들어, 고객에게 좋은 감정을 느낀 레스토랑 종업원이라 할지라도 접객 서비스를 수행하는 경우에 기업의 감정표현규칙에서 제시한 구체적인 방식(인사말, 시선 교환, 미소 등)에 따라 감정표현이 이루어져야 한다. 즉, 감정표현규칙에 따라 표정이나 몸짓 혹은 말씨를 연출해야 하기에, 자발적 연기전략을 구사하는 종업원에게도 감정을 조절하기 위한 최소한의 의식적인 노력이 필요하다는 것이다(Diefendorff, Croyle & Gosserand, 2004). Diefendorff, Croyle와 Gosserand(2004)는 자발적 연기전략이 심층연기나 표면연기와는 다른 차원의 감정노동 대처전략임을 경험적으로 입증해 보인 바 있다.

마지막으로 감정일탈은 Rafaeli와 Sutton(1987)에 의해 처음으로 감정노동 대처전략에 포함되었다. 종업원이 감정표현규칙에서 요구하는 것에 따르지 않고 이와는 다른 감정을 고객에는 표현하는 것을 감정일탈이라고 부른다. 이것 또한 심층연기나 표면연기와 마찬가지로 규범적 감정과 내적 느낌이 일치하지 않는 상황에서 종업원이 감정노동 요구상황에 대처하기 위해 사용한다는 점에서 보완적인 감정노동전략 중 하나라고 볼 수 있다. 이러한 공통점에도 불구하고 감정일탈만의 독특한 특성이 있다. 규범적 감정과 일치하는 감정을 표현하려고 시도하지 않고 자신의 감정을 일정 부분 누수시키는 형태로 감정노동을 수행한다는 점이다. 하지만 대부분의 논자들은 감정일탈을 감정노동의 범주에 포함시키기보다는 단지 잔여범주(residual category)로만 취급해 왔다.

그런데 Zapf(2002), Tschan, Rochat와 Zapf(2005)는 감정일탈을 감정노동 수행전략의 일종으로 보아야 한다는 주장을 피력한다. 종업원이 감정적 거래(emotional transaction)[2] 과정에서 규범적 감정과는

2 감정적 거래란 감정의 표현자(sender)와 그 표현을 받는 사람(receiver) 간에 이루어지는 일련의 의사소통을 의미한다. 종업원들이 전달하는 최초의 감정은 고객을 자극하여 그의 반응을 이끌어내게 되는데, 이것은 최초의 감정표현을 계속할 것인지의 여부를 판단하는 단서로 작용한다. 고객으로부터 되먹임되는 언어적 혹은 비언적 단서들의 성격에 따라 감정표현행위를 강화하거나 포기하거나 혹은 바꾸는 방식으로 재반응한다(Rafaeli & Sutton, 1987).

다른 감정을 고객에게 표현한다 할지라도 종업원이 의식적인 노력을 기울이지 않는 경우는 거의 발생하기 힘들다. 레스토랑 종업원이 고객에게 '똑바로 일하라'는 불쾌한 말을 듣고서 '어떤 상황에서도 고객에게 친절한 미소를 지어야 한다'는 조직의 감정표현규칙을 위반하여 냉소적 표정을 짓는 경우가 감정일탈의 한 예이다. 이 예에서 감정일탈은 자아 통제력의 부족 때문에 발생하는 것이 사실이다. 그런데 이러한 상황을 보다 적극적으로 해석하여, 우호적인 감정표현으로는 감정적 거래 과정을 진행하기 힘든 상황에서, 종업원이 자아의 상처를 최소화하기 위해 대처기제(coping mechanism)의 일환으로 감정일탈을 범하는 것으로 해석할 수도 있다. 또한, 자아 통제력의 부족 때문에 감정일탈이 발생한다 할지라도 자신의 내적 느낌을 전적으로 혹은 극단적으로 누출시키는 경우는 거의 발생하기 힘들다. 이 예에서 보듯이 종업원이 직장을 떠날 마음을 먹지 않는 한, 의식적인 노력을 통해 내적 느낌을 순화된 방식(예: 짧은 시간의 냉소적 혹은 무관심한 표정 짓기)으로 드러내야 한다. 한편, 감정표현규칙을 수용하지 않은 종업원이 개인적으로 선호하는 감정표현방식으로 고객을 응대하는 경우에도 감정일탈이 발생할 수 있다. 이때도 고객의 특정한 심리상태를 충족시키기 위해 종업원이 의식적인 노력을 하지 않을 수 없다. 따라서 사실상 극단적인 상황을 제외한다면 종업원이 감정일탈전략을 구사할 때도, 자신의 감정을 조절하기 위해 의식적인 노력을 하고 있다고 말할 수 있다.

이상의 네 가지 감정노동 수행전략을 감정표현규칙, 내적 감정, 감정표현행위 등 세 가지를 기준으로 도식화하면 〈표 1〉과 같다. 이 도식은 네 가지 수행전략들이 각기 어떤 점에서 차이가 나는지를 명확히 보여줄 수 있다는 장점이 있다. 〈표 1〉에 제시되어 있듯이, 자발적 연기가 다른 세 가지 전략과 다른 점은 처음부터 조직에서 고객에게 표현하기를 기대하는 감정과 종업원의 내적 감정이 일치한다는 점이다. 그렇기에 자발적 연기에서는 종업원의 감정표현행위는 감정표현규칙과 일치하는 방식으로 이루어진다. 반면에 심층연기, 표면연기, 감정일탈의 공통점은 처음에는 조직에서 고객에게 표현하기를 기대하는 감정과 종업원의 내적 감정이 일치하지 않는다는 점이다. 그런데 (감정표현규칙≠내적 감정)인 조건은 동일하지만, 심층연기, 표면연기, 감정일탈에서 종업원들이 감정노동을 수행하는 방식은 다르다. 감정일탈이 심층연기나 표면연기 전략과 가장 크게 차이가 나는 점은 심층연기나 표면연기와는 달리 종업원은 겉으로조차도 감정표현규칙과 일치하는 감정을 표현하지 않는다는 것이다. 한편, 〈표 1〉에 제시된 바와 같이 심층연기와 표면연기 둘 모두에서 종업원은 최초에는 조직에서 기대하는 감정과 내적 감정 간의 불일치를 경험하나 이러한 부조화를 극복하기 위해 감정표현규칙과 일치하는 방식으로 외적인 감정을 표현하려고 시도한다는 점에서는 일치한다. 하지만 이 두 전략에서 외적인 감정표현행위가 내적 감정의 변화를 수반하느냐의 여부에 있어서는 완전히 다르다. 심층연기에서는 종업원이 내적 감정을 조직의 기대와 일치시키려고 의식적인 노력을 기울이는 반면에, 표면연기에서는 내적 감정은 그대로 둔 채 단지 외적으로만 감정표현규칙을 지키려고 시도할 뿐이다.

〈표 1〉 감정노동 수행전략의 논리구조

자발적 연기	(감정표현규칙=내적 감정)⇒(감정표현규칙=감정표현행위)
심층연기	(감정표현규칙≠내적 감정)⇒(감정표현규칙=감정표현행위)=내적 감정
표면연기	(감정표현규칙≠내적 감정)⇒(감정표현규칙=감정표현행위)≠내적 감정
감정일탈	(감정표현규칙≠내적 감정)⇒ 감정표현규칙≠(감정표현행위=내적 감정)

종업원들이 이러한 네 가지 감정노동 수행전략을 선택하는데 영향을 미치는 요소들은 매우 많다. 이 논문은 감정노동 수행전략의 선행요인들을 개인의 성격 특성, 고객과의 상호작용 특성, 감정노동 관리기제 등 세 가지로 크게 구분한다. 아래에서는 이 세 가지 요인들의 구체

적인 내용을 살펴보고 이것이 감정노동 수행전략과 어떠한 관련성을 갖고 있는지를 이론적으로 논구할 것인데, 이 과정에서 이 연구의 가설을 설정할 것이다.

2.2 감정노동 수행전략의 선행요인

이 논문에서는 감정노동의 수행방식에 영향을 미치는 개인의 성격 특성 변수로 정서성(affectivity)과 자아성찰(self-monitoring) 두 가지를 채택하였다. 이 두 변수는 Rafaeli와 Sutton(1989), Brotheridge와 Lee(2003), Diefendorff, Croyle와 Gosserand(2004) 등의 여러 연구에서 가장 빈번하게 감정노동에 영향을 미치는 변수들로 언급된 바 있다. Lazarus(1991)는 정서성을 감정적 일관성(예: 행복하거나 슬퍼하는 것)을 유지하면서 대상(예: 직무, 사람 등)에 반응하는 일반적 경향으로 정의한다. 긍정적 정서성(positive affectivity)은 사람이 열정적이고 활기차며 빈틈없다고 느끼는 정도를 반영한다. 부정적 정서성은 화, 경멸, 모욕, 두려움을 비롯하여 피하고 싶은 다양한 기분 상태를 포함한다(Watson & Tellegen, 1985). 역할수행자가 표현해야 하는 규범적 감정과 그/그녀의 정서성이 일치하는 경우에는 쉽게 직무에 적응하는 경향이 있으므로, 긍정적, 부정적 정서성이 감정노동 수행방식의 선택에 영향을 미칠 것이다(Ashforth & Humphrey, 1993). 자아성찰은 사회적 상호작용과정에서 특정한 상황에 적절한 감정을 표현하고 있는지의 여부를 사람들이 스스로 관찰하고 통제할 수 있는 것으로 정의된다(Syndey, 1974). 자아성찰 능력이 낮은 사람들은 역할 기대와 상관없이 그들이 느끼는 바대로 행동하는 반면에 자아성찰 능력이 높은 사람들은 역할 기대에 맞춰 자신의 행동을 조절하는 경향이 있다(Kilduff & Day, 1994). 이런 점에서 서비스 종사자의 자아성찰 능력의 차이는 감정노동 수행방식에 영향을 미칠 것이다.

다음으로는 감정노동 수행전략에 영향을 미치는 고객과의 상호작용 특성에 대해 살펴보자. Morris와 Feldman(1996, 1997), Diefendorff, Croyle와 Gosserand(2004) 등은 서비스 종사자가 대면하는 고객과의 상호작용특성이 특정한 감정노동 수행전략을 선호하도록 만드는 압력으로 작용할 가능성이 있음을 지적한 바 있다. Morris와 Feldman(1996)이 고객과의 상호작용 특성을 감정표현의 빈도(frequency), 지속성(duration), 강도(intensity), 다양성(variety) 등 네 차원으로 구분한 이래, 일반적으로 이러한 구분 도식에 대해 다른 연구자들도 동의하고 있다. 이 논문은 네 차원 모두를 연구에 포함시켰다. 감정표현빈도는 종업원이 고객과 얼마나 자주 접촉하느냐의 여부에 관한 것이다(Morris & Feldman, 1996). 감정표현의 지속성은 고객과의 상호작용을 얼마나 오랫동안 지속하느냐와 관련되어 있다(Morris & Feldman, 1996). 감정표현의 강도는 고객을 상대할 때 얼마나 많은 양의 감정을 실어서 감정노동을 수행하느냐를 의미한다(Morris & Feldman, 1996). 감정표현의 다양성은 감정노동의 수행과정에서 종업원이 얼마나 많은 종류의 감정을 표현하느냐를 의미한다(Morris & Feldman, 1996).

마지막으로 조직의 통제메커니즘들 또한 종업원의 감정노동 수행전략에 영향을 미칠 수 있는데, 이는 조직의 여러 통제메커니즘들이 조직의 기대를 구성원에게 전달하는 기능을 수행하기 때문이다. 조직은 종업원이 고객에게 표현하기를 바라는 감정을 담은 감정표현규칙을 만들고, 이를 유지하기 위해 선발도구와 각종 사회화 기제 그리고 감시 및 보상체계 등 다양한 관리기제들을 활용한다. 감정표현규칙은 직무에서 표현해야 할 적절한 감정에 대한 표준적 내용을 담고 있다. 감정표현규칙은 말이나 표정 혹은 몸짓의 외적 표현을 연출하기 위한 각본(script)으로 짜여 있다(Leidner, 1999). 대부분의 서비스 조직은 일반적으로 긍정적인 감정표현규칙을 갖고 있다. 항공회사, 편의점, 호텔, 병원 등에 근무하는 종업원들은 기쁨이나 즐거움 혹은 공손함과 같은 긍정적 감정을 표출하도록 요구받는다.[3] 감정노동에 적합한 기질적 특이성을 가진 사람을 골라내는 엄격한 선발과정을 통과한 신입사원들이 처음에는 조직으로부터 기대되는 감정을 느끼지 못할지라도, 서비스업체는 공식적 교육훈련 프로그램, 직장훈련(on-the job training) 등 다양한 교육훈련 프로그램을 활용하여 그들에게 감정표현규칙을 내면화시킨다(Leidner, 1999). 교육훈련을 통해 감정표현규칙을 내재화한 종업원들은 조직의 개입이 없을 때라도 자기검열(self-discipline)을 거쳐 표현규칙과 동일한 감정을 느끼면서 역할 행동을 수행할 가능성이 높다(Etzioni, 1961; Lebas & Weigenstein, 1986; Perrow, 1986; Leidner, 1999). 많은 조직은 종업원들이 고객에게 적절한 감정을 표현하고 있는가를 확인하기 위해 직접적인 감독은 물론이고 암행감사(mystery shopper), 전화도청감독시스템(spy-and-tell system) 등 다양한 감시장치를 활용한다. 그 밖에도 고객, 역할연기대회 등 매우 광범위한 수단들이 종업원들의 감정노동을 평가하고 점검하는 데 활용되고 있다(Rafaeli & Sutton, 1997). 감시장치들을 통해 수집된 결과는 종업원의 보상과 처벌을 결정하는 근거자료로 활용된다. 조직이 기대하는 감정을 표현한 종업원에게는 승진, 상금, 칭찬 등의 보상을 실시하며, 그렇지 않은 종업원에게는 감봉, 해고 등의 벌칙을 부과함으로써 종업원의 바람직한 감정표현을 지속적으로 강화시키게 된다. 감시장치와 보상체계는 고객에 대한 적절한 감정표현이 과업 역할의 필수적인 부분이라는 신호를 종업원들에게 보낸다(Morris & Feldman, 1996).

3 감정표현규칙의 형태는 감정노동이 수행되는 맥락에 따라 상당한 차이를 보이는데, 크게 긍정적, 부정적, 중립적인 것으로 나누어 볼 수 있다. 부정적인 감정표현규칙을 가진 조직도 있다. 연체금 수금회사는 종업원들이 채무자들에게 주로 위협, 분노, 흥분 등의 부정적인 감정을 표출하도록 요구한다. 감정전달자의 행위가 조직에 의해 관리되는 경우로는 볼 수 없지만, 형사취조관(police interrogator)도 범인의 자백을 받아내기 위해 혐오감과 불쾌감을 표현하여 상대방을 멸시한다는 느낌을 전달한다. 그 밖에 고객을 상대하는 서비스 조직에서 부정적인 감정표현의 규범이 존재하는 경우는 거의 찾아볼 수 없다. 중립적인 감정표현의 규범은 주로 객관적이며, 공정한 정보를 전달하는 역할을 수행하는 전문가들에게서 발견된다. 특히 의사들은 고객이 의사의 권위에 도전할 소지를 줄이기 위해 환자로부터 정서적 중립성(affective neutrality)을 유지해야 한다(Forbes & Jackson, 1980). 의사들 이외에 중립적인 감정표현이 요구되는 직업으로는 판사나 운동경기의 심판을 예로 들 수 있다. 이들은 대립적인 이해를 지닌 개인 또는 집단 중 어느 편에도 자신의 감정을 드러내서는 안 된다는 역할기대를 받고 있다.

감시장치와 보상체계가 보내는 신호를 포착하여 종업원들은 조직에서 성공하기 위한 기준을 확인하고, 역할 행동에 요구되는 감정표현 기술이나 지식 그리고 능력을 향상시키려고 노력할 것이다(Holman, Chissick, & Totterdell, 2002). 요컨대 조직은 감정표현규칙을 만들고 이를 교육훈련을 통해 종업원들에게 내재화시키며 감시체계와 보상제도를 통해 유지하고 강화시킴으로써 종업원들의 감정노동 수행방식에 영향을 미치게 된다.

지금까지 우리는 대체로 감정노동 수행전략을 심층연기와 표면연기에만 한정했던 기존의 연구들을 넘어서 자발적 연기와 감정일탈을 포함할 것을 제안하였다. 그리고 경험연구에서 감정노동 수행전략의 선행요인으로 주로 언급되어 왔던 개인 성격 특성과 고객과의 상호작용 특성 이외에도 조직의 관리기제들을 포함하였다. 이상의 논의를 간략하게 표시하면, 〈그림 1〉과 같다.

〈그림 1〉 연구모델

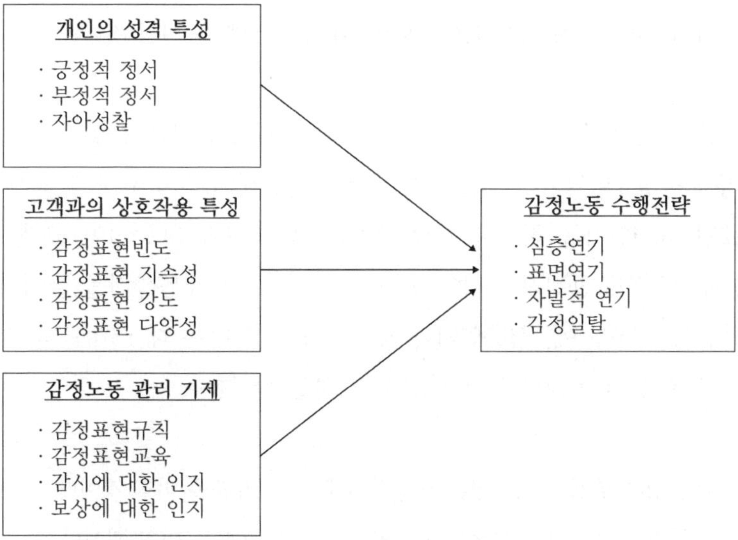

2.3 가설의 설정

2.3.1 개인의 성격 특성과 감정노동 수행전략

먼저 개인의 성격 특성과 감정노동 수행전략 간의 관계를 살펴보자. 긍정적 정서성이 높은 사람일수록 삶을 대하는 태도와 긍정적 감정표현규칙이 어긋나지 않으므로 자발적 연기전략을 더 많이 구사할 가능성이 있다. 그리고 이들은 비록 고객에게 불쾌한 감정을 느낄지라도 자신의 감정을 이내 유쾌한 감정으로 되돌리기가 쉬울 것이다. 또한, 긍정적 정서성이 높은 사람일수록 타인과 우호적인 관계를 지향하고 가식적인 행위를 가능한 한 회피하려고 할 것이기에 표면연기를 하려는 경향이 줄어들 것이다. 따라서 아래의 가설이 가능하다.

가설 1a: 긍정적 정서성은 심층연기에 정(+)의 영향을 미칠 것이다.
가설 1b: 긍정적 정서성은 표면연기에 부(–)의 영향을 미칠 것이다.
가설 1c: 긍정적 정서성은 자발적 연기에 정의 영향을 미칠 것이다.
가설 1d: 긍정적 정서성은 감정일탈에 부의 영향을 미칠 것이다.

한편 부정적 정서성이 높은 사람은 직무와 성격 간의 불일치로 인해 긍정적 감정표현이 요구되는 상황에서 마지못해 조직의 요구에 맞춰 겉으로만 표면연기를 하거나 감정일탈전략을 구사할 가능성이 크다. 또한, 자연스럽게 긍정적 감정이 느껴지거나 긍정적 마음상태를 끌어내는 데 애먹을 것이기에, 심층연기나 자발적 연기를 하는 데 어려움을 겪을 것이다. 이상의 논의를 통해 다음의 가설을 설정한다.

가설 2a: 부정적 정서성은 심층연기에 부의 영향을 미칠 것이다.
가설 2b: 부정적 정서성은 표면연기에 정의 영향을 미칠 것이다.

가설 2c: 부정적 정서성은 자발적 연기에 부의 영향을 미칠 것이다.
가설 2d: 부정적 정서성은 감정일탈에 정의 영향을 미칠 것이다.

자아성찰 능력이 낮은 사람들은 역할 기대와 상관없이 그들이 느끼는 바대로 행동하는 반면에, 자아성찰 능력이 높은 사람들은 역할 기대에 맞춰 자신의 행동을 조절한다(Kilduff & Day, 1994). 자아성찰 능력이 높은 사람은 조직에서 요구하는 규범적 감정을 쉽게 수용하고 내면화함으로써 감정노동 요구상황에서 자발적 연기나 심층연기전략을 구사할 가능성이 크다. 또한, 고객이나 조직이 요구하는 역할 기대에 자신을 동조화시킴으로써 역할 갈등이나 스트레스를 피하려고 하므로, 표면연기나 감정일탈을 범하는 정도가 낮을 것이다. 이상의 논의를 종합하면 다음과 같은 가설의 설정이 가능하다.

가설 3a: 자아성찰은 심층연기에 정의 영향을 미칠 것이다.
가설 3b: 자아성찰은 표면연기에 부의 영향을 미칠 것이다.
가설 3c: 자아성찰은 자발적 연기에 정의 영향을 미칠 것이다.
가설 3d: 자아성찰은 감정일탈에 부의 영향을 미칠 것이다.

2.3.2 고객과의 상호작용 특성과 감정노동 수행전략

감정표현빈도가 감정노동 수행전략에 미치는 영향을 살펴보자. 많은 고객을 상대하는 종업원은 내면에서 긍정적 감정을 빈번히 느끼기는 어려울 것이므로, 자발적 연기전략이나 심층적 연기전략을 구사할 가능성이 낮고 표면연기를 할 가능성이 크다. 또한, 고객과의 너무 빈번한 접촉은 종업원을 감정적 무감각(emotional numb) 상태에 빠뜨려 감정일탈을 범하게 만들 것이다(VanMannen & Kunda, 1989). 따라서 다음과 같은 가설을 설정한다.

가설 4a: 감정표현빈도는 심층연기에 부의 영향을 미칠 것이다.
가설 4b: 감정표현빈도는 표면연기에 정의 영향을 미칠 것이다.
가설 4c: 감정표현빈도는 자발적 연기에 부의 영향을 미칠 것이다.
가설 4d: 감정표현빈도는 감정일탈에 정의 영향을 미칠 것이다.

다음으로, 감정표현 지속성도 감정노동 수행전략에 영향을 미친다. 한 개인과 상호작용하는 시간이 길 경우에 고객과 종업원과의 상호작용은 공적 성격뿐만 아니라 사적 성격도 띠기에(Diefendorf, Croyle & Gosserand, 2004), 이 상황에서 종업원은 자발적 연기방식이나 심층연기전략을 구사할 가능성이 큰 반면에, 감정일탈전략을 사용할 가능성이 낮을 것이다. 또한, 긴 시간의 상호작용과정에서 종업원이 속마음과 다른 감정을 겉으로만 표현할 때, 고객은 종업원의 비진정성(inauthenticity)을 쉽게 눈치챌 것이기에(Diefendorf, Croyle, & Gosserand, 2004), 표면연기전략을 구사하는 데는 한계가 있을 수밖에 없다. 이상의 논의는 다음과 같은 가설의 설정을 가능하게 한다.

가설 5a: 감정표현 지속성은 심층연기에 정의 영향을 미칠 것이다.
가설 5b: 감정표현 지속성은 표면연기에 부의 영향을 미칠 것이다.
가설 5c: 감정표현 지속성은 자발적 연기에 정의 영향을 미칠 것이다.
가설 5d: 감정표현 지속성은 감정일탈에 부의 영향을 미칠 것이다.

감정표현 강도 또한 감정노동 수행전략과 연관성을 갖고 있다. 고객에 대한 감정표현을 강하게 하도록 요구받는 경우, 즉 지나칠 정도로 환하게 미소를 짓거나 비굴할 정도로 공손하게 손님을 응대할 필요가 있는 종업원들의 경우에는 규범적 감정과 일치하는 내적 느낌을 갖기 어렵다. 둘 간의 괴리감으로 말미암아 종업원이 심층연기전략을 구사하는 데는 높은 내적 긴장과 많은 감정적 자원이 요구된다. 이 상황에서는 종업원이 표현규칙에 따라 겉으로만 긍정적 감정을 연출하거나 감정일탈을 범할 가능성이 크다. 이러한 이유로 다음과 같은 가설을 설정한다.

가설 6a: 감정표현강도는 심층연기에 부의 영향을 미칠 것이다.
가설 6b: 감정표현강도는 표면연기에 정의 영향을 미칠 것이다.
가설 6c: 감정표현강도는 자발적 연기에 부의 영향을 미칠 것이다.
가설 6d: 감정표현강도는 감정일탈에 정의 영향을 미칠 것이다.

마지막으로 감정표현 다양성에 대해 살펴보자. 고객의 특성에 따라 혹은 특정 고객과의 감정적 거래 도중에 긍정적, 부정적, 중립적 감정을 교대로 사용하도록 요구받는 종업원은 자신의 감정을 자주 변화시켜야 하지만, 상황에 따라 자아의 감정을 자연스럽게 이동시킨다는 것은 쉽게 이루어질 수 있는 일이 아니다. 종업원이 빈번히 변화하는 규범적 감정에 맞춰서 그와 일치하는 내적 느낌을 이끌어내는 전략을 구사한다면, 많은 감정적 자원을 소모하고 높은 내적 긴장을 경험할 것이다. 따라서 심층연기를 줄이고 표면연기나 감정적 일탈로 대처하려 들 것이다. 이러한 이유를 근거로 다음과 같은 가설을 설정한다.

가설 7a: 감정표현 다양성은 심층연기에 부의 영향을 미칠 것이다.
가설 7b: 감정표현 다양성은 표면연기에 정의 영향을 미칠 것이다.
가설 7c: 감정표현 다양성은 자발적 연기에 부의 영향을 미칠 것이다.
가설 7d: 감정표현 다양성은 감정일탈에 정의 영향을 미칠 것이다.

2.3.3 감정노동 관리기제들과 감정노동 수행전략

개인의 성격 특성이나 고객과의 상호작용 특성에 비해, 감정노동 관리기제들의 활용 여부에 대한 종업원의 인지와 감정노동 수행전략들 간의 관련성에 대해서는 거의 경험연구가 이루어지지 않았다. 특히 감정표현규칙뿐만 아니라 교육 나아가 감시와 보상체계를 포괄한 감정노동 관리기제들과 감정노동 수행전략들 간의 관련성에 대한 경험연구는 국내 및 해외를 망라하여 이 논문이 처음이다.

이제 감정표현규칙과 감정노동 수행전략 간의 관계를 살펴보자. 감정표현규칙은 자신의 내적 감정과 거리 두기를 하면서 객관성과 감정적 균형을 유지하도록 돕는 기능을 함으로써(Ashforth & Humphret, 1993; Leidner, 1999), 종업원이 내적 감정에 휩싸여서 감정일탈을 범할 가능성을 줄여준다. 하지만 감정표현규칙이 심층연기나 자발적 전략의 선택 및 활용에 영향을 줄 것 같지는 않다. 감정표현규칙은 기업이 교육이나 감시 및 보상체계를 설정하는 기준을 제공해 주지만, 이것이 사회화 수단이나 감시 및 보상기제로 뒷받침되지 않는다면 종업원에 대한 강화수단으로 기능하지 못할 수도 있다. Grandey(2003), Diefendorf, Croyle와 Gosserand(2004) 등의 연구에서도 감정표현규칙이 표면연기나 자발적 연기와는 관련성이 있는 것으로 나타났다. 이상의 논의를 통해 우리는 다음의 가설을 설정한다.

가설 8a: 감정표현규칙의 명확성은 감정일탈에 부의 영향을 미칠 것이다.

가설 8b: 감정표현규칙의 명확성은 심층연기, 표면연기, 자발적 연기에 유의한 영향을 미치지 않을 것이다.

감정표현교육은 감정표현규칙을 종업원들에게 내재화하는 사회화 수단으로 기능하기에, 한편으로는 종업원의 심층연기와 자발적 연기를 촉진시키지만 다른 한편으로는 감정일탈을 줄일 것이다. 하지만 감정표현교육이 표면연기에 영향을 미칠만한 이유가 제시된 적은 없다. Kruml과 Geddes(2000)의 연구에서도 감정표현교육은 심층연기에 정의 영향을 미치지만 표면연기와는 아무런 관련성이 없는 것으로 확인되었다. 이러한 이유로 다음의 가설을 설정한다.

가설 9a: 감정표현교육은 심층연기에 정의 영향을 미칠 것이다.
가설 9b: 감정표현교육은 표면연기에 유의한 영향을 미치지 않을 것이다.
가설 9c: 감정표현교육은 자발적 연기에 정의 영향을 미칠 것이다.
가설 9d: 감정표현교육은 감정일탈에 부의 영향을 미칠 것이다.

조직이 종업원의 감정노동 수행방식에 개입해 들어가는 또 하나의 수단이 감시(monitoring)장치와 보상체계이다. 이를 통해 조직은 규범적 감정의 준수 여부가 직무에서의 성공을 위한 핵심 사항이라는 신호를 종업원들에게 계속적으로 보내고 바람직한 감정표현 행동을 강화시킴으로써 그들이 감정표현규칙을 내면화하도록 유도한다. 즉, 기업은 규범적 감정, 종업원의 내적 느낌, 표출된 감정 간의 삼각 일치가 이루어지는 감정적 조화(emotional harmony)를 종업원으로부터 불러일으키려고 시도한다. 이런 점에서 감시장치와 보상체계는 종업원의 심층연기와 자발적 연기 구사를 촉진시킬 것이고, 반대로 표면연기와 감정일탈을 줄일 것이다. 이상의 논의에 더해 다음과 같은 가설을 설정한다.

가설 10a: 감시에 대한 인지는 심층연기에 정의 영향을 미칠 것이다.
가설 10b: 감시에 대한 인지는 표면연기에 부의 영향을 미칠 것이다.
가설 10c: 감시에 대한 인지는 자발적 연기에 정의 영향을 미칠 것이다.
가설 10d: 감시에 대한 인지는 감정일탈에 부의 영향을 미칠 것이다.
가설 11a: 보상에 대한 인지는 심층연기에 정의 영향을 미칠 것이다.
가설 11b: 보상에 대한 인지는 표면연기에 부의 영향을 미칠 것이다.
가설 11c: 보상에 대한 인지는 자발적 연기에 정의 영향을 미칠 것이다.
가설 11d: 보상에 대한 인지는 감정일탈에 부의 영향을 미칠 것이다.

3. 연구방법

3.1 표본 및 자료수집 절차

경남 지역에 있는 2차 진료기관 이상의 종합병원 간호부장들과 접촉하여 참여의사를 확인하였는데, 3차 진료기관 두 곳과 2차 진료기관 세 곳이 최종적으로 참여의사를 밝혔다. 2003년 10월부터 12월까지 석 달 동안 병원 다섯 곳의 총 간호사 718명을 대상으로 설문지를 배포하여 484개를 회수하였다. 회수된 설문지 중 불성실하게 응답했다고 판단되는 것을 제거하고 470개의 설문지가 최종분석에 활용되었다.

간호사의 연령별 분포를 살펴보면, 20대가 59.7%로 과반수를 차지하며 이어서 30대가 33.9%, 40대가 6.4%이었다. 학력은 전문대졸이 59.4%로 가장 많았고, 대졸은 32.6%, 대학원 졸은 6.7%를 차지하였으며, 고졸은 단지 3명에 불과했다. 근속년수는 1년 차와 2년 차가 각각 12%와 15.2%로 가장 많았고 평균 근속년수는 5년 6개월로 나타났다.

3.2 변수의 측정

인구생태학적 변수들을 제외하고 다른 변수들은 모두 리커트의 7점 척도로 측정되었고, 해당 변수의 측정에 활용한 항목들의 평균값을 구하여 각 변수의 지표(composite variable)로 삼았다.

3.2.1 감정노동 수행전략

심층연기, 표면연기, 자발적 연기에 대한 문항을 만드는 데는 Grandey(1999), Krumel과 Geddes(2000), Brotheridge와 Grandey(2002), Grandey(2003), Diefendorff, Croyle와

Gosserand(2004) 등의 연구를 참조하였다. 감정일탈 문항은 이 연구가 이루어지기 전까지 다른 연구자들에 의해 만들어진 것이 없었기 때문에, 직접 개발하였다. 네 개의 감정노동전략들은 각 3개 문항씩 총 12개의 문항으로 구성되었는데, 〈표 2〉에 구체적으로 제시되어 있다.

먼저 심층연기 문항의 구성에 대해 살펴보자. 심층연기는 종업원이 규범적 감정과 일치하는 감정을 내면에서 느끼려고 노력하는 정도를 측정하는 3문항으로 구성되었다. 예를 들어, '병원 측에서 환자에게 표현하도록 요구하는 감정들과 일치하는 방향으로 환자에 대한 나의 실제 느낌을 바꾸어 가려고 시도한다'와 같은 문항들이 포함되었다. 표면연기는 겉으로만 규범적 감정과 일치하는 감정을 표현하는 정도를 묻는 3문항으로 측정하였다. '간호사라는 직업상의 필요 때문에 있지도 않은 특정한 감정을 가진 것처럼 자신을 포장한 채 쇼나 연기를 하듯이 환자를 대한다.' 등의 문항이 여기에 속하였다. 자발적 연기는 조직이 요구하는 감정과 내적으로 느끼는 감정의 일치 정도를 묻는 3문항으로 측정하였다. 예를 들어 '병원에서 내가 환자들에게 표현하기를 바라는 감정들과 환자에게 느끼는 나의 감정들이 대체로 일치하는 편이다.' 등의 문항으로 구성되었다. 감정일탈은 내적 감정이 규범적 감정과 일치하지 않을지라도 내적 감정을 고객에게 누수시키는 정도로 조작적 정의하고, 이를 반영하여 3문항을 독자적으로 개발하였다. 예를 들어, '병원 측에서 환자에게 표현하기를 바라는 감정들과는 다른 감정들을 환자에게 느낀다 할지라도, 나의 실제 감정을 환자에게 여과 없이 표출한다.' 등이다. 〈표 2〉에서 보듯이 감정노동 수행전략 변수들의 Cronbach's α값은 0.71 이상으로 신뢰성이 있었다.

〈표 2〉 감정노동 수행전략 설문 문항들에 대한 요인분석 및 신뢰성 검증의 결과

설문 문항	심층연기	표면연기	자발적 연기	감정일탈
환자에게 표현할 필요가 있는 감정들을 나의 내면에서부터 우러나게 하려고 노력한다.	0.78			
병원 측에서 환자에게 표현하도록 요구하는 감정들과 일치하는 방향으로 환자에 대한 나의 실제 느낌을 바꾸려고 시도한다.	0.89			
병원 측이 환자에게 심어 주고 싶은 이미지의 연출에 필요한 특정한 감정들이 내 마음속에서 생겨나도록 노력한다.	0.80			
간호사라는 직업에서 요구되는 적절한 감정을 환자에게 표현하기 위해서 나의 실제 감정을 숨긴다.		0.77		
배우가 실제 자신의 모습과는 다른지만 배역에 맞는 감정을 표현하는 것처럼, 병원 측에서 내가 환자에게 표현하기를 기대하는 감정을 겉으로만 연기한다.		0.89		
간호사라는 직업상의 필요 때문에 특정한 감정을 가진 것처럼 자신을 포장한 채 쇼나 연기를 하듯이 환자를 대한다.		0.81		
나는 직업상 환자들에게 표현할 필요가 있는 감정들을 쉽게 표현한다.			0.70	
나는 환자들이 드러내는 감정들에 편안하고 자연스럽게 대처한다.			0.86	
병원 측에서 내가 환자들에게 표현하기를 바라는 감정들과 환자에게 느끼는 나의 감정들이 대체로 일치하는 편이다.			0.81	
병원 측에서 환자에게 표현하기를 바라는 감정들과는 상반된 감정들을 환자에게 느낀다 할지라도, 나의 실제 감정을 환자에게 여과 없이 표출한다.				0.87
병원 측에서 환자에게 표현하기를 기대하는 감정이 아닐지라도, 내가 환자에게 실제로 느끼고 있는 감정들을 숨기지 않은 채 표현한다.				0.92
병원 측에서 내가 환자에게 표현하기를 바라는 감정들과 어긋날지라도, 환자에게 느끼고 있는 실제 감정들을 그대로 드러낸다.				0.91
Eigenvalue	2.15	2.11	2.00	3.16
Variance	17.95	17.62	-16.24	21.66
Cronbach's α	0.78	0.78	0.71	0.90

3.2.2 개인의 성격 특성

3.2.2.1 정서성

정서성은 긍정적 정서성과 부정적 정서성으로 측정하였는데, Watson, Clark와 Tellegen(1988)에 의해 개발된 PANAS(Positive and Negative Affect Schedule)를 사용하였다. PANAS는 긍정적 정서성과 부정적 정서성을 측정하는 문항들이 각각 10개로 총 20개 문항으로 이루어졌다. 긍정적 정서성은 열광적인(exited), 활기찬(active), 고무된(inspired) 기분 등 10가지를 업무수행과정과 일상생활에서 느끼는 정도로 확인하였다. 부정적 정서성은 신경질적인(nervous), 괴로운(distressed), 심란한(upset) 기분 등 10가지로 확인하였다. 긍정적 정서성과 부정적 정서성의 Cronbach's α값은 각각 0.85와 0.90이었다.

3.2.2.2 자아성찰

자아성찰 문항은 Lennox와 Wolfe(1984)의 '수정된 자아성찰 척도(Revised Self-Monitoring Scale)'를 사용하였다. 자아성찰 문항들은 '자기표현(self-presentation)을 수정할 수 있는 능력'과 '다른 사람의 행동에 대한 민감성(sensitivity)'을 확인하는 총 11개의 문항으로 측정하였다. 예를 들어, '사회생활을 하면서 필요한 경우에는 기존의 행동스타일을 고집하지 않고 다른 방식의 행동스타일을 보일 수 있는 능력을 갖고 있다', '나는 다른 사람들이 어떤 눈빛을 하고 있는가를 보면, 그들의 진정한 감정이 무엇인지를 파악할 수 있다.' 등의 문항이 포함되었다. 자아성찰의 Cronbach's α값은 0.82로 나타났다.

3.2.3 고객과의 상호작용 특성

고객과의 상호작용 특성은 Morris와 Feldman(1996)이 제시한 감정표현의 빈도, 지속성, 강도, 다양성 4차원을 모두 포함하였다. 설문 문항들은 Brotheridge와 Grandey(2002), Brotheridge와 Lee(2003) 등의 연구를 참조하여 만들었다. 감정표현의 빈도는 종업원이 고객과 접촉하는 빈도를 확인하기 위한 3문항으로 구성되었고, 예를 들어 '나는 통상적으로 환자들을 상대하면서 업무시간을 보낸다.' 등이 포함되었다. 감정표현의 지속성은 고객과의 상호작용 시간으로 조작적 정의되었고, '한 사람의 환자를 상대하는데 내가 사용하는 시간은 일반적으로 채 몇 분이 되지 않는다(역문항).' 등 3문항으로 측정하였다. 감정표현의 강도는 고객에게 실어 보내는 감정의 양으로 조작적 정의되었고, '나는 환자에게 강렬한 감정들을 표현한다.' 등 2문항으로 측정하였다. 감정표현의 다양성은 '나는 환자에게 여러 가지 다양한 감정들을 표현한다.' 1문항으로 측정하였다. 감정표현의 빈도, 지속성, 강도의 Cronbach's α값은 각각 0.74, 0.67, 0.84이었다.

3.2.4 감정노동 관리기제들

감정표현규칙의 명확성, 감정표현교육, 감시와 보상에 대한 인지 등 4차원으로 측정하였다. 감정표현규칙의 명확성은 Morris와 Feldman(1997)의 연구를 참조하여 4문항으로 측정하였다. 하나의 예로써, '우리 병원에는 간호사가 환자를 대할 때 어떤 감정을 표현해야 하는지를 지시하는 구체적인 규정이 마련되어 있다.' 문항이 포함되었다. 감정표현규칙의 명확성에 대한 Cronbach's α값은 0.77로 확인되었다. 감정표현교육은 Krumel과 Geddes(2000)의 연구에 사용된 문항들을 참조하여 만들었다. '나는 업무에 배치된 후에도 환자를 대하는 데에 필요한 감정들을 표현하는 방법에 관한 교육훈련을 정규적으로 받는다.' 등 3문항으로 측정하였다. 감정표현교육의 Cronbach's α값은 0.69이었다. 이 연구의 설문조사가 진행된 시점에서는 감정표현에 대한 감시와 보상과 관련된 경험연구가 전혀 이루어진 바 없었다. 그래서 부득이 이와 관련된 문항들은 독자적으로 개발하였다. 감정표현의 감시에 대한 인지는 조직에 감정표현 감시장치들이 얼마나 잘 마련되어 있는지의 여부를 확인하는 4문항으로 측정하였다. '우리 병원의 관리자는 간호사들이 환자들에게 어떤 감정을 표현하고 있는지를 면밀하게 감독한다', '우리 병원은 간호사들에 대한 환자의 불만을 기록하고 추적하는 공식적인 기구나 제도가 마련되어 있다.' 등이 여기에 포함되었다. 감정표현의 보상에 대한 인지는 감정표현이 보상으로 연결되는지를 묻는 2문항으로 측정하였다. '병원 측에서 요구하는 특정한 감정을 환자에게 잘 표현하는 경우에 나는 그에 따른 보상이나 인센티브를 받게 된다', '병원 측에서 환자에게 표현하기를 요구하는 감정을 얼마나 잘 표현하느냐의 여부가 나의 인사고과와 직결된다'가 그것이다. 감시와 보상에 대한 인지의 Cronbach's α값은 각각 0.71, 0.66으로 나타났다.

3.2.5 통제변수

Schaubroeck와 Jones(2000), Brotheridge와 Grandey(2002) 등의 연구를 참조하여 성별, 나이, 학력, 근속년수, 직위, 결혼 여부를 통제변수로 활용하였다.

4. 연구결과

4.1 감정노동 수행전략 분류방식의 타당성 검증

감정노동 수행전략들을 측정한 12개 문항들의 타당성을 확인하기 위해 먼저 탐색적 요인분석(exploratory factor analysis)을 실시하였다.

위의 〈표 2〉에는 각 전략의 측정항목과 Varimax 방법에 의한 탐색적 요인분석의 결과가 제시되어 있다. 여기서 보듯이 고유치(eigenvalue)가 1 이상인 4개의 요인이 출현하였고, 측정항목들은 예정된 요인들에 적절하게 적재되었다. 요인분석에서는 일반적으로 요인적재값이 0.4 이상인 경우에는 받아들여지는데(Rummell, 1967), 각 요인으로 묶인 항목들의 요인적재값은 모든 항목에서 0.7 이상으로 판별타당성이 있다고 볼 수 있다.

이제 감정노동 수행전략을 4개로 분류하는 것의 타당성을 좀 더 구체적으로 검증하기 위해 확증적 요인분석(confirmatory factor analysis)을 실시한 결과를 〈표 3〉을 통해 살펴보자. 감정노동 수행전략 유형분류의 적합성을 검증하기 위해 AMOS 4.0을 활용하였다. 투입자료로는 상관관계 행렬(correlation matrix)을 이용하였는데, 상관관계 행렬은 계수의 유의성에 대한 상당히 안정적인 추정치(more conservative)를 제공해 주기 때문에 과대편기를 일으키지 않는 장점이 있다(Dillon, Kumar & Mulani, 1987). 모수추정방법은 최대우도비 추정방법(Maximum Likelihood Estimation)을 사용하였다.

〈표 3〉 감정노동 수행전략의 분류방식에 대한 적합성 검증

측정모형	χ^2	자유도	p값	GFI	AGFI	NFI	RMSEA
영 모형	2362.24	66	0.00	0.53	0.44	0.00	0.27
2요인 모형 (심층연기 + 자발적 연기) (표면연기 + 감정일탈)	906.47	53	0.00	0.76	0.64	0.61	0.19
3요인 모형 (심층연기 + 자발적 연기)	458.56	51	0.00	0.86	0.78	0.91	0.13
3요인 모형 (표면연기 + 감정일탈)	620.63	51	0.00	0.83	0.73	0.74	0.15
4요인 모형	168.76	48	0.00	0.95	0.91	0.93	0.07

〈표 3〉에는 다섯 개의 모형이 제시되어 있다. 첫 번째 영 모형은 어떤 감정노동 문항들도 감정노동 수행전략에 적재되지 않음을 가설화한 모형이다. 다음으로 감정노동방식을 심층연기와 표면연기로 구분한 2요인 모형은 Hochschild(1983)가 제시한 분류방식이다. 여기서 자발적 연기 문항들은 심층연기에 그리고 감정일탈 문항들은 표면연기에 포함시켰다. 세 번째 모형은 심층연기, 표면연기, 감정일탈로 구분한 Rafaeli와 Sutton(1987)의 모형인데, 이 모형의 적합성 검증은 자발적 연기 문항들을 심층연기에 포함시켜 실시하였다. 네 번째 모형은 감정노동 수행전략을 심층연기, 표면연기, 자발적 연기 등 세 차원으로 제시한 Ashforth와 Humphrey(1993)의 모형으로 최근 들어 Difendorff, Croyle와 Gosserand(2004)도 이러한 분류방식을 따르고 있는데, 이 모형의 적합성 검증을 위해 감정일탈 문항들을 표면연기에 포함시켰다. 다섯 번째 모형은 이 논문에서 새롭게 주장하고 있는 4요인 모형이다. 즉, Rafaeli와 Sutton(1987)의 연구와 Ashforth와 Humphrey(1993)의 연구를 종합하여 개인의 감정노동 수행전략을 심층연기, 표면연기, 자발적 연기, 감정일탈 등 4가지로 구분한 모형이다.

여러 측정모형 중 최적 모형을 선정하기 위해서는 부합도 지수들을 평가해 보아야 한다(이순묵, 1990). 〈표 3〉에 측정모형 간의 적합도를 비교한 결과가 제시되어 있다. 4요인 모형은 2요인이나 3요인 모형보다 훨씬 적합도가 높은 것으로 나타났다. 4요인 이외에 가장 적합도가 높은 3요인 모형(심층연기 + 자발적 연기)과 비교해 볼 때, 자유도의 감소(df=2)에 비해 χ^2이 아주 크게 감소($\varDelta\chi^2$=290)하고 있음을 알 수 있다. 이것은 자유도 2만큼을 희생하더라고 부합도가 좋아지는 4요인 모형이 더욱 우수함을 의미한다. 또한, 〈표 3〉을 통해 4요인 모형은 GFI, AGFI, NFI, RMSEA 등 여러 적합도 지표들에서도 다른 모형들보다 우수함을 확인할 수 있다. 그뿐만 아니라 4요인 모형은 GFI와 AGFI 그리고 NFI가 바람직한 기준인 0.9를 모두 상회하고 있다. 결론적으로 4

요인 모형이 다른 모형들보다 주어진 자료에 잘 부합한다고 할 수 있다. 요컨대 감정노동 수행전략을 4요인으로 분류한 새로운 모형이 상대적으로 가장 좋은 모형인 것이다.

4.2 예비적 검증: 기초통계분석

〈표 4〉 변수들의 평균과 표준편차 그리고 상관관계(N=470)

변수	평균	표준편차	1	2	3	4	5	6	7	8	9	10	11	12	13	14
1	4.23	0.81	-													
2	3.12	1.05	-0.09*	-												
3	4.56	0.78	0.38*	-0.08	-											
4	4.80	1.13	0.09	-0.22**	0.15**	-										
5	3.69	1.04	0.04	-0.04	-0.14**	0.11*	-									
6	3.26	1.21	0.25**	0.22**	0.05	-0.08	0.01	-								
7	4.25	1.22	0.08	0.06	0.15**	0.06	-0.05	0.07**	-							
8	3.77	1.06	0.17**	-0.07	0.10*	0.00	0.07	0.08	-0.02	-						
9	3.94	1.05	0.17**	-0.09*	0.16**	0.14**	0.09*	0.05	0.02	0.48**	-					
10	4.10	1.05	0.18**	-0.01	0.20**	0.13**	0.01	0.02	0.00	0.51**	0.44**	-				
11	2.92	1.30	0.13**	0.11*	0.03	-0.07	0.12*	0.17**	0.07	0.44**	0.37**	0.35**	-			
12	4.71	0.94	0.31**	-0.18**	0.28**	0.17**	-0.05	0.00	0.08	0.15**	0.16**	0.20**	0.14**	-		
13	3.28	1.02	-0.02	0.33**	0.03	0.12*	0.15**	0.13**	0.01	0.03	-0.05	-0.04	0.05	-0.07	-	
14	4.27	0.92	0.31**	-0.13**	0.44**	0.15**	-0.03	0.10*	0.10*	0.08	0.15**	0.19**	0.06	0.25**	-0.06	-
15	2.86	1.13	0.05	0.35**	-0.01	-0.06	0.03	0.31**	0.15**	-0.04	0.04	-0.04	0.17**	-0.16**	0.23**	0.07

주1) 1: 긍정적 정서성, 2: 부정적 정서성, 3: 자아성찰, 4: 감정표현빈도, 5: 감정표현 지속성, 6: 감정표현 강도, 7: 감정표현 다양성, 8: 감정표현 규칙, 9: 감정표현 교육, 10: 감시에 대한 인지, 11: 보상에 대한 인지, 12: 심층연기, 13: 표면연기, 14: 자발적 연기, 15: 감정일탈
주2) *p〈0.05; **p〈0.01; ***p〈0.001.

아래에서는 가설을 본격적으로 검증하기에 앞서 예비적으로 감정노동 수행전략과 선행요인들 간의 관계를 〈표 4〉를 통해 개략적으로 살펴본다. 먼저 개인의 성격특성과 감정노동 수행전략 간의 관계를 살펴보자. 긍정적 정서성과 자아성찰은 심층연기 및 자발적 연기와 정의 상관관계를 가진 반면에 부정적 정서성은 이들과 부의 상관관계를 맺고 있었다. 그리고 부정적 정서성은 표면연기 및 감정일탈과 정의 상관관계를 가졌다. 한편, 고객과의 상호작용 특성 중 감정표현 빈도와 감정표현 강도

는 세 가지의 감정노동 수행전략들과 상관관계를 가진 반면에, 감정표현 지속성은 단지 표면연기와만 부의 상관관계를 맺고 있었다. 감정노동 관리기제들과 가장 관련성이 높은 감정노동 수행전략은 심층연기인 반면에, 표면연기는 전혀 관련성이 없는 것으로 나타났다. 자발적 연기는 감정표현교육과 감시에 대한 인지와 정의 상관관계를 갖고 있었다.

4.3 연구가설의 검증 및 토론

4.3.1 개인의 성격 특성과 감정노동 수행전략 간의 관계에 대한 가설 검증 및 토론

개인 특성이 감정노동 수행전략에 어떠한 영향을 미치는가를 확인하기 위해 다중회귀분석을 실시한 결과가 〈표 5〉에 제시되어 있다. 〈표 5〉에 제시된 바와 같이 개인 특성 변수들은 대체로 감정노동 수행전략에 상당한 영향을 미치고 있었다. 긍정적 정서는 심층연기(β =0.21, $p<0.001$)와 자발적 연기(β =0.10, $p<0.05$)에 정의 영향을 미쳤지만 표면연기와 감정일탈과는 관련성이 없었다. 가설 1a와 1c는 채택된 반면에 1b와 1d는 기각된 것이다. 부정적 정서는 심층연기(β =−0.12, $p<0.05$)에는 부의 영향을 미친 반면, 표면연기(β =0.32, $p<0.001$)나 감정일탈(β =0.30, $p<0.001$)에는 정의 영향을 미치는 것으로 확인되었다. 가설 2c를 제외하고 2a, 2b, 2d는 채택되었다. 자아성찰은 심층연기(β =0.14, $p<0.01$)와 자발적 연기(β =0.34, $p<0.001$)에만 정의 영향을 미쳤을 뿐이다. 가설 3a와 3c는 채택되고, 3b와 3d는 기각된 것으로 판명되었다.

개인 특성과 감정노동 수행전략 간의 관계를 검증한 결과들을 크게 두 가지로 정리할 수 있다. 세상을 긍정적으로 인식하면서 동시에 자신의 감정을 적절히 통제할 수 있는 능력을 가진 사람들은 내적 감정이 규범적 감정과 자연스럽게 일치한 상황에서 혹은 둘 간의 충돌을 가능하면 조화시키려고 노력하면서 감정노동을 수행할 가능성이 훨씬 크다는 것이다.

〈표 5〉 선행요인들이 감정노동 수행전략들에 미치는 영향에 관한 다중회귀분석의 결과(N=470)

	심층연기	표면연기	자발적 연기	감정일탈
통제변수				
성	0.01	−0.06	0.03	−0.11*
나이	0.06	−0.03	0.15	0.15
학력	0.03	−0.10*	−0.06	−0.03
근속기간	0.04	−0.02	−0.01	−0.11
직위	0.05	0.15**	0.08	0.04
결혼	0.13*	0.04	0.10	0.01
개인의 성격 특성				
긍정적 정서	0.21***	−0.01	0.10*	0.01
부정적 정서	−0.12*	0.32***	−0.06	0.30***
자아성찰	0.14**	0.01	0.34***	−0.01
고객과의 상호작용 특성				
감정표현빈도	0.05	−0.01	0.04	0.03
감정표현 지속성	−0.05	−0.14**	0.02	0.03
감정표현 강도	−0.08	0.07	0.05	0.22***
감정표현 다양성	0.05	−0.03	0.02	0.07
감정노동 관리기제들				
표현규칙의 명확성	0.01	0.09	−0.08	−0.12*
감정표현 교육	0.00	−0.02	0.03	0.07
감시에 대한 인지	0.07	−0.08	0.10*	−0.08
보상에 대한 인지	0.12*	0.07	0.02	0.13**
R^2	0.17	0.14	0.24	0.20
F	6.68***	5.24***	9.72***	8.14***

주1) Coefficients는 standardized beta weights(two-tailed tests)임.
주2) *p<.05; **p<.01; ***p<.001.

이 결과들은 긍정적 정서성과 부정적 정서성은 물론이고 자아성찰도 심층연기에 영향을 미치지 않는 것으로 나타난 Grandey(2002),

Brotheridge와 Lee(2003)의 연구결과와는 충돌한다. 그럼에도 이러한 결과가 출현한 이유에 대해 충분한 설명이 가능하다. 역할에서 요구하는 감정과 동일한 정서성을 가진 종업원들은 자신의 직무에서 더 효과적으로 역할연기를 할 수 있기 때문에(Ashforth & Humphrey, 1993), 긍정적 정서성이 높은 종업원들이 내적 느낌을 규범적 감정과 일치시키려고 더 많이 시도했을 것이다. 또한, 자아성찰 능력이 높은 사람은 타인의 감정변화를 민감하게 포착하여 자신의 감정을 이에 맞춰 변화시킬 수 있기에 고객과의 바람직한 상호작용의 창출을 위해 통제기제(control move)[4]로서 심층연기전략을 쉽게 구사했을 것이다. 한편 세상을 부정적으로 인식하는 사람들은 직무에서 표출하도록 요구하는 긍정적 감정과는 정반대의 정서성을 갖고 있으므로, 자신의 내적 느낌을 조작하는 데 많은 어려움을 겪을 것이고, 그에 따라 속마음은 그대로 둔 채 겉으로만 규범적 감정을 표현하거나 혹은 규범적 감정에서 벗어나는 방식으로 감정노동을 수행했을 것이다.

이상의 연구결과를 통해 다음의 주장을 이끌어낼 수 있다. 특정한 기질을 가진 사람들은 다른 부류의 사람들보다 규범적 감정과 내적 느낌 간의 불일치를 더 적게 경험할 것이고, 설혹 내적 느낌이 감정표현 규범과 충돌하는 경우에도 내적 감정을 적절히 조절하고 통제하여 자신의 진정한 감정을 밖으로 그대로 드러내지 않은 채 고객과의 상호작용을 계속해 나갈 수 있을 것이다(Staw, Bell, & Clausen, 1986). 실제로 많은 서비스 기업들은 개인의 성격 특성이 서비스 품질에 커다란 영향을 미친다는 사실에 주목하고, 외모검사, 면접, 필기시험, 추천서, 직무실연 등의 선발도구를 활용하여 조직으로부터 기대되는 감정표현에 적합한 기질과 성격을 갖고 있는 종업원들을 선발한다(Rafaeli and Sutton, 1987; Leidner, 1999). 한 예로, 델타항공사는 세심하고 철저한 면접과정과 직무실연 등을 통해 승객에게 유쾌한 감정을 표현하면서

4 통제기제란 다른 사람의 행위에 영향을 미치기 위해 개인이 자신의 감정표현을 전략적으로 조작하는 것을 의미한다(Goffman, 1969).

도 장시간의 붐비는 비행을 참아낼 수 있는 감정적 지구력(emotional stamina)[5]을 가진 사람을 선발한다(Hochschild, 1983). 이 연구는 조직의 이러한 노력이 실질적으로 서비스 종사자의 감정노동 수행방식에 영향을 미칠 수 있음을 보여주는 중요한 증거이다.

4.3.2 고객과의 상호작용 특성과 감정노동 수행전략 간의 관계에 대한 가설 검증 및 토론

〈표 5〉에서 확인할 수 있듯이, 감정표현빈도와 감정표현 다양성은 기대와 달리 감정노동 수행전략에 전혀 영향을 미치지 않는 것으로 나타났다. 즉, 가설 4(4a–4d)와 가설 7(7a–7d)은 모두 기각되었다. 감정표현 지속성은 표면연기(β =–0.14, $p < 0.01$)에만 그리고 감정표현 강도는 감정일탈(β =0.22, $p < 0.001$)에만 영향을 미쳤다. 가설 5중에서는 5b, 가설 6중에서는 6d를 제외하고는 모두 기각되었다. 요컨대 고객과의 상호작용 특성들은 감정노동 수행전략에 포괄적으로 영향을 미치는 것이 아니라, 특정한 상호작용 특성이 특정한 감정노동 수행전략에 선택적으로만 영향을 미치고 있는 것이다.

감정표현 지속성이 표면연기에 부의 영향을 미친 결과를 좀 더 깊이 있게 살펴보자. Ekman, Friesen과 O'Sullivan(1988), Frank, Ekman과 Friesen(1993), Sura–kka와 Hietanen(1998) 등은 진실한 미소와 진실하지 않은 미소는 눈가에 있는 서로 다른 근육을 사용하기 때문에(Ekman, 1992), 두 미소가 구분될 수 있다는 주장을 제기한 바 있다. Sura–kka와 Hietanen (1998)의 한 실험에서 피험자는 중립적인 미소보다 진실한 미소를 짓는 사진을 보았을 때 더욱 긍정적인 기분을 보였지만, 가짜로 웃는 사진을 보았을 때는 긍정적 효과가 나타나지 않는다는 사실이 확인되었다. 이러한 연구결과들로 미루어 보아, 상

5 감정적 지구력은 특정한 감정을 장시간 동안 표현할 수 있는 능력을 의미한다(Hochschild, 1983).

당한 시간이 소요되는 감정적 거래 과정에서는 종업원의 가시적인 감정표현은 고객에게 가짜로 인식될 가능성이 크고, 이로 인해 종업원은 의도하는 바의 특정한 감정을 고객으로부터 이끌어낼 수 없을 것이다. 결국, 고객과의 접촉 시간이 길어질수록 가시적 행위를 줄이는 방향으로 감정노동을 수행하지 않을 수 없는 것이다. 한편 감정표현 강도가 감정일탈에만 정의 영향을 미치는 원인에 대해서는 어렵지 않게 설명이 가능하다. 과장스러울 정도로 환대하는 미소를 짓거나 겸손을 떨어야 하는 직무요구 상황에 직면한다고 인식하는 종업원들일수록, 규범적 감정과 내적 느낌 간의 괴리를 자주 느낄 것이므로, 이들에게는 감정일탈 성향이 높게 나타났을 것이다. 최근 들어 서비스 산업에서 경쟁이 격화됨에 따라 기업들은 종업원들이 모욕감을 느낄 정도의 과잉친절 행위를 고객에게 베풀도록 요구하는 경향이 증가하고 있다. 예를 들어 필자가 과거에 사례연구한 가족레스토랑의 경우에 우리나라에서는 매우 예외적으로 종업원이 의자에 앉은 고객과 눈높이를 맞추기 위해 거의 바닥에 무릎을 꿇을 정도로 자신을 낮춘 상태에서 접객 서비스를 수행했는데, 이제 이러한 모습을 다른 레스토랑이나 호텔 등에서 쉽지 않게 발견할 수 있다. 이와 같이 과다할 정도의 감정투입을 요구하는 업무상황에서는 종업원들이 고객에 대해 비하감을 느끼기 쉬워 감정일탈로 이어질 가능성이 높다는 것을 이 연구결과는 보여주고 있다.

한편 단지 두 경우를 제외하고는 고객과의 상호작용 특성과 감정노동 수행전략 간에 관련성이 없게 나타난 것에 대해서는 조심스럽기는 하지만 다음과 같은 해석이 가능하다. 고객과의 상호작용 특성은 그 밖의 직무특성 요인들인 과업복잡성, 과업의 상호의존성, 과업자율성 등과 상호작용하면서 종업원의 감정노동 수행전략에 영향을 미칠 가능성이 있다. 예를 들어, 감정표현에 대한 자율성이 높은 사람은 비록 고객과의 상호작용에 대한 요구가 강할지라도 감정적 부조화를 느끼는 표면연기는 회피할 가능성이 높다(Morris & Feldman, 1997). 그리고 고객과의 상호작용 특성은 개인의 통제성향(locus of control)과 같은 개인 특성이나 사회적 지원 등과 같은 직무자원과 결합되어 개인의 감정노동 수행전략에 영향을 미칠 수 있다(Ashforth & Humphrey, 1993). 가령, 사회적 지원이 높은 경우에 개인은 고객과의 상호작용 요구가 높더라도 감정일탈을 범할 가능성이 낮아질 것이다.

4.3.3 감정노동 관리기제들과 감정노동 수행전략 간의 관계에 대한 가설 검증 및 토론

〈표 5〉를 통해 감정표현규칙의 명확성은 감정일탈($\beta = -0.12$, $p < 0.01$)과만 부의 인과관계를 맺을 뿐, 심층연기, 표면연기, 자발적 연기와는 무관한 것을 확인할 수 있다. 가설 8a와 8b 모두 채택되었다. 이는 감정표현규칙이 종업원의 고객에 대한 내적 느낌을 변화시키는데 개입해 들어가지 못하고, 단지 종업원들이 감정일탈을 범할 가능성을 줄여주는 최소한의 기능만을 하고 있다는 것이다. 감정표현규칙은 내적 자아와 거리두기를 유지하면서 역할연기를 할 수 있는 각본을 제공함으로써, 불쾌감을 유발하는 고객을 응대하는 경우에도 종업원이 감정적 균형을 유지할 수 있도록 도와주기 때문에, 감정일탈을 줄이고 있는 것으로 보인다. 예상과는 달리 감정표현규칙이 심층연기나 표면연기 혹은 자발적 연기와 관련성이 없는 것으로 나타난 것은, 비록 감정표현규칙이 명확하게 설정되어 있다 할지라도 그러한 규칙에 종업원들이 몰입하느냐의 여부에 따라 감정표현규칙이 감정노동 수행방식에 미치는 영향이 달라질 수 있기 때문이다(Gosserand와 Diefendorff, 2005).

감정표현교육은 감정노동 수행전략과 무관한 것으로 나타났다. 가설 9b만 채택되었고, 9a, 9c, 9d는 기각된 것이다. 감정표현규칙에는 종업원이 고객에게 표현하는 감정의 표준이 들어있는데, 조직은 감정표현교육을 통해 이를 종업원들에게 전달하고 내면화하려고 노력한다. 하지만 감정표현규칙이 명확하고 감정표현교육이 이루어진다 할지라도 이 자체가 감정표현규칙의 내면화를 촉진하는 기제로 작용하지 않는다는 사실을 이 연구결과는 말해주고 있다.

〈표 5〉를 살펴보면, 감시에 대한 인지는 자발적 연기(β =0.10, p〈0.05)에만 정의 영향을 미치는 것으로 나타났다. 10c만 채택되고, 10a, 10b, 10d는 기각되었다. 감독자를 비롯하여 고객불만처리제도 등 다양한 감시장치들을 통해 감정표현규칙의 준수 여부가 기업에서 성공하는 데 중요한 요소라는 신호를 확인한 종업원들은 선도적으로 규범적 감정을 내면화하면서 이를 고객과의 상호작용 과정에서 자연스럽게 표현할 수 있는 기술과 능력을 향상시킬 것이다. 따라서 이러한 결과가 출현한 것으로 보인다. 그런데 감시에 대한 인지가 자발적 연기를 제외하고 심층연기, 표면연기, 감정일탈에는 영향을 미치지 않고 있다.

〈표 5〉를 통해 보상에 대한 인지는 표면연기나 자발적 연기와는 관련성이 없고, 심층연기(β =0.12, p〈0.05)와 감정일탈(β =0.13, p〈0.01)에만 정의 영향을 미치고 있음을 확인할 수 있다. 가설 11a만 채택되었고 가설 11b, 11c, 11d는 기각되었는데, 특별히 가설 11d의 경우에는 예측과는 정반대의 결과가 출현하였다. 보상에 대한 인지는 종업원들이 감정표현규칙을 지키고 이를 내면화하도록 유도하는 강력한 강화기제이다. 감정표현규칙의 준수 여부가 보상과 직결된다고 생각하는 종업원일수록, 진정성을 바탕으로 심층연기 방식으로 감정노동을 수행함으로써 고객으로부터 바람직한 감정을 이끌어내려고 노력하고 있음을, 이 연구를 통해 확인할 수 있었다. 그런데 〈표 5〉에 제시되어 있듯이 보상에 대한 인지가 심층연기만을 강화시키는 것이 아니라, 다른 한편으로는 감정일탈도 부추킨다는 사실에 주목할 필요가 있다. 보상에 대한 인지가 종업원들에게 모순적인 효과들을 동시에 산출하고 있는 것이다. 이러한 결과는 매우 당혹스럽다. 그럼에도 신중하게 그 원인을 추론해 보고자 한다. 바람직한 감정표현이 보상으로 이어질 경우에, 노력에 상

응하는 보상을 받을 수 있다는 기대감이 높아지고 조직에 대한 신뢰가 증대한다. 이러한 과정을 통해 보상에 대한 인지가 심층연기를 강화시키는 것으로 나타났을 것이다. 그렇지만 고객에게 긍정적인 감정을 표현하는 행위가 보상을 결정하는 요소가 된다고 생각할수록, 종업원들은 자신의 감정표현행위가 자발적인 것이 아니라 단지 도구적인 것이라는 인식을 갖게 될 가능성이 높아지고, 감정표현규칙에 순응하는 것을 '실제 자아(real self)'에 대한 포기행위로 간주할 수도 있다. 따라서 종업원들은 조직에서 요구하는 역할 행위를 충실히 수행함으로써 더 많은 기회와 보상을 노리는 한편, 그러한 역할에 지나치게 함몰되는 것은 개인의 자아개념과 자존을 위협하는 것으로 인식하는 모순적인 태도를 취할 수 있다(Kunda, 1992). 요컨대 보상에 대한 인지가 높은 종업원일수록 감정표현규칙을 내면화하면서 실제 자아를 조직에서 요구하는 거짓 자아로 대체하려는 태도를 취하다가도 종종 자아의 보호를 위해 냉소적 태도로 감정일탈을 감행한다는 사실을 이 연구결과는 시사하고 있다.

5. 맺음말

5.1 연구의 요약 및 시사점

감정노동을 직무의 일부로서 수행하는 직업들은 우리가 의식하고 있지는 않지만 이미 우리의 일상 삶에 아주 가까이 와 있다. 항공사, 백화점, 호텔, 레스토랑 등의 서비스업체에서 흡사 봉건시대의 왕이나 왕비가 된 착각을 불러일으킬 만큼 우리를 친절하고 공손하게 맞아주는 직원들은 자신의 감정을 조직이 요구하는 방식대로 연출할 것을 요구받는다. 인간의 감정관리활동이 조직목적에 귀속되는 현상이 광범위하게 진행되면서 노동의 형식과 내용에 심대한 변화가 일어나고 있는 것이다.

하지만 아직까지 학자들 간에 감정노동에 대한 정의와 감정노동 수행전략의 분류방식에 대한 합의가 이루어져 있지 않다. 이러한 문제의식에서 이 논문은 '감정의 조절'에 초점을 맞춰 감정노동을 정의하고 감정노동의 새로운 분류방식을 제안하였다. Hochschild(1983) 이후 대부분의 감정노동에 관한 경험연구들은 단지 심층연기와 표면연기만을 감정노동 수행방식에 포함시켰을 뿐이다. 기껏해야 자발적 연기를 감정노동 수행전략에 포함시킨 연구가 2004년에야 비로소 Diefendorff, Croyle와 Gosserand에 의해 이루어졌을 뿐이다. 심층연기와 표면연기뿐만 아니라 자발적 연기나 감정일탈 또한 감정노동 수행과정에서 종업원들이 구사할 수 있는 전략들임에도 불구하고, 네 가지 모두를 고려한 감정노동에 관한 경험연구는 전무하다. 이 논문은 경험연구를 통해 감정노동 수행전략을 네 가지로 분류하는 것의 타당성을 입증해 보임으로써 감정노동 연구에 중요한 이론적 기여를 했다고 생각한다. 앞으로 자발적 연기나 감정일탈을 초래하는 원인과 그 결과에 관한 연구를 통해 감정노동이 조직과 개인에 미치는 영향을 더 깊이 있게 밝힐 수 있는 계기가 마련된 것이다. 이것이 이 논문의 첫 번째 의의이다.

감정노동 수행전략을 네 가지 구분한 후, 이 논문은 개인의 성격 특성, 고객과의 상호작용 특성, 감정노동 관리기제들이 심층연기, 표면연기, 자발적 연기, 감정일탈에 어떠한 방식으로 영향을 미치는지를 살펴보았다. 개인의 성격 특성이 종업원의 감정노동 수행전략의 선택에 가장 큰 영향을 미치는 것으로 나타났다. 조직의 입장에서는 표면연기나 감정일탈보다 종업원이 마음으로부터 우러나오는 긍정적 감정을 표현하는 자발적 연기와 심층연기를 더욱 선호할 것이다. 그런데 긍정적 정서성과 자아성찰 능력이 높고 부정적 정서성이 낮은 기질특이적 성격을 가진 사람이 심층연기나 자발적 연기를 할 가능성이 크고 표면연기를 하거나 감정일탈을 범할 가능성이 적은 것으로 판명되었다. 요컨대 서비스 산업에 속한 조직들은 선발과정을 효과적으로 설계하여 개인과 직무 간의 적합성(person-job fit)을 확보하는 일이 무엇보다도 중요하다는 사실을 이 연구결과는 시사하고 있는 것이다(Morris & Feldman, 1996; Grandey, 2003). 바로 이것이 이 논문의 두 번째 의의이다.

이 논문의 세 번째 의의는 서비스직 종사자의 바람직한 직무설계 방향에 대한 착상을 이 논문을 통해 얻을 수 있다는 것이다. 이 논문에서는 감정노동 종사자의 직무 특성을 특히 고객과의 상호작용에 초점을 맞춰 감정표현 빈도, 지속성, 강도, 다양성 네 가지로 구분하고, 이들과 감정노동 수행전략 간의 관계를 살펴보았다. 그 결과, 고객과의 상호작용방식이 부분적으로는 종업원의 감정노동 수행전략에 영향을 미치고 있음을 확인하였다. 조직이 종업원들에게 과다할 정도의 감정표현 강도를 요구하지 않으면서 고객과의 상호작용 시간을 충분히 보장하는 방향으로 서비스 종사자의 접객 서비스 방식을 설계하는 경우에, 종업원들의 표면연기나 감정일탈을 낮출 수 있음을 이 연구는 시사하고 있다. 그런데 표면연기나 감정일탈은 조직이나 개인에게 부정적인 영향을 미칠 가능성이 크다(Brotheridge & Grandey, 2002; Grandey, 2003; 김상표, 2006). 따라서 조직이 종업원의 접객 서비스 과정을 설계할 때 감정표현 지속성과 감정표현 강도를 고려하는 것은 조직과 개인 양측 모두에게 이익이 될 것이다.

이 논문의 네 번째 의의는 감정노동 관리기제들이 감정노동 수행방식에 부분적으로 영향을 미친다는 사실을 밝혔다는 데 있다. 조직이 감정노동 수행자들에 대한 역할 기대를 전달하기 위해 감정표현 규칙, 사회화 수단, 감시와 보상체계를 활용하고 있다는 사실은 Rafaeli와 Sutton(1987, 1989), Van Maanen과 Kunda(1989), Ashforth와 Humphrey(1993), Leidner(1999) 등 많은 학자에 의해 상당히 오래전부터 주장되어 왔다. 그럼에도 아직까지 감정노동 관리기제와 감정노동 수행방식 간의 관련성을 경험적으로 확인한 체계적 연구는 거의 없다. 이 연구에 의하면, 관리기제들이 감정노동 수행전략에 강력한 영향을 미치는 것은 아니지만, 조직은 관리기제들의 효과적 활용을 통해 제한적으로나마 종업원들의 심층연기와 자발적 연기를 강화시키고 감정일탈을 줄일 수 있는 것으로 확인되었다. 그런데 관리기제로 보상체계를 활용하여 조직이 종업원의 감정노동에 개입하려고 할 때는 감정노동이 지나치게 도구적인 것으로 인식되지 않도록 각별한 주의를 기울일 필요가 있다는 것을 이 연구결과는 동시에 시사해 주고 있다.

5.2 연구의 한계점 및 미래연구를 위한 제언

이제 이 연구의 한계와 앞으로 연구방향에 대해 살펴보자. 연구의 첫 번째 한계로는 감정노동의 관리기제들에 대한 보다 정교한 측정도구를 개발할 필요가 있다는 점을 들 수 있다. 예를 들어, 감시에 대한 인지의 경우에도 감시의 내용(content of monitoring), 목적(purpose), 강도 등으로 세분화하여 이것들과 감정노동 수행전략 간의 차별적 관계를 살펴볼 필요가 있다(Holman, Chissick, & Totterdell, 2002). 두 번째는 이 연구는 표본이 경남지역 종합병원에 근무하는 간호사로 한정되었다는 점이다. 병원과 마찬가지로 호텔이나 백화점 등 긍정적인 감정표현 규칙을 갖고 있는 다른 서비스 산업에서도 동일한 결과가 출현하는지를 확인하는 것도 흥미로운 과제가 될 것이다. 나아가 병원과는 전혀 다른 부정적 감정표현규칙을 갖고 있는 채권추심원에 관한 연구도 추후 연구되어야 할 과제이다. 세 번째는 감정노동 수행전략이 조직과 개인에게 미치는 영향을 확인하지 못했다는 점이다. 심층연기와 표면연기 이외에 이 논문에서 감정노동 수행전략에 포함시킨 자발적 연기와 감정일탈이 조직과 개인에게 미치는 영향에 관한 경험연구는 전무한 실정이다. 특히 감정일탈은 개인에게는 자아를 보호하려는 책략이 될 수 있지만, 조직에는 부정적 영향을 미칠 가능성이 있다. 감정일탈의 선행요인과 결과변수에 관한 연구는 앞으로 감정노동 연구에서 기대되는 분야이다. 네 번째는 종업원의 감정노동에 대한 스트레스를 해소하기 위한 개인 및 조직의 수단들에 관해서도 연구할 필요가 있다. 개인은 인지적 평가(cognitive appraisal), 방어기제 등 다양한 심리적 기제들을 동원하여 감정노동 수행과정에서 직면하는 스트레스 상황에 대처하려고 한다(Ashforth & Humphrey, 1993). 그리고 조직의 스트레스 해소 대책의 한 예로, 어려운 고객을 상대한 종업원이 짧은 시간이나마 고객서비스 업무에서 벗어나 휴식을 취할 수 있도록 하는 방안을 들 수 있다. 이와 같은 개인 및 조직의 스트레스 해소 대책이 감정노동에 미치는 효과에 대해서도 검토할 필요가 있다.

시장 경쟁의 심화와 서비스 산업의 부상이라는 20세기 말의 사회적 조건은 모든 것을 경쟁도구로 활용하려는 경향을 강화시켰고 그 과정에서 감정의 상품화, 즉 감정노동이 주목받게 되었다. 육체노동이나 정신노동에 비해 감정노동을 수행하는 종업원들은 훨씬 더 많은 자아를 노동과정에 투입해야만 한다. 이로 인해 감정노동 수행자들은 자칫하면 자아에 커다란 손상을 입기 쉽다. 인간의 감정을 기업경영에 도구적으로 활용하려는 추세가 멈추지 않는 한 이러한 현상은 더욱 강화되어 갈 것이다. 우리가 감정노동을 수행하고 있는 현실을 근본적으로 바꾸어 놓지는 못한다 할지라도 개인의 심리적, 육체적 안녕을 보존하면서도 동시에 조직의 이익에 도움이 되는 방향의 감정노동 수행방식에 대해 깊이 있게 고민해야 할 것이다. 이 논문이 작은 밑거름이 되기를 바란다.

참고 문헌

김상표 (2000), "감정노동: 통제수단, 종업원의 심리적 반응, 그리고 방법론적 문제," 산업경제연구, 13(4), 195–214.

김상표 (2006), "감정노동 수행전략과 개인의 심리적 안녕에 관한 연구," 진주산업대하교 산업과학기술연구소보, 13, 371–378.

김상표 · 윤세준 (2002), "감정노동: 인간감정의 상업화에 대한 평가와 대안의 모색," 연세경영연구, 39(2), 205–234.

김은민 (1995), "감정노동: 조직의 감정표현규범에 관한 질적 연구," 연세대학교 석사학위논문.

박홍주 (1995), "판매여직원의 감정노동에 관한 일연구: 서울市內 백화점 사례를 중심으로," 이화여자대학교 석사학위논문.

윤세준 · 김상표 · 김은민 (2000), "감정노동: 조직의 감정표현규범에 관한 질적 연구," 산업노동연구, 6(1), 215–214.

이순묵 (1990), 공변량구조분석, 서울: 성원사.

Ashforth, B. E. and R. H. Humphrey (1993), "Emotional labor in service roles: The influence of identity," *Academy of Management Review*, 18, 88–115.

Brotheridge, C. B. and A. A. Grandey (2002), "Emotional Labor and Burnout: Comparing two Perspectives of "people work," *Journal of Vocational Behavior*, 60, 17–39.

Brotheridge, C. B. and R. T. Lee (2003), "Development and validation of the emotional labor scale,"*Journal of Occupational and Organizational Psychology*, 76, 365–379.

Diefendorff, J. M., M. C. Croyle, and R. H. Gosserand (2004), "The dimensionality and antecedents of emotional labor strategies,"*Journal of Vocational Behavior*, 66, 339–357.

Dillon, W., A. Kumar, and N. Mulani (1987), "Offending estimates in covariance structure analysis–comments on cause and solutions to heywood cases," *Psychological Bulletin*, 101, 126–35.

Dormann, C. and D. M. Kaiser (2002), "Job conditions and customer satisfaction," *European Journal of Work and Organizational Psychology*, 2002, 11, 257–283.

Ekman, O., W. V. Friesen, and M. O'Sullivan (1988), "Smiles when lying,"*Journal of Personality and Social Psychology*, 54, 414–420.

Etzioni, A. (1961), *A comparative analysis of complex organizations*, New York, Free Press.

Frank, M. G., O. Ekman, and W. V. Friesen (1993), "Behavioral markers and recognizability of the smile of enjoyment," *Journal of Personality and Social Psychology,* 64, 83–93.

Fineman, S. (1996), "Emotion and organizing," in S. R. Clegg, C. Cynthia, and W. R. Nord (Eds.), *Handbook of Organization Studies,* London, Sage Publications, 543–564.

Goffman, E. (1969), *Strategic interaction,* Philadelphia, University of Pennsylvania Press.

Grandey, A. A. (2003), "When "The show must go on": Surface acting and deep acting as determinants of emotional exhaustion and peer–rated service delivery,"*Academy of Management Journal,* 46, 86–96.

Hall, E. J. (1993), "Smiling, deferring, and flirting: Doing gender by giving good service," *Work and Occupations,* 20, 452–471.

Holman, D. H., C. Chissick, and P. Totterdell (2002), "The effects of performance monitoring on emotional labor and well–being in call ceters,"*Motivation and Emotion,* 26, 57–81.

Hochschild, A. R. (1979), "Emotion work, feeling rules, and social tructure,"*American Journal of Sociology,* 85, 551–575.

________________(1983), *The Managed heart,* Berkeley and Los Angeles, CA, University of California Press.

Kilduff, M. and D. V. Day (1994), "Do chamelons get ahead: The effects of self–monitoring on managerial careers,"*Academy of Management Journal,* 37, 1047–1060.

Kunda, G. (1992), E*ngineering culture: Control and commitment in a high–tech corporation,* Philadelphia, Temple University Press.

Kruml, S. M. and D. Geddes (2000), "Exploring the dimensions of emotional labor,"*Management Communication Quarterly,* 14, 8–49.

Lazarus, R. S. (1991), *Emotion and adaptation,* New York, Oxford University Press.

Lebas, M. and J. Weigenstein (1986), "Management control: The roles of rules, markets and culture," *Journal of Management Studies,* 23, 259–271.

Leidner, R. (1999), "Emotional labor in service work," *Annals of the American Academy of Political and Social Science,* 561, 81–95.

Lennox, R. and R. Wolfe (1984), "Revision of the self–monitoring scale," *Journal of Personality and Social Psychology*, 46, 1349–1364.

Martin, J., K. Knopoff, K. and C. Beckman (1998), "An alternative to bureaucratic impersonality and emotional labor: Bounded emotionality at the Body Shop," *Administrative Science Quarterly*, 43, 429–469.

Maslasch, C. and S. E. Jackson (1981), *The Maslasch Burnout Inventory,* Palo Alto, CA, Consulting Pychologist Press.

Morris, J. A. and D. C. Feldman (1996), "The dimensions, antecedents, and consequences of emotional labor," *Academy of Management Review,* 21, 986–1010.

____________________(1997), "Managing emotions in the workplace,"*Journal of Managerial Issues,* 4, 257–274.

Mumby, D. K. and L. L. Putnam, (1992), "The politics of emotion: A feminist readings of bounded rationality," *Academy of Management Review,* 17, 465–486.

Perrow, C. (1986), *Complex organizations: A critical essay* (3rd.), New York, Newbery Award Record Inc.

Rafaeli, A. and R. I. Sutton (1987), "The expression of emotion as part of the work role," *Academy of Management Review,* 12, 23–37.

____________________(1989), "The expression of emotion in organizational Life", *Research in Organizational Behavior,* 11, 1–42.

Rummell, R. J. (1967), Understanding factor analysis. *Journal of Conflict Resolution*, 444–480.

Schaubroeck, J. and J. R. Jones (2000), "Antecedents of workplace emotional labor dimensions and moderators of their effects on physical symptoms,"*Journal of Organizational Behavior,* 21, 163–183.

Staw, B. M., N. E. Bell, and J. A. Clausen (1986), "The dispositional approach to job attitudes: A lifetime longitudinal test," *Administrative Science Quarterly*, 31, 56~77.

Steinberg, R. J. and D. M. Figart (1999), "Emotional Labor since the Managed Heart," *Annals of the American Academy of Political and Social Science,* 561, 8–26.

Sura-kka, V. and J. K. Hietanen (1998), "Facial and emotional reactions to Duchenne and non Duchenne smiles," International Journal of Psychophysiology, 29, 23-33.

Sutton, R. I. (1991), "Maintaining norms about expressed emotions: The case of bill collectors," *Administrative Science Quarterly*, 36, 245-268.

Sydner, M. (1974), "Self monitoring of expressive behavior,"*Journal of Personality and Social Psychology*, 30, 526-537.

Thompson, P. and D. McHugh (2002), *Work organizations: A critical introduction*, (3rd.), New York, Palgrave.

Tschan, F., S. Rochat, and D. Zapf (2005), "It's not only clients: Studying emotion work with clients and co-workers with an event-sampling approach,"*Journal of Occupational and Organizational Psychology*, 78, 195-220.

Van Maanen, J. and G. Kunda (1989), "Real feelings: Emotional expression and organizational Culture," *Research in Organizational Behavior*, 11, 43-104.

Wharton, A. S. and R. J. Erickson (1993), "Managing emotions on the job and at home," *Academy of Management Review*, 18, 457-486.

Watson, D. and A. Tellegen (1985), "Toward a consensual structure of mood,"*Psychological Bulletin*, 98, 219-235.

Watson, D., L. A. Clark., and A. Tellegen (1988), "Development and validation of brief measures of positive and negative affect: The PANAS scales,"*Journal of Personality and Social Psychology*, 54, 1063-1070.

Zapf, D. (2002), "Emotion work and psychological well-being: A review of the literature and some conceptual considerations,"*Human Resource Management Review*, 12, 237-268.

감정노동[1]:
인간감정의 상업화에 대한 평가와 대안의 모색

1. 문제의 제기

자본주의는 모든 것을 상품화한다. 인간의 감정도 예외가 될 수 없다. 팔과 다리뿐만 아니라 머리, 나아가 자신만의 은밀한 공간으로 남겨 두고 싶은 마음마저도 이제 상품화된 노동력의 일부로서 노동과정에 투입해야 할 요소가 되고 말았다. 주유소, 편의점, 슈퍼마켓, 호텔, 패스트푸드점, 연체금 수금회사, 항공사, 보험회사 등 서비스업체의 종업원에서부터 제조업체의 판촉 및 영업사원뿐만 아니라 변호사, 의사, 간호사 등 전문직업종사자와 내부고객과의 접촉기회가 잦은 일반기업의 중간관리자에 이르기까지 감정표현이 직무의 일부를 이루는 직업은 여러 산업에 걸쳐 폭넓게 분포되어 있다.[2] 전체 산업에서 서비스 산업이 차지하는 비중이 커지고 고객만족과 접객서비스가 기업의 경쟁우위를 결정하는 수단으로 인식되기 시작하면서 인간감정의 상품화(commercialization of human feeling)가 전면적으로 진행되기 시작한 것이다.

Hochschild(1983)는 감정노동(emotional labor)이라는 개념을 도입하여 감정이 상품화되는 현상을 분석한다. Hochschild는 경계관

1 이 논문은 윤세준과 함께 『연세경영연구』 제39권 제2호(2002년)에 게재하였다.
2 Rafaeli & Sutton, 1989; Wharton & Erickson, 1993.

리역할(boundary spanning role)의 담당자들, 특히 서비스 노동(service work)에 종사하는 사람들은 육체노동과 정신노동 이외에도 그것들과 차별화될 수 있는 또 하나의 노동을 수행하고 있음에 주목하고 이를 감정노동이라고 명명하였다. 감정노동은 자본주의에 특유한 감정관리(emotion management)의 한 형태이다. 감정관리는 '외적으로 드러나는 표정과 몸짓을 연기하기 위한 느낌의 관리'를 의미하는데(Hochschild, 1983, p. 7), 어떠한 시대에도 인간은 사적 영역에서 자아를 지키고 타인과의 원만한 상호작용을 유지하는 등의 목적으로 자신의 감정을 관리해 왔다.[3] 그러나 개인의 감정관리 활동이 사적 영역을 벗어나 공적 영역에서 임금을 받고 팔리게 되어 사용가치(use value)로서 뿐만 아니라 교환가치(exchange value)의 성격을 동시에 지니게 되는 경우에 감정관리활동은 상품화된 노동력의 일부분이 된다.

Hochschild(1983)의 기념비적 저작인 *The Managed Heart: Commercialization of Human Feeling*이 출간된 이래 Rafaeti & Sutton(1987, 1989), Sutton(1991), Mumby & Putnam(1992), Ashfortth & Humphrey(1993, 1995), Wharton & Erickson(1993), Morris & Feldman(1996), Martin, Knopoff & Beckman(1998) 등에 의해 이루어진 감정노동에 관한 연구들에서 감정노동의 유용성과 가치에 대한 평가는 엇갈린다. Hochschild(1983), Mumby & Putnam(1992) 등은 육체노동자의 노동 소외에 비견하여 감정노동자(emotional worker)의 삶이 후기 산업사회에서 일어나는 새로운 형태의 노동 소외라고 주장한다. 반면 관리적 관점(managerial perspective)에서 감정노동에 접근하는 Rafaeli & Sutton(1989), Sutton(1991) 등은 감정노동이 개인의 복지증진과 자아효능감(self-efficacy)의 향상 그리고 조직의 성과에 긍정적인 기여를 하는 것으로 평가하기도 한다.

3 Goffman, 1969.

점차 인간의 감정표출행위가 노동력의 일부가 되어 가고 있는 시대적 추세 속에서 이제 우리 학계도 감정노동에 대한 문제를 이론적으로 진지하게 따져 묻고, 체계적인 경험연구를 통해 감정노동자의 삶을 구체적으로 들여다보아야 할 때가 되었다. 이러한 문제의식에서 본 연구는 먼저 감정노동에 대한 문헌 고찰을 통해 자본주의 기업에서 조직구성원의 감정이 조직목적의 실현을 위한 도구로 활용되는 현상을 고찰한다. 구체적으로는 조직의 감정표현규범과 이를 유지하는 수단 그리고 감정노동을 수행하는 종업원의 심리적 반응에 대해 살펴보게 되는데, 이는 감정노동이 이들 3자 간의 동태적이고 긴밀한 상호작용 속에서 이루어지기 때문이다. 이어서 제3장에서는 인간의 존재 그 자체와 불가분의 관계에 있을 수밖에 없는 감정이 그동안 조직 연구에서 간과되어 왔던 이유를 서구문화에 뿌리 깊게 내재되어 있는 합리주의와 관료제의 전통에 연결시켜 설명한 후, 상품화라는 틀 안에서가 아니라 삶을 좀 더 풍요롭게 만드는 방식으로 감정을 조직에 복원시키는 가능성을 모색해 본다. 마지막으로 제 4장에서는 본 연구의 의의에 대해 논의한다.

2. 감정노동에 대한 통제

2.1 감정표현규범

다른 형태의 노동과 달리 서비스 노동만이 갖고 있는 독특한 특성이 있다. 서비스 노동에서는 종업원과 서비스 수용자 사이에 이루어지는 상호작용의 질(quality)은 그 자체가 고객에게 전달되는 서비스로서 제품의 일부분을 구성한다. 이 때문에 서비스 노동에서는 종업원, 노동과정, 제품들이 분명하게 구분되지 않는다[4] 고객은 단순한 관찰자가 아니라 상호작용의 공동창출자로서 그들 또한 노동과정의 일부분이라

4 Leidner, 1999, p. 82.

할 수 있으므로 고객의 협력이 수반되지 않는다면 노동과정은 지체되고 방해되며 극단적으로는 중단될 위험마저 있다. 서비스 노동자들이 노동과정을 원활하게 진행시키려면, 자신의 감정표현을 전략적으로 조작하여 서비스 수용자가 원하는 특정한 심리적 상태(예, 기쁨, 놀람, 공포, 흥겨움 등)를 충족시킴으로써 직무수행에 적합한 고객과의 상호작용 형태를 창출해야 한다.[5] 요컨대 서비스 조직에서 감정노동은 조직구성원들의 직무수행에 필수적인 요소로서 개인과 조직의 성과에 직접적으로 영향을 미친다.[6] 감정노동의 이와 같은 중요성으로 인해 서비스 조직은 다양한 통제메커니즘들을 활용하여 종업원들이 자신의 감정을 조직이 요구하는 방식대로 연출하도록 유도한다.

기업이 감정노동의 통제에 활용하는 대표적인 수단 중의 하나가 감정에 관한 '표현규칙'(diplay rule)[7]이다. 표현규칙은 '외적으로 표현되어야만 하는 감정'(what emotions ought to be publicly expressed)을 의미하는데, 내적 심리상태보다는 행위와 관련된 규칙을 지칭한다.[8] 조직위계상의 상급자들이 표현규칙에 일치하는 방식으로 하급자들의 행위가 이루어져야 한다고 믿고 있다는 점에서 감정표현규칙은 조직규범의 일종으로 볼 수 있으므로,[9] 이하에서는 감정표현규칙을 감정표현규범으로 부르기로 한다. 감정표현규범은 조직으로부터 기대되는 감정을 종업원들이 고객에게 일관성 있게 표출하도록 이끄는 기능을 한다. 조직이

5 Steinberg & Figart, 1999.

6 감정표현이 직무의 일부분을 이루는 제조업체의 판촉 및 영업사원이나 전문직 종사자들도 일정 정도 서비스 노동을 수행하고 있다는 점에서 볼 때, 이러한 논의는 이들에게도 적용될 수 있다.

7 감정노동에 관한 연구들에서 표현규칙과 느낌규칙(feeling rule)을 구분한다. 느낌규칙은 '종업원이 느껴야만 하는 감정(what I shoud feel)'을 의미하는 용어로써 이것은 주로 종업원의 내적 심리상태와 관련되어 있다(Hochschild, 1979, p. 565). Hochschild는 느낌규칙이라는 용어만을 사용한 반면, 그녀의 연구 이후 감정노동을 관리적 관점에서 연구한 대부분의 논지는 느낌규칙을 포착해내기 어려울 뿐만 아니라 이것이 구성원들에 의해 지켜지는가의 여부 또한 확인하기 곤란하다는 이유로 표현규칙이라는 용어를 선호한다(Morris & Feldman, 1996). 하지만 구체적으로 확인 가능한 감정표현 규칙들이 단순히 구성원들의 행위를 통제하기 위한 외적 강제수단으로만 머무르지는 않는다. 표현규칙을 느낌규칙으로 조직구성원들에게 내면화시켰을 때, 기업은 훨씬 수월하게 감정노동을 통제할 수 있다. 따라서 기업은 종업원들이 표현규칙을 느낌규칙으로 수용하도록 모집 및 선발, 사회화 과정 등을 통해 종업원들의 내적 감정에 개입해 들어간다(Sutton, 1991). 이런 점에서 표현규칙과 느낌규칙은 현실에서 명확히 구분될 수 있는 것이 아니라 동전의 양면이라고 할 수 있다. 이 글에서 우리는 표현규칙이나 느낌규칙 중 어느 하나만을 사용하지 않고 둘 간의 미묘한 개념상의 차이를 반영하여 논의의 맥락에 따라 둘 중 어느 하나를 사용한다.

8 Ashforth & Humphrey, 1993, p. 89.

9 Sutton, 1991, p. 245.

감정표현규범을 만들어 구성원들의 감정노동을 통제하려는 것은 종업원에 의해 표출된 감정이 고객의 선택 행위에 영향을 미치는 제어기제(control move)로서 작용할 수 있다고 보기 때문이다.[10] 여기서 제어기제란 다른 사람의 행위에 영향을 미치기 위해 개인이 자신의 표현을 전략적으로 조작하는 것을 일컫는다.[11] 감정표현규범의 형태는 감정노동이 수행되는 맥락에 따라 상당한 차이를 보이는데, 긍정적인 것, 부정적인 것, 중립적인 것 등 크게 세 가지로 분류된다.

서비스 조직은 일반적으로 긍정적인 감정표현규범을 갖고 있다. 항공회사, 편의점, 호텔 등에 근무하는 종업원들은 기쁨이나 즐거움 혹은 공손함과 같은 긍정적 감정을 표출하도록 요구받는다.[12] Delta항공사의 여승무원들은 승객들의 요구에 대해 언제든지 도와줄 준비가 되어 있다는 느낌을 전달하거나 항공여행에 두려움을 느끼는 승객에게는 시종일관 따뜻하고 안정된 미소를 보여주어야 한다. Sutton & Rafaeli(1988)가 연구한 편의점의 사례는 종업원의 공손한 태도가 기업에 경쟁우위를 가져다줄 것이라고 기대되는 조직에서 활용되는 감정표현규범의 좋은 본보기를 제공한다. Peters & Waterman(1982)은 그들의 책『In Search Of Excellence』에서 회사가 서비스와 품질 그리고 신뢰성의 측면에서 고객에게 좋은 이미지로 다가가게 되면, 고객의 상표충성도가 높아지게 된다고 주장한 바 있다. 이들의 주장에 깊은 감명을 받은 Seven-eleven사의 최고경영진은 ①인사말을 건넬 것, ②미소를 지을 것, ③시선을 교환할 것, ④'감사합니다'라고 말할 것 등 네 가지의 긍정적인 감정표현규범을 만들었다.[13] 이 네 가지는 고객과 대면하면서 서비스 역할을 수행하는 구성원들에게 요구되는 가장 전형적인 감정표현규범이다. 기업이 긍정적인 감정표현규범을 만들고 이를 종업원들에게 강요하는 것은 규범화된 감정을 표출하는 종업원의 행위가 고

10 Rafaeli & Sutton, 1987; Sutton & Rafaeli, 1988: Rafaeli, 1989a, 1989b.

11 Goffman, 1969, p. 12.

12 Hochschild, 1983; Sutton & Rafaeli, 1988; Van Maanen & Kunda, 1989.

13 Sutton & Rafaeli, 1988.

객의 즉각적 구매(immediate gains)와 반복구매(encore gains)를 유도하고, 소개 고객의 유치(contagion gain) 가능성을 높여 궁극적으로 기업의 이익 향상에 기여할 것이라고 믿기 때문이다.[14] 종업원들이 손님에게 친근감을 드러내야 하는 이유를 설명하는 한국의 한 레스토랑(A사) 관리자들의 견해에서도 이러한 사실은 확인된다.

> "우리가 친근하게 손님을 대해야 하는 데는 다음과 같은 이유가 있습니다. 첫째, 종업원들의 경직되지 않은 친근한 태도가 A사가 표방하는 캐주얼한 분위기를 연출할 것이며, 격식을 벗어난 편안함을 좋아하는 고객들이 이 식당에 많이 찾아오게 될 것입니다. 둘째, 친근한 태도를 보여준 종업원에 대하여 호감을 갖게 된 손님은 자신을 기억하는 종업원을 만나기 위해서라도 다시 찾아오는 고객이 될 것입니다. 셋째, 종업원들의 친근한 대화가 고객의 추가주문을 쉽게 이끌어낼 것입니다. 넷째, 친근한 서비스를 경험한 손님은 친지나 주변 사람들에게 우리 식당을 이용해 보도록 권유할 것입니다." (김은민, 1995, p. 56)

부정적인 감정규범을 가진 조직도 있다. 연체금 수금회사는 종업원들이 채무자들에게 주로 위협, 분노, 흥분 등의 부정적인 감정을 표출하도록 요구한다. 그 이유는 관리자들이 다음과 같은 두 가지 사실을 가정하고 있기 때문이다(Sutton, 1991). 첫째, 일반적으로 사람은 격하고 흥분되어 있는 상대방과 접촉하는 것을 꺼리는 경향이 있으므로, 채무자는 불쾌감을 주는 수금사원의 전화를 다시 받지 않기 위해 연체금을 지불할 것이다. 둘째, 수금사원들이 채무자들에게 어느 정도 위협적이고 흥분된 어조로 말하는 경우에 채무자들은 연체금 납부요구를 보다 심각히 받아들일 것이다. 수금사원의 경우처럼 감정전달자의 행위가 조직에 의해 관리되는 경우로는 볼 수 없지만, 형사취조관(police interrogator)도 범인의 자백을 받아내기 위해 혐오감과 불쾌감을 표현

14 Goffman, 1969; Rafaeli & Sutton, 1987; Sutton & Rafaeli, 1988.

하여 상대방을 멸시한다는 느낌을 전달한다.

중립적인 감정표현의 규범은 주로 객관적이며 공정한 정보를 전달하는 역할을 수행하는 전문가들에게서 발견된다. 특히 의사들은 환자들이 의사의 권위에 도전할 소지를 줄이기 위해 정서적 중립성(affective neutrality)을 유지해야 한다.[15] 의과대학의 학생들은 환자와 치료과정을 분석대상으로 생각하도록 교육받음으로써 환자들과 심리적 거리를 두면서 초연한 태도를 유지할 수 있는 자질을 갖게 된다. 미국의학협회(Journal of the Medical Association)에 실린 한 의과대학 인턴의 글에서 의사들에게 요구되는 감정표현규범이 어떤 것인지를 엿볼 수 있다.

> "의대생으로서 보낸 첫 한 달 동안 나는 환자들을 보고 눈물을 터뜨렸다. 그래서 나약한 사람이라는 비난과 철책을 받았다. 여자라는 점이 상황을 더욱 불리하게 만들었다. 동료들과 교수들은 감정을 개입시켜 환자를 대하면 결코 좋은 의사가 될 수 없다고 경고했다." (Bell, 1984, p. 2684)

의사들 이외에 중립적인 감정표현이 요구되는 직업으로는 판사나 운동경기의 심판을 예로 들 수 있다. 이들은 대립적인 이해를 지닌 개인 또는 집단 중 어느 편에도 자신의 감정을 드러내서는 안 된다는 역할기대를 받고 있다. 감정표현을 중립적으로 유지함으로써 판결이 객관적이고 공정하다는 것을 입증해 보여야만 상대방이 그 결과에 이의를 제기하지 않게 된다. 중립적인 감정을 표출하는 직업의 또 다른 예로는 전문도박꾼을 들 수 있는데, Hayno(1982)는 전문도박꾼의 소득은 게임 도중에 내적 감정과 무관하게 중립적인 태도를 연출할 수 있는 능력과 높은 상관관계가 있다는 사실을 발견했다.

특정한 감정표현규범들은 '긍정·중립·부정'의 기준으로 설명하기 힘들다. 장례위원들이 표현하는 슬픔의 감정은 긍정적인지 부정적인지 한

15 Forbes & Jackson, 1980.

마디로 말하기 어렵다. 감정을 전달받는 사람이 누군가에 따라 감정표현규범이 달라지기도 한다. 형사취조관들은 상대방이 사건의 피해자인가 아니면 가해자인가에 따라 다른 감정표현규범을 적용한다.

2.2 감정표현규범의 유지수단

앞에서 논의한 감정표현규범뿐만 아니라 종업원의 내적 느낌(inner feeling) 혹은 체험된 느낌(experienced feeling) 또한 종업원의 감정 표출방식을 결정하는 주요한 요인이다.[16] 그 때문에 관리자들은 감정표현규범들을 만드는 것에서 그치지 않고 모집 및 선발 그리고 사회화과정을 통해 규범적 감정(nonnative emotion), 느낌규칙, 내적 느낌이 모두 일치하는 주체를 구성해내려고 노력한다.

조직은 외모검사, 면접, 필기시험, 추천서, 직무실연 등의 선발도구를 활용하여 조직으로부터 기대되는 감정표현에 적합한 기질과 성격을 갖고 있는 종업원들을 선발한다.[17] 예컨대 Delta항공사는 세심하고 철저한 면접과정과 직무실연 등을 통해 승객에게 유쾌한 감정을 표현하면서도 장시간의 붐비는 여행을 참아 낼 수 있는 감정적 지구력(emotional stamina)[18]을 가진 사람을 선발한다.[19] 또 다른 예로 Sutton(1991)이 연구한 연체금 수금회사에서는 면접과 교육훈련 그리고 직무실연 과정에서 공격성, 단호함 등과 관련된 언어적 혹은 비언어적 단서들을 표출하는 사람들을 선발한다.

선발도구를 활용하여 감정노동에 적합한 기질적 특이성을 가진 사람을 선별하는 이유는 종업원의 태도나 행동이 그가 가진 고유한 기질에 의해 영향을 받게 된다고 보기 때문이다.[20] 특정한 기질을 가진 사

16 Hochschild, 1983; Rafaeli & Sutton, 1989; Van Maanen & Kunda, 1989.
17 Leidner, 1999.
18 감정적 지구력은 특정한 감정을 장시간 동안 표현할 수 있는 능력을 의미한다(Hochschild, 1983).
19 Hochschild, 1983
20 Rafaeli & Sutton, 1987.

람들은 다른 부류의 사람들보다 감정표현규범을 쉽게 배우고 느낌규칙으로 내면화하기에 규범적 감정과 내적 느낌 간의 불일치를 더 적게 경험할 것이고, 설혹 내적 느낌이 감정표현규범과 충돌하는 경우에도 내적 감정을 적절히 조절하고 통제하여 자신의 진정한 감정을 밖으로 그대로 드러내지 않은 채 고객과의 상호작용을 계속해 나갈 수 있다고 본다. Staw, Bell & Clausen(1986)은 이러한 입장을 지지한다. 그러나 선발도구를 통해 기질적 특이성을 가진 사람을 선발하는 것이 감정노동에 대한 효과적인 통제방식인지에 대해 회의적인 견해도 적지 않다. Arvey & Campion(1982)은 지원자가 면접 시 대면하는 상황과 실제 직무상황에는 많은 괴리가 있기 때문에 면접과정에서 보이는 종업원들의 태도나 행동이 실제 직무를 수행하는 과정에서는 그대로 재현되지 않을 수 있다고 주장한다. Davis-Blake & Pfeffer(1989)는 종업원의 태도나 행위가 개인들의 고유한 기질적 특성보다는 조직구조나 개인들 간의 상호작용에 의해서 결정된다고 본다. 감정노동의 관리수단으로서 선발도구의 효과성에 대해서는 학자들 간에 견해가 엇갈리지만, 앞서 델타항공사와 연체금 수금회사의 예에서 보았듯이 현실적으로 많은 서비스 회사들은 조직으로부터 기대되는 감정표출행위에 적합한 기질을 가진 사람들을 선발하기 위해 선발도구, 특히 면접을 활용하고 있다.[21]

기질적 특이성을 가진 사람을 골라내는 엄격한 선발과정을 통과한 신입사원들이 처음에는 조직으로부터 기대되는 감정을 느끼지 못할지라도 서비스업체는 다양한 사회화 수단을 활용하여 그들에게 표현규범을 내면화시키고 느낌규칙과 동일한 감정을 또다시 학습시킨다. 이러한 역할을 하는 사회화 수단들로는 공식적 교육훈련 프로그램, 현직훈련(on-the-job training), 토론, 상급자와 동료들 간의 비공식적 접촉, 의식, 의례, 이야기, 신화 등이 있다(Leidner, 1999). 사회화 기제들을 통한 감정노동에 대한 통제양식은 흔히 규범적 통제(혹은 문화적 통제)로 불리는데, 규범적 통제는 직접적 통제(예, 지시나 명령)나 관료

21 Hochschild, 1983; Sutton, 1991.

적 통제(예, 규칙, 노동분업, 위계) 등에 비해 비강제적이고 간접적이나, 그 효과는 훨씬 더 강력하다. 표현규범을 느낌규칙으로 수용한 감정노동자들은 조직의 개입이 없을 때라도 자기검열(self-discipline)을 거쳐 표현규범과 동일한 감정을 일관되게 고객에게 표출할 가능성이 크다.[22]

Mrs. Field's(Richman, 1984), 델타항공사(Hochschild, 1983), 맥도날드 햄버거(Boas & Chain, 1976) 등 많은 서비스 기업들이 감정의 규칙에 관련된 내부교육을 실시한다. 예를 들어 Disney사는 강의실교육, 사원용 교재, 게시판 등을 통해 신입사원들에게 감정표현규범을 학습시키고 있다. 디즈니사의 신입사원용 책자에는 다음과 같은 내용이 담겨 있다.

> 첫째, 모든 손님과 직장동료들에게 친절한 미소를 지어야 합니다. 둘째 손님들에게 친절하고 공손하게 '무엇을 도와 드릴까요', '감사합니다', '재미있게 즐기십시오'라고 말하기 바랍니다. (Walt Disney Production, 1982, p. 6)

어떤 경우에는 공식적인 사회화보다도 비공식집단에서 이루어지는 사회화의 관행이 감정표현규범의 학습에 더 중요한 역할을 하기도 한다. 신입사원은 고참사원들의 경험담을 들으면서 그들이 어떻게 행동했었는지를 상상하게 되는데, 이때 느낌규칙에 대한 대리학습(vicarious leaming)이 이루어진다.[23] 신입사원들은 경험이 많은 동료들의 행동을 관찰하고 모방을 통해 느낌규칙을 학습하기도 한다. 탁 트인 매장구조를 가진 레스토랑의 경우에는 신입사원의 모방학습이 매우 수월하게 이루어져, 신입사원은 고참사원들을 역할모델로 삼아 그들의 감정표출방식을 자신의 무대에서 연출해야 하는 각본으로 받아들인다. 종업원들 서로가 다른 사람의 감정표출행위를 강화하는 기제로 작용하기도 한다. 예를 들어 친절하고 상냥한 말투로 만면에 웃음을 지으며 손님과

22 Etzioni, 1961; Lebas & Weigenstein, 1986; Perrow, 1986; Leidner, 1999.

23 Bandura, 1977.

친근하게 대화를 나누는 동료들로 가득 찬 공간에서 일할 때, 동료의 행위는 자신이 경험해야만 하는 느낌규칙의 단서로 다가온다. 감정노동에 대한 실험실 연구(Schacter & Singer, 1962), 히스테리 전염에 관한 현장연구(Colligan, Pennebaker & Murphy, 1982), 감정에 관한 사회학적 연구(Frank & McCarthy, 1989)에서도 사람들이 느껴야만 하는 감정을 학습하는 데 주변 사람들이 매우 큰 영향을 끼치게 된다는 점이 확인된 바 있다. 한 화장품 회사 사장의 다음과 같은 언급에서도 사회화가 감정표현규범의 내면화에 미치는 영향을 가늠해 볼 수 있다. "화장품 판매원들이 가식적으로라도 열광적으로 행동하면 처음에는 그러한 감정이 느껴지지 않을지라도 금방 그것은 실제 느낌이 된다(Ash, 1984)." 즉 역할연기(role-playing)가 역할수용(role-taking)을 야기할 수 있다는 것이다.[24]

그러나 인간은 한편으로는 조직규범을 수용하면서도 다른 한편으로는 자아정체성을 유지하려고 하는 역설적 존재(paradoxical self)이므로(Smith & Berg, 1987, pp. 90~95), 개인들의 조직에 대한 완전한 동일시는 일어나기 어렵다. 우리는 개인정체성과 조직정체성 사이에서 끊임없이 동요하는 존재로서 현실세계 속해서 양가감정(ambivalence)이나 '접근-회피'(approach-avoidance) 갈등 등을 경험한다. 또한, 조직동일시의 정도는 시간에 따라 변하고 상황적 단서들에 의해 부분적으로 영향을 받는다.[25] 따라서 조직은 앞서 언급한 감정표현규범, 모집과 선발, 사회화 이외에도 보상과 처벌을 감정노동의 관리에 활용한다.[26]

백화점, 편의점, 음식점 등에서는 종업원들이 직무특성상 불특정 다수의 고객을 상대한다는 점에 착안하여 관리자나 종업원들에게 얼굴이 알려지지 않은 암행감사(mystery shopper)를 고용하여 이들로 하여금

24 Ashforth & Humphrey, 1993, p. 102.
25 Ashforth & Humphrey, 1993.
26 Martin, Knopoff & Beckman, 1998.

매장을 순회하면서 종업원들의 감정표현행위를 점검하고 점수를 매기게 한다.[27] 백화점의 판매여직원의 다음과 같은 언급은 감정노동자들이 암행감사로 인해 받는 스트레스를 잘 보여 준다.

> "누가 모니터 요원인지 알 수 없죠. 심지어 여자인지 남자인지, 나이가 많은지 적은지, 언제 하는지, 어느 매장을 모니터할 차례인지도 몰라요. 그러나 확실한 건 일반고객 속에 섞여 있다는 거죠. 그러니까 모든 고객을 볼 때마다 항상 조심하게 되고, 친절해야 된다는 걸 상기하죠. 모니터 요원에게 큰 힘이 없다고 해도, 그들의 보고를 토대로 처벌과 상이 주어지니까. 꼭 상을 바라는 게 아니고 전보나 호봉 강등, 시말서, 심하면 퇴직을 강요당하는 경우까지 있으니 조심이 최우선이죠." (박홍주, 1995, p. 101)

연체금 수금회사에서는 전화도청감독시스템(spy-and-tell system)을 통해 관리자들이 수금사원들의 전화통화를 엿들으면서 그들이 감정표현규범에 일치하는 감정을 연출하고 있는가를 감시하고 부적절한 감정을 드러내는 사원들에게는 비난이나 충고를 전달한다(Sutton, 1991). 암행감사나 전화도청감독시스템에 노출된 종업원들은 비가시적인 감시자가 항상 자신을 응시하고 있다는 생각을 하게 되어 통제자의 의도대로 감정표현행위를 하게 된다. 이런 점에서 이것들은 Foucault(1977)의 원형감옥(panopticon)과 유사한 효과를 창출하는 통제장치들이다. 그 밖에도 상급자, 고객, 역할연기대회 등 매우 광범위한 수단들이 종업원들의 감정노동을 평가하고 점검하는 데 활용되고 있는데(Rafaeli & Sutton, 1987), 이렇게 수집된 결과는 종업원의 보상과 처벌을 결정하는 근거자료가 된다. 기업은 조직이 기대하는 감정을 표현하는 종업원에게는 승진, 상금, 칭찬 등의 보상을 실시하며 그렇지 않은 종업원에게는 감봉, 해고 등의 벌칙을 부과함으로써 규범적 감정과 표출된 감정의 일치를 강화시킨다.

27 Rafaeli & Sutton, 1987.

2.3 감정노동에 대한 종업원의 심리적 반응

감정표현규범, 모집과 선발, 사회화, 보상과 처벌 등은 조직이 감정노동자들의 감정노동 수행활동에 전략적으로 개입해 들어가는 통제수단들이다. 이것들이 의도한 바의 효과를 충분히 발휘하게 될 때, 종업원들은 심층적 행위(deep acting) 방식으로 감정노동을 수행하게 된다.[28] 즉 규범적 감정을 느낌규칙으로 수용하여 규범적 감정과 동일한 내적 감정을 가진 상태에서 조직이 기대하는 것과 동일한 방식으로 감정노동을 수행한다. 이와 같이 규범적 감정, 느낌규칙, 내적 느낌 간의 삼각 일치가 이루어지는 경우를 Rafaeli & Sutton(1987)은 감정적 조화(emotional harmony)라고 부른다. 델타항공사 여직원은 자신을 괴롭히는 고객에 대한 분노나 흥분을 가라앉혀 감정적 조화를 유지하는 경우를 다음과 같이 기술하였다.

> "나는 나 자신에게 이렇게 말하곤 합니다. '조심해라. 그가 나의 감정에 영향을 미치지 않게 해라, 그가 나의 감정에 영향을 미치지 않게 해라….' 동료에게 조언을 구해도 똑같은 얘기를 하겠죠. 잠시 후에 화가 가라앉았습니다." (Hochschild, 1983, p. 55)

감정노동이 종업원의 보상과 심리적 안녕(well-being)을 증진시킨다고 보는 견해들은 종업원의 감정표현과 내적 느낌이 분리되지 않고 조화를 이루게 될 것이라고 가정한다(김은민, 1995). 비록 타의에 의한 것일지라도 고객에게 긍정적인 감정(예, 웃음, 미소, 공손함 등)을 표현하다 보면 정말로 즐거운 기분이 들게 되고 이는 종업원의 심리적 상태에 좋은 영향을 미치게 된다는 것이다. 그러한 가정은 Zajonc(1985)의 견해와 일치하는데, Zajonc은 생리학적 연구결과들을 예로 들면서 웃는 표정은 특정 얼굴 근육의 운동을 일으키고 이것이 혈액순환과 신경전

28 Hochschild, 1983.

달물질에 영향을 주어 즐거운 내적 감정을 유발한다고 제안한다. 이러한 관점을 지지하는 대표적인 논자들인 Rafaeli & Sutton(1987, 1989)에 의하면, 종업원들이 감정표현규범과 일치하는 방식으로 긍정적인 감정을 표현하게 되면 자신의 내적 느낌도 이와 동일하게 바뀌고, 그에 따라 종업원들은 타인의 행위를 자신의 의도대로 유도할 수 있는 자아효능감을 갖게 된다. Rafaeli & Sutton은 자아효능감을 가진 개인은 감정노동을 잘 수행하여 행하(行下)와 매출에 대한 포상을 받게 됨으로써 경제적인 복지 수준을 끌어올릴 수 있다고 주장한다.

반면 Hochschild(1983)는 감정적 조화 속에서 심층적 행위 방식으로 감정노동을 수행하는 사람들은 '진정한 자아'(real self)에 손상을 입게 되어 심각한 자기소외(self-alienation)를 경험하게 된다는 매우 비판적인 견해를 표명한다. 심층적 행위를 하는 종업원들은 감정표현규범과 불일치하는 내적 감정을 억압하면서 규범화된 감정을 적극적으로 수용하여 원래 자신의 감정을 규범화된 감정으로 대체한 사람들이다. 다시 말해 자신의 진정한 자아를 포기하고 조직에 의해 규범화된 자아를 갖게 된 사람들이다. 이러한 경우를 Hochschild(1983)는 조직에 의해 극단적으로 자아가 손상된 징후들로 파악한다. 무례하거나 성적희롱을 하는, 혹은 모욕적인 고객들에게 심층적 행위 방식으로 긍정적인 감정을 표현하는 감정노동자들은 자신의 진정한 자아를 통제하고 왜곡시키는 데 익숙해져, 일상적인 생활로 돌아와서도 자신의 진짜 감정을 인식하거나 경험하지 못하게 될 우려가 있다.

모집, 선발, 사회화를 통해 종업원들에게 감정표현규범을 내면화시키려는 노력에도 불구하고 조직은 표현규범과 느낌규칙 그리고 내적 감정이 완전히 일치하는 감정적 조화를 줄곧 이끌어 내기는 어렵다. 특정 상황에서 감정노동자들은 감정표현규범과 내적 느낌 간의 충돌로 인해 '감정적 부조화(emotive dissonance)'를 체험할 수 있다.[29] 이때 종업원

29 Hochschild, 1983.

들은 내적인 감정과 무관한(혹은 상반된) 표정이나 몸짓 혹은 어조 등을 겉으로 연기하는 '표면적 행위'(surface acting)를 통해 감정노동을 수행한다. 델타항공사의 여승무원은 위기상황에서 공포감을 숨긴 채 규범화된 감정을 표현하는 것에 대해 다음과 같이 기술하였다.

> "나는 정직한 사람이지만, 내 얼굴에 놀라움이나 공포를 드러내지 않도록 교육받았다. 나는 내 승객을 보호해야 한다고 느낀다. … 기내 방송 중에 내 목소리는 약간 떨고 있을지 모른다. 어찌 되었든 나는 그들이 안전하다고 믿게 만들어야 한다. … 그것이 최선이다." (Hochschild, 1983, p. 107)

표면적 행위를 하는 종업원은 스스로를 위선적이라고 생각하는 '거짓 자아'(false self)를 경험하게 되고 이것은 종업원들을 자기 비하, 우울증, 냉소주의, 소외 등과 같은 개인적 혹은 직무 관련 부적응 상태에 빠뜨린다.[30] 감정적 부조화를 유발하는 요인으로는 감정적 거래(emotional transaction)[31] 중에 보여주는 대상인물(target person)의 반응이 주로 거론되어 왔다. Mars & Nicod(1984)는 고급 레스토랑에 근무하는 종업원들의 감정노동에 관한 연구에서 웨이터들이 무례한 손님에게 화가 났음에도 불구하고 자신의 진정한 감정을 드러내지 않고 조직으로부터 기대되는 점잖은 태도로 손님을 접대하는 모습을 확인하였다.

보상과 처벌이 감정표현규범을 유지하기 위한 강화제로 적극적으로 활용될지라도 감정적 거래 중에 보여주는 대상인물의 반응이나 거래 장소에 있는 고객의 숫자가 종업원들의 부정적 느낌을 유발하고 이러한 느낌이 누수되어 고객에게 그대로 전달될 수 있다. Van Maanen &

30 Ashforth & Humphrey, 1993.

31 감정적 거래란 감정의 표현자(sender)와 그 표현을 받는 사람(receiver) 간에 이루어지는 일련의 의사소통을 의미한다. 종업원들이 전달하는 최초의 감정은 고객을 자극하여 그의 반응을 이끌어 내게 되는데, 이것은 최초의 감정표현을 계속할 것인지의 여부를 판단하는 단서로 작용한다. 고객으로부터 되먹임되는 언어적 혹은 비언어적인 단서들의 성격에 따라 종업원은 감정표현행위를 강화하거나 유지하며 혹은 포기하는 방식으로 재반응한다(Rafaeli & Sutton, 1987).

Kunda(1989)는 디즈니사 종업원들이 모욕적인 언사를 사용하는 고객에게 때로는 자존심을 상하게 하는 부정적 감정을 표출하고 있음을 발견하였다. Sutton & Rafaeli(1988)은 편의점의 점원들이 손님이 붐비는 바쁜 시간에는 친절한 인사, 미소, 시선 교환 등의 긍정적 감정표현 규범을 지키지 않고 있음을 밝혀냈다. 이와 같이 표현규범을 무시하고 내적 느낌을 그대로 표현하는 것을 Rafaeli & Sutton(1987)은 감정적 일탈(emotional deviance)이라고 부른다. 감정적 일탈을 적극적으로 해석하여 종업원이 자아를 손상시키지 않기 위해 조직규범을 깨뜨리는 일종의 개인적 저항이라고 볼 수도 있다(Leidner, 1999). 감정노동자가 내적 감정과 규범적 감정의 불일치를 경험할 때 감정표현의 방식을 심하게 제약받는 감정노동자들보다 일정 정도 감정표현의 자유를 갖는 감정노동자들이 더 빈번히 감정적 일탈을 범할 수 있다.[32] 감정적 부조화는 종업원들이 내적 느낌과의 불일치에도 불구하고 규범적 감정을 고객에게 전달하는 상황을 일컫는 데 반해, 감정적 일탈은 규범적 감정과 상반되는 내적 느낌을 그대로 표출하는 상황을 일컫는다는 면에서 이 둘은 정반대의 특성을 갖고 있다.

감정노동자는 내적 감정과 규범적 감정이 불일치하는 상황에서도 자신의 감정과는 무관하게 조직으로부터 강제되는 규범적 관점을 일관되게 표출하도록 요구받는다.[33] 이와 같은 감정노동의 특성 때문에 접객서비스업체들은 직무가 수행되는 무대의 앞면(front stage)과 직무가 해제된 무대의 뒷면(backstage)을 명확히 구분하고, 무대의 앞에서는 엄격한 감정표현규범을 강요하지만, 휴게실이나 복도 등과 같은 무대의 뒷면에서는 자신의 진정한 감정을 드러냄으로써 감정노동 수행에 따르는 스트레스를 해소하도록 허용하기도 한다.[34] 즉, 회사는 종업원의 무대 연기를 돕기 위해 '치외법권' 지역을 의도적으로 인정한다. 무

32 Morris & Feldman, 1996.

33 Rafaeli & Sutton, 1989; Ashforth & Humphrey, 1993.

34 Goffman, 1967; Ashforth & Humphrey, 1993.

대 뒤에서 이루어지는 진정한 자아의 표출행위는 회사의 어떠한 제재나 감시를 받지 않는다. 감정노동자는 무대의 앞면에서 경험한 위선적 자아를 무대의 뒷면에서 일시적으로 해소하고 다시 두터운 가면을 쓰고 무대 위에 서서 규범적 감정을 연기해야 하는 것이다. 무대의 뒷면에서 종업원들은 인지적 평가(cognitive appraisal), 방어기제(defensive mechanism), 유머 등을 통해 스트레스를 해소한다.[35] 감정노동자들은 무대의 뒷면에서도 해소되지 않는 스트레스는 사적 공간에서 술이나 마약 또는 사랑하는 대상에의 탐닉을 통해 풀기도 한다.[36]

3. 감정성의 회복과 여성주의적 관점

위에서 논의한 바와 같이, 자본주의적 경쟁의 심화와 서비스 산업의 부상이라는 20세기 말의 사회적 조건은 모든 것을 경쟁도구로 활용하려는 경향을 강화시켰고 그 과정에서 감정의 상품화, 즉 감정노동이 주목받게 되었다. 하지만 사회적 삶과 조직의 일상에서 감정성을 배제하거나 인간 과학(human science)에서 감정이 연구 대상에서 제외되어 온 것에는 자본주의 경제체제의 변화만으로는 설명할 수 없는 부분이 있다. 예컨대, 자본주의적 축적체제의 변화로부터 비교적 영향을 적게 받는 심리학의 발전 과정을 보더라도 행동주의 심리학과 인지심리학의 그늘에서 감정은 항상 부차적인 위치만을 점했을 뿐이다.[37] 이 장에서는 인간의 감정성이 조직 연구에서 간과되어 왔던 이유를 서구문화에 내재되어 있는 합리주의 및 관료제적 사고방식과 연결시켜 설명한 후, Putnam & Mumby(1993)가 최근 제시한 여성주의적(feminist) 관점에 따라 감정성을 좀 더 많이 허용해 줄 수 있는 조직화 원리를 논의하도록 한다.

35 Sutton, 1991.
36 Hochschild, 1983.
37 Fiske & Taylor, 1984.

3.1 합리성과 관료제

서구인들은 인식과 경험을 전형적으로 흑 혹은 백, 선 혹은 악, 기쁨 혹은 슬픔 등 이분법적으로 표현한다. 합리적인(rational) 것과 감정적인(emotional) 것으로 나누어 세계를 인식하는 것도 그러한 이분법 중의 하나이다. "토론이 감정적인 수준으로 내려갔지만, 나는 다시 합리적인 장으로 끌어올렸다"와 같은 표현의 예에서 이러한 특징은 잘 드러난다.[38] 한편 이 예에도 이미 함축되어 있듯이, 합리성은 긍정적인 것으로 부각되면서, 상대적으로 감정성은 부정적인 것으로 폄하된다. 이 같은 이분법 및 감정성에 대한 부정적 인식은 조직생활에서 감정 또는 그것의 표현을 억압하는 결과를 야기하였다. 합리성은 효과적인 조직생활의 이상(idea)으로 특권화되는 반면에, 감정은 일관되게 평가절하되고 주변화된다. 감정의 평가절하와 합리성의 찬양은 행위의 보편적 규범보다 사회적 상호작용의 정치(politics)를 반영한 특별한 도덕적 질서를 조직 내에 초래하게 된다.

서구문화에 내재된 합리성의 신화는 사고와 감정을 분리하는 일단의 가치와 신념에서 시작하여 특정한 개념들을 합리성과 연관시키고 그와 대립관계에 있는 다른 개념들은 감정성과 연관시킨다. 구체적으로는 이성/열정, 인지/정서, 생각/느낌이 합리성과 감정성에 대한 어구들로 구분되는 이분법적 대립물들이다. 이성, 인지, 생각은 합리성과 관련된 과정들이고, 그 반면에 열정, 정서, 느낌은 감정성에 대한 지표들이다. 다른 이분법들도 합리성과 감정성을 이분화하는 가치체계와 연관되어 있다. 합리성은 전형적으로 객관적이고, 질서정연하고, 정신적인 것으로 간주되는 데 반해, 감정성은 주관적이고, 혼돈스럽고, 육체적인 것으로 인식된다. 따라서 체험을 통해 획득한 자료는 확증성을 의심받고 잠재적으로 왜곡된다.

서구문화가 비록 합리성을 특권화하고 있지만, 감정은 인간에게 본연

38 Lakoff & Johnson, 1980.

적으로 내재해 있는 관계적 욕구들(relational needs)의 충족에 도움을 준다.[39] 감정은 창의성을 점화시키고 공동체, 몰입, 집단적 도덕성의 개발에 기여한다. 따라서 개인들이 감정을 체험할 수 없게 되면 이러한 가치들은 조직 내에 존재할 수 없게 된다. 이와 같은 감정의 내재적 성격 때문에 감정을 평가절하하는 데 따른 모순이 발생한다. 한편으로 감정은 주관적이고 혼돈스럽고 약한 것이면서, 다른 한편으로는 창의적인 에너지와 몰입을 촉발시키는 것으로 표상된다. 이러한 모순의 본질을 이해하기 위해서, 합리성과 관료제의 관계를 탐색할 필요가 있다.[40]

관료제는 합리성을 특권화하고 감정적 체험을 주변화하는 이분법의 체계와 맞물려 있다. 즉, 감정은 일상적인 조직생활에서 최소화되어야만 할 주변적인 체험양식으로서 합리성의 반대편에 놓인다. 관료제는 전통, 출생, 사회적 지위에 기반을 둔 권위를 붕괴시킴으로써 합리성에 대한 강조를 영속화한다. 관료제에서는 권위가 명령체계와 표준적 운영절차에 준거해서 행사됨으로써 한편으로는 사람들이 통치자의 임의적인 통제로부터 자유롭게 되지만 다른 한편으로는 임의적 통제와는 다른 방식으로 사람들의 정신과 육체가 제약받게 된다. 위계 내의 지위들은 가족적 유대나 친분관계에 의해서라기보다 기술적 능력에 의해 결정되며, 규칙과 규제는 성문화된 코드로 기록되고 객관적이고 비인격적인 것으로 간주된다. 관료제는 또한 의사결정에 대한 지식 기반을 형성하고 과업달성을 위한 수단을 제공하며 생산적인 것과 효율적인 것을 결정함으로써 기술적 권위(technical authority)의 형태를 띠게 된다.[41]

합리성은 조직의 과업들을 지배하는 것에서 그치지 않고 감정과 내밀함(intimacy)이라는 사적 영역을 잠식해 들어간다. Hochschild(1983)의 비행기 승무원에 관한 사례를 언급하면서 Ferguson(1984)은 다음과 같이 지적한다.

39 D 'Andrade, 1987.
40 Putnam & Mumby, 1993.
41 Putnam & Mumby, 1993.

> "비행기 승무원의 미소는 그녀의 화장과 같다. 그것은 그녀 위에 있지만, 그녀 자신은 아니다. 느끼는 방법과 느낌을 표현하는 방법에 관한 규칙은 승객들에게 만족을 줄 목적으로 관리 측에 의해 설정된다. … 감정노동자들은 가족과 친구들과의 친밀한 관계를 형성하는 데 필요한 감정관리와 통제의 기술을 받아들이고 … 그리고 조직에 의해 설정된 느낌규칙에 따라 그것들을 포장하도록 요구받는다."
> (Ferguson, 1984, p. 53)

비록 개인들이 궁극적으로는 그들 자신의 감정을 관리한다 할지라도, 합리성은 사적인 영역을 공적인 영역으로 전유한다. 그리하여 관료제는 합리성과 감정에 대한 통제가 분리될 수 없을 뿐만 아니라 효과적인 조직생활에 필수적이다는 신념을 영속화한다. 사적 영역의 감정관리가 노동의 한 형태, 즉 감정노동으로 전화되는 과정에서 개인은 소외되고 파편화된다.[42] Ferguson(1984)이 지적하였듯이, 매춘부들과 마찬가지로 비행기 승무원들은 자신들이 수행하는 일에 자아를 흡수당하지 않으려고 일과의 심리적 거리두기(distancing)를 시도하는데, 그로부터 거짓되고 기계적인 자아에 대한 느낌에 괴로워하면서도, 더 이상 통합된 자아의식을 갖지 못하게 된다.

합리성은 관료제가 주변화된 감정에 대해 평가절하를 계속하는 한에서만 그 생명력을 유지할 수 있다. 하지만 합리성은 신성불가침의 영역이 아니다. 사실, 합리성의 가장 충실한 구현체로 간주되는 관료제 내에 다양한 부정합과 모순이 존재한다는 사실은 바로 특정한 것들만을 특권화하고 그 밖의 것들 모두를 주변화하는 이분법적 사유체계가 깨질 수 있는 잠재적 가능성을 강하게 시사한다(Fineman, 1993). 예컨대 감정노동이라는 용어만 하여도 감정(부정적으로 평가되는 체험)을 노동(긍정적으로 평가되는 생산수단)과 연관시킴으로써 하나의 모순어법(oxymoron)으로 기능한다. 감정을 허무주의와 비도덕성을 제어할

42 Putnam & Mumby, 1993.

수 있는 것으로 평가하면서도, 다른 한편으로는 그것을 폄하하고 있는 것이다. 따라서 인간의 감정을 합리성 내로 포섭하는 것이 아니라 이제는 감정성 그 자체를 조직화의 적극적 원리로 복원시킬 가능성이 모색되어야 한다. 아래에서는 여성주의 관점에서 그 가능성을 모색해 볼 것이다.

3.2 감정노동의 대안: 여성주의적 관점

인간의 감정을 상업적 목적의 실현을 위한 수단으로서만 인식하고 규범, 선발, 사회화, 평가체계 등을 통해 조직구성원들의 감정표출행위를 통제하는 것에 대한 비판은 Hochschild(1983), Willmott(1993), Fineman(1996) 등의 학자들에 의해 이루어졌다. 하지만 대부분의 연구가 감정노동의 문제점을 지적하는 것에 주로 초점을 맞추다 보니 자연스럽고 자유로운 감정의 표출을 가능하게 조직화 방식과 그것을 유지하게 하는 조직 내외의 조건들을 탐색하려는 시도는 많지 않았던 것이 사실이다. 반면에 소수의 여성주의 학자들은 생산성, 고객만족 또는 이익에 관한 관심에서 벗어나서 조직에서 감정의 역할에 대한 이념적 견해를 제시하고 있다.[43] 많지는 않지만 그러한 견해들을 정리하여 보자.

여성주의 이론가들은 합리성과 감정성, 공적 영역과 사적 영역, 객관성과 주관성을 이분화하려는 시도를 해체하고, 모순을 구성하는 각 개념이 반대 개념과 불가피하게 뒤얽혀 있음을 보여준다(Ferguson, 1984). 공적 영역과 사적 영역을 이분화하려는 시도를 거부하게 되면, 느껴진 것과 표현된 것 사이의 장벽이 허물어지고, 성적 매력, 정의, 공포, 슬픔, 기쁨 등을 포함하여 일에 관련된 넓은 범위의 감정에 관한 표현과 탐색이 정당화된다. 여성주의 학자들에 따르면, '무제한적인 감정성(unbounded emotionality)'은 조직의 도구적 이익을 위해서가 아니라 개별 조직구성원의 복지를 향상시키기 위해서 구현되어야만 한

43 Marshall, 1984; Calas & Smircich, 1989; Wharton & Erickson, 1993; Meyerson, 1998.

다.[44] 예를 들어, Meyerson(1998) 은 조직에 비용부담을 안겨준다 할지라도 직무 스트레스는 개인적 문제가 아니라 정치적, 조직적, 공동체적 쟁점으로 간주되어야 한다고 주장한다. 이러한 무제한적 여성주의 접근방식은 경쟁시장에서 효율성 압력을 받고 있는 대규모 조직에서 실현되기 어려울 것이다. 이러한 이유로 Mumby & Putnam(1992), Putnam & Mumby(1993), Martin, Knopoff & Beckman(1998) 은 감정문제에 관한 무제한적 여성주의 입장을 수정하는 견해를 제시하였다. 그들은 조직에서 감정통제의 문제에 대한 제한적이고 실용적인 접근방식으로서 '제한된 감정성' (bounded emotionality) 이라는 흥미로운 개념을 도입한다.

제한된 감정성은 관료적 조직보다 더 넓은 범위의 감정에 대한 표현을 허용하는데, Mumby & Putnam(1992)은 '제한된 합리성'(bounded rationality)[45]과의 비교를 통해 제한된 감정성의 특징을 제시한다. 제한된 감정성은 제한된 합리성과 뚜렷이 대조된다. 합리성은 인간의 정보처리능력의 한계로 인해 불가피하게 제한될 수밖에 없기 때문에, 인지적 휴리스틱(heuristc), 만희화(satisficing), 표준적 운영절차 등의 원칙을 통해 구현된다. 합리성과 달리 감정성은 개인들이 상호 간의 관계를 보호하기 위해 서로가 자발적으로 감정의 표현을 제약하는 방식으로 구현된다. Mumby & Putnam은 합리성과 감정성 사이의 잘못된 이분법에 대한 여성주의 관점의 해체(deconstruction) 전략을 통해 노동하는 과정에서 개인들이 감정표현을 제약하는 원칙을 도출한다. 또한, 조직에 대한 이론과 연구 모두 인지적 기능을 특권화함으로써 감정문제를 무시하고 의사결정의 인지적 관점을 과도하게 강조해온 사실을 폭로한다. 그렇기 때문에 그들에게 있어서 제한된 감정성은 제한된 합리성에 대한 저항 개념이라고 할 수 있다.

---

44 Morgan, 1994: Gherardi, 1995.

45 Mumby & Putman(1992) 은 Simon(1976) 의 주장과 합리성에 대한 비판적 검토를 통해 ①조직적 한계, ②만희화 (satisficing) 를 통한 모호성의 감소, ③위계 – 수단과 목적 사이의 연쇄, ④정신 – 육체 이분법, ⑤파편화된 노동, ⑥직업적 느낌규칙 등 여섯 가지를 제한된 합리성의 특징으로 추출한다.

Mumby & Putnam(1992), Putnam & Mumby(1993), Martin, Knopoff & Beckman(1998)의 견해를 요약정리하면 제한된 감정성이 실현된 조직의 특징을 다음과 같이 여섯 가지로 파악할 수 있다. 첫 번째 특정은 '상호주관적 한계설정(intersubjective limitation)'인데, 조직에서 감정표현은 상호주관적으로 제약되어야만 한다는 것이다. 개인들이 사람들 간의 관계에서 효과적으로 반응하려면, 다른 사람의 감정적 욕구와 능력을 민감하게 포착하고 반영하여 그들의 감정표현을 제약해야만 한다. 일터에서 제한된 감정성은 다른 사람의 주관성에 대한 인식에서부터 시작하여, 잠재적 차이와 공통분모를 인식하는 것으로 나아가, 개인들이 관계에 부과하는 감정적 한계 내에서 작동한다.[46] 한편, 감정적 한계는 개인이 선호하는 감정표현의 양식들과 범위를 포함한다. 예를 들어, 어떤 사람은 성급한 성격을 갖고 있어서 쉽게 화를 낼지도 모른다. 반면에 냉정하고 자제력이 강해서 더욱 협소한 범위의 감정표현을 선호하는 사람들도 있을 수 있다. 개인들의 감정적 한계와 선호되는 감정표현 양식에 대한 상호주관적 반응은 주의 깊은 관찰과 자발적인 자기노출(self-disclosure)을 통해 획득된 다른 사람에 대한 깊은 지식을 선결요건으로 한다.[47]

두 번째 특징은 '자연스럽게 발현하는 작업느낌'(spontaneously emergent work feelings)의 원칙이다. 제한된 감정성은 작업 관련 느낌들에 대한 상호적 이해의 증대를 통해 개인들 간의 관계를 구축하고, 효율성이나 생산성과 같은 조직목적을 달성하기보다 공동체를 형성하는 것을 지향한다. 작업느낌들은 과업의 수행과정으로부터 자연스럽게 출현해야만 한다. 즉, 작업느낌들은 제한된 합리성에서처럼 조직에 의해 부과되고 결정되지 않아야만 한다. 몇몇 연구들에서는 발현하는 작업규칙들이 관리자 측에 의해 통제되지 않으면서도 조직 전체

46 Mumby & Ptitman, 1992, p. 478.

47 Martin, Knopoff & Beckman, 1998.

의 이익을 고려하여 표면화될 수 있는 방법이 확인되었다. 예를 들어, Morgan(1994, 1995)은 여성주의 건강진료소에 있는 스태프들이 자아의 노출을 강조하고 작업과 관련된 개인적 느낌들을 공개적으로 토론하고 있다는 사실을 발견하였다. Cohen & Sutton(1998) 역시 미용사들이 자신들의 즐거움을 위해 손님들이 개인적 문제에 관해 얘기하도록 유도하고 있다는 점을 확인할 수 있었다. 한편, 여성주의 학자들은 감정이 상호주관적 이유와 조직의 도구적 목적에 대한 기여를 동시에 충족시키기 위해 때때로 제약될 수 있다는 것도 인정하는데, 이는 조직의 기술적 효율성이 일방적으로 희생될 수는 없기 때문이다. 하지만 조직은 도구적 목적을 더 커다란 공동체와 상호관계성(inter-relatedness) 내에 배태시켜야 한다. 이는 개념적 명확성에도 불구하고 제한된 감정성과 감정노동이 경험적으로는 구분되기 어렵다는 것을 의미하기도 한다.

세 번째 특징은 '모호성의 수용'(tolerance of ambiguity)이다. 제한된 합리성의 규범 아래에서 개인들은 만희화를 통해 불확실성을 줄이는 체계보다는 모호성을 용인하는 체계에 근거하여 행동한다. 여기서 모호성에 대한 용인은 모순적인 느낌, 입장, 요구의 공존을 승인하는 것을 의미한다. 개인들이 모호성을 수용하는 경우에 다양하고, 심지어는 모순되기까지 한 구성원의 입장을 인정하고 반영하는 조직구조의 형성이 촉진되는데(Martin, Knopoff & Beckman, 1998), 이를 위해서는 모순, 해결하기 어려운 긴장들로부터 발생하는 모호성을 수용하는 조직구성원들의 능력이 선행해야 한다.[48]

제한된 합리성이 요구하는 네 번째 원칙은 '가치들의 다층위계'(heterarchy of values)이다. 목표와 가치의 다층위계는 가치 선호도에 대한 위계적 서열을 매기는 것과 반대되는 개념이다. Marshall(1989, p. 289)은 어린 시절에 종이, 돌, 가위를 가지고 노는

48 Meyerson 1998

게임을 예로 삼아 이 개념을 설명한다. 즉, 종이로 돌을 포장하는데, 돌은 가위를 무디게 한다. 하지만 다시 가위는 종이를 자른다. 요컨대, 이 놀이에는 사물들 사이에 어떤 고정된 위계가 없다. 하지만 각 놀이 기구는 효과적이고 자신의 영역에서 인정받는다. 제한된 합리성에 의해 지배되는 체계에서는 미리 정해진 조직효과성 지표들을 달성하기 위해 위계적 목적과 가치들이 선형적이고 고정된 방식으로 작동한다. 하지만 제한된 감정성에 입각한 조직화 과정에서는 위계적 목적들과 가치들은 계속해서 조정되는 배치 내에서 그 순서가 예측할 수 없이 바뀌면서 유동한다. 제한된 감정성의 체계에서는 조직의 이익추구와 같은 가치마저도 그 이외의 다른 가치들보다 선차성이 부과되지 않아야만 한다. 그 대신 개인적 선호도와 맥락에 의존하여 가치의 우열이 가려진다. 즉, 맥락적 관계들이 가치와 목적들의 유동하는 질서를 지배한다.[49]

다섯 번째 특정은 '통합된 자아정체성'(integrated self-identity)과 '진실성'(autheticity)이다. 제한된 감정성은 조직구성원의 통합된 자아를 보존하려는 노력을 포함한다. Mumby & Putnam(1992)은 "사람은 맥락을 초월하여 드러내는 하나의 자아를 가지고 있다."라는 가정 아래 자아정체성을 통합된 개념으로서 정의한다. 통합된 자아 개념이 없다면 제한된 감정성이 '진정한 자신'이 되는 일에서의 체험을 촉진할 수 있다는 의견이 개진될 수 없다. 통일된 자아의 개념화는 정신과 육체의 이분법과 소외되고 파편화된 노동을 대치한다. 따라서 제한된 감정성의 체계에서 개인은 자신의 육체적, 정신적, 정서적 자원에 대한 통제를 모두 유지하면서 일하게 된다. 제한된 감정성이 구현되기 위해 조직이 갖추어야 할 여섯 번째 특징으로 '공동체'(community)의 신장을 들 수 있다. 여성주의를 표방하는 조직들의 경험 연구에서 이러한 견해를 입증할만한 증거들이 발견되었는데, 한 레코드 회사(Lont, 1988) 그리고 여성 직제길드(Wyatt, 1988) 등의 연구를 예로 들 수 있다. 이 조직들에서

49 Mumby & Putnam, 1992.

는 이윤추구라는 목적과 공동체 신장이라는 '정치적' 목표 사이의 긴장 관계가 관찰되었다. 다시 말해서, 조직의 경제적 건전성이 유지되고 있었는데, 동시에 공동체, 평등주의, 배려와 같은 가치들도 조직구성원들 사이에 널리 공유되고 있었다는 것이다. 그리고 이러한 공동체적 가치의 강조가 제한된 감정성의 원칙을 촉진하고 있었다.

이상의 여섯 가지 특성이 구현된 체계에서 감정은 감정노동의 형태를 띠지 않고 작업느낌(work feeling)들과 동일화된다. 작업느낌들은 관계와 상호적 이해의 소산으로서 자발적이고 발현적 속성을 갖는다. 느낌들은 교환가치를 획득할 수 있는 상품이 아니라 담화적 역할(communicative role)을 수행하게 된다. 그리하여 감정표현과 교환은 상호주관성 안에 배태되게 된다. 즉, 개인의 감정적 체험들은 사람들 사이의 상호 해석의 발전과정 속에 스며들게 된다.[50] 하지만, 여성주의의 제한된 감정성이 단지 관념적 표상이 아니라 관료제에 대한 대안적 조직화 양식으로 자리 잡으려면, 경쟁과 이윤 추구의 압력에 놓여 있는 대규모 자본주의 기업에서 그 전형을 발견할 수 있어야 한다. 그렇지 않다면 설혹 제한된 감정성을 조직화 원칙으로 삼아 설립된 조직이라 할지라도 관료제의 동형성(isomorphism)의 압력으로부터 벗어날 수 없다는 결론을 내려야만 할 것이다.

Martin, Knopoff & Beckman(1998)은 제한된 감정성이 현실 세계에서 조직화 원리로서 작동할 수 있는지의 여부를 확인하기 위해 세계적 규모로 기업활동을 하고 있는 한 기업(Body Shop)에 대한 심층 사례연구를 실시하였다. 이 연구는 대규모 자본주의 조직에서 제한된 감정성의 실현 가능성을 직접 탐색한 첫 번째 연구이자 아마 현재까지 유일한 연구일 것이다. 그들이 Body Shop을 연구대상으로 삼은 것은 다음의 두 가지 이유 때문이었다. 첫째, Body Shop은 인적 구성의 측면에서 제한된 감정성이 실현될 가능성을 갖고 있다. Body Shop은 여성

50 Gadamer, 1975.

이 종업원의 다수를 차지하고 있고 상당수의 여성이 기업의 목적이나 방향을 설정하는 상위 직급을 담당하고 있다. 둘째 Body Shop은 여성주의자들의 연구대상이 되었던 비영리조직이나 소규모 조직과는 달리 대규모 영리조직이다. Body Shop은 42개 국가에 1,000여 개의 매장을 가진 다국적기업으로서 6,000명 이상의 종업원을 고용하고 있다.

Martin, Knopoff & Beckman(1998)의 연구 결과는 완전한 형태는 아니지만 제한된 감정성의 특징들이 Body Shop의 조직화 원리로서 관철되고 있음을 확인시켜 주었다. 이 회사의 종업원들은 동료와 개인적이고 은밀한 문제들에 대해 때때로 대화를 나누었으며, 작업느낌은 어떠한 도구적 목적을 갖지 않고 자주 자연발생적으로 출현하였다. 그리고 종업원들은 다른 동료의 감정적 제약에 대한 민감성과 다층가치에 대한 존중을 바탕으로 모호성을 용인하면서 감정의 표현을 서로 조율하였다. 또한, 진정한 자아의식에 가득 차 일에서 즐거움을 느낀 만큼 표현하였고, 좌절의 느낌을 자유롭게 표현하는 것도 허용되었다. 또한, 개인별, 시간별, 부문별로 차이가 발견되기는 하였지만, 대부분의 종업원은 강한 공동체의식을 공유하고 있었다.

이들의 연구는 기업의 도구적 목적과 충돌을 일으키지 않으면서 제한된 감정성이 구현될 수 있음도 확인할 수 있었다. 종업원들은 자발적으로 생산성을 향상시켜기 위해 미소 짓거나 과업을 완수하기 위해 울음을 터뜨리기도 하였다. 비도구적 행위들일지라도 종업원의 기업에 대한 충성심과 몰입을 증가시키고 Body Shop이 이상적인 직장이라는 생각을 강화시켜 도구적 목적에 간접적으로 기여하였다. 진실성에 대한 느낌은 "나 자신이 될 때 나는 최선을 다할 수 있다."라는 식의 감정적 반응을 종업원들로부터 불러일으켜 기업의 생산성 향상으로 돌아왔다. 이러한 결과들에 대해 "구성원들의 조직 몰입수준이 높은 조직에서의 제한된 감정성은 감정노동을 강화시키는 또 하나의 수단으로 활용되어질 위험이 있다"는 식의 비판적 해석도 가능하다. 하지만 Body Shop에서의 작업느낌들은 공동체와 관계성 내에 배태되어 있다는 점에서 상업적 이윤 추구만을 목적으로 강요되는 감정노동과는 그 성격이 다른 것이다.

물론 Body Shop에서 제한된 감정성이 문자 그대로 완벽하게 구현되고 있는 것은 아니다. 예를 들어 마케팅 부문에서는 감정표현 규범이 명백히 규정되고 이것이 교육, 평가 등 다양한 형태의 통제수단들에 의해 유지된다. 또한, 동조압력(conformity pressure)으로 인해 제한된 감정성이 침해되고 있는 측면도 발견되었다. 하지만 이와 같은 한계에도 불구하고 Body Shop의 사례는 이익을 추구하는 대규모 기업조직에서도 제한된 감정성이 합리성을 보완하는 조직화 원리로서 작동할 수 있는 가능성을 나름대로 보여준다. 요컨대 관료제와는 다른 방식으로 감정을 조직화하는 것이 자본주의 시장경제 내에서도 가능하다는 것이다.

4. 맺음말

감정노동에 대한 통제는 느껴지지 않을 뿐, 이미 우리의 일상 삶에 가까이 와 있다. 항공사, 백화점, 호텔, 레스토랑 등의 서비스업체에서 흡사 봉건시대의 왕이나 왕비가 된 착각을 불러일으킬 만큼 우리를 친절하고 공손하게 맞아주는 직원들은 그들이 선천적으로 갖고 있는 감정을 자연스럽게 드러내는 것이 아니라, 암행감사, 관리자, 고객의 감시 속에서 훈련받은 규범적 감정을 직무의 일부로서 표출하고 있는 것이다. 심지어는 고객과 직접적으로 접촉하는 위치에 있는 일반회사의 종업원들조차 자신의 감정을 조직이 요구하는 방식대로 연출할 것을 요구받는다.

인간의 감정관리활동이 조직목적에 귀속되는 현상이 광범위하게 진행되면서 노동의 형식과 내용에 심대한 변화가 일어나고 있는 것이다.

이러한 변화에 직면해서 우리는 자칫하면 생산물로부터 뿐만 아니라 자신의 감정으로부터도 소외될 가능성이 커졌다. 따라서 감정노동에 관한 경험적 연구는 물론이고 이론적 연구들의 초점 또한 인간과 조직 모두에게 정당화될 수 있는 감정노동의 수행양식에 대한 탐색에 모아야 한다.

감정노동이라는 사회적 현상은 이미 현대사회의 뚜렷한 특징 중의 하나로 자리 잡아가고 있지만, 국내에서는 김은민(1995), 박홍주(1995), 윤세준·김상표·김은민(2000) 등 소수의 연구자에 의해 감정노동에 관한 사례연구가 실시되었을 뿐이다. 하지만 이들 연구는 감정노동에 대한 서구의 연구결과를 폭넓게 검토하지 않았을 뿐만 아니라, 자본주의 기업에서도 감정노동과 다르게 조직구성원의 감정을 조직화할 수 있는 대안을 진지하게 모색하지 않았다. 이 글은 기존 연구의 성과를 이어받으면서 감정노동에 대한 평가와 대안의 모색을 시도함으로써 그동안 우리 학계의 빈 공간으로 남아 있던 조직에서의 감정관리 활동에 대한 논의의 장을 열기 위해서 쓰였다.

감성지능(emotional intelligence)이 노동력의 상품가치를 결정하는 주요 요소의 하나로 부각될 만큼 감정의 상품화는 서비스 조직을 넘어 모든 조직으로 급격히 확산되고 있다.[51] 관료제적 합리화 과정으로서 감정을 조직목적에 도구적으로 활용하는 현상이 광범위하게 진행되고 있지만, 감정노동이 다른 대안의 가능성을 완전히 봉쇄해버린 '최종언어'(final vocabulary)는 아니다. 관료제적 합리성에 의문을 제기하는 한편, 관료제와 다른 방식으로 감정을 조직화하는 기업의 사례들을 개발하고 이론화함으로써 조직이론가들은 일터에서의 인간의 감정에 대한 진정한 최종 진실을 드러낼 수 있을 것이다.

51 Cherniss & Goleman, 2001.

참고 문헌

김은민, "감정노동: 조직의 감정표현규범에 관한 질적 연구", 연세대학교 석사학위논문, 1995.

박홍주, "판매여직원의 감정노동에 관한 일연구: 서울市內 백화점 사례를 중심으로", 이화여자대학교 석사학위논문, 1995.

윤세준 · 김상표 · 김은민, "감정노동: 조직의 감정표현규범에 관한 질적 연구", 『산업노동연구』 제6권 제1호, 2000, pp. 215-254.

Arvey, R. P. and J. E. Campion, "The Employment Interview: A Summary and Review of Recent Research", *Personnel Psychology* 35, 1982, pp. *282~322.*

Ash, M. K., *Mary Kay on People Management*, NY: Warner Books, 1984.

Ashforth, B. E. and R. H. Humphrey, "Emotional Labor in Service Roles: The Influence of Identity," *Academy of Management Review* 18, 1993, pp. 88-115.

_______, "Emotion in the Workplace: A Reappraisal," Human Relations 48, 1995, pp. 97~125.

Bandura, A., *Social Learning Theory,* Englewood Cliffs, NY: Prentice-Hall, 1977.

Bass, B. M., Stogdill's *Handbook of Leadership,* NY: Free Press, 1982.

Bell, M., "Teaching of the Heart" *The Journal of the American Medical Association 252,* 1984, p. 2684.

Berlyne, D. E., "Laughter, Humor and Play," in *Handbook of Social Psychology,* ed. by G. Lindzey and E. Aronson, Reading, MA, Addison-Wesley, 1969, pp. 795 -852.

Boas, M. and S. Chain, *Big Mac: The Unauthorized Story of McDonald's, New York:* Dutton, 1976.

Bryman, A., *Quantity and Quality in Social Research,* London: Unwin Hyman, 1988.

Calas, M. and L. Smircich, "Using the F-word: Feminist Theories and the Social Consequence of Organizational Research, "*Paper Presented at the Annual Meeting of the Academy of Management,* Washington, DC, 1989.

Cherniss, C. and D. Goleman, *The Emotionally Intelligent Workplace:*

How 10 Select for, Measure, and Improve Emotional Intelligence in Individuals, Groups, and Organizations, San Francisco, CA: Jossey-Bass, 2001.

Cohen, R. C. and R. I. Sutton, "Clients as a Source of Enjoyment on the Job: How Hair Stylist Shape Demeanor and Personal Disclosures," in J. A. Wagner (ed.), *Advances in Qualitative Organization Research* 1, 1998, pp. 1~32.

Colligan, M. J., Pennebaker, J. W. and L. W. Murphy, *Mass Psychogenic Illness:* A Social Psychological Analysis, Hillsdale, NY: Erlbaum. 1982.

D'Andrade, R. G., "A Folk Model of the Mind," in D. Holland and N. Quinn (ed.), *Cultural Models in Laŋguage and Thought,* Cambridge: Cambridge University Press, 1987, pp. 112~148

Davis-Blake, A. and J. Pfeffer, "Just a Mirage: The Search for Dispositional Effects in Organizational Research," *Academy of Management Review* 14, 1989, pp. 385~400.

Etzioni, A., *A Comparative Analysis of Complex Organizations,* NY: Free Press, 1961.

Ferguson, K. E., *The Feminist Case against Bureaucracy,* Philadelphia: Temple University Press, 1984.

Fineman, S., "Organizations as Emotional Arenas, " in S. Fineman(ed.), *Emotion in Organizations,* London: Sage Publications, 1993.

______, "Emotion and Organizing," in *Handbook of Organization Studies,* in S. R. Clegg, C. Cynthia and W. R. Nord (eds.), London: Sage Publications, 1996, pp. 543~564

Fiske, S. T. and S. E. Taylor, *Social Cognition,* Reading, MA: Addison-Wesley, 1984.

Forbes, R. J. and P. R. Jackson, "Non-verbal Behavior and the Outcome of Selection Interviews," *Journal of Occupational* Psychology 53, 1980, pp. 65~72.

Ford, J. D. and R. H. Backoff, "Organizational Change in and out of Dualities and Paradox," in R. E. Quinn and K. S. Cameron (eds.), *Paradox and Transformation Toward a Theory of Change in Organization and Management,* Cambridge, Massachusetts: Balinger Publishing Company, 1988, pp. 81~122.

Foucault, M., *Discipline and Punish: The Birth of the Prison,* London:

Allen Lane, 1977.

Frank, D. D. and E. D. McCarthy, ed, *The Sociology of Emotions: Original Essays and Research Papers,* Greenwith, CT: JAJ Press, 1989

Gadamer, H. G., Truth and Method, NY: Continuum, 1975.

Gherardi, S., Gender Symbolism and Organizational Cultures, London: Sage Publications, 1995.

Goffman, E., Strategic Interaction, Philadelphia: University of Pennsylvania Press, 1969.

Griffitt, W., "Environmental Effects on Interpersonal Affective Behavior: Ambient-Effective Temperature and Attraction," *Journal of Personality and Social Psychology* 15, 1970, pp. 240 - 244.

Hackman, J. R. and G. R. Oldham, *Work Redesign,* Reading, MA: Addison-Wesley, 1980.

Hayno, D. M., PoKer Faces, Berkeley: University of California Press, 1982.

Hochschild, A. R., "Emotion Work, Feeling Rules, and Social Structure, " *American Journal of Sociology* 85, 1979, pp. 551~575.

______, The Managed Heart, Berkeley and Los Angeles, CA: University of California Press, 1983.

Kahn, R. L., *Work and Health,* New York: Wiley, 1981.

Lakoff, G. and M. Johnson, *Metaphors We Live By,* Chicago: University of Chicago, 1980.

Lawler, E. E., Ⅲ, Pay and Organization Development, Reading, Mass: Addison-Wesley, 1981.

Lebas, M. and J. Weigenstein, "Management Control: The Roles of Rules, Markets and Culture," *Journal of Management Studies* 23, 1986, pp. 259~271.

Leidner, R., "Emotional Labor in Service Work," *Annals of the American Academy of Political and Social Science* f61, 1999, pp. 81~95.

Locke, E. A., "The Nature and Causes of Job Satisfaction," *in Handbook of Industrial and Organizational Psychology,* ed. by M. D. Dunnette, Chicago: Rand McNally & Co, 1976, pp. 1297~1349.

Lont, c., "Redwood Records: Principles and Profit in Women's Music," in B. Bate and A.Taylor (ed), *Woman Communicating: Studies of Women's Talk,* Norwood, NJ: Ablex, 1988, pp. 233~250.

Lutz, C. A., *Unnatural Emotions: Everyday Sentiments on Micronesian*

Atoll and Their Challenges to Western Theory, Chicago: University of Chicago Press, 1988.

Mars, G. and M. Nicod, *The World of Waiters,* London: Allen and Unwin, 1984.

Marshall, J., *Woman Managers: Travelers in a Male World,* NY: Wiley, 1984.

________, "Re-visioning Career Concepts: A Feminist Invitation," in M. B. Arthur, D. T. Hall and B. S. Lawrence (ed), *Handbook of Career Theory,* Norwood: Cambridge University Press, 1989, pp. 275~291.

Martin, J., Knopoff, K. and C. Beckman, "An Altemative to Bureaucratic Impersonality and Emotional Labor: Bounded Emotionality at the Body Shop," Administrative *Science Quarterly* 43, 1998, pp. 429~469.

Meyerson, D. E., "Feeling Stressed and Burned Out: A Feminist Reading and Re-visioning of Stress-Based Emotions within Medicine and Organizational Science," *Organization Science 9,* 1998, pp. 103~118.

Morgan, S., "Personalizing Personnel Decisions in Feminist Organizational Theory and Practice, " *Human Relations 47,* 1994, pp. 665~683.

Morris, J. A. and D. C. Feldman, "The Dimensions, Antecedents, and Consequences of Emotional Labor," *Academy of Management Review 21,* 1996, pp. 986~1010

Mumby, D. K. and L. L. Putnam, "The Politics of Emotion: A Feminist Readings of Bounded Rationality," *Academy of Management Review 17,* 1992, pp. 465~486.

Perrow, C., *Complex Organizations: A Critical Essay* (3rd ed.), NY: Random House, 1986.

Peters, T. J. and R. H. Waterman, *In Search of Excellence,* NY: Happer and Row, 1982.

Pine Ⅱ, B. J. and J. H. Gilmore, The Experience Economy: Work Is Theatre and Every Business a Stage, Boston: Harvard Business School Press, 1999.

Putnam, L. L. and D. K. Mumby, "Organization, Emotion and the Myth of Rationality," in Fineman, S. (ed), *Emotion in Organizations,* Thousand Oaks, CA: Sage Publications, 1993.

Rafaeli, A., "When Clerks Meet Customers: A Test of Variables Related to Emotional Expressions on the Job," *Journal of Applied Psychology 74,* 1989a, pp. 385~393.

_________, "When Cashiers Meet Customer: An Analysis of the Role of Supermarket Cashiers," *Academy of Management Journal 32,* 1989b, pp. 245 ~273.

_________, and R. I. Sutton, "The Expression of Emotion as Part of the Work Role," *Academy of Management Review 12,* 1987, pp. 23~37

_________, "The Expression of Emotion in Organizational Life," *Research in Organizational Behavior 11,* 1989, pp, 1~42.

Richman, T., "A Tale of Two Companies," *Inc.* 6, Issue 7, 1984, pp. 38~43

Schacter, S. and J. E. Singer, "Cognitive, Social, and Psychological Determinants of Emotional State," *Psychological Review 69,* 1962, pp. 379~399.

Simon, H., Administrative Behavior, NY: Free Press, 1976.

Smith, K. K. and D. N. Berg, *Paradoxes of Group Life: Understanding* Conflict, *Paralysis, and Movement in Group Dynamics, San Franciso: Jossey-Bass, 1987.*

Staw, B. M., Bell, N. E. and J. A. Clausen, "The Dispositional Approach to Job Attitudes: A Lifetime Longitudinal Test," *Administrative Science Quarterly* 31, 1986, pp, 56~77

Steinberg, R. J, and D. M. Figart, "Emotional Labor since the Managed Heart," *Annals of the American Academy of Political and Social Science,* January, 1999, pp. 8~26.

Sutton, R. 1., "Maintaining Norms about Expressed Emotions: The Case of Bill Collectors," *Administrative Science Quarterly,* 36, 1991, pp. 245~268.

_______, and A. Rafaeli, "Untangling the Relationship between Displayed Emotions and Organizational Sales: The Case of Convenience Store," *Academy of Management Journal* 31, 1988, pp. 461~487.

Thoits, P. A., "Emotional Deviance: Research Agendas," *Research Agendas in the Sociology of Emotions,* ed. by T. D. Kemper, Albany: State University of New York Press, 1990, pp. 180~203.

Van Maanen, J. and G. Kunda, "Real Feelings: Emotional Expression and Organizational Culture," Research in *Organizational Behavior* 11, 1989, pp. 43~104.

Walt Disney Production, *Your Role in the Walt Disney World Show*, Orlando, FL: Walt Disney Productions, 1982.

Wharton, A. S. and R. J. Erickson, "Managing Emotions on the Job and at Home,"

Academy of Management Review 18, 1993, pp. 457~486.

Willmott, H., "Strength Is Ignorance; Slavery Is Freedom: Managing Culture in Modem Organizations," Journal of Management Studies 30, 1993, pp. 515~552.

Wyatt, N., "Shared Leadership in the Weavers Gu↓ld," in B. Bate and A.

Taylor(ed), *Woman Communicating: Studies of Women's Talk, Norwood,* NJ: Ablex, 1988, pp. 147~175.

Zajonc, R. B., "Emotion and Facial Efference: An Ignored Theory Reclaimed," Science, April 5, 1985, pp. 15~21.

제5부
기업공동체의
창조적 전진

경영은
관념의 모험이다

Management is the Adventure of Idea

화이트헤드 철학과 조직이론의 만남[1]

1. 머리말

근대 이후 학문의 최고 정점은 자연 과학에 기반을 두고, 그것을 중심으로 다양한 철학적 분과가 형성되었다. 실제로 근대 철학을 경험론과 합리론으로 구별하는 것 역시 관찰과 이론에 대한 입장 차이로 빚어진 것이다. 양자의 존재론과 인식론에 다소의 차이가 있지만, 뉴턴 패러다임을 과학적 기반으로 받아들이고 있음은 주지의 사실이다. 그런데 뉴턴 과학의 전제가 되는 시공간과 물질의 존재 방식을 폐기하는 과학적 패러다임이 20세기 들어 새롭게 대두함으로써 과학뿐만 아니라 철학에도 창조적 사유의 길이 열리게 되었다. 뉴턴 과학이 실체 패러다임이라면, 새로운 과학은 과정 패러다임에 서 있다. 과정 패러다임을 체계적으로 연구한 대표적인 철학자가 화이트헤드(Whitehead)인데, 그 스스로 자신의 철학이 상대성 이론(relativity theory), 양자 역학(quantum mechanics), 『수학원리』(Principia Mathematica, 1910)에서 설명된 '관계'논리학 등 20세기에 출현한 과학에 정초해 있음을 명백히 밝히고 있다.[2] 요컨대, 근대 과학이 기계론적 관점을 통해서 실체 철학을 표방했다면, 화이트헤드는 현대 과학의 전개에 힘입어서 유기체적

1 이 논문은 김영진과 함께 『화이트헤드 연구』 제20집(2010년)에 게재하였다.

2 논리학과 수학에서 가장 중요한 관계에 대한 체계적인 설명을 『수학원리』에서 하고 있다. 이 저서는 러셀(Russell)과 화이트헤드(Whitehead)의 공저로 수학과 논리학에 큰 진전을 제공하였다. 구체적으로 실체-속성으로 이루어지는 사실과 주어-술어로 이루어지는 명제들로 한정된 서구 철학과 수학에 신선한 지적 혁명을 가져온 저서이다(곽강제 옮김, 2008: 144-149).

관점을 통해서 과정 철학을 주장했다.

패러다임이란 그 시대의 모든 학문에 사유의 틀을 제공해주는 에피스테메(episteme)이다. 과정 패러다임의 도움으로 과학과 철학에서 실체 패러다임에 대한 한계가 노정되고, 이에 자극받아 다양한 영역에서도 사유의 전환이 시도되고 있다. 대표적인 실체 사유인 신학에서조차도 화이트헤드의 철학을 받아들여서 '과정 신학'을 연구하며, 교육학, 심리학, 법학 등으로 그 적용 범위가 확대되고 있다. 우리는 이 논문에서 경영학, 좁게는 조직이론(organization theory)을 과정 패러다임에 힘입어 새롭게 조망해 보고자 한다. 조직은 복잡함과 모호함으로 가득 차 있어서 동일한 분석대상을 놓고도 학자마다 다양한 해석을 내놓고 있는데, 이는 그들이 전거로 삼는 이론이 다르기 때문이다. 예를 들어, 에치오니(Etzioni, 1975)는 기능주의 조직이론을 고전이론, 인간관계론, 구조이론으로 분류한 바 있다. 또한, 해석학적 접근방식을 취하는 볼먼과 딜(Bolman & Deal, 1984)은 크게 구조적 접근방법, 인적자원적 접근방법, 정치적 접근방법, 상징적 접근방법 등 네 가지로 기존의 조직이론을 구분했다. 버렐과 모건(Barrell & Morgan, 1979)은 사회철학의 기본 전제들을 바탕으로 기능주의 조직이론, 해석학적 조직이론, 반조직이론, 급진조직이론으로 나누었다. 이러한 분류체계는 이론가들이나 실천가들에게 혼란스러운 경영현상을 분석할 수 있는 기준점을 제공해 주는 장점이 있지만, 공통적으로 과정 패러다임을 포섭할 수 있는 이론적 체계를 결여하고 있다는 문제점을 안고 있다.

최근 들어서는 캅(Cobb, 2007), 바켄과 헤네스(Bakken & Hernes, 2006), 스틸레(Styhre, 2002) 등 선구적 연구자들에 의해 과정 패러다임이 조직이론에 수용되기 시작하고 있다. 이들은 안정보다는 변화에, 통일성보다는 다양성에, 존재보다는 생성에 초점을 두고 조직을 바라본다. 이것은 조직 패러다임이 실체 관점에서 과정 관점으로 이동하고 있음을 방증하는 증거들이다. 이러한 문제의식 하에서 우리는 다음과 같은 순서로 논의를 전개할 것이다. 먼저 화이트헤드의 유기체 철학에 기대어 실체 철학의 근본 전제들을 비판적으로 검토할 것이다. 다음으로 실체 철학이 근대 과학에서 기계주의 형태로 변형되고 이것이 현대 조직이론에 어떻게 침투되었는지를 구체적으로 검토할 것이다. 이 과정에서 우리는 조직 내 제도적 메커니즘(institutional mechanism)을 설계하는 데 기본 전제로 작용하는 자유주의와 공동체주의의 존재론 및 인식론이 공통적으로 실체 철학의 범주를 벗어나고 있지 못함을 밝힐 것이다. 마지막으로 유기체 철학 혹은 과정철학을 조직이론에 불러들임으로써 조직이론가들이나 경영자들이 이론적, 실천적 측면에서 어떠한 도움을 받을 수 있는지를 개략적으로 살펴볼 것이다.

2. 과학적 유물론과 유기체론

화이트헤드는 자신의 사유를 유기체(organism) 철학이라고 부른다. 유기체라는 의미는 생물에서 유기적으로 이루어진 생활 기능을 가진 조직체이거나 혹은 많은 부분이 일정한 목적 아래 통일되거나 조직되어 그 각 부분과 전체가 필연적 관계를 가지는 것으로 알려져 있다. 또한, 화이트헤드는 자신의 "유기체 철학은 서아시아나 유럽의 사상보다는 인도나 중국의 사상에 더 가까운 것으로 생각(PR 7/56)한다."라고 말한 바 있다. 그렇다면 화이트헤드 철학도 관념 철학의 일종이거나, 기존의 동양과 서양의 철학적 사조와 크게 다르지 않다고 생각될 수 있다. 그러나 그가 자신의 철학적 체계를 '유기체'라고 명명하는 것은 단지 철학적 상상력의 결과물만은 아니다. 러셀에 따르면, "철학자의 상상은 낡은 개념과 방법은 전혀 효과 없다고 증명된 경우에 경험에 의해서 결실이 풍부하다고 증명된 새로운 세계와 새로운 개념과 새로운 방법을 과학이 우리에게 선사한다는 것"(곽강제 옮김, 2008:394)이다. 화이트헤드의 철학적 성취가 바로 이와 같은 경우를 의미한다. 다시 말해 화이트헤드가 17세기 이후 3세기 동안 서구를 지배해 온 과학적 패러다임을 비판하고 새로운 패러다임을 주장하는 것은 철저한 과학적 탐구를 통해서 이른 결실물이다.

2.1 실체와 단순정위

화이트헤드는 유럽의 사상은 '사실을 궁극자'(PR 7/56)로 본다는 점에서, 아리스토텔레스 이후 대다수의 철학자가 실체 개념에서 벗어나지 못했다고 비판한다. 실체의 영향력은 상상을 초월할 정도로 깊어서 철학뿐만 아니라 모든 영역에서 실체 개념을 중심으로 사유를 전개하는 것이 당연시되어 왔다. 화이트헤드에 의하면, 중세의 과학관을 벗어났다는 점에서 진일보한 측면이 있지만, 근대 과학의 대표적 인물인 뉴턴 역시 시공간과 물질 개념을 실체 개념에 입각하여 설명했다. 화이트헤드는 패러디(Faraday)와 맥스웰(Maxwell) 그리고 아인슈타인(Einstein)에 의해서 시공간과 물질 개념이 새롭게 제기되기 전까지 그러한 개념들은 과학자들에게 확고한 것으로 받아들여져 근대의 인식론에 지대한 영향을 미쳤다고 지적한다. 흄(Hume)과 칸트(Kant) 또한 인과(causality)를 자연의 대상에서는 찾지 못하고, 정신의 성향(disposition) 내지 범주 형식(form)에서 찾아내었다(김효명, 2001:276).[3]

화이트헤드에 의하면, 실체 철학에 밑바탕에 깔려 있는 17세기 우주론의 전제들 가운데 '제일 먼저 비판해야 할 것은 단순정위(simple location)의 개념'(SMW 84/94)이고, 그것은 아리스토텔레스가 "실체는 다른 주체에 존재할 수 없다."라고 정의한 실체 개념에 대한 과학

3 흄은 힘의 관념을 자연의 불멸적 연결 현상의 원인에는 사용하지 않고, 다만 관념연합 현상에는 힘이라는 원인을 상정한다. 이러한 이유로 흄에게 필연성의 관념은 하나의 심적 '성향'이지 그 관념에 해당하는 인상은 발견할 수 없다고 한다. 흄 역시 철저하게 자연의 대상에는 어떤 힘도 부여하지 않는다. 따라서 인과관계는 회의론에 빠질 수밖에 없는 것이다(김효명, 2001: 252-262).

적 각색물에 불과하다.

> 그 물질이 지니고 있는 여러 시공적 관계를 표현하려 할 때, 다른 공간의 영역과 다른 시간의 지속에 대해서 그 물질이 지니고 있는 어떠한 본질적 관련도 떠나서, 그 물질은 공간의 어떤 한정된 영역 안에, 그리고 어떤 한정되고 유한한 시간의 지속 전체에 걸쳐 존재한다고 말하는 것으로 충분하다는 것이다(SMW 84/94-95).

물론 단순정위는 "과학의 목적을 위해서…가장 명석하게 표명된 진술"(PR 71/164)인 점은 분명하며, 순간적이고 동질적인 시간 개념이며, 뉴턴의 입장에서는 오직 측정의 측면에서만 시간을 다룬 것이다(Mechenry, 1992:53). 즉, "뉴턴의 물리학은 독립된 물질 입자의 개체성에 기초를 두고 있다"(AI 156/255). 우리가 일상적으로 사용하는 돌멩이의 존재 방식을 뉴턴의 이론에 적용해 보면 다음과 같다.

> 각각의 돌은 다른 물질 부분과의 연관을 도외시해도 충분히 기술될 수 있는 것으로 생각되고 있다. 그것은 '우주' 속에 고독하게 존재하는 단일 공간의 점유자이다. 그것은 여전히 있는 그대로의 돌일 것이다. 또한, 그 돌은 과거나 미래와는 아무런 관련 없이도 충분히 기술될 수 있을 것이다. 또한, 그것은 전적으로 현재의 순간 속에 구성되어 있는 것으로서 충분하고도 완전하게 파악될 수 있다(AI 156/255).

그러나 양자역학과 상대성 이론의 기초가 된 패러디와 맥스웰의 '전장'의 개념에서 뉴턴의 패러다임을 거부하는 새로운 물질의 존재 방식이 대두된다. 화이트헤드는 『자연의 개념』에서 패러디의 "힘다발(tubes of force) 이론은, 어떤 의미에서 전하(charges, 전기충전)된 것은 모든 곳에 존재한다는 것을 함의한다고 언급했다(CN 146)." 아인슈타인 역시 상대성 이론을 통해서 물질과 공간은 단순정위로 설명되지 않는다고 말한다. "물질이란 거대한 에너지의 저장고를 나타내며, 또한 이 에너지도 물질을 나타낸다는 것을 알 수 있다. 이처럼 우리는 물질과 장 사이를 질적으로 구분할 수 없다"(Einstein, 1938:242). 동일한 맥락에서 화이트헤드는 새로운 과학적 사유를 받아들여서, "모든 장소는 다른 모든 장소에 있어서의 자신의 양상을 포함하고…모든 시공적 입각점은 세계를 반영하고 있는 것"(SMW 133/144)이라고 주장한다. 그리하여 화이트헤드는 현대 과학 "이론이 단순정위가 사물들이 시공간 속에 포함되는 기본 방식이라는 생각을 전적으로 버린다는 점만을 분명히 해 두고자 한다. 결국, 그것은 모든 사물은 언제나 모든 곳에 있다고 할 수 있다"(SMW 133/144)는 명제를 수용하는 것이다.

2.2 실체와 주어-술어 문법 형식

근대 철학자들이 아리스토텔레스의 실체 관념을 비판하고, 존재론에 대한 다양한 논의를 제시함에도 불구하고, 아리스토텔레스가 정교하게 설치한 주어-술어 형식의 그물에서는 결코 빠져나가지 못했다. 이것이 고대 이래로 서구 철학이 사실을 궁극자로 보게 되는 원인이 되며, 실제로 아름다운 삶을 추상화시켜서 기술하게 되는 이유이다.

> 많은 철학자가 아리스토텔레스의 〈실체〉 관념을 명확한 진술로 비판하면서도, 그들의 논의를 통해서 암암리에 명제의 〈주어-술어〉 형식이 현실세계에 대한 최종적이고도 충분한 언명의 방식을 구현하고 있는 것으로 가정한다는 사실이다. 아리스토텔레스류의 〈제 1실체〉가 낳은 악은 바로 이처럼 명제의 〈주어-술어〉 형식을 형이상학적으로 강조하는 습관인 것이다(PR 30/93).

아리스토텔레스의 논리학은 주어-술어의 일항 논리에 근거한다. 이것은 추상적 분석의 도구로는 유용하나, 우리의 직접 경험을 크게 왜곡하는 경향이 있는 것과 마찬가지로 근대 과학과 철학 역시 이러한 분석 도구를 이용하는 까닭에 사물에 대한 인식은 왜곡될 수밖에 없었다.

> 근대 철학은 모두 주어와 술어, 실체와 성질에 비추어 … 세계를 기술하려는 난점을 둘러싸고 움직이고 있다. 그 결과는 그것은 언제나 … 우리의 직접 경험을 왜곡시킨다(PR 49-50).

설사 자연에 대해 정확한 관측을 하더라도, 주어-술어 형식으로는 자연에 대한 충분한 기술을 할 수 없다. 다시 말해 이것은 "실체와 속성의 관계를 제외하고는 어떠한 관계들도 전혀 수용하지 않는"(CN 192) 것이다. 실체는 "본질적인 성질로 특징지어지고 우연적 관계와 우연적 성질의 여러 변화 가운데서도 여전히 그 수에 있어 하나로 남아 있는 것"(PR 79/176)이라고 보는 것이다. 예를 들어, '인간은 이성적이다.'라고 할 때, 이것은 결코 참된 명제가 아니다. 인간은 오직 간헐적으로만 이성적'(PR 79/176)임에도 불구하고, 주어와 술어 형식에 의해 '잘못 놓인 구체성의 오류'(fallacy of misplaced concreteness)에 빠지게 되는 것이다.

일상적인 예를 들어보자. 6월에 날씨가 화창한 날, 삼천포에 구경을 갔다. 바다를 보고서, "우와! 정말 바다가 푸르다."라고 말했다고 하자. 우리는 주어와 술어라는 문법구조를 실체-속성 구조로 확장하면, 실체가 바다가 되고, 술어는 푸르다가 된다. 그런데 우리가 볼 때 푸른색이었던 바다가 직접 들어가서 경험을 해보니, 투명한 무색이었다. 그렇다면 푸른색은 바다에 속하는 것이 아니고, 다만 인간의 사유에 의해서 빚어진 것인가? 이것이 푸름이라는 것은 물체라는 대상의 제 1성질이 아니고 제 2성질이라고 규정하게 되고, 결국 근대 인식론이 관념론으로 나아가게 되는 전초를 제공한다.

화이트헤드는 일상적인 경험을 설명하기 위해서 아리스토텔레스의 논리학과는 다른 논리학이 필요하다는 사실을 언급하며, 이것을 『자연의 개념』에서 일항 관계가 아니라 다항관계의 필요성이라고 말한다.

> 다수의 관계로 이루어진 궁극적 사실을 진지하게 받아들이기를 완강하게 거부하는 철학자들을 비판하면서 … 다수의 관계라고 하는 것은 구체적인 사례에서 사건의 관계가 반드시 두 가지 이상의 관계항을 포함한다는 것을 의미한다(CN 150).

우리가 구체적으로 경험하는 푸른색이라는 것은 물의 상태, 대기의 기온, 빛의 정도, 관찰자의 감각기관, 및 그 사건을 제약하는 다수의 요인을 포함하는 여러 가지 변항의 함수로서 복합적 다항관계에 진입되는 순간적이고 의존적인 상태를 수반하는 질적 사건이다. 즉 "파랑에 대한 감각의식은 파랑과 관찰자의 지각하는 사건, 장소 그리고 그 이외의 개입된 사건들 사이에 존재하는 관계에 대한 감각의식"(CN 152)이라는 것이다. 물론 "자연을 실재의 두 체계로 이분화함으로써"(CN 152) 대상을 명석 판명하게 지각하는 것이 가능하게 되었다. 하지만 이분법적 도식은 "일상생활의 평범하고도 굽힐 수 없는 엄연한 사실"(PR xiii/43)을 황폐화시키는 사태를 불러왔다. 따라서 직접적으로 감각된 푸르다는 것은 여러 개의 항의 관계에 의해서 빚어지는 것이지, 단지 하나의 항인 주어에 의해 제한되는 것은 아니다. 실재 세계에서 물질적 실체나 정신적 실체와 같은 독립적인 하나의 항에 의해서 제한되는 것은 이 세상에 존재하지 않는다. 실체와 속성 및 주어와 술어라는 일항 관계에 의해서, 우리는 아름다움이 자연에 있지 않고, 오직 인간의 의식 속에만 존재하는 것으로 설명하는 잘못을 범하게 되었다.

> 물체는 실재에 있어 물체에 속하지 않는 성질들을 갖고 있는 것으로 지각되는데, 이 성질들은 사실상 순전히 정신의 산물인 것이다. 따라서 실제로 우리 자신에게 마땅히 돌려져야 할 명예를 자연이 대신 얻고 있는 것이다. 그렇다면 장미꽃은 그 향기를, 꾀꼬리는 그 노

> 래를, 태양은 그 광휘를 우리에게 차용한 것이 될 것이니……자연은 소리도 없고, 냄새도 없고, 빛깔도 없는 무미건조한 것, 목적도 의미도 없는 물질의 어수선한 준동에 불과한 것이 되고 만다(SMW 80/89).

이처럼 자연을 제 2성질의 주관적 세계와 제 1성질의 객관적 세계로 분리시킨 결과, 자연이라는 현실태에 내재하는 심미적 파노라마를 상실해 버리고, 우리의 경험 또한 물 자체를 인식할 수 없게 되었다. 따라서 그것은 근대 철학자에게 가치론과 인식론의 어려움에 봉착하게 된 주된 요인이 되었다.

2.3 수동적인 물질: 공허한 현실태 개념

실재를 이분법적으로 도식화됨으로써, 근대 관념론은 정신에는 능동성을 부여하나, 물질에는 수동성만을 제공했다. 또한, 과학적 유물론은 물질은 기계적인 원인만으로 설명할 수 있다고 보았다. 그래서 "공허한 물질은 수동적으로 존속하고, 하나의 원초적인 개별적 속성을 가지며 우유적 모험(accidental adventures)"(PR 309/539)만을 한다. 그러므로 물질적 실체는 "주체적 직접성이 없고"(PR 29/92), "자기 향유를 결여한"(AI 219/342) 존재로 간주했다. 반면에 화이트헤드는 자신의 패러다임을 "유기체"라고 하며, 그것은 "물질의 근원적 요소 하나하나는 기초가 되는 에너지, 곧 활동력의 수축과 팽창으로 이루어지는 진동으로 간주될 수 있다."(SMW 148/160)라고 한다. 그렇다면 종래 물질이 가졌던 지위는 에너지로 대체된다. 즉 "질량이란, 에너지가 산출하는 역학적 효과 가운데 일부와 관련해서 고찰되는 에너지의 양"(SMW 148/160)에 지나지 않는다는 점에서 뉴턴이 말한 딱딱하고 단단하며 침투할 수 없는 원자는 더 이상 존재하지 않으며, "원자도 유기체"(SMW 149/160)가 된다.

화이트헤드는 "에너지는 여러 사건으로 이루어지는 조직체의 양적 양상"(quantitative aspect of a structure of happenings)(SMW 149/160)이라고 한다. 이런 시각으로 '바다는 푸르다'는 명제를 예로 들어 설명하면, 바다는 에너지라는 다항 사건으로 이루어진 조직체이며, 푸르다는 것은 "자연의 사건들 속으로 진입한 것"(CN 152)이다. 다시 말해 바다는 "유기체적인 결집계"(organized system)(SMW 52/64)라고 할 수 있으며, '푸르다'가 진입된 하나의 사건이 실현된 것이다.

화이트헤드는 물질은 또한 "자연의 벡터 구조로 기술할 수 있다."(AI 188/297)라고 본다. 벡터는 방향과 크기라는 속성 때문에 "현재 속에서 활성화되고 있는 과거의 내재설"(AI 188/297)을 설명할 과학적 근거가 된다. 이렇게 되면, 근대 경험론에서 대상에 대한 원초적 지각을 인상으로 하고, 그 인상에서 대상과 대상의 관계를 찾을 수 없다는 논변에 대한 과학적 반박을 제공할 수 있게 된다. 즉, 물질이 갖는 벡터적인 힘은 하나의 원인이 되며, "원인은 자신의 느낌을 그 새로운 주체에 의해 그 자신의 것으로서, 그러면서도 그 원인과 분리될 수 없는 것으로서 재생되도록 넘겨주는"(PR 237/430)것을 할 수 있게 된다.

그런데 인과성의 문제를 제기할 때, 빠뜨릴 수 없는 두 명의 위대한 철학자인 흄과 칸트는 인상을 가장 원초적인 지각으로 보는 것에 동의한다. 인상으로 본 물질과 물질 사이에는 어떤 연관성도 없다. 물질은 단지 그 장소에만 있을 뿐이다. 이러한 이유로 흄과 칸트에게 인과성은 정신의 성향이거나 정신의 형식으로밖에 볼 수 없는 것이다. 그러나 화이트헤드에게는 물질이 벡터라는 힘을 갖고 있기 때문에, 정신에만 구성능력이 있다는 것에 반대한다. 그래서 칸트 철학이 '코페르니쿠적 전회'를 하였다면, 화이트헤드의 철학은 '아인슈타인적 전회'를 한 것이다. 즉 "칸트에 있어서 경험을 성립시키는 과정은 주관성으로부터 현상적인 대상성으로의 과정이다. 유기체 철학은 이러한 분석을 역전시킨다. 그래서 과정을, 대상성으로부터 주체성으로…나아가고 있는 것"(PR

156/299)으로 설명한다.

앞서 살펴본 바와 같이 화이트헤드는 관념론의 방식이 아니라 실재론의 방식으로 문제를 재검토한다. 대상을 구성하는 것은 지각자가 아니다. 반대로 지각자를 구성하는 것은 다수의 대상이라는 것이다. 경험의 각 행위는 자기 창조적임은 분명하다. 그러나 "자기 창조적 경험은 그 자신의 여건을 구성하는 것이 아니고, 다만 실재의 순간에 있어 그 여건에 대한 새로운 심미적인 통일성"(안형관 옮김, 1999:199)을 제공하는 것이다. 그 결과, 화이트헤드는 '주체–대상'이라는 쌍보다는 '주체–자기초월체(subject–superject)'쌍 개념을 사용한다. 그럼으로써 화이트헤드는 이원론을 극복할 뿐만 아니라, 대상이 갖는 힘을 통한 새로운 구성방식을 보여준다.

우리가 일상적으로 접하는 의자, 책상, 자전거, 소를 보고 있을 때, 하나의 개체를 생각한다. 그 스스로 존재하며, 타자를 필요로 하지 않는 개체라는 개념을 연상한다. 이것 역시 과학적 유물론에서 사용하는 원자 개념이 은유적으로 사용된 경우이다. 물론 "영속적 성질을 유지하고 있는 존속하는 실체라는 단순한 관념은, 생활상의 많은 목적에 있어 유용한 추상을 표현하고 있다. 그러나 형이상학의 경우 이 개념은 전적으로 그릇된 것이다"(PR 79). 화이트헤드에게 바다는 '유기체의 결집계'라고 했다. 마찬가지로 일상적인 개체라고 부르는 것 역시 사건이 실현된 '유기체의 결집계'라고 할 수 있다. 이때 실현이란, "각기 어떤 한정된 길이의 시간을 점유하고 있는 완전한 형태의 원자성으로서"(SMW 185/193) 존재한다. 따라서 "시간화되는 것은 가분적이지만, 시간은 원자적인 것"(SMW 185/193)이다.

화이트헤드에게 실재는 내적 관계를 맺고 있을 뿐만 아니라 "원자적"(PR 35)이다. 그는 원자의 의미를 진동주기라는 개념으로 이해할 필요가 있다고 한다. 진동주기는 자신을 드러내기 때문에 어느 한순간에 있어서 존재할 수는 없으며, "원자화된 연장량"(PR 73) 혹은 "전체로서의 양자"(PR 283)이다. 즉 물리적 실현이란 어떤 폭을 지니는 시간적 양자를 요구한다. 따라서 화이트헤드에 의하면, "시간에 있어 지속이 없는 하나의 순간이란 상상에 의한 논리적 구성물"(SMW 95/106)에 지나지 않는다.

> 실재에 관한 우리의 인식은 문자 그대로 지각의 싹 내지 방울과 같은 것들에 의해서 확대된다. 지성적으로는 그리고 반성을 통해서는 이러한 싹이나 방울이 여러 구성요소로 분할될 수 있지만, 직접 주어진 것으로서 놓고 볼 때는, 하나의 전체로서 생기든가 아니면 생기지 않든가 그 어느 한쪽이다(PR 68)

따라서 그는 현실적 계기를 "획기적 계기"(epochal occasion, RM 78)로 쪼개질 수 없다는 의미에서 비연장적인 것으로 이해한다. '획기'라는 의미는 정지 혹은 주기라는 개념으로 이해될 수 있다고 한다(SMW 182-183/190-191).

화이트헤드는 이와 같이 '관계'와 '개체'의 개념을 과학적 유물론이 아니라 유기체의 관점에서 새롭게 구성한다. 이때 그가 가장 중요하게 생각하는 일반적 관념이 '공재'(togetherness)인데, 이성적 존재뿐만 아니라 모든 존재가 공재능력이 있음을 의미한다. 이것은 "어떤 사물도 경험의 구성요소라든가 자기를 창조하고 있는 계기인 과정의 직접태"(AI 236)로 존재할 수 있음을 의미한다. 따라서 공재라는 의미는 철학적으로 "다자 가운데 일자로, 그리고 다자의 구조에서 생기는 일자로 있다는 자기 향유"(PR 145/282)를 의미한다.

3. 실체 철학과 조직이론

2장에서 화이트헤드의 철학이 뉴턴 패러다임과는 대척점에 있는 다른 자연과학 및 논리학에 기초를 둔 유기체 패러다임이라는 사실을 제시했다. 그는 뉴턴 패러다임의 근본 전제에 대한 비판을 통해서 철학에 대한 새로운 탐색을 시도했다. 하지만 화이트헤드가 뉴턴 패러다임과 아리스토텔레스 논리학을 통해 제시된 근대 철학의 전제들을 비판하였지만, 그 역시 뉴턴 패러다임이 응용된 조직이론에까지 자기 입장을 적용해 보지는 못했다. 이 장에서 우리는 조직이론에도 뉴턴 패러다임의 근본 전제인 '과학적 유물론(scientific materialism)' 혹은 '기계론'의 입장에서 전개된 조직이론이 무엇인지를 살펴보고, 그것이 결국 어떤 문제에 봉착하게 되는지를 살펴볼 것이다.

인간은 사회적 동물이다. 사회라는 단어를 조직으로 바꾼다면, 인간은 조직의 동물이라고 해도 틀린 말은 아닐 것이다. 그런데 복잡함과 모호함으로 가득 찬 조직을 이해하고 해석하는 데에는 다양한 관점이 존재한다. 버렐과 모건(Burrell & Morgan, 윤재풍 옮김, 1990)은 주관-객관 차원과 규제-변동 차원을 도입하여 조직이론을 네 가지 패러다임, 즉 기능주의 조직이론, 해석학적 조직이론, 급진적 조직이론, 반조직이론(급진적 인간주의)으로 분류한 바 있다. 여기서 기능주의 조직이론이 자연과학에 가장 가까운 방식으로 조직을 보고 있다는 점에서 이것과 화이트헤드 철학과의 연관성을 짚어볼 수 있다.[4] 먼저 기능주의 조직이론의 효시격인 과학적 관리론을 주창한 테일러(Tayler, 1856-1915)는, 경제인 인간관의 가정 하에 최적의 작업방법을 설계하면 최대의 성과를 올릴 수 있다는 식의 기계적 조직관을 표방하였다. 인간관계학파도 기능주의 조직이론의 범주에 속한다. 인간관계학파의 창시자인 뢰들리스버그(Roethlisberger)와 딕슨 & 딕슨(Dickson)의 호손(Hawthorn) 실험(1939)은 초기 단계에서 물리적인 작업조건과 효율성 간의 관계에 초점을 맞추었다. 그런데 호손 실험도 기계적 인과론의 틀

4 반조직이론은 실존주의, 개인주의, 비판이론에 기반을 두고 있고, 해석학적 조직이론은 현상학과 해석학에 기반을 두고 있다는 점에서 이 두 조직패러다임은 관념주의 색채가 강하다고 볼 수 있다. 한편 갈등이론과 마르크스주의에 기원을 둔 급진적 조직이론은 변화를 중요하게 생각한다는 측면에서 화이트헤드 철학과 유사성이 있으나, 이 역시 유기체 철학의 맥락에서는 많이 벗어나 있다(윤재풍 옮김, 1990: 6-21 참조).

을 크게 벗어나지 못한 것이다. 호손 실험이 진행되면서 비로소 실험자들은 직장 상황에서 '인간들 간의 사회적 관계'의 중요성에 주목하기 시작했지만, 여전히 기계적 균형체제는 호손 모형의 기초를 이루는 중심 개념으로 남아 있었다. 인간관계학파 이후에 인지이론에 기반을 둔 동기부여이론들이 등장하였는데, 그중에서 서구적 합리주의 전통에 가장 가까운 것이 기대이론(expectancy theory)이다. 이 이론은 인간행위의 궁극적 동기를 즐거움의 최대화와 고통의 최소화로 본다는 점에서 공리주의 전통에 서 있다. 결국, 기능주의이론에 속하는 과학적 관리법, 인간관계학파, 인지모형 등은 근대 과학적 유물론 혹은 실체적 패러다임의 변형에 불과할 뿐이다. 앞서 언급한 조직이론들이 주로 조직 내부에만 초점을 두었다면 기능주의 조직이론의 대표주자 중의 하나인 상황적합이론(contingency approach)은 개방체계모형으로서 환경과 상황의 문제를 조직이론 영역에 본격적으로 끌어들인다. 그런데 상황적합이론에서는 환경을 조직과 외적 관계를 맺는 것으로 바라본다. 이것이 바로 화이트헤드의 유기체 이론이 상황적합이론과 결별하는 지점이다. 요컨대 외적관계로 환경과 조직을 인식한다는 점에서 상황적합이론은 여전히 단순정위라는 기계적 인과론의 한 유형에 지나지 않는다(윤재풍 옮김, 1990: 146-267 참조).

한편, 조직 내 제도적 메커니즘을 분석하는 기본적 두 가지 패러다임이 자유주의와 공동체 주의이다. 배종석 외(2009)는 두 가지 패러다임을 통해서 기업지배구조, 사회적 자본, 인적 자원관리, 그리고 기업이론의 다양한 논의를 다음과 같이 〈표 1〉로 정리한다.

자유주의는 홉스, 로크, 칸트, 밀 등의 사상에 기반을 두고 있으며, 그 가장 큰 특징으로 개인주의와 공리주의 원리를 들 수 있다. '경제적 존재'로서 인간은 자기 이익을 추구하는 방향으로 위험을 회피하고 거짓 약속을 할 수 있는 등의 특징을 지닌 존재로 보았다(Eisenhardt, 1989; Williamson, 1975). 이와는 달리 공동체주의는 아리스토텔레스(Aristoteles)와 헤겔(Hegel)에 뿌리를 두고 있으며, 그 특징에는 정체성의 원리, 구성원들의 자율적 참여, 다원성의 원리 등이 속한다. 여기서는 인간을 '사회적 존재'로 가정하고, 신뢰를 바탕으로 성실한 거래를 통해서 인간 상호 간에 효용 가치를 극대화할 수 있다고 본다 (Ghoshal & Moran, 1996).

〈표 1〉 경쟁적 패러다임과 인사조직 연구영역 논의의 요약

인사조직 주제	자유주의	공동체주의
핵심주장	·자유인(free gaent)의 개인적 자유와 선택의 자유 강조. ·옳음이 좋음에, 그리고 본성이 목적에 우선. ·가격이 조정역할	·관계인(relational agent)의 호혜성 (mutuality)을 강조 ·참여와 협력을 통해 공동의 목적과 다른 사람들의 성공에 기꺼이 기여. ·신뢰가 조정역할
인간에 대한 기본 가정	·원자화된 자유행위자. ·이기심을 추구하는 경제적 인간 (homo economicus)	·관계인: 연고적/구성적 자아 ·호혜성에 기반을 둔 정치적 인간
사회적 자본	·개별행위자를 합리적이고, 목적지향적이며, 자신의 효용을 극대화하려는 존재로 상정. ·사회적 자본에 의한 개인의 경제적 혜택을 강조하는 도구적 측면을 강조. ·사회적 자본의 '사유재'(private good) 측면과 이 과정에서의 개별행위자에 초점.	·이익을 극대화하려는 개인의 행위가 규범, 문화, 네트워크 특성과 같은 구조적 속성에 의해 제한받게 됨을 강조 ·개별행위자들의 사회적 관계에 의해 형성되는 생성적 속성(emergent property)의 문화, 계급, 공동체적 특성, 가치체계, 제도 등의 사회 구조적 특성 측면을 강조. ·사회적 자본의 '공공재'(public good) 측면과 이 과정에서의 사회적 시스템 전체의 특성에 초점.
지배구조	·주식회사의 대리인과 주주관계에서 대리인 문제가 발생. ·조직은 대리인 비용을 최소화할 수 메커니즘을 모색. ·이사회를 통한 경영자의 감시가 그 하나의 메커니즘	·주식회사의 대리인은 성실한 집사처럼 주주를 위해 복무할 것. ·이사회의 가장 중요한 책무는 경영자의 고문으로서 회사 경영에 도움을 주는 것. ·이사회의 제일 큰 업무가 경영자를 감시하기 위한 것은 아님.

인사조직 주제	자유주의	공동체주의
인적자원 관리	·조직 내 구성원간 혹은 조직단위 간 경쟁과 그룹화를 통한 관리. ·핵심적인 개별 인재를 확보하고 유지하며 이들을 통한 가치창출을 추구. ·사람들의 동기부여를 위해 강도 높은 인센티브를 제공.	·조직 내 구성원 전체를 비교적 동질적으로 관리. ·조직의 가치에 대한 적합한 인재를 선발하고 이들의 자발적 참여와 협업을 통해 가치창출을 추구. ·사람들의 동기부여를 위해 다양한 직원가치명제를 제공하며, 인센티브 강도는 상대적으로 약한 편임.
기업이론	·기업은 비대칭적 정조를 가진 개인 간 이해관계의 다툼을 해결하는 조정장치. ·고용관계 혹은 재산권에 기초해서 이해관계의 다툼을 조정하는 계약의 한 형식.	·기업의 상대적 효율성의 원천으로 행위규범의 공유, 인지체계의 공유, 그리고 사회정체성에 기반을 둔 지속적 거래관계 등을 제시함. ·상호 간 신뢰, 일반화된 상호주의 등의 비계약적인 그리고 자발적인 이행수단을 통해 자산특이성이 높은 투자를 유도함

조직이론뿐만 아니라 철학 및 사회학에서도 자유주의와 공동체주의에 관한 논쟁은 해묵다고 할 만큼 오랫동안 전개되어 왔다. 일반적으로 자유주의자와 공동체주의자를 나누는 근거가 무엇인가? 자유주의자는 개체를 우선시하고, 공동체주의자들은 관계 혹은 공동체를 우선시한다고들 한다.[5] 그런데 이 두 가지 패러다임 모두 극단적으로 추구될 경우에 문제점에 직면하게 된다. 개체의 선차성을 주장하는 자유주의 입장에서 반드시 생기는 문제가 '소외'이며, 관계를 중시하는 공동체주의자는 '파시즘', '집단주의', '닫힌 민족주의 혹은 국가주의'의 유혹에 빠져들 수 있다. 자유주의와 공동체 패러다임이 안고 있는 문제는 자본주의 사회체제와 헤겔 철학 이 두 가지가 결합되어 초래된 것이다. 그런데 조직이론에서 자유주의자와 공동체주의의 대표적인 사상가로 들고 있는 데카르트, 홉스, 칸트, 아리스토텔레스, 헤겔 등은 모두 실체 철학 혹은

5 우리는 현대 공동체주의와 개체주의 논의에서 Taylor와 같이 개체와 공동체의 개념을 화해, 혹은 조화시키려는 시도가 전개되고 있음은 분명하다. 그런 논의의 중요성에도 불구하고, 여기서는 논의를 제한하기 위해서 근대 철학자들 가운데 자유주의와 공동체주의자로 한정할 것이다.

정적 범주에 기초를 두고 있다.[6] 다시 말해서 그들은 실체의 개념에서 한 번도 벗어난 적이 없다는 것이다.

그렇다면, 화이트헤드의 '개체'와 자유주의자의 '개체'의 차이점이 무엇인지 간단히 살펴보자. 화이트헤드는 자유주의에서 논의하는 경제적 인간에 대해서는 명시적으로 그 문제점을 밝히고 있다. 추상화된 도식 내에서 인간을 경제적 측면에만 한정해 보는 것은 유용성의 입장에서 긍정적으로 바라볼 수 있다.[7] 하지만 시장과 경쟁으로만 인간을 바라보는 것은 매우 제한적이며, 인간의 삶에서 아름다움과 윤리적 측면을 도외시하는 경향으로 나아갈 수밖에 없다. 화이트헤드의 다음과 같은 말은 이러한 경향을 적확하게 드러내고 있다.

> 정치 경제학은 그 속성상 추상화시킨 인간만을 대상으로 삼는다. 즉 정치 경제학은 그 관점을 '경제적 인간'이라고 하는 전제에 국한시키는 것이다. 그리고 그것은 많은 중요한 인간적 요소를 외면한 채, 시장과 경쟁에 관한 가설을 세우고 있다. … 어느 정도까지는 이 도식은 매우 중요하다. … 그러나 어떠한 도식이든지 그 유효성에는 매우 정확한 한계가 있다. 그 도식이 그것의 적합한 범위를 넘어서서 적용될 때에는 반드시 오류의 결과가 생겨난다(FR 75).

여기서 보는 인간은 "상업상의 업무를 수행할 때 사용되는 추상관념"(SMW 291/291)이며, 그 외의 가치는 일요일에 성직자를 만났을 때만 사용하게 되어도 전혀 이상하게 생각하지 않는 것이 자유주의자의 입장이다. 다시 말해서, "경쟁을 위주로 하는 상업 도덕의 신조는 … 노동자는 노동의 공동 자원에서 끌어온 단순한 일손으로 밖에는 간주되지"(SMW 292/292)않는 인간관을 품고 있는 것이다. 결국, 이것은 자유주의 패러다임의 개체 혹은 원자의 개념이 뉴턴의 과학적 유물론에

6 화이트헤드는 PR에서 플라톤 이래로 17세기와 18세기에 이르기까지 과정을 존재론적으로 우선시한 대표적인 철학자는 없다고 한다. 대다수의 실체 범주를 사용하며, 과정은 그 실체의 하위 존재로 보았을 뿐이다(PR에서 〈과정〉의 장을 참조).

7 이것은 화이트헤드가 뉴턴의 과학이 '추상적 도식'으로는 가장 명확한 진술이라고 한 점과 일맥상통한다(PR에서 2장을 참조).

기반을 두고 있음을 짐작할 수 있다. 따라서 "각 존재는 발현하는 개별적 가치를 갖는다는 관념이, 각 존재는 각기 독립된 실체로서 존재한다는 전혀 다른 관념으로 변형되어 버린 것이다"(SMW 279/281).

어쩌면, 자유주의자의 개체가 실체 철학에 가깝다는 것은 쉽게 이해할 수 있다. 그런데 원자보다는 공동체 및 관계를 중시하는 공동체주의자들의 입장은 화이트헤드의 유기체 철학과 매우 흡사해 보이기 때문에, 그 안에서 공동체를 실체로 보고, 비판을 제기하는 것은 결코 쉬운 일이 아니다. 하지만 아리스토텔레스와 헤겔과 같은 공동체주의자들 역시 사실 혹은 실체를 궁극자로 보며, 공동체를 '부동의 동자' 혹은 '정신'과 같은 실체로 보고 있다는 점을 염두에 두고 논의를 진행해 보자.

헤겔은 "보편적이고 자기동일적인 불멸의 실체로서의 정신은 만인의 행위를 받쳐주는 확고부동한 토대이자 출발점이며 동시에 모든 자기의식의 사유 속에서 본원적으로 깃들어 있는 목적"(임석진 옮김, 2005:2권 19)이라고 한다. 이 정신이 "지금껏 공동세계를 떠받치는 인륜적 실체"(2005:2권 19)라고 하며, 또한 "인륜적이라는 것은 본래 공동성을 띤 것으로 혈연상의 관계라고 하더라도 본질적으로는 정신적인 것"(2005: 2권 26)이라고 한다. 이때 인륜적 공동체는 가족, 민족, 국가이며, 그것은 순서대로 나타난다. 그런 점에서 공동세계에서 개별성은 "인륜적 실체가 자기의식에 힘입어 현실의 실체가 되면서 절대적인 정신이 현존하는 수많은 의식으로 구체화되어 나타나는 것"(2005: 2권 24)이라고 한다. 헤겔은 이와 같이 공동체를 떠받치고 있는 실체로서의 정신이 있으며, 이것이 개별자에게 현전하고 있다고 주장한다. "절대정신이란 공동체의 정신 바로 그것으로, 이는 방관자로서의 우리에게는 이성의 실천적 형태를 다루는 데서 이미 절대 존재로 나타나는 것"(2005: 2권 24)이다. '인륜'과 '공동체'라는 단어를 헤겔이 사용하고 있기 때문에, 그에 철학은 마치 자유주의자에 대한 적절한 대안과 비판으로 이해하기 쉽다. 하지만 헤겔이 사용하는 공동체와 인륜은 실체이기 때문에, 이미 외부와의 소통이 단절된 성 안의 공동체일 뿐이다.

또한, 헤겔은 절대정신인 이성은 그 자체로 서구의 정태적인 신을 모델로 삼고 있다. "신만이 가장 현실적이요. 오직 신만이 참으로 현실적이라는 것"(서동익 옮김, 1983:66)이다. 그런 점에서 헤겔에게서 "역사란 그 자체로 이미 목적/종말인 이성이 자기를 외화하여 전개해 가는 과정이며, 신이 세계를 만들어 바꾸어 가는 주체인 것처럼, 이성이 자기 외부에 있는 모든 것을 점차 포괄해 가면서 역사를 만들어 가는 주체"(이진경, 2009: 56)이다. 그래서 역사에 있어서의 정신은 "일반적인 성질을 갖는 개체이며, 규정된 개체, 곧 민족일반이라는 것"(임석진 옮김, 1992: 57-58)이다. 다시 정리하자면, 정신은 실체이며, 이 실체는 공동체 혹은 민족이라는 절대적 자유를 실현하는 것을 의미한다. 따라서 "실체의 바깥에서 진행되는 듯이 보이는 것, 그리고 바로 그 실체에 반하는 행위인 듯이 보이는 것들은 모두가 실체 자체의 활동에 지나지 않을뿐더러 이제 실체는 본질적으로 주체일 수밖에 없다는 사실"(임석진 옮김, 2005: 2권 92-93)이다. 이와 같이 헤겔은 정태적인 신 범주에 토대를 둔 공동체 혹은 민족 개념을 설정하기 때문에, 여기서는 배타적인 민족주의와 국가가 필연적으로 도출될 수밖에 없는 것이다.

> 〈부동의 동자〉로서의 신 관념은 적어도 서구 사상에 관한 한, 아리스토텔레스에게서 비롯되었다. 〈탁월하게 실재적인〉 것으로서의 신 관념은 기독교 신학이 애호하는 학설이다. 이 두 관념이 결합되어, 근원적이며 탁월하게 실재적인 초월적인 창조자, 즉 그의 명령으로 세계가 존재하게 되고 그가 강요하는 의지에 그 세계가 복종하는 그런 초월적 창조자라는 관념이 된 것은, 기독교와 이슬람교의 역사에 비극을 야기시켜 온 오류이기도 하다(PR 342/588).[8]

8 화이트헤드는 9·11테러가 발생할 수밖에 없는 역사적 비극을 이미 예언하고 있는 것처럼 말을 하고 있다. 그는 초월성, 탁월성, 근원성을 믿는 기독교와 이슬람교는 외부를 언제나 열등한 사회라고 보며, 그 사회를 인정할 수 없는 시스템을 갖고 있다고 본다.

그렇다면 헤겔에게 공동체와 개체의 관계는 어떠한가? "양자는 각기 서로가 불가분의 절대적 독자성을 띠는 가운데 서로를 결합하는 어떤 매개에도 동참하는 일이라곤 없다. … 공동체를 등에 업고 현존하는 개인을 부정하는 그러한 행위이다."(임석진 옮김, 1992: 2권 163). 다시 말해서 헤겔에게는 공동체로서 정신만이 실재로 인정을 받으며, 개체는 단지 그와 같은 공동체로서의 정신의 활동을 위한 부수적인 지위를 부여받을 뿐이다. 이것은 정태적인 범주에 기반한, 실체적 공동체를 의미한다.

그러나 화이트헤드는 정신이 물리적 경험의 "반작용이며 그것과의 통합"(PR 222)이라는 측면에서는 인정을 하나, 헤겔처럼 "현실태들을 통합하는 별개의 정신성(모든 미국 시민 위에 있는 엉클 ·샘을 같은 것)을 요구해서는 안 된다."(PR 222)라고 주장한다. 따라서 정신은 각각의 신체와의 상호 작용에 의해서 발생하는 것으로 보아야 하고, 정신이 신체보다 우위에 있는 존재로 보아서는 안 된다.

그런데 헤겔은 "정신이란 신체에 생명을 불어넣는 구실을 하는 것이라는 성 토마스 아퀴나스의 스콜라적 견해"(PR 223)를 그대로 수용해서, '공동체'의 개념을 구성하고 있다. 하지만 화이트헤드의 철학에서, "유물론에서 문제되는 정신은 유기체의 기능"(SMW 278/280)에 지나지 않게 된다. 다시 말해서 화이트헤드는 "각 동물 신체 속에는 수백만 개의 생명 중추가 있다."(PR 108/222)라고 보기 때문에, 절대적인 중심이 되는 하나의 공동체 혹은 '정신'이 있다고 보지 않는다. 즉, 화이트헤드는 우리 신체 속에는 이미 수많은 사회와 공동체가 우글거리고 있다고 한다(Cobb, 2007).

> 높은 유형의 살아있는 신체에 있어서는 그 신체를 통한 그들의 계승 경로에 의해 조정되는 계기들의 여러 등급이 있어서, 그 계승의 독특한 풍부성이 그 신체의 몇몇 부분에 들어 있는 계기들에 의해 향

> 유되도록 되어 있다. 마지막으로, 두뇌는 계승의 독특한 풍부성을, 때로는 이 부분에 의해, 또 때로는 저 부분에 의해 향유할 수 있도록 조정되어 있다. 이렇게 해서 이 특정 순간에 신체 내에 통합적인 인격성이 산출된다(PR 108/223).

이와 같이 화이트헤드에게는 "정신의 존속은 신체가 구성되는 보편적 원리에 있어 또 하나의 실례에 지나지 않는"(PR 109/224) 것임에도 불구하고, 헤겔은 정신을 하나의 실체로 보고, 또한 그 정신을 통해 구성된 공동체 역시 하나의 실체로 간주한다. 이 경우에 추상적인 보편자가 구성된 공동체에는 어떤 외부도 상정할 수 없다. 그것은 외부와 단절된, 스스로 독립적으로 존재하고 존속하는 공동체로 존재할 뿐이다.

한편 이진경은 서로 상이한 속성을 가진 공동체를 제시하는데, 그것은 실체 공동체와 과정 공동체로 명명할 수 있다. 외부에 대해 적대적이고 폐쇄적인 한편, 내부에서 자신들만의 동질적인 세계를 건설하려는 꿈들이 결부된 공동체가 존재한다. 정체성/동일성에 대한 집착을 보이면서 공동체의 전통과 기원, 그것에 결부된 모든 고통의 기억만을 안고서, 자신들만의 내부적인-친숙한 세계에 정주하려는 그런 태도의 공동체이다. 여기에는 외부가 없다(이진경, 2009:19). 이것이 헤겔 공동체의 모습이며, 실체 공동체의 실상이다(2009: 56-57). 헤겔의 공동체주의를 표방한 국가나 민족이 타민족을 배척하고, 타 국가와의 전쟁을 피하지 않는 것은 이러한 공동체의 당연한 귀결인지도 모른다. 한편 또 다른 공동체는 "새로운 외부자와 접속하고 결합함으로써 만들어지는 차이와 변화 그 자체를 긍정"(2009:22)한다. 이 공동체는 외부의 "이질적이고 우연적 뜻밖의 것들이 결합하여 하나의 공동세계"(2009:21)로 구성된 것이다. 공동체에 거주하는 사람들은 "유지하고 보호할 어떤 동일성/정체성도 없다. 사람들이 새로 옴에 따라 끊임없이 변하는 세계에서 살아갈 뿐"(2009:19)이다. 우리는 이 후자의 공동체를 과정의 공동체에 대한 설명에 가까운 것이라고 부를 수 있다고 본다.

> 인간이 이동을 멈추게 될 때, 인간의 삶에서 향상도 멈추게 될 것이다. … 인간 영혼의 〈오디세이아〉에 자극과 양식을 주기 위해서는 인간 공동체(Communities) 사이에 차이(diversification)가 절대적으로 필요하다. 다른 습관을 가진 다른 나라는 적이 아니라 하늘의 선물(godsends)이다(SMW 298/297).

4. 유기체 철학과 조직이론

최근 세계 경제환경은 그 어느 때보다 기업에 효율성과 혁신의 동시적 달성을 강요하고 있다. 이러한 추세 속에서 최근 서구의 경영학 이론이 실체철학에 입각한 기능주의 패러다임의 대표 격인 1970~1980년대의 상황적 접근에서부터 크게 이탈하는 경향을 보이고 있다. 즉, 과거 이론들은 상황(예를 들면, 환경의 불확실성 또는 제품수명주기 등)에 따라 여러 상호 배타적인 경영전략과 조직관리 방법들(예를 들면, 유연성-효율성, 기계적 조직-유기적 조직 또는 Defender-Prospector-Analyzer 전략) 중에서 가장 적절한 것 하나를 선택할 것을 주장하였다. 그러나 최근 새롭게 등장하는 이론들은 이들 상호 모순적으로 보이는 가치, 목표, 전략, 관리방침 등을 동시에 추구하지 않고서는 기업이 생존할 수 없음을 강조한다(윤세준과 김상표, 2001). 이러한 시대적 상황에서 역설경영(Management of Paradox)이 출현하고 있다.

역설경영은 모순적 요소들이 자신의 내재적 속성을 최대한 발현하면서도 조율된 조화를 이루면서, 하나의 체계 내에서 상보적으로 공존할 수 있도록 하는 관리방식이다(Hampden Turner, 1990). 역설경영이 이루어지는 경우에 모순적 요소들은 서로 독립적이면서도 서로에게 의존하는 형태로 상대적 자율성을 가지고 체계 내에 공존한다. 모순적 요소들은 상호 간에 긴밀하게 연결되어 있지만, 그 정도가 과도할 정도는 아니어서 요소들이 체계의 작동에 독립적으로 작용할 수 있는 여지 또한 존재한다(윤세준과 김상표, 2000; Stacey, 1996). 이러한 주장은 일견 균형론적 사고와 유사한 것처럼 보인다. 하지만 역설경영은 적합성이라는 개념에서 출발하여 체계의 균형을 추구하는 상황이론과는 다르다. 모순적 경향성들에 동시적 공존은 체계 내에 이들 간 긴장이 상존한다는 것을 포함하기 때문에, 역설경영은 기본적으로 체계가 불균형(disequilibrium) 상태에 놓여 있음을 전제로 한다(Pascale, 1990). 따라서 역설경영은 불균형 속에서 균형을, 부조화 속에서 조화를 추구하는 것이다. 이처럼 역설경영 패러다임의 등장으로 말미암아 조직이론도 실체철학의 어두운 그림자에서 벗어날 전기를 맞고 있다.

우리는 3장에서 이미 자유주의와 공동체주의가 모두 실체 철학에 기반을 두고 있다는 사실을 간단히 기술하였다. 실체 철학의 한계를 공통적으로 안고 있는, 자유주의와 공동체주의에 대한 이분법적 구도로는 경영현상을 정확히 포착해내기 어렵다는 점을 지적한 바 있다. 그런데 역설경영 패러다임에 입각한 조직이론에서는 보전과 변화, 개체와 관계, 경쟁과 협동 등 모순적인 경향성이 동시에 발현될 수 있는 조직을 구축할 필요가 있음을 강조하고 있다. 예컨대, 마치(March, 1991)는 조직이 안정과 변화를 동시에 달성하려면 탐험(exploration)과 활용(exploitation) 전략 중 어느 하나 만에 의존하는 것이 아니라 둘 모두를 동시에 활용할 필요가 있음을 역설한다. 여기서 탐험이란 조직이 스스로 기존의 방식이나 지식을 버리고 새로운 방식이나 지식으로 전환하는 것이며, 활용이란 새로운 지식과 방식을 안정적으로 활용해서 동일한 방법이나 절차를 반복적으로 사용하는 것을 의미한다. 윤세준과 김상표(2000)에 따르면, 초우량 기업들은 모험과 활용 전략을 동시에 구사하는 혼합형(Hybrid) 전략을 채택하여 효율성과 혁신이라는 모순된 목표를 균형 있게 달성하고 있다. 나아가 루이스(Lewis, 2000)의 지적처럼, 탐험과 활용은 비록 모순적인 경향성이 있지만, 이 둘은 한 체계 내에서 내적으로 상호 연결되어 있기에 상보적으로 공존 가능하다.

경영전략뿐만 아니라 경영전략의 효과적인 실행에 가장 중요한 핵심 기제인 인적자원관리 영역에서도 역설경영의 필요성이 주창되고 있다. 윤세준과 김상표(2001)는 인사관리 유형을 크게 시장유형, 관료제 유형, 가족유형으로 구분하는데, 그중에서 시장유형은 인적 자원을 경쟁과 가격 기제에 의존하여 관리하겠다는 사고방식이다. 관료제 유형은 조직구성원들의 관계를 공식적 권한을 통해 조정하는 것을 의미한다. 가족유형에서는 전인격적인 이해와 몰입, 도움의 주고받음, 상호 성장 등이 강조되며 신뢰에 기반을 둔 인간관계가 형성된다. 다시 말해서, 시장유형은 개체 측면을, 가족유형은 공동체 측면을, 관료제 유형은 공식적인 질서를 강조한다. 이 논문의 결론은, 조직이 장기적으로 성과를 내기 위해서는 세 가지 유형의 인사방침이 조직에 공존해야 한다고 밝히고 있다. 요컨대 조직이 인적자원을 관리할 때도 모순을 수용하고, 더 나아가 기업이 이를 적극적으로 활용할 때 최고의 성과를 낼 수 있음을 지적한다.

특히 윤세준과 김상표(2001)는 "인간 자체가 이기심-애타심, 개인주의-공동체주의, 독립성-의존성, 경쟁-협력 등의 이중적 속성을 동시에 갖고 있는 모순적 존재"(Schneider, 1990: 33)임을 인정하면서 서양의 형식논리에 벗어나 동양의 음양 이론을 통해 조직 내 모순에 대한 이분법적 인식을 극복하고자 한다. 즉 역설경영의 원초적 생명력을 인간 본연의 속성에서 뽑아내고 동양의 음양오행론에 기대어 이 패러다임의 존재론과 인식론을 수립하려고 시도한다. 철학적 기반 없이 충분한 근거가 마련되지 않은 채로 성급하게 펼치는 주장이긴 하지만, 실체철학에서 벗어날 수 있는 단초가 윤세준과 김상표(2000, 2001)의 연구에서 발견할 수 있다는 점은 고무적인 것이다.

이상에서 우리는 역설경영 패러다임의 등장으로 말미암아 개체와 공동체, 독립성과 의존성 등의 문제가 조직이론에서도 대단히 중요한 개념으로 자리 잡아 가고 있음을 확인하였다. 그런데 조직이론의 이러한 논의에서 화이트헤드 철학이 어떤 암시나 기여할 수 있는 측면이 있을 것으로 기대한다. 이와 같이 생각하는 이유는, 그가 '사물의 본성'에는 이미 변화의 정신(spirit of change)과 보존의 정신(spirit of conservation)이 있다고 보기 때문이다.

> 사물의 본질 그 자체에는, 우리가 어떠한 영역을 탐구하고 있든지 간에 언제나 특수한 것으로 구체화되어 나타나고 있는 두 가지 원리가 내재되어 있다. 곧 변화의 정신과 보존의 정신이 그것이다. 이 양자 없이는 아무것도 실재할 수 없다. 보존을 동반하지 않는 변화는 무에서 무로의 이행일 따름이다. 그것을 전부 모은다 해도 그 결과는 단순하고 덧없는 비존재로 전락될 뿐이다. 또한, 변화를 동반하지 않는 단순한 보존은 자기 유지가 불가능하다. 왜냐하면, 궁극적으로 상황은 끊임없이 유동하고 있는 것이어서 단순한 반복 하에서는 존재의 신선미가 사라져 버리게 되기 때문이다(SMW 289/289).

그렇다면, 화이트헤드는 '변화'와 '보존'이라는 극단적인 사물 속의 본성의 차이를 어떻게 설명해내는가? 이것을 이해하기 위해서는 우선 화이트헤드 철학을 유기체 철학이라고 명명할 때 그가 사용하는 유기체라는 개념이 무엇인지를 이해하는 것이 급선무이다. 이미 유기체라는 개념은 동양과 서양에서 익숙하게 사용된 개념이다. 여기서는 서양에서 사용된 입장으로만 국한해서 살펴보자. 유기체는 플라톤에서 헤겔에까지 미리 질서가 잡혀있는 것을 의미하며, 각각의 기능이 미리 설정된 계획에 따라서 조화를 이룬다.[9] 플라톤 역시 각각의 부분이 제 역할을 하고 이후에 최종적인 이데아의 질서 속으로 모든 것을 종속시킨다. 마찬

9 이것은 버렐과 모건의 조직이론에서 기능주의이론을 크게 기계론과 유기체론으로 나누는데, 여기서 말하는 유기체론과 기능주의 유기체론에 매우 유사한 측면이 있다.

가지로 헤겔도 보편자인 정신에서 출발해서, 구체적인 것으로 나아가서 부정의 변증법을 통해서 상위의 이념으로 다시 돌아간다. 이 과정을 통해 개체들은 전체 유기체의 질서를 위해서 절대적으로 복종한다. 이것이 우리가 알고 있는 유기체 개념이다(김영진, 2005: 45). 화이트헤드 역시 그와 같은 입장에서 사용하고 있다고 생각하면 큰 오산이다. 그의 유기체 개념은 훨씬 다양하고 열린 체계를 포함하는 것이다.

> 유기체 철학의 목적은 '완고한 사실의 궁극적인 작인들로서 개별자(참된 실재)', '한정의 형식으로서 보편자', '목적', '재창조로서 존속', '영속적 소멸로서 시간', '느낌', '경험의 개별적 통일', '완고한 사실', '(데카르트적 의미에서) 참된 실재', '새로움에로의 창조적 전진', '과정', '체계'의 개념들에 근거한 정합적인 우주론을 표현하는 것이다(PR 128).

화이트헤드는 "상식에 폭력을 가하지 않고는"(PR 128/255) 이것 중의 어떤 개념도 생략해서는 안 된다고 한다. 즉 '보편자', '존속', '체계' 등이 보존의 정신을 표현하는 유기체 개념이라면, '느낌', '창조적 전진', '개별자' 등은 변화의 정신을 표현하는 유기체의 개념이라고 할 수 있다. 그러므로 화이트헤드의 유기체 개념에는 변화와 보존이라는 두 개념을 함축한 것이라고 할 수 있다. 그런데 화이트헤드에 따르면, 실체철학에서는 변화의 정신을 설명할 수 있는 유기체 개념이 배제되어 있다고 한다. 예컨대 공동체주의자로 불리는 헤겔은 추상적인 일자 혹은 실체로 유기체를 보기 때문에 "헤겔과 그의 아류 학파가 내세웠던 진화론적 일원론에서 그것은(새로움에의 창조적 전진) 자취를 감추고 말았다."(PR 210/386)라고 한다. 물론 로크, 흄, 칸트 역시 이러한 의미의 유기체 개념(새로움에의 창조적 전진)을 상정은 하나, 그들은 "잘못 기술하거나", "무의식적으로 예시"하거나 혹은 "전체적으로 통일"(PR 210/386)시키지 못했다고 한다. 따라서 화이트헤드가 볼 때, 자유주의자의 선구자라고 할 수 있는 로크, 흄, 칸트 등과 마찬가지로 공동체주의를 대표하는 헤겔 역시 일관된 유기체 개념을 고려하지 못했다고 본다. 하지만 유기체 개념만으로는 철학적 이론체계를 구축할 수는 없다. 그래서 화이트헤드는 실재의 근본정신인 변화와 보존을 유기체에 담기 위해서 일부 개념을 구성해 낸다. 하지만 이 장에서 그의 개념들을 상세하게 탐구하기에는 지면의 제한이 있기 때문에, 일부 개념을 통해서 그와 같은 정신을 어떻게 담아내고 있는지를 간단히 살펴보기로 하자.

한편 화이트헤드에 따르면, "어떤 근거의 탐구는 항상 그 근거의 담지자인 어떤 현실적 사실에 관한 탐구"(PR 40/112)에서 비롯되어야 함을 밝히고 있다. 그는 현실적 사실은 "현실적 존재"(actual entity)에 대한 이해에서 시작되어야 한다고 말한다.

> 현실적 존재-현실적 계기라고도 불린다는 세계를 구성하는 궁극적인 실재적 사물이다. … 그런데 비록 그 중요성에서 등급이 있고 그 기능에서 차이가 있기는 하지만, 현실태가 예증하는 여러 원리의 사례에서 볼 때 모든 현실적 존재들은 동일한 지평에 있는 것이다. … 그리고 이 현실적 존재들은 복잡하고도 상호 의존적인 경험의 방울들이다(PR 18/73).

이 예시를 통해서, 우리는 현실적 존재의 몇 가지 특징을 추론해 볼 수 있다. 우선 신이나 미세한 먼지에 해당하는 모든 존재가 '중요성'이나 '기능'에서 차이가 있더라도 현실적 존재라는 동일한 이름을 달고 있다는 것이다. 예컨대, 세포, 파리, 진흙, 비, 고양이, 천안함, 훈장, 눈물, 병사, 대통령, 스님 등의 각 개체 속에서는 현실적 존재라는 것이 내재되어 있는 것이다. 그리고 파리라는 작은 생명체 내부에서 계기들의 생성과 소멸은 상호 의존과 독자성을 확보한다는 것이다. 그 이유는, 각각의 계기는 찰나적으로 생성하고 소멸하며, 이 가운데 소멸을 통해서 원자성을 확보하며 그 원자성은 여건이 되어서 또 다른 계기의 생성을 위해서 자신을 내주기 때문이다. 즉 죽은 것은 자신을 보존하기 위해서는 새롭게 태어난 것의 먹이가 되어야 한다. 그것만이 사는 길이다. 그러므로 작은 생명체인 파리조차도 자신의 생명보존을 위해서 그 안에서 수많은 계기가 생성과 소멸을 끊임없이 진행하고 있는 것이다. 이를 통해 우리가 파리라고 부르는 하나의 생명체가 동일성을 확보할 수 있는 것이다. 이를 화이트헤드는 바로 "복잡하고도 상호의존적인 경험의 방울"인 현실적 계기라 하며 이것이 실제의 모습이라고 한다.

화이트헤드는 현실적 존재가 환경의 다양한 요소들을 자신의 것으로 만들어 가는 그 활동과정을 '파악'(prehension)이라고 부른다. 파악은 여건을 수용하는 가장 구체적인 활동(PR 22)이다. 즉, 그것은 대상과 주체라는 양극을 결합시키는 활동이다. 그러므로 파악은 공적이거나 사적일 수 없고, 언제나 그 양자의 결합으로 구성된(PR 290) 것이다. 이것은 근대 경험론에서 대상이 경험을 결정한다고 주장하는 것이나, 근대 합리론에서 주체가 경험을 결정한다는 두 가지 입장을 모두 반대하며 대상과 주체, 혹은 공동체와 개체는 파악에 힘입어서 분리되지 않으며, 경험은 이 두 가지의 결합에 의해서만 생겨난다는 것을 의미한다.

또한, 파악을 '느낌'(feeling)이라고도 한다. 느낌은 현실적 존재 속에 양극으로 나뉜다. 하나는 물리적 느낌(physical feeling)이고, 다른 하나는 개념적 느낌(conceptual feeling)이며, 물리적 느낌은 현실적 존재의 '연속성'을 설명하는 개념적 장치이다(PR 245~246). 그와는 달리 개념적 느낌은 현실적 존재의 '불연속성'을 설명하는 개념적 장치이다(PR 26, 249). 그러므로 화이트헤드에게서, 물질과 정신은 실체가 아니라 현실적 존재의 양극으로 유기적으로 결합되어 있을 뿐이다(PR 248). 이러한 점을 염두에 둘 때, 현실적 존재의 물리적 느낌은 긍정성, 순응성, 안정성 등과 연관이 있으며, 개념적 느낌은 부정성, 일탈성, 자율성과 연관이 있는 개념이다(문창옥, 1999: 65). 따라서 우리는 물리적 느낌과 개념적 느낌을 통해서 화이트헤드가 앞에서 설명한 변화와 보존이라는 두 정신이 현실적 존재라는 하나의 실재 속에 양극으로 놓여 있음을 볼 수 있다. 즉 실재가 이미 모순된 두 극을 포함하고 있는 것이다.

화이트헤드는 또한 유기체를 과정과 동일시하면서 이 관점에서 변화와 보존을 설명해낸다. 그것은 미시적 과정의 합생(concrescence)과 거시적 과정의 이행(transition)이다. 이 두 개념은 앞 장에서 논의된 개체와 공동체의 문제를 이해하는데 매우 중요한 것이다. 미시적 과정의 유기체는 '합생'이라고 하며, 거시적인 의미의 유기체는 '이행'과정이라고 한다.

> 미시적인 의미는 경험의 개별적인 통일을 실현하는 과정으로서 고려된, 현실적 계기의 형상적 구성에 관계된다. 거시적 의미는 현실적 계기를 위해서 동시에 기회를 제한하고 제공하는 완고한 사실로서 고려된, 현실 세계의 소여성과 관계된다(PR128-129).

합생과정은 "개별적 존재자의 구조에 내재하는 유동성"(PR 210/386)이며, 이는 "어떠한 두 현실적 계기도 동일한 현실적 세계를 경험할 수 없다"(PR 210/386)는 것이다. 이것은 개체의 원자성을 화이트헤드의 유기체 입장에서 표현한 것이다. 이행과정은 개별적 존재자와 존재들 사이의 '관계'를 의미하며, 이행은 "불멸하는 과거인 작용인"(PR 210/386)을 보여 주는 것이다. 즉 "개별적인 존재자의 완결에 따르는 과정의 소멸이 그 개별적 존재자를, 과정의 반복에 의해 생겨나는 다른 개별적인 존재자들을 구성하는 시원적 요소"(PR 210/386)가 되는 것이다.

이와 같은 개념들이 화이트헤드가 변화와 보존을 담기 위한 개념적 장치의 일부라고 하는 점을 지적했다. 하지만 그러한 미시적인 개념만으로는 우리가 일상적으로 경험하는 대상과 차이가 있기 때문에 쉽게 다가갈 수가 없다. 화이트헤드 역시 그런 점을 고려해서 유기체 개념을 결합체(nexus)와 현실적 존재라는 두 가지 의미로도 규정될 수 있다고 한다. 현실적 존재는 미시적 의미로 유기체를 의미하며, 결합체는 거시적 의미로 유기체를 의미한다. 우선 미시적 의미의 현실적 존재를 알아보면, 앞에서 지적했듯이 그것은 생성과 소멸하는 찰나의 계기이다. 그것은 영속하거나 불변하는 존재가 아니다. 화이트헤드는 이런 특성을 '주체-자기초월체'라고 한다. 이 두 측면의 기술은 "어느 한순간도 간과되어서는 안 된다."(PR 29)라고 한다. 실체 철학은 여건과 만나는 영속하는 주체를 전제로 한다. 하지만 "현실적 존재자는 동시에 자기 실현의 주체이면서 자기 실현된 자기 초월체이다"(PR 222). 따라서 자기 현실과정을 겪는 주체는 불완전한 현실태의 양태이며, 자기 실현이 완성된 자기-초월체는 완전한 현실태이다. 실현 중인 계기와 실현된 계기 혹은 존재는 한순간도 분리된 적이 없다. 이 설명에서 불완전한 현실태는 변화를 겪고 있는 현실태의 양태를 의미하며, 자기실현이 완성된 현실태는 보존을 함의하는 현실태의 양태를 보여준다고 할 수 있다. 그러므로 현실적 존재는 "복잡하고도 상호 의존적인 경험의 방울들"(PR 73)이라는 의미를 갖는 것이다. 다시 말하자면, 현실적 존재는 변화와 보존이라는 두 정신에서 한 번도 벗어난 적이 없는 존재이다.[10]

한편 우리는 결합체라는 개념을 통해서는 개체성에 대한 의미를 다르게 사고할 수 있는 동인을 얻을 수 있다. 예컨대 존속하는 개체들, 컵, 나무, 책상, 가족, 민족, 국가 등도 하나의 유기체이다. 과연 생명 없는 물리적 존재와 기업과 같은 것이 왜 유기체라는 의미를 가질 수 있을까? 화이트헤드가 볼 때 미시적 존재가 갖는 동일한 성격이 거시적 존재 역시 똑같은 성격을 함의하고 있다고 한다. 화이트헤드는 이와 같은 유기체를 '결합체'(nexus) 내지 사회(society)라고 한다. 결합체는 현실

10 모르간(Morgan)은 『조직의 8가지 이미지』라는 책의 '변화 논리의 전개: 흐름과 변환과정으로서의 조직'이라는 장에서 과정 패러다임에 기반을 둔 동양과 서양 철학과 과학을 탐구하고 있다. 특히 자기-생산(autopoisesis) 이론, 복잡성 이론(complexity theory), 자기 조직화 이론(self-organization theory), 음양이론 등을 통해서 과정패러다임이 조직이론에 어떤 기여할 수 있는지를 상세하게 밝히고 있다. 이 책에서는 '자연의 조정: 유기체로서의 조직'이라는 3장에서 유기체로 조직을 보는 이론들을 설명하고 있다. 모르간의 글에서 흥미로운 것은 화이트헤드의 유기체 철학이 모르간의 저서 3장에서 서술하는 유기체로서의 조직보다는 흐름과 변환과정으로서의 조직을 보는 8장의 내용에 훨씬 더 가깝다는 사실을 알 수 있다. 이런 점을 고려해 볼 때 화이트헤드의 유기체 패러다임은 일반적으로 사용되는 유기체보다는 변화의 조직이론에 대한 철학적 기초의 역할을 할 수 있을 것으로 보인다.

적 존재만큼 실재적, 개별적, 개체적이라고 한다. 화이트헤드는 이를 다음과 같이 명시적으로 설명한다.

> 현실적 존재들은 그들 상호 간의 파악에 의해서 서로를 포섭한다. 그렇기 때문에 현실적 존재들의 공재라는 실재적인 개별적인 사실들이 존재하며, 그래서 현실적 존재와 파악이 실재적이고 개별적이며 개체적이라고 하는 것과 동일한 의미에서 결합체는 실재적이고 개별적이며 개체적이다. 현실적 존재들 가운데 공재하는 임의의 그런 개체적 사실은 '결합체'라고 부른다(PR 20/75).

화이트헤드는 이처럼 개체성을 현실적 존재 혹은 결합체 모두에 적용한다. 즉 미시적 존재와 거시적 존재가 모두 다수와의 관련성을 독자적으로 품고 있는 개체성이라는 것이다. 이때 개체성은 근대 철학의 실체적 의미에서 사용된 개체와는 매우 다른 방식이라고 할 수 있다. 앞서 비판한 자유주의자와 공동체주의자는 각각 상호 의존적이면서도 원자성을 갖는 개체성의 의미를 설명할 수 없다는 점에서 유기체 철학의 개체성과는 엄연한 차이가 있다고 할 수 있다. 왜냐하면, 헤겔의 유기체와는 달리 결합체라는 공동체는 "정태적인 유기체가 아니다. … 그리고 그 팽창의 임의의 단계에 있는 우주가 유기체의 일차적인 의미"(PR 393/214)에 해당하는 것이기 때문이다.

그렇다면 다양한 하위 사회들과 현실적 계기들을 제거하고 하나의 나무로 볼 수 있는 것이나 나무들을 제거하고 하나의 숲으로 볼 수 있는 것은 무엇 때문인가? 화이트헤드는 라이프니츠(Leibniz)의 '단자론(monadism)'이 혼란된 지각(confused perception)이라고 언급한 것이 바로 이 문제라고 한다. 화이트헤드가 이와 같은 단자적 우주론에 내재하는 문제에 대처하는 방식은 바로 '변환(transmutation)의 범주'를 통해서 해결한다. 변환의 범주는 화이트헤드의 철학에서 미시와 거시의 상호관계를 설명하는 제약범주이다. 우리는 일상에서 모니터와 본체를 합해서 하나의 컴퓨터로 볼 때도 있고, 모니터와 본체를 분리해서 컴퓨터를 설명할 때도 있다. 또한, 우리 몸을 하나로 볼 때도 있고, 우리 몸의 세포를 하나로 볼 때도 있다. 그리고 기업을 하나로 볼 때도 있고, 그 기업에 속한 개개인을 하나로 볼 수도 있다. 이것의 공통점은 수많은 다수를 하나로 묶어서 파악하는 활동을 하고 있다는 것이다. 그러면서 또한 그 다수를 하나의 한정형식으로 의미를 제한할 수 있다는 것이다. 예컨대 책, 책상, 연필, 참새, 돼지, 기업, 군대 등은 다수의 항으로 구성되지만, 우리는 그것에다 하나의 한정된 의미를 부여한다. 물론 책상이라는 의미가 고정되어 있다고 말하는 것은 아니다. 책상은 주체와 대상의 관계에 따라서 언제든지 밥상이나 침대로 사용되고, 의미될 수 있다. 이와 같이 우리는 일상에서 일과 다의 관계를 자유자재로 사용하면서도 전혀 불편함을 느끼지 않는다. 왜 그럴까? 화이트헤드는 그와 같은 능력을 갖고 있는 것은 바로 변환의 범주가 있기 때문이라고 한다. 즉 다수를 일자로 볼 수 있게 하는 것은 바로 이 제약범주로 가능하다는 것이다.

> 변환이라는 것은 현실 세계가 그것에 편재하는 질서에 힘입어 공동체로서 느껴지는 방식이다. 왜냐하면, 그것은 파악된 결합체의 여러 성원 간의 유사성에 근거하여 생겨나고, 또 그 성원 간의 차이를 배제하기 때문이다. 변환을 떠날 경우, 우리들의 연약한 지성의 활동은 사물의 지배적인 특성을 꿰뚫어 보지 못한다(PR 251/450-451).

화이트헤드는 우리가 일상적 삶에서 "관계가 없는 세부적인 것들을 제거되고 현실 세계에 들어 있는 체계적 질서의 요소"(PR 254/455)들만 볼 수 있는 것은 이 변환의 범주로 가능하다는 것이다. 이 범주 덕분에, 우리는 다수의 여건을 "이처럼 일자로서의 결합체에 대한 하나의 물리적 느낌으로 변환하는 것을 '변환된 느낌'을 가질 수 있다"(PR 251/451). 따라서 화이트헤드에게는 개체와 공동체라는 의미가 하나의

유기체 속에 모두 다루어질 수 있다고 본다.[11]

> 어떤 목적을 위해서 하나의 원자적 현실태가 마치 많은 등위적 현실태인 양 다루어지는 것과 꼭 마찬가지로, 다른 목적을 위해서는, 많은 현실태로 된 결합체가 마치 하나의 현실태인 양 다루어질 수 있다는 것이다. 이것은 우리가 분자나 바윗덩이가 인체와 같은 것들을 수명을 다룰 때에 흔히 하고 있는 일이다(PR 505).

5. 맺음말

지금까지 우리는 화이트헤드의 유기체라는 개념을 파악, 느낌, 과정, 현실적 존재와 결합체라는 보다 세부적인 개념들로 구성함으로써 변화와 보존 혹은 개체와 공동체에 대한 새로운 사유를 제시하고자 했다. 그리고 우리는 실체철학이 근대과학과 어떻게 연관되는지를 살펴보았으며, 또한 그 철학이 조직이론에 어떻게 연장되고 있는지를 검토하였다. 특히 우리에게 익숙한 자유주의와 공동체주의의 패러다임이 실체철학에 토대를 두고 있음을 확인하였다. 하지만 조직에서는 실체 패러다임을 거부하면서, 원자와 관계, 개체와 공동체, 경쟁과 협동 등 모순적 경향성을 동시에 활용하는 것이 성과에 도움이 된다는 사실을 이미 인식하고 있으며, 또한 그것들을 제도화해내는 메커니즘들을 구축하기 위해 노력하고 있다. 앞 장들에서 우리는 조직이론에서 역설경영 패러다임을 통해 두 가지 모순된 입장을 해결하기 위한 도구적 장치들이 제시되고 있음을 간단히 살펴보았다. 또한, 이 패러다임이 조직의 문제를 해결하기 위해서 더욱 확장되려면 확고한 존재론과 인식론에 기반을 둘 필요가 있음을 지적한 바 있다. 따라서 우리는 화이트헤드의 철학이 그

11 화이트헤드는 이 변환된 느낌이 명제적 느낌들과 매우 유사하며, 인간이 건설한 다양한 제도들, 학교, 공장, 기업, 국가, 민족 등을 일자로 파악하는 데 도움이 된다고 한다. 우리는 차후에 명제적 느낌이 갖는 특성을 기업의 다양한 제도에 적용하거나 응용하는 작업을 착수해 볼 것이다.

러한 모순적 상황을 해결하는 이론적 배경을 제공할 수 있음을 보여주고자 노력했다.

물론 이 논의에서 화이트헤드의 유기체 패러다임이 기존 조직이론의 합리적 핵심들을 모두 보존하면서 새로운 길을 완벽하게 제시해 주고 있다고 단언하기는 어렵다. 하지만 그의 논점이 기존패러다임을 극복하고, 기업 내부의 여러 가지 제도적 메커니즘들에 대한 새로운 이해에 기여하고 있음은 분명하다. 예컨대, 최근 들어 화이트헤드의 철학을 경영학의 제반 분야에 선구적으로 적용하려는 시도가 이루어지고 있다. 치아(Chia)는 「경영 교육에 대한 화이트헤드적 관점(A Whiteheadian View of Management Education)」이라는 논문에서 화이트헤드의 교육관이 이미 시대에 뒤떨어져 버린 현재의 MBA 교육방식에서 탈피하는데 기여할 것이라고 한다. 또한, 다키와 디번(D'Archy & Dibben, 2005)은 「화이트헤드와 경영(Whitehead and Management: Learning from Management Practice)」이라는 논문에서, 화이트헤드 및 과정 철학이 조직이론에 얼마나 영향을 미쳤고, 미치고 있는지를 자세하게 논의하고 있다. 특히, 종업원, 제품 생산의 질, 정책, 프로그램 및 가격의 공정성, 고객과의 의사소통에서 정직성, 교육훈련, 다국적 기업의 전략과 계획, 제3세계 국가의 노동자 취급, 환경, 이사들의 월급 등 많은 영역에서 과정 패러다임이 기존의 패러다임을 넘어서 새로운 창의적 사유를 제공하고 있다고 주장한다(Riffert, 2005).

또한, 마틴 우드(Wood, 2005)는 「리더십 연구와 전개에서 과정과 실재(Process and Reality in Leadership Research and Development)」라는 논문에서, 과정 사유를 통해서 기존의 리더십 연구에서 탈피해서 새로운 리더십을 탐구할 때, 화이트헤드와 베르그송의 과정 사유가 크게 기여한다는 점을 밝히고 있다. 과정 사유에서 제기되는 '상호 관계성'의 개념은 실체적인 리더에 대한 의미에서 벗어나는데 매우 의미가 있다는 점을 우드는 기술하고 있다. 차후 이와 같은 연구들을 중심으로 화이트헤드 철학에 입각하여 논의를 더욱더 진전시킬 수 있는 측면들을 집중적으로 검토해 볼 것이다(Riffert, 2005).

자본주의 생산양식에서 우리네 삶에 가장 큰 영향을 미치는 것은 자본주의적 기업이다. 이성이 우리를 더 나은 삶의 공간으로 인도하려면 자본주의적 기업의 제도적 메커니즘이 삶의 예술(Art of Life)을 촉진하는 방향으로 전환되어야 한다. 우리는 『이성의 기능』에서 과정 패러다임을 제도에서 적극적으로 수용해야 한다는 화이트헤드의 경구로, 향후 우리 작업에 대한 방향성을 지시하며 이 글을 마무리할 것이다.

> 인간적 관심 속에 노출되는 세계의 일반성격을 표현하는 우주론을 건설하기를 희구하는 것이다. 그러한 우주론이 현실세계와 직접적 연관을 갖는 것이 되도록 하기 위해서는 우리는 시대마다 인간사회의 구조를 형성하는 권위 있는 제도들의 소용돌이치는 변천사를 잘 고려해야만 한다는 것을 이미 충분히 언급하였다. 우리는 단지 이러한 방식으로만 비로소 인류의 경험 속에 광범위하게 나타나는 매우 감정적으로 효과적인 요소들을 파악할 수 있게 되는 것이다. 과연 그 시대의 제도가 그 시대의 사람들의 경험 속에서 무엇을 의미하고 있었나 하는 것이야말로 궁극적 권위의 압도적 사실을 대변하는 것이다(FR 85).

참고 문헌

김영진, 『새로운 형이상학은 가능한가?: 개체성 문제를 중심으로』, 『화이트헤드연구』 제 11집. 41-67. 2005.

김효명. 『영국경험론』. 서울: 아카넷. 2001.

배종석 외. 「경쟁적 패러다임과 인사조직연구: 자유주의와 공동체주의를 중심으로」. 『인사·조직연구』 제17권 2호. 2009.

윤세준·김상표. 「시장, 관료제, 그리고 가족: 인적자원의 역설경영과 기업성과 사이의 관계」. 『인사·조직연구』제 9권 2호. 1999.

윤세준·김상표. 「역설의 경영을 실현하기 위한 조건에 대한 탐색: 전략, 리더십, 부서 간의 권력관계를 중심으로」. 『인사관리연구』제 22집 2권. 2000.

윤세준·김상표. 「역설의 경영: 대한 새로운 접근방식」. 『인적자원관리연구』 제4호. 2002.

이진경(2009). 『외부, 사유의 정치학』. 서울: 그린비.

이홍/이현(2009). 「양면성(Ambidexterity)을 통한 역동적 역량의 구현: 역사적 조망과 이의 효과적 구축을 위한 핵심과제」. 『인사·조직연구』 제17권 2호. 95-124.

Bakken. T & Hernes. T. (2006). "Organizing is Both a verb and a Noun: Weick Meets Whitehead". *Organization Studies.* 27(11): 1599-1616.

Burrell. G & Morgan. G, 윤재풍옮김(1990), 『Sociological Paradigms and Organizational Analysis』, New Hampshire: Heinemann,1982.

Bolman, L. G. & Deal, T. E. *Reframing Organizations.* San Francisco: Jossey-Bass, 1991.

Cobb. J. B. "Person-in Community: Whiteheadian insights into Community and Institution," *Organization Studies.* 28. 2007.

D'Arch, P. & Dibben. M. "Whitehead and management: Learning from mamnagement practice" in *Alfred North Whitehead on learning and education.* 2005.

Eisenhardt, K. Agency Theory: An Assessment and Review. Academy of Management Review, 14(1). 1989.

Einstein, A. & Infeld, L. *The Evolution of Physics.* New York: Simon and Schuster. 1938.

Etzioni, A. *A Comparative Analysis of Complex Organizations,* Glence III: Free Press. 1961.

Ghoshal, S. & Morgan, P. Bad for Practice: A Crtique of the Transaction

Cost Theory. *Academy of Management Review,* 21: 13-47. 1996.
Hegel. G. 서동익 옮김(1983). 『철학강요』. 서울: 을유문화사.
Hegel. G. 임석진 옮김(1992). 『역사속의 이성』. 서울: 지식산업사.
Hegel. G. 임석진 옮김(2005). 『정신현상학』. 서울: 한길사.
McHenry. L. B. *Whitehead and Bradley: A Comparative Analysis.* Albany: Suny Press. 1992.
Morgan, G. 박상언·김주엽 역. 『조직의 8가지 이미지』. 서울: 지샘. 2004.
Odin S. 안형관 옮김. 『과정형이상학과 화엄불교』. 대구: 이문사. 1999.
Pascal, R. T. *Managing on the Edge: How the Smartest Companies Use Conflict to Stay Ahead,* New York: Simon & Schuster. 1990.
Roethlisberger, F. J. & Dickson, W. J. *Management and Worker.* Cambridge, MA: Harvard University Press. 1939.
Russell B. 곽강제 옮김. 『나는 이렇게 철학을 했다』. 서울: 서광사. 2008.
Stacey, R. D. *Complexity and Creativity in Organizations.* San Francisco: Berrey-Koehler Publishers. 1996.
Styhre. A.(2002). "How Process philosophy can contribute to strategic management". *Systems Research and Behavioral Science.* 19:577-587.
Whitehead, A. N. 오영환 옮김(1996), 『관념의 모험』. 서울: 한길사.
Whitehead, A. N. 오영환 옮김(1991) 『과정과 실재』. 서울 민음사.
Whitehead, A. N. 오영환 옮김(1989) 『과학과 근대세계』. 서울: 서광사
Whitehead, A. N. 안형관 외 옮김(1998) 『자연의 개념』. 대구: 이문출판사.
Whitehead, A. N. 정연홍 옮김(1988). 『이성의 기능』. 대구: 이문출판사, 1988); 김용옥 옮김(1998). 『이성의 기능』, 서울: 통나무.
Williamson, O. E. *Markets and Hierarchies: Analysis and Antitrust Implications.* New York: Free Press. 1975.
Wood. M. "Process and Reality in Leadership Research and Development" in *Alfred North Whitehead on learning and education.* Riffert. G. F. (ed.). Newcastle, UK: Cambridge Scholars Press. 2005.

화이트헤드의 느낌의 윤리[1]

1. 서론

시간이 우리를 지배한다. 우리의 삶은 시간에 따라 생활 패턴이 결정된다. 오늘날 우리 삶은 점성술이나 주역에서 만든 시간이 아니라 선형적이고 가역적이고 측정가능하고 예측가능한 시간 속에 살아가고 있고, 그것은 네트워크 사회에서 심화되고 있다. 이런 시간은 뉴턴 패러다임에서 비롯된 것이다. 카스텔(Castells)은 이와 같은 시간을 '초시간적 시간'(timeless time)이라고 한다.[2] 초시간적 시간은 지상에서 영원한 우주를 만들려는 뉴턴의 망령이며, "줄곧 자본주의 시스템의 경향"[3]이라고 한다. 금융자본축적의 핵심도 시간이다. 금융자본에서 시간은 이윤창출의 핵심이며, 그것은 컴퓨터로 진행된다. 거래의 속도가 이익과 손해를 결정한다. 거의 대다수의 금융거래는 현재의 거래에서 미래의 시간을 포획해서 가치를 만들어 내고 있다. 금융자본은 한순간에 기업을 망하게 해서 기업인과 종업원을 길거리로 쫓아낸다. 그런 까닭에 기술 및 과학 문명은 우리의 구체적인 삶을 앗아가는 양상이 있기에, 다수의 현대 철학자들은 자본주의 및 기술문명에 대해 혹독한 비판을 제시해 왔다. 하지만 여전히 우리의 삶을 지배하는 패러다임은 뉴턴적이며, 그것에 의해 제시된 윤리이론들이 우리 삶을 재단하고 있다. 그것

1 이 논문은 김영진과 함께 『철학논총』 제90집 제4권(2017년)에 게재하였다.

2 마뉴엘 카스텔, 『네트워크 사회의 도래』, 김묵한·박행웅·오은주 역, 한울아카데미, 2008, 561쪽.

3 같은 책, 561쪽.

은 칸트의 윤리이론과 벤담의 공리주의 윤리이론이다. 우리는 암암리에 이 이론들 속에서 뉴턴의 시간이론에 의해 제기된 윤리의 양상들을 볼 수 있다.

이 논문의 보다 구체적인 목적은 '이분화'(bifurcation)을 극복하고 그 대안을 제시하려는 과정철학, 특히 화이트헤드(Whitehead)의 철학을 중심으로 '느낌의 윤리'(ethics of felling)를 구성해 보고자 한다. 또한, 느낌의 윤리 이론을 통해 자본주의에서 금과옥조로 여기는 뉴턴의 시간이 얼마나 추상적이며, 그런 시간이 실제의 우리의 삶과 이분화되어 있는지를 함축적으로 제시해 보고자 한다. 따라서 느낌의 윤리는 자연과 인간, 인간과 비인간 등을 새롭게 통합할 수 있는지를 고려하는 것이다. 그것은 신체와 세계를 분리하지 않고, 정신이 아니라 신체가 이미 윤리에 대한 이해에 초석이며, 그런 신체들의 연결이 어떻게 윤리를 가능하게 하는지를 살펴볼 것이다.

이분화는 근대철학에서 현대철학까지 연결되는 중요한 철학적 질문이다. 우리는 하나를 얻기 위해 또 다른 하나를 배제하는 방식을 취해왔다. 예컨대, 데카르트(Descarte)의 철학이 자연과 인간을 분리하는데 기여했으며, 그것은 인간을 세계에서 주체로 만드는 데 중요한 의미부여를 했다. 그것은 윤리이론에도 영향을 주어서, 칸트는 인식과 실천을 분리하는 자신의 윤리이론을 제시했으며, 벤담 역시 질적인 사건은 도외시하고 다수가 만족하는 행복이라는 추상도구로 윤리이론을 제시했다. 이 점에 관해서는 본문에서 자세히 살펴볼 것이다.

지금까지 현대 철학은 뉴턴 패러다임에서 비롯된 기술문명의 문제점을 지적하는데 많은 지면을 할애했다. 특히 하이데거(Heidegger)는 기술과 과학이 우리의 삶을 질식시키는 점들을 집중적으로 고찰하고 비판했다. 베르그송(Bergson) 역시 지식은 실재를 '공간화' 시키며, 그 원흉은 수학 및 자연과학의 추상에 있다고 보며, 그 영역들은 실재를 이해할 수 없다고 말한다. 사실 철학자들 역시 과학자들과 마찬가지로 중요성을 위해 다른 영역을 배제하는 모습을 보여 준다.

그렇다면 우리는 기술과 과학 없이 우리의 삶이 가능한가? 느낌의 철학을 제시하는 화이트헤드는 전문적으로 수학, 논리학, 물리학을 연구한 학자였다. 그는 그 영역들이 가진 장점과 단점을 충분히 수렴한 후에, 철학을 연구했다. 그는 과학과 기술이 '추상'(abstraction)의 유형임을 잘 알고 있었다. 추상은 일종의 단순화 및 환원의 일종이다. 하지만 우리는 추상 작용 없이는 사유도 행동도 할 수 없다. 다만 그런 영역이 무작위로 확대되는 경우에 문제가 생기는 것이다. 화이트헤드는 이를 "잘못된 구체성의 오류"(the fallacy of misplaced concreteness)라고 한다. 화이트헤드의 느낌 이론은 '반복', '존속', '생겨남'이라는 기본 조건이 자연과학뿐만 아니라 기타의 영역, 즉 윤리의 영역에서도 기본 요소들로 보고 있다. 이런 점에서 볼 때, 추상과 구체의 상호 결합은 형이상학의 조건이자 윤리를 이해하는 단초가 된다. 우리는 이런 점을 본문에서 보다 자세하게 다룰 것이다.

한편 윤리 이론에는 개체의 본질적 가치와 다수의 도구적 가치라는 두 가지 측면이 근대 윤리의 핵심적인 선제로 자리를 잡고 있다. 전자는 의무윤리이며, 후자는 공리주의 윤리이다. 개체의 목적 그 자체를 윤리 이론의 핵심으로 규정하는 칸트(Kant)의 윤리이론과 다수에게 결과적으로 유용성을 제공하는 경우에 윤리적이라는 벤담(Bentham)의 입장은 매우 상반된다. 그것은 옳고 그름을 떠나서, 근대 윤리를 대표하는 칸트와 벤담의 입장은 이분화의 지점에 있다. 즉 본질적 가치와 도구적(유용성) 가치로 나누어지고 있다. 우리는 본질적 가치와 도구적 가치 역시 양분될 수 없다는 점을 느낌의 윤리를 통해 제시하고자 한다. 실재하는 현실적 존재(actual entity)는 본질적 가치와 도구적 가치를 '시공간'의 간격을 두고 모두 실현하고 있다는 점을 보여 주고자 한다.

이 논문의 순서는 다음과 같다. 첫째, 능력 심리학을 통해 근대 윤리 이론의 무의식적인 가정이 무엇인지를 짚어 볼 것이다. 둘째, 과정철학의 기본 개념들이 인지과학의 연구에 의해 그 근거가 뒷받침되고 있다는 점을 간단히 지적할 것이다. 셋째, 느낌의 윤리를 조화, 강도, 생생함으로 나누어 설명해 볼 것이다. 결론은 이와 같은 느낌의 윤리 이론이 기업윤리에 어떠한 함의를 주는지를 간략하게 제시해 볼 것이다.

2. 능력 심리학과 윤리

화이트헤드에 따르면, 정치, 종교, 과학, 윤리의 영역은 한 우주시대에 거의 유사한 패턴 속에 활동하고 있다고 한다. 이미 우리는 푸코의 '에피스테메'와 쿤의 '패러다임' 이론을 통해 그런 사유에 익숙해 있다. 다시 말해 그 시대를 대표적으로 반영하는 추상관념이 있으며, 그런 추상관념들이 그 시대의 지배적 사고 유형이라고 할 수 있다. 화이트헤드는 『과학과 근대세계』(SMW)[4]에서 그런 무의식적인 가정들이 자연과학의 기초가 되는 수학 논문에서도 발견된다고 한다.

> 응용 수학 분야의 뛰어난 저서나 논문을 비판할 때, 처음의 1장, 심지어 첫 페이지의 내용만으로도 커다란 문제가 될 때가 흔히 있다. 왜냐하면, 논의의 출발선에서 저자가 설정한 가정들 자체에서 과오가 발견되는 수가 있기 때문이다. 게다가 그러한 문제는 저자가 말하고 있는 것에 관련되어 있기보다는 그가 말하고 있지 않은 것에 관련되어 있다. 또한, 그것은 저자가 의식으로 가정한 것보다도 그가 무의식적으로 가정한 것에 관련되어 있는 것이다. 우리는 저자의 성실성을 문제 삼으려는 것이 아니다. 우리가 비판하려고 하는 것은 그의 통찰력이다. 각 세대는 그 전 세대가 취했던 무의식적인 가정들을 비판한다(SMW 47).

오늘날 우리 역시 이와 같은 무의식적 가정에 의해 사유하고 행동하

4 A. N. Whitehead, Science and the Modern World(1925), 오영환 역, 『과학과 근대세계』, 서울: 서광사, 1989, 앞으로는 'SMW'로 약칭하여 본문에 바로 표기함.

고 있는지도 모른다. 어쩌면 한 시대의 사유 양태는 이미 나를 그렇게 사유하고 행동하게 이끌고 있는지도 모른다. 내 욕망이 이미 '타자의 욕망'인 것처럼. 윤리적 사유 및 행동에서도 이미 그 시대의 관습 속에서 행위하고 있을 수 있다. 가장 무의식적인 사유를 지배하는 개념 중에는, 이성, 의지, 열정, 지각과 같은 개념들이다. 이것은 이미 플라톤에 의해 집대성되며, 줄곧 윤리적 사유의 초석이 되었다. 마치 유클리드 기하학의 '점'이 사영기하학이 나오기 전까지 모든 기하학의 출발점으로 삼은 것과 같다.

화이트헤드가 볼 때, 고대부터 근대까지 서구 윤리는 '능력'이라는 기본적 얼개를 통해 진행되어 왔다. 다시 말해서 윤리학에는 '능력 심리학'(faculty psychology)이라는 무의식적인 가정이 내재되어 있다고 본다. 우리는 이 능력 심리학을 일종의 '잘못 놓인 구체성의 오류'(fallacy of misplaced concreteness)의 전형이라고 본다. 그것은 점과 같은 추상을 통해 이데아를 상정한 플라톤의 사유처럼, 이성, 의지, 감정과 같은 개념들은 구체성을 상실했음에도 불구하고, 마치 그것들이 인간의 구체적인 행위를 설명하는 것처럼 사용되어 왔다.

화이트헤드는 자신의 주저인 『과정과 실재』[5]서문에서 19세기까지 서구를 지배해 온 9가지 신화적 사유를 지적한다. 그것들은 대체로 표현의 주술 형식, 사변철학에 대한 불신, 언어에 대한 절대적인 신뢰 등을 기술하고 있다.(PR xiii) 그 아홉 가지 중에서 이 논문의 목적과 직접적으로 관련이 있는 신화적 사유가 있다. 그것은 '능력 심리학'(faculty psychology)에 대한 비판이다. 심리학을 전공하지 않은 철학 전공자 입장에서는 무심코 지나치기 쉬운 대목이다. 하지만 이 능력 심리학이 고대부터 근대까지 지속되어 온 서구 윤리학에 대한 비판을 담고 있는 문장이라면 그 의미의 파장은 상당할 수 있다.

능력 심리학에서 제기하는 기본 개념들은 정신적 영역들이 존재하며,

5 A. N. Whitehead, Process and Reality(1929), 오영환 역, 『과정과 실재』, 민음사, 1991. 앞으로는 'PR'로 약칭하고 본문 안에 표기함.

그것들은 지각, 열정, 의지, 이성으로 구분할 수 있다는 것이다. 지각은 몸을 통해 감각적 인상을 받아들인다. 의지는 자유롭게 행위를 결정할 수 있다. 이성은 감각 자료를 분석하는 계산을 할 수 있다. 열정은 의지에 힘을 행사한다. 이성, 의지, 열정, 지각은 각각 힘을 가지며, 그 힘을 누가 지배하는지에 따라 인간의 행위가 달라진다.[6] 이 능력 심리학은 플라톤이 『국가』에서, 아리스토텔레스가 『니코마코스 윤리학』에서, 칸트와 벤담이 각각 자신들의 윤리 저서에서 제시한 무의식적인 가정이다. 이와 같은 가정은 마음을 하나의 사회로 보며, 그 안에서 지각, 열정, 의지, 이성과 같은 개념들이 상호 충돌하고 권력 투쟁을 하는 것으로 간주한다. 우리는 칸트, 벤담, 흄이 각각 어떤 능력을 우위에 두는지에 따라 그 윤리적 관점이 달라지고 있음을 간단히 지적해 볼 것이다.

존슨(Johnson)에 따르면, 서구 윤리 사상사에서 유대 기독교의 전통은 도덕성의 기원이며, "서구 세계의 유일한 도덕이론"[7]이다. 여기에서는 모든 도덕적 제약이 신적 '이성의 힘'에서 비롯된다.[8] 그 힘은 명령을 내리며, 그 명령만이 유일한 정당한 근거를 갖는다. 이와 같은 입장은 칸트에 의해 신이 제거된 보편적 이성으로 주장된다. 신적 명령은 보편 이성으로 대체된다. 즉 이성의 정언 명법을 통해 윤리 규칙을 확립한다. 존슨에 따르면, "칸트가 유대 기독교 전통을 따라 인간 본성, 그리고 이성과 의지 개념에 관해 인간의 신체화와는 전혀 상관이 없는 이분법적 견해를 유지"[9]하고 있다는 것이다. 즉 신이 은폐된 초월성에 기초를 둔 합리성의 윤리학이라고 할 수 있다. 그는 칸트의 『실천이성비판』에서 나오는 내용을 다음과 같이 인용을 한다.

> 도덕법칙은 지성-상상력이 아니다-이외에 도덕법칙의 자연 대상들에 대한 적용을 매개하는 다른 어떤 인식 능력도 갖지 않는다. 지성

6 마크 존슨, 『도덕적 상상력 -체험주의 윤리학의 새로운 도전-』, 노양진 옮김, 서광사, 2008, 52-54쪽.

7 같은 책, 60쪽.

8 같은 책, 61쪽.

9 같은 책, 74쪽.

> 은 이성의 이념 기초에 감성의 도식이 아니라, 법칙을 그것도 감관의 대상들에서 구체적으로 그려내 잴 수 있는 그러한 법칙으로서 놓을 수 있고, 이것을 우리는 그래서 윤리 법칙의 법형이라고 부를 수 있다.[10]

칸트에게는 자연법칙과 도덕 법칙은 무관하며, 도덕법칙의 자율성이 자연에는 적용될 수 없다. 정언명령은 오로지 형식적인 보편성만을 갖는다. 칸트의 도덕 법칙은 경험 세계와 별도로 존재하며, 오직 명령체계로만 존재한다. 칸트는 뉴턴의 과학이 자연 결정론의 모습을 보여 주듯이, 자신의 윤리 법칙도 결정적인 체계이기를 꿈꾼다. "그 준칙이 보편적 법칙이 될 것을, 그 준칙을 통해 네가 동시에 의욕할 수 있는, 오직 그런 준칙에 따라서만 행위하라."[11] 따라서 칸트는 뉴턴과 동일한 보편성을 윤리 이론에서 찾고자 했다.

한편 칸트가 뉴턴 역학과 당대의 종교적 전통과 관련성 속에서 윤리를 고려했다면, 벤담과 콩트는 오로지 당대의 자연과학의 성과 위에서 도덕, 종교, 법률의 명백한 기초를 발견했다.[12](AI 96) 하지만 화이트헤드에 따르면, 벤담과 콩트는 "확실성을 얻고자 '플라톤과 종교'를 포기하였으나 거기서 얻은 바가 아무것도 없었다."(AI 96) 왜냐하면 칸트는 종교의 영향으로 여전히 인간 전체를 초점에 두고 윤리이론을 작업하였다면, 벤담과 콩트는 다수와 소수라는 틀을 통해 소수를 박멸해도 어떠한 윤리적 책임도 떠맡을 필요가 없기 때문이다. 그것은 너무나 많은 '소수'를 다수라는 우리와 구별하는 관점에 서게 되더라도 어떤 법적, 윤리적 책임도 느낄 필요가 없다. 벤담에 따르면, 이성의 능력을 통해 쾌락과 고통의 가치는 계산 가능하며, 그것은 유용성에 따라 행복을 측정할 수 있다.

---

10 같은 책, 69쪽.

11 임마누엘 칸트, 『윤리형이상학 정초』, 백종현 역, 아카넷, 2013, 132쪽.

12 A. N. Whitehead, Adventure of Ideas, 오영환 역, 『관념의 모험』, 민음사, 1996. 앞으로는 'AI'로 약칭하고 본문 안에 표기함.

> 모든 쾌락의 가치를, 다른 한편으로 모든 고통의 가치를 합한다. 그 균형이 쾌락 쪽에 있다면 그것은 그 개별적 인간의 이해관계라는 관점에서 전반적으로 좋은 행위 성향을 제공할 것이다. 만약 그 균형이 고통 쪽에 있다면 전반적으로 나쁜 행위 성향을 제공할 것이다.[13]

벤담은 쾌와 불쾌라는 신체적 지각의 힘을 염두에 두지만, 최종적인 계산은 이성을 통해 측정가능한 것으로 본다. 칸트, 벤담의 윤리이론은 분명히 그 차이가 있음에도 불구하고, 그 모두가 능력 심리학에 기초해 있음은 분명하다. 존슨에 따르면, "현대의 도덕적, 사회적, 정치적, 경제적, 심리학적, 교육학적 이론의 대부분이 가정했던 능력 심리학 통속 이론과 '도덕 법칙' 통속 이론에 근거한 것이다."[14] 다시 말해서 "이 모든 것은 이성과 욕망의 분리에서, 즉 이분화된, 깨어진 자아에서 비롯된다."[15] 그런 입장은 오늘날에도 여전히 상존해 있다는 것이 존슨의 입장이다. 그는 헤어(Hare), 기워스(Gewirth), 롤스(Rawls), 노직(Nozick) 등에 '힘으로서의 이성'이 무의식적으로 전제되어 있다고 본다.[16] 화이트헤드는 이와 같은 능력 심리학에 따른 철학적 사유를 다음과 같이 비판한다.

> 철학적 사유는 단순 지각, 단순 사적 감각, 단순 정서, 단순 목적, 단순 현상, 단순 인과작용과 같은 매우 추상적인 개념들만을 오로지 다룸으로써 스스로 어려움에 처해졌다. 이것들은 심리학에서는 폐기되었지만, 형이상학에 여전히 맴돌면서 괴롭히는 낡은 '능력들'(faculties)의 유령들이다. 결코, 그런 추상들의 '단순한' 공재는 있을 수 없다. 이 결과가 철학적 논의에서 잘못된 구체성의 오류에 빠지게 되는 이유이다(PR 18).

이와 같은 칸트의 의무윤리와 벤담의 공리주의 윤리는 능력심리학에

13 제러미 벤담, 『도덕과 입법의 원칙에 대한 서론』, 강준호 역, 아카넷, 2013, 218쪽.
14 존슨, 같은 책, 257-258쪽.
15 같은 책, 292쪽.
16 같은 책, 75쪽.

서 의미하는 추상적 개념들을 통해 윤리이론을 제시하고 있기 때문에, 무엇보다 우리에게 가장 구체적인 몸에 대한 이해가 배제되어 있다. 신체는 이성과 의지, 욕구라는 추상적인 능력 이전에 있으며, 그것들은 이미 자연과 상호 내재적인 관계 속에 있다. 이것이 느낌의 윤리를 이해하는 단초이다. 여기에 대해서는 뒤에서 좀 더 다루어 볼 것이다.

서양 윤리학사를 저술한 애링턴(Arrington 2011)을 통해서도 그 점을 확인할 수 있다. 그에 따르면, 최근 서양의 도덕적 논의는 크게 두 가지로 나누어진다고 한다. 윤리적 행위의 착수는 욕구인가? 이성인가? 도덕 판단은 형식을 기초로 하는가? 내용을 기초로 하는가? 그런 질문은 칸트, 벤담, 흄의 윤리이론에서 비롯된다. 따라서 이성과 욕구라는 능력에 따라 윤리이론을 나누는 것이 근대 윤리학의 무의식적인 가정이며, 잘못된 구체성의 오류이자 이분화의 형태를 갖고 있다고 볼 수 있다.[17]

한편, 화이트헤드에 따르면, 자연과학이 다루는 주제는 크게 네 가지로 나눌 수 있다고 본다. 1) 존속하는, 진정한 실재적 사물, 2) 생겨나는, 진정한 실재적 사물, 3) 반복되는 추상적 사물, 4) 자연의 법칙이 그것이다. 첫 번째는 바위 조각이나 인간의 영혼과 같은 것을 의미하며, 두 번째는 거리, 방, 동물의 몸에서 일어나는 임의의 사건들, 세 번째는 바위의 형태 등과 같은 것이다. 네 번째는 만유인력의 법칙 등이다(AI 97).

이 네 가지 주제를 화이트헤드는 형이상학의 원리라고 본다. 그렇다면 이것은 다른 영역에도 적용가능하다고 볼 수 있으며, 특히 윤리이론을 비판적으로 조망하는 도구가 될 수 있다. 우리는 이를 통해 공리주의 윤리이론과 칸트의 의무윤리에 적용해 보자.

"공리주의의 원리에 대한 진술에는 '최대 다수의 최대 행복'이라는 구절이 있다. 분명히 이 구절은 적어도 우리가 행동하는 데 일반적인 지

17 로버터 애링턴, 『서양윤리학사』, 김성호 역, 서광사, 2003. 서문 참조.

침으로 삼을 만한 충분한 의미를 지니고 있다. 그러나 다른 견해를 비판하기 위해 이 정식을 사용할 경우, 우리는 그것이 무엇을 의미하는지 마땅히 물어보아야 한다. '행복'은 반복이며, '최대 다수의 인간'은 존속이며, 행복이 일어난 '사건'은 생겨남이다.

'행복'은 분명히 반복되어야 한다. 존속하는 한 인간에게 혹은 다수의 존속하는 인간들에게 행복은 어떤 사건에서 비롯된다. 그런데 일어나는 사건은 각각 그 강도마다 다를 것이다. 그런 강도를 다 합한다면, 행복이 되는 것인가? 실제적으로 산술적으로 가산된 행복을 수반하는 생겨남은 존재하지 않는다. 오전의 좋은 사건과 오후의 불행한 사건을 합해서 자신의 행복을 결정짓지는 않는다. 설사 아무리 많은 행복이 있었다고 하더라도, 한 번의 교통사고는 그 모든 행복을 앗아갈 수도 있다. 그 사건들의 강도가 다르기 때문이다.

또한, 존속은 영원한 존속을 의미하는 것인가? 우리는 그런 존속을 인정한다면, 플라톤주의의 이데아 철학이나 실체 철학을 통해 수적으로 동일한 존속을 지칭해야 한다. 그러나 현대 양자역학에서 존속은 리듬이나 주기를 통해 설명하고 있으며, 일정한 관계나 성질 자체가 하나의 존속이며, 무차별적인 존속은 없다. 존속은 오로지 차이를 통해 가능할 뿐이라는 것이다. 우리는 존속을 '연장화된 양자'(extensive quanta)와 같은 입장에서 본다. 그렇다면 단명한 다수인 세 사람의 존속과 장수한 한 명의 존속은 누가 더 행복한 것인가? 공리주의는 추상적 반복과 구체적으로 존속하는 다수의 인간을 상정해서 윤리이론을 지칭하고 있지만, 가장 중요한 생겨남이라는 요소를 간과하는 측면이 있다. 이런 점에서 공리주의 윤리이론 역시 구체성을 가장한 추상화된 윤리이론이라고 할 수 있다.(AI 98-99) 즉, 반복이 행복이고, 존속이 최대 다수의 인간이라면, 행복은 사건마다 모은다고 해서 과연 가능할까? 행복은 절대로 총량이 될 수 없다. 행복은 각자가 갖는 사건마다 그 강도는 다를 수 있다."

칸트 역시 뉴턴이 외부 세계에서 자연법칙을 찾듯이, 우리 내부에서 윤리 법칙을 찾고자 한다. 그는 뉴턴이 제시한 자연의 결정론적 체계에 대한 관점을 빌려와서 자신의 윤리이론에도 결정론적 체계를 확립하고자 한다. 그는『윤리 형이상학 정초』에서 다음과 같이 언급한다.

> 나는 나의 준칙이 보편적인 법칙이 되어야만 할 것을 나 또한 의욕할 수 있도록 오로지 그렇게 처신해야 한다.[18]

칸트는 자연법칙이 영속할 것이라고 생각했기에, 도덕법칙 역시 시공간에 구애받지 않고 영속할 것이라고 보았다. 화이트헤드에 따르면, "뉴턴 물리학은 독립된 물질 입장의 개체성에 기초를 두고 있다. 각각의 돌은 다른 물질 부분과의 연관을 도외시해도 충분히 기술될 수 있는 것으로 생각되고 있다."(AI 255) 뉴턴의 물리학이 이성을 통해 절대적으로 추상화된 시공간 개념을 사용한 것과 마찬가지로 칸트의 "도덕적 가치는 선한 의지, 즉 이성적 의지와 그러한 의지의 행위가 갖는 속성"으로 김석수는 바라본다.[19] 선의지는 "보편적 법칙으로 의욕될 수 있는 준칙에 따라 행위할 때 도덕적 가치를"[20] 가진다는 것이다. 결국, 칸트에게는 이성적 존재만이 자유로운 의지를 갖고 보편적 법칙을 수행할 수 있다는 것이다. 하지만 자율성은 이성이 아니라 신체를 통해 제기된다면, 칸트의 그 준칙은 대단히 제한된 의미의 도덕법칙이 될 수밖에 없다.

우리가 일상적으로 과학에서 탐구하는 사물들인, 별, 행성, 분자, 전자, 양자 등을 독립된 개체로 보고, 그 개체가 변하지 않고 어떤 운동을 수행하고 있다고 보아서는 안 된다. 오히려 그것들은 "각각 전 영역에 걸쳐 있는 시-공 속의 변용으로 이해되어야 한다."(AI 256) 이와 같은 입장을 수용한다면, 개체는 독립된 것이 아니라 상호 관계 속

18 칸트, 같은 책, 94쪽.
19 김석수,「칸트의 관계적 자율성」,『철학논총』, 제 70집, 2012, 213쪽.
20 같은 책, 213쪽.

에 있는 것이며, 그 내부의 차이에 의해 존속이 생겨나는 것이다. 절대적인 자연법칙이 반복되는 것이 아니라, 사건의 생겨남에 의해 존속과 반복이 발생하는 것이다. 이것이 뉴턴 과학을 넘어서는 현대 과학의 논의의 정수를 설명하는 화이트헤드의 입장이다. 우리가 볼 때, 반복과 존속에 대한 뉴턴의 입장을 윤리의 영역으로 전환한 것이 칸트라고 볼 수 있다.

그렇다면 어떻게 이와 같은 개념에서 빠져나올 수 있는가? 그것은 현대 인지과학의 도움을 받을 필요가 있다. 왜냐하면, 흄, 벤담, 칸트의 윤리학 역시 당대의 자연과학과 조우에서 자신들의 윤리학을 정초하기 때문이다. 더 이상 신학에 기댈 수 없는 윤리는 자연과학과 보조를 맞추지 않고는 지탱될 수 없다. 그런 점에서 현대 인지과학이 우리에게 제공하는 인식론과 느낌의 철학과 어떤 관계를 가질 수 있는지를 우선적으로 살펴보고 그 논의를 중심으로 느낌의 윤리학을 전개해 볼 것이다.

일반적으로 자연은 우리의 지각 외부에 있으며, 우리는 자연을 지각하면서 재현한다고 생각한다. 이것이 이분화이다. 여기서 문제는 자연과 지각을 이분화하기 전에, 우리 자신이 자아와 지각하는 것을 분리하는 것이다. 이때 지각하는 추상적인 '나'는 초월적인 자리가 배정된다. 이것이 정신과 자연이 두 가지 실체로 설정되고 분리되는 방식이다.

하지만 화이트헤드에게 정신과 물질은 없고 오직 사건만이 존재한다. 자연이란, "지각되는 모든 것"[21](CN, 29)이다. 이 의미는 자연은 우리의 지각과 분리되지 않는다는 것이다. 자연은 지속을 통해 지각된다. 사건은 "시간의 한 시기를 통해 지속하는 한 장소의 특정한 성격"(CN, 52)이다. 우리의 지각은 지속의 연장의 한 유형이며, 그것은 자연 속 사건의 연장이라고 할 수 있다. 즉, "앎의 행위를 위한 자연 속에 초점을 가리키며, 바로 그것을 바라봄으로써 다른 사건들이 지각된다."(CN, 107)

---

21 A. N. Whitehead, The Concept of Nature, 안형관, 전병기, 이태호, 김영진 역, 이문출판사, 1998. 앞으로 'CN'으로 약칭하고 본문 안에 표기한다.

스탕제(Stenger, 2011)에 따르면, 이 사건에 대한 전망은 주관적 관점이 아니며, 그 전망은 내가 점유하는 것이 아니라 오히려 나를 점유하는 것이다.[22] 새로운 전망은 주체가 주체적으로 결단하는 것이 아니라 주체에게 '일어나는 일'로서, 이 전망을 제공하는 사건은 "사건들의 거대한 비인격적 망에 속한다."[23] 우리가 일반적으로 지각을 통해 정신에 드러난 사건은 '현재의 지속'과 '지각 사건'의 결합이며, 현재의 지속은 앎의 때(When)를 보여 주고, 지각 사건은 앎의 자리(where)와 앎의 방식(how)을 보여 준다.[24]. 현재의 지속이 지각 사건과 결합되는 것을 공액(cogredience)이라고 한다. 따라서 지각하는 사건은 지속하는 자연의 한 단면이 공액하는 것이며, 우리는 이를 몸을 통해 볼 수 있다.

그렇다면 사건은 일정 기간 동안 공액을 통해 두 항에 일정성을 부여한다. 일정성은 한정의 성격을 갖는다. 자연의 파랑과 지각의 파랑이 하나의 사건 속에 결합되어야 한다. 화이트헤드는 이를 위해 '대상' 혹은 '영원한 대상'(eternal object)의 개념을 사용한다. 이 대상은 우리의 지각이나 정신에만 속하는 것이 아니라 자연 속에 내재되어 있다. 자연의 이분화는 파랑이 우리에게만 있다고 생각하는 것이다. 샤피로(Shapiro, 2011)에 따르면, 체현적 인지(embodied cognition)를 주장하는 이들은 인지와 세계 사이는 몸의 활동(enacting)이 보완된다고 한다. 우리가 경험하는 색에 대한 경험이 세계에 없다고 하는 것은 논리적 비약이라고 한다. 파랑에 대한 우리의 경험이 세계 내 속성과 일대일로 대응하지 않는다고 해서, 세계에 파랑이 없다는 것은 별개의 문제라고 한다.[25]

몸은 '나'에서 볼 때는 외부이면서 동시에 외부에서 '나'를 볼 때는 내부가 된다. 내가 인식하고 지각하는 것은 또 하나의 공액적인 사건의

22 I. Stengers, Thinking with Whitehead-A Free an Wild Creation of Concepts-, trans. M. Chase, Harvard University Press, 2011, 65쪽.

23 같은 책, 65쪽.

24 같은 책, 107쪽.

25 L. Shapiro, Embodied Cognition, Routledge, 2011, 84쪽.

나이지만, 그것은 지속을 통해 사라지는 나이다. 영원한 대상은 지각하고 인식하는 사건들에 진입해서 일정한 주기 동안 하나의 성격을 부여하지만, 지속 속에서 결국 그 파란색은 사라진다. 화이트헤드는 그런 대상을 크게 세 가지로 구분한다. 소리, 색, 냄새와 같은 감각 대상, 전자나 세포와 같은 과학적 대상, 그리고 인문대 앞에서 울고 있는 저 새라는 지각 대상이 있다.(CN 149) 이러한 지각 대상은 감각 대상들의 항들이 결합된 것이며, 일종의 '경험의 습관의 산물'(CN 155)이다. 이와 같은 대상들이 사건 속에 진입하면서 일정한 질서체계가 이루어진다. 따라서 우리의 몸은 하나의 사건이며, 그것은 일정한 지속 속에서 공액을 통해 자연과 몸을 통한 지각이 하나의 영원한 대상을 통해 한정된다. 화이트헤드는 이러한 이해를 위해 '파악'(prehension) 혹은 '느낌'(feeling)이라는 개념을 새롭게 도입한다. 따라서 느낌은 자연과 몸이 하나의 한정 속성으로 결합된 것이며, 그 한정된 사건은 최소 두 항 이상이 상호 조정되어 있기에 가치라는 개념이 사용될 수 있다. 가치란 한정된 성취를 의미한다. 무제약적인 가치는 이 세계에는 없다. 오직 가치는 상호 공명이나 조정을 통해 이루어진 것을 의미한다.

그렇다면 일정한 체계를 구성하는 사건과 대상의 결합은 어떻게 존속하는가? 존속을 위해서는 어떤 목적이 필요하다. 목적이 없다면, 결코 존속될 수 없다. 그렇다면 어떻게 존속과 목적을 결합할 수 있는가? 화이트헤드는 존속을 위해서는 '감염'(infection)이 필요하다고 본다. "지속하는 데 성공한 모든 것은 그의 환경을 이 지속과 양립할 수 있는 방식으로 감염시키는 데 성공한 것이다."(SMW 148) 이 감염은 이제 '파악의 양식들이 서로를 반영하는 방식'을 가리키면서, 존속이란 '사건 전체의 시간적인 부분들 속에 자기 패턴을 재현시키는 것에' 성공했음을 가리킨다.(SMW 225) 감염이란 나의 방식대로 환경을 바꾸는 것이 아니라, 나의 지속 방식이 주변 환경에 설득력을 갖는다는 것이다. 이런 의미에서 '가치의 상호 적응'을 의미한다. 예컨대, 우리 몸은 가치의 상호 적응의 일종이다. 왜냐하면, 몸 안의 전자와 밖의 전자의 활동은 전혀 다르다. 몸 안의 전자는 몸의 가치 혹은 목적에 따라 움직인다. 몸이라는 지속은 그 만의 고유한 공액적 관계를 갖고 있다. 화이트헤드에게 상대성이란 바로 '몸의 다중 위치'(multiple location)를 의미한다.

화이트헤드의 이와 같은 입장은 최근의 인지과학에 의해 어느 정도 그 정당성을 인정받고 있다. 발레라(Varela)와 톰슨(Thompson)과 로쉬(Rosch)에 따르면, 인지는 순수한 정신활동이나 연산작용이 아니라 그것은 몸의 의한 체현이나 상황과 밀접한 관련을 맺는다. 즉, 지각과 인지는 활동이며, 그것은 특히 몸의 활동과 밀접하게 관련이 있다. 몸의 구조가 다르면 인지 형식도 달라진다. 이런 입장은 전통적인 실재론과 관념론을 모두 거부한다. 세계는 언제나 몸의 활동과 동시에 주어진다. 즉 세계는 지각자와 관련해서 발생한다. 또한, 지각자가 세계를 표상하는 형식은 단지 정신적 특성에만 관련되는 것이 아니라 우리 몸의 구조와 기능에 밀접하게 관련을 맺고 있다. 이들의 입장에 따르면, 색은 세계 내에 존재하는 것이 아니다. "색 범주 전체가 어떤 것은 종 특수적이고 어떤 것은 문화특수적인 지각인지과정의 복잡하게 얽힌 계층적 구조에 의존"하며, "이 범주들은 우리의 구조적 연합의 생물학적, 문화적 역사에 의존"[26]한다. 따라서 색은 역사와 문화의 산물이다. 흥미롭게도 그들의 입장은 앞에서 능력 심리학을 비판하고 신체적 경험이 개념을 만든다는 마크 존슨과 그의 동료 레이코프(Lakoff)의 사유와 일치한다.[27]

화이트헤드의 유기체적인 체계(organized system)는 가장 미시적 존재인 전자와 양성자의 관계에서부터 "서로 연결된 조직체 내에 배치되어 있는 사건들이 실현되어 가는 과정"(SMW 225)이라고 보며, 각 유기체는 그런 환경과 "고유한 가치"(SMW 283)를 실현하는 관계를 통해서만 설명될 수 있다고 한다.

26 바렐라 외 지음, 『몸의 인지과학』, 석봉래 역, 김영사, 2016, 277쪽.
27 같은 책, 288쪽.

이와 같은 논의는 분자와 원자로 구성된 기계와 로봇 역시 가치 실현의 담지자가 될 수 있다는 것을 함축한다. 다시 말해서 대상, 주체와 같은 명사가 가치의 담지자가 되는 것이 아니라 그것들 '사이'의 상호 작용을 통해 유기적인 체계를 보여 주며, 그것은 일종의 가치를 담고 있다고 볼 수 있다. 마찬가지로 두뇌의 역할 역시 외부로부터 주어지는 정보를 해독하는 연산작용이 아니라 주어지는 외부 정보와 '공명'(resonating) 혹은 조율(tuning)을 의미하는 것이다.[28] 따라서 화이트헤드의 느낌의 윤리는 현대 인지과학에서 활발하게 논의되는 몸과 개념이 분리될 수 없다는 기본적인 입장과 그 맥을 같이한다.

3. 느낌의 윤리

느낌의 윤리는 과정의 윤리이다. 과정은 선과 악 혹은 질서와 무질서를 이분법으로 분리하지 않는다. 따라서 느낌의 윤리에서는 약탈과 살인도 무엇과 연결되고 어떤 상황에서는 윤리라는 표현을 사용할 수도 있다. 과정은 모순에서 벗어나는 유일한 통로이다. 화이트헤드에 따르면, "사물의 본성 속에는 논리적 술어로 표현되는 것과 같은 궁극적인 배제가 존재하지 않는다. 왜냐하면, 우리가 시간의 추이를 따라 우리의 주의를 확대할 경우, 보다 먼 과거의 어느 날 이 지구상에서 서로 모순되어 공존할 수 없었고, 또 최근의 어느 날에도 역시 그랬던 두 존재가, 이들 중 하나를 보다 과거에 그리고 다른 하나를 보다 최근에 존립시키는 것으로서의 저 시간 전체를 우리가 포섭하게 됨으로써 무모순적인 것이 될 수 있기 때문이다."[29](MT 71)

현대 서양 문명의 사상은 일반 관념들의 전통에서 비롯된다. 그 전통

28 같은 책, 36쪽.

29 A. N. Whitehead, Modes of Thought, 오영환·문창옥 역, 고려원, 1992. 앞으로 'MT'로 약칭하고 본문 안에 표기한다.

의 대표적인 종족은 그리스인, 셈족, 이집트인들이다. 그 전통의 세부 영역에서 볼 때, 그리스인의 미적이고 논리적이며, 셈족은 도덕적이고 종교적인 것이며, 이집트인들은 실천적인 것이다. 화이트헤드에 따르면, 향유, 숭배, 관찰의 전통이 세 종족에서 비롯되었다고 한다.(MT 18-19) 현대적 어감으로 본다면, 그것은 미학, 종교, 과학이라는 영역으로 나눌 수 있다. 오늘날 이 영역은 더 이상 분리해서 볼 수 없는 시대에 접어들었다. 종교, 미학, 과학에서 다루는 영역은 더욱 전문화되고 세분화되고 있지만, 그 영역의 핵심적인 주제는 사실과 당위이다. 흄은 일찍이 사실과 당위는 철저히 구분해서 다루어야 한다고 보며, 자연과학과 윤리학 및 미학의 영역을 분리했다. 그러나 화이트헤드 역시 사태와 중요성으로 존재를 나누기는 하지만, 그가 볼 때, 사태와 중요성은 나눌 수 없이 얽혀 있다고 본다.(MT 20) 우리는 사실을 고려할 때, 주관적인 판단을 배제하고자 하는 것이 공평하다고 생각한다. 하지만 사태는 중요성과 결코 분리될 수 없다. 마치 빗으로 먼지를 제거한다고 해도 그것은 언제나 방 안에 있는 것과 같다. 즉, 중요성을 아무리 밀어내도 그것은 다시 제자리로 온다. 그것은 '이발사의 역설', 혹은 기자가 사회를 비판하지만, 그 기자 역시 사회의 일부라는 역설과 같은 상황이 발생한다.

> 과학적 사고에 있어 객관성을 가장 열성적으로 옹호하는 사람들은 객관성의 중요성을 역설한다. 사실상, 하나의 학설을 옹호한다는 것, 그것은 하나의 역설을 역설한다는 것이다. 관심의 느낌을 떠날 경우, 우리는 단순히 학설을 들여다보기만 하고 그것을 지지하지는 않게 될 것이다. 진리에 대한 열정은 관심을 전제로 한다. 그리고 지속되는 관찰은 관념을 전제로 한다. 왜냐하면, 주의를 집중시킨다는 것은 관련이 없는 것들은 무시해 버린다는 것을 의미하는데, 그와 같은 무시는 오직 어떤 중요성의 느낌에 의해서만 지속될 수 있는 것이기 때문이다.(MT 21)

이와 같은 입장에서 볼 때, 과학, 미학, 윤리는 모두 어떤 사태에 대한 중요성을 말하고 있는 것이다. 과학만이 사태를 의미하고, 미학과 윤리는 중요성만을 다루는 것이 아니다. 각자는 자신들의 영역에 적합한 사태와 중요성을 상호 관련짓고 있는 것이다. 따라서 자연과학과 윤리 및 미의 이분화는 근대의 잘못된 구체성의 오류를 범하고 있다는 것이 화이트헤드의 주장이다. 우리는 여기서 논의를 한정해서 사태와 중요성이 느낌의 윤리에서는 어떻게 전개되는지를 살펴보도록 하자.

화이트헤드에 따르면, "도덕성은, 그 계기에 있어서의 완전한 중요성을 포함하는 조화(harmony), 강도(intensity), 생기(vividness)의 결합을 지향한다(MT 27). 여기서 계기는 현실적 계기(actual occasion)를 의미하며, 앞에서 제기한 '존속'과 '생겨남'이라는 사태를 말하는 것이다. 도덕에서 중요성이라고 표현하는 것은 조화, 강도, 생기라는 요소들이다. 여기서 강도는 존속과 관련이 되며, 생기는 생겨남과 연관이 되며, 조화는 반복이라는 추상적 요소들과 관계된다. 또한, 조화는 이집트의 전통을, 강도는 셈족의 전통을, 생기는 그리스인의 전통을 새롭게 각색한 개념들이다. 조화는 관찰을 통해 일구어낸 기하학이라는 수학적 개념과 연관이 있으며, 강도는 셈족의 통일성을 의미하는 종교라는 개념과 관련이 있으며, 생기는 그리스인의 향유를 의미하는 구체적인 미적 개념과 관계가 있다. 물론 이것은 다소 거친 해석일 수 있지만, 화이트헤드는 수학, 종교, 미학에서 다루는 요소들이 어떤 식으로든 분리될 수 없다고 본다. 물론 화이트헤드가 보는 수학적 질서, 종교적 강도, 미적 향유는 기존의 방식과는 다름은 분명하다.

> 질서가 혼란보다 더 근본적인 것이라는 주장에는 어떠한 근거도 없다. 우리의 과제는 이 양자를 공히 용인할 수 있을 뿐만 아니라 나아가 우리의 통찰의 확대를 위한 통로를 시사해줄 수 있는 그런 일반적인 개념을 창출해 내는 데 있다. 여기서 내가 말하고자 하는 바는 우주의 두 측면에 대한 관념이 우리의 출발점이라는 것이다. 우

> 주는 그 본질 가운데 사물들의 관계성, 목적의 통일성, 향유의 통일성을 수반하는 통일성의 요소를 지니고 있다. 중요성이라는 관념 전체는 이와 같은 궁극적인 통일성과 관련되어 있다. 그런데 우주에는 이런 통일성에 못지 않게 근본적인 것으로서 다수성(multiplicity)의 요소가 들어 있다. 제각기 그 나름의 경험을 갖고 있으면서 개체적으로 향유하고 또 그러면서도 서로를 필요로 하고 있는 그런 다수의 현실태들이 있는 것이다.(MT 66-67)

이제 우리는 화이트헤드가 보는 조화, 강도, 생기에 대해 보다 자세한 분석을 통해 느낌의 윤리에 대한 입장을 고찰해 보자.

3.1 카오스모스의 윤리

들뢰즈는 자신의 저서 『주름』 6장에서 화이트헤드를 사건의 철학자로 언급한다. 그는 화이트헤드를 라이프니츠의 계승자로서 20세기의 신바로크주의자로 명명한다. 바로크가 조화의 질서를 의미한다면, 신바로크는 '부조화의 조화' 혹은 '카오스모스'(chaosmos)를 의미한다. 라이프니츠에게는 공존불가능한 세계는 철저히 배제된다. 즉 차이는 인정되지 않는다. 그것은 결국 고대와 중세의 초월적 신관에 기초를 둔 윤리이론이 나올 수밖에 없다.

> 부동의 동자로서의 신의 관념은 적어도 서구 사상에 관한 한, 아리스토텔레스에게서 비롯되었다. 탁월하게 실재적인 것으로서의 신의 관념은 기독교 신학이 애호하는 학설이다. 이 두 관념이 결합되어, 근원적이며 탁월하게 실재적인 초월적인 창조자, 즉 그의 명령으로 세계가 존재하게 되고 그가 강요하는 의지에 그 세계가 복종하는 그런 초월적 창조자라는 관념이 된 것은, 기독교와 이슬람교의 역사에 비극을 야기시켜 온 오류이기도 하다.(PR 342)

이와는 달리 화이트헤드는 열린, 이질적인 체계를 받아들인다. 공존이 되지 않고 양립할 수 없는 요소들이 세계 내에 함께 존재해야 한다. 우리는 동일성에 들어오지 않는 이질적인 것들이 역사 속에서 얼마나 큰 고통을 겪어 왔는지를 알고 있다. 우리는 미국 흑인들의 삶에서 그런 질곡을 충분히 이해할 수 있다. 들뢰즈는 화이트헤드의 '파악'이 바로 '부조화의 조화'를 설명하는 새로운 경험의 조건이라고 하며, 그가 상정한 신 관념조차도 공존불가능성을 인정하는 신바로크주의 한정성의 형식이라고 한다.

> 모든 파악이 이미 또 다른 파악의 파악이게 하는 것은 바로 열려 있음의 조건이다. 그 다른 파악을 포획하기 위해서이건, 그것을 배제하기 위해서이건 말이다. 파악은 본성상 열려 있다. 창을 통과할 필요도 없이 세계에 열려 있다. … 화이트헤드에게는 그 반대로 분기, 발산, 공존 불가능성, 불협화음은 여러 색으로 칠해진 같은 세계에 속한다. 그리고 이 세계는 더 이상 표현하는 단일성들 안에 포함될 수 없으며, 파악하는 단일성들에 따라 그리고 가변적인 형태 배치들 또는 변화하는 파악들에 따라 형성되거나 해체될 뿐이다. … 이것은 '카오스모스'이다. 신조차 세계들을 비교하고 가장 풍부하고 공존 가능한 것을 선택하는 존재이기를 멈춘다: 그것은 과정, 즉 단번에 공존 불가능성을 긍정하고 이것들을 관통하는 과정이 된다.[30]

파악은 부정적 파악과 긍정적 파악이 있다. 부정적 파악은 양립할 수 없는 것을 배제하는 것이라면, 긍정적 파악은 양립 불가능한 것을 양립가능하게 하는 활동이다. 그런 긍정적 파악을 우리는 '느낌'이라고 한다. 느낌은 언제나 새로운 공존 가능성을 향해 활동하는 과정적 활동이라고 할 수 있다.

한편 기존의 근대 윤리이론은 합리성, 공평성, 보편적 준칙 등과 같은 단어를 통해 윤리의 의미를 설명한다. 칸트의 의무윤리와 벤담의 공

30 들뢰즈, 『주름: 라이프니츠와 바로크』, 이찬웅 역, 문학과 지성사, 2004, 149-150쪽.

리주의는 이와 같은 입장을 대변한다. 어쩌면 윤리는 질서와 관련이 있고, 무질서와는 무관한 측면이라고 설명하는 것이 대다수 윤리이론의 특성이다. 플라톤의 선의 이데아, 칸트의 정언명법, 벤담의 공리주의 등은 모두 질서를 강조하는 측면에서 논의된 윤리이론이라고 할 수 있다. 그들은 경험을 설명하기 위해 추상을 사용한다.

> 에피쿠로스, 플라톤, 아리스토텔레스는 하나같이 그들이 경험하는 다양한 요소들은, 정확히 그들이 이들을 이해하는 형식 그대로의 것이라고 확신하고 있었다. 그들의 추상에 따르는 위험을 깨닫지 못하고 있었다. 후일 칸트는 그의 『순수이성비판』에서 우리가 그렇게 확신하지 않을 수 없는 이유를 교묘한 방식으로 설명하였다.(MT 74)

하지만 추상은 반복의 핵심적인 요소이지만, 실재의 탐구에는 존속과 생겨남이라는 두 요소도 필수적인 것들이다. 윤리는 행복과 준칙과 같은 요소에 너무 매몰된 나머지 존속과 생겨남이라는 두 요소가 실재의 구체적인 요소임을 간과해 왔다. 이런 요소들을 이해하지 못한다면, 사물들이 못한 것에서 보다 나은 것으로, 혹은 나은 것에서 보다 못한 것으로 가는 이유를 설명할 수 없다.(MT 66) 따라서, "질서가 혼란보다 더 근본적인 것이라는 주장에는 어떠한 근거도 없다. 우리의 과제는 이 양자를 공히 용인할 수 있을 뿐만 아니라 나아가 우리의 통찰의 확대를 위한 통로를 시사해 줄 수 있는 그런 일반적인 개념을 창출해 내는 데 있다"(MT 66).

한편 수학은 질서의 표준이며, 그것은 윤리이론의 전개에도 절대적인 영향을 주었다. 칸트의 정언명법이나 벤담의 양적 계산 역시 수학의 원리를 그대로 응용한 측면들이 있다. 화이트헤드 역시 수학과 선은 밀접한 관련이 있다고 본다. 왜냐하면 "수학적인 이해야말로 선의 본성에 대한 최초의 통찰 사례"(MT 95)이기 때문이다. 플라톤의 '선의 이데아'의 관점은 바로 수학적 통찰에서 비롯된 것이며, 도덕적 신이 절대적이고 완전한 이성을 갖춘 존재라는 데카르트의 인식을 통해 볼 때 그 관련성은 충분히 짐작할 수 있다.

하지만 이제 수학 역시 하나의 '조건'에서만 참이라고 인정되고 있다. 즉 "사유는 강조(emphasis)의 한 형식"[31](MG 672)이라고 한다. 그것은 윤리도 예외가 아니라고 한다. 플라톤의 선의 이데아, 구약의 십계명은 하나의 도덕규칙이며, 그 시대의 질서를 통합하고 조화로운 사회를 만드는 데 기여했다. 아리스토텔레스 역시 '중용'을 통해 도시국가에서 행동에 대한 기본적인 규범을 제시했다. 화이트헤드에 따르면, 그것은 수학에서 수와 생물학에서 '유', '종', '종차'의 구분방식을 암암리에 전제하고 있다고 하며, 그것은 명석성, 질서, 선은 결코 변화하지 않고 보존될 것이라고 고려한다. 그 점에서 "도덕 철학과 수학은 보편적 삶에 해당하는 내용의 일부를 분리하고자"(MG 667)한다.

그러나 화이트헤드는 십계명, 플라톤의 선의 이데아, 아리스토텔레스의 중용은 일정한 한계 속에 제공되는 것이지 보편적인 도덕적 이상으로 생각하지 말라고 주장한다.(MT 27) 그런 경우에 "새로운 결합 가능성"(AI, 365)을 차단하게 된다. 다르게 말해서 기존의 윤리가 사건에 따라 악이 될 수 있다는 것을 인정하지 못하게 된다. 우리의 경험의 본성은 명석과 모호, 질서와 무질서, 선과 악을 모두 갖는다. 질서는 패턴으로 주어진다. 미술이 새로운 패턴의 전개이듯이, 과학 및 수학 역시 그와 같다. 윤리 역시 "선의 실현을 위해서는 패턴의 변경은 필수 조건"(MG 678)이다. 화이트헤드에 따르면, "이제 우리의 경험을 근본적으로 특징짓는 세 가지 분할의 원리를 제시하고자 한다. 이들은 각각 세 개의 대립쌍, 즉 명석성과 모호성, 질서와 무질서, 선과 악으로 표현된다".(MT 94) 파괴가 곧 악인가? 이 문제는 질서를 혼돈으로 만드는 것은 일종의 악이라고 하는 생각과 연관이 있다. 대체적으로 기존의 질서

---

31 A. N. Whitehead, Interpretation of Science, eds. A. H. Johnson, New York: Bobbs-Merrill Co., 1961. 이 책 속에 「수학과 선」이라는 내용에 해당하고, 'MG'로 본문 안에 표기함.

에 순응하는 것 역시 사회의 안전과 개인의 자유를 위해 하나의 선택이라고 할 수 있다. 하지만 역사를 통해 볼 때, 예술에서 장르의 변화는 관념의 모험과 실천의 모험의 결합에 따른 것이라고 할 수 있다. 그것은 기존의 질서에 대한 파괴 없이는 일어날 수 없는 것이다. 즉, 완전성의 실현에 안주하는 행위는 그 문명이 쇠퇴의 길에 접어들었다는 것을 반영하는 것이다. 화이트헤드에 따르면, 그리스 문화가 헬레니즘 문화로, 헬레니즘 문화가 기독교와 이슬람교로 전환이 일어난 것은 생기 없는 반복에 따른 결과라고 할 수 있다.

> 고대 그리스 문화는 반복에 의해 천재가 질식된 헬레니즘 시대와 교체되었다. 지중해 문명이 야만족들의 침입과 기독교와 이슬람교라는 두 개의 신흥종교의 발흥 없이 지냈더라면 그 운명은 더 물어볼 것이 없다. 그 모든 것은 2천 년 동안 생기 없이 반복된 그리스적 예술양식, 스토아파, 에피쿠로스파, 아리스토텔레스파, 신플라톤파 등과 같이 불모의 공식들을 가지고 논쟁하는 희랍의 철학파들, 인습적인 역사, 습관적인 경건으로 뒷받침된 고대의 신성한 의식을 수반한 안정된 정부, 깊이 없는 문학, 또한 확실한 전제로부터의 연역에 의해 세부적인 것을 설명해보려는 과학, 강건한 모험심이 없는 섬세한 감수성 따위로 드러나 있다.(AI 396)

역설적으로 질서와 아름다움 속에는 이미 파괴와 추가 함께 들어 있다. 기존에는 질서와 혼돈은 별개의 것이며, 아름다움과 추 역시 함께하는 것은 모순이라고 보았다. 하지만 아름다움과 악은 언제나 함께할 수밖에 없다는 것이 화이트헤드의 관점이다. 한 개체가 형성될 때, 세 가지 원리가 결합되어 발생하기 때문이다. 즉, (1) 일체의 현실화는 유한하다는 것, (2) 유한성이 양자택일적 가능성의 제거를 포함한다는 것, (3) 물리적 실현의 완결성으로부터 제외된, 당면 문제와 관계가 있는 선택지에 순응하는 주체적 형식을 정신적 기능이 실현시킨다는 것이다.(AI 398)

세계는 곧 과정이며, 그것은 기존의 조화와는 다른 것을 향해가게 되어 있으며, 그 결과 새로운 현실적 계기는 조화될 수 없는 상황에 직면하게 된다. 기존의 반복에서 벗어난 새로운 조화를 꿈꾸게 되는 이유가 바로 현실세계가 지속적으로 변화한다는 것과 새로운 계기의 정신적 자발성이 기존의 것에서 벗어날 수 있는 힘이 있다는 것이다.

그렇다면 우리가 부조화의 세계에서 벗어날 수 있는 방법은 무엇인가? 화이트헤드에 따르면, 세 가지의 방식이 있다고 한다. 첫째는 억제이며, 둘째는 마비이며, 셋째는 부조화의 적극적 느낌을 수반한 적극적 실현이라고 한다.(AI 398)

억제를 예로 들어 보자면, 조선 시대 후기의 실학자들이 '자유'와 '평등'이라는 개념이 서구에서 밀려올 때, 그것을 받아들이지 말라는 상소를 조선의 왕인 고종에게 올린다. 또한, 우리는 움베르트 에코의 소설 『장미의 이름』에서 수도원의 살인 사건은 결국 늙은 수도사가 '죄인'과 '웃음'을 대비 속에 넣을 수 없다는 이유로 아리스토텔레스의 책을 읽은 수도사를 모두 죽이는 것을 볼 수 있다. 이와 같은 경우가 억제의 경우라고 볼 수 있다.

마비의 경우는 현재의 상황을 그대로 수용하면서 반복하는 것이다. 조세희의 소설, 『난장이가 쏘아올린 작은 공』에서 나오는 여러 주인공은 자본주의 물결에 마비되어 살아간다. 그들은 자신들의 삶과 자본주의를 조화시키지 못한다.

부조화의 적극적 느낌을 수반한 적극적 실현은 결코 쉬운 일은 아니다. 각각의 경험에 주체적 형식이 있고, 이것을 어떻게 조화시키는가에 달려 있다. 화이트헤드에 따르면, 그것은 하나의 주체적 형식의 강도를 배경이나 전경으로 만드는 방법이다.(AI 399) 우리는 19세기에 유럽의 대기근으로 미국으로 이주한 유럽의 가난한 농사꾼들을 생각해 볼 수 있다. 그들은 초창기에 저임금에 시달리면서 노동자로 미국에서 삶을 살아간다. 하지만 그들은 거기에 멈추지 않는다. 결국, 그들은 서부에서 다시금 자신의 땅에서 농사를 짓고 살아간다. 우리는 영화 『파 앤드 어웨이』에서 톰 크루즈의 주연을 통해 볼 수 있다. 그것은 영화를 통해 당시 아일랜드 농군들이 얼마나 큰 고통 속에서 미국으로 이주하게 되었는지를 잘 보여 준다. 이것은 고향과 농사라는 두 경험을 각각 배경과 전경 속에 넣고 조화를 이룬 역사적 사례라고 할 수 있다. 따라서 화이트헤드는 우리가 일상적으로 경험하는 대상은 변환의 범주를 통해서 "개념적 느낌 속에 평가절상이 있게 될 경우 물리적 느낌은 그 주체적 형식에 있어서 강도가 강화되어, 새로운 합생으로 전달"(PR 455)되었다고 본다. 이와 같은 경우가 부조화의 상황을 조화로 적극적으로 만들어가는 과정이라고 할 수 있다. 따라서 화이트헤드에게 윤리란, 질서와 무질서의 반복 속에서 일정 동안만 존속하는 한정된 조화이다.

3.2 강도와 도구적 가치

강도란 만족(satisfaction)의 양적 개념이다. 만족은 느낌이 최종적으로 도달한 것이며, 다른 존재를 위해 대상적 불멸성이 되는 것이다. 그런 점에서 만족은 성취이며, 결과를 통해 평가하는 것이다. 공리주의를 결과주의라고 부르듯이, 만족은 성취를 통해 이루어진 결과이다. 이 결과는 대상적 불멸성을 통해 그 이후의 새로운 현실적 계기를 위한 여건이 된다. 자기 성취 과정을 마치고, 다른 존재를 위한 여건이 되는 순간에만 현실적 계기는 완전한 '나의 것'이 된다. 여전히 합생 과정 중에는 나의 것이라고 할 수 없다. 내 것이라는 것은 그 계기가 타자에게 자신을 내어줄 때만이 성립한다. 따라서 여건이란, 바로 새로운 계기가 순응해야 할 조건이 되며, 새로운 현실적 계기는 타자의 손에 좌우된다.

화이트헤드에 따르면, 만족은 네 가지 요소들로 분석될 수 있다. 사소성, 협소성, 모호성, 광범성이다. 사소성은 요인들 사이의 양립 불가능성에 의해 대비에 이를 수 없는 것이며, 모호성은 동일화가 과잉으로 인해 대비가 희미하게 이루어진다. 사소성과 광범성이 무질서의 측면을 갖는다면, 협소성과 모호성은 질서의 측면이 있다. 이런 요소들의 혼합을 통해 질서가 이루어진다. 따라서 혼돈은 곧바로 악은 아니다.(PR 227-228) 그런데 강도는 왜 일어나는가? 그것은 협소성의 보상이다. 유기체가 협소성을 유지하는 것은 강도가 그 보상으로 주어지기 때문이다. 즉 협소성은 존속을 위해 유리한 조건을 만든다. 생물체들이 일정 기간 동안 성장을 하다가 멈추는 것은 바로 협소성을 통해 강도를 증대시키기 위함이다. 고등 유기체는 보다 높은 범주에서 '강화된 대비'로 그 협소성을 유지한다. 따라서 강도는 환경에서 자신의 지배를 강화하는 유기체의 방식이다. 협소성은 일종의 추상과 연관된다.

화이트헤드에 따르면, 모든 경험의 계기는 양극적(dipolar)이며, 그 양극에서 사용되는 추상적 형식은 두 가지의 의미를 가진다. 물리적 경험에서 사용되는 형식은 "한정하는 요소들"이며, 정신적 경험에서 사용되는 형식은 "직접적 계기와 그 계기를 넘어서는 계기들을 연결"[32](FR 32)한다. 따라서 현실태는 "복합적 통일"(FR 31)로 이루어진 것이다. 화이트헤드는 이를 '존재론적 원리' 혹은 '작용인'과 '목적인'의 상호짜임이라고 한다. 새로운 현실적 계기는 이전에 모순된, 상호 양립불가능한 요소들의 대비를 통해 새로운 질서를 만든다. 이것이 바로 협소하지만, 강도를 통해 보상을 받는 방식이다. 화이트헤드는 이를 '주체적 강도'의 범주라고 하며, 도덕이 성립하는 주된 근거로 삼는다.

> 주체적 강도의 범주, 개념적 느낌의 기점이 되고 있는 주체적 지향은 (a) 직접적 주체에서의, 그리고 (b) 이에 관련된 미래에서의 느낌의 강도를 지향하고 있다. 직접적 현재와 이에 관련된 미래를 지향하는 이 이중의 지향은 겉보기만큼 그렇게 분리되어 있는 것이 아니다. 왜냐하면, 관련된 미래를 결정하는 일이나 그 강도를 예비하는 데 관여하는 예측적 느낌은 모두 느낌의 직접적 복합체에 영향을 끼

32 A. N. Whitehead, The Function of Reason, Beacon Press, 1958. 'FR'로 본문 안에 표기함.

> 치는 요소이기 때문이다. 도덕성의 대부분은 미래와의 관련성을 어떻게 결정하느냐에 달려 있다. 관련된 미래는 예측된 미래의 요소들로 이루어져 있는데, 이 요소들은 현재의 주체 자체로부터 도출될 실재적 가능태이기 때문에 현재의 주체에 의해 현실적 강도로 느껴지고 있는 것들이다.(PR 88)

실재적 가능태는 '연대적 활동성'(AI 286)을 표현하는 개념으로 결코 수동적인 의미가 아니다. 그것은 잠재적이면서 능동적인 활동력이다. 그것은 긍정적이든 부정적이든 한 시대의 윤리적 활동의 초석이 된다. 왜냐하면, 윤리는 과거, 현재, 미래와 밀접한 관련이 있는 행위이기 때문이다.

그런 점에서 강도의 범주에서 제시하는 '미래와의 관련성'이 중요한 잣대이다. 강도는 현재보다는 미래에 얼마나 존속하는가에 달려 있다. 윤리의 결과주의를 표방하는 공리주의는 쾌와 고통의 문제를 현재의 유용성이나 결과에 초점을 둔다. 다수가 원하는 것을 오로지 현재의 유용성에만 둔다면, 그것은 비도덕적인 결과를 초래할 수 있다. 과거의 역사에서 제국주의를 수행하는 국가들의 관료들은 당대의 다수의 국민들의 입장에서 올바른 행위를 했다고 생각할 수 있다. 오늘날 환경의 문제도 결국 현재의 쾌락과 유용성에만 한정을 한다면 해결할 수 없는 문제이다. 매킨타이어에 따르면, 정서주의가 오늘날 우리가 겪고 있는 도덕적 혼란의 주범이라고 한다. 그 이유는 도덕적 판단이 오로지 선호의 표현, 태도나 느낌만을 표현하기 때문이라고 한다. 그것은 공동체에 대한 어떤 윤리적 근거도 제시하지 못한다.[33]

그런 결과주의 윤리이론이 배태된 것은 벤담의 공리주의가 흄의 정서이론과 밀접한 관련을 맺고 있기 때문이다. 흄은 자신의 인식론에 기초해서 정서의 문제를 바라본다. 그의 인식론에서는 현재와 미래를 인과적으로 연결할 수 없다. 왜냐하면, 흄이 제시한 인상은 다른 인상과 전

---

33 A. MacIntyre, After Virtue, University of Nortre Dame Press, 1984, 12쪽.

혀 관련을 맺지 않기 때문이다. 그것은 결코 연대나 공동체를 설명할 수 없다. 오로지 '현시적 직접성'(presentational immediacy)에 해당하는 인상만을 지각으로 과거, 현재, 및 미래를 연결하는 '인과적 유효성'(causal efficacy)을 제시할 수 없다. 결국, 그것은 흄의 인식론을 따른 벤담의 공리주의 윤리이론의 당연한 결과라고 할 수 있다.

> 우리는 항상 제약 속에 살고 있다. 우리는 의도하지 않았던 상황에 직면하여, 우리 자신이 우리가 하지 않았던 행위의 일부가 되어 있다는 사실을 알게 된다.[34]

이것은 특정한 역사에서 빚어진 각 개인의 역할은 과거와 필연적인 연결이 있다는 것이다. 설사 그 개인이 그것에서 벗어날 수 있다고 하더라도, 그 특정한 역사적, 문화적 전제 조건에서 벗어남이라고 할 수 있다. 하지만 우리는 매킨타이어의 이런 입장을 충분히 인정하지만, 정서에 대한 그의 의견을 그대로 수용할 수 없다. 왜냐하면, 원초적인 정서는 개인의 선호도에 앞서 과거의 조건에서 비롯된 것이라고 할 수 있다. 왜냐하면, 그 정서는 실재적 가능태에서 비롯된 것이기 때문이다. 위안부에 대한 정서는 과거의 기억을 염두에 두지 않는다면, 결코 설명할 수 없다.

그러므로 화이트헤드에 따르면, 느낌은 사실에 대한 전망이라고 한다.(MT 22) 전망이란 바로 중요성(importance)이 드러나는 것이다. "중요성이란 느껴진 사물들의 우주에 하나의 전망을 부여하는 느낌의 한 측면"(MT 24)이다. 우리가 일상적으로 고려하는 도덕, 논리, 종교, 예술은 과정 혹은 지속하는 세계에 중요성을 부여한 것이다. 그래서 우리는 "도덕성과 관련이 없는 우주에 대한 전망이 있고, 종교와 관련이 없는 우주에 대한 전망이 있고, 예술과 관련이 없는 우주에 대한 전망이 있다."(MT 24-25) 그러나 이것은 전망을 "부당하게 제한"(MT 25)한

34 같은 책, 213쪽.

방식이다.

한편 강도는 모든 시대에 동일하게 적용될 수 있는 것인가? 화이트헤드는 사실에는 이미 가치가 내재되어 있지만, 다만 그 전망에 따라 중요성이 달라진다고 본다. 모든 사실은 이미 대비된 두 항의 관계 속에 있다. 다만 그 사건에 대한 전망에 따라 해석이 달라진다고 볼 수 있다. 가핀켈(Garfinkel)은 『설명의 형식들』(Forms of Explanation)에서 그런 전망에 따른 가치의 차이를 다음과 같이 보여 주고 있다.

> 서튼이 감옥에 있을 때, 그를 개종시키려 노력하고 있던 목사가 왜 은행에서 도둑질을 했냐고 물었다. 글쎄요. 거기가 돈이 있는 곳이잖아요. 여기에서 둘은 서로 의사소통이 되지 않았다. 그들은 서로 엇나가고 있다. … 분명 문제와 해답을 형성하는 데는 서로 다른 가치와 목적이 있게 마련이다. 그 두 사람은 다른 것들을 가지고 문제를 제기하거나 설명을 요구했던 것이다. 목사에게 설명이 필요한 것은 바로 강도짓을 하려는 결심이었다. 그는 서튼이 실제 무엇을 털려고 했는지 관심이 없다. 하지만 서튼에게는 바로 그 문제야말로 모든 문제이다. 문제가 되는 것은 무엇을 털 것인지를 결정하는 것이다.[35]

목사는 강도와 정직한 삶 사이의 대비를 물었다면, 강도는 보석상과 은행 사이의 대비에 있다. 이 사건에서 그들 각자의 질문과 대답이 달라지는 것은, 중요성에 대한 전망에서 차이가 발생하기 때문이다. 다시 말해서 사실 속에는 그 중요성에 따라 그 대비가 달라진다. 각자가 안고 있는 실재적 가능태에 따라 주체적 강도가 달라지는 것이다. 물론 도둑의 강도 역시 또 다른 도둑에게 하나의 실재적 가능태로 주어질 것이다. 일반적으로 도둑의 대비는 대다수의 사람에게 혐오라는 주체적 형식을 가져오지만, 가끔씩은 애착이라는 주체적 형식을 불러오기도 한다. 각 대비의 강도는 타자에게 애착으로 다가오느냐? 혹은 혐오를 가져오느냐에 따라 달라진다. 강도는 결국 지속하는 역량으로

35 A. Garfinkel, Forms of Explanation, New Haven: Yale University Press, 1981, 21쪽.

자신을 타자 및 환경에 '감염' 시켜 가는 것이다. 개체의 행위는 감염의 정도에 따라서 평가를 받는다. 이것이 느낌의 윤리의 강도가 도구적 가치를 가지는 방식이다. 화이트헤드는 이런 강도가 신학이 존재하는 이유하고 본다.

> 신학의 임무는 어떻게 '세계'가 단순히 변천하는 사실을 초월한 그 무엇에 근거하고 있는가를 보여 주는 데에 있으며, 또 어떻게 '세계'가 소멸하여가는 계기들을 초월한 그 무엇에 귀속되는가를 보여 주는 데 있다. 시간적인 '세계'는 유한한 성취의 무대이다. 우리가 신학에 요구하는 것은, 소멸하여가는 삶 속에서도 우리의 유한한 본성에 고유한 완성을 표현하는 가운데 불멸하는 그런 요소를 표현해 달라는 것이다. 이렇게 하여 우리는 어떻게 해서 삶이 기쁨이나 슬픔보다도 더 깊은 만족의 양상을 포함하는가를 이해하게 될 것이다.(AI 275)

우리는 그 사회가 얼마나 건전한지를 보기 위해서 대체적으로 그 사회에서 통용되는 도덕적 교훈과 종교적 신앙 및 제도를 보면 된다(AI 439). 그런 제도들은, "삶의 완성이란 개인적 인격을 초월하는 목표 속에 있음"(AI 439)을 보여 주기 때문이다. 우리는 앞에서 도둑의 만족에 따른 강도와 목사의 삶에 대한 만족의 강도가 다름을 알 수 있다. 이 중에서 어떤 강도가 결과적으로 그 사회에서 받아들일 수 있는지를 정할 수 있는 것은 개인적인 인격을 초월해 있다.

로마 공화국 시절에서 레굴루스(Regulus)는 카르타고로 돌아가면 죽을 것을 알면서도 자신의 의무를 다하고 카르타고로 가서 죽음을 맞이한다. 그의 희생은 개인적인 인격이나 존속을 초월해 있으며, 로마공화국의 가치를 위대하게 만들었다. 그 행위는 로마 농민들에게 가장 광범위한 찬동을 불러일으켰다, 즉 "정서의 본능적 고동"(AI 439)을 발생시키는 행위이다.

하지만 세계는 시대에 적합한 '정서의 고동'을 상승시키지도 않음에도 과거의 영광에 머물러 있는 다양한 윤리이론들이 상존한다. 화이트헤드에 따르면, "산상의 '신'에 의해서, 동굴의 '성인'에 의해서, 왕좌의 신격화된 '독재자'에 의해서, 혹은 최소한 후대가 의심할 여지도 없는 지혜를 구비한 조상에 의해 제시되었다. 어떤 경우에도 각각의 규칙은 개선될 수 없다."(AI 440) 그러나 불행하게도 그 이론들은 현재의 도덕적 직관과 맞지 않거나 세부적인 점에서 일치하지 않는 경우로 인해서 문명에 바람직스럽지 못한 결과를 낳는 경우가 있다. 우리는 이점이 의무윤리나 공리주의 역시 마찬가지라고 할 수 있다. 신체들 사이의 관계를 간과한 그런 윤리이론들은 현대에 일어나는 다양한 사건들을 충분히 설명해 낼 수 없고, 윤리적 정당화를 밝혀낼 수도 없다는 점이다. 즉, 모든 도덕적 행동은 각각의 사회적 상황에 따라 그 만족의 강도는 달라져야 한다고 본다.

> 이러한 규칙의 세부적인 것들은 직접적 환경의 사회적 상황-예컨대 한 시기 아라비아 사막의 비옥한 주변에서의 생활, 히말라야 산맥의 비교적 낮은 경사 지대에서의 생활, 중국 평원의 생활, 인도 평원에서의 생활, 혹은 저 대하의 델타 지대에서의 생활-과의 관계에서 정해진다. 그리고 결정적 용어의 의미, 예를 들면 소유, 가족, 결혼, 살인, 신 등과 같은 관념의 의미는 변천하며 모호하다. 어떤 환경, 어떤 단계에서는 그 나름대로 조화로운 만족을 산출하는 행동이, 다른 경우의 다른 단계에서는 파괴적인 것으로 타락한다. 각각의 사회는 그 자신의 완전성의 유형을 가지고 있으며, 그 단계에서 불가피한 오점을 참고 견딘다. 그렇기 때문에 '지구상의' 모든 이성적 존재자에게, 위성에게, 그리고 모든 별자리에 일일이 세밀한 행동을 규정할, 어떤 정밀한 통제적 관념이 있다는 생각은 당장 버려야 한다. 그것은 '우주'가 지향하는 하나의 완전성의 유형이 있다는 생각이다. 모든 '선'의 실현에는 한계가 있으며, 거기에는 반드시 어떤 별개의 유형을 배제하고 있다.(AI 440)

존속하는 것은 사회마다 다르며, 그 존속은 언제나 소멸하기 마련이다. 하지만 기존의 윤리는 존속을 영속으로 생각했다. 행복은 존속에 따라 달라지며, 그런 존속 역시 시대마다 다른 방식으로 받아들여야 한다.

3.3 생생함과 본질적 가치

생생함이란 구체적인 관계를 의미한다. 화이트헤드는 그런 구체적인 관계를 '파악'이라고 한다. 파악이란 의미는 조화와 부조화에 대한 평가 및 생생함에 대한 의미이다. 우리는 이것을 우정이라는 의미를 통해 설명해 볼 수 있다. "우정이라는 것을 예로 들어 보면, 거기에는 언제나 친구가 되고 있는 두 인물의 독특한 성격이 들어 있다. 그들 두 사람 이외의 다른 사람은 이와 완전히 똑같은 성격의 우정을 나눌 수 없다."(MT 75). 이때 우정은 반복이며, 그 친구들은 존속이며, 독특한 성격은 생겨남이라는 생생함과 직결된다. 이 절에서는 생생함을 중심으로 살펴보자.

화이트헤드에게 '존재론적 원리'는 작용인과 목적인의 원리이다. 작용인이 연대성을 설명하는 원리라면, 목적인은 내재적인 가치이자 결단을 설명하는 원리이다. 다소 역설적이지만 연결은 곧 한정된 연결이며, 그런 연결 속에서만 한정된 힘과 가치를 가진다. 그것은 내재성 속의 초월성이라고 할 수 있다.

> 존재론적 원리는 결단의 상대성을 주장한다. 여기서 결단의 상대성이란, 그것에 대해서 결단이 내려지는 현실적 사물과 그것에 의해서 결단이 내려지는 현실적 사물과의 관계를 표현하는 말이다. 그러나 결단이 현실적 존재의 일시적인 부속물과 같은 것으로 이해되어서는 안 된다. 그것은 현실태 그 자체의 의미를 이루고 있다.(PR 120)

그렇다면 이와 같은 결단은 어디서 나오는가? 화이트헤드는 이를 욕구(appetition)와 관련짓는다. 프로이트에 의한 욕구는 성욕과 가족의 성애의 관점에서 매우 편협하게 사용되었다.(PR 99) 특히 욕구는 플라톤부터 라캉에 이르기까지 부정성 혹은 결핍의 관점에서 사용되어 왔다. 어떤 의미에서 모든 윤리적 행위, 혹은 프로이트 관점에서 본다면 초자아의 행위는 이 욕구 혹은 욕망을 억제하는 데 있다. 칸트의 윤리는 이성과 의지를 통해서 욕망을 억제하거나 제어하는 것이다. 하지만 화이트헤드에게 욕구는 일종의 긍정적 파악이자 느낌의 본질적 가치이다.

> 욕구란 지금은 없지만 있게 될지도 모르는 것의 실현을 수반하는 불안정의 원리를 자기 자신 속에 간직하고 있는 직접적인 사태이다. 이것에 의해 직접적 계기는, 여러 개념적 파악에 본질적으로 내재해 있다는 다양한 가치 평가에 따라, 미래에 있어 그 정신적 극의 물리적 실현을 달성하기 위해 창조성을 제약한다. 모든 물리적 경험에는 그것을 지속시키려고 하거나 지속시키지 않으려고 하는 욕구가 수반되어 있다. 자기 보존의 욕구는 그 한 예가 된다.(PR 99)

욕구는 환경에 자신의 가치를 감염시켜가는 활동이다. 물론 욕구는 과거에 제공되는 것과 관련이 있지만, 최종적인 결단은 새로운 경험의 계기가 하는 것이다. 이것은 식물이나 곤충도 역시 마찬가지이다. 다시 말해서 모든 생명체가 욕구를 가진다. 화이트헤드에 의하면, "인간, 곤충, 나무, 파르테논 신전 등을 파괴하는 일은 도덕적일 수도 있고, 비도덕적일 수도 있다."(MT 28)라고 하며, 극단적으로 표현해서 우리가 살인을 하는 경우도 경험의 중요성을 보호하고 있다면 그 행위는 도덕적이라고 할 수 있다.(MT 28) 그렇다면 그런 살인의 행위가 도덕적이라고 할 수 있는가? 화이트헤드에게 그것은 생생함에 달려 있다.

화이트헤드에 따르면, 우리의 삶은 "사는 것, 잘 사는 것, 더 잘 사는 것”(FR 18)으로 나눌 수 있다. 이때 더 잘 살기 위한 방법은 “새로움의 섬광”(FR 20)의 모험 속에 들어가는 것이다. 새로움이란 곧 생명의 길로 접어드는 것이다. 대체적으로 안정은 피로 속에 물들며, 곧 퇴행의 길로 접어들게 된다. 종이나 한 국가의 문화가 종결되는 것은 바로 그런 안정 속에 들어갈 때이다. 안정을 마치 윤리이론의 초석으로 보는 것은 대단히 잘못된 생각이다. 실제로 윤리 혹은 도덕은 생명을 살리는 길에서 있는 것이다. 즉 “좋은 삶은 불안정한”(FR 18) 것이다.

하지만 안정이 없는 삶은 무가치한 삶이고 덧없는 삶이다. 화이트헤드에게 안정과 생명을 함께 유지하는 방법은 ‘리듬의 방식’(the way of rhythm)이다. 그것은 대비를 통해 새로운 삶의 가능성을 보여 주는 것이다. 대체적으로 기존의 윤리는 안정의 방식으로 ‘맹목의 방식’(the way of blindness)을 취했다.(FR 20)

> 생명이란 자유를 얻으려는 노력이다. 존속하는 존재는 그것의 모든 계기 하나하나를 그 계통의 노선과 결부시킨다. 영속하는 특성을 지니는 존속하는 영혼을 주장하는 학설은 생명이 제기하는 문제에 대해 전적으로 부적절한 답변이다. 그 문제는 어떻게 독창성이 존재할 수 있는가 하는 것이다.(PR 215)

따라서 “생명의 특성은 환경의 광범한 다양성 속에서 강도를 포획하기에 적합한 반작용이다. 하지만 그 반작용을 지시하는 것은 현재이지 과거가 아니다. 그 반작용은 생생한 직접성(vivid immediacy)을 부여잡는다.”(PR 216) 하지만 생명이 자유를 위한 노력이라고 하지만 이것만으로는 도덕이나 선을 설명할 수 없다. 왜냐하면, 생명은 ‘약탈행위’(PR 217)이기 때문이다. 여건을 자기를 위해서 사용할 때는 어떤 정당화가 필요하다. 이것이 환경과 인간의 문제, 선진국과 후진국의 문제의 핵심적인 상황이다. 화이트헤드는 현실적 계기와 결합체에 추구하는 욕구가 정당화를 확보하기 위해서는 ‘보존’이 아니라 ‘강도’를 가져오는

데 있다고 한다. 결국, 인간의 윤리적 행위에서 강도는 다양한 요소들을 '대비'를 통해서 '균형 잡힌 복합성'을 추구하는 것이다. 양립불가능한 사소성과 동일화의 과잉을 피하고 협소성과 광범성을 통해서 조화를 이룩하는 것이 윤리의 문제이다.

> 생명은 비록 그 본질에 있어 자유를 통한 강도의 획득이라고 하지만, 그럼에도 방향설정에 예속될 수 있고, 그래서 질서의 견실성을 획득할 수 있는 것이다. 따라서 생명은 물리적 질서로부터 순수한 정신적 독창성으로의, 그리고 순수한 정신적 독창성으로부터 방향이 설정된 독창성으로의 추이인 것이다. 또한, 그 순수한 정신적 독창성은 신의 원초적 본성에서 생겨나는 관련성의 방향설정에 따라 활동한다는 데 주목해야 한다.(PR 221)

그렇다면 생명이 지속하기 위해서는 현실적 계기가 그 여건을 수용하는 방식에 달려 있다. 화이트헤드에 의하면, "달성된 강도는 만족의 주체적 형식에 속한다"(PR 191). 주체적 형식에는 정서, 평가, 목적, 의식, 애착(혹 역작용), 혐오 등이 있다. 이 중에서 애착과 혐오의 관계를 살펴보자. 역작용은 가치에 대해 평가절상이라고도 하며, 혐오는 평가절하라고도 한다. 혐오는 평가절하를 하기 때문에, 여건이 주체에 의해 지속될 수 없다. 이것은 일종의 악이 된다. 악은 느낌의 과정에서 배제된 요소이며, 선택받지 못한 요소이다.

> 악의 본성은 사물의 성격이 서로 방해가 되고 있다는 데에 있다. 따라서 생명의 깊이는 선택의 과정이 필요하다. 그러나 선택은 방해하는 양상을 최소화시키려고 하는 별개의 시간적 질서를 향한 첫걸음으로서의 제거이다. 선택은 악의 척도인 동시에 그 악을 회피하는 과정이다(PR 586).

우리는 움베르트 에코의 소설 『장미의 이름』에서 '맹목의 방식'으로 전통의 도덕을 유지하려는 늙은 수도사의 고집에 따른 비극적인 사건을 고려해 볼 수 있다. 이것은 좋은 삶을 위해 향유와 숭고의 대비를 생생하게 즐기는 젊은 수도사를 그 늙은 수도사는 결코 이해하지 못한다. 그는 죄와 숭고의 대비만이 신을 모시는 유일한 방법이라고 생각한다. 늙은 수도사는 '죄인'과 '웃음'을 대비 속에 넣을 수 없기에 아리스토텔레스의 책을 읽은 젊은 수도사를 혐오한다. 그 늙은 수도사에게 웃음은 신의 경배에서 선택할 수 없는 요소이다. 하지만 젊은 수도사들은 신의 경배와 미적인 향유를 대비 속에 품을 수 있는 주체적 형식, 애착을 갖는다. 화이트헤드는 "개념적 느낌 속에 평가절상이 있게 될 경우 물리적 느낌은 그 주체적 형식에 있어서 강도가 강화되어, 새로운 합생으로 전달된다. 이것이 곧 애착이다."(PR 455)

우리는 '주체적 강도의 범주'로 되돌아가서 왜 도덕성이 미래와 관련되는가에 대해서 한 번 더 이해할 필요가 있다. 이제 늙은 수도사의 행위는 더 이상 존속될 수 없다. 왜냐하면, 존속은 결국 행위의 생생함이 대비를 통해 향유될 때만이 가능하기 때문이다. 즉, 개체의 이익이라는 작은 강도를 넘어서 타자와 공동체라는 큰 강도를 나아갈 때, 그것은 보편적 선이 될 수 있다.

> 이 물리적 느낌에 부여되는 가치평가는 초월적인 창조성에다 애착이나 혐오의 성격을 제공한다. 애착의 성격은 자신을 넘어서는 주체의 객체화에 있어서의 한 요소로서, 물리적 느낌을 재생시킨다. … 그러나 그 가치 평가가 애착을 낳게 되는 물리적 느낌은, 이때에 그 자신의 주체를 넘어서서 미래로 영속해 가는 어떤 힘을 갖는 요소가 된다. 그것은 존속하는 객체를 형성하고 있는 계기들의 경로를 따라 느껴지고 재연된다. 최종적으로 이 일련의 전달은 여러 양립불가능한 것과 만나서, 약화되거나 변형되거나 더 이상 지속될 수 없게 된다. 역작용 대신 혐오가 있는 경우, 초월적 창조성은 그 느낌을 구실로 하여 그 주체의 객체화를 억제하거나 약화시키는 성격을 띤다. 그래서 혐오는 주제가 미래에 있어서 스스로 객체화될지도 모르는

> 하나의 가능성을 제거시키는 경향이 있다. 따라서 애착은 안정성을 조장하고, 혐오는 변화의 종류에 대한 아무런 지침도 없이 변화를 조장한다. 혐오는 그 본질에 있어, 내용의 배제와 사소성으로의 전이를 조장한다.(PR 490)

한편 느낌의 윤리의 본질적 가치인 생생함은 아름다움과 분리될 수 없다. 류시화가 엮은 법정 스님의 이야기에서, 우리는 생생한 대비를 통해 몸으로 체현된 윤리적 행위를 볼 수 있다.

> 한 여인이 있었다. 온통 검은 옷을 입고서 그녀는 간신히 울음을 삼키며 우리와 함께 밥상머리에 앉아 있었다. 이제 막 그녀는 죽은 아들을 위한 49재를 마쳤다. … 아들은 외국 유학을 마치고 군 입대를 준비하던 중, 어느 날 친구들과 저녁을 먹고 돌아와서는 돌연 심장 마비로 세상을 떠났다. … 그녀가 하는 이야기, 음식을 입에 넣고는 우물거리는 것까지도 울음 그 자체였다. 슬픔이 깊으면 모든 동작이 다 울음이 된다.
> 밥을 먹다 말고 내가 법정 스님을 돌아보았다. 나는 이제쯤 스님이 여인에게 어떤 위로의 말을 할 때가 되었다고 생각했다. 아들이 그 인연만으로 그녀에게 왔다가 간 것이다. 이 우주가 잠시 그녀에게 아들을 맡겼다가 데리고 간 것일 뿐이다. 그러니 너무 슬퍼하지 말라….
> 스님이 그렇게 여인을 위로하리라고 나는 짐작했다.
> 그러나 스님은 아무 말씀이 없으셨다. 그냥 묵묵히 식사를 하면서 그녀 앞으로 반찬을 끌어다 주기도 하고 어서 먹으라고 권할 뿐이었다. 여인은 계속해서 아들에 대해 이야기를 하고, 스님을 귀를 기울여 그 모든 이야기를 들어주었다. 그리고 또 연신 다른 반찬을 그녀 앞으로 옮겨다 놓았다.
> 식사가 끝나갈 무렵, 나는 두 사람 사이에 어떤 화학 작용이 일어나는 걸 느낄 수 있었다. 겉으로는 아무 일도 일어나지 않았고 어떤 위로의 말도 건네지지 않았지만, 분명 여인의 얼굴 어딘가에 안정과 평화의 분위기가 감돌기 시작했다. 그것은 마치 눈물로 일렁이던 바다에 한 줄기 평화로운 빛이 스며들어 물결이 그 빛을 반사하기 시작하는 것과 같았다.

> 그것이 어떤 힘인지는 알 수 없었다. 법정 스님이 가진 현존의 힘이라고 해야 할까. 하지만 좀 더 현실적인 차원에서 말하면, 그때 스님은 단 한 순간도 그 여인을 소홀히 하지 않았다. … 그 강렬한 집중이 아마도 그녀의 슬픔을 위로하고, 나아가 그것을 삶의 한계에 대한 이해로 승화시켰는지도 모른다. 그때의 그의 모습은 마치 고통받는 환자를 치료하는 의사의 그것과도 같았다. 그 분위기의 신성함이 서서히 그녀를 슬픔 밖으로 인도했을 것이다.[36]

보통 윤리는 주체의 관점에서 설명된다. 칸트의 윤리이론과 벤담의 윤리이론에서도 주체가 중심이 된다. 공평성과 보편적 준칙은 모두 주체의 관점에서 논의가 된다. 하지만 법정 스님은 어떤 주체적 행위도 하지 않았음에도 불구하고, 그 여인은 생생함을 되찾는다. 그 이유는 어디에 있을까? 바로 그것은 주체와 대상의 상호작용을 통해 힘이 발생하기 때문이다.

화이트헤드에 따르면, 주체와 대상과 관계없이 '있음'이라는 정의를 "힘(power)"이라고 정의한다. 이것은 존재론에서도, 윤리이론에서도 매우 중요한 의미를 함축한다. 모든 존재가 있음이며, 그것이 힘이 있다는 것은 기존의 주체 중심의 철학과는 다른 관점에서 윤리이론을 제시할 수 있음을 의미한다. 윤리적 행위는 결국 주체와 대상 사이의 관계에서 이루어지는 것이다. 그런데 주체에게만 힘이 있는 것이 아니라, 주체와 다른 주체 혹은 타자 사이에 힘의 관계로 보는 것은 일종의 부조화를 통한 조화가 필요하다. 처음부터 주체의 일방적인 생각으로만 윤리적 행위가 이루어지는 것이 아니다.

> 나로서는 이렇게 말하고 싶다. 즉 그 어떤 것이건 간에 단 한 순간이라도 다른 것에 영향을 끼치거나 다른 것의 영향을 받는 것은 그 원인이 아무리 보잘것없고 그 결과가 아무리 미소하고 순간적인 것이라 하더라도, 참으로 존재한다는 것이다. 따라서 나는 있음의 정의는 단적으로 힘이라고 생각한다.(AI 204)

---

36 법정·류시화, 『살아있는 것은 다 행복하라』, 조화로운 삶, 2006, 9-10쪽.

따라서 이런 입장에 설 때, 조화나 공명의 의미가 왜 중요한지를 이해할 수 있다. 왜냐하면, 일방적인 구성은 있을 수 없기 때문이다. 언제나 부조화 속에서 조화를 꿈꾸어야 한다. "인간들 사이에 차이가 절대적으로"(SMW 297)이며, "다른 습관을 지닌 다른 나라는 적이 아니라 하늘의 선물"(SMW 297)이라고 할 수 있다. 이러한 차이는 생기를 가져오며, 비결정성을 또한 가져온다.

대체적으로 우리가 윤리이론의 초석으로 받아들이는 플라톤의 타자의 변증법과 헤겔의 모순의 변증법은 차이를 부정으로 본다. 이런 차이는 결국 타자를 거부하거나 반대하는 입장에 서게 한다. 그러나 느낌의 윤리에서 차이는 긍정적 느낌이며, 그것은 존속에게 언제나 생기적 차이를 만들어 주는 것이다. 따라서 생명이 존속한다는 것은 바로 이런 힘들의 긍정적으로 새로운 대비로 고양하는 데 있다.

한편 류시화는 한 여인과 법정 스님의 관련된 두 항의 느낌에서 평화라는 명제를 건져 올린다. 법정 스님이 실재적 가능태로써 강도 깊은 행위가 그 슬픈 여인에게 점차적으로 생명과 평화를 찾아들게 한다. 화이트헤드 역시 평화는 "영혼에 있어 '생명과 운동'의 왕관인 긍정적 느낌"(AI 432)이라고 한다. 평화는 "자아가 상실되고 흥미가 인격성보다 넓은 조정으로 전이되었다는 의미에 있어서 자기 제어"(AI 433)라고 한다. 이것은 '인류의 사랑 자체'(AI 433)이다. 우리가 볼 때, 스님은 자기를 버리고, 그 여인과 하나가 되는 사랑을 보여 준 것이다.

법정 스님은 경전의 내용을 통해 여인을 억압한 것이 아니라 그 여인과 조화를 이루는 방식을 찾는다. 평화는 "비극에 대한 이해인 동시에 그것의 보존"(AI 434)이라고 한다. 법정 스님은 억지로 그 슬픈 여인의 슬픔을 앗아간 것이 아니라, 그녀의 비극을 고스란히 보존하는 행위를 보여 준다. 화이트헤드에 의하면, 죽음이 조잡한 악이 되지 않고 비극적 악이 되어야 하며, 이를 위해서 아름다움이 있어야 한다고 본다. 아름다움만이 악을 비극적으로 보존하며, 이것은 '애착'으로 새로운 대비로 계승될 수 있다. 따라서 슬픔, 악, 무질서를 조잡한 방식이 아니라 비극을 통해서 아름다움으로 보존하는 것이 바로 평화를 가져올 수 있다고 한다(AI 435). 화이트헤드는 이를 "최고의 비전에 대한 파악"(SMW 278)이라고 한다. 법정 스님의 행위는 바로 죽음이라는 악을 조잡한 악이 아니라 비극적 악으로 보고서 아름다움으로 승화시킨 것이다. 우리는 법정 스님의 사례가 고통과 슬픔을 새로운 주체적 형식으로 가져오는 생생함의 표현이라고 본다. 따라서 생생함은 새로움의 섬광이 가져오는 느낌의 윤리의 본질적 가치라고 할 수 있다.

여인과 스님은 새로운 대비를 이룬 것이다. 그 시공간에서 여인은 죽음과 슬픔의 대비 속에 빠져 있었다. 그 누구도 그런 슬픔의 혐오 속에 빠진 여인을 구해 낼 수 없었다. 하지만 스님과 여인은 하나가 되어서 평화라는 새로운 대비를 이룬 것이다. 생생한 미적 향유를 여인과 스님은 누린 것이다. 즉 아름다움이 보존된 것이다. 화이트헤드는 이와 같이 수학적 질서, 종교적 숭배, 미적 향유를 느낌의 윤리를 통해 새롭게 통합하는 도덕적 모험을 감행하였다.

4. 결론

우리는 이 논의를 통해 이분법으로 나누어진 의무윤리와 공리주의 윤리이론의 관점들을 새로운 방식으로 통합해 보았다. 물론 그 논의는 여전히 미진한 측면이 있다. 하지만 오늘날 우리는 근대의 윤리이론으로는 해소할 수 없는 다양한 문제에 봉착해 있다. 특히 환경과 인간의 관계, 기계와 인간의 관계, 다른 생물들과 관계, 자본과 노동자의 관계 등 다양한 상황에 대한 문제들에 직면해 있다. 이런 문제들은 새로운 윤리적 관점을 요구하고 있다. 우리는 그런 문제를 바라보는 새로운 시선을 위해 화이트헤드의 느낌의 철학에서 언급된 카오스모스, 강도, 생생함이라는 요소들을 제시해 보았다.

지금까지 근대의 윤리학이 능력 심리학에 근거를 두고 있었다는 점을 밝혀 보았다. 대표적인 근대의 윤리학이라고 할 수 있는 칸트의 의무윤리와 벤담의 공리주의는 이성과 감정을 중심으로 윤리학을 전개하지만, 그것들은 모두 추상화된 능력을 윤리적 행동의 모토로 삼았다. 그것은 신체와 신체, 혹은 느낌들 사이의 상호 작용이라는 생겨남을 간과한 윤리이론을 전개함으로써, 잘못된 구체성의 오류를 범한 경우라고 할 수 있다. 우리는 인지과학의 도움을 통해 개념은 신체들을 별개로 해서는 나올 수 없다는 점과 신체는 자연과 내적 연결이 있다는 점을 밝혔다. 결과적으로 본질주의 윤리학인 칸트의 의무윤리와 결과주의 윤리학인 벤담의 공리주의는 반복과 영속적인 존속으로 윤리이론을 제기하는 바람에 일정 시간 동안의 존속과 생생함이 충분히 설명하지 못했다.

우리는 그 대안으로 화이트헤드의 느낌이론에 근거한 윤리의 요소들을 제시했다. 그것은 각각 카오스모스, 강도, 생생함이다. 카오스모스는 질서와 무질서, 신과 악은 절대적으로 모순된 것이 아니며, 그것은 상황 혹은 시공간에 의해 달라질 수 있다. 화이트헤드에 따르면, 윤리는 결코 고정되거나 정태적인 방식이 될 수 없다는 점을 명확히 선인하는 방식이 카오스모스이다. 이것은 선과 악이라는 이분법의 방식에서 벗어나서 윤리이론을 조망하는 데 중요한 열쇠가 될 것이다.

다음으로 강도는 결과주의를 표방하는 공리주의에 대한 입장을 다른 방식으로 제기해 본 것이다. 공리주의가 자신의 이익이나 쾌의 관점에서 윤리이론을 본다면, 그에 반해 강도는 현재와 미래의 관계에서 윤리를 고려해야 함을 보여 준다. 물론 시대마다 강도에 대한 입장은 달라질 수 있지만, 다수의 사람이 자신들의 인격을 희생하고 흥미를 갖게 하는 것이 강도의 윤리이론의 핵심적인 내용이라고 할 수 있다. 그것은 특히 소수와 다수라는 입장보다는 현재와 미래의 대비를 통해 윤리이론을 제시하고 있다는 점에서, 공리주의가 너무나 현재의 쾌와 불쾌에만 초점을 맞추는 점을 개선할 수 있는 방향을 제시하고 있다.

마지막으로 생생함은 본질적인 가치와 관련이 있다. 그것은 구체적인 파악을 의미한다. 그것은 가장 잘 사는 길은 생명의 리듬을 파악하고 존속시키는 것을 의미한다. 생명의 선은 텅 빈 공간에서 충만된 방식으로 표현되는 것이다. 이런 선은 새로운 대비를 만들어서 슬픔이나 악을 비극적인 아름다운 대비로 승화시키는 길을 찾는 것이다. 생생함은 기존의 윤리이론이 추상과 수적 존속에만 초점을 맞춘 나머지 간과해버린 측면이다. 이 시공간에서 일어나는 생생함은 현실적 경험에서 유일한 것임에도 불구하고, 지금까지 대다수의 윤리이론은 실체철학에 근거를 두고 있기에 반복과 추상을 통해 보편화에 중점을 둔 나머지 생생한 생명을 설명하지 못했다. 그것은 슬픔에 빠진 여인에게 인생은 업이라든지, 하느님의 뜻이라고 하는 것과 같다. 우리는 대상과 주체가 서로의 있음을 힘으로 인정하는 것, 즉 그것이 내적 관계를 맺으며 새로운 대비의 방식을 '시의적절'(seasonable)함에서 찾는 것이다. 이것이 느낌의 윤리의 본질적인 가치에 해당한다고 본다.

한편 이와 같이 사실과 가치를 결합하려는 노력은 20세기에 와서 다양한 연구자들이 제시하고 있다는 점에서 화이트헤드만의 관점은 아니다. 퍼트남에 따르면, 퍼스(Peirce), 제임스(James), 듀이(Dewey), 미드(Mead)는 모두 가치와 규범이 모든 경험에 들어 있으며, 과학철학에서 규범적 판단은 과학 자체의 실천에 본질적이라고 한다.[37] 사회 과학도 예외가 아니다. 베버와 같은 사회과학자도 어떤 물음을 탐색하는지, 또 탐색해야 하는지에 관한 결정은 윤리적 가치를 포함한 결정이며, 사회과학을 기술하는 용어조차도 이미 윤리적 의미가 내재되어 있다.[38] 우리는 이 논문을 통해 볼 때, 퍼트남의 내용 속에 화이트헤드 역시 반드시 포함해야 한다고 본다. 화이트헤드는 모든 경험 속에 사태와 중요성은 결코 분리해서는 안 된다는 점을 역설했다.

---

37 힐러리 퍼트남, 『사실과 가치의 이분법을 넘어서』, 노양진 옮김, 서광사, 2010, 65쪽.
38 같은 책, 113쪽.

오늘날 세계는 자본주의라는 경제체제가 지배하고 있으며, 그 속에 작동의 열쇠는 여전히 자본과 노동이다. 하지만 그 작동의 방식이 테일러이즘처럼 이성에 의해 노동자를 재단하는 일보다는 감정을 통해 노동자를 재현하는 구조가 많아지고 있다. 그 이유 중의 하나는 서비스 산업이 제조업보다는 그 비중이 확대되고 있는 것에 있다고 볼 수 있다. 그와 같은 산업에서 감정 노동의 확산은 다양한 문제와 그 해결책이 제시되고 있다. 우리 사회에서도 가끔 언론매체를 통해 그런 사건을 접할 수 있지만, 그런 일은 훨씬 더 빈번할 것이다. 예컨대, 2013년 4월 대기업 간부가 서비스 문제로 항공사 승무원을 폭행한 사건이나 2015년 땅콩 회항 사건 등을 통해 감정 노동자들이 처한 현실이 어떤지를 엿볼 수 있다.

기업과 경영에서 보는 감정 노동이란 육체노동과 정신노동으로 노동의 형태를 정의했던 이전의 자본주의와는 달리 개인의 감정 관리가 노동력으로 환원되어 판매되며, 이때 그 일에 종사하는 서비스 종사자들이 자신의 감정들을 고객의 욕구에 맞추어서 억제하거나 고무시키는 행위를 말한다.[39] 감정 노동의 문제점은, 개인의 고유한 성격인 감성이 기업에 의해 관리되고 규제됨으로써 서비스 종사자들은 자신의 진짜 감정에서 소외되는 감정 부조화(emotional dissonance)를 경험한다는 것이다.[40] 이에 따라 종사자들은 우울증과 다양한 질병이 생겨나고 있고 이직의도 및 직무 소진이 늘고 있는 실정이다.

하지만 이러한 감정노동을 바라보는 이론은 근대 이성에 기반을 둔 실체 철학 및 주체 중심의 윤리이론이 전제되어 있다. 이는 감정 노동에서 감정은 한 개인에게 한정될 수 있다는 사유가 전제되어 있다. 감정은 영향을 주고 영향을 받는 일종의 힘이다. 그런데 감정을 영향을 받는 것보다는 영향을 주는 것에만 초점을 맞추어서 관리되고 있다.

---

39 A. R. Hochschild, The managed heart: commercialization of human feeling(Berkeley CA: University of California Press 1983).

40 윤세준·김상표·김은민, 「감정노동·감정표현규범에 관한 질적 연구」, 『산업노동연구』, 제6권 제1호(2000), 215-254쪽 참조.

느낌의 윤리에서 힘은 주체와 대상, 혹은 주체와 다른 주체가 모두 향유하며, 그 힘은 주체와 타자 사이에서 발생하는 것이며, 상호 간에 영향을 주고받는 것이며, 감정의 촉발점은 신체 사이의 느낌이다. 즉, 파악은 주체와 대상 및 주체적 형식의 상호 관계를 통해 본다. 하지만 감정 노동에 대한 논의 및 해결책은 여전히 '단지' 감정이라는 추상의 형식에 매몰되어서 논의가 전개되고 있다. 그것은 능력 심리학의 후손이라고 할 수 있다.

감정 노동의 관리는 대상이나 주체 사이에 강도와 생생함을 가져오는 신체의 힘들 사이의 관계는 배제되고 있다. 다시 말해서, 느낌의 윤리의 입장에서 볼 때, 강도와 생생함이 결여되어 있는 감정 노동에 대한 논의 및 해결책은 결국은 근대의 주체 중심의 윤리적 논의에 갇혀 있다고 볼 수밖에 없다. 향후에 여기에 대해서 보다 실증적이며, 질적인 차원의 연구를 시도해 볼 것이다.

이분법은 모든 영역에 어려움을 던지는 과제이다. 근대의 지식 패러다임이 제공한 이분법의 공식은 그 나름의 공헌한 바가 적지 않다. 하지만 시대는 변했고, 우리의 삶은 새로운 변화 속에서 그런 이분법을 극복하고자 한다. 정치, 과학, 윤리의 영역은 근대의 지식 나무에서 분리되고, 그것은 각각의 전문화를 요구하는 것으로 이해되어 왔다. 그러나 추상의 역량인 지성은 역설적이게도 존속과 생생함을 포착해서 이분법을 극복할 수 있는 윤리이론을 제시할 수 있다는 점이다. 이것은 추상과 구체를 다시금 결합할 수 있는 시도라고 할 수 있다. 이 논문이 그런 시도의 한 칸의 디딤돌이 되기를 바란다.

참고 문헌

김상표·김영진, "화이트헤드와 들뢰즈의 과정철학: 조직의 창조성과 실천적 프로네시스를 위한 새로운 문제 설정", 『동서철학연구』, 제 61호(2011), pp. 163-192.

김상표·김영진, "화이트헤드의 유기체 철학과 경영 교육", 『인문연구』, 제 71호(2014), pp. 375-405.

김영진, "21세기 조직화의 새로운 패러다임: 화이트헤드와 들뢰즈의 과정철학과 카오스모스", 『새한철학회 논문집』, 제 65집 3권(2011).

김영진, 『화이트헤드의 유기체 철학: 위상적 세계에서 펼쳐지는 미적 모험』(그린비, 2012).

김영진, "현실적 존재와 공동체 기업가정신: 과정철학의 관점", 『환경철학』, 제 17집(2014), pp. 36-66.

문창옥, 『화이트헤드 과정철학의 이해』(통나무, 1999).

바렐라 ·톰슨·로쉬(석봉래 역), 『몸의 인지과학』, 김영사, 2016.칸트(백종현 역), 『윤리형이상학 정초』, 아카넷, 2013.

박헌준·이제구, "기업윤리에 대한 연구방법론 탐구", 『경영학연구』, 제 25권 3호(1996), pp. 247-283.

서인덕 · 배성현, 『기업윤리』, 경문사, 2011.

윤세준·김상표·김은민, "감정노동·감정표현규범에 관한 질적 연구"『산업노동연구』, 제 6권 제 1호(2000), pp. 215-254.

애링턴(김성옥 역), 『서양 윤리학사』, 서광사, 2011.

정원교, "경영자를 위한 기업윤리 교육과정에 대한 철학적 반성과 제안", 『철학』제 90집(2007), pp. 160-190.

존슨(김가연 역), 『도덕적 상상력』, 글항아리, 2016.

카스텔(김묵한·박행웅·오은주 역), 『네트워크 사회의 도래』, 한울아카데미, 2008.

퍼트남(노양진 역), 『사실과 가치의 이분법을 넘어서』, 서광사, 2010.

헨리 민츠버그, 성현정 옮김, 『MBA가 회사를 망친다』(북스넛, 2009).

한의진·조여일, "감정노동을 수행하는 항공 객실승무원들의 우울이 이직의도에 미치는 영향: 직무만족과 조직몰입의 매개효과", 『관광연구』, 제 28권 제 4호(2013), pp. 117-135.

Alex Arthur, A Utility Theory of 'truth', Organization, 2003.

Campbell Jones, As if Business Ethics were Possible, 'within Such Limits'..,Organization, 2003.

Edward Wray-Bliss, Research Subjects/Research Subjections: Exploring the Ethics and Politics of Critical Research, Organization, 2003.

Griffin, D. R., et al., Founders of Constructive Postmodern Philosophy, Albany: SUNY Press, 1933.

Herman E. Daly and John B. Cobb, Jr., *For The Common Good*(Boston: Beacon Press, 1989).

Hochschild, A. R., The managed heart: commercialization of human feeling(Berkeley CA: University of California Press 1983).

John Roberts, The Manufacture of Corporate Social Responsibility: Constructing Corporate Sensibility, Organization, 2003.

Lawrence Shapiro, Embodied Cognition, Routledge, 2011.

Martin Parker, Introduction: Ethics, Politics and Organizing, Organization, 2003.

Nick Crossley, Even Newer Social Movements? Anti-Corporate Protests, Capitalist Crises and the Remoralization of Society, Organization, 2003.

Whitehead. A. N., *Process and Reality*(PR): An Essay in Cosmology. 오영환 옮김(1991). 『과정과 실재』, 서울: 민음사.

Whitehead. A. N. Adventure of Ideas(AI). 오영환 옮김(1996). 『관념의 모험』, 서울: 한길사.

Whitehead. A. N., Science and The Modern World(SMW), 오영환 옮김(1989), 『과학과 근대세계』, 서광사.

Whitehead. A. N., The Concept of Nature(CN), 안형관, 전병기, 이태호, 김영진 옮김(1998), 『자연의 개념』, 이문출판사.

Whitehead, A. N., Process and Reality: An Essay in Cosmology (New York: The Free Press, 1978).

Whitehead, A. N., *Symbolism: its Meaning and Effect* (New York: Capricorn Books, 1959).

Whitehead, A. N., *Adventures of Ideas*(New York: The Free Press, 1933).

에필로그

경영은 관념의 모험이다

내가 많은 시간 동안 들여다본 들뢰즈나 베르그송 등 과정철학자들의 저서에는 인류문명의 미래에 대한 뚜렷한 방향성이 제시되어 있지 않다. 고정불변의 실체나 가치를 찾으려 했던 기존의 철학에 대한 비판적 성찰을 통해 탄생한 철학이니 어쩌면 당연한 것인지도 모른다. 하지만 들뢰즈의 주장처럼 홈 파인 공간을 매끄러운 공간으로 만든 뒤 우리는 어디로 흘러가야 할 것인가? 또 무엇을 새롭게 욕망해야 할 것인가? 관념의 모험에서 그치지 않고 그것을 실천의 모험으로 성공적으로 끌고 가야 하는 경영학자인 내게 들뢰즈의 주저 『천 개의 고원』에 제시된 '프로네시스(phronesis)'라는 처방은 너무나 막연하고 수수께끼 같은 답변이었다.

그런데 들뢰즈가 과정철학의 선구자로 존경하는 화이트헤드의 저서에 앞으로 내가 관념과 실천의 모험을 감행할 때 정박처로 삼을 만한 주장이 담겨있었다. 화이트헤드는 그의 책 『관념의 모험』에서 "사회가 문명화되었다고 말할 수 있게 되는 것은 그 성원이 다섯 가지의 성질, 즉 진리, 아름다움, 모험, 예술, 평화에 참여하고 있는 경우이다."라고 주장한 바 있다. 이 글귀를 보고 탄성을 질렀던 적이 엊그제 같다. 화이트헤드에 관한 국내 연구의 선구자인 대구대 김영진 교수에게 이에 관한 연구를 함께 하자고 제안했던 것도 벌써 10여 년이 흘렀다.

화이트헤드의 문명에 대한 통찰을 마주한 뒤 나는 막연히 '경영, 철학, 예술 등 세 영역을 통섭하는 관념의 모험을 통해 문명화된 공동체를 만드는 데 힘을 보태고 싶다'는 이룰 수 없는 꿈을 갖게 되었다. 이런 나의 꿈은 스스로에게 비춰볼 때도 아직까지 제대로 영글거나 명확히 정리된 것은 아니다. 그럼에도 내가 갖고 있는 꿈을 경남과학기술대학교 학생들에게 투사하곤 했다. 대학에 이제 막 입학한 상경계열 신입생들에게 경영학원론 수업시간에 내가 하는 첫 번째 질문은 '여러분들은 경영이 무엇이라고 생각하는가?'라는 것이다. 나는 이렇게 얘기하곤 했다. "먼저 불가능한 꿈을 꾸는 것이다. 가능한 것은 꿈이 아니다. 불가능한 것만이 꿈이다. 진정 불가능한 꿈은 진리, 아름다움, 모험, 예술, 평화라는 다섯 가지 관념에 조직구성원 모두가 참여하는 기업공동체를 만드는 일이 될 것이다. 하지만 꿈만 꾸어서는 안 된다. 반드시 꿈이 실천으로 이어져야 한다. 즉 불가능한 꿈을 현실화시켜 내는 조건을 창출하려는 노력이 뒤따라야만 한다. 여러분처럼 관념과 실천의 모험을 동시에 감행하는 개척자들에 의해 우리의 기업공동체는 창조적 전진을 해나가게 될 것이다. 결국, 우리 공동체의 미래는 여러분들이 무엇을 욕망하는지, 그리고 그 욕망을 실현하기 위해 얼마나 노력하는지에 의해 결정될 것이다. 미래는 불가능한 것을 욕망하는 자, 꿈꾸는 자의 것이다."

진리, 아름다움, 모험, 예술, 평화. 화이트헤드의 이 글귀들이 아직도 내 가슴을 뛰게 했던 기억이 생생하다. 학교에서 대학원장이나 사업단장으로 조직을 맡아 책임져야 할 때도 그렇고, 사회적 기업을 창업하거나 컨설팅할 때도 그렇고, 이 다섯 가지 관념에 의해 나의 실천의 모험이 인도되었다. 학생들 앞에서는 불가능한 것만이 꿈이라고 용감하게 얘기했지만, 내가 이 다섯 가지 관념을 실천의 공간에서 현실화시켜 나가고자 했을 때, 수많은 외부적인 요인들로 말미암아 그 꿈이 제약과 한계 속에서 꺾이고 좌절된 것도 사실이다. 하지만 더 냉정하게 돌아보면, 현실적 장벽을 정면으로 돌파하지 않고 비겁하게 비껴가기도 했다. 보람도 있었고 자책과 회한도 있었다. 이런 과거는 미래에도 여전히 생생한 현재로서 나의 삶에 영향을 미칠 것이다.

화이트헤드는 이분법을 넘어서고자 했던 철학자이다. 물론 많은 현대의 철학자들도 그러한 시도를 해왔다. 한 가지 차이점이 있다면 화이트헤드의 철학에는 이분법을 넘어서 진리, 아름다움, 모험, 예술, 평화라는 다섯 가지 관념을 실천의 공간에서 현실화시킬 수 있는 개념적 장치들이 풍부하게 담겨 있다. 특히 '느낌(feeling)', '합생(concrescence)과 이행(transition)', '주체-자기초월체(subject-superject)' 등 화이트헤드 과정철학의 핵심 개념들이 그것이다. 내가 박사과정 이후 가장 많은 관심을 쏟았던 역설경영이나 감정노동 그리고 공동체 등의 연구주제들도 화이트헤드가 제시한 다섯 가지 관념들과 그가 창안한 개념적 장치들에 의해 해석되어 현실의 구체적 문제들에 대한 처방을 제시해 줄 것으로 기대하고 있다.

앞으로도 진리, 아름다움, 모험, 예술, 평화 이 다섯 가지 관념을 나의 삶을 인도하는 나침반으로 삼을 것이다. 이것을 등대 삼아 관념과 실천의 모험을 계속해 나갈 것이다. 너무나 늦은 감이 있어서 많이 부끄럽지만, 이 책은 조직이론가인 내가 어떤 주제들에 대해 관심을 갖고 어떤 방향으로 삶을 끌고 가고자 했는가를 기록하는 첫 번째 책이다. 시작이라고 부르기에도 너무 미약하나 다섯 가지 관념을 기업공동체에 구현하고자 했던 한 경영학자의 작은 시도가 담긴 고백록이라 생각했으면 좋겠다. 현재 집필 중인 철학과 예술에 대한 다른 두 권의 책에서 화이트헤드가 제시한 다섯 가지 관념을 또 다른 방식으로 변주하면서 감행하는 나의 모험이 좀더 구체적으로 드러날 것이다.

이제 화이트헤드의『관념의 모험』책에 나오는, 평소에 내가 애송하는 글귀를 인용하면서 에필로그를 맺고자 한다.

> 사물의 본성에는 항상 청춘의 꿈과 비극의 결실이 담겨 있다. '우주의 모험'은 바로 그런 꿈에서 출발하며, 비극적인 '아름다움'을 거두어들인다. 이는 '열정'과 '평화'가 통합되는 비결이다. 즉 수난은 '조화들의 조화'에서 그 종국에 이른다는 것이다. '청춘'과 '비극'의 종합을 동반하는 이 '최종적 사실'에 대한 직접적 경험이 이른바 '평화'의 감각이다. 이런 방식으로 '세계'는 그 개체적 계기들에 있어 가능한 완전성을 지향하도록 설득되기에 이른다.

찾아보기

ㄱ

ㅁ

ㅂ

ㅅ

ㅇ

ㅈ

ㅊ

Management is the adventure of idea

경영은 관념의 모험이다

펴 낸 날 2019년 11월 12일 초판 1쇄
2019년 12월 18일 초판 2쇄

지 은 이 김상표
그 림 김상표
펴 낸 이 이기성

편집팀장 이윤숙
기획편집 정은지, 한솔
표지디자인 정은지
책임마케팅 강보현, 류상만

펴 낸 곳 도서출판 생각나눔
출판등록 제 2018-000288호

주 소 서울 잔다리로7안길 22, 태성빌딩 3층
전 화 02-325-5100
팩 스 02-325-5101
홈페이지 www.생각나눔.kr
이 메 일 bookmain@think-book.com

ISBN 979-11-90089-83-8 (93320)

이 도서의 국립중앙도서관 출판 시 도서목록(CIP)은 서지정보유통지원시스템 홈페이지(http://seoji.nl.go.kr)와 국가자료공동목록시스템(http://www.nl.go.kr/kolisnet)에서 이용하실 수 있습니다(CIP제어번호: CIP2019039828).